中国社会科学院创新工程学术出版资助项目

# 2014~2015
# 全球互联网企业发展报告

——资本市场、金融创新与可持续发展

THE GLOBAL INTERNET
ENTERPRISES REPORT 2014-2015
—Capital Market、Financial Innovation and Sustainable Development

杨世伟 刘戒骄 何 瑛 / 主编

经济管理出版社
ECONOMY & MANAGEMENT PUBLISHING HOUSE

### 图书在版编目（CIP）数据

全球互联网企业发展报告 2014~2015——资本市场、金融创新与可持续发展/杨世伟，刘戒骄，何瑛主编.
—北京：经济管理出版社，2016.5
ISBN 978-7-5096-4338-9

Ⅰ.①全…　Ⅱ.①杨…　②刘…　③何…　Ⅲ.①网络公司—企业发展—研究报告—世界—2014~2015
Ⅳ.①F270.7

中国版本图书馆 CIP 数据核字（2016）第 069770 号

组稿编辑：张　艳
责任编辑：张　艳　范美琴　张莉琼
责任印制：黄章平
责任校对：张　青

出版发行：经济管理出版社
　　　　　（北京市海淀区北蜂窝 8 号中雅大厦 A 座 11 层　100038）
网　　址：www.E-mp.com.cn
电　　话：（010）51915602
印　　刷：三河市延风印装有限公司
经　　销：新华书店
开　　本：880mm×1230mm/16
印　　张：33.25
字　　数：783 千字
版　　次：2016 年 10 月第 1 版　2016 年 10 月第 1 次印刷
书　　号：ISBN 978-7-5096-4338-9
定　　价：298.00 元

·版权所有　翻印必究·
凡购本社图书，如有印装错误，由本社读者服务部负责调换。
联系地址：北京阜外月坛北小街 2 号
电话：（010）68022974　　邮编：100836

# 全球互联网企业发展报告 2014~2015

## 专家委员会

主　任　金　碚

委　员（按姓氏笔画排序）

王长峰　王　宁　吕　政　吕廷杰　吕　铁　孙启明　安　佳　何　瑛
刘戒骄　吴冬梅　吴　洪　宋　华　张世贤　张梦霞　忻展红　李　平
李　凯　李海舰　李维安　杜振华　杜莹芬　杨世伟　杨学成　汪　平
沈志渔　陈　岩　陈传明　陈小东　林丹明　苑春荟　郑海航　金永生
胡　春　茶洪旺　赵顺龙　赵景华　赵曙明　唐守廉　唐晓华　徐二明
徐向艺　郭玉锦　高　闯　戚聿东　梁雄健　黄秀清　黄津孚　黄速建
黄群慧　彭晓峰　曾剑秋

## 编写委员会

主　编　杨世伟　刘戒骄　何　瑛

成　员　仇鑫华　王　晨　王　振　王德华　刘新颖　吕高宇　张　艳　张大伟
　　　　张小筠　张永美　杨晓琰　陈　力　陈　洋　周慧琴　孟　鑫　范晓阁
　　　　胡　月　赵育梅　徐孝新　袁筱月　郭朝先　杨芸榛

# 序 言

互联网在中国落地生根已逾20年，其在政治、经济、文化、科技、社会等各个领域的应用不断融合深入，影响日益深远。在2015年全国两会上，李克强总理在政府工作报告中多次提及"互联网"及其相关内容，包括"制定'互联网+'行动计划"、"推动移动互联网、云计算、大数据、物联网等与现代制造业结合"、"促进电子商务、工业互联网和互联网金融健康发展"、"引导互联网企业拓展国际市场"等。由此可见，互联网已不仅仅是融入百姓日常生活的必需品，而是以战略性新兴产业的定位上升成为国家级战略的重要组成部分。

当前，我国经济、产业结构正处于转型升级的关键时刻，"互联网+"的适时提出旨在借助互联网的创新成果及经验积累，助推传统行业有序、高效地完成技术更迭、组织架构优化以及运作效率的提升。"互联网+"带来的产业融合具有巨大的发展前景与广阔空间，作为传统产业升级变革、跨界融合的"助推器"与"催化剂"，加快"互联网+"的推进发展，将颠覆以往经济增长点与老旧的服务模式，形成新一轮创新动力源，在当前活力逐步丧失、结构比例亟待调整的经济格局下，有效驱动供给侧结构性改革，引领"大众创业、万众创新"新风向，在孕育新兴业态的同时激发经济发展新动能，这对于实现中国经济体系的重塑、经济发展的提质增效以及经济社会的可持续发展都有着举足轻重的意义。

互联网的快速发展，不仅推动了企业的发展，而且也影响着资本市场的效率，发挥着资本市场信息传播、监督、政策解读、舆论引导等功能。资本市场的发展伴随着金融创新的不断深入，金融创新在提高资本市场资源配置效率的同时，也拓宽了互联网企业的投融资渠道，使其能够把握机遇迅速发展，创造更大的价值。以互联网作为媒介与工具，全面拓展互联网金融服务创新的深度与广度，加快完善国内多层次资本市场的建立，解决长期以来困扰中小企业融资难、融资贵的问题，借由互联网金融创新服务能力及普惠水平的不断提高，为我国实体经济转型、资本市场日臻完善提供有力支撑与可靠保障。

在信息经济时代，我国互联网行业发展迅猛，涌现出以百度、阿里巴巴和腾讯为代表的一大批高科技企业。这类企业是互联网时代的排头兵，其顺应互联网的发展趋势，以敢于创新、勇于突破的远见卓识，充分利用互联网的规模效用与发展机遇，最终在各自领域成长为行业巨头。如何增强传统企业运用互联网资源的意识与能力、如何加深互联网企业对传统产业的认识与理解，是后互联网时代企业发展面临的巨大挑战与关键所在。随着互联网的进一步发展与"互联网+"的不断深入，互联网元素将成为所有企业的标配。若要立于不败之地，谋求更快更好的发展，互联网企业应坚持科技创新、运营创新、产品创新、管理创新，坚持开放共享与跨界融合，主动适应和引领经济发展新常态，不断为中国的经济增长打造新引擎！

金 碚

# 前　言

2015年是中国互联网发展史上具有里程碑意义的一年。这一年里，"网络强国"战略稳步推进、"互联网+"行动积极展开、"智能制造"加快发展，"国家大数据战略"前瞻布局。同时，伴随着移动终端和移动网络的规模普及，移动互联网已经成为"大众创业、万众创新"的聚集平台、促进产业融合和经济转型的重要引擎、培育网络经济发展新动能和引领经济社会新常态的关键要素。然而，机遇与挑战并存，希望与困难同在。在互联网企业良好成长性的背后面临的是行业价值链的深度整合、公司治理结构的亟待优化以及投融资渠道的创新变革。互联网技术的不断成熟和逐步渗透为组织间的协同和共享提供了支撑，为财务信息化进程添加了动力，同时也对企业的财务竞争力、资本市场资源配置精准度以及风险控制体系的完备性提出了新的要求。因此，互联网企业应基于价值导向，通过对企业资源管理的持续优化，提高财务竞争力，最终实现可持续的价值创造。

"互联网+"时代，瞬息万变的资本市场和不断涌现的行业竞争使大多数互联网企业面临着价值链重构和产业链整合的新局面。企业战略、组织架构和商业模式的重新梳理日趋频繁，这意味着互联网企业也需要相应开展引领企业价值创造和支撑商业模式重构的财务变革和金融创新，积极引入互联网思维模式，加强对轻资产运营模式的管理，提高资金使用效率；大力应用互联网技术，推进财务变革与流程优化；依托互联网金融，重构企业的融资格局和模式；创新企业投资策略，实现全产业链融合；等等。

作为一种新经济形态的代表，"互联网+"充分发挥了互联网在生产要素配置中的优化和集成作用，正融合于多领域的产业组织中，贯穿于多层次的资本市场间。互联网企业的增速优势和对价值创造的强烈追求使其与资本市场形成相互依赖、相互促进的双向发展关系：一方面，资本市场借力互联网加速金融创新步伐并加快完善多层次市场体系的建设。自2013年互联网金融政策有所开放以来，互联网企业利用PC端和移动端在理财市场大显身手，从承销基金、参股金融公司，到直接向市场发售理财产品，互联网金融正打破过去以间接融资为主的市场格局，在广义资本市场金融体系中发挥重要作用。面对这一历史机遇，互联网企业应准确把握互联网金融的本质和发展规律，大力拓展移动支付、网络理财、供应链金融等金融创新业务，为企业发展不断寻找突破口和增长点，为资本市场注入新的活力。另一方面，互联网企业借助资本市场拓宽投融资渠道、加快并购整合最终实现可持续发展。上市是互联网企业对接资本市场的重要途径之一，这不仅关系到互联网企业发展的命脉，也是检验企业投资经营效率和风险管控能力的关键手段。庞大的资金需求促使细分领域中龙头企业实施并购重组，有效地减少因竞争带来的资金耗损，从而实现投资效率的最大化。新三板的出现与转板机制的逐步完善为互联网企业的投融资提供了新平台和新思路，借助多元化的资本运作手段，互联网核心企业将形成各自的生态圈，在实现价值创造的同时为稳定的行业发展格局奠定基础。

在上述背景下，《全球互联网企业发展报告2014~2015——资本市场、金融创新与可持续发展》的公开出版恰逢其时，为全球互联网企业管理创新的研究奉献了一部优秀的著述。

《全球互联网企业发展报告2014~2015——资本市场、金融创新与可持续发展》的主要内容包括：

**第一部分：专题篇。包括一份总报告和六份分报告。**

总报告对资本市场、金融创新与互联网企业价值创造进行了研究。分报告则从互联网金融的发展路径、风险及其监管，中国互联网企业海外整体上市及其风险分析，中国互联网企业并购整合的现状、问题及趋势，中国互联网企业资本驱动型成长路径及关键成功因素，中国风险投资/私募股权退出现状、动因与影响因素，以及中国互联网企业投融资与资本运营策略等不同视角致力于互联网企业价值创造与可持续发展的专题研究。

**第二部分：报告篇。包括12家互联网公司的可持续发展报告。**

本报告选择了全球具有代表性的12家互联网公司，其中中国7家、美国5家，分别从公司简介、公司战略、资本运营、商业模式、市场概况、经营和财务绩效、内控与风险管理以及前景展望八个方面，对其可持续发展状况进行概述研究。

**第三部分：附录篇。**

主要包括：2015年中国互联网企业100强报告、2015年中国移动互联网发展报告、2014~2015年中国互联网企业关键绩效指标等。

《全球互联网企业发展报告2014~2015——资本市场、金融创新与可持续发展》的创新之处包括：

第一，报告不仅对资本市场、金融创新与互联网企业价值创造进行了全面、深入的研究，还从互联网金融、中国互联网企业海外整体上市、中国互联网企业并购整合、中国互联网企业资本驱动型成长路径及关键成功因素、中国风险投资/私募股权退出以及中国互联网企业投融资与资本运营策略等不同视角致力于互联网企业价值创造与可持续发展的研究。

第二，目前国内外对企业财务竞争力的研究多处于概念界定和理论阐述阶段，尚未建立起规范可行的财务竞争力评价体系。报告基于价值导向从综合绩效和现金流视角构建了互联网企业财务竞争力评价体系，并运用因子分析模糊矩阵评价法对2014~2015年全球居于领先地位的28家互联网企业进行实证分析和财务竞争力排名，并进行综合分析。

第三，报告从2014~2015年全球居于领先地位的28家互联网企业中，挑选出具有代表性的12家，分别从八个方面对其可持续发展状况进行概述研究，为全球互联网企业的国际化拓展提供了有价值的信息。报告呈现的互联网企业的关键绩效指标（横向比较、纵向趋势）以及轻资产运营特征指标，为互联网企业的标杆管理、精细化管理以及价值管理提供了可以参照的依据和有价值的基础数据信息。

作为一部反映全球互联网企业的报告，该著作难免有偏颇或疏漏之处。报告团队将与互联网各界携手前进，共同努力，为互联网企业的价值创造与提升做出更大的贡献。

# 目 录

## 第一部分  专题篇——资本市场、金融创新与互联网企业价值创造

总 报 告　资本市场、金融创新与互联网企业价值创造 / 3
分报告一　互联网金融的发展路径、风险及其监管研究 / 31
分报告二　中国互联网企业海外整体上市及其风险分析 / 50
分报告三　中国互联网企业并购整合的现状、问题及趋势研究 / 76
分报告四　中国互联网企业资本驱动型成长路径及关键成功因素研究 / 97
分报告五　中国风险投资/私募股权退出现状、动因及影响因素分析 / 117
分报告六　中国互联网企业投融资与资本运营策略研究 / 141

## 第二部分  报告篇——互联网企业可持续发展报告

一、亚马逊公司可持续发展报告（Amazon）/ 163
二、谷歌可持续发展报告（Google）/ 185
三、京东可持续发展报告（JD）/ 211
四、eBay 可持续发展报告（EBAY）/ 231
五、苏宁云商公司可持续发展报告（SUNING）/ 257
六、腾讯公司可持续发展报告（Tencent）/ 283
七、Facebook 可持续发展报告（FACEBOOK）/ 313
八、阿里巴巴集团可持续发展报告（Alibaba Group）/ 343
九、百度公司可持续发展报告（Baidu）/ 371
十、雅虎可持续发展报告（Yahoo!）/ 397
十一、网易公司可持续发展报告（NetEase）/ 417
十二、搜狐可持续发展报告（SOHU）/ 439

## 第三部分 评估篇

一、2015年中国互联网企业100强报告 / 463

二、2015年中国移动互联网发展报告 / 477

三、2012~2014年中国互联网企业关键绩效指标 / 504

## 后　记 / 517

# Contents

## Section 1  Special Subject Part: Capital Market, Financial Innovation and Value Creation of Internet Enterprises

Main Report   Capital Market, Financial Innovation and Value Creation of
              Internet Enterprises / 3
Report Ⅰ     Growth Path, Risk and Supervision of Internet Finance / 31
Report Ⅱ     Oversea Holistic Listing and Risk Analysis of China Internet Enterprises / 50
Report Ⅲ     Current Situation, Problems and Trend of M&A Integration for
              China Internet Enterprises / 76
Report Ⅳ     Capital-driven Growth Paths and Critical Success Factors of China Internet
              Enterprises / 97
Report Ⅴ     Current Situation, Motivation and Influencial Factors of VC/PE's Exitting / 117
Report Ⅵ     Investment, Financing and Captial Operation Strategy of China Internet
              Enterprises / 141

## Section 2  Report Part: The Report on Sustainable Development of Internet Enterprises

一、The sustainable development report of Amazon / 163
二、The sustainable development report of Google / 185
三、The sustainable development report of JD / 211
四、The sustainable development report of eBay / 231
五、The sustainable development report of Suning / 257
六、The sustainable development report of Tencent / 283
七、The sustainable development report of FACEBOOK / 313

八、The sustainable development report of Alibaba Group / 343

九、The sustainable development report of Baidu / 371

十、The sustainable development report of Yahoo！/ 397

十一、The sustainable development report of NetEase / 417

十二、The sustainable development report of SOHU / 439

# Section 3　Evaluation Part

一、Report of China Top 100 Internet Enterprises in 2015 / 463

二、Developemt Report of China Mobile Internet in 2015 / 477

三、Key Performance Indicators of China Internet Enterprises from 2012 to 2014 / 504

# Postscript / 517

# 第一部分 专题篇
## ——资本市场、金融创新与互联网企业价值创造

总 报 告　　资本市场、金融创新与互联网企业价值创造
分报告一　　互联网金融的发展路径、风险及其监管研究
分报告二　　中国互联网企业海外整体上市及其风险分析
分报告三　　中国互联网企业并购整合的现状、问题及趋势研究
分报告四　　中国互联网企业资本驱动型成长路径及关键成功因素研究
分报告五　　中国风险投资/私募股权退出现状、动因及影响因素分析
分报告六　　中国互联网企业投融资与资本运营策略研究

第一部分　专题篇——资本市场、金融创新与互联网企业价值创造

## 总 报 告
# 资本市场、金融创新与互联网企业价值创造

随着资本市场不断完善及金融创新不断推进，创造价值逐渐成为众多企业追求的目标。价值创造是企业发展的不竭动力，是企业理论研究的永恒话题，也是众多利益相关者收益最大化的基本保证。从传统企业组织结构到现代企业组织制度的演进，无不彰显出企业对价值创造的追求（袁奋强，2015）。而互联网企业有着与传统企业无法比拟的增长速度优势，因而对于价值创造的追求更加强烈。随着互联网行业的飞速发展和资本市场的不断成熟，互联网产业已经成为经济增长和经济结构转型升级的推进器和加速器，多层次资本市场的逐渐建立，也使得互联网企业能够在更加有利的环境中成长。如新三板作为新打开的巨型金矿，为互联网企业进入资本市场开辟新的道路；注册制下，互联网企业进入A股市场的通道正式开启；通过与上市公司并购，成为互联网企业对接资本市场的有效途径。互联网的快速发展，不仅推动企业的发展，而且也影响着资本市场的效率，发挥着资本市场信息传播、监督、政策解读、舆论引导等功能。资本市场的发展伴随着金融创新的不断深入，金融创新在提高资本市场资源配置效率的同时，也拓宽了互联网企业的投融资渠道，使其能够把握机遇迅速发展，创造更大的价值。自2013年以来，互联网金融正慢慢渗透到资本市场的各个领域，同时风险投资与私募股权等金融创新方式也随着"互联网+资本市场"迅速发展。"互联网+"带来的"活水"正成为资本市场与金融创新发展中积极的推动力，同时，这股推动力也正积极作用于互联网企业以实现价值最大化的终极目标。

## 一　中国互联网企业发展历程及现状

近20年来我国互联网行业出现了以百度、阿里巴巴和腾讯为代表的企业，从搜索引擎、电商、社交发展到医疗、教育等领域，互联网行业的发展如火如荼，对于高速成长的互联网行业来说，又迎来了新一轮的量变。互联网企业依托于高速发展的互联网产业，从无到有，由小变大，自20世纪90年代至今，创造了一个又一个商业神话。互联网企业将实体经济与移动互联网融合，创造

全新的价值经济，进而推动互联网行业迈向产业互联网时代。

### （一）中国互联网企业发展历程

中国互联网企业发展历程可归结为以下五个阶段（如图1-0-1所示）。

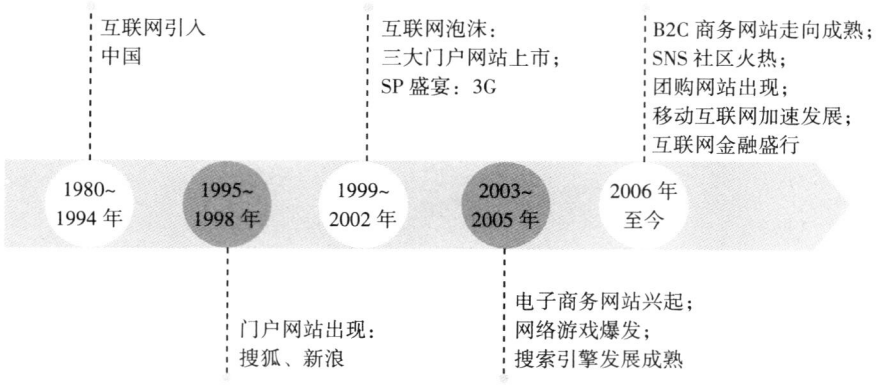

图1-0-1 中国互联网企业发展历程

**1. 第一阶段（1980~1994年）：网路探索，初现端倪**

20世纪80年代初，互联网伴随美国科学家对计算机和网络资源共享的呼吁开始发展，很多关键性、基础性标准都是在这个时期确定的。1980年3月，中国香港建成一个国际线信息检索终端，向国内机构提供服务。随后互联网的应用不只局限于学术团体、企业研究，个人用户也开始使用，如电子邮件。直到1994年4月20日，NCFC（中国国家计算机与网络实施）工程通过美国Sprint公司接入Internet的64K国际专线，中国实现了与国际互联网的全功能连接，标志着互联网正式引入中国，从此中国互联网时代的帷幕慢慢拉开。

**2. 第二阶段（1995~1998年）：蓬勃发展，迅速扩张**

随着以现代信息技术为基础的互联网在全球迅速兴起，互联网企业发展呈现高速态势。由于美国有着良好的互联网大环境、密集的高新技术产业园、充足的资本来源等得天独厚的优势，许多互联网公司开始在美国创立并崭露头角，雅虎的上市鼓励了中国的效仿者。中国的三大门户网站新浪网（1996年6月）、搜狐网（1996年8月）和网易（1997年5月）相继成立，互联网企业呈现出蓬勃发展之势。

**3. 第三阶段（1999~2002年）：网络大潮，险度寒冬**

从资本市场发展历史看，泡沫多来自人们短期内对新技术、新应用前景的过度乐观和非理性追捧（陈建功、李晓东，2014）。从1999年初开始到2002年底，作为新经济晴雨表的纳斯达克指数经历了快速攀升之后快速下滑到1108点的过程。这一时期被看作是国际互联网市场发展的泡沫期。资本市场的崩溃直接导致了互联网企业的倒闭潮，美国互联网企业迎来了互联网时代以来的第一次寒冬。但是无论国内还是国外，尽管互联网受到资本市场的追捧，却无法给投资者带来预期收益。1999年，中华网在纳斯达克上市，成为第一个美国上市的互联网公司，这大大刺激了中国互联网热潮。1999年，中国的网站总量只有

15153个,到了2000年底,急剧增加到265405个。2000年,中国移动推出的"移动梦网计划"为中国互联网企业度过泡沫寒冬提供了时间和机遇。在此期间,中国的三大门户网站相继在纳斯达克上市,并在2002年开始实现盈利。

4. 第四阶段(2003~2005年):模式创新,持续发展

虽然互联网行业经历了泡沫,但是用户规模持续增加,2005年已经达到1亿以上。随着移动增值业务的发展和网民规模的扩张,中国互联网的商业价值逐渐得到认可,此时显现出不同的商业模式和盈利模式。随着三大门户网站和盛大游戏的上市,网络广告和游戏市场保持着较快的增长速度。阿里巴巴等电子商务的兴起,引发了互联网企业的突破式发展,搜索引擎市场开始走向成熟。由此中国互联网的主要商业模式不断创新,互联网企业走上可持续发展道路。

5. 第五阶段(2006年至今):渐稳成熟,价值凸显

随着技术创新与全球化的不断深入,互联网企业以前所未有的速度高速发展并稳步前行。2005年,以博客为代表的Web2.0概念推动了中国互联网的发展。Web2.0概念的出现标志着互联网新媒体发展进入新阶段,同时也催生了Blog、SNS等的发展。2005年8月5日,百度登陆纳斯达克,市值逼近40亿美元。而至2009年底,在全球互联网企业中排名第三的中国的腾讯以接近400亿美元的市值首次进入全球IT市值榜单的前20名,成为国际互联网行业的重要力量,京东、360紧随其后,也已达到了百亿美元的规模。并购潮伴随着不断掀起的互联网企业上市热潮进一步推动了互联网企业的发展。国外方面,谷歌、亚马逊、雅虎等互联网巨头并购的步伐不断加快,涉及的领域也越来越广泛;国内方面,百度、腾讯、阿里巴巴三巨头领衔国内的互联网并购潮。

2013年互联网金融的盛行,使互联网行业的发展热度递增。中国互联网企业的海外上市潮、互联网巨头的并购潮以及互联网金融等都凸显出互联网企业对于价值创造的重视,只有真正创造出价值才能使企业实现可持续发展。

## (二)中国互联网企业发展现状

2011~2015年是中国互联网企业快速发展的五年。网络基础设施建设提速,移动互联网快速发展,传统行业全面互联网化,为中国互联网企业提供了难得的发展机遇。"十二五"期间中国互联网企业以巨大的热情登陆资本市场,并登上全球企业市值排行榜,国内互联网巨头百度、腾讯、阿里巴巴成功跻身全球市值千亿美元企业阵营。互联网企业的发展展现出新的面貌,主要体现在以下五个方面:

1. 行业发展迅速,国内互联网企业地位提升

近年来,随着互联网技术的突飞猛进,互联网行业呈高速发展态势。从企业规模看,清科数据中心显示,1995年全球前15大互联网上市公司的总市值为170亿美元,2015年5月达到2.4万亿美元(如表1-0-1所示)。在短短20年内规模可以增长100多倍,足以说明互联网企业乃至整个行业的飞速发展是其他行业无法比拟的。其中,阿里巴巴一家的市值甚至超过全球前十大互联网公司中亚马逊、eBay和雅虎三家的总和。从用户规模看,互联网用户的渗透率20年间发生了翻天覆地的变化,用户数从1995年的0.6%(3500万人)发展到了2014年的39%(28亿人)。另外,由于移动互联网的兴起和快速发展,近年来各大互联网企业用户规模呈现爆发式增长,坐拥数亿用户的互联网企业迅速增加。阿里集团的相关数据显示,截至2015年6月30日,阿里巴巴集团活跃买家数量达到3.67亿。腾讯在2011年1月推出微信,到2015年第一季度末微信月活

跃用户已达5.49亿，已覆盖国内90%以上的智能手机。百度移动搜索活跃用户也已达6.29亿。

表1-0-1  1995年与2015年全球前15大互联网上市公司一览表

| \multicolumn{4}{c}{1995年12月} | \multicolumn{4}{c}{2015年5月} |
|---|---|---|---|---|---|---|---|
| 排名 | 公司 | 国家 | 市值（百万美元） | 排名 | 公司 | 国家 | 市值（百万美元） |
| 1 | Netscape | 美国 | 5415 | 1 | 苹果 | 美国 | 763567 |
| 2 | 苹果 | 美国 | 5415 | 2 | 谷歌 | 美国 | 373437 |
| 3 | Axel Springer | 德国 | 2317 | 3 | 阿里巴巴 | 中国 | 232755 |
| 4 | PentPath | 美国 | 1555 | 4 | Facebook | 美国 | 226009 |
| 5 | Web.com | 美国 | 982 | 5 | 亚马逊 | 美国 | 199139 |
| 6 | PSINet | 美国 | 742 | 6 | 腾讯 | 中国 | 190110 |
| 7 | Netcom On-Line | 美国 | 399 | 7 | eBay | 美国 | 72549 |
| 8 | IAC/Interactive | 美国 | 326 | 8 | 百度 | 中国 | 71581 |
| 9 | Copart | 美国 | 325 | 9 | Priceline.com | 美国 | 62645 |
| 10 | Wavo Corporation | 美国 | 203 | 10 | Salesforece.com | 美国 | 49173 |
| 11 | IStar Internet | 加拿大 | 174 | 11 | 京东 | 中国 | 47711 |
| 12 | Firefox Communications | 美国 | 158 | 12 | 雅虎 | 美国 | 40808 |
| 13 | Storage Computer Corp. | 美国 | 95 | 13 | Netflix | 美国 | 37700 |
| 14 | Live Microsystems | 美国 | 86 | 14 | Linkedin | 美国 | 24718 |
| 15 | iLive | 美国 | 57 | 15 | Twitter | 美国 | 23965 |
| \multicolumn{3}{c}{合计} | 16752 | \multicolumn{3}{c}{合计} | 2415867 |

资料来源：清科数据。

**2. 规模优势显现，有力拉动信息消费**

2015年我国互联网企业整体实力表现强劲，尤其是互联网百强企业，其2014年的互联网业务收入总规模达到5735亿元，比上年百强的3980亿元增加了44%，百强企业中互联网业务收入规模均在2亿元以上，接近五成企业互联网业务收入超过10亿元，9家企业超过100亿元（如图1-0-2所示）。但是营收集中度仍然较高，前五名互联网业务收入总和达到3223亿元，达到总营收的56%，前10位的企业包揽了60%互联网业务收入，排名靠前的企业规模优势非常明显。这充分体现出互联网行业是一个具有规模优势的行业，大型互联网企业往往通过并购小型互联网企业形成自身的规模优势，以便获取高额收益。

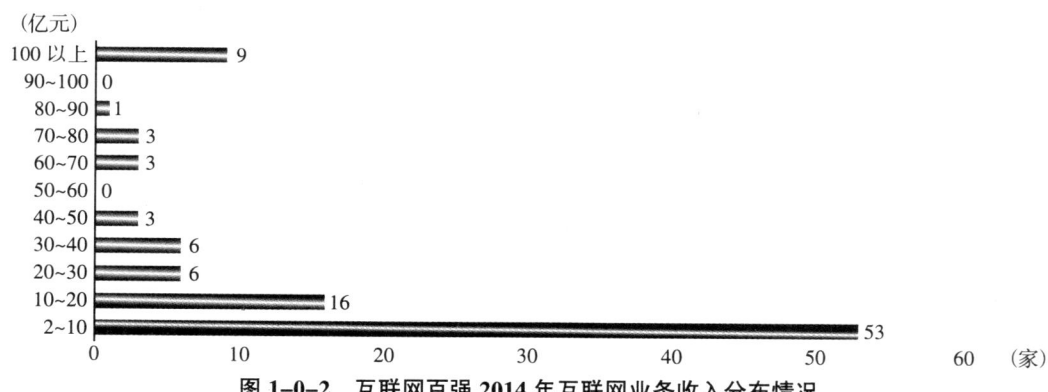

图1-0-2  互联网百强2014年互联网业务收入分布情况

资料来源：2015年中国互联网100强报告。

在互联网百强中的企业具有良好的成长性，有力地拉动了我国信息消费。互联网百强的互联网业务收入总体增速达到了47%，有64%的企业增速超过20%，有14家企业实现了100%以上的超高速增长。百强2014年互联网收入总规模占我国2014年信息消费规模比重达到20.5%，比2013年提高了2.4个百分点，带动信息消费增长7.7%，贡献了42.3%的信息消费增量，对信息消费的拉动作用显著。

3. 覆盖领域广泛，"互联网+"愈演愈烈

互联网企业的业务涉及领域非常广泛，其中主要包括网络游戏、电子商务、综合门户、搜索、网络视频、互联网金融、在线教育等领域。这些都是随着互联网的发展而出现的新兴领域，而这些领域都与人们的生活息息相关，并且有着广阔的发展前景。其中，以电子商务为主营业务的企业互联网业务收入规模最大，以互联网百强企业为例，其收入超过3078亿元，超过百强企业总收入的一半；其次是综合门户类企业，收入规模接近1700亿元，占全部百强企业的三成。相比之下，网络游戏和垂直门户的企业虽然众多，但是收入规模相对要低得多，这两类业务的企业数量占百强总数的45%，但是收入占比仅为9.5%（如图1-0-3所示）。

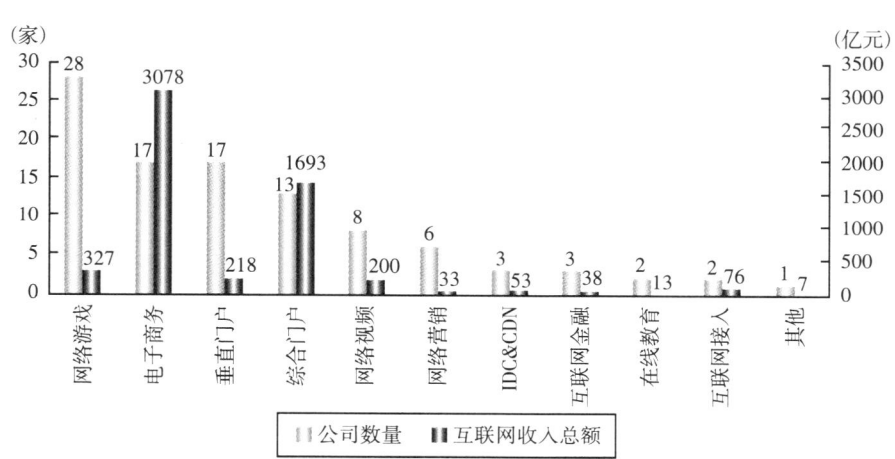

图1-0-3　不同业务类型的公司数量和2013年营收总额

资料来源：2015年中国互联网100强报告。

随着"互联网+"在全球开始盛行，传统行业开始利用互联网信息技术纷纷转型。其主要表现出两个特点：第一，从分散到集群。传统互联网改造传统行业的形式是点状的，随着近年来互联网公司平台化发展进入成熟期，"互联网+传统行业"呈现出更加完整的综合性解决方案和一站式联通。第二，从提速到创新。在"互联网+"时代，随着更多信息交互渠道的打通，可以在传统行业中找出新的商业模式，从而提高效率和优化资源配置。

4. 盈利水平良好，强力推动业务创新

盈利可以说是互联网企业的重中之重，只有企业盈利才能获得发展的必要资金。我国互联网企业总体盈利水平较高，以互联网百强为例，2014年营业利润总额为787亿元，其中利润高于100亿元的企业3家，另有5家利润高于10亿元（如图1-0-4所示）。这8家企业的营业利润之和达到514.7亿元，占互联网百强全部营业利润的85%。由于互联网企业特有的发展特点，部分企业为了保持营收的高速增长，增加投资规模，导致出现收不抵支的现象，百强中有近三成企业存在亏损现象，但这些企业业务特色鲜明，规模优势显著，仍有较大的发展空间。

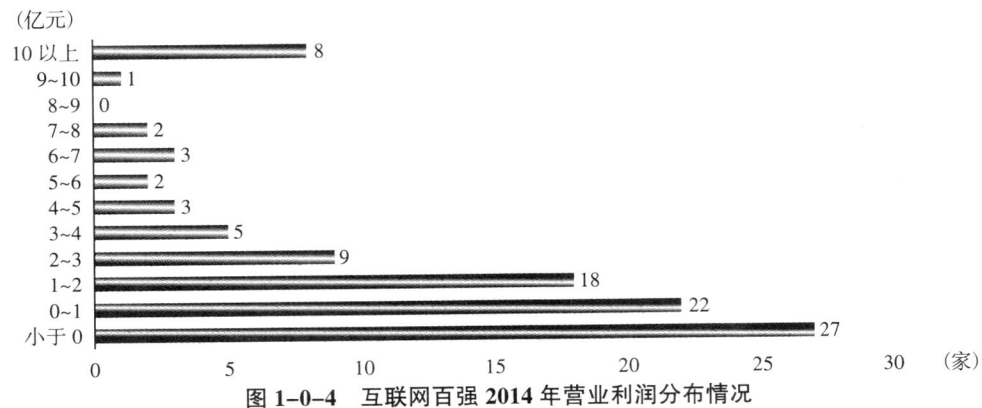

图1-0-4 互联网百强2014年营业利润分布情况

资料来源：2015年中国互联网100强报告。

互联网企业有了稳定的盈利，就能持续加大研发创新力度，积极开发新产品、研究新技术、探索新业态、开拓新模式，引领全行业乃至全社会的创新浪潮。例如，阿里巴巴、唯品会、梦芭莎等电子商务企业积极发展跨境电子商务业务，到海外设立子网站，一方面助力中小微企业开拓海外新市场，另一方面带动满足国内消费新需求。技术研发投入维持在较高水平，2014年互联网百强企业平均研发支出占营收比率达到11%。品牌创设与培育速度较快，互联网百强企业拥有较知名的品牌数量超过200个，百度、爱奇艺、携程旅行网、搜房网、新华网等品牌深受消费者喜爱，品牌效应明显。

5. 移动领域爆发，创新引导发展

当前，移动互联网行业逐渐从技术驱动发展慢慢过渡到需求驱动阶段，应用和模式创新取代技术创新成为显著特征，移动互联网已经形成一个超过万亿美元规模的巨大产业，并在此基础上保持高速增长，互联网企业的移动端流量也随之快速增加。以百强互联网企业为例，2014年的整体数据显示，至少有七家企业移动端流量超过传统桌面端，发展态势有望进一步加速。

随着移动互联网发展的逐步深入，移动互联网及其衍生的新技术不断驱动新领域、新模式、新产品等新兴业态出现。APP经济规模不断增加，移动互联网与物联网、传统产业的融合不断缔造更多新业态；产业巨头也借助正在兴起的垂直或水平生态建造属于自己的生态圈；O2O、跨界融合、云端整合等模式创新层出不穷；智能设备也在不断推陈出新；移动生活领域的开发也让人们享受到科技带来的便利。移动互联网让互联网成为实体经济社会不可分割的一部分，互联网的作用也绝不再是简单地提升效率，而是已经成为各行业的颠覆性力量。

## 二　资本市场与互联网企业价值创造

随着2015年注册制改革、创业板飞速发展以及新三板日益成熟，中国互联网企业开始纷纷回归本土。中国资本市场不断发展壮大，不仅初步建成了多层次市场体系，各项基础制度也不断完善，市场活力得到释放，资本市场在服务实体经济中扮演了举足轻重的角色。国内资本市场的爆发式创新和增长，为互联网企业的发展带来了新的契机。

## （一）我国资本市场发展现状及缺陷

### 1. 我国资本市场发展现状

自1990年上海证券交易所、1991年深圳证券交易所成立以来，我国证券市场在筹集资金、调整经济结构、优化资源配置、促进国民经济发展等方面发挥了积极作用，成为我国经济活动中不可或缺的一部分。股权分置改革后我国证券市场进入一个新的历史阶段，表现在：

第一，就股票市场而言，我国已形成了由场内市场的主板（含中小板）、创业板（俗称"二板"）和场外市场的全国中小企业股份转让系统（俗称"新三板"）、区域性股权交易市场、证券公司主导的柜台市场共同组成的多层次资本市场体系（如图1-0-5所示），同时还有H股、红筹股市场，最近又开通了沪港通交易市场。相比之下，美国拥有现时世界上最大最成熟的资本市场（如图1-0-6所示），纽约是世界的金融中心，聚集了世界上绝大部分的游资和风险基金，股票总市值几乎占了全世界的一半，季度成交额更是占了全球的60%以上。多层次的市场结构使美国股票市场在组织结构和功能上形成相互递进的市场特征，上市公司在不同层次的市场之间可进行相互转换，充分发挥了证券市场的"优胜劣汰"机制。第二，债券市场，2014年中国债券市场继续快速扩张，多数品种发行额扩大。公司债、企业债得到了长足的发展，其中企业债增速达到46.7%。第三，投资基金市场得到了迅速发展，公募基金规模不断扩大，私募基金也异军突起，创投基金、产业投资基金也发展很快。第四，信托业得到恢复和发展，信托业管理的资金规模已经超过了保险业，目前大概管理10万亿元的资产。第五，期货、期权市场也在平稳发展。商品期货交易已经比较成熟，近几年又推出了金融期货，近期有可能推出其他金融期货品种，如股指期权等。因此，由主板、中小企业板、创业板、新三板、区域性股权市场、柜台市场组成的多层次股权市场体系初步形成，债券市场、期货与衍生品市场发展迅速，市场层次日益丰富，市场覆盖面进一步扩大，中国的多层次资本市场已经初步形成。

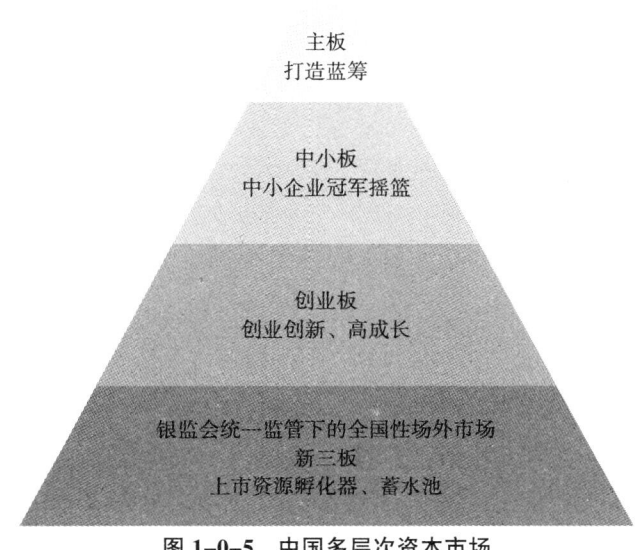

图1-0-5　中国多层次资本市场

图 1-0-6 美国多层次资本市场

## 2. 我国资本市场发展存在的问题

第一，资本市场规模小、结构不合理。目前，股票市场发展缓慢，规模很小，企业债券市场规模更小，很难充分发挥出资本市场调配社会资源和企业资源的作用。从中国融资规模和融资效果来看，仍然以间接融资、银行融资为主，资本市场的融资规模很小。根据中国人民银行发布的社会融资规模增量统计数据看，我国直接融资比重从 2010 年的 6.7% 提高到 2015 年前 8 个月的 18.7%，意味着"十二五"期间提高了 12 个百分点，但是同发达市场国家相比仍存在显著差距。从融资占比看，企业债券余额占比 9.6%，同比高 0.6 个百分点；非金融企业境内股票余额占比 3.2%，同比高 0.2 个百分点。虽然相比上年有所增加，但是总占比仍然很低，很难通过资本市场调配企业和社会资源。

第二，证券发行和交易行政化、计划化、审批化。长期以来，我国证券发行和交易是行政化、计划化和审批化，这是制约中国资本市场发展最大的一个障碍。《证券法》虽然规定证券发行实行核准制，实质上还是审批制。对拟上市公司还实行严格的审核制度，而且主要审核企业盈利能力，导致企业长时间无法上市。当股票市场不好的时候，为了稳定市场来停发新股，不仅没有起到稳定市场的作用，反而使拟上市公司数量越积越多。我国债券市场，尤其是企业债券和公司债券市场的问题更多，可谓层层审批，多头管理，导致债券市场发展缓慢，难以发挥资本市场的效率和作用。随着注册制开始推行，这一问题可能会得到一定程度的缓解。

第三，主板和中小板准入门槛高，创业板制度不健全。目前，主板市场有较高门槛，对上市企业的业绩、规模要求相对严格，主板市场本身不适合为互联网企业服务；中小板只为少数较成熟的互联网企业提供资金支持，没有建立起为中小企业服务的制度和交易机制，与主板的联动与分层也不明显；创业板市场尽管发展迅速，但由于制度建设的滞后，某种程度上阻碍了互联网企业或创新型企业登陆创业板融资。主板以大型企业为主，而且大多是国有企业改制的股份制企业，而最初市场上民营上市公司非常少。为了使众多中小企业、自主创新企业能够发行和上市，2004

年开设了中小板市场，2009年又开设了创业板市场，两个市场在近几年有了较快发展，但仍无法满足众多中小企业融资需求。我国现有4000多万家中小企业，登记在册的达1280万家，只靠中小板市场、创业板市场目前的发行速度，很难解决中小企业融资难的问题。新三板的融资使部分中小企业得到发展，但是其流动性不足使其市场持续低迷。

第四，场外交易市场缺乏活跃度。我国目前的场外交易市场在整个资本市场中是最不发达的一个部分，主要表现在：首先，场外交易市场持续性不强。1986年出现的柜台交易，因为制度不规范和秩序混乱中间一度停滞，直到2001年才又重新开始启动。其次，交易方式与运作不匹配。目前我国的场外交易市场的交易方式主要是协商交易和集合竞价交易，协商交易容易出现操纵报价服务，而集合竞价制度对于一个散乱和不活跃的市场而言，交易匹配的时间过长，从而降低交易成功的概率和效率。最后，监管不力，机构分散。场外交易市场没有形成统一的交易制度、业务模式和网络信息化服务，而且各地方政府对于省内的场外交易市场拥有监管权限，中央政府又对代办股份报价转让系统有着监管权限，使得整个场外交易市场的监管体系十分混乱，造成了资源浪费和冗余。

第五，中小投资者权益未能得到很好的保护。中国资本市场投资者到目前为止90%是散户，把钱投资于企业，最终未能分享到资本市场的财富效应。相当一部分企业多年不分红或象征性分红，而大部分上市公司的分红公告几乎千篇一律。中小投资者无法获得一级市场股票，大部分人是通过二级市场高价买进的，在资本市场发展的同时狠狠被套牢。

中国资本市场是一个典型的融资市场和典型的投机市场。要使资本市场进一步发展和扩大，核心问题是把融资市场变成真正的投资市场，把投机市场变成长期投资市场。只有把市场建成能够保护投资者，尤其是广大中小投资者合法权益的市场，并且能够促进企业的可持续发展，资本市场才能健康发展。

### （二）资本市场与互联网企业价值创造

随着"互联网+"时代的到来，"互联网+资本市场"是时代发展的必然要求。在互联网时代，拥抱互联网是基本主旋律，"互联网+"行动计划正式成为国家战略的一部分。资本市场天生具备"互联网+"的条件，"互联网+资本市场"各种业务形态已经展开。资本市场将借助"互联网+"行动计划逐步完善多层次资本市场建设，同时资本市场未来将向更多互联网企业敞开上市大门。"互联网+"作为一种新经济形态的代表，正深度融合于经济社会各领域中，成为提升实体经济创新与发展的新引擎，同时，"互联网+"带来的"活水"也正贯通于多层次资本市场之间，成为资本市场和互联网企业发展中积极的动力。

1. 挖掘市场发展潜力，彰显企业价值

随着我国经济的高速发展和资本市场的逐步成熟，互联网企业逐渐对国内资本市场产生好感。从2014年初到2015年中，新三板的挂牌企业由300多家增加到3000多家，增长了10倍之多，其中多数是互联网企业，这也可以看出互联网企业认可新三板及其融资的便捷性。毕竟对于初创以及成长中的互联网企业来说能够有效融资是其发展的必要保证，而新三板相对于主板和创业板来说宽松的上市条件能够为企业及时筹集到资金，满足其成长性的需要。众多企业抢滩登陆新三板也成为新三板能够被划分到"场内"市场的一个市场基础。

目前，海外上市的中国互联网企业很多在筹备私有化，如360、人人网、陌陌等。前段时间

A股的急剧下跌使一部分中概股企业回归A股，企业对是否私有化开始迟疑。而对于一些没有上市的互联网企业，回归国内资本市场的意愿更加强烈。例如，互动百科宣布拆除VIE，引入2.8亿元投资，预计2015年底在新三板挂牌，转投国内资本市场。互联网企业不管是选择回国私有化还是强烈国内上市，无疑是受到国内资本市场的吸引。中国互联网的市盈率非常高，2014年A股平均194倍，2015年大约是127倍，远远高于国外纳斯达克和纽约证券交易所等资本市场的水平（如图1-0-7所示）。

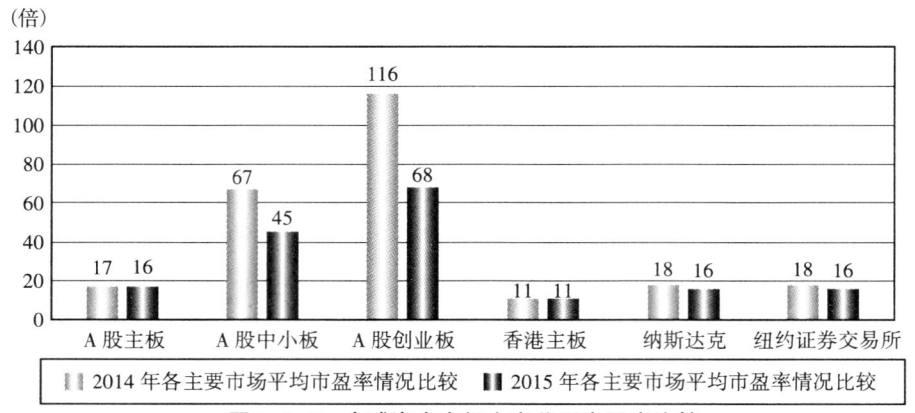

**图1-0-7 全球资本市场上市公司市盈率比较**

资料来源：Wind资讯、Bloomberg、CICC（截至2015年5月15日，平均市盈率采用市值加权，已剔除异常值）。

**2. 提高信息公开化程度，改善公司治理效率**

随着信息技术的迅猛发展，信息在市场中的作用凸显，信息具有价值创造功能。加大信息公开程度、提升信息透明度可以有效降低委托人与被委托人之间的信息不对称性，因此信息公开程度的提高可以弱化代理问题，从而降低代理成本。资本市场上对上市公司有相应的要求，如盈利要求、公开财务报告等。企业信息公开化程度的提高可以吸引更多的投资者注资，有效防止股权的过度集中，增强股权结构的多元化，将企业置于投资者、股东、相关监管部门等多方面的监督之下，能够有效提升企业信息的"透明度"。互联网企业由于具有高风险、高收益的特点，因此公开透明的信息披露显得尤为重要。每家互联网企业都有自己独特的风险存在，如果不能把这些风险公开透明，那么就会误导投资者，使其不能准确判断，风险来临时就会造成损失，对企业也会造成不良的市场影响。

**3. 提高投资经营效率，便于实施资本运作**

资本市场可为企业提高投资与经营效率、强化风险控制意识发挥作用。互联网企业若想利用股票市场进行直接融资，必须建立完善的公司法人治理结构。这在一定程度上保证了互联网企业的正常经营活动和所有者的权益，降低了互联网企业的经营风险。而利用债券融资的互联网企业则必须有良好的信誉和令投资者认可的经营效率，否则企业难以实现筹资决策。"互联网+"就是在中国目前经济下行压力较大、中小型企业融资困难、工业生产产能过剩、鼓励"大众创业、万众创新"的大氛围下的一个"新常态"经济产业发展概念，鼓励互联网与传统行业融合发展的新形态、新业态。目前资本市场中备受互联网企业追捧的就是新三板，而新三板的地位也越来越重要，且新三板企业盈利能力整体优于主板及创业板。从2015年5月披露的2318家公司2014年年报信息来看，盈利企业1988家，做市278家股票中，亏损的仅有9家，盈利比例高达96.7%。新三板的出现大大增强了互联网企业投资经营的效率。随着规模的迅速扩张并在多个领域出现规模化发展态势，互联网企业频繁实施资本运营，并形成各自的生态圈，奠定了稳定的行业发展格局。互联网企业并购频率快速提升。2013~2014年互联网行业并购数目、金额超过过去十几年的总和。互联网行业在2014年并购次数达715次，同比增加162%；并购交易额度1542亿元，同比增加236%（交易已完成）。与10年前相比，互联网并购项目数与交易额占比均从10%左右提升到20%左右，三大互联网巨头百度、阿里巴巴、腾讯也纷纷布局，建造自己的"商业帝国"。

4. 拓宽筹资渠道，改善融资效率

资本市场的发展可改变企业筹资渠道单一的状况，增加筹资渠道，分散筹资风险。由于过去作为主要筹资渠道的银行贷款存在利率高、期限短、资金用途有限制等不利条件，使得单一采用银行贷款的筹资方式加大企业筹资风险。随着资本市场的日益完善，企业可以通过资本市场并且利用多种金融工具筹集发展所需资金，这样既满足了企业资金需求，也可分散企业筹资风险。互联网产业属于典型的资本密集行业，近年来互联网领域融资活跃。随着互联网行业的膨胀，引领机构投资热潮，互联网企业融资问题得到有效缓解。2014年，国内规模以上的116宗VC投资当中，互联网占60%，显然创投已经抢占互联网投资的潮头。另外，互联网金融作为当下最流行的热点，不仅可以实现投资人与资金需求方之间的直接交易，还可以通过平台控制风险有效帮助初创互联网企业融资。同时，未来互联网金融企业登陆资本市场之后，也会为投资者带来更多投资机会。而新三板的出现与转板机制的逐步完善也为互联网企业解决融资难问题提供了良好的资本市场平台和新的思路。

## 三 金融创新与互联网企业价值创造

中国的资本市场和金融业发展取得了长足的进步，但与西方发达国家相比，其金融体制的市场化程度依然不高，金融创新能力也较弱，这些成为制约中国经济可持续发展的主要瓶颈。为了进一步深化市场化进程，必须依靠金融创新等改革模式来突破体制性的束缚，拓展企业融资渠道，"十二五"期间是中国互联网企业发展浓墨重彩的五年。伴随移动互联网和创新的大潮，中国互联网企业乘势前进，获得跨越式发展的同时，也有力地推动了互联网经济的发展。

### （一）金融创新与资本市场

金融创新作为金融领域各种资源、要素的优化配置和组合，有利于提高资本市场的效率、降低风险和维护稳定。20世纪美国经济学家约瑟夫·熊彼特（J.A.Schumpeter）在其《经济发展理论》中首次提出了"创新理论"，这是针对产业经济提出来的，为日后金融创新理论的发展奠定基础。随着世界经济的快速发展，金融活动对经济的影响逐渐扩大。

1. 我国金融创新发展现状

在我国，实体经济对金融创新的需求量正迅

速扩大，需求层次也不断提高，特别是金融业的全面开放将加快金融体制改革的进程，外部金融机构广泛介入我国金融市场，将直接带来创新业务，竞争的加剧也将迫使国内金融机构加快创新步伐。同时，受国际金融发展趋势的影响，我国金融管制必将趋于放松，宽松的外部环境也将促进金融创新的发展，在各种因素的共同作用下，我国金融创新将进入一个发展高潮期，并将成为推动我国金融发展的重要力量。

（1）金融创新业务实现突破。目前，外资金融机构已遍布沿海城市和内陆主要中心城市，已渗透到金融业的各个行业。由于受经营范围的约束和地域限制，外资金融机构尚未对国内金融机构构成大的竞争威胁，但今后，外资金融机构的经营范围与地域限制将取消，外资金融机构将与国内金融机构展开全面业务竞争，以优质服务争取优质客户，以先进技术挖掘国内金融机构尚未开发的潜在优质客户，扩大在传统金融业务和中介服务中的市场份额。而为了在竞争中求取生存，获取发展空间，国内金融机构也将在国外金融机构业务创新示范效应的带动下迅速跟进，从而推动金融创新和金融服务深化发展。目前，随着我国利率自由化进程逐步推进，同业拆借市场利率已基本实现自由化。随着我国金融市场与国际金融市场一体化进程的加快，存贷款利率的自由化进程也必将加快。而一旦实现利率自由化，实体经济和金融机构将产生对规避利率风险的金融工具的需求，与利率相关的金融业务创新必将应运而生。

（2）衍生金融工具市场持续发展。衍生金融工具是金融创新的产物，随着国内金融市场的改革开放，衍生金融工具在经历了十几年的孕育后终于有了突破性的发展。以期货市场发展为例，2007年，中国上海、大连和郑州三个期货交易所全年成交量达到72846万手，成交额突破40万亿元，成交金额首次超过全国GDP总额。2008年虽然遭遇全球金融危机，但中国期货市场交易额仍然突破71万亿元，没有出现系统性风险，从而为2009年交易额突破130万亿元提供了金融和信心保证。2011~2014年，期货市场呈现稳定增长态势，2014年的数据与2011年相比，期货市场成交量增长了137.76%，成交额增长了112.35%。

随着我国经济与世界经济一体化进程的加快，对外贸易的规模会迅速扩大，国际市场波动对国内市场的影响不断深化，国内企业在参与国际市场竞争的同时将面临更多、更直接的国际市场风险，对规避市场风险的金融衍生工具如商品期货、外汇期货、汇率期权、远期外汇交易等，会产生日益强大的需求，外资流入规模的不断扩大、资本市场的对外开放及其与国际资本市场一体化进程的加快，也会引发对汇率、货币衍生工具以及互换交易的需求，因此，随着我国金融业对外开放程度的迅速提高和国内金融市场与国际金融市场一体化进程的加快，发展金融衍生工具市场将成为我国未来金融市场发展的必然选择。

（3）资产证券化领域不断深入。我国金融机构不良资产比率很高，蕴藏了巨大的金融风险。目前金融机构的不良资产比率仍在25%以上。仅仅通过债转股和出售等方式显然不能满足金融业尽快降低不良资产比率、提高自身竞争力的现实需求，目前国内金融机构正在考虑用资产证券化这一当今国际金融业流行的方式优化资产结构、降低金融风险。考虑到我国金融机构庞大的不良资产规模，资产证券化必将成为未来我国金融市场重要的业务创新领域。资产证券化离不开机构投资者的参与，资产证券化市场的崛起也将为机构投资者提供重要的发展机遇。同时，国外保险、证券投资机构的涌入也将加快国内机构投资者的发展壮大。与世界金融业的发展趋势一样，我国证券投资机构也将不断增强。

(4)混业经营新趋势逐渐形成。我国目前仍实行分业经营体制,内外资金融机构的业务创新活动受制于这一原则只能在各自经营业务范围内进行,但逃避监管以获取竞争优势始终是金融机构进行业务创新活动的主要动力之一。随着我国金融市场的竞争加剧,各金融机构为提高竞争力、拓展生存空间,必然将通过业务创新规避或突破分业经营的限制,走向混业经营。

2. 我国金融创新发展不足

从上述分析可以看到,我国金融创新已经全方位展开。通过金融的改革创新,增强了我国金融业的竞争力和抗风险能力,提高了金融企业的效率和服务质量,信贷资产质量有所好转,盈利状况逐步改善,从而极大地推动了金融业的发展,也为整个国民经济的发展提供了有力的金融支持。但是,从总体上说,我国的金融创新仍处于一个较低的阶段,还存在明显的不足,主要体现在:

第一,从总体上讲,我国的金融创新尚处于初级阶段,简单模仿居多,自主创新较少。从意图上讲,我国目前的金融创新多停留在创造概念性的品牌效应、争夺市场份额上。争夺市场份额固然是市场竞争的一个重要方面,但是终极目的还是要能够给企业带来更多的利润。如果在扩大市场份额的同时或扩大市场份额之后,企业的利润率也能随之提高,或者至少不会降低,那么扩大了市场份额自然也就实现了提高企业利润的目的。如果仅仅是扩大了市场份额、铺大了经营摊子,利润却没有增加,那么这种争夺的意义也就大打折扣了。从我国现实的情况来看,对争夺市场份额以外的因素的考虑应该说还是比较欠缺的。另外,从原则上来讲,一个成熟的金融机构要进行一项创新活动,它首先要对该项活动的成本收益进行细致的分析;其次通过详细的市场调研,分析创新产品推出后市场的反应和接受情况怎样。经过一系列的详细论证后,才能具体推出创新活动。但是,在我国,一系列的创新主要来源于对海外产品简单、形式性地模仿,缺乏前期对市场的深入调研及产品引入中国后应有的成本收益测算,因而也就不可避免地伴随着较大的风险。比如,各银行的银行卡业务重复引入,重复创新,业务与风险特性雷同,成本收益问题突出。又如一些公司在金融控股公司协同产品、协同效应尚未深入调研之前,欲急速抢占金融资源,纷纷模仿成立金融控股公司,导致金融效率低。有些模仿甚至背离了原来产品与组织架构的精神实质,仅为了取得概念性的品牌效应,导致创新的实际效果出现较大偏离,等等。

第二,金融创新主动性不够,战略意图不明显,系统性设计不足。对于一个企业来讲,任何创新活动都应该从自身的具体情况出发,根据市场的需求,弘扬自己的长处,展示固有的特色,培育和提升企业的核心竞争力。因此,创新活动应是战略意图鲜明的主动性创新,必须有系统性的设计。但是,我国多数金融机构所进行的创新活动是市场推动的被动性创新,在创新上存在着较为普遍的跟风现象,缺乏对整体市场情况和自身发展战略的深入思考,没有主动从机构整体发展出发、从公司战略高度安排创新策略。

第三,当前创新的活跃在一定程度上得益于政府监管部门的鼓励。面对"入世"后我国金融业对外开放程度的进一步扩大,出于对我国金融安全和经济稳定、健康发展的考虑,我国金融管理部门对金融改革的急迫性应该说有着较为充分的认识,希望能够通过改革和鼓励创新使我国的金融市场能够尽快成熟起来,以便能够应对金融业全面开放的局面。因此,我国金融创新虽然也出于金融企业自身发展的要求,但政府主导型的痕迹仍很明显。

3. 金融创新与资本市场

金融创新是创造并普及新金融工具、新金融

技术、新金融机构和新金融市场的行为。中共十八届三中全会《中共中央关于全面深化改革若干重大问题的决定》明确提出要完善金融市场体系，鼓励金融创新，丰富金融市场层次和产品。加快金融创新，是当前阶段全面深化金融领域改革的内在要求，也是提高资源配置效率、推动经济发展转型的有力杠杆。

第一，资本市场引领金融创新稳定有序前行。国内外的实践经验表明，一个完善发达的资本市场是支持国家科技创新和企业创新发展的重要平台。此次《实施方案》强调了深化科技体制改革对于实施创新驱动发展战略，建设创新型国家，最大限度地激发科技第一生产力、创新第一动力巨大潜能的深远意义，并提出了强化资本市场支持技术创新和企业创新发展的政策要求。统一集中交易的现代资本市场具有融资筹资、投资交易和财富管理等多种功能，它是支持科技创新和企业创新发展的重要平台。发达的资本市场能够为科技创新和企业创新商业模式、商品服务等提供价格发现和融资供给功能，也能为其提供成本补偿和风险分担功能，还能为支持创新的各类资本提供退出通道和实现资本增值。作为现代市场经济的重要组成部分、资源优化配置的高效场所，我国以沪深交易所为主体的资本市场，在金融创新发展中发挥引领作用，不仅对科技型、创新型企业发展和广大投资者的财富保值、增值有重要作用，而且也将对资本市场的自我完善和创新发展产生深远影响。

第二，金融创新推动资本市场健康持续发展。首先，金融产品创新使得资本市场中各个金融机构提供了大量可供选择的金融工具，使得金融机构可以根据自己的需要进行资产负债管理和风险管理；其次，金融创新为资本市场中的金融机构提供了许多新的业务领域和盈利渠道。通过向不同风险和服务偏好的客户提供不同的金融产品，金融机构可以将本身所承担的风险降到最低限度，同时获得大量的利润。从美国的金融创新实践可以发现，金融制度创新本身是一个社会金融活动发展到一定阶段后的必然产物，它大大提高了投资活动过程中的效率，同时监督了投资行为，并有效地降低了各种投资风险，因此对资本市场的稳定发展起到了非常积极的作用。对于我国资本市场的发展而言，要进一步实现金融创新促进资本市场发展的积极作用，有必要充分利用市场金融创新空间，依靠市场主体的积极性和创造性，建立金融市场的长效机制，合理选择适合我国国情的金融产品、制度、机构创新，丰富我国资本市场的产品、机构体系。

### （二）金融创新与互联网企业价值创造

资本市场的不断发展和金融的持续创新，对企业转型和资本投入起到了推动作用。改革与创新成为金融发展的"主旋律"，近年来随着互联网热潮的掀起，金融创新机制也展现出新的生机与活力。金融创新为企业提供了新的融资渠道，解决了企业融资困难和融资渠道过少的问题。企业融资渠道由原来单一的银行贷款，发展成为集企业债券、增发股份、地方财政投入、融资租赁等为一体的多层次融资体系，同时开辟了跨地区、跨国跨境融资，为企业的经营管理、技术创新、产业升级提供了源源不断的动力，为我国的实体经济的发展打开了新的一页。风险投资、私募股权和互联网金融的出现，无疑推动了互联网行业的发展，这些金融创新机制不断提升互联网企业的价值，推动企业实现价值最大化。

#### 1. 互联网企业融资特点及现状

随着"互联网+"的热潮，互联网企业风生水起。它们与传统企业不同，它们的盈利模式、销售商品、成本构成等方面存在着本质的不同。互联网企业给人带来的感觉更多的是方便、快捷，足不出户就能完成交易，是一种新型的企业，对传统的各行各业带来巨大冲击。

互联网由于自身的特殊性，在融资方面有着独特的特点：①资金需求量大。一般成功的互联网企业大体会经历初创研发期、研发结果产品化期、成长期、扩张期等几个阶段，每一个生命周期、收益、资金需求和融资方式不尽相同，但是互联网企业的需求量都非常大。②投资回报风险高。由于研发创新活动的不确定性，初期投入一般是净支出，后期加大投入后才有可能收益，甚至研发创新活动失败将会导致净损失。因此互联网企业往往具有高收益、高风险的特点。

互联网企业的融资困难体现在：第一，融资结构不合理。我国互联网企业的发展资金绝大部分来自于创业者的自有资本和企业内部收益留存。在一些经济发达的地区，例如江浙沪地区，互联网企业主要融资方式还是银行贷款，但是银行对中小型互联网企业的贷款发放率只有20%左右，而公司的债权和股权融资甚少。第二，直接融资渠道缺失。由于金融抑制政策和国有银行主导型融资机制，我国的资本市场和债券市场的发展相对于经济的高速增长显得十分滞后，相关机制改革也十分缓慢。大多数中小型互联网企业难以直接从资本市场募集到资金。第三，银行间接融资不完善。目前我国银行体系以国有大型商业银行为主，民资进入银行业基本不可能。中小型互联网抵抗市场风险能力弱，财务状况不透明，存在严重的信息不对称，加之社会信用体系的缺失，基于效益最大化和资金的安全性，银行普遍对中小型互联网企业的融资需求持排斥态度。第四，包括风险投资在内的私人股权投资基金和融资担保体系等在我国尚处于发展初期，未形成规模，大多数中小型互联网企业难以获得相关投资基金的支持。

2.金融创新与互联网企业的价值创造

（1）改善融资环境，降低融资成本，打造高效便捷的资金融通渠道。金融创新迅速扩大了投融资规模，降低了交易成本与平均成本，使企业投资收益相对上升。同时吸引了更多投资者和筹资者进入市场，为企业投融资提供全面的服务。层出不穷、各具特色的金融创新工具，使投资者能进行多元化的投资组合并适时调整，在保证收益的同时分散或转移风险，将投资风险减小到最低限度。另外，企业根据自身的需要使用创新的金融工具可以降低企业的融资成本和规避融资风险。互联网企业由于其特性比其他行业的企业筹集资金的难度更大，而金融工具的创新不仅可以降低互联网企业筹资的难度，同时也能提高其筹资的灵活性，及时充足的资金保证可以说是互联网企业发展的生命线。

（2）增加信息透明度，提高企业声誉，推动互联网企业持续健康发展。金融创新可以把企业的信息透明化，有利于外界正确认识企业。风险投资作为一种金融创新，就起到了向外界披露企业发展信息的作用。风险投资机构在投资一家新创企业时，通常会凭借自己丰富的业界经验，对被投资企业进行挑选。如果风险投资机构选择了某家企业，则在很大程度上说明该企业具有非常光明的发展前景。外界在得到这个信息之后，很可能就会愿意与企业进行商务上的往来，给企业提供原材料、购买企业的产品，或者也参与对企业的注资。因此得到风险投资青睐的互联网企业发展会得到较为充足的资金，能够迅速发展，同时也会提高互联网企业的声誉。另外，以第三方支付为代表的金融创新，更是给互联网企业推广自身产品，以及选择优质客户和供货商提供机会。第三方支付通常会给交易的双方提供相互评价的机会，长期积累的信用相当于可信的信息披露，能够帮助互联网企业自身更好地推广自己。

(3) 提高管理能力，增强创新实践，实现投资者与互联网企业战略双赢。互联网企业成长过程中存在高风险性，因此风险投资的决策机制十分严谨，以规避技术风险和市场风险。为了降低投资风险，风险投资者在向该高技术企业投入资金的同时，也参与企业或项目的经营管理。风险投资者一旦将资金投入该高技术风险企业，它与风险企业就结成了一种风险同担、利益共享的共生体，风险投资者参与风险企业全过程的管理。由于风险投资具有较强的参与性，它将独特的管理机制、丰富的管理经验引入该高新技术企业的成长过程中，可以提高互联网企业的管理水平。风险资本不仅向该企业注入资金，而且提供建立新企业、制定市场战略、组织和管理所需的技能，其投资选项过程实际上就是新技术不断淘汰、不断创新的过程。近年来，我国部分互联网企业的发展壮大过程中都有国外风险投资基金的影子，例如著名的阿里巴巴集团上市报表显示日本的软银集团与雅虎分别是其前两大股东，随着阿里巴巴在中国市场占有率逐渐提升，也为软银和雅虎在中国发展起了推动作用。

(4) 提高资金使用效率，优化资源配置，推进互联网企业价值链整合。"互联网+"和金融创新的共同推进，对金融支持企业通过供应链协同、互联网化、商业模式转型，实现转换增长方式和升级发展，提供了重大机遇。近年来互联网企业纷纷介入金融，在网络支付、第三方理财、小微融资等容易标准化和规模化的领域创新潮涌，互联网金融借助大数据、云计算、社交网络和搜索引擎等信息技术优势，为中小企业提供便捷、高效、节约成本等传统销售模式无法比拟的技术支撑，降低了运营成本，提高资金使用效率。同时，从商品流到企业的资金流、信息流，再延伸至银行支付、融资等核心业务领域，强调数据驱动运营，实现了对市场、用户、产品、价值链的逐步重构，打破了传统的金融行业界限和竞争格局。这样不仅有利于金融业的持续健康发展，同时也对互联网企业的价值链整合起到推动作用。

## 四 互联网企业融资效率、投资效果与价值创造

融资行为是为投资需求服务，所以必须在时间、金额等方面同投资需求相匹配，投资拉动融资是资本市场永恒不变的准则之一。互联网企业对融资效率与投资效果的追求表现在持续优化资本结构与资产结构，通过价值创造、价值实现与价值经营实现可持续发展。从某种意义上说，企业的实质就是一种价值创造机制的现实存在。如何有效地为投资人带来增量价值是企业运营的不变追求，而对这一价值创造过程进行有效管理则是企业价值管理的本质目标，价值创造能力最终体现为企业财务竞争力的强弱。

财务竞争力根植于企业的财务资源和财务管理活动中，是基于价值导向的成长管理、盈利管理和风险管理动态平衡的综合实力体现（Fama 和 French，1991）。财务竞争力的强弱可以基于现金流量、综合绩效、经济增加值等视角加以衡量和评价。笔者以 Fama 和 French、吴荷青、张友棠、朱晓等关于如何评价财务竞争力的研究作为基础，结合互联网企业轻资产运营的特点，以及追求管理成长、提高盈利和控制风险的动态均衡实现价值增值为导向，构建了现金流视角的电信运营企业财务竞争力评价体系，同时为了验证评价结果

的客观性，又建立了一套综合绩效视角的互联网企业财务竞争力评价体系进行相关性研究，如表1-0-2和表1-0-3所示。

**表1-0-2　互联网企业基于综合绩效的财务竞争力评价体系**

| 总目标 | 子目标 | 一级指标 | 二级指标 |
|---|---|---|---|
| 财务竞争力 | 风险管理 | 融资效率 | 资产负债率　流动比率 |
| | 盈利管理 | 投资效果 | 总资产报酬率　净资产报酬率 |
| | | 资产管理 | 总资产周转率　流动资产周转率　固定资产周转率 |
| | | 现金管理 | 销售现金比率　资产现金回收率　自由现金流占收比 |
| | 成长管理 | 成长能力 | 总资产增长率　主营业务收入增长率　净利润增长率 |

**表1-0-3　互联网企业基于现金流的财务竞争力评价体系**

| 总目标 | 子目标 | 一级指标 | 二级指标 | 三级指标 |
|---|---|---|---|---|
| 财务竞争力 | 风险管理 | 安全性 | 流动性 | 现金比率　现金流量比率 |
| | | | 结构性 | 现金流入流出比 |
| | 盈利管理 | 盈利性 | 效率性 | 销售现金比率 |
| | | | 效益性 | 自由现金流占收比　资产现金回收率 |
| | 成长管理 | 可持续性 | 充足性 | 现金流量经营充足率 |
| | | | 稳定性 | 可持续增长率 |
| | | | 增长性 | 资本支出占收比　经营活动现金流量增长率 |

本书选取的样本研究对象为进入世界20强市值最高的11家中美互联网企业和1家虽未进入世界20强但经营绩效良好且具有重要影响力的中国苏宁以及在各国排名靠前的16家互联网企业，各项指标的计算取值均来自于各公司公布的2014财年年报，其中由于英国公司的财年计算是从本年的9月1日到次年的8月31日、加拿大的财年计算是从本年的7月1日到次年的6月30日、开普敦的财年计算是从本年的4月1日到次年的3月31日，因此对英国、加拿大和开普敦公司选取的是2015年年报。在计算出各评价指标数值后使用SPSS 21.0软件对数据进行处理。本书采用了因子分析模糊综合评价法，能够将对样本公司各项指标的客观评价以及决策者对各评价层面的主观判断相结合，弥补了层次分析法易被人为操纵以及主成分分析法不能体现决策者经营重心的缺憾。基于两种不同视角（综合绩效和现金流）的评价结果不仅可以对企业的整体财务竞争力进行相关性评价，而且能够从多角度进行分析并提出提升电信企业财务竞争力的路径。

1. 因子分析

（1）提取公共因子。对各指标进行因子分析前，我们先对样本数据进行了KMO检验和Banlett球度检验，检验结果表明，所有的KMO检验值均大于0.5，说明样本数据适用于因子分析。所有的Banlett球度检验值均小于0.05，即当显著水平为95%时，样本数据适用于因子分析。对样本数据进行因子分析，按照累积方差贡献率大于80%的原则，各一级指标选入的公共因子列表如表1-0-4和表1-0-5所示。

表 1-0-4 各一级指标公共因子及方差贡献率（基于综合绩效）

| 目标 | 指标 | 公共因子 | 特征根 | 方差贡献率（%） | 累积方差贡献率（%） |
|---|---|---|---|---|---|
| 风险管理 | 融资效率 | F11 | 1.767 | 88.359 | 88.359 |
| 盈利管理 | 投资效果 | F21 | 1.945 | 97.254 | 97.254 |
| 盈利管理 | 资产管理 | F31 | 1.685 | 56.165 | 56.165 |
| 盈利管理 | 资产管理 | F32 | 1.060 | 35.319 | 91.484 |
| 盈利管理 | 现金管理 | F41 | 1.878 | 62.599 | 62.599 |
| 盈利管理 | 现金管理 | F42 | 1.085 | 36.159 | 98.758 |
| 成长管理 | 成长能力 | F51 | 1.415 | 47.160 | 47.160 |
| 成长管理 | 成长能力 | F52 | 1.012 | 33.726 | 80.885 |

表 1-0-5 各一级指标公共因子及方差贡献率（基于现金流）

| 目标与指标 | 公共因子 | 特征根 | 方差贡献率（%） | 累积方差贡献率（%） |
|---|---|---|---|---|
| 风险管理——安全性 | F11 | 1.671 | 55.695 | 55.695 |
| 风险管理——安全性 | F12 | 1.069 | 35.637 | 91.331 |
| 盈利管理——盈利性 | F21 | 1.878 | 62.599 | 62.599 |
| 盈利管理——盈利性 | F22 | 1.085 | 36.159 | 98.758 |
| 成长管理——可持续性 | F31 | 1.302 | 32.56 | 32.56 |
| 成长管理——可持续性 | F32 | 1.043 | 26.085 | 58.645 |
| 成长管理——可持续性 | F33 | 1.002 | 25.044 | 83.689 |

（2）计算各一级指标的综合得分。以旋转后因子的方差贡献率为权重，由各因子的线性组合得到某个一级指标的综合得分。计算公式如下：

$$F = \omega_1 F_1 + \omega_2 F_2 + \cdots + \omega_n F_n \quad (1)$$

在各一级指标内按照式（1）计算因子得分总计如表 1-0-6 和表 1-0-7 所示。

表 1-0-6 28家互联网企业基于因子分析的各一级指标因子得分及排名（基于综合绩效）

| 营业收入排名 | 公司名称 | 风险管理 融资效率 | | 盈利管理 投资效果 | | 盈利管理 资产管理 | | 盈利管理 现金管理 | | 成长管理 成长能力 | |
|---|---|---|---|---|---|---|---|---|---|---|---|
| | | 得分 | 排名 | 得分 | 排名 | 得分 | 排名 | 得分 | 排名 | 得分 | 排名 |
| 1 | 美国亚马逊 | -0.66 | 25 | -0.32 | 25 | 0.27 | 7 | -0.68 | 23 | -0.10 | 13 |
| 2 | 美国谷歌 | 1.23 | 2 | -0.17 | 13 | -0.47 | 22 | 0.05 | 15 | -0.21 | 18 |
| 3 | 中国京东 | -0.24 | 13 | -0.40 | 27 | 0.73 | 4 | -0.91 | 26 | 2.37 | 1 |
| 4 | 美国 eBay | -0.42 | 21 | -0.31 | 24 | -0.49 | 24 | 0.20 | 11 | -0.34 | 25 |
| 5 | 中国苏宁 | -0.56 | 24 | -0.30 | 23 | 0.10 | 9 | -1.01 | 28 | -0.60 | 27 |
| 6 | 中国腾讯 | -0.39 | 17 | -0.13 | 9 | 0.67 | 5 | 0.50 | 5 | 0.12 | 6 |
| 7 | 美国 Facebook | 3.71 | 1 | -0.22 | 19 | -0.52 | 27 | 0.40 | 6 | 0.77 | 2 |
| 8 | 中国阿里巴巴 | 0.26 | 7 | -0.19 | 14 | -0.52 | 26 | 0.85 | 3 | 0.63 | 3 |
| 9 | 中国百度 | 0.14 | 9 | -0.15 | 11 | -0.46 | 21 | 0.26 | 10 | 0.34 | 5 |
| 10 | 开普敦 Naspers | -0.40 | 20 | -0.20 | 16 | -0.26 | 15 | -0.93 | 27 | -0.24 | 21 |
| 11 | 美国雅虎 | -0.03 | 11 | -0.16 | 12 | -0.67 | 28 | -0.37 | 19 | 0.55 | 4 |
| 12 | 日本乐天 | -0.73 | 26 | -0.28 | 22 | -0.51 | 25 | -0.36 | 18 | -0.28 | 23 |
| 13 | 瑞典 King | 0.34 | 5 | 0.19 | 3 | 0.81 | 2 | 0.27 | 9 | 0.06 | 8 |
| 14 | 中国网易 | 0.92 | 3 | -0.11 | 8 | -0.48 | 23 | 0.72 | 4 | -0.07 | 12 |
| 15 | 英国 Asos | -0.40 | 19 | -0.21 | 18 | 0.78 | 3 | -0.61 | 22 | -0.19 | 17 |
| 16 | 中国搜狐 | -0.10 | 12 | -0.38 | 26 | -0.41 | 20 | -0.78 | 25 | -0.27 | 22 |

| 营业收入排名 | 公司名称 | 风险管理 | | 盈利管理 | | | | | | 成长管理 | |
|---|---|---|---|---|---|---|---|---|---|---|---|
| | | 融资效率 | | 投资效果 | | 资产管理 | | 现金管理 | | 成长能力 | |
| | | 得分 | 排名 | 得分 | 排名 | 得分 | 排名 | 得分 | 排名 | 得分 | 排名 |
| 17 | 以色列 Check Point | 0.17 | 8 | −0.14 | 10 | −0.14 | 13 | 0.95 | 2 | −0.44 | 26 |
| 18 | 爱尔兰 Paddy Power | −0.27 | 14 | −0.02 | 6 | 0.19 | 8 | 0.08 | 13 | −0.23 | 19 |
| 19 | 俄罗斯 Yandex | 0.30 | 6 | 0.21 | 2 | −0.37 | 18 | −0.11 | 17 | −0.04 | 10 |
| 20 | 意大利 Yoox | −0.45 | 23 | −0.27 | 21 | −0.01 | 11 | −0.77 | 24 | −0.16 | 14 |
| 21 | 俄罗斯 Mail.Ru | 0.11 | 10 | 0.12 | 4 | −0.18 | 14 | 0.33 | 7 | 0.12 | 7 |
| 22 | 阿根廷 Mercadolibre | −0.39 | 18 | −0.21 | 17 | −0.37 | 19 | −0.42 | 20 | −0.02 | 9 |
| 23 | 澳大利亚 REA | 0.66 | 4 | 0.08 | 5 | 0.34 | 6 | 0.30 | 8 | −0.16 | 15 |
| 24 | 加拿大 OPEN TEXT CORP | −0.38 | 16 | −0.24 | 20 | −0.27 | 16 | −0.01 | 16 | −0.30 | 24 |
| 25 | 荷兰 AVG | −0.83 | 28 | −0.10 | 7 | −0.06 | 12 | 0.11 | 12 | −0.17 | 16 |
| 26 | 英国 Rightmove | −0.77 | 27 | 4.87 | 1 | 2.55 | 1 | 2.39 | 1 | −0.23 | 20 |
| 27 | 新西兰 Diligent Bodiligent Board Member Services | −0.44 | 22 | −0.19 | 15 | −0.28 | 17 | 0.07 | 14 | −0.05 | 11 |
| 28 | 泰国 Asiasoft Corp | −0.37 | 15 | −0.76 | 28 | 0.03 | 10 | −0.52 | 21 | −0.87 | 28 |

表 1-0-7 28 家互联网企业基于因子分析的各一级指标因子得分及排名（基于现金流）

| 营业收入排名 | 公司名称 | 风险管理——安全性 | | 盈利管理——盈利性 | | 成长管理——可持续性 | |
|---|---|---|---|---|---|---|---|
| | | 得分 | 排名 | 得分 | 排名 | 得分 | 排名 |
| 1 | 美国亚马逊 | −0.14 | 13 | −0.68 | 23 | 0.01 | 11 |
| 2 | 美国谷歌 | 0.09 | 7 | 0.05 | 15 | 0.28 | 4 |
| 3 | 中国京东 | 0.01 | 10 | −0.91 | 26 | 1.04 | 3 |
| 4 | 美国 eBay | −0.58 | 28 | 0.20 | 11 | −0.48 | 27 |
| 5 | 中国苏宁 | −0.40 | 24 | −1.01 | 28 | −0.30 | 25 |
| 6 | 中国腾讯 | 0.08 | 9 | 0.50 | 5 | −0.08 | 16 |
| 7 | 美国 Facebook | 2.69 | 1 | 0.40 | 6 | 1.06 | 2 |
| 8 | 中国阿里巴巴 | −0.32 | 19 | 0.85 | 3 | 0.18 | 5 |
| 9 | 中国百度 | 0.09 | 8 | 0.26 | 10 | −0.03 | 13 |
| 10 | 开普敦 Naspers | −0.30 | 18 | −0.93 | 27 | −0.16 | 20 |
| 11 | 美国雅虎 | −0.26 | 15 | −0.37 | 19 | 0.02 | 10 |
| 12 | 日本乐天 | −0.48 | 26 | −0.36 | 18 | 1.22 | 1 |
| 13 | 瑞典 King | 0.51 | 3 | 0.27 | 9 | −0.15 | 19 |
| 14 | 中国网易 | −0.12 | 12 | 0.72 | 4 | −0.22 | 23 |
| 15 | 英国 Asos | −0.34 | 22 | −0.61 | 22 | −0.05 | 14 |
| 16 | 中国搜狐 | 0.46 | 4 | −0.78 | 25 | −0.02 | 12 |
| 17 | 以色列 Check Point | −0.30 | 17 | 0.95 | 2 | −0.17 | 22 |
| 18 | 爱尔兰 Paddy Power | −0.33 | 21 | 0.08 | 13 | −0.12 | 18 |
| 19 | 俄罗斯 Yandex | 0.22 | 6 | −0.11 | 17 | 0.08 | 7 |
| 20 | 意大利 Yoox | −0.38 | 23 | −0.77 | 24 | −0.26 | 24 |
| 21 | 俄罗斯 Mail.Ru | −0.42 | 25 | 0.33 | 7 | −0.09 | 17 |
| 22 | 阿根廷 Mercadolibre | −0.05 | 11 | −0.42 | 20 | −0.36 | 26 |
| 23 | 澳大利亚 REA | 0.25 | 5 | 0.30 | 8 | 0.02 | 9 |
| 24 | 加拿大 OPEN TEXT CORP | −0.18 | 14 | −0.01 | 16 | −0.17 | 21 |
| 25 | 荷兰 AVG | −0.26 | 16 | 0.11 | 12 | 0.13 | 6 |

续表

| 营业收入排名 | 公司名称 | 风险管理——安全性 | | 盈利管理——盈利性 | | 成长管理——可持续性 | |
|---|---|---|---|---|---|---|---|
| | | 得分 | 排名 | 得分 | 排名 | 得分 | 排名 |
| 26 | 英国 Rightmove | -0.33 | 20 | 2.39 | 1 | -1.36 | 28 |
| 27 | 新西兰 Diligent Bodiligent Board Member Services | 1.35 | 2 | 0.07 | 14 | -0.06 | 15 |
| 28 | 泰国 Asiasoft Corp | -0.57 | 27 | -0.52 | 21 | 0.04 | 8 |

2. 模糊综合评价

本文的财务竞争力评价指标体系共有三个或五个一级指标，设 $d_k$（k = 1，2，3，4，5）或者 $d_k$（k = 1，2，3）为第 k 个一级指标的权重，用模糊评价法确定如下：

（1）确定一级指标对于评价财务竞争力的重要性排序及对于财务竞争力重要性的隶属度值。本文对一级指标之间的相对重要性进行了专家调查，然后结合电信运营企业现阶段的发展特点，将融资效率、投资效果、资产管理、现金管理和成长能力按 1、2、3、4、5 的顺序排列成一个矩阵 A，再将安全性、盈利性、可持续性按 1、2、3 的顺序排列成一个矩阵 B，就会分别得到两个各一级指标之间优越性二元对比矩阵 A 和矩阵 B。

矩阵 A 和矩阵 B 满足条件：若 $d_k$ 比 $d_l$ 优越，取 $e_{kl}=1$，$e_{lk}=0$；若 $d_l$ 比 $d_k$ 优越，取 $e_{kl}=0$，$e_{lk}=1$；若 $d_k$ 与 $d_l$ 同样优越，取 $e_{kl}=e_{lk}=0.5$。其中 k，l = 1，2，3，4，5 或 k，l = 1，2，3。

矩阵 A 和矩阵 B 通过了一致性检验，可以得出各一级指标对财务竞争力的重要程度的排序为：

1）基于综合绩效：分为三个层级——第一层级为投资效果、第二层级为融资效率和成长能力、第三层级为资产管理和现金管理水平，重要度依次减弱。以投资效果为标准，将其他方面逐一和投资效果进行对比发现：投资效果与成长能力和融资效率相比，其重要程度介于"同样重要"与"稍稍重要"之间；投资效果与资产管理和现金管理水平相比，其重要程度介于"稍稍重要"与"略微重要"之间。

2）基于现金流：分为三个层级——第一层级为盈利性、第二层级为安全性、第三层级为可持续性，重要度依次减弱。以盈利性为标准，将其他方面逐一和盈利性进行对比发现：盈利性与安全性相比，其重要程度介于"同样重要"与"稍稍重要"之间；盈利性与可持续性相比，其重要程度介于"稍稍重要"与"略微重要"之间。这样，我们就用语气算子定义了前一步中所提及的优越性的程度。

（2）对隶属度值进行归一化处理，即得到各一级指标的评价权重。根据上述判断结果，查表即可得到各一级指标对财务竞争力重要性的相对隶属度向量：

$$d_k = (1.0，0.905，0.739，0.905，0.739)^T \quad (2)$$

或者 $d_k = (0.905，1.0，0.739)^T \quad (3)$

对式（2）和式（3）进行归一化处理后，即得到各一级指标的权向量：

$$d_k' = (0.2332，0.2111，0.1723，0.2111，0.1723)^T \quad (4)$$

或者 $d_k' = (0.3423，0.3782，0.2795)^T \quad (5)$

3. 财务竞争力与价值创造排名

样本的综合评价得分计算公式为：

$$Z = \sum_{k=1}^{q} d_k F_k \quad (q=5 \text{ 或 } 3) \quad (6)$$

其中，$F_k$ 即根据式（1）计算得出的各一级指标的综合得分；Z 即财务竞争力得分。将上述计算结果代入式（6）即可计算出 28 家互联网企业的财务竞争力综合得分及排名，现将基于综合绩效和现金流的财务竞争力评价结果汇总如表 1-0-8 所示。

表 1-0-8　28家互联网企业财务竞争力综合得分及排名

| 营业收入排名 | 公司名称 | 财务竞争力得分（综合绩效） | 财务竞争力排名（综合绩效） | 营业收入排名 | 公司名称 | 财务竞争力得分（现金流） | 财务竞争力排名（现金流） |
|---|---|---|---|---|---|---|---|
| 26 | 英国 Rightmove | 1.75 | 1 | 7 | 美国 Facebook | 1.37 | 1 |
| 7 | 美国 Facebook | 0.95 | 2 | 27 | 新西兰 Diligent Bodiligent Board Member Services | 0.47 | 2 |
| 13 | 瑞典 King | 0.32 | 3 | 26 | 英国 Rightmove | 0.41 | 3 |
| 23 | 澳大利亚 REA | 0.26 | 4 | 8 | 中国阿里巴巴 | 0.26 | 4 |
| 14 | 中国网易 | 0.25 | 5 | 13 | 瑞典 King | 0.24 | 5 |
| 8 | 中国阿里巴巴 | 0.22 | 6 | 17 | 以色列 Check Point | 0.21 | 6 |
| 3 | 中国京东 | 0.20 | 7 | 23 | 澳大利亚 REA | 0.20 | 7 |
| 2 | 美国谷歌 | 0.14 | 8 | 6 | 中国腾讯 | 0.20 | 8 |
| 6 | 中国腾讯 | 0.12 | 9 | 14 | 中国网易 | 0.17 | 9 |
| 21 | 俄罗斯 Mail.Ru | 0.11 | 10 | 2 | 美国谷歌 | 0.13 | 10 |
| 17 | 以色列 Check Point | 0.11 | 11 | 9 | 中国百度 | 0.12 | 11 |
| 9 | 中国百度 | 0.03 | 12 | 19 | 俄罗斯 Yandex | 0.06 | 12 |
| 19 | 俄罗斯 Yandex | 0.02 | 13 | 12 | 日本乐天 | 0.04 | 13 |
| 18 | 爱尔兰 Paddy Power | −0.06 | 14 | 25 | 荷兰 AVG | −0.01 | 14 |
| 11 | 美国雅虎 | −0.14 | 15 | 21 | 俄罗斯 Mail.Ru | −0.04 | 15 |
| 15 | 英国 Asos | −0.16 | 16 | 3 | 中国京东 | −0.05 | 16 |
| 27 | 新西兰 Diligent Bodiligent Board Member Services | −0.18 | 17 | 24 | 加拿大 OPEN TEXT CORP | −0.11 | 17 |
| 25 | 荷兰 AVG | −0.23 | 18 | 18 | 爱尔兰 Paddy Power | −0.12 | 18 |
| 24 | 加拿大 OPEN TEXT CORP | −0.24 | 19 | 16 | 中国搜狐 | −0.14 | 19 |
| 4 | 美国 eBay | −0.26 | 20 | 11 | 美国雅虎 | −0.22 | 20 |
| 22 | 阿根廷 Mercadolibre | −0.29 | 21 | 4 | 美国 eBay | −0.26 | 21 |
| 1 | 美国亚马逊 | −0.33 | 22 | 22 | 阿根廷 Mercadolibre | −0.28 | 22 |
| 20 | 意大利 Yoox | −0.35 | 23 | 1 | 美国亚马逊 | −0.30 | 23 |
| 16 | 中国搜狐 | −0.39 | 24 | 15 | 英国 Asos | −0.36 | 24 |
| 10 | 开普敦 Naspers（非洲） | −0.42 | 25 | 28 | 泰国 Asiasoft Corp | −0.38 | 25 |
| 12 | 日本乐天 | −0.44 | 26 | 20 | 意大利 Yoox | −0.49 | 26 |
| 5 | 中国苏宁 | −0.49 | 27 | 10 | 开普敦 Naspers（非洲） | −0.50 | 27 |

综观上述28家全球互联网企业的财务竞争力综合排名情况（基于综合绩效和基于现金流），可以发现基于综合绩效和基于现金流的排名结果具有较高的相关性，但是与基于营业收入的排名还是有一定的差异。下面我们将从五个方面对上述排名情况进行综合分析。

（1）总体情况：整体财务竞争力良好，中美企业排名靠前。

从总体看，在基于营业收入排名中，前十大公司中美占据9位，根据2015年全球互联网公司前20强排名，美国占了11家，亚洲国家占了9家，其中中国占6席，而欧洲、大洋洲和非洲没有一家互联网公司进入到全球前20强排名行列。在基于综合绩效和现金流的财务竞争力排名中，排名前十位的中美公司依然占据大部分席位，但是英国的 Rightmove、瑞典 King 等公司财务竞争力排名靠前。营收排名前五位的公司除谷歌外财务竞争力综合排名（基于综合绩效和基于现金流）

都比较靠后，说明规模大的互联网公司其财务竞争力表现并不一定优秀。一方面，由于行业竞争加剧，使得互联网巨头开启大规模"烧钱"模式，成本急剧增加；另一方面，持续不断的投资并购活动需要大量的资金，并且短时间内难以获得回报。从整体得分来看，基于综合绩效和基于现金流的财务竞争力得分为正的企业数量相同，都为13家，说明互联网企业比较重视企业财务竞争力的提升。

（2）区域比较：欧洲盈利能力突出，大洋洲表现良好。

按照地理位置的不同划分，这28家企业主要来自美洲、亚洲、欧洲、非洲和大洋洲五个地区。从财务竞争力的具体每项综合绩效和现金流平均得分来看，美洲地区的互联网公司融资效率高、风险管理能力强，同时也表现出较强的成长性。这样企业就能及时高效筹集到资金，控制企业风险并保持可持续发展，使企业迅速发展壮大。但美洲地区的投资效率和资产管理有待加强，较低的投资效率影响企业给股东创造价值。亚洲地区的互联网公司成长性最强，但其投资效果、现金管理和盈利能力较差。欧洲地区的互联网企业则在投资效果、现金管理、盈利能力和资产管理方面表现优异，但是在融资效率和成长性方面最差。并且欧洲地区的互联网公司并没有入围2015年世界互联网市值20强。究其原因，主要有四个方面：第一，过于分裂的文化市场。互联网不同于制造业，互联网是高度强调速度和运营的，因此欧洲多语言的阻碍使得发展互联网的成本很高。德国产的奔驰和宝马可以无阻碍地畅销世界，但是德语的网站连欧洲国家都打不进去。第二，市场规模小。互联网公司的发展与网民数量息息相关。在欧洲，德国是除俄罗斯外拥有人口最多的国家。虽然德国网民占比高达83%，但人口基数太小，仅有6700万人左右。对比之下，美国的网民占比只有78.1%，但有3亿人口作为支撑。中国网民占比更少，仅有60%左右，但是有13亿人口的规模。第三，政策限制。欧洲普遍推行高税收、高福利政策，从而抑制了创新和创业，这也是欧洲互联网发展不佳的重要原因。第四，融资方式差异。以德国为代表的欧洲国家企业，比较喜欢通过银行信贷融资，不擅长资本运作，例如通过VC/PE股权融资或者运作公司上市。欧洲股市的总体P/E很低，例如奔驰、宝马这样优秀的汽车企业，P/E大多数时候只有不到10倍。一些欧洲国家的法律不允许VIE（协议控制）架构，许多欧洲互联网公司也难以像中国公司一样去美国股市融资。大洋洲选取了澳大利亚REA和新西兰Diligent Board Member Services两家企业，虽然在28家企业中排名比较靠后，但是其财务竞争力较强，两项排名均处在中上游水平，说明两家企业无论在投融资、资本运营，还是风险管理、现金管理等方面都非常出色。尤其是Diligent Board Member Services这家企业，其基于现金流的财务竞争力综合排名位列28家企业的第二位，可以看出其出众的现金流管理能力。非洲只选取了南非的Naspers一家企业，虽然其营收水平处在中游，但两项指标排名均靠后，问题出在现金流的盈利性和可持续性较差，企业不能得到充足的内源资金实现可持续发展。

（3）中美比较：中美双方合作共赢，融资效率和成长性略有差异。

亚洲和美洲地区中，中国和美国互联网企业占据大多数，也充分显示出其在互联网行业的重要地位。从财务竞争力结果看，中美在投资效果、现金管理、盈利能力方面差距不大。中国和美国是世界互联网强国，这与其拥有着强大的互联网用户数是密不可分的。长期以来，美国互联网企业和资本与中国互联网企业存在着广泛的合作和投资，比如中国一直是美国投资基金最重要的市场,包括BAT(百度、阿里巴巴和腾讯)、京东在内的中国互联网企业也在积极拓展国际业务,加大海外投资并购力度,在美国设立分支机构或研发办公室。中美两国的互联网企业在资本、技术、人才、市场等各方面有着广泛合作,并享受到了丰厚的发展红利。美国是互联网发展最成熟的国家,所拥有的互联网企业规模也是全球最大的,而中国则是近年来互联网发展最快的国家。从财务竞争力方面看,它们各自都有着独特的优势。美国的互联网企业融资效率高,主要原因是美国成熟的资本市场创造了良好的融资环境,美国拥有现时世界上最成熟的资本市场,从创立到上市,仅依靠本土资源就可以达成。如初期的天使投资、创业风投,后来的私募基金、银行贷款,到最后在证券市场上市,完善的融资配置和市场监督与辅导,在为企业提供资金的同时最大限度地控制了风险。而中国的资本市场还处于发展阶段,由于互联网企业风险大、缺乏可做抵押的固定资产的特殊性,使其难以获得银行贷款的支持,同时由于国内债券市场和股票市场准入门槛高,限制了其后续融资。但是中国的互联网公司表现出良好的成长性,这主要是因为:第一,美国的互联网企业是以云计算为技术的企业级应用,中国的创新更多的是互联网对传统行业的拥抱和整合。美国传统行业本身就比较成熟、高效,并没有给互联网留下太多机会,中国传统实体经济存在互联网乘虚而入的空间,因此美国的科技巨头和创业者更多是去寻找全新的领域做新增市场而不是改造存量市场,中国的科技巨头和创业者则一方面改造传统行业、去渗透线下、去开荒三四线,一方面走美国的面向未来的智能道路,因此传统行业给中国互联网带来更多的成长空间。第二,互联网用户及普及率方面的差异。众所周知,中国是世界上人口最多的国家,因而互联网用户数也是最多、增长最快的。截至2014年底,中国互联网用户约6.4亿,而在2000年时只有2000多万,期间增长了约30倍。而美国在2000年时已达1.2亿之多的规模,但是经过14年的发展,网民规模为2.8亿,只相当于原来的两倍多。在普及率方面,2014年中国互联网普及率为46%,而美国互联网普及率为87%,数据显示,美国、德国、英国、法国、日本等发达国家,互联网普及率都已经达到85%以上,未来增长空间相当有限。这也是中国互联网企业拥有较高增长率的主要原因,同时,未来中国互联网企业也有很大的发展空间。

(4)具体公司:财务竞争力与营收不匹配,个别企业发展陷入困境。

从具体公司的排名来看,基于综合绩效与现金流的财务竞争力排名与营收排名之间具有较高的相关性和一致性。例如,阿里巴巴三者的排名分别为第七、第四和第八,腾讯的排名分别为第四、第八、第六,说明企业的财务竞争力和创造价值的能力存在正的相关性,能够在投资、融资、现金管理、资产管理等方面拥有卓越表现的公司通常具有较强的价值创造能力。

但是在2014年,有四家公司两种结果排名与营收排名并不匹配:

第一,英国Rightmove营收排名是第二十六名,但其基于综合绩效和现金流的财务竞争力排名分别为第一名和第三名,究其原因,主要是其较强的盈利性和现金管理能力。英国Rightmove公司2014年的主营业务收入、净利润两大指标都实现了增长,相比2013年分别增长了19.35%和29.39%,经营活动现金流量增长率涨幅较大,为30.42%,充足的经营活动现金流能够增强企业的偿债能力和管理风险能力。良好的投资效果也提高了Rightmove的经营效率,使其能够快速发展。2014年Rightmove的总资产报酬率和净资产报酬率分别为2.23和39.29,说明Rightmove能够充分利用资源，拥有较强的盈利能力和经营管理水平，能够为股东创造更多财富。

第二，澳大利亚REA位列营收排名的第二十三名，但其基于综合绩效的财务竞争力综合排名为第八名，这与其较强的投融资效率是分不开的。澳大利亚REA 2014年的净资产报酬率为37.67%，较高的投资效率能够为股东创造更大价值。澳大利亚REA的资产负债率为16.70%，流动比率为159.29，较低的资产负债率和较高的流动比率体现出其出色的融资效率。同时，2014年REA集团与美国最大房源管理机构List Hub建立合作引入最新美国房源之后，又与中国最大的房地产家居网络平台搜房网建立战略合作伙伴关系，中美房产资源的介入也使得REA集团在2014年有了飞速发展。

第三，亚马逊是这28家互联网企业中也可以说是全球营收最高的互联网企业，而其财务竞争力综合排名却处在下游，分别为第二十二名和第二十三名。虽然亚马逊2014年创下890亿美元的销售纪录，但仍然损失了2.41亿美元。这主要是因为亚马逊2014年实行扩张低利润的战略，在扩张计划方面投资巨大，其中包括推出新计划、新建仓库和服务器农场。由于亚马逊公司在2014年最后3个月的支出就高达287亿美元，因此其盈利就变为负值。同时，阿里巴巴等中国电商的上市对其造成了一定的压力。

第四，eBay的营收排名为第四名，但其财务竞争力综合排名却分别为第十八和第二十一名。分析原因，主要在于eBay较低的投资效率和盈利能力。2014年eBay的总资产报酬率和净资产报酬率分别仅为0.1%和0.23%，虽然其营收很高，但并没有给股东创造更多的财富。另外，eBay 2014年主营业务收入增长率为11.56%，净利润增长率为-98.39%，因而其没有充足的现金来支持自身的发展。

（5）中国企业：BAT占据主导，行业竞争加剧。

总体来看，国内互联网企业以百度、腾讯和阿里巴巴三巨头为主导，其他互联网巨头竞相追赶，它们在资本市场上不断掀起惊涛骇浪，成为投融资及并购的主角，同时它们也积极参与企业价值创造，深度参与企业价值管理，从而提高企业价值。这七家企业都是营收排名在中国互联网企业中前七位的，并且财务竞争力综合排名在全球28家互联网企业中也名列前茅。BAT三巨头表现抢眼，无论是营收还是财务竞争力都排在前列，彰显了三家企业在融资效率、盈利能力和成长性方面的巨大优势。一方面由于三巨头多年积累的市场和竞争优势，另一方面是其在资本市场持续不断的投资并购活动。三巨头频繁进行资本运营活动的背后是它们都期望打造自己的生态圈，这样就能保持住自己的地位以及竞争优势。京东在营收排名第三位，但其财务竞争力的综合排名居第十三名和第十六名。2014年全年京东营收为1150亿元，比2013年增长66%，净亏损为49.96亿元，2013年净亏损为4989.9万元。尽管京东营收快速增长，但同期的亏损却不断加大。一方面由于2014年京东上市前夕，京东董事会给了京东董事长刘强东占京东股份4%的期权奖励，摊销了36亿元。京东上市前招股说明书显示，2014年第一季度公司出现了一笔36.70亿元的股权补偿开支，主要是赠予京东CEO刘强东9378.097万股限制股。另一方面是与腾讯战略结盟产生的资产和业务收购，带来的无形资产摊销。网易虽然在营收排名上处在中游，但其基于综合绩效的财务竞争力排名处在第五名，主要得益于其在线游戏业务、广告业务和电商等业务的显著增长，尤其是邮箱、电商及其他业务方面，该业务2014年的收入为11.14亿元人民币（1.80亿美元），同比增长高达202.6%。苏宁虽然在营收排名中位列第五名,但其综合竞争力排名却在最后,主要是由于目前苏宁在向互联网零售转型过程中,对电子商务、采购、销售和物流配送等环节投入了巨大资金,且收益需要一个十分缓慢的过程,虽然苏宁2014年前两个季度表现不佳,但自第三季度起,运行效率逐步走向正轨,销售收入规模逐季改善,第三、第四季度营业收入同比增长分别为15.90%、16.31%,互联网业务同比增长分别为52.26%、2.25%。从我国互联网企业发展来看,在追求高速增长的同时,我国互联网企业也在关注财务竞争力和价值创造能力,毕竟只有努力实现管理成长、追求盈利和控制风险的有机统一,才能不断增强企业的财务竞争力并支撑企业的可持续发展,持续为股东创造财富。

## 五 前景展望

20世纪90年代中期以来,以企业价值为基础的企业管理模式逐渐受到西方企业界的认可和推崇。事实已经证明,采用这一极具科学前沿意义的新的企业管理模式,对于优化企业的管理行为,保障企业的长远可持续发展具有十分重大的意义。随着经济社会的快速发展,资本市场和金融创新已深入到企业价值创造的方方面面,对企业的可持续发展产生深远影响。其不仅改变着企业价值创造的形式,还从更深层次对企业价值创造提出了要求。近年来,随着资本市场的不断成熟和互联网技术的高速发展,互联网企业遍地开花,逐渐成为经济发展的中坚力量。如何实现利用资本市场和金融创新助力互联网企业持续健康发展,实现互联网企业价值创造已成为人们关注的焦点。

1. 努力完善多层次资本市场,实现互联网与资本市场无缝连接,打造便捷互联网企业资金融通渠道

随着"互联网+"上升为国家战略,"互联网+资本市场"便成为一种不可阻挡的趋势。资本市场的主要作用是当经济已经发展到一定规模的时候,通过杠杆原理为企业的发展加速的一个平台工具,即是国家经济的加速推动器,其融通的资金主要作为企业扩大再生产或并购的资本使用。简单来说,资本市场是通过对收益的预期来导向资源配置的机制。企业不仅可以在资本市场中筹集所需资金,还能通过资本市场的资源配置作用将企业资源最大化利用,从而创造更多价值。而"互联网+"则代表一种新的经济形态,即充分发挥互联网在生产要素配置中的优化和集成作用,将互联网的创新成果深度融合于经济社会各领域之中,提升实体经济的创新力和生产力,形成更广泛的以互联网为基础设施和实现工具的经济发展新形态。"互联网+"的目标是为了摆脱经济下行、加快整个国家实体经济的产业转型,是一种推动经济的主要动力(罗干淇,2015)。两者的结合便能提升市场效率,通过微小单元的创新能力提升资本市场资源配置精准度。若能"去其糟粕、取其精华",发挥信息技术对需求和供给相互匹配的低成本、高效率特征,技术进步则能够推动风险控制体系的完备,增强行业和机构内控体系的覆盖深度,带动市场快速发展。

2015年5月7日,国务院发布了《国务院关于大力发展电子商务加快培育经济新动力的意见》(以下简称《意见》)。《意见》明确表示,在鼓励互联网产业大力发展的同时,提供一个资本市场的

平台，让互联网企业有进一步的发展空间。互联网企业本身所具有的轻资产属性、创立初期投入大等特性使其发展需要资本市场的"特殊关照"。当互联网企业发展到一定的规模后如果缺乏资金支持的话，企业的发展会受到极大的限制。传统的银行贷款已经不足以支持迅速发展的互联网企业，而新三板的出现则给互联网企业挂牌上市提供了一个资本市场平台，解决了互联网企业的融资问题。尤其是新三板扩容之后，对准入企业的门槛大大降低，突破了原有的只限于中关村科技园区的局限，将范围扩大至其他具备条件的国家级高新技术园区；同时，对财务指标的要求也有所放宽。这样不仅解决了老三板的遗留问题，而且也为互联网企业畅通了资金融通渠道。相信未来随着新三板准入门槛的不断降低，更多的互联网企业将投入资本市场的怀抱。

2. 大力推进金融创新进程，深度发掘互联网金融模式，开拓互联网企业融资新思路

创新伴随着金融发展的始终，没有创新的金融就像死水一般毫无活力。近年来的互联网热潮也为金融创新增添了强劲的动力，不断催生出新型的金融创新机制，推动了实体经济持续健康快速发展。互联网金融便是互联网时代下金融创新的产物，不断改变与重塑现有金融体系和服务。互联网金融并不是互联网与金融的简单融合，而是将"开放、平等、协作、分享"的互联网精神注入到传统金融业中，使得传统金融具有"互联网思维"。这样的创新不仅能在中国金融机构改革中发挥推动作用，还能在完善资本市场、提供差异化的金融服务和产品等方面展示出巨大的能量。目前，中国互联网金融的发展已经经历了网上银行、第三方支付、个人贷款、企业融资等多个阶段，并且越来越在资金融通、资金供需双方的匹配等方面，深入到传统金融业务的核心领域（吕飞，2014）。

互联网金融本质上是一种直接融资方式。在这种模式下，企业能够通过互联网高效的信息传递作用来深入全面地进行数据分析，找到合适的风险管理工具与风险分散工具，控制风险的同时提高了资源配置效率。融资问题一直困扰着互联网企业的发展，在国内资本市场不完善、金融体系不健全的情况下更是雪上加霜。互联网金融作为一种全新的资金融通渠道，有着传统金融无法比拟的特点和优势。互联网由于其自身的开放性、交互性，极大地提高了传统金融业务透明度、参与度和协作性，减少了中间环节和交易成本，能够更加便于互联网企业筹集资金。互联网企业由于其自身高成长高风险的特性，很难在商业银行取得资金，而股票市场和债券市场的高门槛也让互联网企业望而却步，而互联网金融则能便捷地为互联网企业提供金融服务，而且能通过大数据、云计算等手段对互联网企业的风险进行快速准确的评估，能够让互联网企业在短时间内获得成长所需资金，抓住市场机遇迅速发展。与此同时，互联网金融背后的风险也是不容忽视的。互联网自身的开放性本来就是一把双刃剑，技术不完善导致的金融信息泄露会让互联网企业遭受巨大损失。另外，互联网金融是新兴事物，相关的制度、监管还没有建立和完善，制度监管的缺失也会影响互联网企业的融资。随着技术的不断完善和监管的逐步确立，互联网金融将在互联网企业融资过程中发挥更大作用。

3. 恰当选择资本运营模式，增强并购企业价值链整合，实现互联网企业资源最优化配置

随着我国经济改革发展的不断深入，企业逐渐意识到资本运营对公司发展的重要性。资本运营是企业经营战略的根本性变革，资本运营的关键是对资本运营模式的战略性选择，使资本得到迅速扩张、有效积聚和最优配置（程艳霞，2001）。而资本运营的过程就是加速企业资金循环的过程，

也是在尽可能短的时间内使企业资产获得最大限度增值的过程，它通过企业的放弃（资产重组）—回归（调整业务或产品）—新生（寻求新的竞争支撑点）这一运营链来巩固和发展其竞争能力和竞争优势。而并购是这一资本运营链的核心，也是资本运营的最基本、最普遍的运作方式（张富生、程艳霞，1999）。21世纪以来，并购已经成为互联网企业快速扩大资本、抢占市场、控制资源、跨越行业壁垒、实现企业自我发展的重要手段（阮飞等，2011）。

互联网企业在中国互联网行业发展迅猛的背景下，若直接进行市场开拓，则时间较长，风险较大且成本过高，而采取并购整合方式具有取得理想的企业规模、市场份额和竞争优势的功能，具体体现如下：①并购能在短时间内迅速实现生产集中和规模化经营。在互联网行业竞争加剧的今天，商业机会稍纵即逝，如不及时采取行动则可能使得互联网企业陷入被动。而并购可以使互联网企业拥有更大的能力来控制其产品生产销售的各个环节以及资金的来源，从而提高互联网企业技术创新能力与市场应变能力。②与新建一个企业或者新开发一项技术相比，并购可以减少互联网企业对新行业、新市场的进入成本，大大降低新技术的研发成本和时间，能够迅速把握市场机会，掌握新技术并占领市场，同时迅速收回投资和增资。③并购能促进存量资产的流动、经济结构的调整和资源的优化配置。互联网企业的特点之一就是拥有大量的现金，资金的闲置会使得企业的投资效率降低，不能将资源最大化利用。并购企业将闲置资金进行投资，使资源可以高效利用，被并购企业则以最经济的方式获得资金，加快自身发展，同时也加速了并购企业的资金回流。这样通过存量资产的流动和资源优化的配置，可以加速资本的集中，使互联网企业能够创造更大价值。

4. 不断优化资本结构和资产结构，开拓金融创新模式，实现互联网企业价值创造与可持续增长

近年来，我国宏观经济持续下行，A股市场在短短的几个月内经历了暴涨暴跌，整个资本市场受到严重打击。中国的私募股权投资市场与二级市场紧密相连，也难免遭受池鱼之灾，故而引发了资本市场"寒冬论"之说。但同时，中国政府相继出台多项政策鼓励并引导"大众创业、万众创新"，并通过大力发展股权融资引入社会资本帮助创新创业型企业疏通融资渠道，从而进一步激活资本市场，实现国内经济的健康发展。"互联网+"不仅为传统金融行业注入新鲜血液，增加新的动力，更加带动了新兴行业的发展。金融的创新集中在互联网上，尤其在"互联网+"上，轻资产创新作为一种新模式，对互联网企业以及金融创新的发展起到了创新作用。首先，针对一些基础性创新、原创技术，特别是有很高技术含量但短期之内很难市场化的，国家要通过政策性的金融机构给予支持，比如国家开发银行、进出口银行等。其次，构建一个良好的并购政策环境，促进PE/VC发展。在这个领域，国家需要明确并创造更好的税收环境、信息环境以及资本的进入、退出环境，通过场外环境、多层次并购市场的完善发展来使PE/VC更好地发展起来。最后，将间接融资和直接融资结合起来，形成一个交叉、辅助的融资结构。PE/VC在前面发现项目，后面一些比较敏锐的银行机构、融资租赁等跟进，最终形成横纵交错、立体稳固的融资结构。

（总报告执笔人：孟鑫、胡月，北京邮电大学；指导人：何瑛，北京邮电大学经管学院）

## 参考文献

[1] 汪平. 基于价值的企业管理 [J]. 会计研究, 2005 (8).

[2] 罗珉, 李亮宇. 互联网时代的商业模式创新: 价值创造视角 [J]. 中国工业经济, 2015 (1).

[3] 李海舰, 田跃新, 李文杰. 互联网思维与传统思维与传统企业再造 [J]. 中国工业经济, 2014 (10).

[4] 张中华. 资本市场的创新与风险防范 [J]. 经济管理, 2009 (7).

[5] 刘伟, 王汝芳. 中国资本市场效率实证分析——直接融资与间接融资效率比较 [J]. 金融研究, 2006 (1).

[6] 周小川. 资本市场的多层次性 [J]. 金融市场研究, 2013, 15 (8).

[7] 戴德群. 金融创新对中小企业财务管理的影响分析 [J]. 财会通讯, 2014 (12).

[8] 袁奋强. 内部资本市场、资本配置与企业价值创造 [J]. 会计论坛, 2015 (1).

[9] 陈建功, 李晓东. 中国互联网发展的历史阶段划分 [J]. 互联网天地, 2014 (3).

[10] 李昇. 美国多层次资本市场的结构及其借鉴作用 [J]. 经济视角 (下), 2013 (2).

[11] 中国互联网协会, 工业和信息化部信息中心. 2015年中国互联网企业100强.

[12] 中国信息通信研究院. 移动互联网白皮书 (2015).

[13] 王德河. 金融创新及我国金融创新对策研究 [J]. 审计与经济研究, 2005 (1).

[14] 王怡. 浅谈我国金融创新的现状及风险 [J]. 金融经济 (理论版), 2007 (3).

[15] 裴喜亮, 王新. 关于我国金融创新的发展研究 [J]. 长春理工大学学报 (社会科学版), 2014, 27 (9).

[16] 童藤, 孙宝胜. 金融创新促进中国资本市场发展的路径研究 [J]. 科技创业月刊, 2010 (5).

[17] 李启才, 顾孟迪. 基于金融创新的中小型科技企业融资对策研究 [J]. 现代管理科学, 2014 (9).

[18] 董文龙. 我国资本市场发展对企业投融资行为的影响研究 [D]. 山东: 山东大学, 2013.

[19] 何运革. 互联网企业融资模式研究 [D]. 北京: 北京工商大学, 2010.

[20] 潘俊, 陈志红, 吕雪晶. 高新技术企业价值创造模式创新及其评估体系构建 [J]. 科技与经济, 2011, 24 (6).

[21] 樊会文. "互联网+"的价值创造效应及其生成机理 [J]. 工业经济论坛, 2015 (3).

[22] 明柱亮. 西方发达国家的金融创新研究 [D]. 吉林: 吉林大学, 2005.

[23] 屈小博. 我国金融创新的困境与对策 [D]. 陕西: 西北农林大学, 2005.

[24] 罗干淇. "互联网+"升级版: "+资本市场" [J]. 财经界, 2015 (6).

[25] 唐诗闻, 吕智秀. 金融创新: 势不可挡的互联网金融 [J]. 中国外资, 2014 (4).

[26] 阮飞等. 我国互联网企业并购的动因、效应及策略研究 [J]. 经济问题探索, 2011.

[27] 程艳霞. 我国企业资本运营的模式研究 [J]. 武汉理工大学学报, 2001 (3).

[28] 张富生, 程艳霞. 企业改革误区与预警 [M]. 河北: 河北科学技术出版社, 1999.

[29] 毛伟. 中国互联网发展情况分析与展望 [J]. 中国教育网络, 2013 (7).

## 分报告一
## 互联网金融的发展路径、风险及其监管研究

随着全球贸易的扩大，贸易金融不断增长并逐渐进化。最显著的是，电子时代将传统基于纸质媒介的贸易金融推到了互联网，从而将开放、平等、协作、分享的互联网精神进一步渗透到传统金融当中。互联网金融与传统金融并不是替代关系，而是相互融合、相互补充。互联网企业不断推出新型的金融服务，吸引民间闲散资金，将其汇集到一起进行运转，以达到资金与资源的优化配置。而银行、券商、基金等传统金融机构也纷纷推出自己的网上银行、网上基金等金融服务，从而使资金的运转更加快捷，与互联网实现无缝连接。

近年来，随着互联网技术的高速发展以及与现代金融的创新融合，涌现出许多互联网金融模式，最典型的就是第三方支付、P2P贷款平台、大数据金融、众筹等，同时，还有新型的模式不断涌现，如国内互联网巨头腾讯公司旗下的民营银行——微众银行获得审批，这是我国首家民营银行，也是互联网与传统金融机构的强强联合。互联网金融作为一种新的资金融通渠道，有着传统金融无法比拟的优势。互联网自身的开放性、交互性以及突破时间与空间的限制，完全融入到传统金融当中，使金融业务的透明度、参与度、协作性都得到极大提升，支付更加便捷的同时，也减少了交易的中间环节和交易成本。互联网金融不仅迎合了我国互联网普及和信息消费升级的新趋势，满足了消费者和企业希望获得更加便利金融服务的迫切需要，而且能通过大数据、云计算等手段让那些无法从银行贷款的中小企业和个人从中受益，通过竞争刺激传统银行紧跟时代步伐，最终带给客户更好的产品和服务。

然而，我们也应该看到，在高速发展的互联网金融背后，存在的风险也是不容忽视的。首先，互联网技术本身就存在着巨大的风险，信息泄露、密码被盗等事件频频发生，技术不完善是导致互联网金融风险的首要原因。其次，互联网金融是新兴事物，相关的制度、监管还没有建立和完善，而互联网金融的模式仍在不断创新发展，对传统的金融监管提出了严峻的挑战，监管的缺失势必会影响互联网金融的健康发展。鉴于此，本文拟从互联网金融的发展路径入手，探究互联网金融背后的风险及其监管途径，以期推动我国互联网金融持续健康发展。

# 一、互联网金融的定义及模式

随着互联网向社会纵深不断扩张，普通人的网络经济活动也日趋平常化，而对于网络金融服务的需求也急剧增加。由于长期的垄断地位，传统金融行业既缺乏提供网络金融的积极性，也缺乏相应的技术和经验。而互联网企业通过近年来的高速发展，积累了丰富的网络技术经验及服务意识，展现了非凡的竞争力。随着业务规模的不断扩大，原本并不起眼的互联网金融产品，正逐渐开始成为互联网企业布局金融行业的桥梁。从第三方支付、金融理财、小额贷款、P2P、众筹等领域，互联网金融正迅速成为一种潮流，并且以它天然的颠覆性再造中国金融业新格局。

## （一）互联网金融的定义

"互联网金融"可以说是这两年金融界讨论和提及最多的一个词，如果说2013年是互联网金融的元年，那么2014年可以说是互联网金融爆发的一年。2014年3月5日，十二届全国人大二次会议审议的政府工作报告提到，"促进互联网金融健康发展，完善金融监管协调机制"。这是"互联网金融"首次写入政府工作报告，同时互联网金融也是自诞生以来最快被写入政府工作报告的经济新词汇之一。互联网金融的兴起，一方面是由于互联网与金融业务长久以来不断地渗透融合，另一方面是随着新兴经济的出现以及企业数量的爆发式增长，传统金融已无法满足资金需求的快速增长，加上金融体制的滞后，使得互联网金融能够在短时间内得以流行。然而，互联网金融发展的根本原因是存款利率管制所导致的利率扭曲。

互联网金融的兴起对以银行、券商为主的传统金融行业的影响无疑是最大的，然而，单从规模而言，互联网金融目前还难以对传统金融行业造成致命的打击，毕竟目前影响到的是以零售业务为主的银行、券商以及保险等少部分的渠道延伸业务。但是，以互联网技术和数据、用户体验和渠道入口为代表的线上金融化趋势，已经通过互联网金融逐渐凸显了出来。

互联网金融并不是互联网与金融的简单融合，而是"基于互联网思想的金融"，是"开放、平等、协作、分享"的互联网精神与传统金融业的互相渗透。目前针对互联网金融未有权威确切的定义，谢平、邹传伟（2012）把互联网金融定义为既不同于间接融资模式，也不同于资本市场直接融资模式的第三种融资模式，又称为"互联网金融融资模式"。郑英隆、王勇、袁健（2014）把互联网金融（The Internet Financial）定义为是基于Internet而形成的资金融通活动的总称。融通活动主要来自三个方面，即网上银行（Internet Bank or E-bank）、非银行金融机构的网上金融业务、由第三方支付系统而发生的买卖双方资金往来关系。本文采用皮天雷、赵铁（2014）的定义，即互联网金融就是互联网技术和金融功能的有机结合，依托大数据和云计算在开放的互联网平台上形成的功能化金融业态及其服务体系，具有普惠金融、平台金融、信息金融和碎片金融等典型特征，包括基于网络平台的金融市场体系、金融服务体系、金融组织体系、金融产品体系以及互联网金融监管体系等。

## 第一部分 专题篇——资本市场、金融创新与互联网企业价值创造

### (二) 互联网金融的模式

央行发布的《中国金融稳定报告(2014)》显示，我国互联网金融规模已接近10万亿元。报告中，央行首次定义中国互联网金融形态，众筹等模式被纳入。据公布的数据推算，支付机构共处理互联网支付业务153.38亿笔，金额总计达到9.22万亿元；全国范围内活跃的P2P网贷平台已超过350家，累计交易额超过600亿元；非P2P网贷增长迅猛，仅阿里金融旗下三家小额贷款公司累计发放贷款1500亿元。

2014年是互联网金融全面渗透金融业的一年，第三方支付积极拓展移动支付市场，希望借移动互联的机会，争夺O2O的入口；P2P网贷平台数量爆发式增长，同时不断爆出坏账、"跑路"的消息；股权众筹逐步侵蚀传统创投的市场，产品众筹则让参与者的个性化需求得到了满足。据iiMedia Research数据显示，2014年中国互联网金融产品和服务的网民渗透率达61.3%，超过六成网民使用过互联网金融产品和服务。在资本推动和中国网民投融资和支付需求逐步释放的大背景下，互联网金融产品和服务的渗透率将进一步提升。

互联网金融的本质是依托互联网、云计算和大数据等技术所开展的金融增值电信业务，金融信息可以在互联网这个开放包容的平台上实现快速传递、无缝连接，在投资者之间实现共享，使得获取信息的成本与交易成本达到最低。现阶段互联网金融大致涵盖了第三方支付、P2P网贷、众筹、互联网理财、大数据金融和网络银行等业务范畴，如图1-1-1所示。

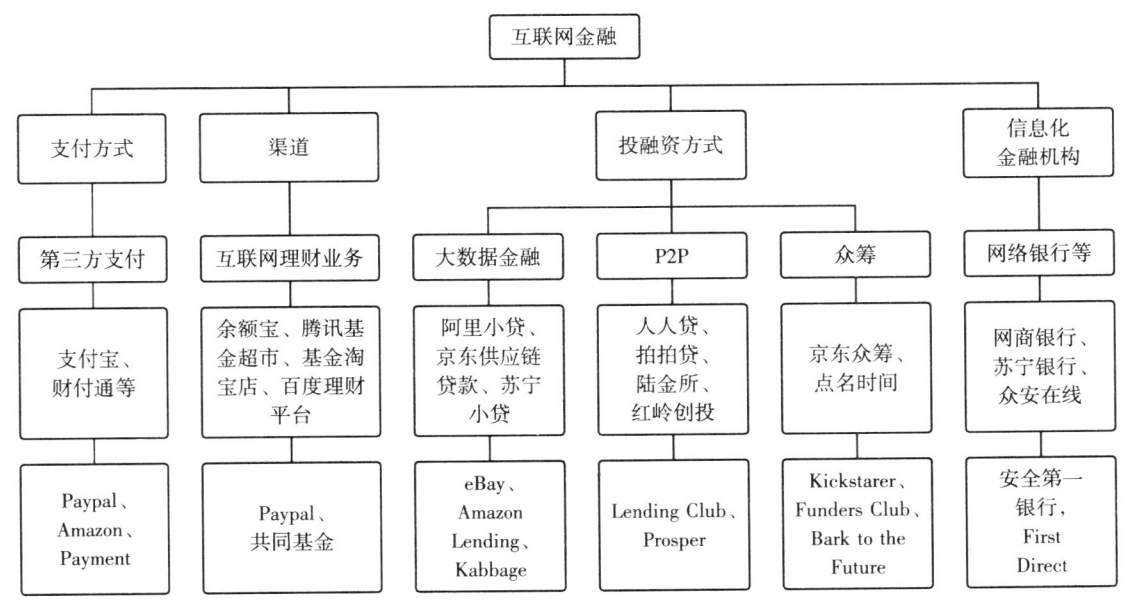

图1-1-1 互联网金融模式

#### 1. 第三方支付

根据央行2010年在《非金融机构支付服务管理办法》中给出的非金融机构支付服务的定义，从广义上讲第三方支付是指非金融机构作为收、付款人的支付中介所提供的网络支付、预付卡、银行卡收单以及中国人民银行确定的其他支付业务。第三方支付已不仅仅局限于最初的互联网支付，而是成为线上线下全面覆盖，应用场景更为

丰富的综合支付工具。

第三方支付属于由互联网企业主导的金融业务，是第三方机构为了保证电子商务交易的顺利进行，为买方和卖方提供的资金结算担保系统。其具体流程为：买方在做出购货决定后将货款打入第三方账户，第三方通知卖方款到发货，卖方发货给买方，买方验货后通知第三方给卖方付款。第三方支付克服了交易过程中的违约风险，排除了电子商务发展的主要障碍，为该业务的迅速扩展奠定了基础。2014年第三季度我国第三方互联网交易规模达到20154.3亿元，同比增长41.9%，环比上升9.5%，如图1-1-2所示。

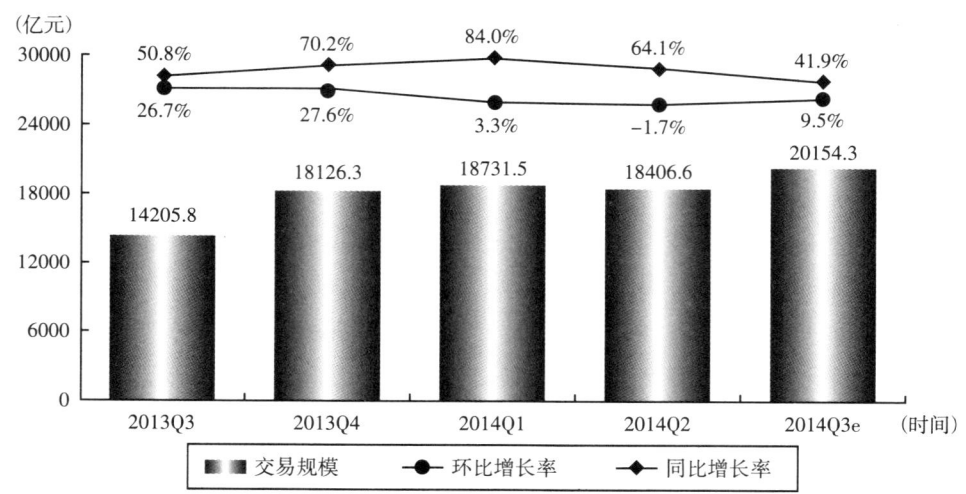

图1-1-2　2013Q3~2014Q3中国第三方互联网支付业务交易规模

资料来源：艾瑞咨询。

第三方支付在移动支付方面的发展也非常迅猛，2014年第三季度经历了2013年第三季度到2014年第一季度过百的单季度增长率和2014年第二季度移动支付市场的负增长，中国第三方移动支付市场终于在2014年第三季度企稳，交易规模呈现稳中有升的态势，交易规模达到14332.7亿元，环比增长率为7.8%，同比增长达415.5%，如图1-1-3所示。

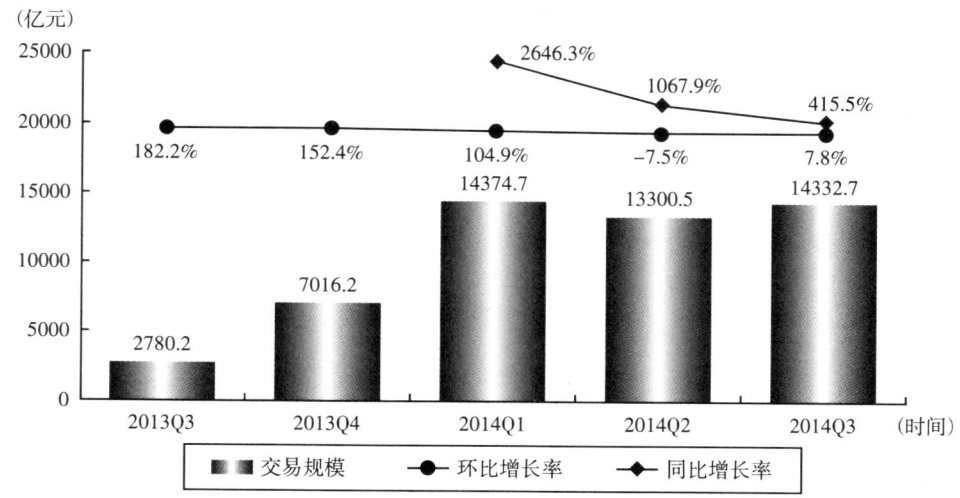

图1-1-3　2013Q3~2014Q3中国第三方移动支付交易规模及增长率

资料来源：艾瑞咨询。

2014年7月15日，央行对外宣布，发放第五批第三方支付牌照。此次获批企业共19家，此次牌照发放后，持牌单位将增至269家。在这些机构中，阿里巴巴集团的支付宝占据着绝对的优势，近年来其市场份额一直维持在50%左右。截至2014年3月31日支付宝的总支付金额达到38720亿元人民币，其中日均支付量达106亿元。支付宝除了具有第三方支付的基本功能外，还具备在线支付、转账和信用卡还款等附加金融功能。随着支付行业参与者不断增多，在银行渠道、网关产品以及市场服务等方面的差异性越来越小，支付公司的产品会趋于同质化，这意味着第三方支付企业需要不断寻找新的业绩增长点。移动支付、细分行业的深度定制化服务、跨境支付、便民生活服务将成为新的竞争领域，拥有自己独特竞争力及特色渠道资源成为众多第三方支付企业生存及竞争的筹码。

2. P2P网贷

P2P是英文Peer to Peer的缩写，它通过第三方互联网平台进行资金借、贷双方的匹配，借款人可以通过网站平台寻找有出借意愿并且有出借能力的人，贷款人可以与其他出借人共担风险，同时帮助借款人在充分比较的信息中选择有吸引力的利率条件，具有直接透明、风险分散的特点。根据平台性质，我国的P2P网贷企业可以分为如表1-1-1所示的四类模式。

表1-1-1 主要的P2P模式的对比分析

| 模式名称 | 拍拍贷 | 红岭创投 | 安心贷 | 宜信 |
|---|---|---|---|---|
| 经营模式 | 纯中介线上模式 | 复合中介型线下模式 | 复合中介型线上模式 | 单纯网下型模式 |
| 服务人群 | 小微企业和中低收入人群 | 有资金需求的个人及创业者 | 北京地区具有实体商业的客户 | 小微企业主、工薪阶层等高成长人群 |
| 给借款人的担保 | 否 | 是 | 是 | 是 |
| 利率水平 | 可变、较高 | 可变、较低 | 固定、较低 | 固定、低 |
| 优点 | 交互功能强，访问量大，平台风险低 | 贷款者风险低，平台创新意愿和能力较强 | 平台风险低 | 贷款者风险低 |
| 缺点 | 贷款者风险高 | 平台风险高 | 交互功能弱，地域性强 | 中介费成本高 |

截至2014年底，我国网贷运营平台达1575家。相对2013年的爆发式增长，由于2014年问题平台不断涌现（12月单月问题平台数量达92家），正常运营的网贷平台增长速度有所减缓，月均复合增长率为5.43%，绝对增量已经超过2013年，如图1-1-4所示。

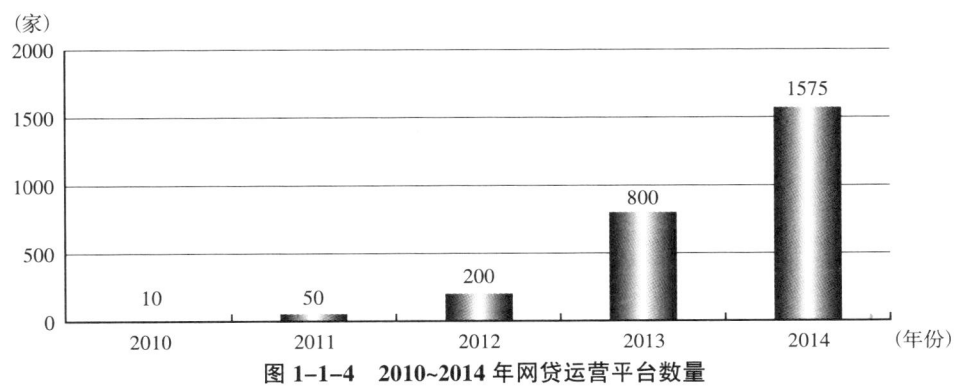

图1-1-4 2010~2014年网贷运营平台数量

资料来源：网贷之家。

成交量是网贷行业整体规模变动的先行指标。截至2014年底，中国网贷行业有史以来累计成交量超过3829亿元。2014年网贷行业成交量以月均10.99%的速度增加，全年累计成交量高达2528亿元，是2013年的2.39倍，如图1-1-5所示。

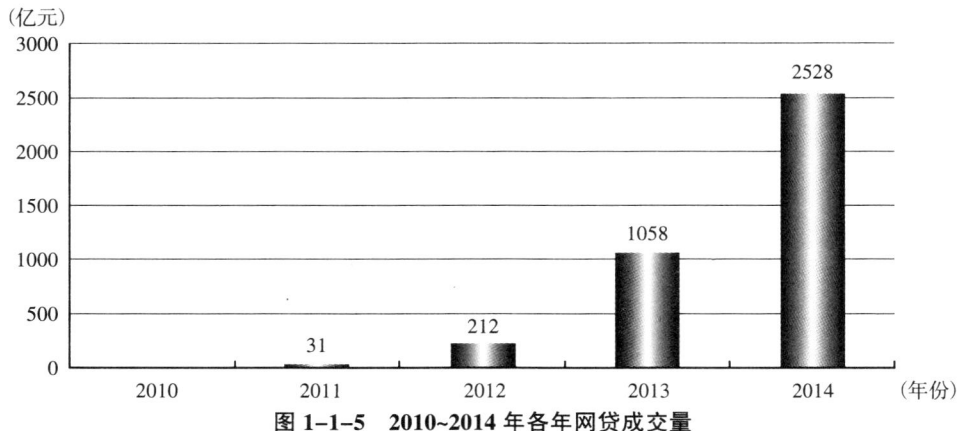

图1-1-5　2010~2014年各年网贷成交量

资料来源：网贷之家。

P2P网贷平台在市场规模上处于高速发展期，创新能力高于第三方支付，但P2P行业的发展也出现了一些障碍，如用户认知程度不足、风控体系不健全等问题。在行业发展"井喷"的大背景下，2014年全国出现提现困难或倒闭的P2P平台达275家，与2013年的76家问题平台相比大幅增加。其中，2014年12月问题平台最多，高达92家。从行业发展规律的角度分析，P2P行业尚未经历真正的经济周期洗礼，离稳定健康发展还有一段距离。一方面，P2P行业体量逐渐扩大、竞争也越发突出，问题平台事件频繁爆发，近两个月平均每天都有1家问题平台曝光。另一方面，自2014年3月以来，整个行业平均的利率每个月基本上都会大幅下降，截止到2014年11月底已经只有16.3%，更是加剧了行业洗牌。市场生存法则加上监管的双重作用，在逐步建立备案制以及相关资金监管的同时，淘汰劣质企业，对真正违法诈骗的行为进行严厉打击；申请正式从业资格，建立重要数据发布渠道，吸引人才及战略投资者，将会促进P2P行业的发展。

3. 众筹

众筹融资是利用互联网和SNS传播的特性，使社交网络与募资方式交叉，使大众的资金得到集中，让创业企业、艺术家或个人对公众展示他们的创意及项目，争取得到大家的支持和资金援助，如图1-1-6所示。众筹在欧美较为发达，在我国仍处于起步阶段。与其他互联网金融业务相比，众筹的起步相对较晚。全球第一家众筹平台，即美国的Kickstarter起步于2009年，我国最大的众筹网站"点名时间"开始于2011年。就资金的提供方式来看，在全球层面众筹业务有三种模式，团购+预购模式、股权投资模式、债权投资模式，

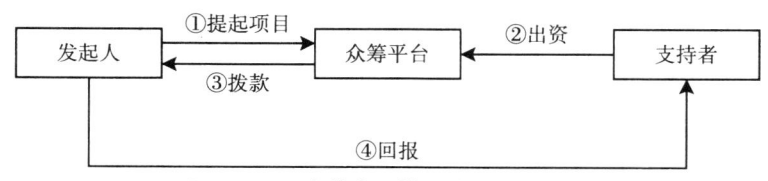

图1-1-6　众筹商业模式的构建与流程

在我国主要以团购+预购模式为主。

2014年被誉为众筹的元年，众筹平台如雨后春笋般出现。截至2014年9月30日，国内至少已有100家众筹平台，其中有11家倒闭或已无运营迹象，3家进行业务转型。在经过连续两个月的大幅增长后增势有所放缓。所有平台中，商品众筹达到65家，纯股权众筹有25家，其余为股权及其他业务类型的混合型平台。目前，众筹融资模式处于萌芽期，从业者与用户规模较小，但弹性大。众筹在中国的发展相对缓慢，公开募资特别容易使募资者陷入非法集资的红线边缘，我国法律制度很难对其进行保护，所以企业应规范运作模式，树立行业榜样，提高进入壁垒。

4. 大数据金融

大数据金融是指集合海量非结构化数据，通过对其进行实时分析，可以为互联网金融机构提供客户全面翔实的信息，通过分析和挖掘客户的交易和消费信息情况掌握客户的消费习惯，并准确预测客户行为，使金融机构和金融服务平台在营销和风险控制方面有的放矢。大数据的关键是从海量数据中快速获取有用信息的能力，或者是从大数据资产中快速变现的能力，因此，大数据的处理往往以云计算为基础。大数据服务平台的运营模式主要有以阿里小额信贷为代表的平台模式和以京东、苏宁为代表的供应链金融模式。以阿里小贷为例，据阿里巴巴研究院的数据显示，截至2014年上半年，阿里小贷累计发放贷款突破2000亿元，服务的小微企业达80万家。阿里掌握着比其他平台都要多的用户信息数据，如何充分利用及分析这些数据，是其能否持续发展的关键。在不断完善大数据金融的同时，企业还要注重用户的个人体验，进行金融产品的个性化设计。

5. 信息化金融机构

所谓信息化金融机构，是指通过采用信息技术，对传统运营流程进行改造或重构，实现经营、管理全面电子化的银行、证券和保险等金融机构。金融信息化是金融业发展的趋势之一，而信息化金融机构则是金融创新的产物。从整个金融行业来看，银行信息化建设一直处于业内领先水平，不仅具有国际领先的金融信息技术平台，建成了由自助银行、电话银行、手机银行和网上银行构成的电子银行立体服务体系，而且以数据集中工程在业内独领风骚。据艾瑞咨询数据显示，2013年中国商业银行电子银行交易笔数高达1245.4亿笔，电子银行替代率达到79.0%，如图1-1-7所示。随着移动互联网的爆发，未来商业银行将形成以网银支付为基础，移动支付为主力，电话支付、自助终端、微信银行等多种电子渠道为辅助

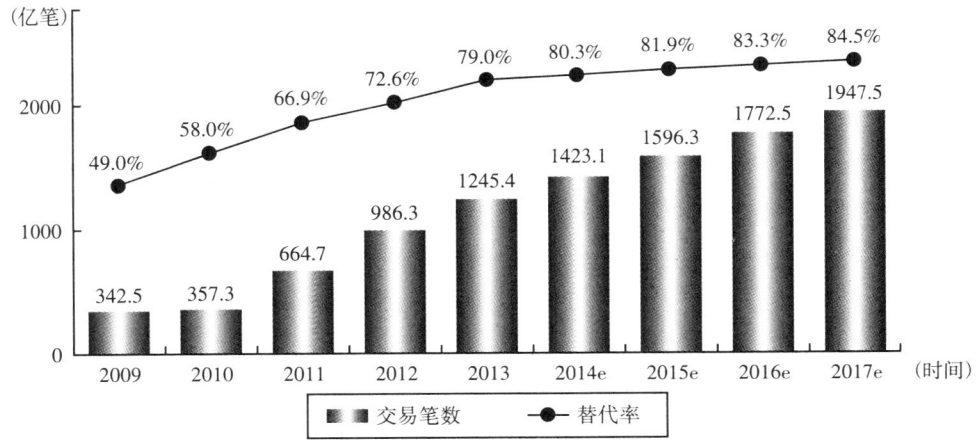

图1-1-7　2009~2017年电子银行交易笔数和替代率

资料来源：艾瑞咨询。

的电子银行业务结构。

6. 互联网理财业务

互联网理财业务是随着互联网金融发展而来的，其亲民性与便利性的特点使其飞速发展，规模呈爆发式增长，尤其是余额宝的出现，颠覆了传统银行的存款业务。据 Wind 数据表明，截至 2014 年 12 月 31 日，天弘基金公募资产管理规模为 5898 亿元，稳居行业第一，其中余额宝贡献了 98%的规模。余额宝 2014 年各季末规模均保持在 5000 亿元以上，年末稳增至 5789 亿元，第四季度实现净申购，第四季度末相对于第三季度末规模增加 8%。第四季度用户用余额宝消费的热情明显提高，由于"双十一"网购狂欢节的刺激，单季度消费金额达 3700 亿元，消费笔数 6.77 亿笔，消费金额相较于第三季度增加 79%，提现金额相较于第三季度减少 4%。

互联网理财业务通常由互联网企业与金融机构相结合，或由不同类型的金融机构联合推出。几乎所有的金融机构，包括商业银行、证券公司和保险公司都设立了出售理财产品的互联网平台。互联网理财产品能够大幅提高投资者的收益水平。比如，开立证券账户的投资者都可以在证券公司购买现金理财产品，其流动性接近活期存款，但是其收益率却比活期存款高出五倍以上。

互联网理财最大的价值就在于它的渠道价值。它分流了银行业、信托业、保险业的客户，加剧了三者之间的竞争。随着利率市场化以及互联网金融的逐步渗透，对于资金需求者来说，只要时间、成本可控、可接受，无论是线下的实体平台还是线上的金融平台，资金的来源已不再是资金需求者考虑的第一要素。

## 二 互联网金融的发展路径

互联网金融的兴起在给人们带来便利的同时，监管问题也越来越多地凸显出来。因此，当务之急是提出适合我国互联网金融的发展路径，对此，本文提出以下发展路径，如表 1-1-2 所示。

表 1-1-2 互联网金融发展路径

| 发展路径 | 主要内容 |
| --- | --- |
| 利率市场化 | 利率水平由金融机构决定 |
| 征信完善化 | 使线上线下的征信体系得到完善并相互补充 |
| 应用场景化 | 使投资者方便快捷地使用互联网金融服务 |
| 产品专业化 | 使互联网金融产品更加专业化并具有针对性 |
| 平台多元化 | 建设多元化平台，创新业务模式 |

### （一）利率市场化路径

由于资本市场本身具有存款利率与借款利率双重利率的属性，因此存在着巨大的套利机会和空间。随着互联网金融的快速发展，阿里巴巴与天弘基金合作，推出了颠覆性的余额宝，余额宝因其所特有的兼具高收益与高流动性而吸引了大量银行活期存款者，然而，随着余额宝规模的急剧增大，余额宝潜在的问题开始显现，这些问题是传统金融业一直存在的老问题，而非互联网创新引发的新问题。余额宝等"宝宝"类理财产品开始出现后，市场反映的褒贬不一表明互联网金融在中国依然处于法律和监管的灰色地带。

利率市场化是指金融机构在货币市场经营融资的利率水平。它由市场供求来决定，包括利率决定、利率传导、利率结构和利率管理的市场化。实际上，它就是将利率的决策权交给金融机构，由金融机构自己根据资金状况和对金融市场动向的判断来自主调节利率水平，最终形成以中央银行基准利率为基础，以货币市场利率为中介，由市场供求决定金融机构存贷款利率的市场利率体系和利率形成机制。我国互联网金融快速发展的根本原因是存款利率非市场化。由于存款利率存在上限管制，我国的活期存款利率和定期存款利率都位于被扭曲的低水平上。互联网金融则通过投资货币市场基金，享受着市场化了的货币市场利率。然而，在利率市场化的条件下，部分投资者为了抢夺具有高收益的货币市场基金，自身承担较大隐形风险，一旦风险发生，后果将是致命性的。

美国著名的第三方支付 Paypal，自从 1999 创立第一只货币市场基金后，使整个美国的货币市场基金飞速发展。货币市场基金投资于风险低、质量高的短期政府债券和企业短期商业票据等资产，向客户提供高于市场无风险利率的报酬。然而金融危机后，它遭受了重大打击。在危机期间，货币市场基金投资的优质资产也不可避免陷入了困境，因而 Paypal 货币市场基金不再保本，给投资市场带来了极大恐慌。最终，在美国财政和美联储的担保下，一小部分货币市场基金得以保留，而付出的代价也是巨大的，那就是短期利率被过度压低，这一举措虽刺激了经济复苏，却使得 Paypal 以及其余的货币市场基金都未能摆脱金融危机的影响。由此看来，美国以 Paypal 为首的货币市场基金的例子，也给中国蓬勃发展的互联网金融敲了警钟。

互联网金融是活期存款的利率市场化，它冲击了存款利率市场化"先长期后短期、先大额后小额"的固有次序，因此具有一定的经济风险。此外，互联网金融的支付功能使其内部存在不稳定性，有发生挤兑的可能，并引发系统性风险（戴国强、方鹏飞，2014）。因此，当务之急，是实现利率市场化改革，加快传统金融创新转型脚步。

## （二）征信完善化路径

与传统金融业相比，互联网金融的核心优势在于支付渠道的便捷和数据积累的广度和深度，能够对借款人的信用信息做即时、快捷的评估，之后便可进入贷款操作流程。而传统金融业的放贷流程则需要对实体资产、债务、流动性情况做复杂分析从而得出评价，对数据的依赖程度不强，而且程序较为烦琐，评估时间较长。所以说，互联网金融的一大优势就是基于互联网技术的线上征信。

随着互联网金融业务的不断发展，征信体系的建设显得极为紧迫。这种线上的数据征信不仅是互联网金融的本质属性之一，也是其区别于传统金融的主要特点。线上征信不仅成本低，数据收集便捷，效率高，而且信息透明，便于监管。尽管线上征信极大地丰富了传统征信数据，又具有实时性，但该系统的建立仍面临诸多困境。一是国内的征信体系还不完善，信用数据资源不够完备。目前，我国提供个人征信服务的"正规军"只有央行征信中心及其下属的上海资信公司。截至 2014 年 10 月底，征信系统收录 1963 万户企业及其他组织和 8.5 亿自然人信用信息，可见央行的征信系统也无法覆盖与银行有业务往来的主流用户之外的个人信用情况。二是线上数据征信只能在少数几个比较完整的生态圈内实现，如阿里电商，其他的互联网金融平台仍然需要依靠传统金融的信用数据，或者从其他生态圈内进行数据的引流，因此目前我国互联网征信体系还不是很成熟。究其原因，还是与我国的信用环境有关。征信体系不完善，社会的整体信用程度不高，企业大多依靠传统的线下征信方式，其信用建立的方式就是实物资产的抵押，或者债券的质押。即便是目前的互联网金融企业，能够真正进行纯粹线上数据征信的平台也不多，大多还是线上和线下的信用数据的结合。但就长远发展而言，以数据征信为代表的互联网金融在运作效率和成本上还是更胜一筹。

### （三）应用场景化路径

对于互联网金融来说，场景化就是把复杂、相关联、需要做风险评估的产品和服务用互联网的简单化思路表现出来，同时做好产品的收益与风险提示。而应用场景化就是把互联网金融快捷、便利的投资形式用合适的途径传播给广大的投资者和消费者，降低金融的门槛，使其融入人们的日常生活。

2014年初，互联网金融的应用场景化就已经开始了实践。微信支付推出的马年红包活动，在短短的春节期间便取得了巨大的成功。上亿的用户数量，接近于零成本的推广，给微信支付的应用场景化做了非常成功的产品实践。可以说，虽然微信支付在客户数量和使用黏性上不能和支付宝钱包相比，但在传播和发展客户的速度上要超过支付宝，一个体现广度，一个体现深度。

应用场景化和移动支付的概念是相伴随的。互联网金融如果没有第三方支付机构成熟的技术支持，也就失去了最核心的资金快捷融通的功能，无法继续发展下去。在以电商金融为基础的成熟模式上，互联网的第三方支付为电商小贷、在线理财、P2P以及其他互联网金融模式提供了最好的基础架构。而应用场景化的概念，大多的趋势是把客户从PC端的体验转移到手机移动端的体验，让互联网金融成为一个随身携带的理财钱包、融资工具和支付方式。随着智能手机以及平板电脑的普及，这种体验将会更加深入。从这个意义上说，互联网金融还有很大的市场空间，不论是渠道还是客户的培养上。

### （四）产品专业化路径

目前国内互联网金融的业务可以说是复杂多样，余额宝、众筹、微众银行、P2P等新鲜事物层出不穷，如此多样化的产品，针对的目标受众却是同质的，因而，对国内的纷繁复杂的互联网金融产品来说，针对目标主体推出符合市场需求的专业化创新产品是亟须的。互联网企业可以利用自身的客户资源，整合渠道优势，通过大数据进行客户类型分析以及需求定位，为客户提供更加专业化的产品及服务，使其产品更有针对性；金融企业通过与互联网企业合作，利用其渠道优势及客户信息资源，设计出符合客户特性的专业化产品，并在线上进行销售，这样在降低成本的同时可以获取更多的用户资源。传统金融机构以互联网为渠道创新专业化的产品和服务，互联网企业则向金融行业逐渐延伸。

在国外，美国的互联网金融产品专业化或许会给我国互联网金融发展些许启示。美国首家纯网络银行SFNB是一种无柜台交易的新兴模式，由于成本低的特点，吸引了众多用户，得到了迅速发展。然而随着行业内竞争加剧以及传统银行的电子化，网络银行发展逐渐转向券商——E*trade。最初，E*trade利用互联网信息不对称的技术优势并依靠自身信息资源迅速发展起来，后来，各大银行和券商也在互联网信息不对称的技术优势基础上，合理利用自身积累的金融信息资源，完善了该市场的发展路径。在网络科学技术和金融信息资源的结合下,券商逐渐取代了最初的网络银行。总体来看,互联网金融的长期发展不仅依赖互联网自身的技术优势,还需要传统金融的资源积累。美国互联网金融独特之处在于,无论是 Paypal 货币基金还是纯网络银行,为了便于监管其经营范围并不复杂,专业化程度较高。

### (五) 平台多元化路径

由于 P2P 网贷平台无准入门槛、无行业标准、无机构监管,处在法律和监管的灰色地带,各种良莠不齐的平台盲目兴起,鱼目混珠、以次充好、违规现象大量存在。这不仅打击投资者对市场的信心,而且可能引入不完善的监管机制。我国金融改革当务之急是健全征信体系,创造出良好诚信的投资环境。在此背景下,美国 P2P 平台的发展路径对我国起到了引导作用。Lending Club 是美国人人贷公司的典范,于 2007 年 5 月成立。它利用朋友间的信任关系,建立了一个系统,通过互联网和社交网络平台接受借款人的贷款请求,并将其连接起来。Lending Club 模式不同于其他网络借贷平台的是,借款利率是固定的,从而避免了竞标,并且还将传统的亲友借贷用在了网络上,利用消费者的交际圈实现借贷。其完善的信用系统值得我国网络信贷平台学习和借鉴,信用对于互联网金融行业来说尤其重要,美国信用信息关系到所有的经济活动和非经济活动,只要个人有良好信用记录就可以进行借贷,所以几乎不会有人冒险违约。另外一个值得借鉴的 P2P 例子是慈善机构 Kiva。Kiva 异于其他 P2P 平台之处在于它不以盈利为目的,它主要为个人提供无息贷款,服务发展中国家的部分低收入者,帮助发展中国家的部分穷人摆脱贫穷。美国的 KS 也是一个成功的案例。KS 在短短 4 年内就发展到一定规模:9 亿美元资助约 500 万个项目,其成功的关键在于重视社交的发展,利用社交网络支持募集资金,保证平台的可持续发展。这几家公司都是成功的典范,究其根源,是美国政府通过制定法律法规来引导新兴行业的发展,实行的是一种监管与发展并举的方式,并且根据市场需求,针对市场需求的关键点,创新业务模式,发展多元化的互联网金融平台,这些都是值得我国互联网金融所借鉴的,如表 1-1-3 所示。

表 1-1-3 美国主要的 P2P 平台

| P2P 平台 | 特点 |
| --- | --- |
| Lending Club | 利用互联网和社交网络平台,利率固定 |
| Kiva | 目标人群是发展中国家低收入者,无利息 |
| KS | 利用社交网络支持募集资金 |

总的来说,从货币市场基金的发展、纯网络银行向网络券商的转变到 P2P 网贷多元化平台的成立及互联网化理财平台的发展来看,美国互联网金融之路无论哪一种都是在各自发展比较完善的情况下才出现,正是这种追求高质量的互联网精神,使得美国的互联网金融得以健康持续发展。同时,充分的市场竞争使得互联网金融大多以模式创新来推动行业发展,这也促进了传统金融的进一步发展。但在我国金融机构资金配置效率低下的背景下,互联网金融的创新体现了对于效率的迫切需要,同时也对传统金融提出了挑战。国内的互联网金融虽然覆盖范围广,但存在着大量以次充好、鱼目混珠的现象,发展并不健康。我国互联网金融经历了从传统业务的网络化、电子业务兴起到网络金融等阶段的发展,正是这种多元化的发展路径推动了创新,也带来了监管问题。利率的市场化和互联网的有效监管是互联网金融持续稳定发展的前提。为了使互联网金融走向正规,一方面,必须进行金融市场化改革,实现利率市场化,便于资金的融通流畅;另一方面,必须将互联网金融纳入监管体系,强化监管机构的监管职责,合理引导互联网金融的稳定持续发展。

## 三 互联网金融的风险分析

互联网金融的发展给社会经济及人们生活带来颠覆性影响，互联网金融可以提高交易信息透明度与效率、优化用户体验与资源配置、丰富投融资方式与渠道，对传统金融体系的完善和发展起到重要作用，具有强大的生命力。以大数据运用和网络营销为主要手段，其在给人们带来便利的同时，随之产生的互联网金融风险是不可避免的。互联网金融除了面临一般性风险以外，还面临着其他特殊风险，如表1-1-4所示，如果这些风险得不到很好的控制，带来的社会影响将远远大于传统金融风险。

表1-1-4 互联网金融的风险分析

| 风险类型 项目 | 互联网金融 | 传统金融 |
| --- | --- | --- |
| 共有风险 | 信用风险<br>流动性风险：融资流动性、市场流动性<br>系统性风险：横向维度、纵向维度 | |
| 特殊性风险 | 信息技术风险<br>法律法规风险<br>信息不对称风险<br>业务管理风险 | |

### （一）共有风险

资金在融通活动中的不确定性将会导致金融风险，其蕴藏在资金融通的各个方面，伴随着资金流通过程的各个环节。互联网金融并没有改变金融的本质和功能，信用风险、流动性风险、系统性风险等传统金融风险形式依然存在，也是互联网金融无法逃避的首要考验。

1. 信用风险

信用的范畴是指借贷行为。这种经济行为的形式特征是以收回为条件的付出，或以归还为义务的取得。这种交易过程由于在空间时间上的分离，从而导致了风险的出现，即信用风险。信用风险是市场经济发展的真实反映，交易双方通过一定的方式相联系，当经济形势良好时，各利益方均能从市场的大好形势中获得"共赢"，然而一旦经济形势向不利的方向发展，就容易产生一系列令各方利益受损的情况，违约事件就不可避免。所以，暂时没有违约事件并不代表市场就不存在风险；恰恰相反，市场风险如果长期得不到有效释放，不仅会使市场主体和监管当局滋生麻痹心理，放松对风险防控的警惕，更有可能积聚成更为严重的系统性风险，国内发生多起网络信贷公司"跑路"事件就是很好的例证。

信用风险存在于互联网金融的多种模式，比如第三方支付、网络借贷、众筹等。将其产生的原因归纳为表1-1-5。

表1-1-5 信用风险产生的原因

| 原因 | 表现 |
| --- | --- |
| 征信体系不完善 | 没有完善的客户信用评估体系，缺少足够的客户信用评价信息，很难对借款个人及机构进行真实、全面、有效的信用评价。同时，互联网金融数据的深度、广度以及真实性无法得到充分保障，容易引发征信风险 |
| "逆向选择"和"道德风险" | 信用较差的借款人因为履约意识不强，通常对利率的高低不太敏感，甚至愿意在高利率下借款。但贷款人无法甄别借款人的信用情况，从而不能通过分级定价选择信用良好的借款人。这无疑也会导致信用风险的增加 |
| 无实物抵押或担保 | 互联网本身虚拟、自由的特点，可以使用户非实名注册，伪造信息，甚至盗取别人的信息进行欺诈。同时，线下征信与线上征信不能很好地配合，服务主体与客户无法面对面接触，融资抵押物种类少，追偿机制和措施不健全，容易出现资金违约情况，信用风险高 |

#### 2. 流动性风险

流动性风险是指互联网金融机构以合理的价格销售资产或者借入资金满足流动性供给的不确定性。客户可以自由选择互联网金融机构，同时快捷的支付使资金交易量瞬间剧增，因此互联网的实时结算体系是"一锤定音"式的，一旦出现错误根本无法纠正，而且错误会迅速扩散，补救成本高昂。

按照风险成因划分，流动性风险可以分为两类：一类是融资流动性风险，即为获取足够的资金履行其支付义务，而影响日常正常运作或基本财务状况的风险；另一类是市场流动性风险，即因市场原因导致出售资产或平仓时，可能遭遇市价大幅下跌，从而导致损失的风险。流动性风险因其具有不确定性强、冲击破坏力大等特点，被称为"商业银行最致命的风险"。

#### 3. 系统性风险

系统性金融风险是指由单个或少数金融机构破产或巨额损失导致的整个金融系统崩溃的风险，以及对实体经济产生严重的负面效应的可能性。对于系统性金融风险的衡量，可以从两个维度来考虑：一个是系统性金融风险的横向维度。在金融系统中，当一个机构遭受冲击而抛售资产时，虽然能够有效抵御危机冲击，但当所有机构都效仿时，这种措施将不再起到抵御冲击的作用，所以当金融体系遇到外部冲击时，在"羊群效应"作用下，就极其容易引发系统性风险。另一个是系统性金融风险的纵向维度。在互联网金融体系中，由于纵向系统性风险更多源于金融机构对于经济周期的依赖性，因此对于互联网金融的监管需要在微观审慎监管的同时，更加重视加强宏观审慎监管，更要注重逆周期金融监管，即在经济繁荣时期也要加强对金融机构的监管，而在经济萧条时期则适当放松监管，通过逆周期金融监管来缓冲经济周期对金融机构的影响，进而防范互联网金融可能引发的系统性金融风险甚至是金融危机。

互联网金融的特点在于其技术的领先性、业务处理的高效性以及支付系统的快捷性，因此，必须要防范系统性风险快速传播的可能。在传统的纸质支付交易结算当中，对于出现的偶然性差错或失误还有纠正的余地，而在网络环境下这种缓冲时间就大为减小，因为互联网内进行处理的是数字化信息，当金融风险在短时间内突然爆发时进行预防和化解并非易事，这也加大了金融风险的扩散面积和补救成本。从这方面来说，互联网金融的系统性风险对金融系统的冲击更大，一旦爆发危机，其破坏性可能更大，持续时间更长，因此，我们对互联网金融的系统性风险应该更加谨慎防范。

### （二）特殊性风险

#### 1. 信息技术风险

互联网金融的应用平台首先是互联网，其方便快捷的服务方式、跨领域的业务开展、开放与透明的市场经营环境，使其具备了互联网所包含的信息安全的动态性、综合性等特点，因此，互联网上的信息安全风险也成为一大风险因素。目前，我国的互联网金融支撑保障体系的发展远远落后于互联网金融业务运营的发展，甚至还没有国家层面的互联网金融信息安全保障机制，这些都是互联网金融发展的制约因素。

信息安全的背后，则是互联网金融的技术风险。互联网金融快速发展的重要前提条件之一就是计算机网络，相关软件与电脑系统对互联网金融健康快速发展至关重要。因此计算机软件系统、互联网络技术等的安全性将直接影响互联网金融的有序运行，显然，影响互联网金融最重要的技术风险就是计算机软件与互联网的相关核心技术。据赛门铁克2013年发布的《揭露金融木马的世界》

白皮书透露，2013年前三个季度网银木马攻击了1400多家金融机构，这些机构来自88个国家和地区，且攻击目标的范围正在向中东、非洲和亚洲地区蔓延。它一般通过后门程序携带入侵，具有超强的精确性与高度的复杂性。

计算机软件、互联网技术专业性强，需要企业投入大量的人员与资金开展研发工作，但目前互联网金融企业规模一般比较小，经济实力有限，所以，一些互联网金融企业迫于运营成本的压力，基本上采用的是技术外包策略。由于自身不拥有企业运作的核心技术，一旦外部技术支持不能完全满足需求，将导致其不能及时有效地向顾客提供金融服务，而顾客不能及时将意见反馈到企业，这样信息无法在三方之间进行及时的传递，从而导致互联网金融企业的技术支持风险。而且企业没有核心技术，一旦外部技术支持出现问题导致信息泄露，企业也将承担巨大的风险。

2. 法律法规风险

目前互联网金融行业尚处于无准入门槛、无行业标准、无监管机构的"三无"状态，我国互联网金融提供的是创新型金融产品，而目前我国的金融法律法规（《中华人民共和国中国人民银行法》、《中华人民共和国商业银行法》、《中华人民共和国证券法》、《中华人民共和国保险法》等）都是针对传统金融活动的，并没有关于互联网金融产品的规范约束，导致部分互联网金融产品游走于合法与非法之间的灰色区域。以类余额宝产品为例，其说明书和合同上仅仅是产品开发者自己制定的违约究责说明，相关法规中对于网上交易权利与义务的规定大多不清晰，极容易造成法律责权利的纠纷。

法律监管的缺失不仅为交易双方的责权利不明确埋下隐患，无形中增加了互联网金融交易的不确定性，而且提高了交易费用，对互联网金融的有序稳定发展极其不利。最近几年，虽然政府陆续颁布实施了《网上证券委托管理暂行办法》、《中华人民共和国电子签名法》、《证券账户非现场开户实施暂行办法》等法律法规，但同样是针对传统金融业务制定的，满足不了当前我国互联网金融快速发展的需要。

3. 信息不对称风险

互联网金融活动一般在虚拟的网络空间实现，对于客户的交易身份、信用评价等方面存在很大的不确定性。客户稍加包装，就非常容易掩盖其真实情况，若提供的数据不真实，就会导致基于数据分析进行的互联网金融业务活动产生很大的风险。无法验证最终借款人提供资料的真实性、没有独立第三方能够对此进行风险承担就有可能使得互联网金融企业遭受损失。同时，P2P公司的资金进出、项目结算、坏账率等数据无人监管，形成信息不对称的风险。对投资者来说，投资P2P网站有两大风险：一是"平台诈骗"，就是投资者遭遇平台"跑路"；二是"资金挪用"，就是投资者根本无从得知自己的资金去向。网贷之家发布的《中国P2P网贷行业2014年度运营简报》显示，2014年全国出现提现困难或倒闭的P2P平台达275家，与2013年的76家问题平台相比大幅增加。其中，2014年12月问题平台最多，高达92家，如图1-1-8所示。

在非对称信息下，互联网金融市场还可能出现格雷欣法则——"劣币驱逐良币"的非理性现象。由于互联网金融企业提供的是典型的虚拟金融服务，加之我国互联网金融企业质量参差不齐，顾客对各金融企业的服务质量不太了解，极有可能出现"劣币驱逐良币"的不良现象，即高质量的互联网金融企业被挤出市场，价格低但服务质量差的互联网金融企业充斥市场，这将不利于我国整个金融业的有序健康发展。

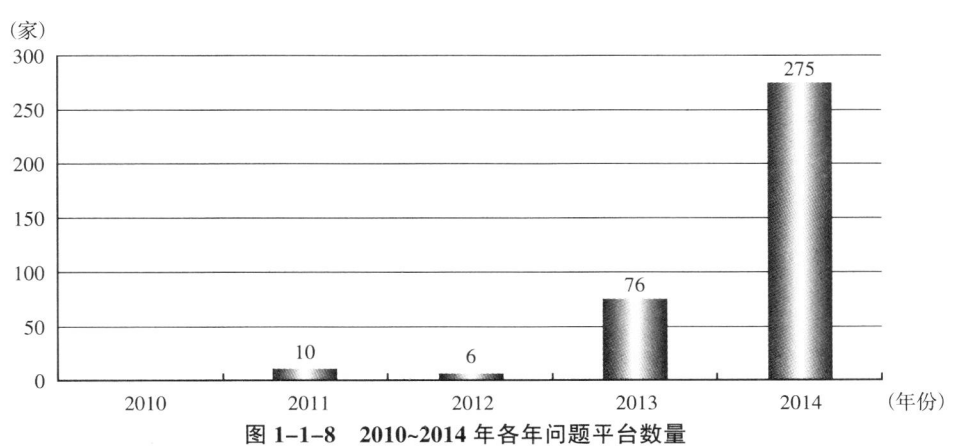

图1-1-8 2010~2014年各年问题平台数量

资料来源：网贷之家。

4. 业务管理风险

这类风险来自两个方面：一方面，当前互联网金融企业很多是由非传统金融行业进入，其对金融风险缺乏应有的重视，疏于业务管理，特别是缺失制度源头的管理。比如，网贷公司没有相应的风险准备金，网上理财产品过多宣传高收益却对风险提示不够，某些第三方支付机构在用户注册时核实客户的身份的手续较为简单，P2P机构承担筹资、资金中介和担保职能，又没有资本约束，也存在较大风险。另一方面，在市场环境出现恶化时，由于预防性操作力度不够产生的流动性风险、资金安全风险等，比如第三方支付所采用的延迟净额结算存在时滞，一旦管理不善可能进一步引发流动性风险。信用支付业务中还要由第三方支付机构垫款，由此也面临着信用风险。

## 四 互联网金融的监管途径

互联网金融的出现，给传统融资模式带来了极大的冲击。随着我国金融改革的不断深化，市场监管的逐步放宽将产生更多的网络金融平台。我国互联网金融的发展还处于起步阶段，目前网络平台繁多，上述互联网金融的风险已日渐突出，尽快使我国互联网金融走上正轨已迫在眉睫。互联网金融的形式对传统金融监管体系的挑战比较大，欧美各国的监管者也在不断尝试和积累经验，谨慎处理发展与规范的关系。同时，行业自律对于互联网金融监管来说也是必不可少的，它可以弥补政府监管力度的不足。本部分首先对欧美互联网金融监管的经验进行总结，从中得出对我国互联网金融监管的启示。

### （一）国外互联网金融监管经验

目前，美国、欧盟等发达国家和地区都加强了对互联网金融的监管，它们大都是补充新的监管法律法规，使原有的金融监管规则逐渐适应互联网金融的要求，对互联网金融监管采取谨慎宽松的政策。与传统的金融监管相比，互联网金融监管在监管体制、监管政策、监管内容、监管机构以及监管分工方面都没有太大变化，这使得互联网金融市场准入门槛很低。

美国是互联网金融发展最发达的国家，因而其互联网金融监管具有一定的借鉴意义，美国的互联网金融监管模式如表1-1-6所示。美国通过颁布法律应对互联网金融监管，这是在国际金融危机后在各国微观审慎监管的基础上加强了对宏观审慎监管的结果。美国的《JOBS法案》已于2012年4月成为法律，等到美国证券交易委员会（SEC）颁布具体规则以规管新的众筹证券市场后，该法律将开始生效。在《JOBS法案》中，放宽了原先对小企业进行公募的限制，从而有利于中小企业的发展。针对P2P网贷监管则是需要P2P网贷公司在SEC注册备案。美国最新颁布法案承认众筹是企业直接融资的方式之一，成为第一个真正改变相关监管章程而让公民自由参与众筹融资的国家。针对众筹平台的监管采取立法和备案等模式，对众筹融资管理的规定主要是从防范风险、保护投资人的角度对业务风险进行规定：一是项目融资总规模限制。每个项目在12个月内的融资总额不能超过100万美元。二是投资人融资规模限制。每个项目可以有很多小的投资人，但每个特定投资人的融资规模有一定限制，比如投资人年收入或净值低于10万美元，总融资额不能超过2000美元或其总收入的5%。

表1-1-6　美国的互联网金融监管模式

| 主要模式 | 具体表现 |
| --- | --- |
| 第三方支付 | 实行功能监管，将第三方支付视为货币转移业务，把从事第三方支付的机构界定为非银行金融机构，监管机构涉及财政部通货监理署、美联储、联邦存款保险公司等多个部门，其监管的重点是交易过程而非从事第三方支付的机构 |
| 网络银行 | 以现有立法为基础，在监管措施方面采取了审慎宽松政策，基本上不干预网络银行的发展 |
| 公众小额集资 | 颁布《JOBS法案》，放宽原先对小企业进行公募的限制 |
| P2P网贷 | 需要P2P网贷公司在SEC注册备案，重点是对放贷人、借款人利益的保护 |
| 众筹 | 立法和备案，从防范风险、保护投资人的角度对业务风险进行规定 |

在英国，行业自律对于P2P的监管起到了重要作用。英国英格兰银行的金融行为监管局（FCA），负责监管各类金融机构的业务行为，包括对P2P等互联网金融行业的监管，但目前尚未专门针对P2P行业发展制定具体法规。英国的P2P金融协会是行业自律的典范，协会章程对借款人的保护设立最低标准要求，对整个行业规范、良性竞争及消费者保护起到很好的促进作用。英国商务商业创新和技能部还承担着保护消费者的责任。目前英国的P2P的发展规模仅占英国无抵押贷款的3%，其成长速度也不比美国，但是由于英国P2P行业自律性比较强，企业的贷款环境良好。因此，在监管体制上，英国P2P受到的制约也相对比较少，因而行业的不稳定性风险也较小。

从上述情况可以看出，当前以欧美为代表的主要发达国家对互联网金融的监管已呈现出逐渐加强规范的趋势，在实践上具有以下五个特点：一是监管与创新并重。尽管各国已开始加强对互联网金融的监管，但与传统金融机构的监管相比，其监管仍然宽松，仍然以鼓励创新为主，没有过多限制其发展。二是以现有法律为基础，完善相关制度办法，契合互联网金融的规范发展。这既为互联网金融向深层次、多领域拓展预留了空间，也为其稳健发展提供了良好的法制环境。三是对互联网金融市场准入制度进行严格管理，力求把好入门关，避免出现"百花齐放、鱼龙混杂"的情况。四是高度重视网络技术安全，对互联网金融的电子技术、自有资本、内部管理、客户资金管理等提出了针对性的要求。五是积极维护金融消费者的合法权益，重点对互联网金融实施行为监管和功能监管。

### （二）我国互联网金融监管途径

通过对上述国外互联网金融监管的经验分析，对互联网金融监管的目标应当是：既要鼓励创新、避免过度监管，又要完善法律法规，防范重大风险。因此，对互联网金融的监管总体上应当体现开放性、包容性与有效性，同时坚持鼓励和规范并重、培育和防险并举，构建包括市场自律、法律规制和监管有效适当在内的三位一体的安全网，促进互联网金融行业的有序发展。

1. 完善互联网金融立法，加快相关法律法规建设，促进互联网金融有序健康发展

立法部门应完善有关基础性法律的立法及配套法律体系。首先，应从法律层面界定互联网金融的范畴，明确行业准入门槛及经营范围，明晰各交易主体权利和义务等。其次，我国目前的《商业银行法》《证券法》《保险法》均无法单独对互联网金融形成约束，因此国家立法机关应考虑结合互联网金融修改上述法规等规定，依法严厉打击互联网金融违法犯罪行为，为互联网金融创造宽松的法律环境，并在条件成熟许可时出台针对互联网金融的新法规，以立法的形式进一步规范互联网金融的发展。最后，加快制定互联网金融相关的部门规章和国家标准。立足互联网金融的发展战略，协调相关部门出台或完善有关制度，并发布互联网金融行为的国家标准。同时，要在立法中明确互联网金融不同业务的监管主体，使监管责任落实到具体部门。

2. 厘清金融监管机构职能边界，加强部门之间的协作，营造科学有序的互联网金融监管体系

我国现有的金融业监管体系主要是按照银行、证券与基金公司、保险公司来划分的，现在混业经营已经成为发展趋势，现有的分业监管模式已无法进行有效的金融监管，缺乏应对机制和措施。因此，要尽快明确金融监管机构之间的职能分工，进行分业监管，在各自的领域发挥监管效力。在明确分工的同时，还要加强部门间的协同配合。为此，应当充分发挥国务院于2013年8月批复设立的金融监管协调部际联席会议的作用，并以此机制为契机，加强"一行三会"等相关职能部门在金融监管政策、法律法规之间的协调以及交叉性金融产品、跨市场金融创新的协调。此外，还要积极发挥国家标准化管理委员会在互联网金融行业标准、规范制定工作中的重要作用，与各相关监管机构通力合作，为互联网金融创造良好的监管制度环境。

3. 建立互联网金融风险防控机制，提高风险预警能力，降低互联网金融的违约风险

一是严格把关准入环节。互联网金融企业需要提出申报，申报条件和所需资料需要明确规定，在获得有关部门批准后方可正式营业。二是建立信息披露制度。要求互联网金融企业建立对资本充足率、流动性、交易系统的安全性、客户资料的保密与隐私权的保护、电子交易记录的准确性和完整性等信息资料进行独立评估报告的备案制度；要求互联网企业向客户提供每一笔交易的信息，使客户可以便捷查询投资进度和拥有的资产状况；要求借贷双方要标明利率、期限等要素，对合同的订立、履行、终止以及债务追偿、司法介入作详细规定。三是建立风险评估系统。建立能够全面动态评价互联网金融风险、实现分类监管的风险评估系统。设定预警指标，建立风险评价模型，确定各指标的风险区间和临界值；从审计、管理、发展成果等方面综合测算互联网风险，并将风险划分等级，根据从高到低的风险程度进行监督管理。

**4. 加强互联网金融投资者权益保护，完善权益保护立法，强化消费者教育与保护**

积极建设以信息透明、保护消费者利益为核心的金融市场环境。提升互联网金融行业的透明度，实现财务数据和风险信息的强制披露。同时，加强消费者教育和消费者保护，提升消费者的风险意识。互联网金融行业中，金融消费者将会面临资金、技术和个人信息泄露等诸多风险和问题，因此加强对消费者权益保护立法迫在眉睫。我国金融消费者保护领域的法律严重缺失，已经出台的《中国人民银行法》《商业银行法》等法律法规都没有涉及此类内容，而欧美等发达国家无不将保护金融消费者合法权益放在突出的位置。因此，我国应积极借鉴国外的经验，适时出台相应的互联网金融消费权益保护的法律法规，切实将金融消费者权益保护贯彻执行。在加强立法保护的同时，监管机构和金融企业有责任和义务引导消费者区分互联网金融与传统金融的不同，帮助消费者明晰互联网金融产品和服务的性质及风险，增强自我保护的能力。

**5. 强化互联网金融行业自律，推动行业自律组织建设，充分发挥行业自律管理的作用**

互联网金融的良性发展，除了外在法律法规的保障和监督以外，更需要互联网金融企业自身的自律和发展。互联网金融企业应始终以服务实体经济为出发点，加强企业自身的自律意识，在现有法律和监管体系之内发展。在我国互联网金融创新的快速发展与立法和法律修订相对缓慢的现实情况下，可以借鉴日本、英国的经验，采取建立互联网金融行业协会等自律组织的方式，填补在立法和法律修订过程中的监管空白，通过加强行业自律管理，规范和引导互联网金融机构行为，营造良好的市场环境和秩序。

（分报告执笔人：孟鑫，北京邮电大学；指导人：何瑛，北京邮电大学经管学院）

## 参考文献

[1] Rajaobelina Lova, Brun Isabelle, Élissar Toufaily. A Relational Classification of online Banking Customers [J]. The International Journal of Bank Marketing, 2013 (3).

[2] Czajkowski Tomasz, Szymanski Grzegorz. Comparative Analysis of the Utilisation of Electronic Commerce and Business in Polish E-shops in the Years 2009-2011 [J]. Comparative Economic Research, 2013 (4).

[3] Chen Liang, Holsapple Clyde W. E-Business Adoption Research: State of the Art [J]. Journal of Electronic Commerce Research, 2013 (3).

[4] Adapa Sujana, Rindfleish Jennifer. Internet Banking Non-Users: Thematic Matrix Display Analysis [J]. International Journal of Business and Information, 2013 (2).

[5] 何瑛. 电信运营企业财务转型 [M]. 北京：经济管理出版社，2011.

[6] 谢平，邹传伟. 互联网金融模式研究 [J]. 金融研究，2012（12）.

[7] 冯娟娟. 互联网金融背景下商业银行竞争策略研究 [J]. 现代金融，2013（4）.

[8] 宫晓林. 互联网金融模式及对传统银行业的影响 [J]. 金融实务，2013（5）.

[9] 戴国强，方鹏飞，肖云. 监管创新、利率市场化与互联网金融 [J]. 现代经济探讨，2014（7）.

[10] 周宇. 互联网金融：一场划时代的金融变革 [J]. 探索与争鸣，2013（9）.

[11] 刘亮. 互联网金融现状及趋势研究 [J]. 时代金融，2013（7）.

[12] 杨翾，彭迪云. 美国推进互联网金融健康发展的监管政策及其对我国的启示 [J]. 金融与经济，2014（9）.

[13] 陈敏轩，李钧. 美国P2P行业的发展和新监管挑战 [J]. 金融发展评论，2013（3）.

[14] 吴晓求. 互联网金融的逻辑 [J]. 中国金融，2014（3）.

[15] 姚文平. 互联网金融 [M]. 北京：中信出版社，2014.

[16] 张晓朴. 互联网金融监管的原则：探索新金融监管范式 [J]. 金融监管研究，2014（2）：6-17.

[17] 李真. 互联网金融体系：本质、风险与法律监管进路 [J]. 经济与管理，2014（5）.

[18] 杨虎，易丹辉，肖宏伟. 基于大数据分析的互联网金融风险预警研究 [J]. 现代管理科学，2014（4）.

[19] 屈援，李安. 互联网金融的风险特征、监管原则与监管路径 [J]. 学术交流，2014（8）.

[20] 龚明华. 互联网金融：特点、影响与风险防范 [J]. 新金融，2014（2）.

[21] 郎岩，赵明婷. 互联网金融加速利率市场化进程 [J]. 时代金融，2014（7）.

## 分报告二
## 中国互联网企业海外整体上市及其风险分析

随着资本市场的不断成熟以及互联网行业的不断发展，中国互联网企业又掀起了一阵海外上市的热潮。2014年国内最大、世界第二大网络公司阿里巴巴在美国上市，这可以说是中国互联网企业海外上市的代表，也可以说是中国互联网企业赴美上市热潮的一个缩影。赴美上市的低门槛和远超预期的融资量，不断吸引着大批互联网企业跃跃欲试。但由于美国股市监管体制与中国相去甚远，仍然有相当一部分中国互联网企业存在着盈利模式缺失、利润对用户黏性要求过高等现象，那么，为何国内互联网企业要在海外上市？上市之后对企业发展前景有何影响？有哪些风险是在海外上市的中国互联网企业需要避免的？这些都是发人深省的问题。

自2004年初《国务院关于推进资本市场改革开放和稳定发展的若干意见》发布，整体上市作为我国证券市场一项重大的制度创新，能够缓解控股大股东与上市公司之间的利益不一致问题，并且被我国大型集团公司看成是展现集团公司整体实力、提升上市质量、扩大企业规模、做大做强的主要方式。尤其是2004年TCL集团率先实施整体上市，之后国内许多国有大型集团公司如百联股份、武钢股份、宝钢股份、安钢股份、上港集箱和上海汽车等纷纷效仿实施了整体上市。由此，整体上市成为资本市场一道亮丽的风景线，受到投资者的热烈追捧。而在互联网产业中，随着2013年兰亭集势、58同城、汽车之家等先后在美国IPO上市，云游控股、IGG和博雅等在中国香港完成上市，我国互联网企业也迎来了新一波IPO上市的浪潮。但我们也可以发现这些互联网企业在选择上市地点时纷纷选择境外上市，而在此之前，作为国内互联网企业另两大巨头的百度和腾讯在选择上市地点时也选择美国和中国香港。因此，我国互联网企业在IPO上市时需要结合外部行业环境和企业自身的因素，加强对风险的管控，做出最优的"天时"、"地利"、"人和"的选择。

## 一 中国互联网企业的融资历程

互联网产业是典型的"烧钱"行业，市场壁垒高，它的启动和生存及发展必须建立在相当资本量的基础上，所以对资金的需求极为迫切。在中国互联网企业发展的早些年，由于当时本土团队建立的创投管理公司为数甚少，再加上国内资本市场政策所限，所以创业投资行业常年以美元基金为主导，因此外资持股是海外上市的中国互联网企业的一个基本特征。海外风险投资机构发展比较成熟，从企业发展早期一直到成熟期都有不同类型的风险投资机构进行投资。这些机构对于风险和收益的控制较好，因而能够让它们得到很好的收益。从最初考察企业到第一轮融资、第二轮融资、投后管理，这些机构会给予企业很多非常有价值的帮助，在管理方法、生产流程、市场开拓、媒体关系、股权分配乃至最后的上市都会提供很专业的意见。具体来说，中国互联网企业的融资历程主要有以下三个时期：

### （一）初创期：自身积累加天使投资

在初创期，互联网企业急需资金但却很难通过传统融资渠道获得，原因就是银行的稳健性要求与互联网产业的高风险性是相矛盾的。同时企业发行债券融资的可行性也很小，因为互联网产业的高风险不能保证未来的收益足以清偿债务，而且刚刚起步的企业不符合我国贷款和发债的资格条件。所以，外部资本市场便成为早期互联网企业的不错选择。在初创期，融资方式以股权融资为主，投资者或投资机构通过给予资金支持，获得一定的股权，这对早期互联网企业的发展起了至关重要的作用。若需要更多的资金支持时，天使投资则是更为理想的选择。天使投资是权益资本投资的一种形式，是指富有的个人出资协助具有专门技术或独特概念的原创项目或小型初创企业，进行一次性的前期投资，它是风险投资的一种形式，根据天使投资人的投资数量以及对被投资企业可能提供的综合资源进行投资。天使投资对被投资项目的考察和判断程序相对简单，时效性更强。天使投资者一般只对规模较小的项目进行较小资金规模的投资。

中国互联网三巨头在创业初期都出现了天使投资的身影。1999年阿里巴巴集团成立之初引入了新加坡政府科技发展基金、美国高盛和富达投资等天使投资机构首期500万美元的天使基金。2000年2月，Integrity Partners 和 Peninsula Capital Fund 两家 VC 联手向百度投资，它们以每股0.25美元各购买 A 系列可转换优先股240万股，总投资额为120万美元（双方各60万美元）。腾讯在创立之初，同样也通过盈科数码和 IDG 融资220万美元。

### （二）扩张期：更倾向于风险投资，以投资基金的股权融资途径为主

互联网企业在这一阶段已经有了稳定且不断增长的用户群体，通过植入广告等形式获得了不错的净收益，这时的资金需求便是用于企业扩张和资本运作，因而所需资金量较大。由于此阶段公司成长趋势较好，具有低风险高收益的特征，因而受到风险投资的青睐。风险投资是指由职业金融家对新兴的、迅速发展的、蕴含着巨大竞争潜力的企业进行权益性投资。风险投资旨在促进

高新技术成果尽快商品化、产业化，以取得高资本收益的一种投资过程，投资对象多为高新科技企业，具有高收益性、高风险性、低流动性、低参与性的特点。

中国互联网三巨头在扩张期由于有了巨额的天使投资，才有了今天的成长。2000年软银集团为阿里巴巴提供了2000万美元的资金支持，随后两年日本亚投公司也陆续投入了500万美元的风险资金。百度在扩张期同样也有风险投资的身影。2000年9月，第一轮投资者Integrity Partners和Peninsula Capital方兴未艾，拉上美国三大风险投资商之一的DFJ以及IDG入伙，以每股1.04美元购入B系列可转换优先股960万股，为百度融得1000万美元。2000年4月，IDG和香港盈科共给腾讯投入220万美元风险投资，分别持有腾讯控股总股本的20%，马化腾及其团队持股60%。正是这220万美元的风险资金，为腾讯日后的迅速崛起奠定了基础。

### （三）成熟期：通常把海外上市作为目标融资方式之一

此时企业已经拥有切实的利润增长点和成熟的商业模式，上市成为风险投资理想的退出方式。上市融资无论是对企业提升品牌形象、扩大影响力以及募集更多的发展资金等方面，还是对初创期的投资者获得回报方面都是一种理想的选择。由于我国A股市场对企业上市存在较为严格的盈利要求，而我国互联网企业往往达不到标准，使得海外上市融资成为互联网企业募集资金的主要渠道。

中国互联网三大巨头有两家都把海外上市作为目标融资方式。2014年9月19日，阿里巴巴集团正式登陆美国纽交所挂牌交易，股票代码为BABA，发行价格为68美元/股。此次IPO交易筹集资金超过250亿美元，成为美股史上最大的IPO。2005年8月5日，百度成功登陆美国纳斯达克，创造了中国概念股的美国神话，开盘价66美元，较发行价27美元上涨144%，收盘价122.54美元，较发行价上涨354%。而腾讯则选择在中国香港上市。2004年6月16日，腾讯正式在中国香港挂牌上市，上市简称为腾讯控股。在此次上市中，其超额认购的IPO将带来总计14.4亿港元的净收入，拥有公司14.43%股权的马化腾个人资产接近9亿港元。

从以上三个时期可以看出，资本是企业的血液，关系到企业的正常运转。在互联网企业的初创期，外部的风险投资功不可没，但同时也存在一定的弊端，就是削弱了管理层的控制权，所以此时应处理好外部股权融资和管理层控制权的关系。在成长期，由于有着广阔的市场前景和发展潜力，容易获得投资者的青睐，融资已不成主要问题，企业有了选择权，应选择有实力的投资机构合作，这样有利于企业的后续发展。由于海外市场宽松的上市条件和创投机构介入等有利因素，中国的互联网企业大都选择在海外进行上市融资。这时拥有一个持续稳定的盈利模式是互联网企业生存的关键。

# 二 中国互联网企业海外整体上市的动因、准备及经济后果

随着互联网技术的不断发展，互联网产业呈现出爆发式增长的态势。众多互联网企业如雨后春笋般出现，其自身实力也不断做大做强。上市便给了众互联网企业在更大的舞台上展示自己的机会，在筹得营运资金的同时，也大大提高了企业知名度。中国互联网企业热衷于在海外上市，那么这些企业上市的动因是什么？前期需要做哪些准备？以及海外上市后的经济效果如何？下文将以阿里巴巴为例，试图探究这些问题，为我国互联网企业提供些许指导。

## （一）阿里巴巴集团的演进历程

阿里巴巴集团由马云于1999年创立于中国杭州市，作为中国最大的电子商务集团，它曾两次入选哈佛大学商学院MBA案例，并连续五次被美国权威财经杂志《福布斯》选为全球最佳B2B站点之一。2011年4月22日，阿里巴巴荣获2010~2011年度中国最具影响力互联网企业奖。依托于阿里巴巴的成功，其创始人马云也被"世界经济论坛"选为"未来领袖"、被美国亚洲商业协会选为"商业领袖"，且是50年来第一位成为《福布斯》封面人物的中国企业家。当前，阿里巴巴集团通过旗下三个交易市场协助世界各地数以百万计的买家和供应商从事网上生意。三个网上交易市场包括：集中服务全球进出口商的国际交易市场、集中国内贸易的中国交易市场以及通过一家联营公司经营促进日本外销及内销的日本交易市场。此外，阿里巴巴也在国际交易市场上设有一个全球批发交易平台，为规模较小、需要小批量货物快速付运的买家提供服务。所有交易市场形成一个拥有来自240多个国家和地区超过6500万名注册用户的网上社区。阿里巴巴亦通过"阿里软件"品牌向中国各地的小企业提供商务管理软件解决方案，并通过阿里学院为国内中小企业培育电子商务人才。纵观阿里巴巴的发展历程，可大致分为创业期、发展期、整合期三个阶段。

1. 创业期（1999~2002年）

阿里巴巴在创业之初的三年时间里，专为国内外中小型企业提供在线贸易平台。此间先后获得了由Investor AB、高盛、富达投资（Fidelity Capital）和新加坡政府科技发展基金、软银集团和日本亚洲投资公司向其注入的500万美元、2000万美元和500万美元的风险投资，更好地促进国内和国际出口贸易，使得B2B业务有了迅猛的发展。此后，阿里巴巴把触角伸向日本乃至国际市场，一举成为全球最大的网上贸易平台。

2. 发展期（2003~2007年）

从2003年开始，阿里巴巴逐步扩大业务范围，于2003年成立个人电子商务网站——淘宝网，涉足C2C领域，提供最全面的在线商品销售并获得巨大成功，使之成为目前中国最大的互联网零售网站，占据中国网络零售业3/4以上的市场份额，注册用户超过1亿。同年，阿里巴巴发布了面向企业间商务即时通信的"贸易通"服务平台，旨在加强商户之间的沟通与合作。2004年2月，阿里巴巴获得软银、富达投资、Granite Global Ventures和TDF风险投资公司8200万美元的共同投资，完成了企业的第四轮融资。2004年，阿里巴巴发布在线支付系统——支付宝，目前已携手国内13家最大的金融机构和VISA国际

组织，共同打造安全便捷的网上资金支付体系和第三方信用担保。2005年8月，阿里巴巴兼并雅虎中国全部资产，正式执掌雅虎中国。同时，阿里巴巴集团与雅虎美国公司达成战略合作，雅虎公司以10亿美元出资额变身为阿里巴巴的第一大股东。由此，阿里巴巴集团将旗下业务范围拓展至搜索和互动社区服务，成为中国最大的互联网公司之一。2006年，阿里巴巴完成对国内领先的本地化生活社区平台——口碑网的战略投资，制定了以电子商务为重心，以搜索和社区化为工具的发展方向。同年5月，阿里巴巴联手国内外知名的海尔、阿迪达斯、联想等大品牌在淘宝网上启动在线销售，试水B2C（企业对个人）领域。继而，服装行业的李宁、雅戈尔、淑女屋、匹克、哈根、JASONWOOD等知名品牌也纷纷落户淘宝商城。2007年，阿里巴巴相继成立以互联网为平台的商务管理软件公司阿里软件和网络广告平台阿里妈妈，并于同年11月完成对主营B2B业务的阿里巴巴网络有限公司在香港联合交易所的成功上市路演。在赚足了眼球与人气的同时，也为阿里巴巴带来了17亿美元的巨额融资，使阿里巴巴成为继2004年Google登陆纳斯达克之后首次公开发售规模最大的互联网公司。至此，阿里巴巴集团在互联网平台上构建的电子商务帝国已初现端倪。

3. 整合期（2008年至今）

2008年6月，阿里巴巴集团宣布将旗下的中国雅虎与口碑网整合成立了雅虎口碑公司，将发展重点定位于生活服务的电子商务、社区和通信业务，以顺应中国雅虎向生活服务类转型的策略，结合口碑网在生活服务领域的经验和人气，致力于为中国消费者提供更好的生活服务平台。同年9月，阿里巴巴再次整合商业模式，启动"大淘宝战略"，将旗下淘宝网和阿里妈妈合并发展，共同打造全球最大的电子商务生态体系。据悉，淘宝网和阿里妈妈合并之后，阿里妈妈目前覆盖的30亿巨大优质流量将给淘宝网卖家提供精准、高效的网络推广服务，从而解决淘宝卖家的推广瓶颈，提供更有效的营销环境。至此，阿里巴巴旗下的7大子公司整合为5家。2011年6月，阿里巴巴集团将淘宝网分拆为三个独立的公司：淘宝网、淘宝商城和一淘，以更精准和有效地服务客户。2012年1月，淘宝商城宣布更改中文名为天猫，加强其平台的定位。同年7月，阿里巴巴集团宣布将现有子公司的业务升级为阿里国际业务、阿里小企业业务、淘宝网、天猫、聚划算、一淘和阿里云七个事业群。2012年9月，阿里巴巴集团宣布，雅虎76亿美元的股份回购计划全部完成。2013年1月10日，阿里巴巴宣布将对集团现有业务架构和组织进行相应调整，成立25个事业部，具体事业部的业务发展将由各事业部总裁（总经理）负责。从战略到运营层面为阿里巴巴集团的健康、稳定和可持续发展提供保障。随后，阿里巴巴集团董事局宣布，任命陆兆禧为阿里巴巴集团CEO，阿里巴巴集团董事局主席兼CEO马云辞去CEO职位，专任董事局主席。2013年4月，阿里巴巴通过其全资子公司阿里巴巴（中国），以5.86亿美元购入新浪微博公司发行的优先股和普通股，占新浪微博公司全稀释摊薄后总股份的约18%。2014年3月16日，阿里巴巴启动在美国上市事宜，并于5月6日递交了上市申请。

## （二）阿里巴巴选择在美国整体上市的动因分析

1. 阿里巴巴选择整体上市的动因

（1）整体上市彰显企业的财富效应。企业上市包括分拆上市和整体上市两种模式，早期我国上市公司进行改制上市时，主要采取的是集团公司将盈利能力强、未来发展潜力大的经营性资产剥离出来进行分拆上市的方式,这种做法带来了诸如上市公司非公允关联交易、大股东占款和违规担保等诸多问题,不利于证券市场的发展,对企业治理结构的完善和规范运作也会产生影响。而整体上市则是将企业的全部业务重组为股份公司并增资扩股上市,原企业注销的上市模式。整体上市对企业的财富效应主要是指企业整体上市后对企业业绩增长和股票价值的影响,尤其是象征着股东财富变化的股票价值变化。

整体上市能彰显企业的财富效应,具体体现为:为了实现整体上市,企业需要重组、剥离、核销不良资产或部分非主营业务,整体上市后,原企业注销,没有存续企业。由此,上市公司的全体股东实现了利益的统一,即追求公司价值最大化,从而解决了分拆上市的非公允关联交易、大股东占款和违规担保等问题。企业进行整体上市可以发挥企业集团的产业优势,降低企业与市场的交易费用与交易成本,提升市场的资源配置功能与产业整合功能,同时可以发挥集团企业的规模效应和协调效应,避免同业竞争和业务单一带来的经营风险。此外,集团公司可以进行整体上市是企业具有较高整体综合质量的标志,整体上市之后会进一步提升企业形象,形成品牌效应,从而带来上市公司的估值溢价和市场竞争力的增强。总而言之,整体上市通过实现企业规模效益、降低企业运营成本、减少企业关联交易和增强企业自身竞争力的方式为上市公司注入新的增长活力,从而为企业带来财富效应,促进上市公司价值的提升。

自 2004 年,TCL 集团率先实现整体上市,以及随后的武钢股份等纷纷实施整体上市,我国掀起了整体上市的狂潮。大幕既开,从者纷来,此后沪东重机、东方电气集团、葛洲坝主业资产、美的集团等陆续进行整体上市。纵观近十年我国参与整体上市的企业,资本市场为企业造就了大量的财富,如隶属于中国船舶工业集团的沪东重机于 2007 年进行整体上市,复牌后,在 9 个交易日内,股价飙升了 106%。与之相同,葛洲坝集团主业资产进行整体上市后,自复牌开始,连拉 9 个涨停板,股价较整体上市前上涨了近一倍。2013 年 9 月,美的集团实现整体上市,何享健家族因此财富增幅高达 255.56%,由此何享健家族在 2014 年国内财富 500 富人榜上的排名由上年的第 44 名升至第 6 名。同样,通过整体上市的方式,也会给阿里巴巴集团带来财富效应。尽管阿里巴巴的 IPO 招股书中写明的筹资金额只有 10 亿美元,但根据以往的经验,这只是名义上的数字,根据华尔街分析师的判断,阿里巴巴的筹资金额将在 150 亿~200 亿美元,有望超过 2012 年 Facebook 创下的 164 亿美元的互联网企业 IPO 融资纪录,以及 2008 年 Visa 信用卡 IPO 时的 179 亿美元巨额融资。此次上市无疑会带来阿里巴巴集团企业名誉及形象的提升,并进一步提升阿里的企业价值。此外,据预计,阿里巴巴的整体上市会造就 28 个亿万富豪。

(2)电商市场竞争格局加剧的需要。当前,国内电商领域竞争格局加剧,阿里巴巴正处在一个四面合围的激烈竞争局面,这也是阿里巴巴此次高调宣布赴美整体上市的一个很重要的原因。具体来说,其面临的外部竞争主要表现为以下几个方面:

首先,作为中国互联网的代表性企业,阿里巴巴与腾讯一直在争夺互联网企业霸主之位。面对腾讯的微信,阿里巴巴"强行"发布了"来往",以抢占移动互联网的入口;为了扩大在移动互联网支付领域的影响力,阿里巴巴对使用快的打车软件并使用支付宝支付的乘客给予经济上的补贴,对于出租车司机也会有一定的奖励,腾讯则相应地对使用嘀嘀打车的乘客和出租车司机进行经济补助;针对阿里巴巴支付宝咄咄逼人的气势,腾讯通过春节红包的形式让自己的移动支付——财付通获得了不错的市场份额和影响力；相对于阿里的余额宝，腾讯更是有理财通。2014年3月10日，腾讯宣布入股京东并结成战略联盟，微信平台是目前国内最大的移动互联网社交和应用平台，微信平台和京东的结合无疑会对阿里巴巴的电商平台和支付平台产生巨大冲击，尽管当前阿里巴巴在互联网电商平台上已然是霸主，但未来互联网发展的趋势是移动互联，现在说谁是移动互联网平台的霸主都还是言之尚早。

其次，和此前许多互联网领域一样，电子商务也是一个被风险资本催熟的行业，一方面先前的投资者要退出，另一方面电商需要在更大的融资平台上实现规模扩张，而从投资者角度来说，一个行业一般只会看好和投资一家企业，由于市场上的资金是有限的，投了第一家就没钱投第二家了，因此，选择何时上市，不仅是企业发展到一定阶段的自然结果，更是业务发展的迫切需要。2010年，优酷在和土豆的竞争中，正是通过在上市竞赛中拔得头筹，从而在网络视频的血拼中脱颖而出，进而通过并购后者赢得更加有利的市场发展机会。2014年1月30日，京东向美国证券会递交了招股说明书，并于5月22日登陆纳斯达克，阿里已错失上市先机，更应加快自身的上市进程。

最后，虽然受益于其盈利模式和旗下淘宝与天猫强劲的盈利能力，阿里巴巴在电子商务领域，仍然是"老大"，但不管是B2C一家独大的天猫，还是C2C销量国内遥遥领先的淘宝网，均存在着未参与采购过程，且没有建立自身的物流体系等问题，这也是造成阿里巴巴淘宝网假货层出不穷的主要原因。而从当前中国电商业的发展来说，自身体制健全的电商自主经营式B2C是未来发展的主要潮流。近年来京东一直在花大力气建设物流体系，这将为未来业务的规模化运营夯实基础（不仅仅是自营业务，也包括了第三方平台服务），毕竟国内零售业的物流基础尤其薄弱（即便在零售业发达的美国市场，亚马逊近年来一直通过在物流领域大手笔投资，从沃尔玛这样的零售巨头抢夺市场）。京东招股说明书披露，京东现有的3.8万名员工中，光是专业快递人员就占了接近一半，达到1.8万人，如果再加上库房员工8000多人，将近3万人的专业队伍，称得上是国内仓储物流配送领域的一支"蚂蚁雄兵"，其82个配送中心遍布全国34个城市，1453个配送点散布在460个城市，从这一意义上而言，把京东商城首先理解为一家专业的物流配送公司，一点都不为过。京东正在做的电商基础建设部分，恰恰是阿里巴巴想做却一直没有完成的计划，2014年京东仍在加强物流方面的建设，并可能获得腾讯入股的华南城的支持，这将是在未来挑战阿里巴巴最重要的业务基石。而在移动端方面，虽然阿里巴巴目前移动端占总交易量的比重增长迅速，达到20%，但是通过获得腾讯的投资，京东在移动端也获取了支持。因而尽管目前阿里巴巴在电商领域还拥有着绝对优势的领先地位，但也存在着后顾之忧，未来自助式B2C市场将对天猫和淘宝市场造成很大威胁。

总之，阿里巴巴选择此时进行IPO上市，一方面是为了应对京东宣布上市以及腾讯入股京东对阿里巴巴造成的冲击；另一方面，也是赶在移动端之争有阶段性成果和京东物流板块对阿里造成实质性影响之前进行上市，以规避竞争对阿里自身进而对上市后股价及企业估值造成的负面影响。

（3）回购雅虎持有阿里集团股权的需要。2005年，阿里巴巴处于市场开拓的前期，面临着严重的资金缺口，为了解决该问题，同年8月，阿里巴巴被迫以集团公司39%的股权、35%的投票权和4个董事会席位中的一位为代价换取了雅虎10

亿美元的投资、雅虎中国全部资产和互联网品牌"雅虎"在中国的无限期独家使用权。此外，协议内容还包括：①从2010年10月开始，雅虎投票权增加至39%，将成为阿里巴巴真正的第一大股东。②雅虎在董事会的席位增至两位，即雅虎和阿里巴巴均可委任两位董事，软银依旧一位。③"阿里巴巴集团首席执行官马云不会被辞退"条款到期。这笔雪中送炭性的资金，成就了阿里巴巴当前在电商领域的霸主地位。但作为阿里第一大股东，雅虎手握的股权和投票权也让阿里巴巴如鲠在喉，2010年10月以前，阿里巴巴在董事会的席位数仍占半数，小股东兼创始人马云还可以继续实际掌控阿里巴巴，但自2010年10月以后，雅虎成为阿里巴巴单一最大股东，且拥有的董事会席位也与阿里巴巴持平，直接对马云的控制权产生威胁。伴随着阿里巴巴的蛋糕越做越大，且不断有新蛋糕推出，但最大的受益方却是雅虎，"每赚一元钱，便有四毛钱交给雅虎"，马云显然不太情愿，而阿里巴巴的控制权在未来很有可能丧失，这让马云更为恐惧。为此，2009年2月，实力大增的阿里巴巴集团向雅虎提出了回购股权要约，但雅虎方面公开表示拒绝，声称在淘宝、支付宝未上市之前，无意出售所持有的阿里巴巴集团股份。对此，马云通过支付宝牌照的方式将阿里巴巴旗下子公司支付宝所有权转移到马云控股的一家公司（浙江阿里巴巴），由此，阿里巴巴最核心业务之一，最具增长潜力的支付宝从阿里巴巴集团剥离，脱离了雅虎的控制。

支付宝股权转移使雅虎认识到阿里巴巴管理团队的强势，以及阿里巴巴回购股权的决心，最终雅虎做出了让步。2012年5月21日，雅虎与阿里巴巴联合宣布，雅虎将分阶段出售其所持有的阿里巴巴集团股份。在第一阶段，阿里巴巴集团将用63亿美元现金和不超过8亿美元的新增阿里集团优先股，回购雅虎手中持有阿里集团股份的一半，即阿里集团股份的20%。如阿里集团能在2015年12月之前进行IPO上市，且发行价较回购雅虎股权每份价格溢价110%，阿里巴巴集团有权在IPO之际回购雅虎剩余持有股份的50%，或允许雅虎在IPO中出售这些股份。据阿里巴巴的上市招股书披露，当前在阿里巴巴的股权结构中马云持有8.9%股份，蔡崇信持有3.6%股份，而其他一致行动的高管成员所持有的股份均不满1%，因而，阿里巴巴选择IPO上市的另一个重要原因便是为回购雅虎持有的阿里巴巴集团股权以强化控制权的需要。

2. 阿里巴巴选择在美国上市的原因

作为全球最大的在线和移动商务公司，2014年3月16日，阿里巴巴在其官方微博宣布赴美上市，这毫无疑问是2014年全球资本市场最耀眼、最受关注的事件之一，然而自阿里巴巴集团宣布有意整体上市以后，上市地点在中国香港、美国间反复动摇，缘何最终选定在美国上市？笔者认为包括以下几方面的原因：

（1）"合伙人制度"致赴港上市失败。众所周知，阿里巴巴集团上市的首选地是香港，港交所的监管相对宽松，而且此前其B2B业务曾在香港上市，对港交所的监管规则也更为熟悉。而阿里巴巴却曾两度遭港交所的拒绝。2013年10月10日，阿里巴巴集团CEO陆兆禧公开表示，由于和港交所无法达成妥协，阿里巴巴放弃香港IPO计划，至此，备受瞩目的阿里巴巴赴港上市计划宣告失败。而导致阿里巴巴赴港上市失败的最大障碍，便是阿里巴巴的"合伙人制度"，其核心是指公司高层决定合伙人的名单，合伙人拥有任命董事会的权力，且合伙人提名的董事占董事会人数一半以上，如果股东不同意提名或者开除董事会成员，合伙人可以任命新的临时董事会成员。当前阿里巴巴有28位合伙人，其中22人来自管理团队，6人来自相关公司。

在阿里巴巴方面，马云坚持"合伙人制度"，源起于雅虎以10亿美元投资阿里巴巴而导致阿里巴巴控制权旁落的事件。经过发展中的几轮再融资，马云目前持有8.9%股份，蔡崇信持有3.6%股份，而其他一致行动的高管成员所持有的股份均不满1%，因而马云的管理团队希望以较少的持股比例掌控企业的长远发展。"合伙人制度"可以使得少数股东获得更多的投票权，正好满足"由少数股东（管理层）绝对掌控公司"的目的，从而可以确保马云等对公司管理的绝对控制权。此外，阿里巴巴方面还认为，该制度还可以确保公司决策不受短期利益诱惑，有利于企业的长期发展。

而在香港证券交易所方面，这种制度意味着合伙人可以通过控制董事会，控制公司的发展。尽管阿里巴巴方面一再强调，实行合伙人制度，不是为了控制公司，而是为公司长远文化和使命传承，但是这种架构剥夺了其他股东的相应权利，无法保证一股一票、同股同权，与香港证券交易所的《上市规则》秉持的公众利益优先原则相违背。此外，这种架构会造成中小股东只是进行财务投资，对公司决策没有发言权，只能相信合伙人拥有崇高的使命、高尚的道德，不会以权谋私，不会中饱私囊。即"合伙人制度"会使企业形成了一个小利益集团，该集团是否会侵犯普通投资者的利益，存在一定不确定性，因而香港证券交易所无法接纳阿里巴巴。

（2）VIE架构让转赴A股机会渺茫。赴港上市告吹之后，转赴A股上市是阿里巴巴的后备方案之一。若在内地上市，阿里巴巴有着得天独厚的优势，以其规模、发展速度、市场地位和影响力，必定会受到沪深交易所的热烈欢迎。然而，阿里巴巴是境外注册的民营企业，首先，其上市的主体性质便不满足A股上市条件。虽然《证券法》没有明确规定只有境内注册公司才能在沪深股市上市，但事实上目前并没有注册在境外的公司在A股上市，也正是这个原因，到目前为止中国最大的互联网企业几乎都在境外上市，如在中国香港上市的腾讯控股和在美国上市的百度、新浪、搜狐、当当、优酷等。和这些互联网公司一样，阿里巴巴也是VIE架构，即为达到国内互联网政策的要求和境外上市的需求，将境外注册的上市公司和在境内进行运营业务的实体相分离，上市公司是境外公司，而境外公司通过协议的方式控制境内业务实体。此次阿里巴巴集团整体上市的主体是注册于开曼群岛的Alibaba Group Holding Limited，不能满足A股上市的条件。

其次，阿里巴巴如果期望在内地上市，必须更换注册地，在境内重新注册，当然此举并非易事，也需要付出极大的代价。但即使阿里巴巴能变更注册地，由于其回购雅虎所持股份的需要，最迟在2015年12月之前必须上市，而当前其主要竞争对手之一京东早已在美国提交了上市申请，并于纽约时间5月22日正式登陆纳斯达克，阿里巴巴已错失上市先机，更需加快自身的上市步伐。同时，马云坚持的"合伙人制度"在国内市场也会再次经受公众的拷问。

再次，依据《公司法》规定，"设立股份有限公司，应当有2人以上200人以下为发起人"，近年来，正是这一规定中涉及的200人股东上限导致许多公司无法在A股上市。同样阿里巴巴如果在A股上市，也需要将员工持股人数缩减到200人以内，清理员工持股毫无疑问会挫伤员工的积极性，不利于企业的稳定发展。

最后，登陆A股不利于阿里巴巴的国际化进程。蔡崇信此前曾对媒体表示，"阿里要成为国际公司，就必须让国际资本进入，但A股对外资交易有很大限制"。而且阿里巴巴之前为上市所做的各方面工作，都是按照境外规则设计的，如果转回境内，牵扯到的税务、审计和时间成本会很昂贵。

（3）赴美上市的利与弊。阿里巴巴集团赴美上市的便利之处在于，由于美国允许双重股权结构，因而美国纽交所及纳斯达克对于阿里巴巴的"合伙人制度"包括其对董事会的提名权表示认同，纳斯达克首席执行官鲍勃·格雷菲尔德（Bob Greifeld）甚至曾对阿里巴巴IPO一事表态，"我们尊敬阿里巴巴，如果他们能够在纳斯达克市场上市，很显然是我们的荣幸"。事实上，美国人不在乎阿里巴巴是否为"合伙人制度"，他们认为市场会自行调整，此前包括谷歌和Facebook在内的很多美国科技上市公司以及中国的百度都采取了这种管理模式，比如百度，通过AB股模式，其创始人李彦宏共持有百度558万份普通股，其中A类股9万股，享有0.09%的投票权，B类股549万股，投票权为52.22%。借助该模式，李彦宏和其妻子马东敏共持有百度20.78%的股份，但投票权高达68.17%。

当然，阿里巴巴赴美上市也存在着不利之处，主要在于，近几年中国概念股因财务造假等问题，集体声誉不好，阿里巴巴在美国整体上市的估值会受到影响。另外，单就按P/E市盈率估值的方法，一个公司的股价=市盈率×每股收益，对阿里来说每股收益是固定的，因而股价取决于市盈率，在美国，同行业的百度、谷歌、雅虎等市盈率在20~22，而在中国香港，科技股市盈率目前来看一路飙升，大概在35~40，所以阿里巴巴在美国上市的估值较中国香港来说一定会较低。而且，美国市场对于企业信息披露的要求很高，要求公司更加透明，麦考林和兰亭集势等企业便是因此曾在美国遭到诉讼，因而阿里巴巴的财务审计将在现有的基础上复杂许多。此外，阿里巴巴拥有国内最大的电商平台，必然掌握着大量的中国消费者的个人信息，是否向美国监管部门提供，以及是否会被恶意盗取等问题，都会影响阿里巴巴的发展。

### （三）阿里巴巴整体上市的前期准备

1. 2012年B2B业务退市

（1）回购背景。B2B是国内发展较早的电子商务模式之一，为了对旗下淘宝、支付宝等后续业务提供资源和资金的帮助，2007年11月，阿里巴巴将旗下最成熟的业务B2B在香港证券交易所上市。上市之时，市值一度超过200亿美元，市盈率高达300倍，融资17亿美元，超过谷歌成为科技领域融资之最，且超额认购258倍，被冻结资金高达4500亿港元，创香港股市当时的冻资最高纪录。但是，随着股市大势的动荡，此后阿里巴巴股价急剧下降，从最高的每股41.8港元一路下跌，一年之内，一度跌至每股3.46港元的低谷。此后，公司业绩虽然逐渐回升，但再没有很好地恢复元气，尽管利润仍在增长，但营业收入却在环比下滑。随着国内外经济环境的进一步严峻，特别是中小企业在面临原材料、汇率、劳动力成本等巨大压力下，B2B的业务模式面临着巨大的挑战，需要加快转型和升级。马云也表示，"在这方面，我们思考过、痛苦过，也一直在努力。但受限于上市公司的架构，升级的决心不够大，动作也不够彻底。"到2012年，阿里巴巴终于提出私有化B2B业务。

（2）事件回顾。2012年2月21日，阿里巴巴集团向在香港上市的阿里巴巴网络有限公司发出了私有化要约，准备以每股13.5港元的价格购买在外流通的股票，从而实现B2B的私有化。这个价格与2007年底公司IPO价持平，较2月9日停牌前的最后60个交易日的平均收盘价格溢价60.4%。公告还显示，总股份数为5002039375股，阿里巴巴集团持有上市公司阿里巴巴73.45%的股份，照此计算，阿里巴巴需要收购余下26.55%的股份，耗资约190亿港元。

（3）回购原因分析。阿里巴巴对B2B私有化是为最终实现集团整体上市的准备工作之一。一方面，私有化可以让阿里巴巴集团免于承受拥有上市子公司所需面临的压力，能为企业的业务调整带来更大的空间，能够制定对客户最有利的长远规划。马云也在内部邮件中对私有化解释道，"局部的小调整已经没有办法对B2B进行根本性的完善"，"我们下决心把B2B私有化，对业务进行全面的调整、改革和升级，以期更好地服务我们的客户"，"私有化要约也可为我们的股东提供一次具吸引力的变现机会，而不必较长时间等待企业完成转型"。2007年B2B分拆上市后，B2B业务不能与阿里巴巴的B2C业务进行无缝对接，而在2012年1月的集团内部讲话中，马云提出业务集团整体生态的融合，其目标是将B2B、淘宝、支付宝等业务打通，建设内部和外部的业务生态系统，因而阿里集团需要将B2B业务盘活。而从B2B公司私有化到业务、管理系统的内外融合，这些举措都表明，阿里巴巴打算将广泛布局的各项业务重新回炉融合成一个联通的整体生态，以期在未来整体上市。

另一方面，阿里巴巴的私有化是为了回购雅虎所持股份"解放"自己的需要。马云一直在筹划回购雅虎所持的股份，2011年，阿里巴巴启动了一项名为Long March（长征）的项目，目的就是回购雅虎股权。马云曾表示："不管付出多长时间，多少努力，最终是一定要解决雅虎问题的。"而回购雅虎所持有的股份则是为重拾企业控制权，为整体上市做铺垫。虽然B2B业务的私有化并不是雅虎与阿里巴巴集团可能达成交易的先决条件，阿里巴巴与雅虎的交易也不是私有化的先决条件，但阿里如果直接解决雅虎问题，则存在着上市公司需要发布公告的压力，即阿里巴巴集团私有化B2B上市公司还是在为雅虎股权的回购做准备，而只有把股权问题解决了，马云才能放开手脚进行筹划整体上市。此外，B2B公司的股价不振和市场表现疲软在未来也会影响阿里巴巴的整体品牌和投资者信心。因此，把B2B公司通过私有化退市无疑是有助于阿里巴巴整体上市的。

2. 阿里巴巴集团的频繁收购

自2011年7月起，之前从不涉足投资收购的阿里巴巴集团动作频繁，陆续收购了如虾米音乐、新浪微博、高德、快的打车、UC浏览器、穷游网等十几家公司，总涉及金额达到了数十亿美元，尤其是自2014年初开始，阿里巴巴通过收购中信21世纪、高德地图、文化中国、恒生集团、优酷土豆以及入股银泰等，将其业务领域扩大到金融、O2O、媒体和医疗等行业，具体的投资并购历程如表1-2-1所示。

表1-2-1 阿里巴巴集团的投资并购历程

| 时间 | 投资并购项目 |
| --- | --- |
| 2011年7月 | 领投团购网站美团网的B轮融资，总融资额5000万美元，阿里巴巴投资占大头 |
| 2012年11月 | 与花旗银行联合投资移动生活服务应用丁丁网，后者业务范围与大众点评类似 |
| 2013年1月 | 宣布25个事业部中的数字音乐部由虾米网构成，收购时间、金额未知，虾米的5位创始人中4位系前阿里巴巴员工 |
| 2013年3月 | 以8000万美元收购友盟，该公司主要业务是移动领域的数据统计与精准广告服务 |
| 2014年3月 | 花费2.17亿美元投资美国移动应用Tango，持有20%股权 |
| 2013年4月 | 以5.86亿美元入股新浪微博，占股18%，此后，在微博IPO时又认购4.49亿元，持股比例达到32% |
| 2013年5月 | 以2.49亿美元投资高德软件，占股28%，成为单一大股东 |
| 2013年5月 | 联合复星集团和银泰集团，共同发起设立了菜鸟网络科技有限公司，并持有菜鸟网络48%股权 |
| 2013年5月 | 投资智能打车应用——快的打车，金额数百万元 |

续表

| 时间 | 投资并购项目 |
|---|---|
| 2013年7月 | 宣布战略投资穷游网,传闻金额近千万美元 |
| 2013年8月 | 战略投资UC浏览器,金额未知,2014年5月6日阿里巴巴IPO招股说明书显示占股66% |
| 2013年9月 | 收购国内领先的云储存软件企业——酷盘,进军个人无线云存储领域 |
| 2014年1月 | 花费9.32亿港元,收购中信21世纪38%股份 |
| 2014年2月 | 11.32亿美元收购高德地图,至此控股100% |
| 2014年3月 | 62.44亿港元收购文化中国60%股权 |
| 2014年3月 | 入股银泰,持有9.9%股份以及37.06亿港元的可转换债券(最多可持有26%股权) |
| 2014年4月 | 马云控股的浙江融信以32.99亿元收购恒生集团100%股权 |
| 2014年4月 | 65.36亿元获得华硕传媒20%股份 |
| 2014年4月 | 花费10.9亿美元持有优酷土豆16.5%股权 |

阿里巴巴如此频繁地进行投资,一方面,是为了应对百度、腾讯两大巨头的投资竞赛。自2010年腾讯宣布开放战略以来,其大手笔的收购和投资在中国互联网界首屈一指。据不完全统计,2011年腾讯投资的现金支出就高达128亿元。2012年腾讯通过收购B2C电商网站易迅网,实现对其100%控股。2013年,腾讯又增持金山网络,并向搜狗注资4.48亿美元,成为搜狗第二大股东。而百度虽然出手没有阿里和腾讯那么密集,但每个投资的金额都很大。如2011年以3.06亿美元战略投资去哪儿网、以3.7亿美元收购PPS、以19亿美元收购网龙旗下91无线业务。当前互联网企业的发展离不开背后资本的推动,国内互联网三大巨头正是通过其雄厚的资本实力左右着市场的发展,通过将与公司发展战略相协调的且顺应市场发展潮流的公司收购至自己麾下,并利用资金的优势将其做大,达到巩固其市场地位的目的。

另一方面,是为了弥补自己的短处,阿里巴巴投资的几十亿美元基本都聚集在自身比较短板的领域,其收购动机很明确,就是为集团整体上市添砖加瓦,集团业务缺什么就补什么,如2013年阿里巴巴最缺乏的概念是移动互联网和物流,所以通过收购新浪微博、高德地图以及投资菜鸟网络等方式等恶补这些短板。通过投资收购这种方式,阿里巴巴能迅速抢占多个细分市场的入口,从而能让阿里巴巴在整体上市时拥有更强硬的底气,可以要求更高的估值。

3. 阿里巴巴集团对淘宝的拆分

(1)阿里巴巴集团对淘宝进行拆分的原因。淘宝是阿里巴巴走向辉煌的基石,却也是阿里巴巴深感头痛的一块心病。作为阿里巴巴集团的主要收入来源之一,淘宝的盈利主要是来自于会员费收入,即仅仅是提供平台服务,不参与直接生产、制造环节,对于产品的质量无法进行保证,因而淘宝一直存在着假货泛滥、欺诈横行和信用制度漏洞百出等问题。2011年12月,淘宝一度进入美国贸易代表办公室的"恶名市场"名单。美国贸易代表办公室认为,淘宝虽然在打击假冒产品方面取得了"显著进展",但要杜绝这一问题还有很长的路要走。为了从"恶名市场"除名,2012年淘宝网删除了8200万件商品,货值1800亿元,其审核与稽查的力度也逐渐加大。虽然这一"黑帽子"已于2012年底被摘下,美国的服装等行业协会还是紧盯着淘宝不放,而在此之后淘宝的负面信息仍然格外多,内容涉及走私、售假、出售违禁品等,各地工商针对淘宝商家的行动越来越多。因而,淘宝如果不进行深刻的变革,再出问题也并不是稀奇的事情,这也必会拖阿里巴巴整体上市的后腿,因为国外投资者不会接受一个售假平台,加上国外法律和国内政策的诸多壁垒,淘宝极有可能成为拖累集团上市的绊脚石。

(2)阿里巴巴集团对淘宝拆分的历程。2011年6月,阿里巴巴将旗下淘宝拆分为购物搜索引擎一淘、沿袭原C2C业务的淘宝网和专注于B2C业务的淘宝商城(后改名为"天猫")三个独立子企业,通过业务拆分的方式实现了阿里巴巴旗下业务的整合。分拆的最终目的,马云在致全体员工的内部电子邮件中表示,"为更精准和有效地服务客户,重塑电子商务行业格局",但不排除集团整体上市的可能性。而业界则一致认为是在为上市做准备。同年10月10日,为了打造"高品质及服务"的购物环境,淘宝商城发布了《2012年招商续签及规则调整公告》,宣布提高淘宝商城的门槛。尽管曾一度遭到不少中小卖家的抵制,但马云态度依旧很坚决,并指出,"电子商务越来越大,如果我们不对假货水货采取措施,中国电子商务走不久","淘宝商城不会为原则、压力退半步,这个原则是维护电子商务诚信、打击假货,炒作信用,维护支撑产权,对自己工作的不足、沟通方法进行全面反思"。最终协商的结果是新用户2012年1月1日执行新政策,老用户推迟9个月执行。而在新闻发布会上,阿里巴巴集团也宣布,将向淘宝商城追加投资18亿元,用于将淘宝商城打造为"品质之城"。10月20日,阿里巴巴集团又一次主动进行业务结构调整,宣布淘宝网旗下的团购平台聚划算将以公司化的形式独立运营,成为阿里集团旗下的又一家独立子公司。

2012年6月,阿里巴巴集团被进一步分化为七大事业群,分别为淘宝、一淘、天猫、聚划算、阿里国际业务、阿里小企业业务和阿里云。2013年1月,阿里巴巴再次宣布对集团业务架构和组织进行调整,将原有的七大事业群进一步"碎片化",分拆为25个事业部,并分别由不同的事业部总裁负责管理。在最新的"25个事业部"拆分方案中,"淘宝"没有了。新的架构中,年销售额8000亿元的淘宝网被分化至不同的部门,淘宝上的各个重点领域被拆分成了物流事业部、商家业务事业部、航旅事业部等众多小部门,外人很难看出哪个事业部是对淘宝业务负责的。

阿里巴巴对淘宝进行拆分,并最终令其"消失"分化到不同部门,其好处是显而易见的。首先是淘宝平台在资本层面消失了,对投资者观感有一定正面意义。其次,将淘宝在业务上分割可以规避监管风险,假使有一天淘宝再出事,也不至于陷入无解之局,可由各事业部分块对淘宝进行改造。最后,淘宝的未来一定会有一部分是无法改造的,最终是要被抛弃的,将其业务分模块进行管理,可找到一些创新方法,最终损失会小一点。总之,马云对淘宝的一系列升级调整,直至最终的分化"消失"都是在为集团的整体上市做准备,尽可能多地除去上市的障碍,并尽可能提高企业的估值。

4. 阿里巴巴集团重组业务架构和组织

2013年1月,阿里巴巴集团发生了裂变,集团原七大事业群被调整为25个事业部,不同事业部的业务发展由各事业部总裁负责,随后马云在写给员工的内部邮件中宣布从2013年5月10日起不再担任集团CEO,仅保留董事局主席的职务,两大动作相互呼应,开启了阿里巴巴集团大变革的序幕。正如马云在内部信中写道,"这是阿里13年来最艰难的一次组织、文化变革"。并强调是为了适应面对未来无限互联网的机会和挑战,同时让组织更加灵活地进行协同和创新,他更认为,"变革是痛苦的,但要是我们不变革,我们未来会连痛苦的机会都没有"。通过此次变革,阿里巴巴的三层权力体系初步形成:战略决策委员会(由董事局负责)、战略管理执行委员会(由CEO负责)以及25个事业部(如图1-2-1所示)。易观国际首席分析师李智对此曾表示,"事业部拆分赋予了各事业部总裁更大的权力和独立性，降低了对集团首席执行官职位的依赖，马云将权力下放完全是合理的，也是一种更高级的管理方式"。此外，阿里巴巴拆分为25个事业部及马云辞任CEO一职背后的一个统一的逻辑就是分权与腾位，近些年，阿里特别重视管理团队的建设，培养了一大批年轻干部，但这些年轻干部的职业生涯都到了天花板，如果马云不委以重任，他们很可能会流失。与此形成对应的是，马云写给员工的内部邮件也直言："今年，阿里绝大多数生于60年代的领导将会退出管理执行角色，我们将把领导责任交给七八十年代的同事们。因为，我们相信他们比我们更懂得未来，更有能力创造明天。"阿里巴巴通过分权，向事业部放权，有助于内部竞争和制度的规范，阿里巴巴朝"无为而治"的蓝图又迈出了一步。

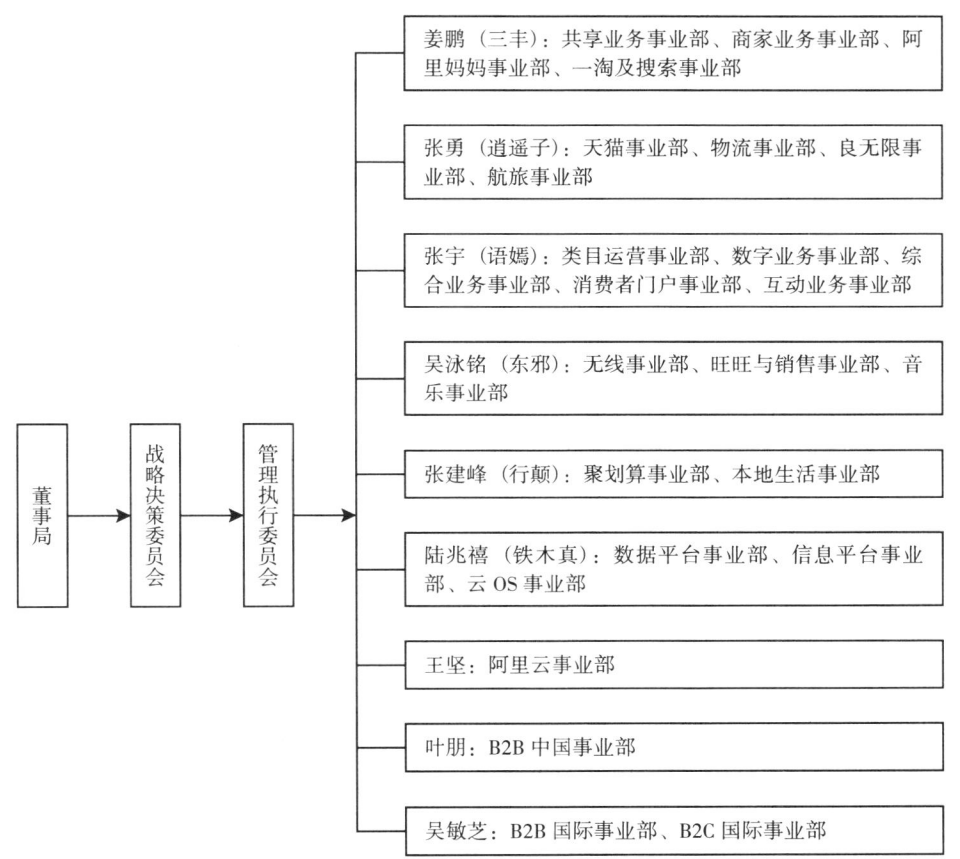

图1-2-1　阿里巴巴集团调整后架构示意图

依托于这次变革，阿里巴巴解决了目前阿里内部业务联动不紧凑的问题，也突出了天猫、O2O等未来成长性极强的业务，并提拔了公司年轻领导，抑制了体系内斗争。当然，最重要的是进一步梳理了集团内有价值的资产，一方面使公司的管理制度化和规范化，建立了一个可以没有马云的阿里巴巴，更有利于公司的可持续发展，调整前的阿里巴巴业务模式太过复杂，体量也很庞大，很难看懂，拆分成25个事业部后，阿里的业务线更加清晰明了，各个子业务也能更好地生长和发展；另一方面提升了企业的运营效率，可以充分发挥各小公司的业务价值，会带来阿里整体市值的膨胀，也更契合资本市场的要求。此外，近两年来，阿里巴巴B2B欺诈和虚假交易丑闻、淘宝商城暴动事件以及支付宝VIE风波等事件的发生，不仅导致阿里集团被贴上"违背契约精神"的标签，也使马云个人争议不断。马云辞任CEO对于上市前的阿里集团也算是一种减少污点的方式。而且辞去CEO作为董事会主席，马云依然是阿里巴巴的实际控制人，一旦需要他随时可以重回CEO的职位上。总而言之，阿里巴巴重组业务架构和组织的最终目的，仍然还是为阿里上市后能获得更高的估值添砖加瓦。

5. 阿里巴巴集团卓越的经营业绩

（1）高速发展的业务。阿里巴巴的盈利模式是以平台为主，这也决定了其收入和盈利主要与平台交易额（GMV）的增长密切相关。过去几年，阿里集团的收入和盈利与平台交易额（GMV）呈现几乎一致的增长态势，增长率保持在60%~80%。2012年，阿里的平台交易额和收入增幅最高，达80%。2013年受基数越来越大的影响，增长率放缓到60%以下，但受益于电商业务的持续增长和消费者网购的渗透率进一步提高，预计阿里巴巴未来几年维持40%的增长率应该没有问题。

经相关数据统计机构的预测，未来几年，中国的在线零售市场仍有很大的增长空间。目前，在线零售占中国总零售市场的份额仅为7.9%。艾瑞咨询预计，到2016年，中国在线零售市场的普及率将达到11.5%，规模达3.79万亿元。这意味着从2013年至2016年，年复合增长率为27.2%。阿里巴巴旗下的淘宝、天猫和聚划算，目前占据中国网购市场的绝对领先地位，预期增速将高于行业平均水平。

（2）持续增长的平台交易额。阿里巴巴拥有全球最大的电子商务交易平台，涵盖零售与批发贸易两大领域。其中淘宝、天猫与聚划算，构成"中国零售平台"；阿里巴巴国际站和1688.com，分别是国际与国内批发贸易平台；速卖通是阿里旗下的国际零售平台。从平台的活跃买家数来说，阿里巴巴集团近几年的活跃买家数一直保持着稳定的增长，招股说明书显示，2013年，淘宝和天猫平台的活跃买家数有2.31亿，活跃的卖家数大约为800万，平均每个活跃买家购买49单，每笔成交金额约136元。与之对应的，2012年活跃买家数量约1.60亿，平均购买为36单，2011年的平均购买为33单（如图1-2-2所示）。2013年12月，共有1.45亿的活跃用户通过移动端访问了淘

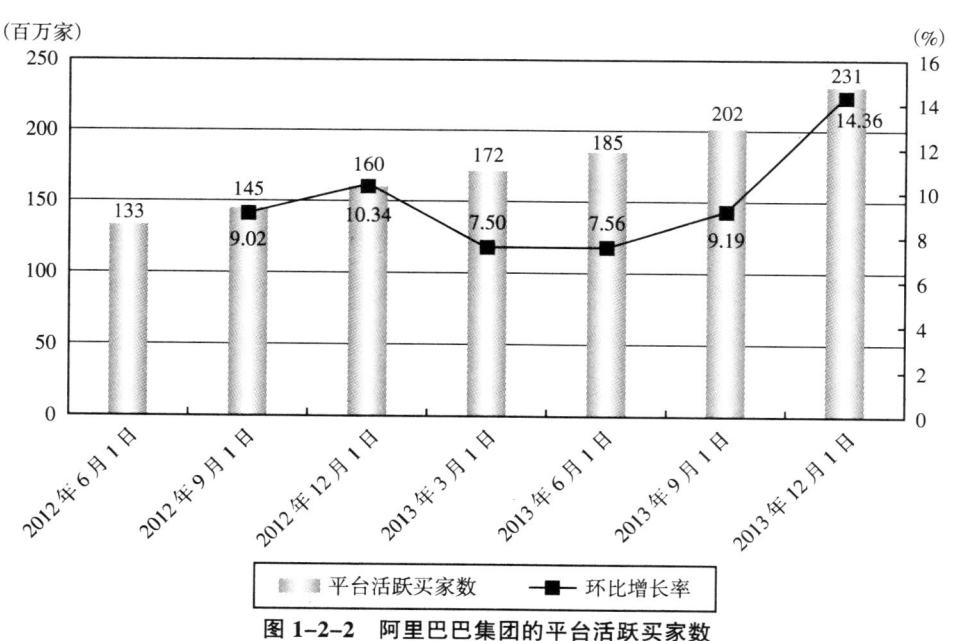

图1-2-2　阿里巴巴集团的平台活跃买家数

# 第一部分 专题篇——资本市场、金融创新与互联网企业价值创造

宝、天猫和聚划算等平台。从平台交易金额来看，这一平台占据了中国网络零售的绝大部分市场份额。2013年，"中国零售平台"的交易总额（GMV）达到15420亿元，约合2480亿美元。这一规模，远超eBay和亚马逊，成为全球第一。此外，2013年，淘宝和天猫共产生了50亿个包裹，占中国当年包裹总量的54%，平均每天1370万个包裹，峰值一天1.56亿包裹（2013年11月11日）。

从移动端的商品交易额来看，2013年，阿里巴巴集团的移动端商品交易额达到2320亿元，占平台总交易额的15%。据艾瑞咨询的数据，2013年，阿里在移动成交额的交易额占中国移动端电子商务总交易额的76.2%。手机淘宝也因此成为最大的移动电子商务平台。2014年2月，中国市场月活跃用户数前五名的应用中，阿里巴巴集团旗下的手机淘宝、支付宝钱包和UCWeb手机浏览器（阿里巴巴拥有66%的股份）占据前三位。

（3）亮丽的财务业绩表现。阿里巴巴集团的收入主要来源于向卖家提供的互联网营销服务和从交易额中抽取的佣金。淘宝通过售卖展示广告、搜索关键词竞价等获得收入，天猫商城、聚划算和速卖通则从商家的成交额中抽取佣金和收取技术服务费，1688和阿里巴巴国际站通过收取会员费和提供互联网营销服务获得收入。2013年，阿里巴巴集团的营业收入为79.58亿美元（491.47亿元），其中各季度对应的营业收入分别为13.8亿美元、17.4亿美元、17.8亿美元和30.58亿美元，第四季度公司财务业绩波动比较大的原因是，受中国传统的节日——春节的影响，中国的消费零售业普遍在第四季度会出现高峰，而阿里巴巴也进一步顺应了这一趋势，并安排淘宝和天猫在第四季度举行大型促销活动，甚至人为创造一些节日来鼓励网购者积极消费，如"双十一"活动。这种季节性的波动每年都会出现。

从收入构成来看，电商业务营业收入合计470.09亿元，占比95.65%，包括国内零售（淘宝、天猫和聚划算）、国际零售（AliExpress）、国内批发（1688）、国际批发（Alibaba），其中国内零售占比最大，达81.33%，具体如图1-2-3所示。从利润率角度来看，由于阿里巴巴本身并不直接售卖商品，也没有库存，在纯粹的平台模式下，毛利率水平一直很高。自2009年以来，阿里集团毛利率一直在70%上下浮动，最低66%，最高78%。而且，随着平台交易额的放大，阿里巴巴的收入规模亦水涨船高，相应的成本和费用占比快速下降，运营利润率和净利润率则迅速攀升，2013年，阿里巴巴的净利润为35.64亿美元，净利润率为44.79%（如图1-2-4所示）。

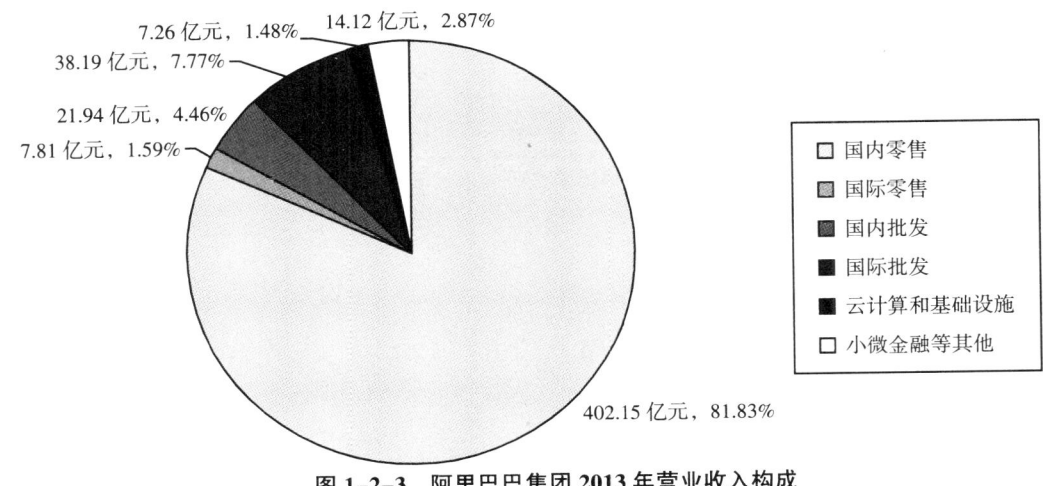

图1-2-3 阿里巴巴集团2013年营业收入构成

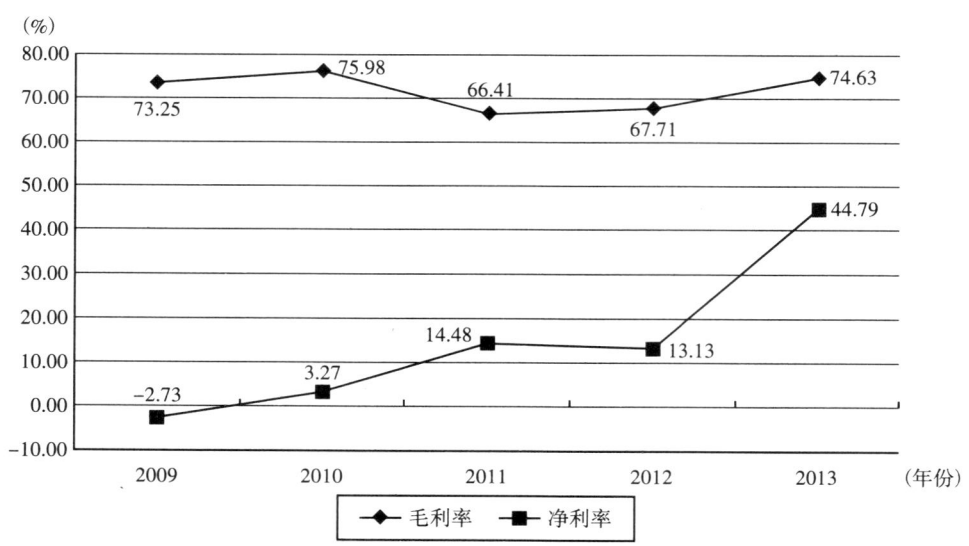

图 1-2-4　阿里巴巴集团年度毛利率与净利率情况

单纯地看阿里巴巴的营业收入也许看不出什么，如图 1-2-5 所示，通过与电商行业的平均增速进行比较，我们可以看出，除了 2011 年第一季度阿里巴巴的营业增速是低于行业的，之后基本都是在行业增速之上，2013 年的前两个季度更是远远领先行业增速。

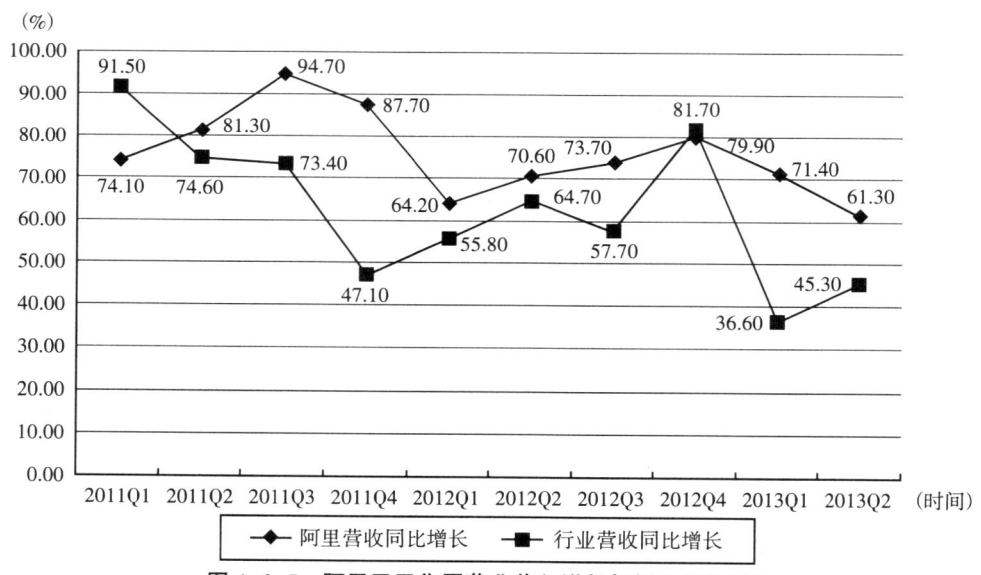

图 1-2-5　阿里巴巴集团营业收入增长与行业增长对比

资料来源：http://www.yixieshi.com/it/15855.html。

最后，将传统的互联网巨头百度、阿里巴巴与腾讯的营业收入（如表 1-2-2 所示）和净利润（如表 1-2-3 所示）数据进行比较，我们可以看出尽管阿里巴巴的营业收入一直低于腾讯，但是阿里巴巴的营业收入增速一直高于腾讯和百度，2013 年其增速甚至是腾讯的 2.4 倍。净利润方面，2013 年阿里巴巴的净利润第一次大幅度超越腾讯成为中国最赚钱的互联网公司，由于 2012 年底阿里巴巴一次性支付了雅虎巨额的技术使用费，因此其净利润增速异常高，但即使抛去此因素的影响，阿里巴巴的净利润增速也显著高于腾讯和百度。

表1-2-2 百度、阿里巴巴与腾讯的营业收入对比

单位：百万元人民币

| 公司\年份 | 2009 | 2010 | 2011 | 2012 | 2013 |
|---|---|---|---|---|---|
| 百度 | 4448 | 7915 | 14501 | 22306 | 31944 |
| 营收增速（%） |  | 77.95 | 83.21 | 53.82 | 43.21 |
| 腾讯 | 12440 | 19646 | 28496 | 43894 | 60437 |
| 营收增速（%） |  | 57.93 | 45.05 | 54.04 | 37.68 |
| 阿里巴巴 | 4985 | 8596 | 14774 | 25664 | 49147 |
| 营收增速（%） |  | 72.46 | 71.86 | 73.71 | 90.50 |

表1-2-3 百度、阿里巴巴与腾讯的净利润对比

单位：百万元人民币

| 公司\年份 | 2009 | 2010 | 2011 | 2012 | 2013 |
|---|---|---|---|---|---|
| 百度 | 1485 | 3525 | 6639 | 10456 | 10519 |
| 净利润增速（%） |  | 137.37 | 88.34 | 57.49 | 0.60 |
| 腾讯 | 5222 | 8115 | 10225 | 12785 | 17063 |
| 净利润增速（%） |  | 55.40 | 26.00 | 25.04 | 33.46 |
| 阿里巴巴 | -137 | 278 | 2142 | 3369 | 22016 |
| 净利润增速（%） |  |  | 670.08 | 57.28 | 553.49 |

### （四）阿里巴巴集团整体上市的经济效果

#### 1. 搭建阿里巴巴集团战略融资平台

资金是企业的"血脉"，是企业赖以生存和发展的源泉，任何一个企业，如果没有充足的资金，或者资金匮乏、短缺，都会陷入困境、停滞不前或者倒闭。因此，企业在运作过程中，必须高度重视自身的资金问题。如前文所述，阿里巴巴在整体上市的前期准备工作中为了弥补自身的短板，频繁地进行了投资并购活动，这些活动已经耗费了阿里大量的资金。但是阿里此前也仅仅是进行并购活动，对很多公司还未进行整合，在后续的整合过程中阿里将会需要大量资金。同时，为了应对百度、腾讯的投资竞赛，以及京东在物流板块对阿里的挑战，阿里在未来仍然需要对外进行投资。总之，阿里巴巴在未来需要大量的资金。从上市融资的角度看，阿里巴巴此次整体上市无疑会为企业搭建战略性的融资平台，缓解企业在未来的融资压力，并为集团长远发展提供有力的资金支持。具体表现在以下两个方面：第一，IPO上市可直接募集资金。此次整体上市阿里巴巴在招股说明书中写明的是计划筹资10亿美元，但业内普遍认为其最终的筹资额会在150亿~200亿美元，不论最终融到的资金是多少，都会带来阿里巴巴集团现金流的增加，为企业庞大的业务发展及时补充资金来源。此外，整体上市还可以分散企业的整体经营风险，带来协同效应，提高企业盈利能力，从而进一步带来企业资金的增加。第二，提高了企业的债务承受能力。整体上市前阿

里巴巴的高资产负债率会在一定程度上限制企业的债务融资能力，而整体上市会降低阿里巴巴集团的资产负债率，且企业总资产是增加的，即负债承受能力提高了，阿里巴巴可以通过债务融资的方式带来资金的增加。

2. 提升阿里巴巴集团企业品牌价值

品牌价值是指对品牌作为一种资产和一种权益的价值量化，它主要表现为产品通过"品牌"使企业获得的额外收益或者现金流。而从企业角度来看，品牌不仅仅是指企业的知名度或品名，它更是企业经营活动的综合表现。美国市场营销协会曾对品牌做出如下定义：品牌是用以识别某个销售者或者某群销售者的产品或服务，并使之与竞争对手的产品或者服务区别开来的商业名称及其标志。因而品牌也是企业的一种核心竞争能力，尤其在当前，市场竞争的环境、手段与过去相比都发生了很大的变化，在这种新情况下，企业出奇制胜的主要手段已不再单纯依靠产品自身的竞争力，还包括品牌的竞争。世界很多知名的企业也往往把品牌发展作为企业开拓国际市场的优先战略，如苹果、谷歌、可口可乐、麦当劳等都是先创立属于自己的品牌产品，并把它作为开拓市场的一种手段，最终占领市场。事实证明，一个享有盛誉的品牌，也是企业的一笔巨大的财富。2013年，全球100大品牌的总价值达到2.6万亿美元，其中苹果公司以1850.71亿美元高居榜首，谷歌的品牌价值为1136.69亿美元，屈居亚军，排名第三的是IBM，其品牌价值为1125.36亿美元。而此次阿里巴巴整体上市的筹资额在150亿~200亿美元，如果能超过2012年Facebook创下的164亿美元的互联网企业IPO融资纪录，以及2008年Visa信用卡IPO时的179亿美元巨额融资纪录，无疑会在国际市场显著提升阿里巴巴集团的知名度和企业形象，进而提高集团的品牌价值，并为阿里巴巴的国际市场的交易带来更大便利。

3. 改善阿里巴巴集团的资本结构

资本结构是指企业债务与股权的构成比例关系，一般来说，资本结构是用资产负债率来衡量的，企业资产负债率的适宜水平是40%~60%，过高的资产负债率会提高企业的财务成本，并是企业财务风险增加的表现，过低的资产负债率则显示了企业利用债权人资本进行经营活动的能力很差，也不利于企业的发展。当然适宜的资产负债率也不是一成不变的，因行业的不同会有一定的差异。对于互联网企业，我们可以将阿里巴巴与腾讯、百度的资产负债率进行比较，从而进行评价。2013年百度的资产负债率为46%，腾讯为45.48%。从图1-2-6我们可以看出2009~2011年阿里巴巴集团的资产负债率是正常的，甚至在2009年和2011年是偏低的。但是2012年，由于回购雅虎所持有的阿里巴巴20%股份，阿里需支付71亿美元的回购费和5.5亿美元的技术使用费，再加上B2B业务私有化需支付190亿港元，阿里巴巴不得已采取了LBO杠杆收购方案，造成当年资产负债率的猛增，达到88.83%。2013年虽然资产负债率有一定程度的减少，但仍然一直处在高位。当前，阿里巴巴通过IPO上市，融入的资金属于权益资本，股权资本增加，降低了债权资本在总资产中的比重，即会降低企业的资产负债率水平，从而达到改善企业的资本结构的目的。

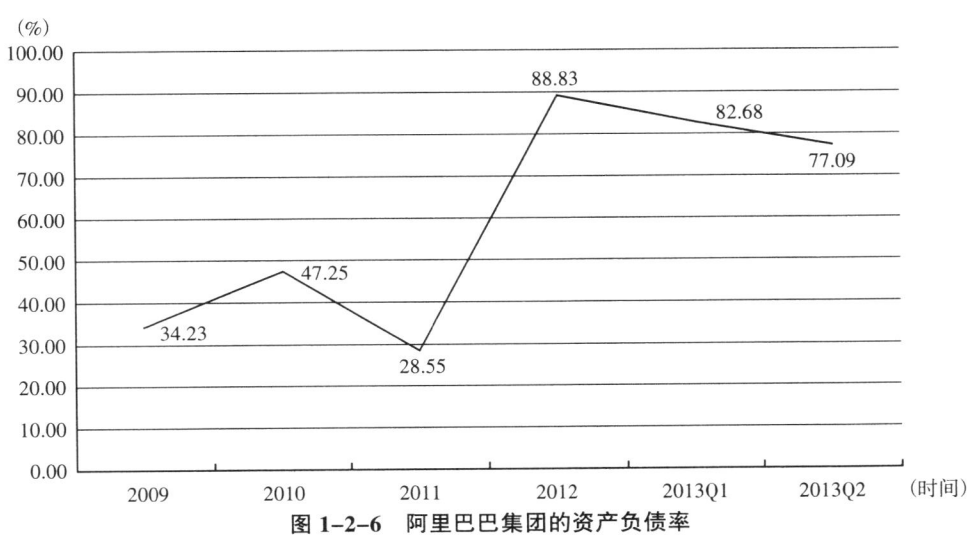

图 1-2-6 阿里巴巴集团的资产负债率

资料来源：http://www.yixieshi.com/it/15855.html。

## 三 中国互联网企业海外整体上市的风险分析

随着中国互联网企业赴海外上市的高潮一波接一波，海外上市的风险再一次凸显出来，可以说中国互联网企业海外整体上市走的是一条机遇与风险并存的路。只有对海外上市风险有充分的认识，才能从根本上提升中国互联网企业海外整体上市的融资效率，进而推动我国互联网产业走出国门，参与国际市场竞争，培育出国际化的现代互联网企业。

### （一）成本风险

中国企业海外上市所花费的成本是非常高昂的。首先是为了满足上市条件而花费的前期成本，包括雇用职业经理人、规范公司治理结构、资产债务重组和财务成本等。

其次是上市所花费的直接成本，包括法律顾问费、审计评估费、公关费、保荐费、审核费和交易所上市费用等，大概为融资额的10%，不同的市场略有差别。

表 1-2-4 三地上市融资成本比较

| 项目 | 深圳证券交易所（元） | | 香港联交所（港元） | | 美国纳斯达克交易所（美元） | | |
| --- | --- | --- | --- | --- | --- | --- | --- |
| | 主板 | 创业板 | 主板 | 创业板 | 全球精选市场 | 全球市场 | 资本市场 |
| 上市初费/首次上市费用 | 30000 | — | 150000~650000 | 100000~200000 | 100000~150000 | 100000~150000 | 50000~75000 |
| 上市年费（非ADRS） | 无 | — | 按上市股本面值计算 | 100000~200000 | 30000~95000 | 30000~95000 | 27500 |
| 上市月费 | 500~2500 | — | 无 | 无 | 无 | 无 | 无 |

资料来源：根据三地证券交易所公布资料整理。

从表1-2-4中可以看出，纳斯达克的上市费用大约要占融资额的13%~18%，而目前国内上市费用比例只在6%左右，并且国内上市的相关费用是在上市后支付，而国外中介机构一般都事先收取佣金，这会对企业造成较大的压力。此外，持续上市期间的费用也是一笔不小的开支。海外交易所一般要求公司聘请其认可的会计师、审计师和法律事务顾问，加上海外的通信联络费用和信息披露费用等，数量也是相当大的。

最后是上市后的维护费用，包括信息披露费、上市年费等，每年约近千万元，即使是著名的跨国公司，也无法忽视上市所带来的成本压力。

### （二）价值低估风险

价值低估是在海外上市的企业最不愿意遇到的事情。由于文化背景及价值取向不同，不同资本市场对同一上市公司的估值区间存在较大的理解性差异。而中国互联网企业就存在着明显的国内外资本市场估值差异，价值低估从2000年国内互联网企业纷纷赴海外上市之时起就长期困扰着一部分企业，搜狐、网易这些国内知名的互联网企业在海外市场就没有被投资者认可，进而导致股票价格低迷，难以反映公司真实价值，融资的持续性和合理性不佳。搜狐旗下除了拥有一家上市公司——游戏公司畅游，还有焦点房地产网、搜狐视频、搜狗等几大相对独立的子业务。根据艾瑞和易观的数据推算，2012年搜狐来自四大子业务的价值超过30亿美元，相比当时18.6亿美元的整体估值，仍然严重低估。

价值低估风险是一种严重的风险，影响到上市融资的质量和效果。总的来看股票受资本市场与行业影响波动大，估值存在不稳定性，低估值公司面临再融资困难及被并购的风险，如果在二级市场不能反映出企业的实际价值，企业价值被低估，那么企业会面临被收购的可能性。对于企业经营者而言，这种风险是巨大的（乔文军、赵春明，2015）。同时，股价过低也是中国互联网企业主动选择海外退市的重要原因。2011年11月22日，盛大网络宣布以23.5%高溢价反向收购退市，挥别纳斯达克，CEO陈天桥毫不掩饰地宣泄了其认为盛大股价长期被低估的不满情绪。

### （三）再融资风险

融资应该是一个持续的过程，企业可以根据自身发展情况持续融资。然而，国内上市企业的融资思维与国外不同，国内企业受一次性融资的思维影响，只重视初次融资时的资金额度，把融资看成一劳永逸的事情。这与国内外资本市场的制度不无关系。相对于国内资本市场而言，国外资本市场制度更加完善，相应的机制更加健全，其秉承着宽进严出的准入退出机制，而国内股票市场则相应的限制较多，再融资资格非常不易取得，使得一部分国内企业难以获得上市资格，这就导致了一部分国内企业在上市后，使出浑身解数要将融资额度最大化，后续融资的本意也是为了"圈钱"。而境外市场的融资是可持续的，美国就曾有公司实现了年内10次以上的融资，可以说美国的资本市场再融资是较为方便的，但其便捷性也带来了对等的市场风险。境外投资人往往认为从一个侧面通过上市公司的融资能力可以验证公司的发展潜力。我国国内一部分互联网企业为了能够实现其短期融资目的，在境外上市之前承诺投资者多重投资回报，但因企业自身缺乏稳定的业绩支撑，进而使得股票价格最终体现了公司实际价值，企业的再融资变得非常困难。境外上市的中国互联网企业中，股票价格短时间内大幅下跌的例子并不是没有，失败的再融资计划，使企业陷入资金链断裂的风险当中（乔文军、赵春明，2015）。当然，若企业能够在上市后潜心经营、稳定发展，重视股东和投资者权益，持续融资风险将大大降低。如阿里巴巴公司经营状况良好，也十分注重投资者权益，共实现融资十多次，融资总额超过10亿美元。

### （四）监管和法律风险

欧美等资本市场较为成熟，法律监管体系较为完善，十分注重中小投资者的利益保护。美国证券交易委员会（SEC）对于信息披露有着非常严格的规定和要求，上市公司的义务和责任也相应地更大。SEC规定信息披露必须是完全的，但凡可能影响企业业绩或股东权益的事项，必须及时披露，包括上市公司发展战略、业务经营数据和突发事件等。美国2002年颁布的《萨班斯法案》就要求，上市公司的信息披露"不能有遗漏，不能有错误，不能有虚假陈述"。

海外证券市场监管要比国内市场严格得多，其中在信息披露方面的监管强度差异最为明显。除了监管部门实施监管外，机构投资者、会计师事务所等专业机构也同样履行着监管职责。我国国内互联网企业选择在海外上市，有时并不熟悉海外证券市场的规则制度和标准，很多企业自身存在着过度包装，信息披露不完全、不及时等问题，极易受到诉讼处罚的困扰。诉讼不仅会带来高昂的费用，而且会使公司形象受损，导致股价暴跌。近年来，在美上市的中国互联网企业也频频遭遇"信任危机"，因信息披露问题遭遇法律诉讼屡见不鲜。2010年10月成功登陆纳斯达克的麦考林，上市两个月内遭遇三起集体诉讼，造成股价狂跌，差点导致这家初上市企业"夭折"。

### （五）恶意做空风险

做空原本是股票、期货等市场的一种操作模式。而恶意做空则是依托于国外市场存在的做空机制获利，也就是通过寻找上市公司潜在利空，建立空头头寸，进而发布报告或通过媒体释放利空消息，最后在股价下跌后平仓获利。这种有预谋的散布企业的负面消息，不论虚实，一般都会对投资者的信心造成打击，从而使企业的股价下跌，做空机构进而从中牟利（郭宝忠、孙一平，2014）。2011年中国互联网概念股在美被停牌、摘牌、限制买入背后，虽然部分互联网上市公司是自身出了问题，但不少美国相关投资机构从做空中国股票当中获益，亦是中国概念股集体遇冷的重要原因。美国做空机构为了获取利益，利用中国互联网公司不熟悉美国证券市场和相关会计制度、法律法规这一点，在包装上市时就为后来的做空埋下伏笔，一旦成功上市便做空获取暴利。

美国著名做空中国概念股机构浑水公司就多次通过做空中资概念股获益。中国互联网企业由于其不确定性从一开始就受到质疑，加上国际投资者也不完全了解中国互联网企业的盈利模式，浑水公司利用这一点，先与国际做空大鳄做融券空单，再发布那些经过精心策划的质疑报告，当国际投资者受到这些似真似假的质疑报告影响后，纷纷抛出股票，致使中国互联网概念股大跌后，浑水便开始"收网"了，与它的合作伙伴兑现空单从中获取暴利。2010年7月，美国浑水公司揭露了绿诺国际有限公司的虚假财报，从而使美国市场风声鹤唳，一批中国概念股遭到调查。国际资本经历了对中国概念股从开始的追捧到如今的围猎的戏剧性转变。企业遭遇做空后，如没有采取有效的应对措施，将会面临股价下跌甚至退市的风险。恶意做空者的屡屡得手也沉重打击了中国概念股赴美上市的信心。

## 四 借鉴与启示

海外整体上市如同硬币的正反面，优势与风险共存，在为企业发展解决"资金血液"问题的同时，也会为企业埋下风险的隐患。近些年中国每年都有大量的企业选择整体上市，互联网企业更是即将迎来第 5 次 IPO 浪潮。然而互联网企业在进行 IPO 时，不能看到上市对企业带来的好处就盲目跟风，在选择 IPO 上市时，更需要进行理性的分析，尤其要将风险作为首要考虑因素，建立健全的风险评价机制，做好相对的风险应对预案，采取合理有效的风险规避措施来避开海外上市风险。

本文通过对中国互联网企业融资历程的梳理，以阿里巴巴为例对中国互联网企业海外整体上市的动因、准备及经济后果的介绍和对中国互联网企业海外整体上市风险的总结，针对中国互联网企业进行 IPO 上市时需要注意的问题，提出以下几点建议：

### （一）权衡利弊，理性看待资本市场

上市对企业来说是有利有弊的，上市理所当然会带来企业融资能力的增强，并在一定程度上能改善公司治理结构，但同时也要承受巨大的监管压力和业绩压力，如果没有做好充足的准备，而仅仅为了融资选择上市，最终也只能自食恶果。对企业来说，上市不应该是其终极目标，它只是企业的产品或盈利模式能得到投资者的认可，或者说是具有可持续发展的盈利能力，企业不能盲目跟风进行资本市场融资，对其来说最重要的应该是保持盈利和保持创新。因而，上市与否不是衡量公司先进与落后的标志，也不是衡量公司经营好坏的标准。此外，还要理性地看待退市问题，退市包括主动退市和被动退市，其中被动退市是企业需要警惕和注意的，但是主动退市则是企业出于自身经营管理的需要而做出的战略决策，能在一定程度上保护投资者的利益，是一种成熟的标志。阿里巴巴的 B2B 业务退市便是很鲜明的例子，其能客观冷静地面对资本市场，在对企业未来进行客观判断的基础上，选择全身而退，是一种智慧的体现。

### （二）审时度势，加强 IPO 选择与公司发展战略的契合度

企业发展战略是企业经营决策者依据企业的行业特点、行业发展环境以及企业自身因素制定的关乎企业发展的总体战略，它是对企业发展的长期性、整体性的把握，是企业在经营发展过程中必须确立、必须遵守的战略，是企业中长期发展计划的灵魂与纲领，是构成企业核心竞争力非常重要的环节。因而互联网企业在进行 IPO 选择时，首先需要与企业的发展战略相协同，以保证企业发展战略的实现，否则会导致企业资源的浪费，影响企业的发展。阿里巴巴集团在整体上市的历程中，无论是前期的 B2B 业务退市、频繁收购布局、对淘宝的拆分和对企业组织结构的调整等整体上市准备工作，还是对整体上市时机、上市地点的选择，都是从企业长期发展的目的出发的。目前国内大部分的互联网企业都是 VIE 架构，因而在选择上市地点时也会和阿里一样面临选择在 A 股上市、美国上市抑或是在中国香港上市的难题，此时，企业一定要在坚持发展战略的

基础上,权衡各上市地点的利弊,从而选择最合适的上市地点。对上市时机的选择亦是如此,需将外部环境的变化与发展战略相结合,选择合适的上市时机。

### (三)谨小慎微,防范整体上市对管理层控制权的稀释

我国互联网企业多是经过多轮的融资发展起来的,因而创始人或管理层多半无法达到绝对控股。如果企业整体上市成功,创始人或管理层的持股势必会再度遭到稀释,而管理层的持股比例和其在公司的话语权是息息相关的,即创始人或管理层对公司的控制权会遭到威胁。此前,新浪公司便是因为股权分散、管理层持股比例过低,从而导致其创始人出局、高管人员频频更换。阿里巴巴集团在 2010 年之后也因为马云等高管团队持股比例过低,雅虎对董事会控制权增加,从而面临着对企业的控制压力,企业发展受到约束。但阿里巴巴通过业务重组、回购雅虎所持股权等一系列措施,重新拿回了控制权,为阿里的重新起航奠定了基础。此外,上市公司每季度必须公布财报,对于企业发生的重大事项必须得发布公告,从这方面来说,资本力量、法规政策虽然规范着公司经营,但也会束缚上市公司,即如果企业上市之后遭遇控制权丧失,公司一旦出现重大问题便很难得到解决。因而,我国互联网企业在 IPO 上市时需要采取适当的措施,防范因上市造成管理层持股比例过低成为公司治理结构的硬伤,为企业未来潜在的控制权丧失埋下隐患。如阿里巴巴便是依托于其"合伙人制度",实现少数股东绝对掌控公司的目的,而百度、Facebook 和谷歌采取的是双重股权结构,即 AB 股模式。

### (四)躬亲力行,依托整体上市深度整合业务组织结构

业务组织结构调整是企业战略的投射,也是企业对于外部市场环境的一种反应形式。面对互联网行业多变的环境,及时调整战略和相应的业务组织结构,对于企业来说显得尤为重要。而这似乎也成为了互联网企业竞相追逐的"新游戏"。近年来,百度、阿里巴巴、腾讯、新浪、人人等互联网企业都陆续进行了大规模的业务组织结构调整,如 2012 年腾讯将原有的业务系统制升级为事业群制,并将业务重新划分为六大事业群和一个独立子公司,2013 年,人人对公司的组织架构和业务群组进行调整,整合旗下人人网的研发团队,并成立独立的无线业务事业部,调整后的人人公司包括人人网、无线、游戏、糯米网、56 网五大独立事业部。对于准备整体上市的互联网企业来说,通过对企业的业务组织结构进行整合,一方面可以规范企业的运作,避免同业竞争和关联交易,实现资源的优化配置;另一方面,可以突出企业的主营业务或成长性极强的业务,实现对企业有价值资产的梳理,提升企业的运营效应,充分发挥各小公司的业务价值,从而带来企业整体市值的增加。同时,这也更契合资本市场的要求。此外,对于在资本市场有争议的业务,企业也应该通过整合以剔除其对整体上市的障碍,如阿里巴巴为提升企业形象对淘宝的拆分。

### (五)高效融资,控制上市成本,确定合理估值区间

海外上市融资往往被看作是企业做大做强的一种表现,融资是企业能够长久持续发展的动力来源。目前,我国互联网企业赴美上市的平均上市成本达到融资额的近 15%,这一比例明显高于国内上市 5% 的比例,同时上市后企业还需要每年

定期交付一笔年费和维护费，这样就增加了企业上市的成本风险。企业有必要合理控制上市成本，使成本风险降到最低。当互联网公司境外上市的收益与付出不成配比时，无疑将给企业带来沉重的负担，事实已证明了海外股票市场对过高估值的股票有一定"免疫力"，但同样如果估值明显过高，对于成熟市场而言，中国企业境外IPO失败也并不是完全不可能的事情。中国互联网企业海外上市一定要处于一个合理估值区间当中，对预期价值有一个合理定位，这样才能体现出企业的成长性，毕竟融资是企业能够长久发展的重要方式之一，如何持续有效地获得融资来源，应该是上市公司需要充分考虑的事情，而合理估值是公司首先需要思考的事情。

### （六）积极应对，维护企业正当权益，避免恶意做空行为

浑水、香橼等做空机构对赴美上市的中国互联网企业频频发难，一方面反映出海外上市的中国互联网企业自身存在公司治理等方面的问题；另一方面也在一定程度上反映出中国互联网企业在面对投资者质疑时的囊中乏策。因此，中国互联网企业赴海外上市时一定要做好前期准备，熟悉所在证券市场的相关制度、法律法规，这样才能不为恶意做空者留下"后患"。即使企业遭受恶意做空也要积极应对，坚决回击，利用各种方式与投资者做好沟通工作，维持投资者对企业股票的信心。

（分报告执笔人：张大伟、孟鑫，北京邮电大学；指导人：何瑛，北京邮电大学经管学院）

### 参考文献

[1] Ping Wang, Qi Yang. Analysis on Financing of Small and Micro Enterprises [J]. Management & Engineering, 2014 (15)：1838-5745.

[2] Dariusz W. & C., Burger. Listing BRICs：Stock Issuers from China, Brazil, Russia and India in New York, London and Luxembourg [J]. Economic Geography, 2010.

[3] Robert Torok, Executive Consultant. The Convergence of Performance and Risk Management [J]. Business Risk Management, 2007 (23).

[4] C.Vrehoef. Quantifying the Effects of IT-governance Rules [J]. Science of Computer Programming, 2007 (3).

[5] 谭琳.我国上市公司融资方式研究——基于优序融资理论的实证检验 [D].成都：西南财经大学，2007.

[6] 繆玺.我国互联企业海外上市研究 [D].成都：西南财经大学，2012.

[7] 谢卓亨.关于企业发展与上市时机选择的思考——以阿里巴巴集团为例 [J].经济师，2013 (9).

[8] 王丹璐.阿里巴巴：上市天梯 [J].新理财，2014 (4).

[9] 刘燕燕.整体上市对提升企业价值的影响研究 [D].湖南：湖南大学，2008.

[10] 魏成龙，许萌，杨松贺.中国国有企业整体上市绩效研究 [J].经济管理，2012 (9).

[11] 甘星，蓝裕平.马云如何重获阿里巴巴的控制权？[J].国际融资，2013 (12).

[12] 秦茜.马云为资本上市求变 大淘宝正式一分为三 [J].IT时代周刊，2011 (7).

[13] 陈纪英.阿里巴巴缘何裂变 [J].中国新闻周刊，2013 (4).

[14] 吴玺名.阿里重组：马云一箭四雕 [J].经理人，2013 (2).

[15] 杨科.中国境外上市公司的退市分析——基于阿里巴巴退市案例分析 [J].财务与金融，2013 (3).

[16] 孙喜保.阿里巴巴再度重组，意欲何为 [N].工人日报，2013-01-23.

[17] 党印.羁绊"合伙人制"[J].新理财，2013 (11).

[18] 李淼.阿里巴巴上市之路一波三折 [N].中国经济导报，2013-11-21.

[19] 张军.中国企业海外上市风险分析及控制 [J].现代商业，2012 (12).

[20] 郭宝忠，孙一平. 中国企业海外上市风险防范研究[J]. 现代商贸工业，2014（3）.

[21] 乔文军，赵春明. 中国互联网企业境外上市风险分析[J]. 经济与管理，2015（3）.

[22] 张玮倩. 国内企业海外上市研究——基于财务管理的视角[D]. 成都：西南财经大学，2009.

[23] 肖良林. 中国企业海外上市利弊分析[J]. 金融经济，2011（6）.

[24] 郭晓玲. 试论民营企业海外上市风险防范[J]. 管理纵横，2011.

[25] 占明珍."海外上市潮"现象之战略思考[J]. 科技与管理，2005（2）.

[26] 豆瑞星. 互联网企业海外上市偃旗息鼓[J]. 互联网周刊，2012（1）.

[27] 肖尧，郑磊. 海外上市互联网公司存在的问题[J]. 合作经济与科技，2011（13）.

[28] 鞠国华. 21世纪初国际资本市场演变趋势及对策[J]. 工业技术经济，2008（11）.

## 分报告三
## 中国互联网企业并购整合的现状、问题及趋势研究

资本作为现代化生产的一种基本要素，在市场经济中的重要性，越来越受到广泛的认同。而资本运营则是现代企业实现低成本高速扩张和跨越式发展的一条必经之路，其中并购整合是其核心所在，也是资本运营最基本、最普遍的运作方式。近年来，中国互联网行业发展迅猛，在此情况下，企业直接进行市场开拓，时间较长、风险较大且成本过高，而采取并购整合方式则可以使互联网企业在短期内达到扩张发展目的。随着互联网行业逐步成熟，市场竞争日趋激烈，互联网巨头为了迅速扩大自身竞争优势，凭借其在细分市场的垄断地位频频进行收购或投资活动，而并购已经成为互联网企业快速扩大资本、抢占市场、控制资源、跨越行业壁垒、实现企业自我发展的重要手段。

我国互联网产业起步于20世纪80年代末90年代初，此后的几年里，中国网络产业开始了飞速的发展。经过一段时间的发展后，我国互联网行业开始走向成熟，一方面市场竞争日趋激烈，网络公司开始进入资源合理配置的盘整阶段，企业的倒闭、合并、调整、转型变得越来越现实；另一方面投资人也开始走向理性，向讲究盈利和现金流量、注重公司管理状况等传统投资理念回归。互联网企业巨头直接开拓市场的成本过高，并且风险太大，最直接有效的手段自然是并购。而此时值得收购的对象，都已经具有成熟的商业模式和稳定的收入，收购行为也变得更为理性。

在我国互联网企业迅猛发展的同时，也普遍存在诸多不足：产品与服务多复制国外、盈利模式不成熟、同质化程度高、缺乏核心技术研发能力、面临巨大监管风险等。与传统企业不同，互联网企业是充分应用互联网新技术、电子商务化的创新型企业，在公开完善的市场机制中，经过比较充分的自由竞争成长起来的。它们的运营模式更加新颖、成长速度更加快速，在技术、市场快速变动的情况下，通过兼并重组以达到企业发展的欲望更加强烈。目前我国互联网企业的并购呈现外资主导、国内企业收购频繁的局面。并购类型以横向并购为主，纵向并购渐增，这意味着我国互联网企业从追求扩大规模向整合产业链和多元化延伸。在企业并购过程中，存在着盲目并购、整合不力、缺乏并购策略等问题。本文通过对互联网企业并购整合的动因、现状、问题以及趋势等的研究，将对提升我国互联网企业的竞争力，促进我国互联网产业的良性发展，起到一定的启发和参考作用。

# 一 中国互联网企业并购整合的动因分析

随着市场经济的发展和经济全球化的不断深入，企业并购在世界范围内风起云涌，并购浪潮一浪高过一浪。并购的主体不仅仅局限于大公司，那些处于成长期且有发展潜力的公司也在积极地进行并购。同样，并购的范围也不只是在国内，随着贸易全球化的加深，跨国并购逐渐成为并购中的主流，引导着并购的发展。随着企业并购活动的不断深入，也引发了国内外学者对于并购动因理论的研究探讨。

## （一）并购的概念

并购源于英文 merger & acquisition（M&A），是兼并和收购的总称，它并不是专门的法律用语。许崇正（2002）将并购定义为："一种通过获取企业外部资源的所有权或控制权来实现企业扩张和组织重构的经营手段。"并购的主要特征就是获得目标公司的控制权，它的含义主要涵盖了兼并、收购和合并。

并购整合是指当一方获得另一方的资产所有权、股权或经营控制权之后进行的资产、人员等企业要素的整体系统性安排，从而使并购后的企业按照一定的并购目标、方针和战略组织营运（李道国、高永如，2001）。更简单地说，整合是指调整公司的组成使其融为一体的过程（拉杰科斯，2001）。企业并购不是两个企业简单地合在一起，也不是简单地将一个企业的经营要素注入另一个企业就可以高枕无忧。企业取得对目标公司的控制权，仅仅是并购成功的第一步，而并购后整合则是企业是否能完全实现并购目标的关键环节。并购后的整合能够通过加强优势互补来增加企业资源价值，通过减少冗赘增加运营效率，通过履行对利益相关者的义务来保证职责的实现。图 1-3-1 显示了并购情况下价值创造的过程，企业并购后最复杂的是整合工作，只有对关键因素进行有效的整合，才能实现企业能力的传播与扩大，核心能力的提升，增强企业的竞争优势，扩大市场份额。

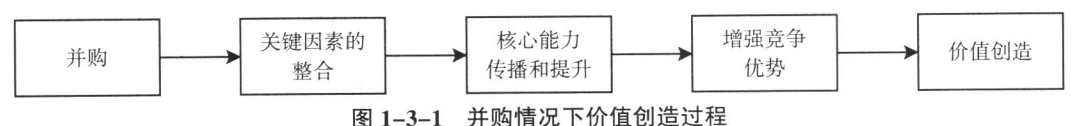

图 1-3-1 并购情况下价值创造过程

## （二）并购整合的动因比较

随着经济全球化的不断深入，企业间的竞争不断加剧，如何在竞争激烈的市场上保持自己的优势地位已成为各企业关注的焦点。并购往往被认为是一种简单的击败竞争对手或者迅速占领市场的有效手段之一，它可以在较短时间内获得被并购企业的技术、资源、市场等，使企业快速取得竞争优势。与传统行业不同，互联网是新兴行业，有着自身显著的特点，其并购的动因也往往与其行业的特点密切相关（如表 1-3-1 所示）。

表 1-3-1　并购整合动因比较

| 动因类型 \ 行业 | 互联网企业 | 传统企业 |
|---|---|---|
| 共有动因 | 扩大生产规模，获得规模效应<br>实行多元发展，降低经营风险<br>通过强强联合，实现优势互补<br>集中优势资源，增强核心竞争力<br>增加市场份额，提升市场地位 | |
| 特有动因 | "互联网+"推动<br>"马太效应"<br>用户偏好行为<br>规模报酬递增效应 | |

1. 共有动因

（1）扩大生产规模，获得规模效应。企业通过并购，特别是横向并购可以扩大生产经营规模，同时随着产出的增加生产成本也随着降低而收益却不断递增，这样就可以提高经济效益，获得规模经济优势。通过横向并购企业可以快速将各种生产资源和要素集中起来，扩大生产规模，从而提高单位投资的经济效益或降低单位交易费用和成本，获得可观的规模经济。为此，企业有动力来促进并购的实现。

（2）实行多元发展，降低经营风险。在现代经济发展中，企业经营范围在不断扩大，都在走多元化发展的道路，而这也是适应市场经济发展和竞争的需要。多元化经营可以使企业开拓新的市场，发掘出新的利润增长点，也可以降低经营风险、增加收益。并购是企业扩张的捷径，也是企业实现多元化经营的最常见办法。通过并购实现多元化经营，可以分散投资风险，适应多样化消费需求，提高市场占有率，增强企业对经济变动所引起的风险的应变能力，进而降低企业风险。

（3）通过强强联合，实现优势互补。在经济发展的过程中，各个企业之间不可能都处于均衡发展的状态，每个企业都具有自身的优势，同时也存在着不足，而通过并购，进行强强联合，可以实现优势互补，促进企业更好地发展。

目前我国企业的并购活动中已经把它作为企业发展的一种长期模式。通过强强联合，在高技术的交流与合作上、在组织管理模式的创新上、在营销系统的整合上，形成优势互补的局面，达到改善经营环境、经营条件、扩大生产规模、提高市场占有率、长期占领和开拓某个市场、获得资金优势和市场优势、提高管理效率和经营效益的目的。

（4）集中优势资源，增强核心竞争力。核心竞争力是一个企业在激烈的竞争中得以生存并能保持不断发展的保证。对我国企业来说同样如此。通过并购可以打破管理体制的束缚，实现优势资源集中，加强科技创新能力和资本运营能力，培养良好品牌能力和营销能力，提高企业的国际竞争力，在各方面得到进步的过程中也培养和发展了企业的核心竞争力。

（5）增加市场份额，提升市场地位。增加市场份额的动因主要出现在横向并购中，并购一个公司所获得的增长可能要比在新的领域内开拓而获得发展耗费更小的成本和更少的时间。企业通过资产重组进行并购，一方面可以增强企业的市场地位；另一方面可以减少竞争对手，提高市场占有率。

2. 特有动因

（1）"互联网+"推动。"互联网+"可以说是我国近年来经济发展的代名词，并已出现在政府工作报告中，可见其巨大的影响力。通俗来说，"互联网+"就是"互联网+各个传统行业"，但这并不是简单的两者相加，而是利用信息通信技术以及互联网平台，让互联网与传统行业进行深度融合，创造新的发展生态。互联网与整个社会经济进行深度整合的过程，既是网络经济走向纵深的过程，也是逐步消除泡沫、安全落地的过程。传统经济不仅具有旺盛的生命力，而且具有非常成熟的经济模式。相比较而言，信息技术及其所代表的网络经济则因为经济模式上欠缺和不成熟，而在一定时期内处于相对边缘的位置上。可见，新旧经济之间的相互促进，共同发展将成为未来经济发展的主旋律。

互联网行业的发展需要发达的传统经济的支撑。从我国互联网企业间并购的最新动态来看，互联网所代表的网络经济与传统经济并购趋势增强。网络经济潜力惊人，但传统经济仍然保持有独特的优势，尤其表现在稳定的利润来源、发育成熟的营销网络、长期经营的品牌优势和高度发达的基础设施上。在网络经济公司和传统经济公司已经意识到彼此间互补作用的背景下，它们之间开始发生大规模的并购活动，并购在加大传统行业和互联网企业的结合上，起到了决定性的作用。

（2）"马太效应"。在网络经济下的信息活动中，由于人们的心理反应和行为惯性，在一定条件下，优势或劣势一旦出现并达到一定程度，就会导致不断加剧而自行强化，出现"滚雪球"似的累积效果。这种"马太效应"使得"强者更强、弱者更弱"。从美国互联网的发展历程中可以看到，虽然美国的门户网站众多，但是雅虎和美国在线两大门户网站无论从规模、收入等都是其他网站无可比拟的，其他门户网站只能分到一小部分市场。企业在这样的生存环境中，越发意识到快速成长的必要性。互联网企业并购则是为了适应网络经济中的"马太效应"而产生的必然经济现象。弱势企业向强势企业靠拢，以被并购作为代价获取生存机会，而强势企业通过并购弱势企业，增加在特定领域内的市场份额，抢占未来竞争中的有利位置。

（3）用户偏好行为。用户连接到一个网络的价值取决于已经连接到该网络的其他人的数量。正是基于此种原因，用户将倾向于选择那些网络规模较大的网络企业。因为网络外部性决定了使用网络中某一产品或服务的用户人数越多，用户从中得到的价值就越高。从战略管理的角度来看，企业的瓶颈因素是企业的客户或受众的需求，所以，许多互联网企业，尤其是一些门户网站便会通过并购的方式来扩大规模。此外，网络经济条件下，用户需求的个性化、即时性、多样性也是互联网企业并购的动因所在。

（4）规模报酬递增效应。在网络经济条件下，供给增加，价格下降，相应地需求量大幅度增加，并且需求量增加所带来的收益远远超过价格下降所导致的损失，从而引起收益大幅增加。网络经济的报酬递增规律产生的关键在于需求量的大幅度增加：一方面，来自于供给成本大幅度降低，导致价格急剧下降，引起需求量明显增加；另一方面，网络经济的联结性突破了时空限制，使需求量大幅度增加。网络经济的规模报酬递增呈指数增长。在网络经济中，对信息和网络建设的持续投资，不仅可以获得一般的投资报酬，还可以获得信息累积的增值报酬。同时，信息的使用会带来不断增加的报酬，这就是说，在信息成本几乎没有增加的情况下，信息的重复使用，信息使用规模的不断扩大，信息用户的不断增加，可以使价值不断增值，收益不断增加，这种传递效应使得网络经济呈现边际收益递增的趋势。正是这一规律，互联网企业为谋求更多的收益，通过并购进行规模上的扩张（阮飞等，2011）。

综上所述，近年来中国互联网行业并购的热潮并非空穴来风，而是有其深层次的推动力。随着互联网行业的不断发展，其并购所带来的效应也越来越明显。互联网企业的并购不仅带动了传统产业的发展，而且也改善了我国的产业结构和规模，对我国经济的发展具有深远影响。

## 二 中国互联网企业并购整合的现状

### （一）总体情况

中国并购市场2014年继续2013年的火热状态，在改革红利不断释放的大环境中和促进兼并重组政策的刺激作用下，并购活跃度与交易规模继2013年之后再创新高，堪称"中国并购市场的狂欢"。清科数据显示，中国并购市场2014年共完成交易1929起，同比增长超过五成；涉及的并购金额合计1184.90亿美元，同比上升近三成（如图1-3-2所示）。

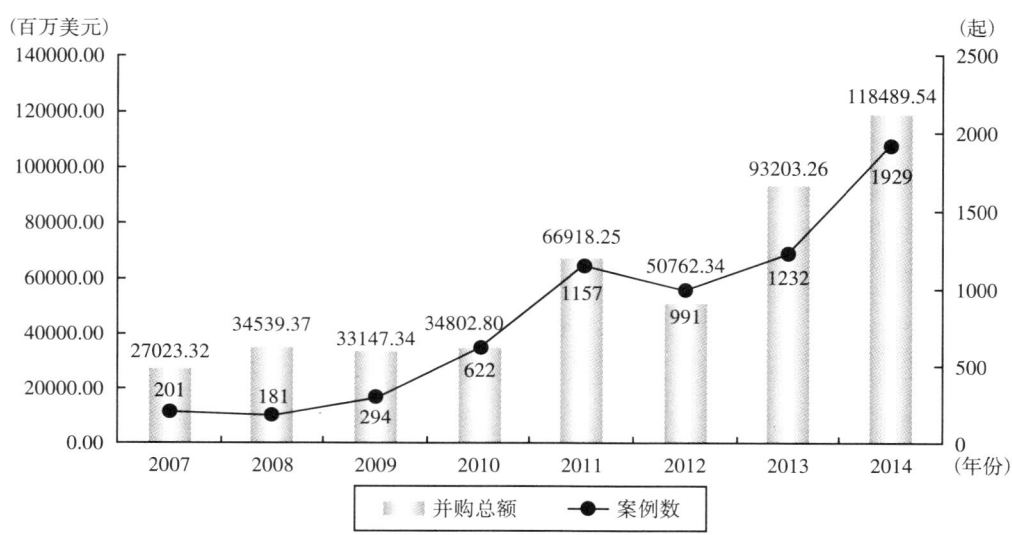

图1-3-2　2007~2014年中国并购市场发展趋势

资料来源：私募通。

相比传统行业，互联网等新兴行业的并购活动表现抢眼，案例数和并购金额较过去几年均有大幅提高。新兴产业成为众多企业，特别是上市公司并购布局的热点，这样一来既可以涉足新兴领域，符合经济转型的方向，还可以通过优良资产的注入来提高公司的市值。从具体表现看，清科数据显示，2013年中国互联网行业共发生并购交易84件，而2014年猛增到141件，同比增长67.86%。交易金额方面，2013年为37.03亿美元，2014年攀升至89.74亿美元，同比增长142.34%（如图1-3-3、表1-3-2所示）。

近年来，中国互联网整体保持稳步增长的良好态势，网民规模的增长使互联网逐步渗透生活的方方面面，有力地助推了互联网影响力的扩大。随着互联网企业在开放平台上的开发提速，行业内上市公司也掀起一股并购重组热潮。移动互联网、游戏、电子商务等领域明显成为行业巨头战略转型的重点标的，该领域的飞速发展，推动了整个互联网并购市场的热情。而在2014年互联网行业并购宣布案例中，网络游戏并购成为热点，全年网络游戏宣布并购案例76例，并购宣布金额71.6亿美元，占全年互联网并购宣布金额的

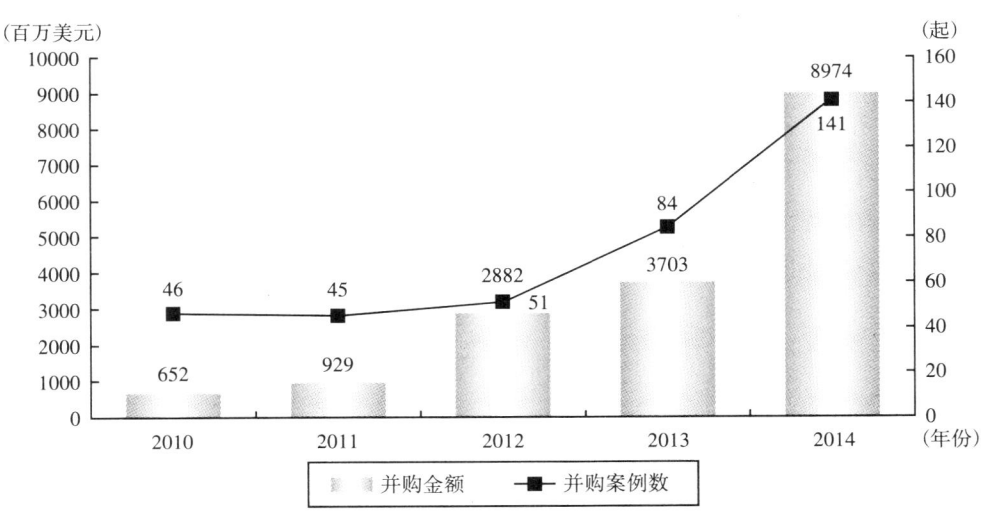

图 1-3-3  2010~2014 年中国互联网行业并购情况

资料来源：私募通。

表 1-3-2  2010~2014 年中国互联网行业并购情况

| 年份 | 总并购案例数（起） | 占比（%） | 并购金额（百万美元） | 占比（%） | 平均并购金额（百万美元） |
|---|---|---|---|---|---|
| 2010 | 46 | 12.57 | 652 | 3.80 | 29.64 |
| 2011 | 45 | 12.02 | 929 | 5.42 | 42.23 |
| 2012 | 51 | 13.93 | 2882 | 16.81 | 102.93 |
| 2013 | 84 | 22.95 | 3703 | 21.60 | 77.15 |
| 2014 | 141 | 38.52 | 8974 | 52.36 | 63.65 |
| 合计 | 367 | 100.0 | 17140 | 100.00 | 65.67 |

资料来源：私募通。

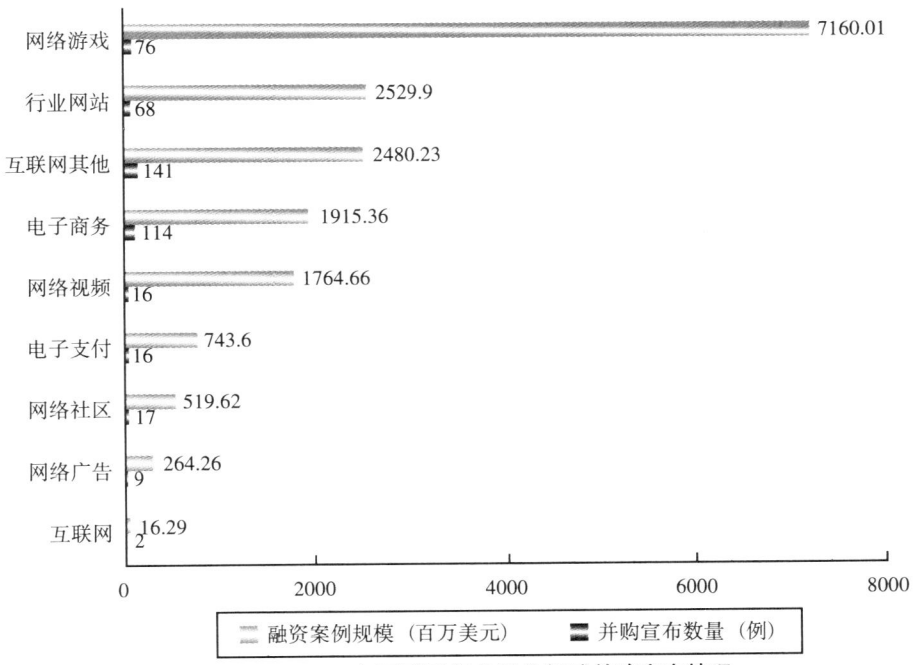

图 1-3-4  2014 年互联网行业细分领域并购宣布情况

资料来源：China Venture。

41.16%（如图1-3-4所示）。其中，盛大游戏收到其控股股东牵头的财团的19亿美元的私有化要约，为2014年互联网并购宣布案例金额最高的一例。

在并购宣布金额前40例，网络游戏并购独占17例。经济增速放缓，传统行业遭遇盈利下滑，不少上市公司面临主营业务亏损，迫切需要转型寻求新的利润增长点。而与此相对，移动端网络游戏却异常火爆，这为不少上市公司通过并购网络游戏公司从而改善公司经营状况提供了机会。在这17例网络游戏并购中，14例为上市公司并购网游公司。

2014年移动互联网并购热潮渐退，第三、第四季度并购市场宣布交易规模仅有2亿美元及4.5亿美元，而上半年并购市场宣布交易规模则达到15亿美元。经过第二季度并购市场宣布交易高峰，第三季度宣布并购交易数量趋于平稳，而宣布并购金额回落，同比2013年同期有极大跌幅，根据CVSource投中数据终端显示，2014年第三季度移动互联网并购市场宣布交易25起，与第二季度基本持平，披露交易规模2亿美元，环比下降超过80%（如图1-3-5所示）。

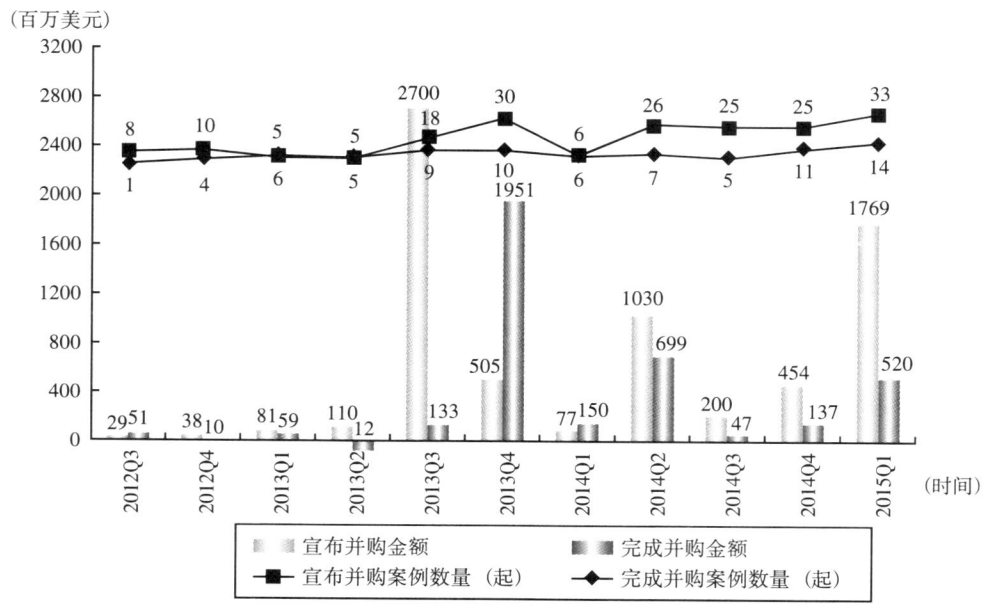

图1-3-5　2012Q3~2015Q1中国移动互联网行业并购宣布及完成趋势图

资料来源：China Venture。

2014年下半年移动互联网并购市场处于回落状态，相较上半年手机游戏的行业并购呈现井喷状态有所放缓，究其原因，一方面，手机游戏行业并购趋于理性，大规模收购行为逐渐消退；另一方面，市场上优秀的手机游戏团队已经难以寻找。

随着首批4G牌照发放，移动互联网的应用和服务将发生更为深刻的变化。手机网游、手机视频、网络音乐等领域将放开网络速度限制，用户和流量将有显著增长。包括个人云服务、LBS服务、移动电子商务在内的各类服务也将更为普及。总体来看，移动互联网产业发展还处于起步阶段，各细分领域在商业模式、产品形态上仍存在广阔的发掘空间。对于未来投资趋势，我们应该看到移动互联网的价值并不限于自身，除了手机游戏自身变现和广告等传统盈利模式，移动电子商务，在线旅游，移动游戏、支付、广告、金融等新兴领域的价值开始显现。在如此大的市场前景下，资本市场早已从年前的"等风来"转为四下出击，源源不断的资金注入也为开发者带来了充足的后劲。

## （二）2014年主要互联网公司并购情况

互联网企业中，百度、腾讯、阿里巴巴等巨头也不甘示弱，率先举起并购整合的大旗。其中，阿里巴巴、腾讯在2014年的投资并购中十分活跃，而百度却相对沉寂。在阿里、腾讯主导投资并购之余，由雷军掌舵的小米成为投资领域新的黑马，紧紧围绕小米产业链进行一系列布局，试图打造完整的智能家居闭环（如表1-3-3所示）。

表1-3-3  2014年主要互联网企业并购情况

| 公司 | 事件 |
|---|---|
| 腾讯<br>（重点布局O2O） | 2月19日，腾讯与大众点评宣布达成战略合作，腾讯将投资、入股大众点评，占股20%，大众点评将保持独立运营。同时，大众点评入口已经出现在腾讯微信平台上 |
| | 3月10日，腾讯与京东建立战略合作伙伴关系，京东将收购腾讯B2C平台QQ网购和C2C平台拍拍网的100%权益、物流人员和资产，而腾讯将以2.14亿美元入股京东，占京东上市前在外流通普通股的15%，并可在后者上市时追加认购5%的股权，腾讯总裁刘炽平将进入京东董事会 |
| | 6月28日，58同城联合腾讯控股公司发布公告，腾讯将以7.36亿美元投资58同城。交易完成后，腾讯将拥有58同城全面摊薄后19.9%的股份和15.2%的投票权，成为58同城第一大机构股东。其后，腾讯又再度增持58同城两次 |
| 阿里巴巴<br>（跨界为主） | 3月30日，阿里巴巴集团与银泰商业集团共同宣布，阿里集团将以53.7亿港元对银泰商业进行战略投资。双方将打通线上线下的未来商业基础设施体系，并将组建合资公司 |
| | 4月28日，优酷土豆与阿里集团宣布建立战略投资与合作伙伴关系，阿里巴巴和云锋基金以12.2亿美元购得优酷土豆A股普通股721120860股，阿里巴巴持股比例为16.5%，云锋基金持股比例为2%。阿里集团委派其CEO陆兆禧加入优酷土豆董事会 |
| | 6月5日，阿里巴巴集团宣布与恒大足球达成战略合作协议，将与其在恒大足球俱乐部层面展开合作。阿里巴巴将向恒大方面支付12亿元，以此购买恒大足球俱乐部50%的股权。阿里巴巴集团董事局主席马云表示，希望通过与恒大的平等合作，共同促进中国足球的发展 |
| | 6月11日，阿里巴巴集团与UC优视联合宣布，UC优视全资融入阿里巴巴集团，并组建阿里UC移动事业群。UC优视董事长兼CEO俞永福将担任UC移动事业群总裁，并进入阿里集团战略决策委员会 |
| 小米<br>（补足内容和产能短板） | 11月12日，优酷土豆集团在上海宣布与小米公司达成资本和业务方面战略合作，双方将在互联网视频领域开展内容和技术的深度合作，共同研发视频移动端播放等技术，小米公司将向优酷土豆投资并与其在自制内容及联合制作、出品和发行方面紧密合作 |
| | 11月19日，小米和顺为资本联合宣布，小米和顺为资本以18亿人民币（3亿美元）入股爱奇艺，百度也同时追加了对爱奇艺的投资。此轮投资完成后，爱奇艺将与战略股东百度和小米在内容、技术产品创新，尤其是移动互联网领域展开深度合作。这次投资是小米自创办以来最大单笔投资 |
| | 12月14日，小米公司与美的集团同时发布公告，宣布小米科技将与美的集团达成战略合作，小米科技斥资12.66亿元入股美的集团，美的集团将以每股23.01元价格向小米科技定向增发5500万股，募资不超过12.66亿元。此次交易完成后，小米科技将持有美的集团股份为1.29%，并可提名一名核心高管为美的集团董事 |
| 百度<br>（投资为主） | 1月，百度和人人公司联合宣布签署协议，百度收购人人所持的全部糯米网股份，百度成为糯米网的单一全资大股东 |
| | 4月，百度C轮投资在线教育平台沪江网金额1亿美元 |
| | 8月29日，百度、腾讯、万达于深圳宣布，在香港注册成立电子商务公司，一期投资额50亿人民币，其中万达持股70%，腾讯和百度各持股15%，奢侈品电商佳品网原COO董策将出任新万达电商的CEO |
| | 10月9日，百度收购了巴西最大团购网站Peixe UrbanoPeixe的控股权 |
| | 11月，百度B轮投资在线视频网站爱奇艺3亿美元 |

## （三）中国互联网行业并购市场主要特点

**1. 互联网企业并购中100%收购比率大**

创新和变化是互联网行业永恒的主题，不断创新是互联网企业的生存之道。互联网企业通过并购获得核心技术，相对于传统行业，其对于核心技术以及市场的占有率有着更高的需求；同时，由于互联网产品存在同质化现象，互联网企业的竞争很多时候是市场份额的竞争，互联网企业通过并购可以获得足够的市场份额；任何资源都是有限的，这一定律也同样适合于互联网企业，互联网企业通过并购实现对互联网资源的竞争。例如，对于网络视频这一互联网细分市场，视频资源就是互联网企业竞争的要素，百度收购爱奇艺，就是对其视频资源的竞争。

通过以上分析，从技术角度、市场角度、资源角度，互联网企业100%收购更有利于自身企业价值的提升。因此，在互联网企业并购中，使其成为自己企业的全资子公司比率较高。2013年发生的317起互联网并购交易中，收购股权比例为100%的交易达到87起，占比27.4%。

### 2. 互联网企业并购呈现业务领域多元化

互联网企业并购呈现并购多元化现象，经营在线游戏的企业可以去并购网上音乐、在线广告等业务，互联网企业并购后可以实现用户的共享，从而提高自身的点击量和浏览量。多元化具有分散风险、获得高利润机会、企业在无法增长的情况下找到新的增长点等优势。但在大多数互联网企业多元化并购中，是在原有的技术、用户基础上，拓展新的领域，合理运用企业在某个市场中的规模、形象和声誉是至关重要的。

### 3. 产业链上下游整合介入传统行业

互联网企业产品服务本身的组成离不开传统行业的支持，很多互联网企业是与传统行业的业务相融合，通过线上操作和宣传为线下提供方便和优惠。现在的传统行业相当于互联网企业的上下游企业，互联网企业通过这种纵向并购控制了企业的成本，稳定了下游业务质量，为其稳定快速的扩张业务提供保障。

在2013年表现突出的文化传播领域，产业链上下游整合已渐成互联网并购市场热点。在经济转型的背景下，互联网与文化产业已进入繁荣周期，互联网与文化产业领域的上市公司频频寻求跨界并购，其收购行为较少为横向的同行收购，而更多是上下游的纵向收购，收购对象也大都分布在互联网、网游及其他文化产业链。例如华谊兄弟参股耀莱影城，并与百事通合作开设华谊专区、参股设立爆谷台；乐视收购花儿影视，实现渠道向内容延伸；爱奇艺投资设立影视公司；阿里巴巴入股新浪微博、高德地图，提示了资本正寻求通过跨界打通产业链，从而在相关行业建立更大的市场话语权等。

### 4. 传统媒体积极向新媒体转型

互联网技术带来了第三次产业革命，对所有的产业、企业、机构和个人都产生了革命性的影响，在此背景下，行业之间的界限被打破，传媒业与通信业、IT业等行业快速整合，为传统媒体的战略转型提供了新的机会和市场空间。在以往的媒体信息传播渠道上，传统媒体拥有用户知名度、品牌号召力、深度内容及媒体行业专业从业经验，这样的优势使得传统媒体在面对公众的信息传播基础层面，具备深厚的行业优势，使得传统媒体在数以百年的发展历程中，一直处于绝对的领先地位。但在中国信息化社会迅速推进的背景下，这样的优势却已经不再占据任何优势。十八届三中全会提出在"积极鼓励传统媒体与新媒体融合"与"推动文化企业跨地区、跨行业、跨所有制兼并重组"两大政策方向的基础上，2012年以来部分传统媒体已经开始拥抱新媒体，一些国有传统媒体在资本层面上组成媒体集团，出手收购网络游戏公司。例如凤凰传媒分别出资人民币3.10亿元和2.77亿元收购慕和网络64%股权和都玩网络55%股权、粤传媒斥资4.50亿元人民币收购香榭丽传媒100%股权、博瑞传播斥资10.4亿元人民币购买漫游谷70%股权以及浙报传媒斥资35亿元人民币收购边锋、浩方游戏100%股权等。

### 5. 中国互联网企业海外并购成亮点

2013年，中国互联网行业成为中国并购市场的最大看点。随着新兴产业的崛起，行业巨头纷纷抢占最佳市场，战火也从国内蔓延到了全球市场。数据统计，截至2013年12月31日，中国互联网并购市场共发生14起大型海外案例，涉及金额近23亿美元。并购方的大买家主要为当前中国互联网企业的三大巨头——百度、阿里巴巴、腾讯。其中腾讯的并购最为活跃，共发生案例7起；阿里巴巴次之，2013年共发生3起海外并购；百度当年仅并购1起海外企业；奇虎360和探路者分别发生并购2起和1起。它们的投资目的地遍布亚洲、欧洲、北美和南美，其中，美国是最主要的投资目的地，共有10家标的公司位于美国（如表1-3-4所示）。

表1-3-4 2013年中国互联网行业海外并购情况

| 日期 | 并购方企业 | 被并购方企业 | 被并购方地区 | 金额（百万美元） | 行业 |
| --- | --- | --- | --- | --- | --- |
| 2013-02 | 百度 | Trust Go | 美国 | 30.00 | 移动安全 |
| 2013-06 | 阿里巴巴 | Fanatics | 美国 | 170.00 | 体育用品垂直电商 |
| 2013-06 | 腾讯 | Fab | 美国 | 150.00 | 闪购网站 |
| 2013-07 | 腾讯 | 动视暴雪 | 美国 | 1400.00 | 游戏开发商 |
| 2013-08 | 阿里巴巴 | Shop Runner | 美国 | 75.00 | 网购配送 |
| 2013-08 | 腾讯 | Redbus | 印度 | 135.00 | 在线车票公司 |
| 2013-08 | 探路者 | Asiatravel | 新加坡 | 6.39 | 在线旅游 |
| 2013-08 | 腾讯 | Kamcord | 美国 | 1.00 | 移动游戏录制公司 |
| 2013-10 | 阿里巴巴 | Quixey | 美国 | 50.00 | 移动应用内搜索 |
| 2013-10 | 腾讯 | Snapchat | 美国 | 200.00 | 社交图片分享 |
| 2013-12 | 腾讯 | Quizup | 美国 | 22.00 | 移动游戏开发 |
| 2013-12 | 奇虎360 | Klab | 日本 | 5.70 | 手机游戏 |
| 2013-12 | 奇虎360 | Psafe | 巴西 | 25.00 | 手机杀毒软件 |
| 2013-12 | 腾讯 | Cyanogen Mod | 美国 | 23.00 | 安卓第三方ROM开发 |

资料来源：私募通。

从以上海外并购案例分析，中国互联网已经开始向全球化布局。移动互联网依然是本轮海外并购的重头戏，其中9起移动互联网领域的并购涉及手机游戏、移动安全、搜索和社交等方面；电子商务领域的海外并购主要聚焦于专业垂直领域和在线电商两大板块，其中体育与旅游，是中国企业十分关注的专业电商垂直领域。

中国互联网企业迈向国际化征程，采用并购手段，资本先行是中国企业走向国际化的主要手段。扩展海外市场，占据新的用户群体，开发新技术，将是未来互联网企业规模扩张路途中必不可少的战略举措。

## 三、中国互联网企业并购整合的问题分析

并购的整个过程中充满了风险，风险一旦失去控制就会导致失败。许多企业实施并购的时候非常重视并购前的分析、财务设计以及与对方的讨价还价，因此这一阶段的风险就相对比较低，而并购后的整合就构成了并购整个过程的最大风险（刘翠红、王初建，2003）。

整合的复杂性表现在即使拥有周密的整合计划也并不意味着能够实现成功的并购，虽然没有制定整合计划的失败可能性更大。并购前的计划在通常情况下，既无法解决信息不完全问题，也很难预见并购后管理本身对结果的影响，因此一成不变地执行并购前所设定的计划是一种危险的整合思路。并购整合往往是一个随机的过程（Haspeslage 和 Farquhar，1994），整合的重点是过程和组织的问题，而不是战略计划（Jemison 和 Sitkin，1986）。

## （一）并购整合的过程

Haspeslagh 和 Jemison（1991）在他们的研究中提出，并购后的整合管理可以分为两个阶段：第一阶段，主要通过强调并购企业的双方互动问题，来为下一阶段实质性的整合奠定基础；第二阶段，管理者需要进行并购企业双方的实际互动来达到预期目标。在实际操作中，第一阶段和第二阶段的区别不是很明确，而且第一阶段的时间跨度也因为实际案例的不同发生变化。

20世纪80年代中后期，西方一些大型优秀企业经过多年的实践，逐渐意识到整合与并购不是两个分立的过程，而是一个有机的整体，并提出整个并购整合包括了四个阶段。通用电气公司的"探路者模型"提供了宝贵的参考价值（黄玮，1999）。模型如表1-3-5所示。

表1-3-5 企业并购整合过程

| 阶段 | 项目 | 主要内容 |
| --- | --- | --- |
| 并购前期 | 审查评估<br>协商与谈判<br>签订协议 | 文化评估；确定业务与文化障碍；初定整合经理；考虑沟通战略 |
| 建立整合基础 | 提出意向<br>整合计划<br>制定战略 | 正式指派整合经理；共同制订整合计划；制订沟通计划；保证整合资金到位 |
| 快速整合 | 执行计划<br>评估与调整 | 加速整合进程；对整合计划反馈并调整；管理层变动 |
| 同化 | 长期计划调整<br>成功的资本化 | 推广日常用语、行为、方式；长期管理调整；整合审计 |

P. 普里切特，D. 鲁宾逊（1997）则将整合过程分为五个阶段：①设计阶段。成立整合项目管理组织，制定整个整合项目的日程表和任务分工。②评估阶段。由并购管理小组总负责，制定衡量整合工作业绩的标准，对公司当前的经营状况进行诊断和分析，重新审查交易的财务条件和风险评估，并根据整合计划的要求提出改革建议。③展开阶段。各个特别工作小组根据分工，执行具体任务（解决财务、人力、信息技术等资源方面问题；解决某些经营中的作业问题）。④管理阶段。并购管理小组同各工作小组一起监控整合工作的日程和计划执行情况，并将进展情况报告指导委员会，在必要时可以调整资源配置。⑤收尾阶段。整合项目管理组织向适当的业务部门交接工作。

本文根据前人研究以及互联网企业的特点，将互联网企业并购整合分为三个阶段——并购前战略选择阶段、并购中的评估实施以及并购后的整合阶段，并根据这三个阶段分析中国互联网企业并购整合的问题。

## （二）互联网企业并购整合的问题分析

互联网并购潮的出现，使得企业的经营边界不断扩大，业务范围异常丰富。同时也提高了企业在市场上的核心竞争力，推进了社会资源的优化配置。但是互联网并购本身就具有高风险性，其并购金额高，并购数量多，行业内竞争激烈，对企业的发展构成了一定的威胁。根据近年来的统计分析数据，互联网并购的失败率达到了60%以上。究其原因，许多互联网企业未能充分认识并购整合带来的问题、未能有效进行及时合理的风险防控以及整合工作，而这些都是互联网并购易失败的首要原因。本文依据互联网并购过程的三个阶段，针对每个过程的主要问题进行分析（如表1-3-6所示）。

表 1-3-6  互联网企业并购整合过程中的主要问题

| 阶段 | 经济因素 | 非经济因素 |
|---|---|---|
| 战略选择 | 战略定位失误<br>信息不对称 | 政治<br>社会<br>军事 |
| 评估实施 | 法律法规问题<br>财务估值问题<br>支付问题<br>融资问题 | 政治<br>法律<br>舆论 |
| 并购整合 | 经营及品牌战略整合<br>文化整合<br>人力资源整合 | 政策<br>法律<br>社会<br>宗教 |

1. 互联网企业并购前的战略选择问题

（1）战略定位失误。互联网企业若在做出并购决策之前没有规划好未来的发展战略，会致使盲目并购，只是单纯地追求规模的扩大和经营的多元化，从而导致财务危机，继而阻碍了企业的可持续发展，导致并购失败。每个企业都有自己独特的前景和目标，企业的战略目标决定了不同的经营策略和模式。中国互联网企业的并购一般是由企业发展战略决定的。为了契合企业的战略发展，企业应选择适应其战略部署的公司进行并购等活动。如果对企业的长远战略部署不到位，只是盲目追求扩大规模或过分追求多元化，会导致企业承担较多的债务，或者收入受到影响，最终影响企业的利润，使企业失去竞争优势，导致并购失败。

（2）信息不对称。由于市场信息的不对称，并购方不能完全了解被并购方的财务状况、经营结构、客户信息等方面的信息，这样就产生了信息不对称的问题。被并购方为了自身的利益，可能会隐瞒不利信息，甚至对并购方提供虚假的信息，杜撰有利信息，从而导致并购方做出错误的决策，或者付出过多的成本，导致并购后未能达到预期并购的效果，最终致使并购失败。互联网企业本身就具有高成长性和高风险性，如不能真实全面了解被并购企业的情况，则未来可能会出现重大的财务困难，严重时会导致企业破产。

2. 互联网企业并购中的评估实施问题

（1）法律法规问题。法律法规问题是指由于并购方对相关法律法规重视程度不够，因操作不当，违反了企业并购涉及的相关法律，导致诉讼发生，进而造成并购失败。并购活动涉及的相关法律主要包括：《公司法》、《证券法》、《劳动法》、《会计法》、《税法》、《反不正当竞争法》以及相关的知识产权、会计准则、准入机制、社会保障相关方面的制度。目前对互联网企业并购的相关法律法规不完善，但国外对于互联网企业并购的法律法规已相对完善，当企业进行跨境并购时会遇到法律环境的变化，这时若操作不当触犯了国外相关法律法规，则会对并购进程产生阻碍，甚至会使并购失败。同时，由于互联网企业产权模糊，并购这样的互联网企业，容易引起债权债务方面的法律纠纷，对于并购目标的实现是很大的障碍。此外，互联网企业常会遇到各种诉讼，最常见的诉讼来自产品版权，会使并购方承担没有想到的法律责任风险，从而影响并购后企业的发展。

（2）财务问题。财务风险主要包括估值风险、支付风险以及融资风险。

1）财务估值问题。财务估值是并购企业遇到的主要问题。并购方在对目标方进行价值评估的过程中，选择评估方法不同、战略上存在的差异以及信息不对称等制约因素，会使得目标方的价值评估出现一定差异，这种差异过大则会导致并购方在财务上的损失。对并购企业进行合理的定价，最终确定一个双方都认可的价格是企业并购成败的关键。互联网企业与传统企业在价值估算上的区别就是企业的真实价值难以判断。传统企业可以通过一些评估方法估算出企业的价值，而对于互联网企业来说，则难以估算出企业的真实价值。首先，互联网行业中的社区类、博客类网站，这些公司的技术是互联网的未来发展的潜在价值。互联网行业内目标企业经常是潜在价值大，但面临业务瓶颈或资金紧张的问题。其次，大多互联网企业都在国外上市，国外的财务信息披露制度和会计处理方法不一样，可靠性和相关性不能保证，这都会导致评估不准，产生估价风险。

2）支付问题。支付问题是指并购过程中因没有选择恰当的支付方式进而影响了企业财务状况。主要的支付方式包括：现金支付、股票支付以及现金和股票混合支付。现金支付是指使用现金支付合并对价。选择现金支付会使企业面临现金流动性的问题。流动资金作为企业资产中变现能力最强的资产，在日常经营中是不可或缺的一部分，采用现金支付并购对价，会占用大量的流动资金，降低企业对外部环境的应变能力，甚至影响正常的生产经营，产生风险。股票支付是指企业利用自身股票或者其他企业的股票向被并购的企业支付并购对价。使用自身股票支付并购对价会造成并购方股权的稀释，股东利益的受损，企业管理的不集中。而使用第三方企业股票支付，就必须先持有第三方的股票，如自身未持有这些股票，就必须从现有的股票市场买入第三方的股票，这样同样会造成企业资金流动性的风险。现金和股票混合支付是指一部分使用现金支付，一部分使用股票支付。如果现金和股票支付的比例不能合理确定，会使企业面临上述两种风险。

3）融资问题。融资问题是指企业不能够按时、足额地筹集到所需的并购资金，造成并购活动不能顺利进行的风险。企业筹集资金的方式主要包括利用留存收益、贷款、发行债券或者股票等。利用留存收益融资有着无使用成本的好处，但是一般企业可以用来扩大再生产的留存收益金额都比较小，只是每年从税后利润中抽取的10%，并不能完全满足并购活动的资金需求。利用贷款和债券的方式融通资金，使用成本则较高，同时还需要获得发放贷款机构的支持。高额的贷款会带来高额的利息费用，加重企业的财务负担，并且降低企业的偿债能力，为债务危机埋下隐患。发行股票融资则有着发行手续复杂、融资时间长等缺点。发行股票企业需要在发行之前做一系列的准备，并且满足《证券法》规定的发行股票的一系列要求，并通过证监会的批准。发行股票融资有着时间成本较大，不能及时筹集到所需资金的风险。

并购的成功与否，很大一部分取决于是否能及时、足额地筹集到资金。近年来，互联网企业并购所涉及的金额越来越大，使得其所面临的融资风险也就随之加大。互联网企业正处于发展时期，对资金的需求量较大，与传统企业的并购相比，互联网企业可能存在更大的融资风险，比如资金链断裂而引起企业整体的坍塌等。这就需要企业综合考虑自身情况，分析已拥有的融资渠道，尽量以低成本获得所需资金。

3. 互联网企业并购后的整合问题

整合问题是指在并购完成以后，企业由于没有对企业内部的经营管理、资源配置、人事调动、企业文化进行统一的规划、合理的整顿，使企业不能达到预期的规模效应和协同效应，致使企业并购失败。并购整合问题主要包括经营及品牌战略整合、文化整合以及人力资源整合三个方面。

（1）经营及品牌战略整合。由于不同企业有不同的技术、市场和产品，其经营方式和理念也会不同，因此如果并购双方的经营方式和理念不能很好地融合，则会造成企业不能形成规模经济和协同效应，从而导致企业并购失败。互联网企业并购后最重要的是业务整合，业务整合的程度与产生的风险是成正比的。在互联网大型企业并购中，容易出现业务重叠风险，被并购方通常作为下属公司或者独立公司。若两个公司间存在明显的业务重叠，很容易造成内部竞争风险。同时还有被并购方的业务发展前景风险，被并购方的业务前景直接决定着并购后发展的可能性，并购后一般会对被并购企业进行大规模的整合和调整，这时候被并购企业有潜力的新业务存在被忽略的可能，整合程度大的话，目标企业的核心业务也会面临改变的状态，这都会影响企业的发展和并购的效率，使得企业管理、科技人才都存在很大的风险。

并购前后的企业是两个相互独立的品牌，如果不能很好地将两个品牌协同在一起共同创造更大的价值的话，就会变成一个品牌独大，挖空或者汲取另一个品牌的精华，从而压制弱势品牌的发展，使其丧失品牌的协同力，从而给其他竞争对手发展的机会，产生品牌战略整合的风险。例如2005年阿里巴巴集团全资收购雅虎中国，期望双方能在品牌战略的合作中为电商业务引进新的创意和活力。但是雅虎中国被阿里巴巴集团收购后发展却未能达到预期，雅虎的创新性缺乏并且在整合后自身战略方向不清晰，仍使用旧的战略模式，业务丧失了原有的竞争力。其在中国搜索市场领先的地位也不复存在，之后雅虎的搜索团队转至淘宝网做搜索业务，2013年中国雅虎邮箱也停止服务，随后在9月网站正式关闭，至此原有雅虎的成员队伍转到阿里巴巴进行公益活动的策划。阿里巴巴和雅虎作为两个独立的品牌，在并购整合前有着不同的品牌形象。没能准确区分品牌的不同定位造成了雅虎的失败，使收购面临战略整合风险。有些战略合作收购只是理论上有可行性，在现实中却存在着极大的风险。收购战略整合也并不是简单的1+1=2。又如，2011年阿里巴巴集团以大股东身份入股美团网，并购之后虽然阿里巴巴集团所占股份只有10%左右，但已经成为美团的第一大股东，并开始在某些方面限制美团的进一步发展，将美团和聚划算的业务资源融合。阿里巴巴集团想把美团网和丁丁网都变成阿里巴巴旗下公司，但是在整合过程中，遭到了被收购方的抵制，可能在并购谈判时候目标企业想在并购后有更好的品牌生长空间，发展品牌协同力。但是在整体的并购战略整合中，原品牌慢慢被吞并，与并购谈判时所规划的战略发展方向不同，从而引起目标企业原创始管理层的反对。这两家被投资方都在为了追求独立自主发展而想方设法将阿里巴巴集团入股的股份收回来。如果被投资收购的企业想要从集团脱离出来，那么整体的收购战略布局也就失败了。

（2）文化整合。并购双方企业有着各自的企业文化，如果不能很好地融合各自文化，形成新的企业文化，那么就会给企业带来损失。每个企业都有它自身的文化体系，包括企业整体的价值观、管理风格、经营方式等。企业文化整合是互联网企业并购后必定要经历的过程。在互联网企业并购文化整合时，并购方和目标企业的文化差异程度、文化融合程度都会影响并购的进行。而互联网企业比传统企业的环境更具有多变性，文化也有一定的适应阶段，在整合的过程中，会出现文化不兼容的风险。

（3）人力资源整合。企业文化的存在，使得员工对自己的企业有很强的忠诚感和依赖感。互联网行业员工的流动性比较大，对培养和建设稳定的人才队伍带来严峻的挑战。而且互联网行业是个创新速度快的行业，企业也在不断与时俱进地发展。并购双方在经营理念、激励机制、管理模式、绩效考评、薪酬发放以及与员工的沟通等方面都会存在很多差异。并购双方一旦在文化上发生冲突，就会导致整个集团人力资源系统的瘫痪和失灵，最终导致整个集团人力调动效率的下降，使得整个并购活动面临更大的风险。

首先，互联网并购中人力整合问题主要表现在知识和技术资源的流动上，尤其是行业内的关键员工，由于并购后对人员重组的不适，引发员工离职，并带走核心技术的风险，就可能给企业带来损失。而大量人员的离开就会动摇老员工对企业未来发展的信心，使员工丧失归属感。其次，在并购整合中由于彼此缺乏了解，就会出现新老员工的合作困难，老员工将原本自己有的技术、经验隐藏起来，不愿意与新的员工分享，从而降低工作效率，不利于整个团队完成项目工作，从而降低了整个知识团队的凝聚力。最后，还需要一定的时间来验证新进员工的知识和技术能力，这些在一定程度上都会给整个知识团队带来不确定性。

## 四 中国互联网企业并购整合的趋势研究

2013年可谓是互联网行业的"并购元年"。中国互联网巨头并购步伐不断提速，业务向各个领域延伸，互联网领域百度、腾讯、阿里三巨头围绕社交、地图、旅游、移动互联网、金融等领域已经开始了激烈的竞争。而2014年，随着互联网巨头整合产业链、形成生态圈的需要，以完善产业链布局、抢占市场绝对份额为目标的并购将继续主导互联网产业并购市场，行业集中度不断提升。可以预见，互联网并购将在未来相当长的时间内持续引领整个国内并购市场，并且其并购形式将是多元化、多层次的。

### （一）并购机会增多，良好环境助推互联网企业并购

随着改革的逐步深入和资本市场的迅速升温，近期的中国互联网并购市场成为历史上最活跃的一个时期，大型国企、民营企业、PE机构纷纷参与其中。与此同时，中国互联网行业的迅速发展也为境内行业整合、提升行业集中度提供了机遇。而随着互联网企业市场地位的确立以及开放性战略的实施，战略投资已成为行业内不可或缺的投资并购活动，行业内战略投资及并购交易将继续呈现逐年增长的态势。

另外，随着企业创始人对企业掌控心理及IPO观念的转变，未来可能会出现众多对IPO淡化以及企业创始人、股权投资机构将企业整体出售，进一步推动境内及跨境互联网并购的浪潮。

### （二）涉及领域广泛，三巨头掌舵互联网多元并购

2013年4月，阿里巴巴集团以5.86亿美元购入新浪微博公司股票，成为新浪微博第一大单一机构股东。5月，百度以3.7亿美元收购PPS视频业务；高德地图获得阿里巴巴集团2.94亿美元投资，阿里巴巴成为高德公司第一大股东。7月，阿里巴巴宣布战略投资中文旅游资讯和在线增值服务提供商穷游网。8月，百度以18.5亿美元完成收购91无线，该交易成为中国互联网有史以来最大的收购案。同时，百度、阿里巴巴和腾讯纷纷与传统金融机构合作进军金融领域。可见，中国互联网领域三巨头围绕社交、地图、旅游、移动互联网、金融等领域已经开始了激烈的竞争。随着互联网巨头整合产业链、形成生态圈的需要，互联网并购和合作涉及领域将更为广泛，初步预计将会向物流、房产交易等领域发展。

### （三）跨境并购火爆，互联网企业触角伸向海外

近几年，随着中国经济的迅猛增长，中国企业加快了跨境并购的步伐。而互联网行业则成为

2014年当之无愧的黑马，跨境并购案例数从2013年的第13位蹿升至2014年的第6位，主要得益于移动互联网战场上的硝烟弥漫。2014年互联网行业共完成并购案例152起，同比上升184.1%，涉及并购金额约324亿美元，比2013年的约385亿美元降低16%（如图1-3-6所示）。

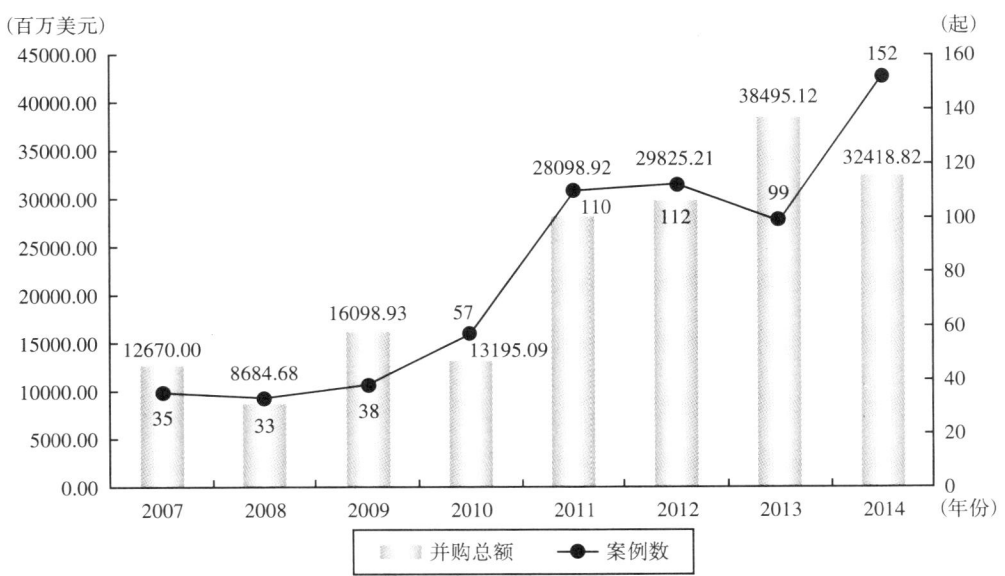

图1-3-6　2007~2014年中国并购市场海外并购趋势

资料来源：私募通。

为了拓展领域、强化竞争，越来越多的中国互联网企业走出国门，参与国际市场竞争，而新领域的进入、市场的开拓，都是以更具效率的并购方式来进行。跨境并购不仅可以使企业发挥自身的优势，弥补短板，还可以花费较少的人力物力和时间获得对方的技术，这样便能够在竞争激烈的互联网行业中占得先机。市场变化的节奏快、周期短、产业成长空间大等特点也决定了互联网产业跨境并购将成为一种趋势，未来两三年这种态势将越来越明显。

### （四）卡位移动入口，互联网行业浮现竞争新格局

近期，互联网行业频现大手笔收购。阿里巴巴以5.86亿美元投资新浪微博，又以2.94亿美元入股高德地图以及百度以3.7亿美元收购PPS视频业务最为引人注目。此前，百度收购了点心，阿里巴巴收购了友盟，三巨头的卡位战已经打响。腾讯的收购围绕各业务线，在无线端的各领域进行投资。而阿里巴巴与百度，尤其是阿里巴巴在移动互联业务的布局更为急切，各种移动互联网入口，社交、应用、门户、工具等，阿里巴巴都有投资，百度也在涉足。

互联网并购交易频繁，一方面体现了巨头们在实力和竞争力方面的博弈，另一方面则是对行业未来发展趋势的战略性布局，抢占移动互联领域的入口。移动互联网发展到了一个关键转折点，传统互联网企业如果没有最大力度布局移动互联网，将会错过发展机会。在4G牌照的支持下，移动互联网市场中的投资并购火热，以移动硬件普及、网络基础设施提升带来的市场容量的扩张将为移动互联网市场的持续增长提供内源动力，而行业参与者的增加也将为市场竞争注入鲜活的力量。

整体来看，互联网创业企业的接盘者主要是互联网巨头。一方面，随着互联网向移动互联网转移，互联网巨头收购意愿增强、力度增大以节省更多的时间成本，卡位移动互联网入口；另一方面，相对于纯财务投资，创业公司可从互联网巨头手中获取资源和平台优势。另外，随着移动互联网及新兴行业热点的深入和冲击，中国互联网企业从以PC为主要终端的传统互联网向移动设备为主体的移动互联网集体突围。以往互联网巨头的领地一直划分得比较清晰，例如，百度是搜索领域的老大、腾讯把控即时通信和娱乐、阿里巴巴主攻电商和支付等。近年来，互联网江湖并购潮风起云涌，互联网巨头们频频通过并购的手段进入自身相对薄弱的领域、扩充它们未来的事业版图。多元化布局已成为行业的一大趋势。随着并购的推进，交叉竞争越发明显，中国互联网行业竞争格局或将发生巨大变化。

### （五）核心技术为王，技术并购主导互联网行业并购趋势

中国的互联网行业虽然发展迅速，但毕竟依靠技术发家，核心技术的积累仍然是竞争力的关键因素。中国互联网行业在发展过程中，技术、人才和规模发展速度相对较慢，这个情况在过去多年没有太大改变，并购显然是一种加速企业发展、整合规模优势的重要方式。技术的发展可谓日新月异，如果不能跟上时代的步伐，互联网企业很有可能因技术落后而快速被淘汰。因此，技术的革新至关重要，在追求低成本高效率的今天，并购无疑是快速拥有最新技术的有效方式之一。鉴于对技术的需求等因素，未来除了在中国国内进行并购之外，还将有更多互联网企业会把并购的触角伸向境外企业。

## 五 借鉴与启示

并购活动作为企业的一项重大投资行为，并购的成败对企业而言意义重大，因此如何制定并购策略，如何选择并购对象，如何实施并购，又该如何把握关键的环节以及怎样成功地完成并购，都是互联网企业值得深思的问题。本文依据互联网企业并购所出现的问题，提出几点建议，以期为我国互联网企业提供些许建议。

### （一）结合自身特点，准确把握产业发展规律，根据行业发展现状明确企业未来战略目标

并购战略的定位与企业成长及产业发展之间存在着内在逻辑关系，其基本规律是：随着产业竞争力、企业规模和实力的提高，企业并购方式的选择依次从横向并购、纵向并购向混合并购演化。但由于互联网本身具有跨地域、信息传递与内容易复制等特性，互联网企业的并购战略应区别于传统行业与规律，尤其是我国互联网企业具有成长时间短，业务相对专一，但网民规模巨大等特点，使得我国互联网企业在并购战略定位上更应考虑自身特点与产业环境。

互联网企业在发起并购时，一定要认清企业自身的现状和企业未来的战略目标，互联网企业在行业的发展中，需要对企业当前所处的状况，所能利用的资源保持清醒的认知，不能因为盲目的扩张进行并购活动。同时互联网企业要结合网

络行业的发展现状。企业并购的动机和策略与企业所在的产业发展阶段之间存在一定的联系，在行业起步的初期，行业中的大部分企业规模较小，在经过一段时间的发展之后，行业中的并购以横向并购较多，企业为了扩大规模，随着行业整体继续发展，行业当中企业的规模和实力不断提高，于是行业中的并购类型开始向纵向并购和混合并购演变。由于互联网行业本身的虚拟性、跨地域以及企业之间易被模仿等特点，互联网企业的并购策略应当与传统行业的并购策略有所不同，特别是我国互联网行业拥有庞大的网民数量，因此互联网企业在做并购决策的时候，一定要认清当前行业的形势，结合互联网企业自身的状况，配合企业未来的战略发展目标，进行并购目标的选择和并购的实施。另外，企业应当站在战略并购的角度，用战略的眼光选择并购目标。目标公司并购之后是否能够很好地进行整合，目标公司的公司文化是否与主并公司相融合，目标公司是否能与主并公司进行优势互补。上述均为我国互联网公司进行战略并购不可忽视的问题。

### （二）注重相关法律法规，积极制定法律风险控制措施，尽力避免法律责任风险

法律法规问题可以说是任何企业并购都会遇到的问题。针对法律问题，可以运用系统分析和动态分析的方法，根据一个具体的并购项目，识别与评价其风险及其性质，还要跟踪和分析法律风险构成影响的所有因素。在互联网企业并购中主要涉及的法律有《公司法》、《证券法》、《劳动法》、《会计法》、《税法》、《反不正当竞争法》以及相关的知识产权、会计准则、准入机制。通过对已有的并购案例的了解不难发现，互联网并购多是在行业中占领先地位的企业发起的并购，尤其要注意《反垄断法》的相关内容。在并购过程中，

应组织专门的部门，对所有这方面的因素进行综合分析，以利于采取针对性强的应对措施，做出应急的方案。

互联网企业本身是多变的，最容易产生版权纠纷。并购前应评价目标企业的产权是否明晰，现代企业制度是否建立，详细审查目标企业的财务报表，对于容易引起债权债务方面的法律纠纷以及目标企业某些资产处理上的法律纠纷的项目应特别注意。法律责任风险很难预料，并购企业应尽可能地进行充分的事先估计。

### （三）充分调查研究，全面合理估计目标企业价值，提高估值的准确性

针对并购中的财务问题，应建立在对目标企业的合理估价的基础上，选择合适的支付方式，并事先制定合理的筹资方案。

首先，应在充分的尽职调查的基础上选择合理的方法对目标企业进行估值。选择专业的评估机构会大大降低企业的估价风险。互联网企业的估价风险在于难以判断其真实的价值，为了更准确地评估其价值，应对目标企业的产业、运营、财务等方面进行全面的分析。产业中包括产业整体状况、国家对该产业的政策、产业的潜在价值的分析。经营上要分析营业额、利润、市场占有率、人员、技术等经营方面。财务上包括资产、负债和税款上的分析。尽可能地缩小评估价格与实际价值的差距。互联网企业的资产主要由技术和专利组成，所以对于评估互联网企业的价值需要用独特的评估方式。可使用期权定价模型对互联网企业的价值进行评估，使评估更合理。当然不同类型的互联网企业要使用不同的方法来评估企业的价值，类似子网站这样的企业，除了通过判断网站的财务状况、管理状况、发展能力等之外，还要考虑客户资源状况，这对于衡量企业价值具有重要意义。这些在评估互联网企业价值时

是必不可少的。然后在企业可以接受的价格范围内与目标企业进行谈判，达成最终交易价格。其次，根据企业的现金流量情况、偿债能力以及现有债务偿还期限、企业的信誉度、贷款额度、企业融资期限等现实情况合理选择支付方式和融资方式。

### （四）有效结合线上线下业务，增加信息和产品的宽度和深度，保留并重视潜力业务发展

首先，要将线上线下业务有效进行结合。互联网企业在发展过程中要将本身业务和上游业务有效地结合在一起，特别是电商的服务提供商和垂直网站。如果客户与上游业务发生不协调的矛盾，会直接影响整体互联网平台的服务形象。在并购整合中，更要注意线上人员与线下人员的互动，增加信息的流通性，减少信息不对称，使双方培养合作的默契和整体工作的责任感。线上业务线下业务的一致性承诺也是避免风险的另一种方式，前后有差异的承诺会很快失去企业在顾客心中的良好形象。

其次，增加信息和产品的宽度和深度，有效整合业务资源。互联网企业通过信息界面、交易平台、搜索界面为用户提供服务，其所提供的产品或内容的宽度决定着用户的可选择性的多少和便利性的大小，其所提供的产品或内容的深度决定着用户所享受到的服务的质量。企业在不断加长业务延长线的同时，还要注意所提供服务的质量。互联网企业并购中可能存在业务重叠的风险，除了在并购前的有效评估外，企业可以增加所提供产品或服务的宽度和深度，以扩大企业业务范围，增加市场细分类别，同时避免重叠风险。

最后，确定业务衡量指标，保留并重视潜力业务。最常见的业务的衡量指标有页面浏览量、点击率、注册用户数量、客户停留时间、客户结构以及网上交易次数等指标。上述指标从某种程度上反映了互联网企业的业务发展状况，并根据增长率来预测未来的业务是否具有可持续盈利性。并购整合后，通过建立这样一种业务衡量指标评估系统来预测业务潜在的发展性，从而发掘潜力业务，减少潜在业务被旧业务压制而得不到发展的风险。由此可见，互联网企业业务资产的整合是并购活动高效运营的重要的一环。

### （五）注重文化融合，有效实施员工换岗制度，大力推行适应性文化建设

互联网企业文化推崇自由和个性发展，注重团队合作。所以互联网企业文化整合的过程中，并购方要极力凸显自身强有力的企业文化，使得文化比较容易渗入被并购企业。另外，要相互了解彼此的文化，让两者的文化相互融合，不是简单地加减双方文化。

#### 1. 文化渗透由易到难，由表及里

文化可以从物质层、制度层、精神层三个层次划分。物质层的文化是可以看到的，制度层的文化是可以观察的，精神层文化是需要长期感受的。在整合中，并购方需要凸显出公司的物质文化和制度文化，让被并购方第一时间感受到文化氛围。阿里巴巴的文化价值观总结为"六脉神剑"，即客户第一、团队合作、拥抱变化、诚信、热情和敬业，强有力的文化比较容易渗入被并购方企业当中。

#### 2. 员工换岗制度

在文化整合过程中，并购双方经常不熟悉彼此的文化，如果实行双方换岗制，使双方分别感受对方的文化，是比较快的文化感受方法。通过换岗，各自的文化优势与弱势都能体现，在整合中也更加有针对性地吸收优势文化，淘汰劣质文

化，达到互补的效果。

3. 建立适应性文化

互联网行业是一个充满变化的行业，企业的组织结构、技术发展、发展模式都需要随着行业的变化而快速调整，而文化的建设对于多变的行业来说就显得困难。适应性文化是一种求变不求稳的文化，在行为模式和价值观上与因循守旧、抵制变化的企业文化大相径庭，它能积极影响行为的目标和价值，鼓励创新和适度冒险，把竞争当作关注的焦点，同时使员工对领导有信心等。这种文化的建设有利于互联网企业在多变的环境中培养稳定的文化，从而在并购后影响被并购方，不断地渗透到被并购方文化中。适应性文化的建设需要并购双方的共同努力，是一个长期的过程。

（分报告执笔人：孟鑫，北京邮电大学；指导人：何瑛，北京邮电大学经管学院）

## 参考文献

[1] Healy P. M., Palepu K. G., Ruback R. S. Does Corporate Performance Improve after Mergers? [J]. Journal of Financial Economics, 1992 (31).

[2] Xi bin. Analysis the Overconfidence in M&A in China's Listed Companies [J]. Journal of Finance and Economics, 2010 (5).

[3] Bille. Are Overconfident CEOs Born or Made? Evidence of Self-Attribution Bias from Frequent Acquirers [J]. Management Science, 2008.

[4] G. Melham, G. Kenney. Safety Guidelines for the M&A Process [J]. Process Safety Progress, 2010 (2).

[5] 阮飞，李明，董纪昌，阮征. 我国互联网企业并购的动因、效应及策略研究 [J]. 经济问题探索，2011.

[6] 王长征. 并购整合：通过能力管理创造价值 [J]. 外国经济与管理，2000 (12).

[7] 王黎明，李晓娟. 企业并购浪潮成因与作用浅析 [J]. 华东经济管理，2002 (15).

[8] 郑琳倩，吴益兵. 我国互联网企业并购潮成因解析 [J]. 财务与会计（理财版），2014 (10).

[9] 潘雅瑾. 我国企业并购动因的理论探讨 [J]. 中国乡镇企业会计，2011 (8).

[10] 赵庞晶. 以电子信息时代为背景互联网公司的并购战略动机分析 [J]. 电子测试，2013 (14).

[11] 李丽君. 对新经济下互联网企业文化的思考 [J]. 商业研究，2002 (10).

[12] 魏亮. 我国互联网公司的并购绩效研究 [J]. 沈阳工业大学，2007.

[13] 刘欣，厉辰昀. 移动互联网产业与并购动因分析 [J]. 现代商业，2012 (35).

[14] 马振民. 方兴未艾的互联网并购浪潮 [J]. 上海信息化，2012 (10).

[15] 王颖卓. 互联网企业并购后的文化整合研究 [J]. 商场现代化，2011 (17).

[16] 马雪婧. 互联网企业并购风险控制研究——基于阿里巴巴集团和腾讯公司的案例分析 [D]. 内蒙古：内蒙古大学，2014.

[17] 周春生. 企业风险与危机管理 [M]. 北京：北京大学出版社，2007.

[18] 杨海华. 我国互联网企业并购后整合的风险与防范研究 [D]. 济南：山东大学，2010.

[19] 王珂，张晓东. 论企业并购后的整合管理 [J]. 现代经济探讨，2000 (8).

[20] 林波，郑琳倩. 互联网企业并购动机及并购匹配度探析——以腾讯并购搜狗为例 [J]. 财务与会计（理财版），2014 (10).

[21] 李晓光，张路坦. 基于百度并购91无线案例的互联网企业并购财务风险研究 [J]. 商业会计，2014 (17).

[22] 王秀丽，刘子健. 互联网企业战略并购与财务协同效应研究——基于百度并购去哪儿网的案例分析 [J]. 北京工商大学学报（社会科学版），2014 (29).

[23] 孙瑞娟，英艳华. 企业并购财务风险的分析与防范 [J]. 管理科学，2010 (1).

[24] 王凯，李婉弟. 企业并购财务风险的防范与控制 [J]. 财会研究，2011 (4).

［25］何礼鹏. 浅析企业并购中的文化整合［J］. 经营者管理，2010（7）.

［26］顾露露，Robert Reed. 中国企业海外并购失败了吗［J］. 经济研究，2011（7）.

［27］齐玉莉. 中国企业跨国并购中存在的问题及对策［J］. 对外经贸，2013（8）.

［28］清科数据. http://zdb.pedaily.cn/.

［29］投资中国. http://www.chinaventure.com.cn/.

［30］中国互联网协会. http://www.isc.org.cn/.

［31］工业和信息化部中心. http://xxzx.miit.gov.cn/.

## 分报告四
## 中国互联网企业资本驱动型成长路径及关键成功因素研究

随着"互联网+"和上市热潮席卷而来,以资本驱动企业发展的时代开启。2013年是中国互联网行业的资本元年,从阿里入股新浪微博,到百度接手PPS,以及到最近的搜狗并购风波,资本俨然成为了中国互联网行业发展的核心驱动要素,并在高速运行着。无论是站在前台的马云、李彦宏、周鸿祎,还是到目前为止仍"待字深闺"的小马哥,这些大佬们无一不是摩拳擦掌、杀气腾腾,中国互联网的这幕并购大戏或许才刚刚开始。无论私有化还是IPO,资本的积极介入,或将成为搅动整个互联网行业进入一场新的并购潮前夜。互联网行业以及其他高新科技行业投入低、回报快,相对传统行业仅仅2~3倍的低回报,此类行业的回报往往高达10倍左右,这使得互联网行业一度成为资本追逐的"热土"。2011年上半年,由于国际游资大量流入以中国为代表的新兴经济体,以及国内全民"PE"的怪象盛行,互联网行业成为风雨飘摇下逆市成长的新热点,滋生泡沫难以避免。各路资本纷纷驻足互联网,产业布局也好,开疆辟土也罢,社科院认为,资本的助推,无疑让互联网产业得到深耕发展,尤其是在互联网金融、互联网医疗、在线教育等细分领域。摆在创业者面前的,除了蓝海一片,更有八方献媚的投资人。互联网行业巨大的财富创造能力和广阔的发展前景吸引了无数创业者和实业家投身其中,但日趋激烈的行业竞争和市场风险也暴露出了行业发展的局限性。一方面,经济全球化的市场环境要求资源禀赋优势不明显的中国互联网企业关注技术和竞争优势所带来的自生能力;另一方面,根据互联网企业发展的不同阶段选择相适应的融资途径,互联网是一个需要大量资本投入的行业,而不同阶段所采用的资本积累方式和途径则深刻影响着互联网企业未来的发展道路。

## 一 互联网企业的定义、类型及特征

### (一)互联网企业的定义及类型

根据我国互联网协会发布并组织实施的《中国互联网行业自律公约》第一章第二条的规定:本公约所称互联网行业是指从事互联网运行服务、应用服务、信息服务、网络产品和网络信息资源的开发、生产以及其他与互联网有关的科研、教育、服务等活动的行业的总称。根据互联网企业所提供的产品或服务的功能不同,我们可以将互联网企业大致分为三类:第一类是信息获取、交换类,如搜索引擎、门户网站、即时通讯、社交网络、电子邮件等;第二类是网络娱乐类,如在线视频、音乐和游戏等;第三类是电子商务平台类,如淘宝网、京东商城、当当网等。

## (二) 互联网企业的特征

**1. 互联网企业大多属于VIE结构**

VIE模式(Variable Interest Entities,直译为"可变利益实体"),即VIE结构,在国内被称为"协议控制",是指境外注册的上市实体与境内的业务运营实体相分离,境外的上市实体通过协议的方式控制境内的业务实体,业务实体就是上市实体的VIEs(可变利益实体)。在我国经营的主要大型互联网企业大多选择国内经营、海外上市、离岸注册,开曼群岛依然是最受欢迎的。开曼群岛是英国在西印度群岛的一块属地,是世界第四大离岸金融中心。其中的优惠条件包括注册免收所得税、海外风投"来去自由",很多互联网企业是由海外留学归国人员创办,或由境外资本主导,虽然业务主要在国内,但出于便于境外上市的目的,他们往往在境外注册,形成红筹架构。像阿里巴巴、京东、当当这样的电子商务网站,以新浪、网易、搜狐为代表的门户网站,以腾讯、人人为代表的社交网站,以携程、前程无忧为代表的服务增值网站都是注册地、上市地大多在海外,但是它们的营运总部、企业实体业务全部在中国大陆(如表1-4-1所示)。

表1-4-1 中国主要互联网企业概况

| 公司 | 上市时间 | 上市地点 | 注册地 | 市值(亿美元) | 是否为VIE架构 |
|---|---|---|---|---|---|
| 百度 | 2005年 | 纳斯达克 | 开曼群岛 | 766 | 是 |
| 腾讯 | 2004年 | 港交所 | 开曼群岛 | 1980 | 是 |
| 阿里巴巴 | 2014年 | 纽交所 | 开曼群岛 | 2071 | 是 |
| 新浪 | 2000年 | 纳斯达克 | 开曼群岛 | 28 | 是 |
| 网易 | 2000年 | 纳斯达克 | 开曼群岛 | 162 | 是 |
| 搜狐 | 2000年 | 纳斯达克 | 美国 | 26 | 是 |
| 京东商城 | 2014年 | 纳斯达克 | 不详 | 467 | 是 |
| 盛大网络 | 2009年 | 纳斯达克 | 开曼群岛 | 18 | 是 |
| 优酷 | 2010年 | 纳斯达克 | 开曼群岛 | 29 | 是 |
| 当当 | 2010年 | 纳斯达克 | 开曼群岛 | 7 | 是 |
| 人人网 | 2011年 | 纳斯达克 | 开曼群岛 | 11 | 是 |
| 奇虎360 | 2011年 | 纽交所 | 开曼群岛 | 75 | 是 |
| 携程 | 2003年 | 纳斯达克 | 开曼群岛 | 89 | 是 |
| 前程无忧 | 2004年 | 纳斯达克 | 开曼群岛 | 21 | 是 |

**2. 互联网企业具有高成长性**

互联网行业大多数细分领域的市场格局尚未定型,技术的更新换代快、客户个性化需求多样、盈利模式复杂多变,行业特征和生存环境日新月异。企业前期大量的资金投入往往因为技术发展或创新上的时滞而失败。此外,由于互联网盈利模式的可复制性较强、固定投入成本门槛较低,很容易受到新的市场进入者的威胁。综合这些原因,互联网企业具有很高的经营风险,成长性也有较大的不确定性。

## 3. 互联网企业资金需求量大

互联网的生存和发展依赖于规模效应，即只有当用户规模达到一定程度之后才能带来显著的经济利益。而用户规模的扩大又必须以大量的资金投入作为保障。互联网企业新产品的开发往往都是非常复杂的系统性工程，而支持这项研发工程同样需要大量的资金。同时，互联网企业在前期市场推广也需要持续不断地投资，如著名的网络企业阿里巴巴公司从1999年创立时起开始"烧钱"直至2003年开始盈利，进行过多轮风险融资，前期投入超过10亿美元。高资金投入给企业的收益带来高风险，一方面，大量的研发资金和人力投入后却未必一定能成功研发出产品，另外受市场的多种不确定因素的制约，即使能研发出产品，这种产品是否能创利还有一定的风险性；另一方面，企业的发展、行业的波动和宏观市场环境的变动，都要求企业能持续增加资金的投入，以保证产品的生命周期结束后有新的替代产品，以有助于企业的转型，如果企业没有足够的资金支持，就会导致企业发展力不足，弱化盈利能力。

## 4. 互联网企业具有"轻资产"特点

互联网行业属于典型的轻资产行业，轻资产企业的盈利模式主要依靠技术研发、客户资源、品牌文化、供应和销售渠道等"轻资产"来获得持续的竞争优势和企业绩效，特别重视非财务资源在企业价值创造中的作用，而尽量降低固定资产、存货等投资（戴天婧等，2012）。互联网企业是以信息技术为基础开展经营活动以创造价值的网络组织，它的核心资产是信息技术（即软件）、技术研发人员、信息和知识，因此互联网主要依靠其技术优势、品牌管理和客户关系来实施轻资产运营。

## 5. 互联网企业产品生命周期短

互联网企业具有高创新特点，因此导致互联网产业产品的生命周期很短。面对市场几乎几个月内就有一次的技术和产品的升级换代，为适应市场变更，互联网产业的创新性和时效性是最基本的生存条件，英特尔的创始人戈登·摩尔曾指出：九个月就可以使电脑的性能翻一番。这足以说明互联网产业科技技术生命周期是多么短暂，产品的更新速度多么快。微软的总裁比尔·盖茨也曾说："微软永远离破产只有18个月"，由此说明，一种互联网产品的创利能力不超过18个月，在这18个月内，从事互联网产业的公司必须投入大量资金，积极研发新的技术和新的产品，如果技术模式不能适应市场的发展速度，带给产品在市场上的优势不明显时，市场就会淘汰这家企业。互联网行业这一典型的特点，给互联网企业带来了很大的技术压力，若研发的力度和速度跟不上，就会出现某一企业还处在开发一项新的服务或产品的研发进行中，市场上却就已经出现类似的产品或服务，或许相比较功能更为强大，这就会导致企业很难再抢占市场份额。由于互联网产品具有生命周期短的特点，导致互联网企业特定业务的盈利持续时间短。

# 二 互联网企业融资方式

企业筹资的目的是为了投资，通过各种资金的最有效组合使企业获取最大的投资收益是企业投资所追求的目标。互联网企业从事正常的经营活动时，各项业务不断更新，为了保证互联网企业持续运行，互联网企业需要不断地将资金投入使用，这是互联网企业生存的基本条件。同样，当互联网企业要扩大业务规模时，也需要进一步地投资才能使互联网企业的资产增加。而当互联网企业生产规模扩大后，为了保证正常的生产，还需要追加营运资金，而这一切只有企业投资才能实现。在新生的互联网企业发展的不同阶段，其融资结构完全不同。对于不同发展阶段企业进行投资的渠道体现了企业不同的融资需求。Berger 和 Udell（1988）提出了融资增长循环理论，融资需求和融资选择随着企业变得更有经验、信息更加透明而变化。刚起步的公司必须依靠内部启动资金、商业信贷和天使基金。伴随着企业发展，风险投资成为代替中期贷款的重要融资方式。在公司成长的后期，当公司更加有秩序、更有经验、信息更加透明，公开募股和长期借款则成为公司融资的重要手段。

互联网企业传统的融资方式包括以下几种（如表 1-4-2 所示）。

**表 1-4-2　互联网企业传统融资方式**

| | | |
|---|---|---|
| 股权融资 | 政策投资 | 政府拨款 |
| | | 资金注入 |
| | | 财政贴息 |
| | 合伙人投资 | 企业或私人投资 |
| | | 朋友亲戚投资 |
| | | 自有资金 |
| 债权融资 | 股票融资 | 主板上市 |
| | | 创业板上市 |
| | | 国外上市 |
| | 银行借贷 | 主板发行债券 |
| | | 商业信用 |
| | | 担保贷款 |
| | | 抵押、质押贷款 |
| | 民间借贷 | |

互联网企业的高风险、高成长性，决定了其还有独特的融资方式：

1. 风险投资

风险投资是由专门的投资机构向具有巨大发展潜力和高风险的中小高科技企业或高成长企业提供权益性资本，并辅之以管理，追求最大限度资本增值利得。风险投资（Venture Capital）的定义，不同的人有不同的看法。从风险投资具有的股权投资行为来看，它主要投资于以高新技术及高新技术产品为基础的技术密集型生产和技术服务的互联网企业，以企业上市融资和出售股权为盈利方式的一种新型投资活动。一般来说，风险投资能够为互联网企业提供强有力的融资支持，是因为其具有与传统投资方式不同的特点（如表 1-4-3 所示）。

**表 1-4-3　风险投资和传统投资的比较**

| 项目 | 风险投资 | 传统投资 |
|---|---|---|
| 融资成本 | 高 | 低 |
| 投资风险 | 风险大，失败率高 | 风险小，失败率高 |
| 投资回报 | 高于社会平均水平 | 与社会平均水平相当 |
| 投资对象 | 高成长科技型小企业 | 传统产业，主要是成熟的大中型企业 |
| 投资周期 | 投资周期长，3~5 年 | 投资周期相对较短 |
| 投资重点 | 关注企业成长性 | 关注企业安全性 |
| 投资管理 | 参与企业经营管理决策，并提供各种增值服务，介入程度较深 | 为企业提供管理咨询服务，一般不参与企业的管理决策 |
| 投资回收 | 采用退出（IPO、并购等）的方式获得回报 | 按合同期限回收本金和利息（以股息和红利等方式收回投资） |

2. 天使投资

天使投资是指那些具有一定资本金的个人或家庭，对于所选择的具有巨大发展潜力的初创企业进行早期的、直接的权益资本投资的一种民间投资方式。它主要是为处于中期或初创期的互联网企业提供资金支持，比较分散，规模相对较小。天使投资与专业性的风险投资一样具有高风险、高收益等特征。但与风险投资也存在着一些区别。天使投资规模比风险投资规模小，而且一般是投资于企业发展初期；另外，天使投资是一种关系相对单纯，管理模式比较简单的资金运作方式，只存在投资者与企业家之间的委托代理关系。

### 3. 产业投资基金

产业投资基金是指一种对为上市企业进行股权投资和提供经营管理服务的利益共享、风险共担的集合投资制度，即通过向多数投资者发行基金份额设立基金公司，由基金公司自任基金管理人或另行委托基金管理人管理基金资产，委托基金托管人托管基金资产，从事风险投资、企业重组投资或基础设施等实业投资。它是国家产业政策的重要工具，具有以下几个方面的特点：第一，投资对象为非上市企业；第二，投资期限通常为3~7年；第三，积极参与被投资企业的经营管理；第四，投资的目的是基于企业的潜在价值，通过投资和参与企业经营管理推动企业的发展，并在合适的时机通过各类退出方式实现资本增值收益。

互联网企业不同的规模决定了其选择的融资方式不同（如表1-4-4、表1-4-5所示），并且在不同的成长阶段可利用的融资渠道差异非常大。在种子期，核心股东所占比例较大，平均达到19.6%；其次是商业银行贷款和天使投资。因此在此阶段，创业者只能靠他的亲朋好友和原始股东的财务进行贷款获得资本。而当公司处于扩张期，商业银行的贷款占了最大的比例，高达30.84%；其次是核心股东和非金融机构的商业信用，比例分别是17.37%和13.4%。当公司发展到成熟期，其产品和占有率得到认可，这时最大的资金供给来自核心股东，其所占比例高达31.94%；其次是商业银行的贷款和非金融商业机构提供的商业信用，分别为17.86%和17.1%。

表1-4-4 互联网企业不同发展规模的融资比例

单位：万美元，%

| 融资来源规模 | | | 雇员少于20人，销售额低于100万美元 | | 雇员大于等于20人，销售额低于100万美元 | |
|---|---|---|---|---|---|---|
| | | | 融资金额 | 比例 | 融资金额 | 比例 |
| 股权融资 | | 核心股东 | 175000.7 | 44.53 | 348000.1 | 27.22 |
| | | 天使资本 | 14000.43 | 3.8 | 47000.49 | 3.75 |
| | | 风险投资 | 7000.22 | 1.9 | 87000.38 | 6.9 |
| | | 其他股权投资 | 43000.05 | 11.33 | 124000.06 | 9.8 |
| 债权融资 | 金融机构融资 | 全部股权投资 | 220000.9 | 56.00 | 609000.6 | 47.67 |
| | | 商业银行 | 58000.7 | 18.2 | 255000.0 | 19.94 |
| | | 金融公司 | 12000.1 | 0.08 | 370000.0 | 5.47 |
| | 其他金融机构 | | 13000.9 | 3.53 | 36000.2 | 2.83 |
| 非金融商业机构融资与政府融资 | | 商业信用 | 46000.6 | 11.81 | 217000.2 | 17.01 |
| | | 其他商业融资 | 4000.2 | 1.06 | 25000.0 | 1.95 |
| | | 政府融资 | 1000.4 | 0.73 | 6000.7 | 0.52 |
| | | 核心股东 | 22000.1 | 5.59 | 46000.5 | 3.63 |

资料来源："Financial Services Used by Small Business: Evidence from the 1998 Survey of Small Business Finances", Federal Reserve Bulletin, 2001.

表1-4-5 互联网企业不同成长阶段的融资结构统计

单位：万美元，%

| 融资来源 | 生命周期 | 0~2年 | | 3~4年 | | 5~24年 | | 25年以上 | |
|---|---|---|---|---|---|---|---|---|---|
| | | 融资金额 | 比例 | 融资金额 | 比例 | 融资金额 | 比例 | 融资金额 | 比例 |
| 股权融资 | 核心股东 | 8000.6 | 19.6 | 25000.1 | 17.37 | 324000.9 | 31.9 | 165001 | 35.4 |
| | 天使资本 | 4000.45 | 10.4 | 9000.5 | 6.8 | 14000.6 | 1.46 | 29001 | 6.38 |
| | 风险资本 | 2000.39 | 5.6 | 7000.5 | 5.4 | 62000 | 6.2 | 24000 | 5.2 |

续表

| 融资来源 | 生命周期 | 0~2年 | | 3~4年 | | 5~24年 | | 25年以上 | |
|---|---|---|---|---|---|---|---|---|---|
| | | 融资金额 | 比例 | 融资金额 | 比例 | 融资金额 | 比例 | 融资金额 | 比例 |
| | 全部股权投资 | 21000.1 | 47.9 | 56000.8 | 39.37 | 488000.2 | 48.0 | 264000 | 56.5 |
| 债券融资 | 商业银行 | 6000.9 | 15.7 | 44000.5 | 30.8 | 181000.6 | 17.9 | 80001 | 17.3 |
| | 金融公司 | 3000.7 | 8.3 | 3000.6 | 2.51 | 59000.5 | 5.85 | 15001 | 3.28 |
| | 其他金融机构 | 1000.7 | 3.84 | 3000.4 | 2.36 | 29000.2 | 2.87 | 15001 | 3.38 |
| | 商业信用 | 500.9 | 13.4 | 19000.4 | 13.4 | 174000.0 | 17.1 | 64001 | 13.9 |
| | 其他商业融资 | 700 | 1.52 | 1000.5 | 1.06 | 24000.3 | 2.39 | 2001 | 0.56 |
| | 政府融资 | 100 | 0.33 | 1000.0 | 0.72 | 4000.4 | 0.44 | 2001 | 0.54 |
| | 核心股东 | 2000.7 | 6.04 | 8000.9 | 6.19 | 39000.7 | 3.91 | 7000 | 3.86 |

资料来源:"Financial Services Used by Small Business: Evidence from the 1998 Survey of Small Business Finances", Federal Reserve Bulletin, 2001.

#### 4. 供应链融资

供应链融资是指商业银行从整个供应链角度出发，基于对供应链交易结构和交易细节的把握对整个产业链中的一个或者多个企业提供全面的金融服务。在供应链融资方式下，商业银行通过将资金、信用、服务注入产业链，从而能够与核心企业以及第三方物流企业紧密合作，实现资金流、信息流和物流的整合。以对目标企业物流和资金流的动态数据关注形式取代了传统授信模式下对财务报表静态信息的过度关注。另外，传统的银行授信是基于单个债务人的信用状况，而基于产业链融资方式，银行更关注的是产业链的信用风险以及单个企业在产业链中的地位、作用，所以突破了单个中小企业在财务方面的限制。供应链融资模式主要包括应收账款融资模式、保兑仓融资模式和融通仓融资模式。应收账款融资模式是指处于供应链上游的中小企业凭借其对下游核心大企业的拥有的债权凭证向银行申请不超过应收账款账龄的短期借款。而该笔借款需要得到下游核心大企业的付款承诺，确保即使在融资企业出现财务问题的情况下，银行能够获得来自下游核心大企业的付款补偿。保兑仓融资模式是在上游核心大企业（供应商）承诺回购的前提下，下游中小企业（融资方）会以供应商在银行指定仓库的既定仓单为质押物，向银行申请信贷额度，并由银行控制下游中小企业提货权的融资服务。融通仓融资模式是由融资的中小企业、商业银行和第三方物流参与的融资模式，是指中小企业将拥有的存货存放在指定的第三方物流仓库，由第三方物流负责验收、评估与监管，银行根据第三方物流出具的评估证明向中小企业发放贷款。待中小企业还款后，存货再归还中小企业。

#### 5. 知识产权担保融资

知识产权担保融资是由日本政策投资银行在从事创业企业创立和培育政策性业务过程中所产生的。对于风险企业来说，尽管它们拥有高度的技术，但是缺乏传统的担保手段。在技术产品开发期间，它们缺乏研究开发和扩大生产规模的资金，特别是不能够获得银行的长期资金的供给。因而，鉴于这种情况必须着手以知识产权作为担保来替代传统类型的担保。知识产权通常包括工业产权和著作权等，而工业产权则可以细分为专利权、实用新型、商标权等。最初提供给高科技创业企业的资金中的长期资金的供给，对于金融机构来说是高风险、高收益的，这一点是十分明显的。在美国，向风险企业提供风险资金供给的是风险资本，它属于个人投资者投资为主，存在着完善的风险资金供给体制。与需要承担企业失败风险的风险资本相比,银行提供长期资金供给的思路是截然不同的。因为风险投资资本的某些投资失败情形中的亏损可以从风险企业投资成功的资本利得中获得弥补。而知识产权担保融资属于债权融资,其本金和利息的亏损不能依靠创业企业的成功案例中的资本利得来进行补偿,必须考虑获得一定利息以上的收益并寻求本金安全回收的保障手段。因此,必须考虑作为担保的权利是否具有担保性。

## 三 中国互联网企业资本驱动型成长路径

2014年阿里巴巴和京东在美国纳斯达克上市之后,引发了轰轰烈烈的中国互联网上市狂潮。2008年经济危机之前,进入互联网企业的资本非常多也非常活跃,然而无论是风险投资还是产业资本,终极目标都惊人的相似——IPO上市。资本,为企业带来的不仅仅是资金,更应该是商业机制上的促进、企业运营上的完善、发展策略上的提高,最终帮助企业迅速成长。在资本的推动下成就了互联网行业的快速崛起,其成长路径主要包括以下五个方面:

### (一)创业伊始阶段:以自有资金与民间借贷为主——开启财富之门

互联网企业在创立之初,往往是创始人经过一段时间的研究和探索,根据自己的经验和技术确立公司定位,开始构建自己公司的产品雏形。此时由于产品并没有成形,企业没有正式投入运营,不会受到风险投资家的青睐。并且成立之初,与外界接触少,信息透明度低,很难向外界筹借资金。但是由于业务发展的需求,公司往往会选择自有资金和民间借贷的方式来融资,即通过创始人的个人积累或向亲戚朋友借钱的方式来支撑公司的发展。由于受到资金的限制,公司会呈现出投资不足。并且,公司风险较高,自由现金流为负,收入为零。

腾讯公司的成立是马化腾在1996年接触到ICQ后引发的灵感。ICQ是一种用互联网及时发送消息进行在线沟通的交流工具,马化腾成为其用户感受到它的魅力之后,也看到了其英文界面和操作不便的局限,便和他的伙伴们开发中文版ICQ,即QQ的前身OICQ。1998年11月11日,马化腾和他大学同班同学张志东正式注册成立"深圳市腾讯计算机系统有限公司",注册资本为50万元,当时公司的主要业务是拓展无线网络寻呼系统。1999年正式推出OICQ第一个版本后,腾讯开始为这个软件倾注越来越多的经历和资源,并且马化腾并没有打算自己经营,但是几经波折却没有卖出去。马化腾看到很多用户喜欢这个工具后,最终决定自己运营,但是当时只是靠一些无线寻呼业务和网页业务维持生存。

### (二)公司萌芽阶段:以风险投资为主——初显业务雏形

公司的产品在初期经历了从技术到样品,从样品到商品的转化过程之后,开始逐渐进入消费者视线。前期研发成本高,加上后期购买固定资产、建立销售渠道及公司运营维护,逐渐增加了企业对资金的需求。企业面临巨大的市场风险和经营风险,但是一旦公司成功运营之后,便可获取高额的利润。因此"高风险、高收益"的投资往往会吸引风险投资家的眼球。风险投资作为一种典型的变动收益类资金供给，风险投资家关注的是投资项目的长期发展，而不是短期盈利性。在互联网企业萌芽时期，由于诸多不确定因素带来较高的风险，极其有限的资产也难以做到抵押融资，这种情况下，以风险投资为主的融资方式成为企业最佳的选择。风险投资的出现，能有效解决互联网企业在这个阶段最为头痛的融资难题。风险投资机构一般都具有丰富的融资经验和较强的管理才能，它可以从资金、融资渠道、决策等方面介入所投资的企业，帮助企业建立一套健全的财务制度和行之有效的科学管理机制，与互联网企业共同承担风险和损失。风险投资机构在企业壮大后，一般会择机退出，退出的过程就是风险投资的收益实现和股权资本的权益变现过程。

腾讯在公司萌芽阶段，依靠风险投资来发展早期的业务。第一，在融资方面，2000年4月，IDG（美国国际数据集团）和我国香港盈科为腾讯注入220万美元风险投资，分别持有腾讯20%的股份，马化腾及团队持有60%的股份。此笔资金为腾讯的迅速崛起奠定了基础。第二，在投资方面，腾讯依靠资金的注入，购置了20万兆的IBM服务器，并开始集中精力改进QQ功能和开发新版本。第三，在业务发展方面，腾讯的业务开始逐步发展起来。主要包括：2000年，腾讯开始探寻网络广告在OICQ中的应用；2000年8月15日，移动QQ服务在广东移动深圳公司试运行；2000年底，腾讯借助移动推出的"移动梦网"迅速开展收费会员业务。

### （三）快速成长阶段：以风险投资为主——实现业务拓展

企业进入快速成长阶段，随着新产品逐渐被市场接受，企业的市场份额越来越大，开始进入正常的发展阶段，这一时期企业的任务主要是怎样实现企业的正常运转和高速增长，企业会发生更多的研发支出，而且这种支出同样是长远意义上的，并不能马上产生收益。企业依然需要大量现金以扩大生产和推动营销，但同时也有了现金流入，并且资信有所提高。这时，企业的资金需求量达到顶点，企业可选择的融资方式多了起来，企业在这个阶段的资本来源于以下几个渠道：①自有资本。企业在前期已经积累了部分资本，伴随着高速成长的过程应该说自有资本会呈现快速累积的状态。高新技术带来的高效益，为互联网企业资金的自我积累创造了条件。企业通过留存收益进行合理的再投入，不断增强企业自我积累资金能力。②借贷资本。随着生产经营规模的扩大，进入到这个阶段的互联网企业已经初具规模，积累了一定的信誉，可供抵押资产也就随之增加，因此为进行债务融资创造了条件，通过银行等金融机构取得债务融资成为可能。从商业银行的角度考虑，虽然互联网企业由于高科技属性，使得本身面临更为严峻的信息不对称问题，但由于企业风险的降低，可以提供担保、抵押品的增加，加上企业盈利前景清晰可见，商业银行出于资金安全性和收益性考虑，也会向互联网企业提供一定数量的资金。③融资租赁。对于研发已经完成，步入成果转化阶段的互联网企业来讲，添置固定资产，扩大生产等需要大量的资金。如果企业本身没有足够能力贷款或是吸引不到投资机构资金注入的话，可以说，融资租赁是一种不错的融资方式。通过集信贷、租赁、贸易为一体，将租赁物件的所有权与使用权相分离，在支付少量租金的情况下，便可以取得设备的使用权。这样，企业可以花费较少的融资成本，筹集到可以长期使用的资金，缓解了企业这一阶段的融资难题。④继续引进风险投资。风险投资基金是互联网企业获取资金来源的重要保障。在企业的成长期，由于其可预见的盈利性增大，投资的风险也相对较小,虽然此阶段所需的资金规模巨大,通常为初创期的10倍左右,但企业明朗、高效益的前景,以及快速增长的市场收益基本上符合风险投资机构对预期回报要求的条件,使得风险投资在这一阶段投入资金的态度最为积极,是处于快速成长期的科技型中小企业最关键的融资渠道。风险投资一般以股权等形式,扶持这些企业快速成长,逐步壮大,在扶持的企业上市后,通过股权转让来收取高额的回报。风险资本此时一般不会急于退出,仍然是资本来源的主要渠道。在市场运营方面,企业的资产规模扩张迅速,内部管理步入正轨,整体运营状况趋于利好,企业开始形成具有本企业特色的核心竞争力。企业产品或服务的技术日趋完善并逐渐被市场认同,产品质量有所改进,市场占有率因此快速上升,销售收入和利润总额增长迅速,企业销售利润率、资产收益率和净资产收益率都处于较高水平,企业的市场份额逐步扩充。在财务运营方面,企业应收账款回收周期缩短,应付账款周转期拉长,流动资金周转率加快,存货周期缩短,企业整体财务状况较为健康。

腾讯在快速成长期仍然依靠风险投资助其实现公司的扩张。第一,在融资方面,腾讯的股东经历了易主的过程。①2011年6月,香港盈科以1260万美元的价格将其腾讯20%股份出售给MIH(南非的米拉德国际控股集团公司)。而之前香港盈科已获得腾讯1000万美元的投资回报(投资110万美元);MIH又从IDG收购了腾讯3%的股份。②2002年6月,MIH从腾讯的主要创始人手中购得13.5%的股份。腾讯的股权结构变为创业者占46.3%、MIH占46.5%、IDG占7.2%,MIH成为最大的股东。第二,在财务业绩方面,腾讯因为涉身无线增值业务在2001年6月开始盈利,并于同年7月实现了正现金流。第三,在业务发展方面,腾讯在2002年3月QQ注册用户数突破1亿大关,依托QQ开始拓展其他业务。主要包括:①2003年8月,腾讯推出"QQ游戏"引领互联网娱乐体验;②2003年9月9日在北京嘉里中心隆重宣布推出企业级实时通信产品"腾讯通"(RTX),标志着腾讯公司进军企业市场,作为中国第一家实时通信服务商。

### (四)华丽蜕变阶段:以股权融资为主——展现IPO魅力

当互联网企业规模扩张到一定程度后,企业的经营已步入正轨,在市场上占据一定的市场份额,并且具有一定的知名度。此时,企业的资金雄厚、技术先进,具有很强的竞争力。这个阶段融资渠道较为广泛,由于其风险小,收入稳定,既可以获得变动收益类资金供给,也可以赢得稳定收益类资金供给以及介于稳定和变动之间的混合收益类资金供给。互联网企业进入这个阶段后,一般会借助资本市场实现企业发展,把上市纳入企业发展战略,通过上市实现企业质的飞跃。然而,互联网企业由于具有规模小、周期短、投入高、风险大等特点,使其与主板市场的理念不相符,难以进入主板市场进行融资和交易。所以,互联网企业可以选择在二板市场上市融资。这个市场上最大的特点是降低了企业上市的门槛。在这个市场上上市的大多数公司都是从事高科技业务,虽然成立的时间短,规模小,业绩一般,但具有较高的成长性。由于国内资本市场发展缓慢,互联网企业更多选择境外上市,国外资本市场的条件宽松,为企业寻求更多的融资提供了便利的条件。此阶段,最为显著的融资特点是企业开始进入资本市场融资,为企业做强做大,实现质的飞跃做好准备。在市场运营方面,企业主营产品或服务的市场认同度较高,企业资产规模趋于稳定,内部管理步入正轨,整体运营状况趋于利好,并形成有本企业特色的核心竞争力。企业技术及产品质量相对稳定,市场占有率、销售收入和利润总额都维持在一定水平,企业所占市场份额也逐步平稳。在财务运营方面,企业应收账款回收周期进一步缩短,应付账款周转期继续拉长,流动资金周转率加快,存货周期缩短,此时企业诸项财务指标都处于较优状态,企业整体财务状况较为健康。

在此阶段,大多数互联网企业选择以 IPO 的方式进行股权融资,继续依靠资本的力量推动企业发展。

第一,在融资方面,2004 年 6 月 16 日,腾讯公司在香港联交所主板上市,股票代号为 00700.HK,全称为腾讯控股有限公司(Tencent Holdings Limited),以每股 3.7 港元发售 4.202 亿股,共募得 1.99 亿美元。当时腾讯是第一家连续 12 个季度盈利的中国互联网公司,此次华丽的亮相使其在股票市场上稳步前行。

第二,在业务发展方面,腾讯建立了五大业务体系:即时通信、无线增值、互联网增值、互联网和网络媒体。以 QQ 为核心,借助 QQ 的庞大用户基础,采取在 QQ 界面上捆绑推送(弹出页面、设置链接入口)新业务的方法,迅速增加各业务的流量(门户、论坛、SOSO 等)和使用量(拍拍、游戏等)。互联网增值业务如 QQ 会员、QQ 秀、QQ 宠物、QQ 空间等均是建立在 QQ 的基础上,以发行虚拟货币 Q 币的方法获取收入。无线增值业务同样是以 QQ 为基础平台,通过与中国移动、联通的合作,在手机卡中内置手机 QQ 等软件,以月费或年费为收入源,从运营商处获得利润分成。网络媒体业务(门户、论坛等)和互联网业务(拍拍、SOSO 等)从 QQ 面板的接入按钮获得主要的用户流量,媒体业务主要与各大影视广播、报纸杂志机构达成战略合作,共享新闻资讯,以广告获取收益;拍拍和 SOSO 推出后几年内都是培育期,无法盈利,其中,拍拍推出的"财付通"是腾讯对构建自主金融体系的一种有益尝试。腾讯根据客户需求不断推出新业务,持续小幅调整公司的价值内容、网络形态、业务定位、组织设计和收入模式等,搭建能承载所有业务的大平台,提高其抗风险能力。

第三,在经营业绩方面,首先,腾讯在香港上市后,其股价一直处于缓慢上升阶段(如图 1-4-1 所示),享受着资本市场带来的盛宴;其次,腾讯 2003~2005 年的营业收入分别为 7.35 亿元、11.44 亿元、14.26 亿元,净利润分别为 3.22 亿元、4.41 亿元、4.85 亿元,均处于不断增长的状态。

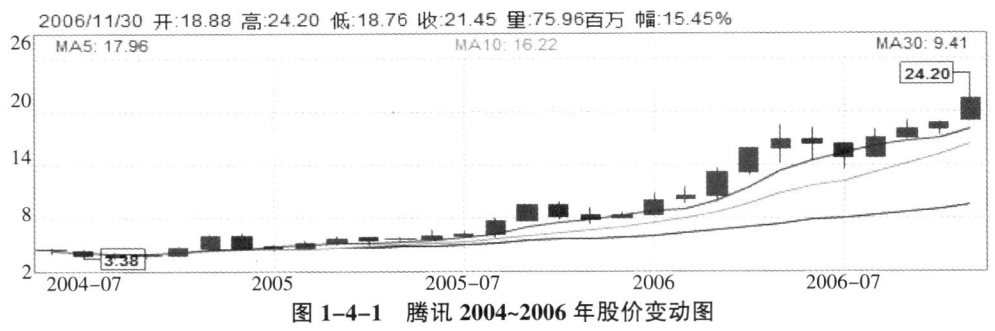

图 1-4-1　腾讯 2004~2006 年股价变动图

### (五)规模扩张阶段:以股权融资和债权融资为主——实施资本运作

互联网企业在资本市场获取大量资本之后,便开始部署多元化业务战略,投资于新产品,进行业务重组和整合,继续发力扩张企业规模,提高核心竞争力。此时企业主要通过三种方式融资:①股权融资。当企业的股票上市流通之后,为企业获取资金提供了便利通道。企业会根据自身情况，发行股票来支撑公司发展。②发行债券融资。互联网企业在这个阶段可以通过发行普通债券和可转换公司债券，获得稳定的资金来源以及介于稳定和变动之间的混合收益类资金。③金融机构贷款。此时的企业已经开始大规模盈利，风险降至整个生命周期中最低。再者，随着企业规模不断扩大、资产结构持续改良、企业信用不断增强、市场地位逐步提高，企业的融资环境大为改善，融资空间大幅度增大。此时的融资主要面向以商业银行为主的金融机构贷款，既可以向金融机构申请信用贷款，降低资金成本，优化资金结构，也可以根据企业的资产质量、规模申请银行抵押贷款，贷款风险下降，这样，以安全第一、规避风险为原则的商业银行也愿意向此时的互联网企业贷款。

进入规模扩张阶段后，腾讯继续借助资本力量，开始多元化战略，并进行资本运作，成为2014年中国市值排名第二的互联网企业。

第一，在融资方面，腾讯除了依靠在资本市场股权融资和向银行借款之外，开始发行债券进行融资。腾讯共进行了三次发债：①2011年12月，腾讯首次发行美元债券，其发行规模为6亿美元；②2012年8月，腾讯第二次发行债券，规模为6亿美元；③2014年4月，腾讯发行了3年及5年期美元债，包括5亿美元、票息2.00%的3年期债，以及20亿美元、票息3.375%的5年期债，发债吸引约132.5亿美元的认购额，即超额认购4.3倍，并创下亚洲科网公司最大美元债发债纪录。企业融资是为了解决目前的资金缺口问题以及后续的发展问题，而腾讯的发行债券融资正是为其多元化业务和资本运作奠定了坚实的基础。

第二，在资本运作方面，据CVSource统计显示，腾讯于2005年左右开始作为战略投资者对与其相关的产业进行投资和收购。2011年1月腾讯成立了腾讯产业共赢基金，起初基金规模50亿元人民币，2011年6月扩充至100亿。腾讯战略投资和腾讯产业共赢基金从2005年至今在海内外投资和收购的案例超过160起，总金额超过530亿元人民币。

从投资时间看（如图1-4-2所示），腾讯在这个阶段陆续进行资本运作，但是其大规模投资是从2010年开始的。不仅对内地进行投资，还将其领域扩展到海外。从投资领域看（如图1-4-3、图1-4-4所示），在前期腾讯主要针对游戏领域。

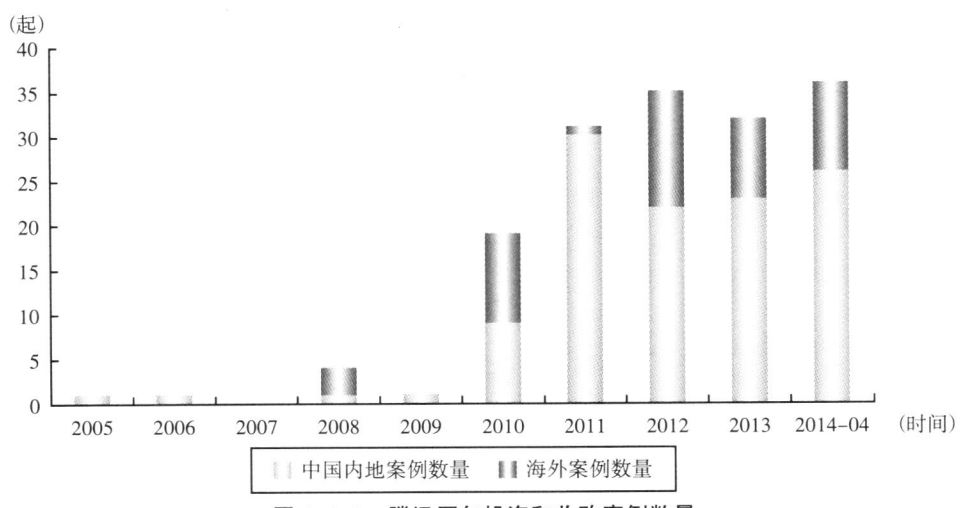

图1-4-2 腾讯历年投资和收购案例数量

资料来源：投中集团. 腾讯的投资如何布局 [J]. 国际融资，2014（12）：47-49.

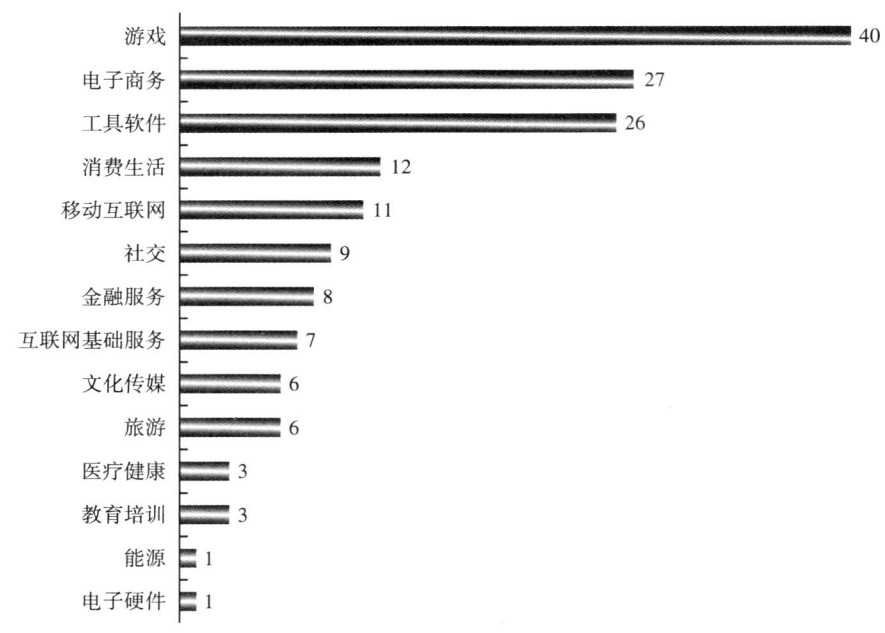

图 1-4-3 腾讯投资和收购领域分布（起）

资料来源：投中集团. 腾讯的投资如何布局 [J]. 国际融资，2014（12）：47-49.

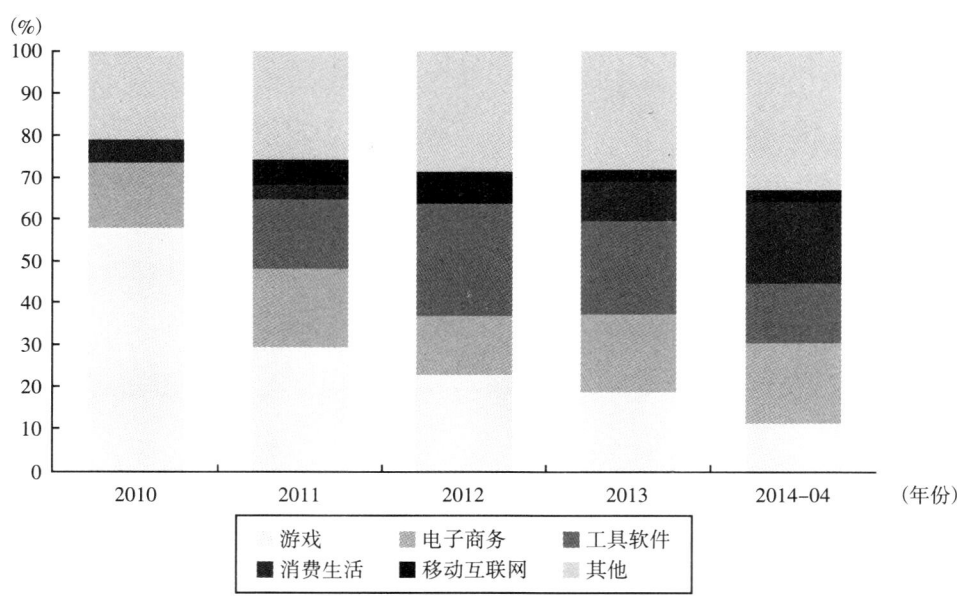

图 1-4-4 2010 年至 2014 年 4 月腾讯投资和收购领域占比分布

资料来源：投中集团. 腾讯的投资如何布局 [J]. 国际融资，2014（12）：47-49.

腾讯在 2008 年收购了《英雄联盟》的制作商 Riot Games 之后，仅在 2010 年一年，就投资或收购了 11 家游戏厂商，占据当年投资案例的一半之多。之后几年随着其他领域机会的增多，比例逐渐减少。电子商务领域，腾讯从拍拍网起家，但它的成长速度并没有跟上整个行业的爆发速度。自 2010 年起，腾讯义无反顾地开始花大力气布局已经硝烟弥漫的电子商务，近年来典型的案例有易迅、华南城、乐居、京东、万达，以及美国的 Fab 等。2010 年之后移动互联网的发展使互联网进入新的阶段，工具软件、本地消费生活应用层出不穷，腾讯在这些领域进行了一些防御性布局，以防止落后于对手，这样的案例有诸如金山软件、猎豹移动、搜狗、四维图新等。移动互联网也带动了O2O模式的兴起，滴滴打车、大众点评、58同城等业界翘楚都有企鹅的影子。在其他领域，腾讯不仅在互联网金融、在线旅游、在线教育、文化传媒等近年TMT行业热点全面涉足，还有投资创新工场的一只互联网创业公司孵化基金，入股中国石化销售公司，显示了其作为一个多元化的投资者的战略布局之广。

表1-4-6　腾讯上市至今的并购事件

| 时间 | 类别 | 地点 | 并购标的 | 股权比例（%） | 金额（元） | 主营业务 |
|---|---|---|---|---|---|---|
| 2005年 | 可供出售的投资 | 深圳 | 深圳市网域计算机网络有限公司 | 19.9 | 29850000 | 网络游戏 |
| | | 韩国 | Go Pets Ltd. | 8.33 | 6223000 | 网络游戏 |
| | 新收购的控股子公司 | 广州 | foxmall | 100 | 15857000 | 电子邮箱 |
| 2006年 | 可供出售的金融资产 | 韩国 | Go Pets Ltd. | 16.9 | 23842000 | 网络游戏 |
| | | 不详 | 其他若干可供出售的金融资产 | | 2748000 | |
| | 新收购的控股子公司 | 北京 | Joymax Development（北京译码） | 100 | 142240000 | 电信增值服务 |
| | | 南京 | 南京网典科技有限公司 | 100 | 8350000 | 电信增值服务 |
| 2007年 | 可供出售的金融资产 | 中国 | 一家中国网络游戏公司 | 15 | 38650000 | 网络游戏 |
| | | 不详 | 一家中国境外游戏公司 | 5.25 | 6282000 | 网络游戏 |
| | | 不详 | 其他若干可供出售的金融资产 | | 3534000 | |
| | 新收购的控股子公司 | 北京 | 北京英克必成科技有限公司 | 100 | 67770000 | 电信增值服务 |
| | | 北京 | 北京市掌中星天下信息技术有限公司 | 100 | | 电信增值服务 |
| | | 北京 | 北京永航科技有限公司 | 63.9 | | 网络游戏 |
| | | 深圳 | 深圳市网域计算机网络有限公司 | 60 | 136120000 | 网络游戏 |
| 2008年 | 于联营公司的投资 | 越南 | 一家网络游戏公司（Vina Game） | 20.02 | 303059000 | 网络游戏 |
| | | 韩国 | 一家风险基金 | 25 | | 风险投资 |
| | | 不详 | 一家手机游戏开发商 | 30 | | 手机游戏 |
| | 可供出售的金融资产 | 中国 | 一家中国搜索引擎公司 | 10.7 | 20477000 | 搜索引擎 |
| | | 不详 | 其他若干可供出售的金融资产 | | 19421000 | |
| | 新收购的控股子公司 | 广州 | 广州云讯信息科技有限公司 | 100 | 11000000 | 电信增值服务 |
| | | 天津 | 天津手中万维网络科技有限公司 | 100 | | 电信增值服务 |
| 2009年 | 于联营公司的投资 | 越南 | 一家网络游戏公司（Vina Game） | 30.02 | 不详 | 网络游戏 |
| | 可供出售的金融资产 | 韩国 | 一家韩国网络游戏公司 | 13.99 | 37017000 | 网络游戏 |
| | | 美国 | 一家美国网络游戏公司 | 7.5 | 20496000 | 网络游戏 |
| | | 不详 | 其他若干可供出售的金融资产 | | 9769000 | |
| 2010年 | 于联营公司的投资 | 不详 | 7家联营公司 | 10~49 | 412094000 | 网络游戏 |
| | | 不详 | 一家风险基金 | 27.25 | 不详 | 风险投资 |
| | 于共同控制实体的投资 | 泰国 | 一家互联网服务公司（Sanook） | 49.92 | 71143000 | 门户网站 |
| | 可供出售的金融资产 | 俄罗斯 | Mail.ru（上市公司） | 7.56 | 2047904000 | 社交网站 |
| | | 韩国 | 一家韩国网络游戏公司 | 8.3 | 68263000 | 网络游戏 |
| | | 印度 | 一家互联网公司 | 10 | 33198000 | 互联网信息 |
| | | 韩国 | 一家网络游戏公司 | 19.71 | 26207000 | 网络游戏 |
| | 新收购的控股子公司 | 深圳 | 深圳市网域计算机网络有限公司 | 100 | 290320000 | 网络游戏 |
| | | 北京 | Comsenz Inc.（康盛创想） | 100 | 292844000 | 社区软件 |

续表

| 时间 | 类别 | 地点 | 并购标的 | 股权比例（%） | 金额（元） | 主营业务 |
|---|---|---|---|---|---|---|
| 2011年 | 于联营公司的投资 | 北京 | eLong旅行网（上市公司） | 16.15 | 548447000 | 在线旅游 |
| | | 北京 | 金山软件（上市公司） | 15.28 | 741817000 | 软件开发 |
| | | 上海 | 一家证券投资分析软件公司（益盟操盘手） | 20.20 | 380000000 | 金融软件 |
| | | 上海 | 一家电子商务公司（可能是易讯） | 21.7 | 302459000 | 电子商务 |
| | | 北京 | 一家电子商务公司（可能是高朋） | 33.37 | 314437000 | 电子商务 |
| | | 不详 | 其他若干联营公司 | | 1218330000 | |
| | | 东南亚 | 一家东南亚网络游戏公司 | 31.25 | 不详 | 网络游戏 |
| | | 北京 | 一家中国SNS公司（可能是开心网） | 13.79 | 不详 | 社交网站 |
| | 于共同控制实体的投资 | 不详 | 其他共同控制实体的投资 | | 194915000 | |
| | 可供出售的金融资产 | 北京 | 华谊兄弟（上市公司） | 4.60 | 444933000 | 传媒影视 |
| | | 香港 | 寰亚传媒（上市公司） | 5.01 | 108208000 | 传媒影视 |
| | | 香港 | 一家香港投资基金 | 5 | 321709000 | 金融投资 |
| | | 不详 | 其他若干可供出售金融资产 | | 612795000 | |
| | | 杭州 | 顺网科技（上市公司） | 3.98 | 129961000 | 软件开发 |
| | | 中国 | 一家中国投资基金 | 20.31 | 160000000 | 金融投资 |
| | | 中国 | 一家中国电影公司 | 4.80 | 100000000 | 传媒影视 |
| | | 开曼 | 一家开曼群岛投资基金 | 20.5 | 56435000 | 金融投资 |
| 2012年 | 新收购的控股子公司 | 美国 | Riot Games | 92.78 | 2442995000 | 网络游戏 |
| | | 北京 | 漫游谷 | 62.5 | 764311000 | 网络游戏 |
| | | 中国 | 一家手机安全软件开发公司（可能是刷机大师） | 100 | 102800000 | 手机软件 |
| | | 中国 | 一家互联网服务公司（可能是DNSPod） | 100 | | 互联网服务 |
| | | 杭州 | 一家手机同步软件公司（可能是魔乐软件） | 100 | | 手机软件 |
| | 于联营公司的投资 | 北京 | 文化中国传播（上市公司） | 8 | 201578000 | 传媒影视 |
| | | 韩国 | Kakao Corp | 13.8 | 401053000 | 移动信息应用 |
| | | 美国 | Epic Games | 48.4 | 2087217000 | 网络游戏引擎 |
| | | 不详 | 其他若干联营公司 | | 280010000 | |
| | 可供出售的金融资产 | 不详 | 包含若干认购或换股权 | | 556564000 | |
| | 新收购的控股子公司 | 新加坡 | Level Up International | 67 | 348068000 | 网络游戏 |
| | | 欧洲 | 一家在线游戏信息服务公司（ZAM） | 100 | 322073000 | 游戏信息服务 |
| | | 中国 | 一家手机工具程序开发公司（可能是刷机精灵） | 100 | | 手机软件 |
| | | 中国 | 一家书籍出版及在线阅读服务公司 | 51 | | 电子图书 |
| | | 中国 | 一家电商联营公司（可能是易迅） | 58 | | 电子商务 |
| | | 中国 | 手机浏览器开发的联营公司（枫树浏览器） | 100 | | 手机软件 |
| 2013年 | 于联营公司的投资 | 北京 | 猎豹移动（原金山网络） | 18 | 420000000 | 杀毒软件 |
| | | 北京 | 搜狗 | 40.9 | 3179000000 | 搜索引擎 |
| | | 不详 | 其他若干联营公司及现有联营公司 | | 702000000 | |
| | 可供出售的金融资产 | 美国 | 一家电子商务公司（Fab） | 不详 | 309000000 | 电子商务 |
| | | 不详 | 一家合伙企业 | 不详 | 2638000000 | 金融投资 |
| | | 不详 | 其他可供出售金融资产 | | 943000000 | |

续表

| 时间 | 类别 | 地点 | 并购标的 | 股权比例（%） | 金额（元） | 主营业务 |
|---|---|---|---|---|---|---|
| 2014年 | 于联营公司的投资 | 北京 | 京东（上市公司） | 17.9 | 16928116000 | 电子商务 |
| | | 北京 | 乐居（上市公司） | 15 | 1102000000 | 房产中介 |
| | | 北京 | 四维图新（上市公司） | 11.28 | 1173000000 | 在线地图 |
| | | 北京 | 58同城（上市公司） | 19.9 | 4568000000 | 分类信息 |
| | | 北京 | 猎豹移动（上市公司） | 16.99 | 544000000 | 手机软件 |
| | | 不详 | 其他若干联营公司及现有联营公司 | | 3516000000 | |
| | 可供出售的金融资产 | 深圳 | 华南城（上市公司） | 9.9 | 1177000000 | 物流地产 |
| | | 不详 | 其他可供出售的金融资产 | | 895000000 | |

资料来源：http://www.huarangroup.com/news/hy/2014-08-21/1328.html。

第三，在业务发展方面，2006年，腾讯提出搭建"一站式在线生活平台"商业模式的战略举措，致力于各大业务体系的质量提升和业务之间的整合，形成了面向三大端口的四大基础体系和七大业务模块，构建了一个较为坚实的开放式社区平台。其中，无线端、网络端和客户端完成了业务的搭建，构建了独特的商业模式结构；四大体系依然是以QQ平台为基础，以会员体系、账号体系增强用户黏性、整合业务资源，以金融体系完善收入模式，稳固利益链，以免费基础服务培育资产型用户，四大体系成为由七大业务模式（即时通讯业务、无线增值业务、互联网增值业务、网络媒体业务、互动娱乐业务、电子商务和免费基础服务）构成的"一站式在线生活平台"的稳固支撑和强大保障。腾讯的产品线已经渗入互联网的多个应用领域，众多的产品线基本实现了相互协同，为其建立"互联网帝国"的愿景构筑了较高壁垒。

## 四 中国互联网企业关键成功因素

关键成功因素最早源于美国组织经济学者John（1934）提出的"限制因素"（Limited Factor）概念。最早提出"成功要素"概念（Key Sueeess Factors，KSF）的是麻省理工学院信息管理学者Daniel（1961），他提出大多数产业都有3~6个对公司能否成功起到决定作用的因素，如果一个公司想要取得成功，就必须把这些能够决定成功与否的关键工作做好。Leidecker和Bruno（1984）认为，关键成功因素是一些特征、条件或变数，若能够对其进行恰当的运用或管理，可以对某一个特定产业中公司的成功产生重大的影响。刘元洪（2008）认为，中小企业在其生命周期的不同阶段都有一个关键成功因素，孕育期、创办期、生存期、成长期、成熟期的关键成功因素分别是企业定位、资金、市场、研发和企业文化。孙大珩（2010）以Google为例，在战略视角下用PEST分析和波特五力模型对中国互联网市场宏观及微观环境进行了分析，并结合Google在中国的发展历程，归纳出互联网企业取得成功所应该具备的5个重要因素：创新的商业模式、最大限度地利用人力资本、创新力、采用现代高科技企业制度、耐得住寂寞。著名的创业管理专家Timmons（1999）在其著作中将创业视为"机会、资源、团队"三个要素不断调整、平衡和整合的结果。本文将从机会、资源和团队层面分析中国互联网企业资本驱动型关键成功因素。

### （一）机会层面

机会的把握程度决定了企业是否能够顺利地找准时机选择合适的切入点来进入市场。机会层面主要分为两个方面：创业时机和项目选定。创业时机是指创业者在创业过程中对能够使资源效用最大化的时间点的把握；项目选定是指创业初期对行业、地点和业务类型等的选择过程。

创业时机：腾讯创业时正是中国无线寻呼业务的高潮，1999年腾讯推出OICQ测试版本后，短短两个月，注册用户就达到了20万。这在当时是一个让人吃惊的数字，因为那时网民总数是很少的。由于信息贫乏，腾讯创立时互联网大众化产品还很少，网游还未兴起，都是打单机版游戏，很多人上网做得最多的就是聊刚刚兴起的OICQ。

项目选定：腾讯在意识到寻呼机业务前景黯淡情况下，转向即时通讯业务OICQ。虽然OICQ曾在很长一段时间内遭遇投资商的冷遇，使得腾讯公司没有成功地将它贱卖出去，但是在三年后的2001年底，QQ的注册用户却超过了9000万，并且以每天39万的数量持续稳定增长。目前腾讯QQ即时通信注册账户总数已达5.723亿，最高同时在线账户数2210万，活跃账户数为2.214亿。而整个中国市场的注册账户规模为8.55亿，腾讯占到了其中66.94%。乘着当年网络普及的东风，腾讯QQ以其方便快捷，不同于传统的沟通方式，成功占据了半壁江山。

### （二）资源层面

资源是企业发展过程中必不可少的支撑要素，推动了企业不断地向前发展。互联网企业在资源层面主要包括融资能力、创新能力、产品策略、客户关系四个方面。

1. 融资能力

企业融资能力是企业快速发展的关键因素，持续获得优质资本能为企业创造更多的价值。资金缺乏会对企业生存和发展产生直接影响，融资可以解决资金缺乏带来的压力。在OICQ无法找到盈利模式的情况下，腾讯只能接手各种业务，做网页、做系统集成、做程序设计……可谓五花八门。想把OICQ卖了，却又长期无人问津。直到1999年的高交会，腾讯才凭借OICQ仅半年就获得的市场地位，获得了IDG和李泽楷旗下的盈科数码各投资110万美元，这是创办以来的第一笔风险投资，解了燃眉之急；由于资金的缺乏，使仅获得220万美元风险资金的腾讯让出了40%的股份；为了战略性收购，在内容、研发、服务器、带宽、营销等方面加大投入，以提高各项业务的全面竞争力，腾讯选择2004年在中国香港上市融资。

2. 创新能力

对互联网企业而言，创新无异于三个方面：技术创新、产品创新、商业模式创新。在技术创新方面，腾讯为了搭建技术创新平台把每年销售收入的10%用于互联网核心基础技术的研发，腾讯公司内部50%以上的员工为研发人员。2006年腾讯正式成立"腾讯创新中心"，不断推出新的应用，像熟知的QQlive、QQvideo、QQ医生、问问等都是出自腾讯创新中心。在产品创新方面，腾讯以QQ为平台，延伸创新出QQ会员、QQ空间、QQ游戏等产品，依靠这些产品腾讯获得了巨大的互联网增值服务收入，这些增值服务收入占到腾讯总收入的80%以上。离线消息、QQ群、魔法表情、移动QQ、炫铃等都是腾讯的创新，这些创新使QQ在网民中一炮而红，仅用三年的时间，QQ的注册用户就超过了9000万。腾讯网刚上线时，创新了"迷你首页"的形式以及弹出窗口的推送方式，并且将腾讯网与QQ捆绑，使门户进入了桌面门户新阶段，3个月时间就跃居中文门户排行十强。腾讯最成功的产品创新当属2011年推出的微信，因为其简单操作界面、免费的通话功能、把用户隐私保护作为设计基础的理念，深得用户喜爱。微信经过这几年的发展，用户规模达到5亿，成为仅次于QQ的第二大即时通讯产品。在商业模式方面，腾讯走的是边模仿边创新边成长的道路。马化腾认为抄可以理解为学习，是一种吸收，是一种取长补短，更重要的是在模仿的基础上创新。不盲目创新，最聪明的方法肯定是学习最佳案例，然后再超越。腾讯在创业初期，通过免费策略不断扩大用户数量，从而获得初始网络效应。腾讯宣布开放合作平台以吸引众多第三方运营商加入，实现了企业平台化。

### 3. 产品策略

在品牌创建过程中，产品策略是最基本的营销策略。产品是顾客体验品牌以及公司宣传品牌的基础。传统企业的产品策略主要从产品本身角度来论及产品的开发、设计、制造、包装、销售、服务等，而互联网企业的产品策略主要是从消费者和品牌资产积累的角度来论述如何通过产品这一基础工具让顾客对品牌产生有力的和独特的品牌联想，建立拥有品牌忠诚度的良好的品牌形象。从在线生活模式下用户需求的视角去看，腾讯的一切业务布局都是围绕腾讯已经形成的网络社区开展的，腾讯不同业务的协同和整合将会对用户需求进行互补性满足，并创新出很多的应用模式。腾讯成立之初就使用的企鹅标识一直沿用至今，成为腾讯品牌系统中最著名的部分，经过逐渐的品牌延伸，分离为"腾讯"和"QQ"两个品牌。从2005年底，腾讯产品陆续使用新标识，"QQ"和"腾讯"两个系的产品分别强化各自所在阵营，腾讯形成了娱乐和商务两类品牌架构，逐渐增强品牌效应。2007年，实施"大回响，大影响"品牌战略，采用体育营销、腾讯智慧MIND的在线互动营销等方式，既使用户乐于接受，又能达到使品牌与消费互动的目的，帮助品牌更快成熟。在网络游戏方面，腾讯公司的网络游戏已有60余款，共有休闲游戏、大型网游、中型休闲游戏、桌面养成游戏、对战平台五大类，每个类别中都有强大的产品阵营，覆盖所有产品类型。社区增值业务产品主要有QQ空间、QQ会员、QQ秀三大产品，这三款产品发展情况良好，为腾讯公司的收入做出很大贡献。腾讯公司移动及电信增值业务的主要产品有手机腾讯网、移动QQ、超级QQ、飞信QQ、手机QQ音乐、手机游戏等，腾讯提供的移动增值产品无论从规模还是特色方面始终走在行业前沿。

### 4. 客户关系

腾讯公司从一开始就注重从用户体验出发去完善产品，在细节上的改进使得OICQ在实用性上击败了ICQ，其后一系列产品的创新都是建立在关注用户体验基础上的创新。腾讯率先在业内成立了用户研究和体验设计中心（英文简称CDC），对用户需求进行细致的研究。腾讯的核心产品QQ就是在用户研究和体验中心的"打磨"下，使得一个小小的聊天界面不仅承载着众多的功能，又保持着简洁性和扩展性。随着CDC对用户体验的不断琢磨和完善，现在腾讯所订立的即时通讯标准已逐渐成为业内公认的标准。腾讯网络游戏可满足不同用户的心理需要，给用户带来不同的心理体验，为用户创造了充分展示个性的平台，形成一种独特的游戏氛围，让游戏用户从虚拟环境中得到休闲愉悦的感受，满足了用户的娱乐需求。比如，在腾讯网络游戏设计中通常会有不同角色以及各种角色需要用到的道具和装备，用户若是得到这些道具，便可以在其他用户面前所向披靡，满足了虚荣心。QQ空间是QQ用户的多媒体个性空间，是一种创新的互联网虚拟生活方式：用户可以在这里抒发情感、分享交流、与朋友互动，还可以偷菜、停车、开设虚拟店铺等，给广大用户带来了真实感、亲切感，满足不同层次用户的内心需求，是一个满足用户需求的在线时尚生活平台。

### （三）团队层面

影响企业成功的团队因素主要包括三个方面：领导者特质、员工能力、企业文化，这三个方面的有效组合是提升企业绩效的重要途径。团队的合理配置能提升企业的合理性，容易使外部资源所有者相信企业具有良好的发展潜质，从而影响对企业资质的判断和资源投入决策的做出。

1. 领导者特质

领导者特质是指领导者身上所具有的个人特质，包括品质、能力、学识和气质修养等。领导者对事件和环境的准确判断，对目标的坚持和冒险精神，直接决定了企业的发展走向，对企业的成功有着巨大的促进作用。创业之初，创业团队就股份问题进行了安排。即使主要资金由马化腾出，他也认为"要他们的总和比我多一点点，不要形成一种垄断、独裁的局面"，"如果没有一个主心骨，股份大家平分，到时候肯定出问题，同样完蛋"。直到今日，5个创始人都还留在腾讯，不离不弃。在自己经营的寻呼系统业务还处于巅峰时代时，马化腾从寻呼业务的缺陷看到了它今后惨淡的市场前景，转而选择当时还未被商用的即时通讯业务，其对市场的判断准确而富有远见。2006年，马化腾让出公司总裁位置，专注于公司战略制定和产品规划。OICQ研发成功后，在对是否立即上马内部意见不一致的情况下，马化腾坚持"大不了回去做程序员"的思想。这是马化腾身上优秀的品质，才让腾讯走得越来越远。

2. 员工能力

员工能力是指团队领导者以外的其他成员所具有的技能和素质。员工的能力是企业效益的基石。2005年进入腾讯公司先后担任首席战略投资官和总裁的刘炽平，主要负责公司战略、股票并购和投资者关系，其上任后公司股票由五六元钱涨到二十几元钱，成为中国市值最高的互联网公司。2002年受邀加入腾讯，先后任职广告部总经理和副总裁，曾从事拍卖师职业的刘朝阳，上任一年时间就使腾讯网的广告收入大幅增长。腾讯每年举办主题为"创新创造价值"大赛，面向全国高校学子和社会精英全面启幕，不仅促进了社会公众的参与，而且为腾讯招募到有能力的优秀员工。腾讯在2005年建立腾讯学院，旨在为腾讯建立内部的培训系统，为公司内部培养人才。学院成立至今为公司内部培育大批专业性人才。人才是企业发展非常重要的战略性资源，成功的企业必然能不断聚集和持续造就高素质人才。

3. 企业文化

企业文化是企业的灵魂，是推动企业发展的不竭动力，包含着非常丰富的内容，其核心是精神和价值观。腾讯的愿景是"最受尊敬的互联网企业"，不断倾听和满足用户需求，引导并超越用户需求，赢得用户尊敬；通过提升企业地位和品牌形象，使员工具有高度的企业荣誉感和自豪感，赢得员工尊敬。腾讯的使命"通过互联网提升人类生活品质"让腾讯的产品和服务像水和电一样源源不断融入人们的生活，为人们带来便捷和愉悦。早期腾讯的创业者及员工们能够打成一片，非常团结，沟通起来没有条条框框的约束，而且有追求，有事业心，执着地追求答案，非常适应当时的形势，这为腾讯的快速稳定发展提供了保障。在腾讯看来，强大的企业文化有两个方面的直接好处：第一个好处是能够吸引人才；第二个好处是能够留住人才。腾讯许多员工面临外面更高薪酬的诱惑，但绝大多数员工却不为所动。在业界，腾讯一直保持比较低的员工流失率。当然，留住人才的原因很多，但文化无疑是最有分量的一个因素。好的企业文化不仅能够提升企业的价值，还能提升员工的荣誉感和使命感。能使企业资源得到合理的配置，从而提升企业的竞争力。

## 五 结论和建议

随着以互联网、云计算、物联网为代表的信息技术飞速发展，在技术创新、市场需求以及资本投资的多重驱动下，中国互联网广泛渗透到社会经济生活各个领域，成为企业开拓国内外市场、降低运营成本、提高流通效率的新渠道，成为消费者便利消费的新选择，也成为政府部门促进消费、发展经济、优化产业结构的新抓手。互联网企业在资本推动下，掀起了一阵又一阵的高潮。如何能在"互联网+"的时代脱颖而出，成为互联网企业日益关注的问题。本文通过以腾讯为例，分析和总结出中国互联网企业资本驱动型成长路径和关键成功要素，由此为企业提供一些借鉴意义。

量身定做，促进投资和融资高度匹配。企业在成长过程中，由于其所处的经营环境和金融环境不同，其投融资的手段和规模是有所区别的。各个金融市场在企业成长过程中的不同阶段发挥着不同的作用，每个阶段采取的投融资战略是否恰当，会对企业的生存和发展产生一定的影响。企业应该深入了解市场的特点和运作机制，利用积极因素，避免不利的影响。同时，企业要以投资拉动融资，以自身的战略目标和综合实力为基础，量力而行。根据企业发展的内在规律，选择合适的投融资渠道和力度，争取做到风险和成本最低，效益最高。

审时度势，探寻企业发展最佳契机。企业发展机会是一个变换的潜在性目标，是一个不断移动的"机会窗口"，需要企业根据自身特点和目标进行反复权衡，不断识别发展时机。不管是创业时机选择还是项目时机选择，企业都需要根据自身特点，从宏观经济环境中众多"机会窗口"寻求合适的机会，从而使市场提供的"机会窗口"与企业自身的"机会窗口"得以最大限度的重合。企业只有在最契合的时机进入市场，顺应市场的发展，才能在之后的发展中立于不败之地。

合理配置，发挥关键资源最大优势。关键资源获取是企业成长的前提之一。企业的成功就是企业不断地发现新机会，通过整合市场资源而不断地为企业寻租的过程。所以，企业必须获取和占有关键资源，这是企业价值创造、生存发展的必要条件。企业的关键资源是企业的核心竞争力，例如融资能力成为企业存活的关键，没有输血，企业便不能继续生存下去。而创新能力成为企业打败竞争对手的关键，产品策略的合理实施会直接影响企业是否占有一定的市场份额。因此，企业必须合理配置资源，充分发挥关键资源的作用，才能提升企业绩效。

文化管理，塑造"以人为本"的企业形象。企业文化的核心就是企业价值观的确立，企业的价值观是企业所有员工共同价值观和利益的体现，对增强企业的凝聚力和提高员工工作的积极性有着极为重要的作用，同时价值观又因时代的发展而带有鲜明的时代烙印，所以互联网企业应该创立不断创新的企业价值观，企业创新的价值观能给所有员工植入创新思维，使员工能够在经营过程中坚持不懈，努力向着创新的方向前进，企业树立创新的价值观，必须是由领导积极倡导的，而且是员工达成高度共识的，所以创新价值观一旦形成，企业的所有员工就应该把这个价值观与自己原有的价值观相结合，并且积极地外化于行。不管是上层领导还是下级员工，都能充分发挥个人能力，为企业的发展而努力。

（分报告执笔人：胡月、吕高宇，北京邮电大学；指导人：何瑛，北京邮电大学经管学院）

## 参考文献

[1] 罗小鹏，刘莉. 互联网企业发展过程中商业模式的演变——基于腾讯的案例研究 [J]. 经济管理，2012（2）：183-192.

[2] 高俊峰，银路. 基于生命周期的网络企业商业模式研究——以腾讯公司和金山软件公司为例 [J]. 管理学报，2011，8（3）：348-355.

[3] 投中集团. 腾讯的投资如何布局 [J]. 国际融资，2014：47-49.

[4] 罗福凯. 互联网企业财务特征分析 [J]. 财会通讯，2005（4）：48-50.

[5] 王艳茹. 企业不同生命周期的融资结构研究 [J]. 经济与管理研究，2009（1）：49-53.

[6] 曾清兰. 透视苏宁阶段性战略融资策 [J]. 新理财，2014（9）：31-34.

[7] 杨宜. 中小企业不同发展阶段融资方式比较与选择——兼议对创业板融资作用的辩证思考 [J]. 财会通讯，2009（2）：19-20.

[8] 孙菁. 互联网企业的核心资本及其配置分析 [J]. 财务与会计，2014（11）：17-18.

[9] 毛彦妮. 我国电子商务企业的融资模式与策略分析 [J]. 南京财经大学学报，2012（11）：62-66.

[10] 耿凯平. 初创期高科技企业股权融资策略研究 [J]. 科技与管理，2012，14（2）：76-79.

[11] 谢莉莉. 风险投资视角下高新技术产业成长路径研究 [J]. 理论界，2013（1）：44-46.

[12] 张巍，朱艳春，王天梅. 互联网企业成长影响因素实证分析 [J]. 现代管理科学，2013（9）：47-49.

[13] 黎巍. 腾讯公司发展战略研究 [D]. 上海：上海交通大学，2010：1-61.

[14] 陆雅铃. 互联网企业的关键成功因素研究 [D]. 重庆：西南政法大学，2013：1-51.

[15] 孙大珩. 互联网企业成功因素分析——Google公司分析 [D]. 上海：上海交通大学，2010：1-54.

[16] 何毅. B2C类互联网企业的成长性研究 [J]. 现代管理科学，2014（3）：61-63.

[17] 刘忠飞. 资本驱动下的企业价值探析 [J]. 学理论，2014（7）：72-73.

[18] 李亚婷. 互联网企业青睐宽松资本市场 [J]. 中国经济和信息化，2014（1）：79-80.

[19] 张娜. 高科技企业创新融资方式 [D]. 山东：山东大学，2006：1-50.

[20] http://www.huarangroup.com/news/hy/2014-08-21/1328.html.

## 分报告五
## 中国风险投资/私募股权退出现状、动因及影响因素分析

随着中国多层次资本市场体制的日益成熟，如何促进风险投资（Venture Capital，VC）和私募股权（Private Equity，PE）行业发展成为热门话题。VC/PE不同于一般投资，主要是通过退出获取资本增值，因此成熟的退出机制是推动行业发展的关键因素。2009~2013年中国股权投资市场共发生投资案例数合计7533起，而同期退出案例数仅2245起，退出案例数仅约占投资案例数的1/3。由于2009年、2013年中国A股市场IPO暂停，2012年美国资本市场中概股危机导致中概股赴美上市曾一度冰封，而并购方面金融工具缺乏、交易不确定因素大等，种种原因导致退出渠道不畅，也成为VC/PE行业发展的瓶颈。伴随着2013年A股市场IPO暂停长达一年多，2014年IPO开闸使严冬过后的VC/PE机构迎来了春天，以IPO退出为主的现象发生了转变，催生出了多元化的退出渠道，并购退出在退出市场的地位得到了提升。2013年，国内风投机构通过并购实现了230起退出交易，而同年IPO退出案例只有69起；在退出回报方面，2013年并购退出回报为2.87倍，与当年的IPO退出回报极为接近。在我国VC/PE退出的主要渠道就是IPO，特别是2009年创业板推出后，我国境内VC/PE机构数量大幅增长，并且IPO退出热潮涌动，并购、股权转让、回购等退出方式更多地出现。IPO退出渠道的打开不仅将提升2014年VC/PE的回报率，同时也提振了市场信心。

近几年，随着互联网行业的迅猛发展，VC/PE机构的互联网投资热情只增不减。随着京东、聚美优品、猎豹、智联招聘等海外上市，2014年已然成为中国互联网企业"海外上市年"，而VC/PE无疑成为最大的受益者之一。其中，险峰华兴创业投资和北京真格天成基金凭借"聚美优品"IPO获得315.96倍和1386.09倍的账面投资回报，"猎豹移动"为其背后的投资机构提供了43.75倍的较高平均账面投资回报。2014年9月，阿里巴巴的成功赴美上市成为我国创业投资市场上最大投资退出交易，也创下美国历史上最大规模的IPO，为软银、银湖投资、云锋基金等知名投资机构带来高额的投资退出回报。因此，VC/PE如何在被投资企业顺利退出，并实现最大收益成为投资者极其关注的问题。

# 一 风险投资/私募股权退出的现状分析

2013年受到国内IPO暂停的限制，并购成为VC/PE主要的退出方式。有关数据显示，2013年前11个月，VC/PE支持并购案例为357起，而同一时期IPO案例只有18起。尽管我国宏观经济增长乏力，GDP下行压力较大，但是随着2014年1月IPO重启的到来，中国风险投资和私募股权投资的市场环境潜移默化地发生着变化，投资市场回暖迹象越来越明显，退出方式趋向多样化。

## （一）投资情况：投资数量有所下降，投资总额快速增长

中国创业投资市场2014年上半年一共发生517起投资案例（如图1-5-1所示），相比2013年上半年下降7.2%，相比2013年下半年下降12.5%；其中披露金额的有440起，投资金额52.97亿美元，相比2013年上半年上升78.6%，相比2013年下半年上升45.7%。

中国私募股权市场2014年上半年投资共计发生231起投资案例（如图1-5-2所示），低于2013年上半年26.0%和2013年下半年33.3%；其中披露投资金额的有194起，投资总额达到181.83亿美元，大幅超过2013年上半年的133.03亿美元和2013年下半年的111.79亿美元，同比增长36.7%，环比增长62.7%。

从已披露交易金额案例的平均交易金额来看，创业投资市场单笔投资的平均投资额为1203.82万美元，分别是2013年上半年、2013年下半年的1.95倍、1.67倍。私募股权投资市场平均每起交易金额为9372.46万美元，同比增长84.6%，环比增长145.0%，增幅非常大。由投资市场平均交易金额的上涨可看出市场估值水平的提升。

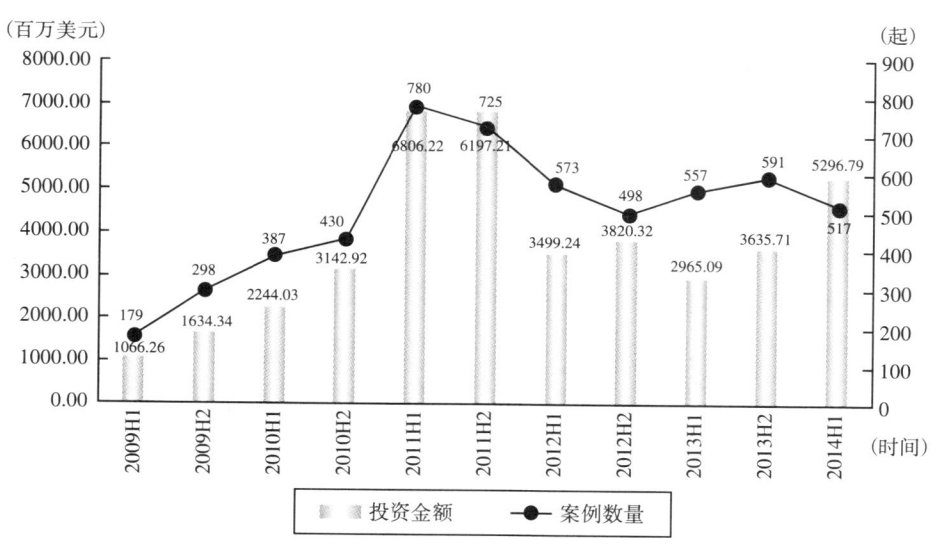

图1-5-1 我国2009~2014年上半年创业投资市场投资数额情况

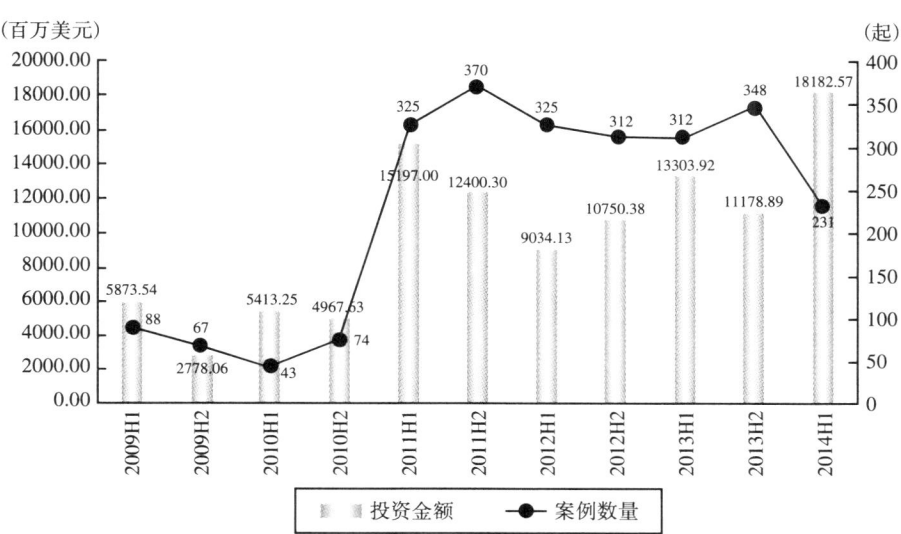

图 1-5-2　我国 2009~2014 年上半年私募股权市场投资数额情况

资料来源：清科研究中心。

### （二）行业发展：传统热门行业依旧火爆，互联网、电信及增值服务行业仍然领先

2014 年上半年创业投资和私募股权投资市场的投资行业分布于 23 个一级行业（如图 1-5-3、图 1-5-4、图 1-5-5、图 1-5-6 所示）。其中，互联网、生物技术/医疗健康、电信及增值业务与机械制造依然是投资案例数量多的行业。

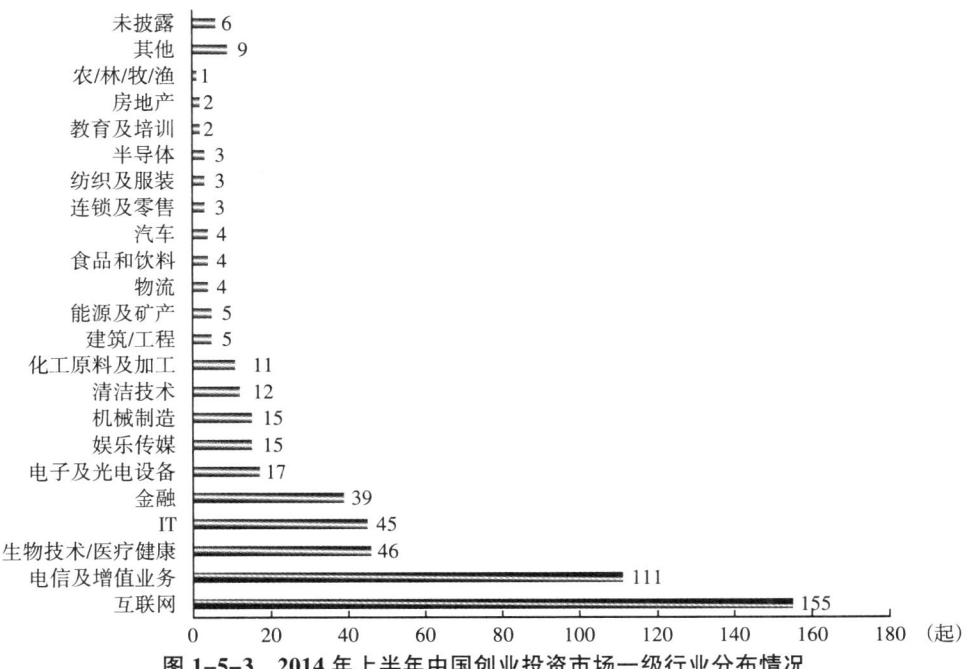

图 1-5-3　2014 年上半年中国创业投资市场一级行业分布情况

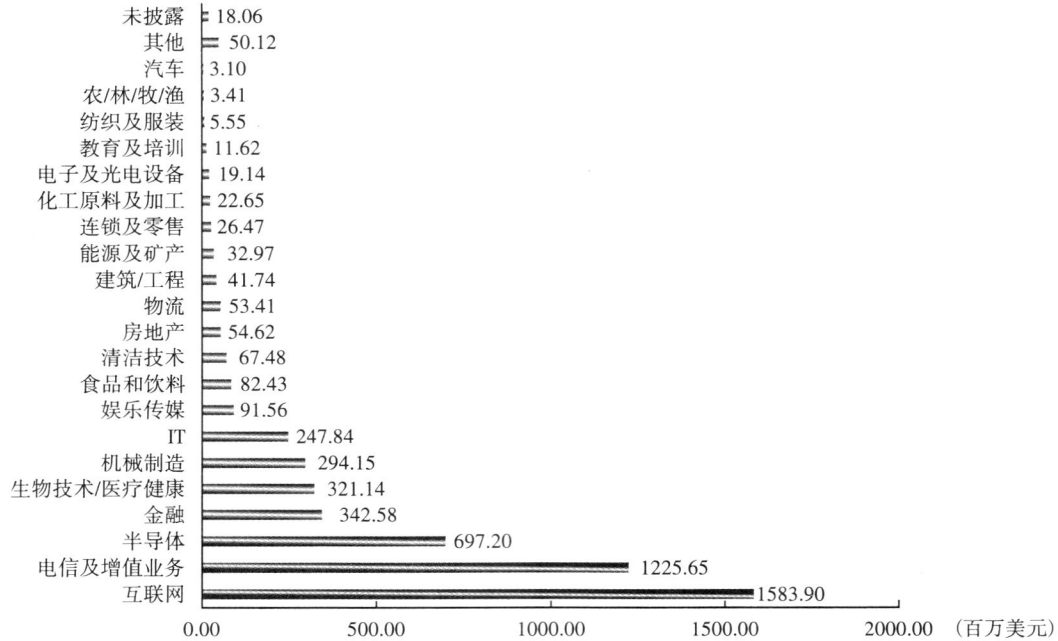

图1-5-4　2014年上半年中国创业投资市场一级行业分布情况

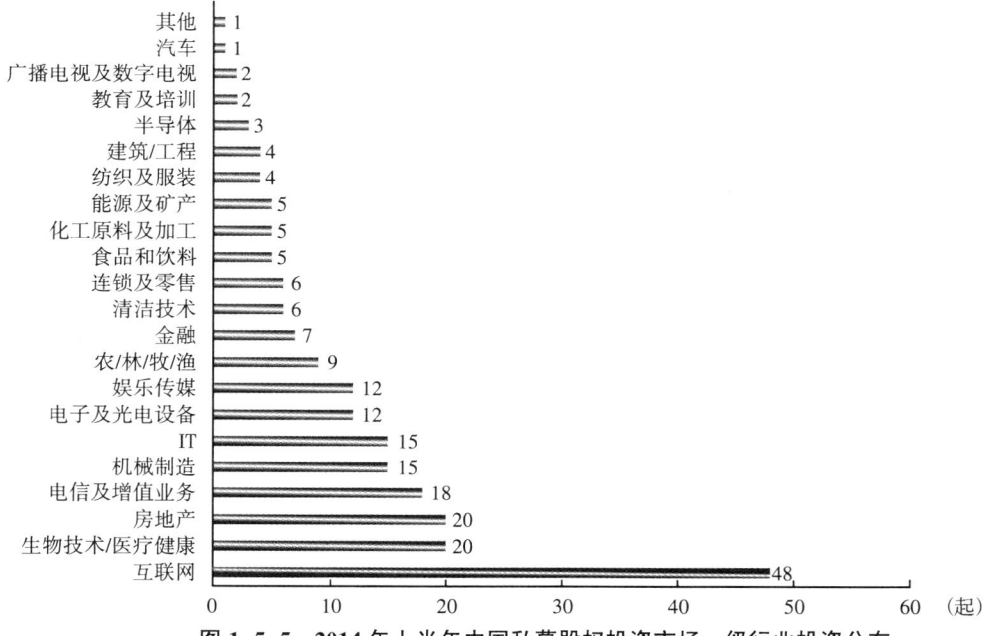

图1-5-5　2014年上半年中国私募股权投资市场一级行业投资分布

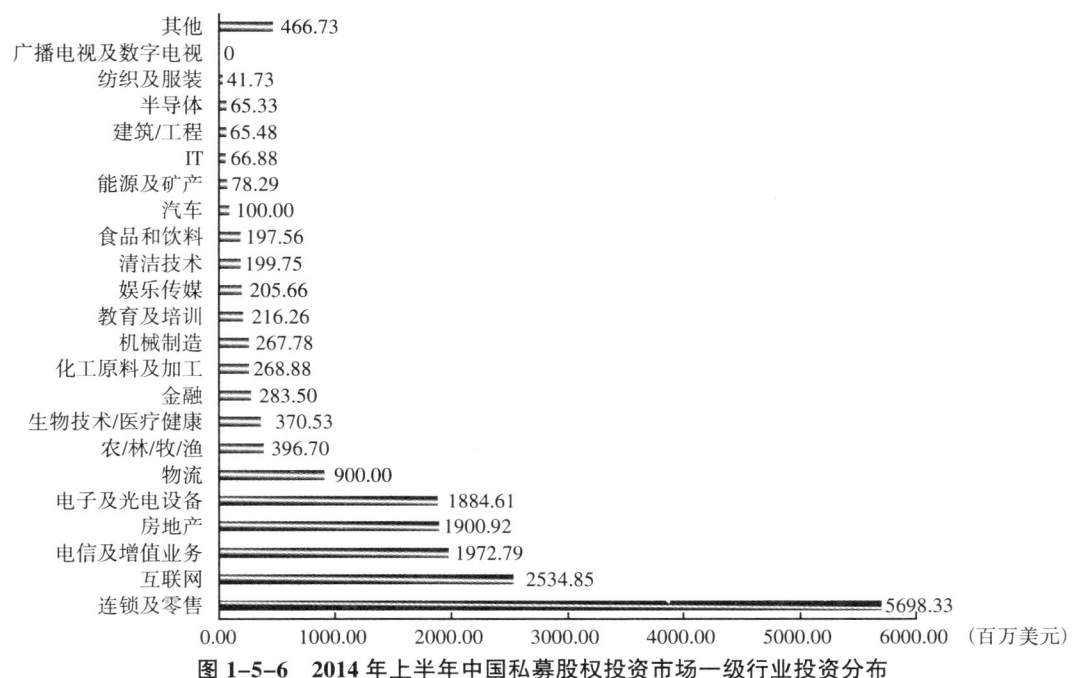

图1-5-6 2014年上半年中国私募股权投资市场一级行业投资分布

资料来源：清科研究中心。

在创业投资市场，投资案例数和金额居于首位的均是互联网行业，案例数为155起，投资总额为15.4亿美元，2014上半年京东商城、聚美优品、智联招聘、途牛网等公司的成功上市，又一次彰显了互联网行业的造富能力。投资案例数位于第二、第三位的分别是电信及增值业务行业、生物技术/医疗健康行业，案例数分别为111起和46起；投资金额位居第二、第三位的分别是电信及增值业务行业、半导体行业，投资金额分别为12.26亿美元、6.97亿美元。而房地产行业不论从投资案例数还是投资金额来看，处于暂时低迷状态。

在私募股权投资市场发生的231起投资案例中，投资案例数位于第一的是互联网行业，共48起；排名位于第二、第三位的生物技术/医疗健康和房地产均发生20起；电信及增值业务与机械制造紧随其后，分别为18起、15起。在投资金额方面，由于淡马锡大额投资屈臣氏，使得连锁及零售行业的投资总金额达到56.98亿美元，位于首位，第二名为互联网行业，其投资金额为25.35亿美元；排名第三的为电信及增值业务，为19.73亿美元。

总的来说，从投资行业分布看，VC/PE投资行业分布范围广，互联网、电信及增值服务等热门行业依然受到VC/PE机构的追捧。

（三）地域分布：东部地区投资规模领先，北京、上海占据绝对地位

从投资的地域分布来看，中国创业投资市场和私募股权投资市场的投资地域分布于23个省市（如图1-5-7、图1-5-8、图1-5-9、图1-5-10所示），与2013年上半年基本一致。北京、上海、深圳和江苏是最火热的投资地区，北京与上海分别占据第一、第二的位置。其中，北京在创业投资市场的投资案例数和金额分别是202起、23.38亿美元，在私募股权投资市场的投资案例数和金额分别是83起、71.90亿美元，处于遥遥领先地位；上海的投资数量和金额几乎在北京的一半以

下；深圳、浙江、江苏等沿海地区也紧随其后；中西部地区，如湖北、湖南、四川等地，随着中西部经济的不断发展以及政府推出的优惠政策，在2014年上半年均获得了较多资金的注入。总之，VC/PE投资的地域分布具有多元性，东部发达地区拥有先天的优势条件处于领先地位，而中西部地区也逐渐吸引了投资者的眼球，越来越多的VC/PE投资者进入中西部地区。

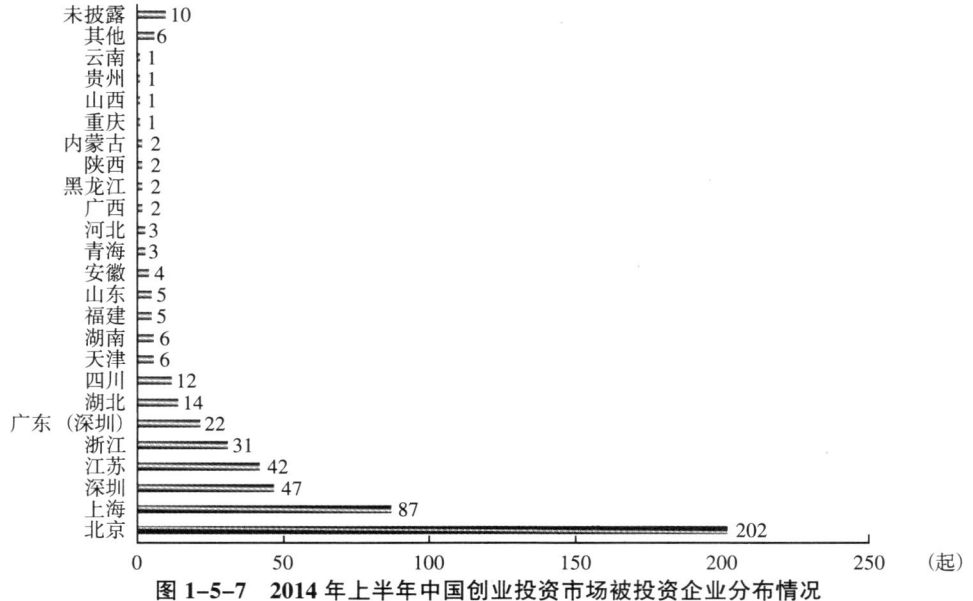

图1-5-7　2014年上半年中国创业投资市场被投资企业分布情况

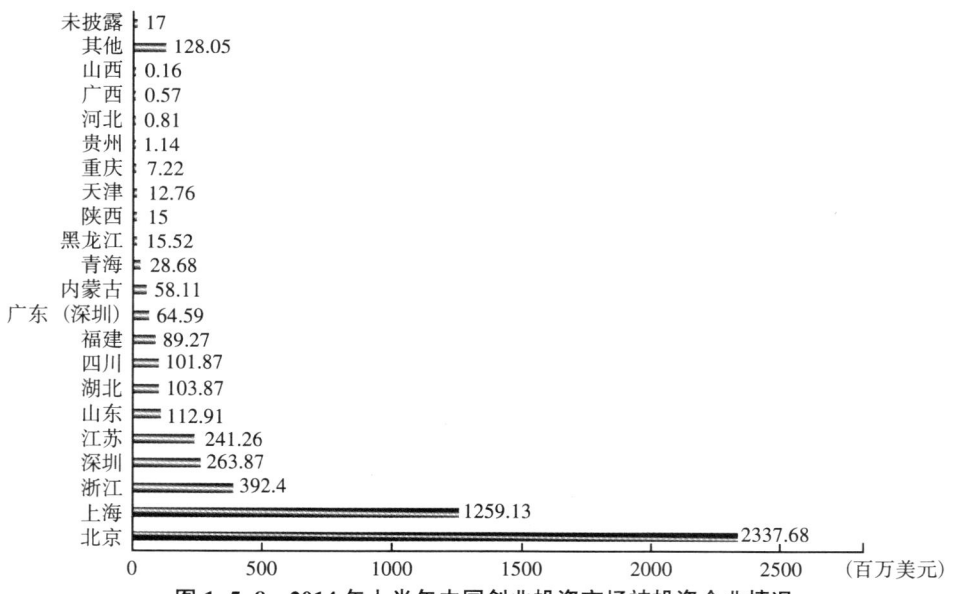

图1-5-8　2014年上半年中国创业投资市场被投资企业情况

# 第一部分 专题篇——资本市场、金融创新与互联网企业价值创造

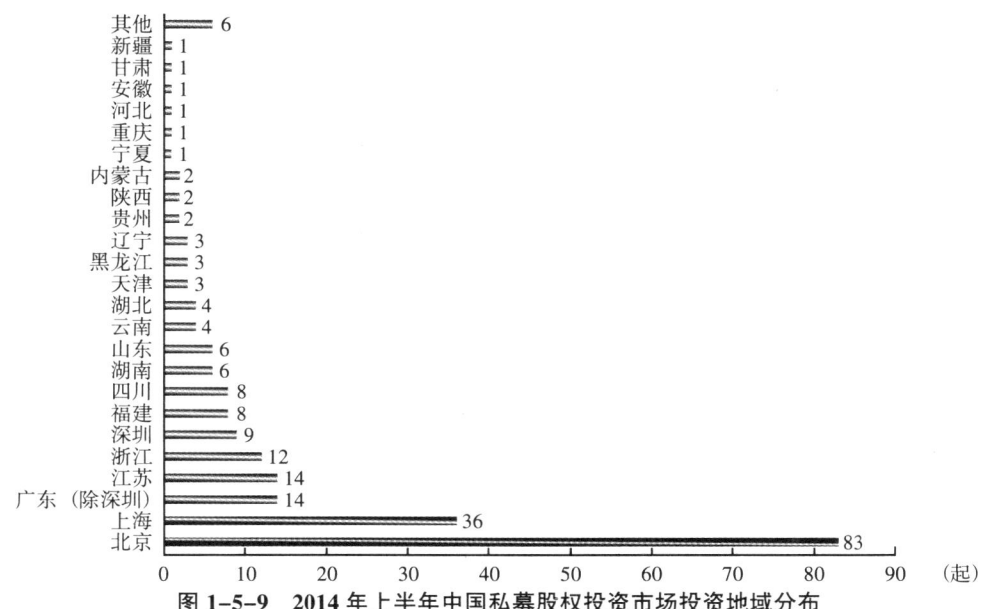

图1-5-9 2014年上半年中国私募股权投资市场投资地域分布

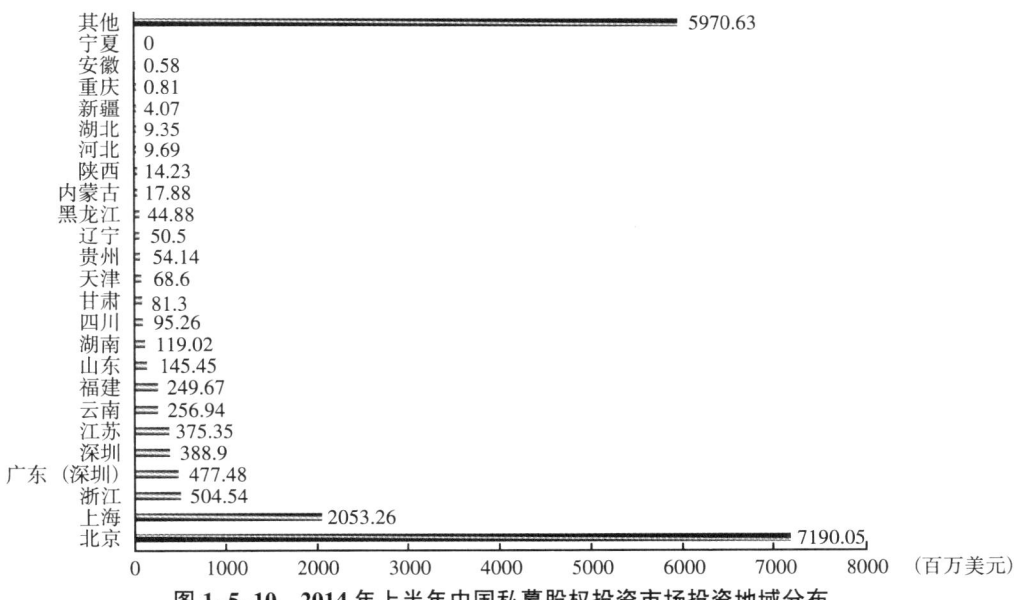

图1-5-10 2014年上半年中国私募股权投资市场投资地域分布

资料来源：清科研究中心。

## （四）退出情况：退出渠道多样化，IPO占据主要地位

经历了中国A股市场历史上第八次IPO空窗期后，2014年初IPO的重启刺激了新一轮IPO退出热潮的发生。VC/PE通过IPO退出的数量有所增加，成为主要的退出渠道，并购紧随其后，但退出方式仍然是多样化。

### 1. 退出数量

2014年上半年创业投资市场共发生130笔退出交易，退出笔数同比增长46.1%，环比下降7.8%（如图1-5-11所示），2012年、2013年相比之前两年退出数量有所下降；私募股权市场共发生103笔退出交易，同比降低4.6%（如图1-5-12

所示），近五年市场上的退出交易数量整体呈上升趋势。

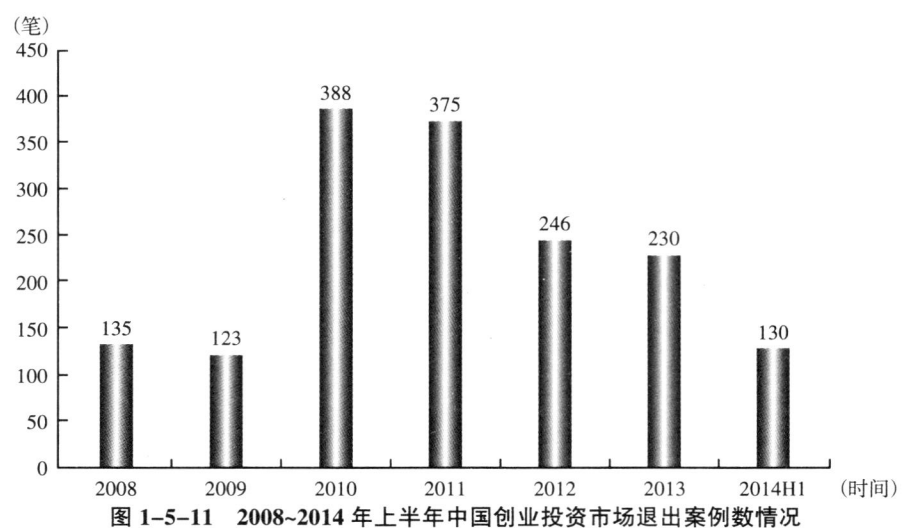
图1-5-11 2008~2014年上半年中国创业投资市场退出案例数情况

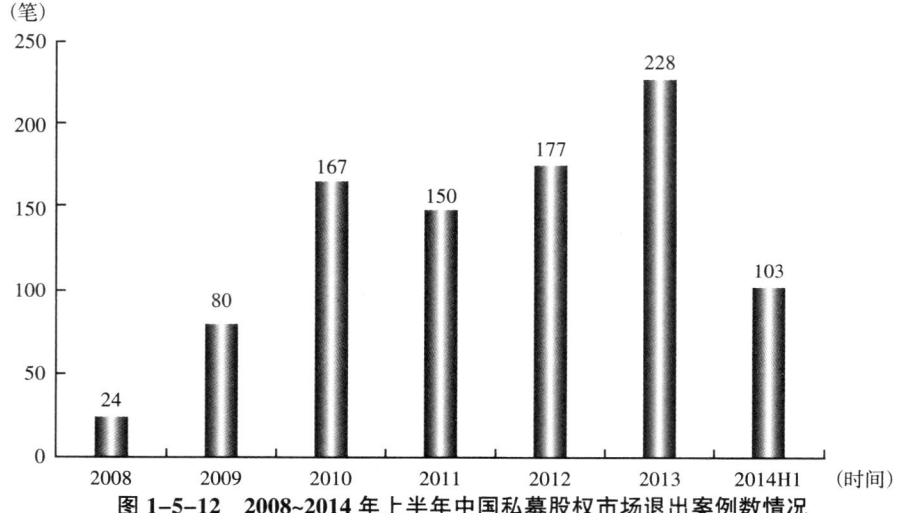
图1-5-12 2008~2014年上半年中国私募股权市场退出案例数情况

资料来源：清科研究中心。

### 2. 退出方式

境内IPO历经波折最终于2014年初重启，受益于此的VC/PE机构选择IPO退出的数量增加，IPO重新成为主要的退出渠道，其次为并购（如图1-5-13、图1-5-14所示）。在创业投资市场的130笔退出中，IPO退出发生97笔，占退出总笔数的74.6%，并购退出共计21笔，其他的退出方式，如股权转让、回购、管理层收购占有少量的比例；私募股权市场与创业投资市场的情况完全相同，IPO退出数量占据首位，共有75笔，并购以16.5%的比例位居第二。

### 3. 行业分布

从图1-5-15、图1-5-16可以看出，不论是创业投资市场还是私募股权市场，VC/PE机构退出的行业仍然多样化，传统热点投资领域成为主要退出行业。其中，互联网行业分别在创业投资市场、私募股权市场以25起、17起位于第一位，机械制造、生物技术/医疗健康与IT行业排在前四位。

# 第一部分 专题篇——资本市场、金融创新与互联网企业价值创造

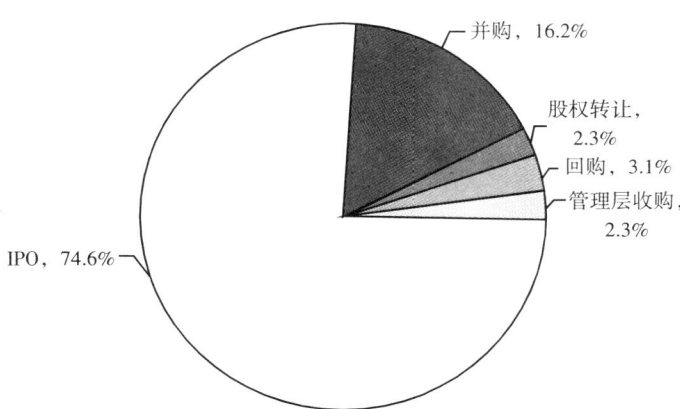

图 1-5-13　2014 年上半年中国创业投资市场退出方式比较

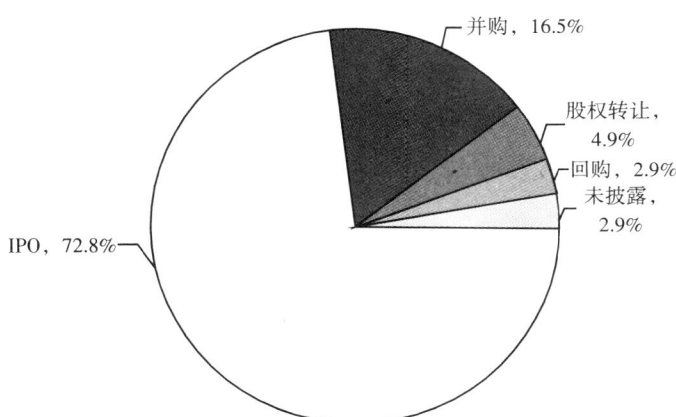

图 1-5-14　2014 年上半年中国私募股权市场退出方式比较

资料来源：清科研究中心。

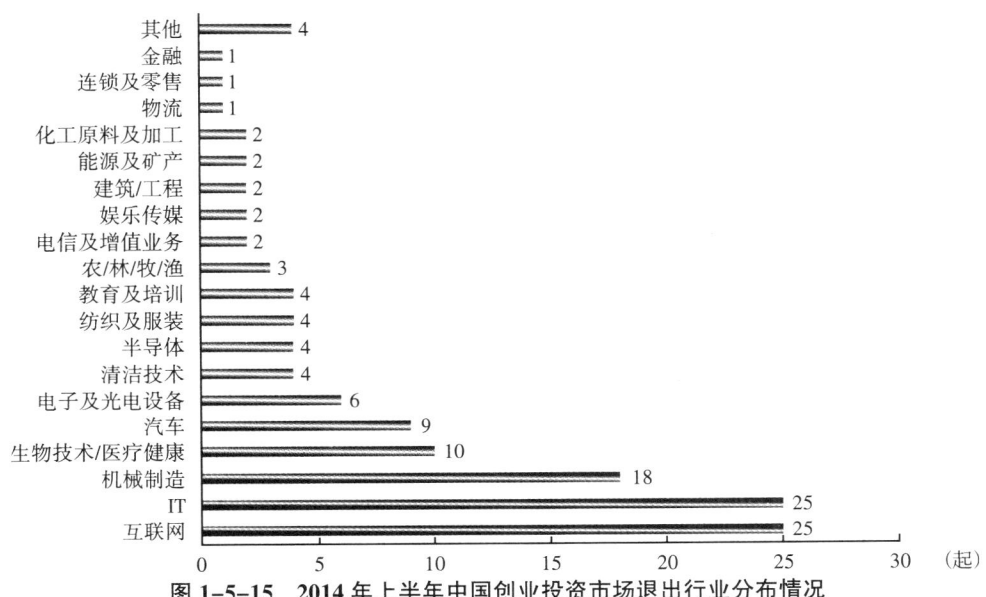

图 1-5-15　2014 年上半年中国创业投资市场退出行业分布情况

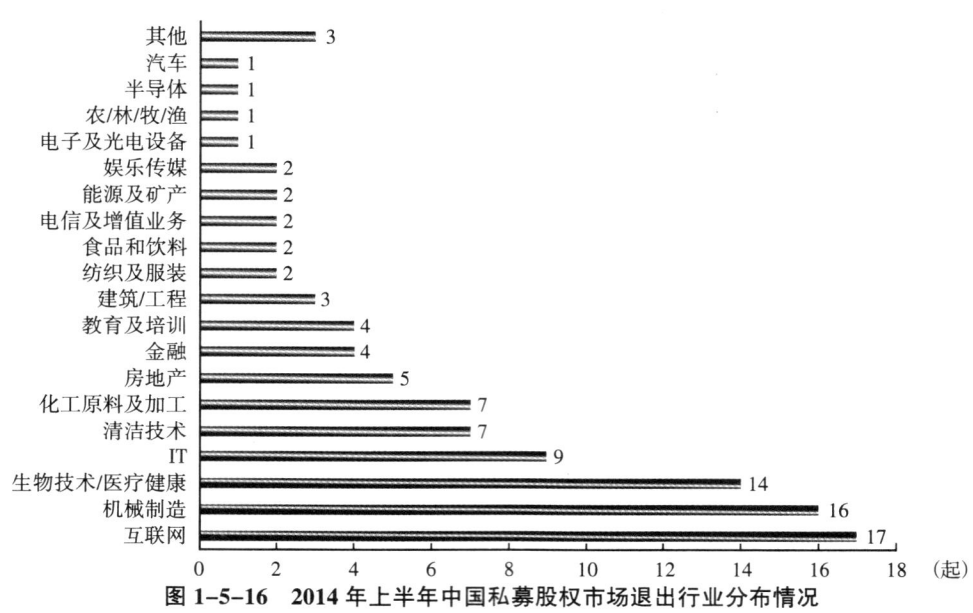

图1-5-16 2014年上半年中国私募股权市场退出行业分布情况

资料来源：清科研究中心。

### 4. 市场情况

VC/PE机构主要通过境外市场和境内市场进行IPO退出。2013年IPO暂停使境内上市受到影响，而随着2014年IPO的重启迎来了新的曙光，VC/PE投资的企业通过境外市场IPO退出。从图1-5-17、图1-5-18可以看出，2012年、2013年境内外上市数量与融资额相比2010年、2011年大幅缩水，这主要是由于前两年国际经济环境持续低迷，境内资本市场也受到影响，再加上证监会多项改革新政陆续出台，VC/PE通过IPO退出不畅。

境外及中国香港市场主要包括中国香港主板、纽约证券交易所、纳斯达克证券交易所，内地市场主要包括上海证券交易所、深圳创业板、深圳中小企业板。据清科研究中心统计，在私募股权市场IPO退出案例中，2014年上半年VC/PE支持的企业主要在深圳创业板退出，共发生20起，其次为中国香港主板发生18起，在纳斯达克证券交易所发生17起退出案例。

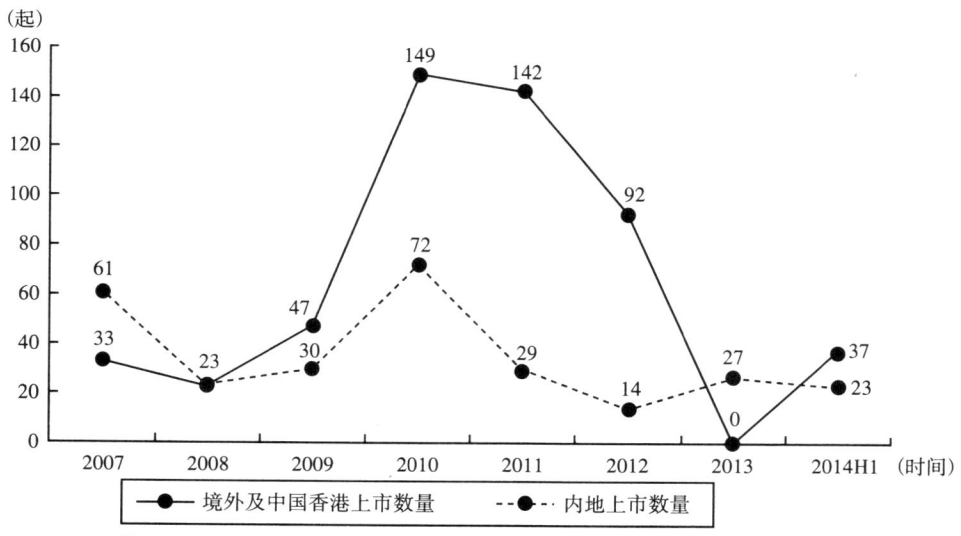

图1-5-17 2007~2014年上半年VC/PE支持中国企业境内外上市数量

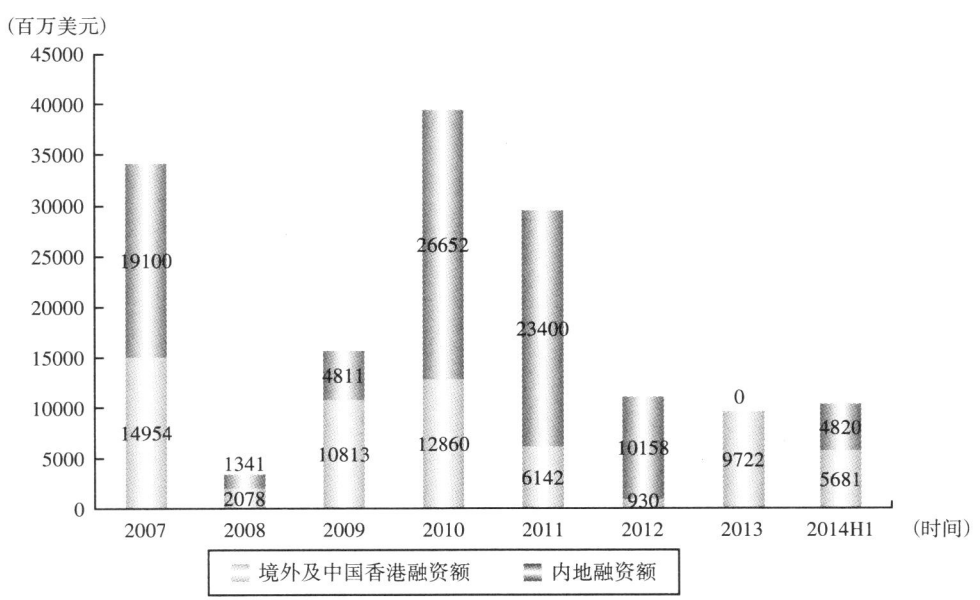

图 1-5-18　2007~2014 年上半年 VC/PE 支持中国企业境内外上市融资额

资料来源：清科研究中心。

### 5. 投资回报水平

VC/PE 投资者将资金注入企业，目的是实现资本增值，最关注能获取多少投资收益。如图 1-5-19 所示，近几年 VC/PE 支持的中国企业上市账面回报率处于波动状态，账面回报总额有下降趋势。但是伴随着 2014 年 IPO 的重启，2014 年上半年的账面回报倍数有所增加。在境外及中国香港上市的账面回报为 10.36 倍，高于 2013 年的 7.98 倍，在内地上市的账面回报为 12.27 倍，除比 2011 年的 16.59 倍低外，高于近几年的内地上市回报水平。

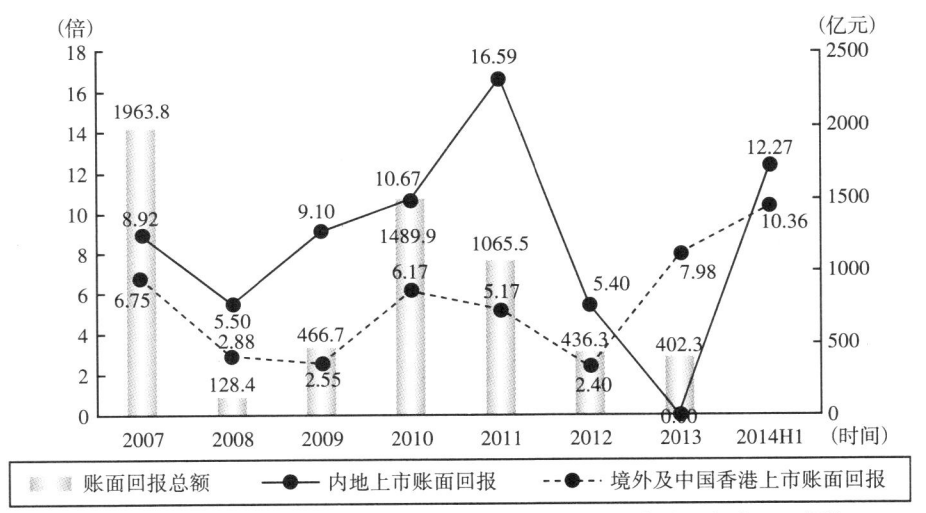

图 1-5-19　2007~2014 年上半年 VC/PE 支持中国企业境内外上市账面回报情况

资料来源：清科研究中心。

2014 年上半年，VC/PE 支持的中国企业通过 IPO 实现了 11.71 倍平均账面回报（如表 1-5-1

所示，除去险峰华兴创业投资和北京真格天成基金凭借"聚美优品IPO"获得的315.96倍和1386.09倍的账面投资回报极值），是2013年同期水平的4.52倍。内地市场上海证券交易所的平均账面投资回报最多，为50.61倍，远高于深圳创业板的4.24倍和深圳中小企业板的2.46倍，这主要是由于在上海证券交易所上市的"纽威股份"和"应流股份"分别以64.08倍和64.03倍的投资回报水平，提高了上海证券交易所的整体投资回报率；在境外及中国香港市场，纽约证券交易所以58.5倍的投资回报水平遥遥领先于纳斯达克证券交易所和香港主板，这是因为在除去投资回报极值后，"聚美优品"为投资者提供的88倍的投资回报率与"猎豹移动"产生的43.75倍的投资回报率拉升了纽约证券交易所的账面投资回报水平。

表1-5-1 2014年上半年VC/PE中国企业IPO账面投资回报统计一览表

| 上市地点 | | 平均账面投资回报（倍） |
|---|---|---|
| 内地市场 | 上海证券交易所 | 50.61 |
| | 深圳创业板 | 4.24 |
| | 深圳中小企业板 | 2.46 |
| | 平均 | 12.27 |
| 境外及中国香港市场 | 纽约证券交易所 | 58.50 |
| | 纳斯达克证券交易所 | 9.29 |
| | 香港主板 | 4.64 |
| | 平均 | 10.36 |
| 平　　均 | | 11.71 |

资料来源：清科研究中心。

## 二　风险投资/私募股权退出的多视角解析

### （一）VC/PE退出的重要性

互联网企业作为一种全新的高风险产业，在发展的过程中存在诸多潜在的不确定因素，决定其成长的前景不太明朗，如果对其进行投资要承担巨大的风险，如果投资一旦成功将能获得与其风险相匹配的巨额收益。VC/PE是由"筹资—投资—退出—再投资"等环节构成的连续的投资行为。退出阶段是一个完整的风险投资循环周期的完成阶段。只有退出，风险资本才能实现循环，只有退出，风险投资收益才能实现。

互联网企业VC/PE退出的重要性体现在：第一，实现投资收益，补偿投资风险。风险投资追求的是高新技术企业经营成功后的高额垄断利润，而不是成熟企业的常规利润。一旦企业发展到成熟阶段，风险投资家就可能及时地将风险企业交给新的投资者。而且由于风险企业本身所固有的高风险，使得风险资本要求有相当高的回报来补偿其承担的高风险。如果缺乏完善的风险投资退出机制，成功项目的投资收益就很难实现，失败项目的投资损失也就无法得到补偿。第二，保持资产流动性，促进投资循环。如果缺乏退出机制，有限的风险资本金就会陷入停滞状态，风险投资活动的链条就会中断，风险投资就无法实现资本增值和形成良性循环，也就无法吸引更多的社会资本加入风险投资领域。风险投资是一种长期投资，一般要经过3~7年才能获得回报，而且在此期间，通常还需要不断地对有成功希望的风险企业追加投资，且投资资金往往以成倍的速度增加，因而风险投资不能适时退出就无法从事新的投资。第三，评价风险投资，发现投资价值风险投资的对象一般是极具发展潜力的新兴高新技术企业。这些企业是新思想、新技术、新产品和新市场的集合体，无形资产的含量很高，因而对风险企不仅要评估其即期的价值，更要评估其成长带来的未来价值。因此，其价值不可能通过传统的简单的财务核算来评估，只能通过市场评价来发现和实现。风险投资退出机制为风险投资活动提供了一种客观的市场评价方法，评价其投资价值最好的标准就是看风险投资退出时能否达到大幅度的增值。

## （二）VC/PE 退出方式

通过对国内外学者的研究总结，VC/PE 投资者的退出方式包括四种：首次公开发行（IPO）、兼并收购（Merger & Acquisition，M&A）、股份回购（Buy-back）和破产清算（Write-off）。其中，股份回购分为员工回购（Employee Buyout，EBO）和管理层收购（Management Buyout，MBO）。四种退出方式比较如表 1-5-2 所示。

表 1-5-2　四种退出方式比较

| 退出方式 | 优点 | 缺点 |
|---|---|---|
| IPO | 投资回报率高；提高企业知名度和树立良好企业形象；融资渠道多样化 | 门槛高，对企业要求高；成本高；监管严格；退出有时间限制；发行失败风险大 |
| 并购 | 费用低，手续简便；退出时间短；门槛低 | 价值可能被低估；控制权受到威胁；后期经营风险高 |
| 股份回购 | 退出时间短，限制少；保持控制权 | 企业财务稳定性和后续融资受到影响 |
| 破产清算 | 避免损失扩大 | 成本高；周期长；法律程序复杂 |

### 1. 首次公开发行

首次公开发行（Initial Public Offerings，IPO），是指当企业发展到一定阶段，满足证监会的要求时，由证券公司通过保荐承销方式将其股份第一次向公开市场发行股票的方式。企业通常会选择国外上市和国内上市。在国内市场，我国主要是主板市场和二板市场。与主板市场相比，二板市场条件比较宽松，门槛低，一般是新兴的中小企业的选择。企业 IPO 能获得高额的投资回报，因此是 VC/PE 最青睐的退出方式。如险峰华兴创业投资和北京真格天成基金凭借"聚美优品 IPO"获得了 315.96 倍和 1386.09 倍的账面投资回报。

### 2. 兼并收购

兼并收购（Merger & Acquisition，M&A）是指 VC/PE 将其被投资的企业股权转让给其他投资者，从而达到退出目的的方式。并购一般包括一般收购和二级收购两种方式。一般收购通常是指原始 VC/PE 将其持有的股权转让给一般企业；二级收购是指将股权在两个或多个 VC/PE 之间分配，而原始 VC/PE 继续对被投资企业进行投资。随着资本市场的不断发展，并购在退出方式中所占的比重越来越大。

### 3. 股份回购

股份回购（Buy-back）是指被投资企业从 VC/PE 手中回购其手中持有的股份，实现对企业的控制权。股份回购分为两种：员工回购（Employee Buyout，EBO）和管理层收购（Management Buyout，MBO）。员工回购是指企业员工集体将公司的股份回购；管理者回购是指企业的创始人或管理人回购本公司的股份。管理层回购属于公司的一种激励机制，一定程度上解决了公司的委托代理冲突问题。

### 4. 破产清算

破产清算（Write-off）是指企业因为财务状况恶化，无法偿还债务并且不能获得新投资而采取的对资产和债务进行清算的方式。清算是 VC/PE 最不喜欢的方式，因为清算意味着投资的失败，并且损失最大。

## （三）VC/PE 退出影响因素分析

我国风险投资的发展远远落后于美国等西方发达国家，其中缺乏有效的风险投资退出机制是一个很重要的原因。由于缺乏有效的退出机制，使风险投资只承担高风险，而得不到高收益，导致风险投资高风险与高收益的不对称。影响我国风险投资退出的因素是多方面的，其中宏观因素主要有经济周期、证券市场的活跃程度、产权交易市场的成熟程度以及相关的政策法规等。

1. 宏观因素

第一，证券市场的活跃程度。活跃的证券市场为风险投资退出创造了良好的条件。完善的证券市场金融体系，应包括发达的主板市场、活跃的二板市场以及规范的场外交易市场，其中后两类市场在中国几乎还是空白。美国是典型的以证券市场为主导的金融体系国家，主要包括纽约证券交易所（NYSE）、纳斯达克股市（NASDAQ）等。美国证券市场的这几个板块功能明确、层次鲜明，分别服务于不同发展阶段的风险企业。以银行为主导的金融体系国家，以德国和日本为代表，其风险投资主要是选择兼并收购的方式退出。如果缺乏上市这一退出途径，风险投资家往往不愿意进行投资。二板市场明确定位于为具有高成长性的中小企业和高科技企业融资服务，是一条中小企业的直接融资渠道，上市标准和条件相对较低。二板市场的建立直接推动了中小高新技术企业的发展，也成为风险投资实现退出的一条有效渠道。然而，我国目前还没有建成真正意义上的二板市场，国内的风险投资即使条件成熟时，也很难实现首次公开发行（IPO）。虽然有一些风险企业通过"买壳"、"借壳"进了主板市场，但毕竟是少数。

第二，产权交易市场的成熟程度。健全的产权资本交易市场是成功实现并购和股权回购的有效载体。近年来，具有世界影响的"超级并购"频频发生，公司并购已成为在一国范围内或国际范围内重组创新能力的有效途径，成为风险投资的一种有效退出方式。目前我国的产权交易市场还不发达，统一的产权交易市场还没有形成，产权交易成本过高，使得跨行业跨地区的产权交易难以实现。就我国目前产权市场的状况来看，尚难以适应风险投资退出的要求。我国产权市场自设立之初，其服务的对象主要定位于国有企业。随着我国国有企业比重的降低，大量中小型企业，特别是一些科技含量高的民营企业的出现，产权交易的主体范围应该进一步拓展。国外的发展证明，只有大量中、小型企业的活跃，才能促进产权交易活动的发展，进而使社会资源在更大范围内流动。

第三，法律法规的完善性。风险企业往往具有成立时间短、资本量小、风险高等特点，这就要求政府宏观政策上的支持和各项优惠政策的扶持，既要有"进入"的激励机制，又要有灵活的"退出"机制。在美国，国会制定和通过的《小企业投资法》、《公众创业投资法》、《小企业投资刺激法》；英国政府实施的"信托投资法"、"政府贷款担保计划"、"企业开业计划基金"；韩国的《中小企业创业支持法案》、《新技术财政资助条例》等都对本国、本地区的风险投资机制建立以及高新技术产业的发展起到了很重要的作用。完善的政策扶持制度、完备的法律制度是风险投资发展的必要条件。尽管我国政府已制定了一系列的政策法规，为风险投资企业提供了必要的法律保护，如《公司法》、《证券法》、《创业投资企业管理暂行办法》（2006年3月正式施行）等，但尚缺乏以风险投资为调节对象的专门法律，风险投资依旧处于一种法律保护相对薄弱的境地。

2. 微观因素

第一，风险投资协议。风险投资协议，也可称为股票购买协议，是在风险投资家和创业企业家之间签订的规范两者关系的最基本的法律文件。风险投资协议中包含许多具体的条款，其中退股权和股份回购权条款是直接影响风险投资退出的条款。退股权的实质是一种卖出期权,是指在风险企业的业绩达不到预期的水平时,风险投资家有权要求风险企业退股,收回初始的投资并加上一定的利润水平。而股份回购权的实质是一种买入期权,是指风险企业管理者有权在某一时间从风险资本家手中购回风险企业股票。退股权通常发生于风险企业无法实施首次公开发行,并且风险投资公司持有的风险企业股份又无法通过并购出售的情形下,它的设置目的在于在一定程度上保全投入到风险企业中的风险投资资金,而回购权的设置则是风险企业管理层通过增强对风险企业的控制权来保障自身的权益。由此可见,在风险投资协议中退股权和股份回购权条款的具体安排对风险投资项目的退出方式的选择有直接的影响。

第二,风险投资存续时间。风险投资是一项长期的股权投资行为,不仅仅是为风险企业提供资金帮助,而且还要在管理、财务、金融和市场等方面为其提供增值服务。根据美国等发达国家的经验,风险投资项目持股通常为3~7年。而我国风险投资专家根据自己的判断,估计出的风险投资项目的平均持股年限大约为5.5年。

第三,风险投资家和创业企业家的偏好。风险投资家是风险投资退出的主要实施者,其偏好对风险投资退出方式的选择有直接的影响。有限合伙制是现代风险投资基金的主流形式。有限合伙制风险投资基金的存续期通常仅为10年,也可根据实际情况延长1~3年,因此风险投资家要不停地去筹集资金来建立新的投资基金,而这与风险投资家的声誉、投资业绩等历史记录密切相关。绝大多数风险投资家,尤其是那些不太出名的风险投资家,为了提高声誉以便筹得更多投资资金,总是要将手中一些比较成功的企业通过 IPO 上市以显示其投资业绩。如果风险资本家将 IPO 作为首选的退出方式,其退出时机选择就必然受证券市场走势的制约。一般来说,无论是风险投资家还是创业企业家,对 IPO 退出方式普遍持欢迎态度。出于企业控制权的考虑,创业企业家对于并购,尤其是一般并购,其反应是比较消极的。但对于回购,根据风险企业的发展状态以及预期的发展前景,创业企业家的反应可能是消极的,也可能是积极的。

## 三 风险投资/私募股权退出方式、动因与影响因素
——以阿里巴巴为例

### (一) 引入 VC/PE 的融资历程

阿里巴巴集团是由马云于 1999 年带领其他 17 人所创立的一家国际化互联网公司,在香港成立公司总部,在中国杭州成立中国总部,并在海外设立美国硅谷、伦敦等分支机构、合资企业 3 家,共有 20884 名员工。2014 年 9 月 19 日晚,阿里巴巴正式在纽交所挂牌交易,股票代码 BABA,发行价为每股 68 美元,上市首日股票开盘价为 92.7 美元。截至 2013 年 12 月 31 日,阿里巴巴每股盈余为 3.66 元/股。

阿里巴巴集团的使命是让天下没有难做的生意,旨在构建未来的商务生态系统,其愿景是让客户相会、工作和生活在阿里巴巴,并持续发展最少 102 年。阿里巴巴经营多个领先的网上及移动平台,业务覆盖零售、批发贸易及云计算等,并且向消费者、商家及其他参与者提供技术和服务,让他们可在阿里巴巴构建的生态系统里进行

商贸活动。

阿里巴巴是全球最大的在线和移动商务公司，经营多元化的互联网业务，致力于为所有人创造便捷的交易渠道。在中国一共有三个零售市场：在线购物平台淘宝网、第三方品牌和零售商天猫商城以及团购市场聚划算。除此之外，阿里巴巴还有全球最大的批发平台 Alibaba.com、中国批发市场1688.com 和全球零售平台速卖通，以及云计算服务。阿里巴巴主要通过旗下三个交易市场协助世界各地的买家和供应商从事网上生意。三个网上交易市场包括：集中服务全球进出口商的国际交易市场、集中国内贸易的中国交易市场，以及通过一家联营公司经营、促进日本外销及内销的日本交易市场。阿里巴巴在国际交易市场上设有一个全球批发交易平台，为规模较小、需要小批量货物快速付运的买家提供服务。所有交易市场形成一个网上社区，它拥有来自240多个国家和地区超过6100万名注册用户。

阿里巴巴自建立以来，引入VC/PE大致进行了6次融资，详细历程如表1-5-3所示。

表1-5-3 阿里巴巴融资历程一览表

| 时间 | VC/PE 机构 | 融资额（美元） |
| --- | --- | --- |
| 1999年10月 | 以高盛为首包括富达投资和新加坡政府科技发展基金、Invest AB | 500万 |
| 2000年1月 | 软银 | 2500万 |
| 2004年2月 | 软银、富达投资、GGV | 8200万 |
| 2005年8月 | 雅虎 | 10亿 |
| 2011年9月 | 美国银湖、俄罗斯DST、新加坡淡马锡以及中国的云峰基金 | 20亿 |
| 2012年8月 | 主权财富基金、中投、中信资本、博裕资本、国开金融、银湖、DST、淡马锡 | 42.88亿 |

1. 第一次融资：1999年10月，江湖救急

1999年初，马云决定回到杭州创办一家能为全世界中小企业服务的电子商务站点。回到杭州后，马云和最初的创业团队开始谋划一次轰轰烈烈的创业。大家集资了50万元，在马云位于杭州湖畔花园的100多平方米的家里成立阿里巴巴。有了一定名气的阿里巴巴很快也面临资金的瓶颈：公司账上没钱了。当时马云开始去见一些投资者，但是他并不是有钱就要，而是精挑细选。即使囊中羞涩，他还是拒绝了38家投资商。马云后来表示，他希望阿里巴巴的第一笔风险投资除了带来钱以外，还能带来更多的非资金要素，例如进一步的风险投资和其他的海外资源，而被拒绝的这些投资者并不能给他带来这些。后来，现在担任阿里巴巴集团董事局执行副主席的蔡崇信凭借在投行高盛的旧关系为阿里巴巴解了燃眉之急。以高盛为首包括富达投资和新加坡政府科技发展基金、Invest AB 在内的风险投资机构向阿里巴巴投资了500万美元。

2. 第二次融资：2000年1月，雪中送炭

由于当时互联网在全球极度火热，无数的美国互联网公司如雅虎、eBay、亚马逊等获得成功，当时风险投资家把目光都投向互联网，挖掘蕴藏的无限商机。2000年初经过摩根士丹利印度分析师介绍，马云认识了IT财团大亨、雅虎最大的股东、"全球互联网投资皇帝"、软银投资主席兼行政总裁孙正义。马云经过短短六分钟的演讲，征服了孙正义。之后经过反复商量，感觉互联网今后发展肯定需要足够的资金支持，马云决定再次融资2000万美元。并且同时获得了软银资源支持，孙正义接受邀请成为阿里巴巴的首席顾问。从2000年4月起，纳斯达克指数开始暴跌，长达两年的熊市寒冬开始了，很多互联网公司陷入困境，甚至关门大吉。但是阿里巴巴却安然无恙，很重要的一个原因是阿里巴巴获得软银2500万美元的融资。

3. 第三次融资：2004年2月，拓展业务

通过前两轮的融资，阿里巴巴获得迅速发展，需要更多的国际性人才加盟。之后三大高管成为

马云的"三驾马车",包括 CFO 蔡崇信、COO 关明生、CTO 吴炯任,加上 CEO 马云,公司组成了坚强有力的"4XO"豪华战车领袖团队。此外,微软(中国)原人事总监和联想网站原财务总监也加盟了阿里巴巴。有了上述高管加盟,公司在整体运营、技术研发、战略、发展方面,获得极大的提升,再次获得软银、富达投资、GGV 合计 8200 万美元的投资。公司不仅快速发展了 B2B 业务,还同时进入 C2C(淘宝)、电子支付(支付通)领域,业务实现了全面扩张并迅猛发展。随后,阿里巴巴创办淘宝网、支付宝实施多样化业务发展战略。

4. 第四次融资:2005 年 8 月,联姻雅虎

雅虎中国由于管理不善,在中国业务远远落后于三大门户及本土搜索企业百度,所以要急于寻找能振兴雅虎中国的团队和人才。雅虎的最大股东孙正义、创始人杨致远均对阿里巴巴的执行力深信不疑,因此希望马云临危受命,接管雅虎中国。但马云提出投资 10 亿美元的要求,达到补充业务发展所需的资本金、与雅虎形成战略业务紧密合作、为以前投资人部分套现等目的。此次融资为"火速烧钱"业务——支付宝和淘宝的迅猛发展提供了充足的"粮草弹药",为这两大业务今后实现盈利打下了雄厚的资金基础。2005 年 8 月阿里巴巴收购雅虎中国,同时得到雅虎 10 亿美元投资。

5. 第五次融资:2011 年 9 月,股权回购

2011 年 8 月,美国银湖、俄罗斯 DST、新加坡淡马锡以及中国的云峰基金向阿里巴巴融资近 20 亿美元。按照当时的融资计划,所有符合条件的阿里巴巴集团员工,均可以按照自己意愿以每股 13.5 美元的价格将所持有的集团股权按照一定比例上限出售,从而获得现金收益。

6. 第六次融资:2012 年 8 月,回购雅虎股份

2012 年 8 月,为了支付回购雅虎持有股份所需的 76 亿美元,除了商业贷款以外,阿里巴巴向一系列 PE 基金和主权财富基金出售了 26 亿美元的普通股和 16.88 亿美元的可转换优先股。其中普通股的价格为每股 15.5 美元,可转换优先股的价格为每股 1000 美元。中投、中信资本、博裕资本、国开金融等机构成为新股东,银湖、DST、淡马锡分别进行了增持。

VC/PE 投资者最终的目的是通过成功退出实现资本增值。阿里巴巴在美国上市后,成为全球瞩目的"明星"。实际上,阿里巴巴的成功与其背后 VC/PE 的投资者紧密相关。阿里巴巴通过雅虎并购以及赴美上市,使得 VC/PE 投资者顺利退出,同时自己也得到了丰厚的回报。

### (二) VC/PE 退出时间及方式

VC/PE 机构退出阿里巴巴主要通过两种方式:IPO 和并购。

1. 第一次退出:2005 年 8 月,并购

2005 年 8 月,雅虎和阿里巴巴共同宣布,雅虎以 10 亿美元和雅虎中国全部业务作价,换购了阿里巴巴集团 40% 的股权。在并购前,马云向外界发出豪言:"我们和雅虎不是合并,而是阿里巴巴并购雅虎。"阿里巴巴也是通过此次并购完成了进军资本市场的准备。并购的细节是,雅虎先以 3.6 亿美元价格向软银集团购得 450 万股淘宝网股票(其余股份由阿里巴巴集团持有),并赠予阿里巴巴,软银集团完成了部分套现。同时,雅虎又以 5.7 亿美元价格购买 8772 万股阿里巴巴集团股票(合每股 6.5 美元),占阿里巴巴集团已发行股份总数 6.54 亿股的 13.41%。在这次交易中,阿里巴巴前期的风险投资机构退出并套现。

2. 第二次退出:2014 年 9 月,美国 IPO

2014 年 9 月 19 日北京时间 21 时 30 分,阿里正式敲钟开市。因为交易量庞大,阿里创美股 10 年来开盘时间最长纪录。直到北京时间 23 时

50分之后才出炉开盘价。开盘92.7美元，较发行价68美元高开36.3%。阿里巴巴集团市值达到2383.32亿美元，成为仅次于谷歌的全球第二大互联网公司。

### （三）VC/PE退出动因

**1. 急于套现，实现资本收益**

一般的风险投资期限为3~5年，到2005年，包括高盛在内的几家风险投资全部到期，当然期望早点上市实现套现。但马云认为坚持到淘宝战胜eBay、阿里巴巴垄断B2B市场、淘宝垄断C2C市场后，再上市。面临投资者套现压力，阿里巴巴决定与雅虎中国联姻，阿里巴巴收购雅虎中国旗下所有资产，而雅虎投资10亿美元给阿里巴巴。而在2011年之后引入的VC/PE投资者也需要通过套现实现资本收益，特别是软银和雅虎这两个大股东资金注入阿里巴巴时间已经很久。

**2. 对赌协议的约定**

2012年阿里巴巴与雅虎签署的股权回购协议中提到，阿里巴巴在2015年12月31日前进行IPO，才有权在上市之际回购雅虎持有的剩余股权中的一半。同时，为了终止未来的知识产权使用费收入，2013年5月签署的股份回购中的现有技术与知识产权授权协议条款规定："阿里巴巴集团将向雅虎预付总额为5.5亿美元的未来知识产权使用费，并且最多继续支付知识产权使用费四年。"对于阿里巴巴，越早上市，就可以越早获得更多的资金支持，并且可以越早终止或减少向雅虎支付的知识产权使用费。

**3. 避免行业竞争带来收益损失**

京东在2014年上市，上市前获得了腾讯旗下QQ网购和拍拍网100%权益、物流人员和资产，及易迅少数股东权和购买易迅网剩余股权权利，微信和手机QQ客户端以及入口位置支持。京东在移动端获取了支持，并且在物流方面继续加强。而物流是阿里巴巴的短板。根据阿里巴巴的招股说明书，目前阿里巴巴在移动端占总交易量的比重增长迅速，达到20%。而在2012年第二季度时，移动端的交易量仅占4.6%。通过对新浪微博、高德地图、UC等的投资，弥补了自身的短板。京东的上市刺激了阿里巴巴，此时选择上市可以使阿里巴巴减少行业竞争压力，VC/PE投资者可以避免因行业竞争带来的收益损失。

**4. 提高全球知名度和追求更大声誉**

良好的知名度在一定程度上代表着公司的价值，通过在美国资本市场上市，经过路演以及媒体的曝光，达到了更广泛的宣传效果，提高阿里巴巴在全球的知名度，同时阿里巴巴背后的VC/PE投资者也获得了福利。阿里巴巴在美国上市之后，这些VC/PE投资者也同样受到了全球的瞩目，对于其之后进行再次投资具有积极的推动作用。

### （四）VC/PE退出影响因素

**1. 投资收益影响**

VC/PE投资企业最终的目的是通过资本循环实现增值。而在选择以哪种方式退出时，投资收益最大化当然是首要考虑的因素。众多学者研究表明，选择以IPO方式退出能使投资者获取最大的收益。因此，阿里巴巴赴美IPO成为VC/PE投资者最中意的退出方式。

**2. 制度的影响**

（1）内地资本市场限制。第一，主体不符合条件。证监会要求A股上市公司主体必须在中国内地。而阿里巴巴与新浪、百度一样，VIE架构，即境外注册的上市公司和在境内进行运营业务的实体相分离，上市公司是境外公司，而境外公司通过协议的方式控制业务实体。此次阿里巴巴集团整体上市的主体为Alibaba Group Holding Limited；这是一家注册于开曼群岛的公司，因此不满足A股上市条件。而拆除VIE架构则技术复杂，需要付出相应的代价。

第二，股东人数不满足条件。按照《公司法》规定，"设立股份有限公司，应当有 2 人以上 200 人以下为发起人"。如果想在 A 股上市，阿里巴巴需要在申报上市材料前大规模清理员工持股，将股东人数压缩到 200 人以内。但这并不是一件简单的事情。

第三，时间不确定。内地 IPO 在 2014 年初刚刚确定重启，之前时间不确定造成阿里巴巴对于和雅虎签订的协议中提到的在 2015 年之前 IPO 还是个未知数。

（2）海外市场条件宽松。2013 年 10 月，阿里一直倾向于在香港上市，因为阿里巴巴 2007 年在香港上市，对于这里的环境等各方面都比较熟悉。港交所之前提出，阿里巴巴如果要以合伙人制度上市，必须接受一部分限制条件，包括合伙人制度设有三年有效期，其间马云及管理层最多可减持其持股的 25%；股东大会提名的重选次数要降为 1~2 次。马云坚持合伙人制度，而美国的资本市场是接受"同股不同权"，最终决定踏上赴美上市之路。

3. 管理者保持控制权的需要

马云的合伙人制度是他最终选择赴美上市的关键影响因素，而他最根本的目的是保持管理层的控制权。合伙人制的实质就是同股不同权的双重股权结构，管理层可以通过少量资本控制整个公司。如果没了这种双层股票结构，马云将无法控制阿里。目前，马云及他的 27 个合伙人只拥有阿里巴巴约 10% 的股份，但他们有权提名董事会的大部分董事。阿里巴巴的股东们可以否决合伙人提出的董事候选人，但合伙人还可以重新挑选新的候选人以供股东批准。合伙人之间实行一人一票，罢免合伙人需要得到所有合伙人 51% 的投票支持。通过多层次股权制度，马云可以保持管理层对公司的控制，使得 VC/PE 投资者选择美国 IPO 方式的退出。

4. 战略合作的需要

VC/PE 投资者从事投资的目的一般有两个：一是财务收益动机；二是战略导向动机。学者认为当企业代表投资者实行战略投资时，有战略导向动机的投资者更愿意倾向 IPO 退出。阿里巴巴其实是最早利用国际贸易发家的中国互联网公司之一，它的 B2B 电商网站给了无数的中国廉价商品一个销往海外市场的平台，搭上互联网的发展浪潮和中外贸易的发展快车而获利。不过在此之后，阿里巴巴迅速将整个集团的精力投入到了国内网购这一新增长点当中，并利用淘宝为基础的电商平台迅速站稳脚跟，完成了向中国最大电商生态的蜕变。之前，阿里巴巴进行业务线的整合和事业部的重置、频繁的投资和并购、移动端通过激进的战略与腾讯对垒等连接海内外的业务，通过美国上市，可以使阿里巴巴的国际化战略进一步全面实施。

位于加州森尼维尔的雅虎公司一直以来都享受着中国公司阿里巴巴带来的好处，因为它持有的阿里巴巴股份增长快速，而这部分股份的市值预计将达到 100 亿美元。雅虎公司创始人之一杨致远表示：与阿里巴巴公司的结盟，将极大地增强并支持雅虎公司的全球战略以及其在中国的影响力，阿里巴巴公司 CEO 马云以及阿里巴巴公司的管理团队，对中国市场拥有深刻的理解能力、高效的管理能力以及对互联网未来发展机会的杰出战略判断能力，雅虎公司坚信，阿里巴巴公司将领导中国互联网的电子商务、搜索的长期发展。

软银 CEO 孙正义 2013 年收购了 Sprint，并且计划收购 T-Mobile，因为经过一系列大胆的收购，软银 CEO、亿万富翁孙正义欠下的债务累计已达到 900 亿美元。他希望利用这些优势，改写美国互联网的未来。孙正义在软银的年报中写道：

"软银区别于其他公司的根本在于我们的互联网背景,而不仅仅是电信业务背景。软银集团的目标是成为移动互联网领域的世界第一。我们对于集团的愿景是,通过提供多样化的服务和内容,如音乐、视频、电子商务和财务结算等,让全世界的人们拥有丰富多彩的生活方式。"Sprint要想赢回客户,必须推出比AT&T、威瑞森和T-Mobile更有吸引力的移动产品。美国消费者如今已经有亚马逊、eBay、谷歌(Google)和其他根基深厚的选择。日本软银集团(SoftBank)与中国阿里巴巴集团(Alibaba)的强强联合可以在美国打造领先的移动与电子商务公司。他相信,随着两家公司在美国的活动增加,他可以利用在阿里巴巴持有的股份,在两家公司之间形成协同效应。他将阿里巴巴形容为"不可或缺的战略合作伙伴"。孙正义全球扩张计划的核心是,创造一个互联网与移动生态系统,将电信基础设施作为平台,提供远远超出语音与数据的一系列服务。阿里巴巴赴美上市,国内外市场都将迎来新的面貌,雅虎和软银两大股东也会享受这一好处,从而实现多赢。

### (五) VC/PE退出的市场效应

2014年9月19日阿里巴巴在纽交所挂牌上市,发行价每股68美元,开盘即上涨为92.7美元(如图1-5-20所示),较发行价上涨36.3%。当天全日最低89.95美元,最高升至99.7美元,收于93.89美元。市值达2314.39亿美元,超越Facebook,成为仅次于谷歌的第二大互联网公司。同时,这一数字也超过葡萄牙GDP。世界银行网站数据显示,按照现价美元计算,2013年葡萄牙GDP为2200亿美元。

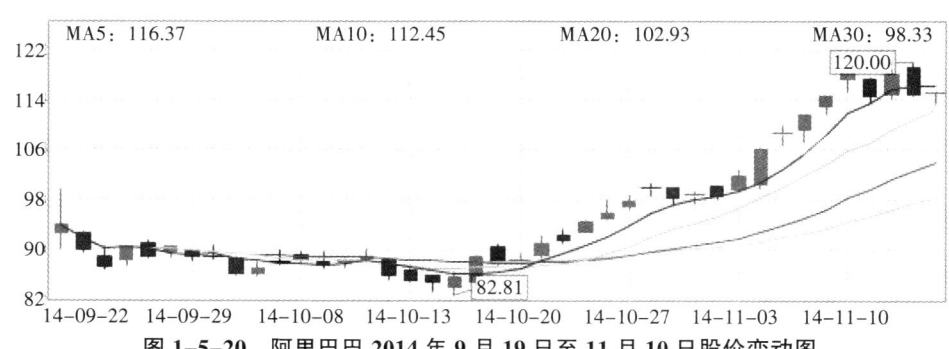

图1-5-20  阿里巴巴2014年9月19日至11月10日股价变动图

阿里巴巴的完美开局和美股近期整体的强势表现也密不可分,美股市场已经连续34个月都没有出现10%或者以上的盘整,持续着1929年大萧条之后时间最长的牛市,而在阿里巴巴IPO当日,纳斯达克综合指数更是达到了14年来的最高点。

阿里巴巴此次公开发售约3.2亿股ADS,一股ADS(美国存托凭证)代表一股普通股。其中包括新发行的约1.23亿股,以及既有股东售出的约1.97亿股,募集的金额约为217.7亿美元。以发行价计算,整体估值超过1748亿美元。除此之外,阿里巴巴集团以及部分既有股东已经允许承销商有权限在30天内销售额外的约4800万股ADS,也就是绿鞋机制。启动该机制,阿里巴巴IPO的募资额将超过250亿美元,成为全球历史上最大规模的IPO。VC/PE也通过套现实现资本收益(如表1-5-4所示)。

阿里巴巴上市后,一直到11月7日,股价总体处于不断上升的状态。通过计算股票收益率[(当日股价-前一日股价)/前一日股价],如图1-5-21所示,可以看出,阿里巴巴的股价收益率一直处于不断波动的状态。但是总体来说，阿里巴巴的股价收益率在上升，并由 9 月 22 日的 −4.29% 上升到 11 月 7 日的 2.68%，逐渐趋于稳定。

表 1-5-4　VC/PE 套现情况一览表

| VC/PE | 抛售股份（股） | 套现金额（亿美元） | IPO 后持股数（股） | IPO 后持股比例（%） |
| --- | --- | --- | --- | --- |
| 软银 | 0 | 0 | 7.98 亿 | 34.4 |
| 雅虎 | 1.22 亿 | 83 | 4.02 亿 | 16.3 |
| 中投 | 1429 万 | 9.7 | 5217 万 | 2.1 |
| 国开行 | 548 万 | 3.73 | | |
| 中信资本 | 491 万 | 3.34 | 2090 万 | 0.8 |
| 银湖资本 | 410 万 | 2.79 | 5483 万 | 2.2 |
| 云峰基金 | 653 万 | 4.44 | 2829 万 | 1.1 |

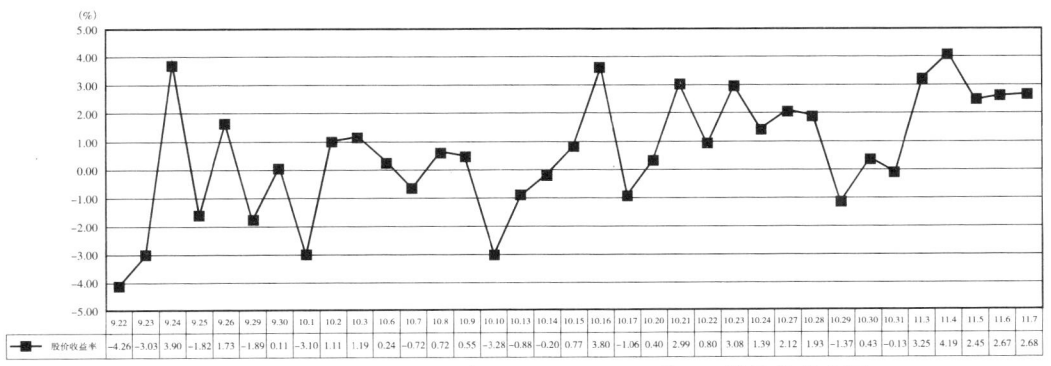

图 1-5-21　阿里巴巴 2014 年 9 月 19 日至 11 月 7 日股价收益率图

## 四　借鉴与启示

随着阿里巴巴在美国纽约证券交易所上市，美国资本市场迎来了规模最大的 IPO，这一壮举对全球资本市场也产生了冲击。阿里巴巴经过六次 VC/PE 的融资，才有了今天显著的成绩，同时给众多的投资者们带来了丰厚的回报，也吸引了更多新投资者的眼球。本文通过对阿里巴巴的 VC/PE 投资者选择 IPO 退出方式的研究，引起我国政府和企业深思。

### （一）建立多层次资本市场，规范产权场外交易市场，鼓励和引导企业上市退出

多层次资本市场发展的不平衡是制约我国 VC/PE 发展缓慢的重要因素。结合当前国内风险投资市场中各种退出渠道的适合条件，最终选择一条合适可行的退出渠道，从而降低相关风险，且得到最高投资回报率或最低资本损失。另外，从整个投资周期来讲，退出是进行投资不可缺少的重要环节。受到当前金融市场环境制约，相关退出渠道在国内的应用与在美国等发达资本市场

背景下的应用有相当大的差别，因此要积极借鉴美国风险投资国外退出的成功经验。

**1. 完善主板市场和创业板市场建设**

目前，我国的主板市场的上市条件比较苛刻，一些VC/PE企业几乎很难在主板市场上市，但是可以通过已上市企业的壳资源进行借壳上市，从而解决上市的难题。而我国的创业板市场虽然比主板市场条件宽松，但是和中国香港的创业板市场、美国的纳斯达克市场相比，我国创业板市场的门槛相对较高，阻碍了大多数的风险企业想通过IPO的方式实现资本退出。由于我国目前还不适合发展低门槛或无门槛的创业板市场，只能通过对现有创业板市场的不断完善和改进，使之与国际上的主要创业板市场接轨，逐渐降低其上市的标准，使更多的风险资本能够通过IPO的方式实现退出。

**2. 规范产权场外交易市场**

产权场外交易市场上柜交易的资格、条件、交易规则、结算和监管方面以其自身的特点，为众多不符合上市条件又具有良好发展前景的企业开辟市场，实现市场的多元互补，这样可以为资本退出提供一个有效的渠道。而在我国场外交易市场基本上是处于一种缺失的状态。发展柜台交易，无论是支持风险投资发展、建立退出渠道，还是优化资本市场都是十分必要的。发展我国的场外交易市场，主要有以下两个方面：一方面，制定全国统一的规则，建立规范的柜台交易市场。出台全国统一的柜台市场的发行规则、上市规则、交易规则、监管规则，建立全国统一的、符合规范要求的行情显示系统、交易系统、资金清算和股权登记过户系统等。另一方面，对柜台交易实行做市商制度。选择一些资信好、经营管理水平较高的证券公司率先开展柜台交易。同时，在当前证券监管体制下，组建"全国场外交易市场管理委员会"，确定各地柜台交易试点的分布设置，并参与市场交易的监管。

**3. 鼓励企业上市退出**

创业板以及全国性的OTC市场并不能完全容纳越来越多的新技术企业，VC/PE投资的企业除了在境内上市外，还可以选择在境外上市。选择海外市场进行上市又成为我国风投企业进行退出的新渠道，如美国的NASDAQ市场、中国香港创业板，上市条件都比较宽松，市场化程度高，有利于资金的流动。我国目前已经有好几家风险企业在海外成功上市，如百度、腾讯、阿里巴巴、京东等。为了顺利实现在海外上市退出，我国可以考虑在海外设立相关的新技术产业投资基金，更好地利用外资加大对风险企业的创业投资，将投资项目选择在国外发达的二板市场进行上市。同时，在我国由核准制改成注册制之后，积极鼓励企业在国内上市，实现风险资本的退出。

## （二）修改相关法律法规，加强监管力度，推动VC/PE退出的有效运行

一个完善的法律法规制度是保证社会发展的重要基础。目前，我国针对VC/PE的相关法律法规还缺乏一套完善的法律法规体系，如VC/PE退出机制、产权机制以及中介服务等存在问题，要解决这些问题来改善当前VC/PE市场发展缓慢的现状。当前我国国内还有很多信用失灵、信息不对称以及内部控制等不良经济行为，并且法律惩罚滞后，严重阻碍了VC/PE行业的快速稳定发展。所以有必要进一步完善风险投资的相关法律法规，进而保障投资活动的正常开展，保障投资者的最大利益。因此，对于《公司法》、《证券法》中不利于VC/PE退出的法律法规进行修改和完善，如对于《公司法》中上市公司的标准定得较高，使得绝大多数风险企业难以上市，限制风险投资通过公开上市的办法退出，在修订完善时可适当下调上市公司的注册资本，以便使更多的中

小型企业取得上市的资格；修改《证券法》中关于对大额股份转让进行限制和披露登记的法律条款，积极鼓励风险投资家采用兼并收购或买壳上市的方式退出风险资本。同时，对于其他相关法律法规，如《民事诉讼法》中的破产程序、《创业投资企业管理暂行办法》等进行修改和完善，确保一个良好的法律环境，保证 VC/PE 退出的有效运行。逐步建立全国集中的监管体系，一级监管权利集中在国务院国资委和证监会，二级监管可以下放到地方国资委和证监会的地方派出机构，行业协会协助监管，交易市场实行行业自律，这样多层次、多方位的监管体系，为我国产权交易市场创造良好的发展环境。

### （三）加大政府支持力度，借鉴国外经验，促进多种方式退出

国外成熟资本市场的发展经验表明，在产权交易市场发展的前期，政府的扶持对于行业的发展非常重要。政府应该在政策层面上加以支持，主要包括加强立法建设，提供贴息、补息和税收等方面的优惠政策。我们应该借鉴其他发达国家的成功市场经验，制定相应的政策，主要包括：第一，出台政策鼓励和扶持资本市场建设。第二，制定优惠税率，我国目前存在着税负不公平和双重征税的现象，严重影响着风险资本的获利水平。比如，在风险企业并购方面，对于大宗的收购项目，可以给予收购方贷款优惠政策，根据行业和规模的不同给予不同程度的优惠。允许以并购支出为基数相应减免一定的所得税应纳税额。对于投资于风险企业股权的投资收益适用于低税率。在各方面的配合下，制定统一的、符合我国风险投资业发展的税收优惠政策。第三，加强对外资风险资本的引入。外资风险资本与本土风险资本相比，在投资经验、财务和管理咨询等方面有着无可比拟的优势，我们应该借鉴成功的经验，加快我国风险投资行业的发展。可以降低外资风险投资公司的进入门槛，提供相应的税收优惠，放开投资领域。

### （四）建立 VC/PE 中介服务机构，培养专业投资人才，保障 VC/PE 顺利退出

无论是选择 IPO 退出还是并购退出，甚至是清算退出，都离不开风险投资中介组织的重要作用。根据国家有关法律法规的规定，企业 IPO 的推荐必须交由相关的、专业的中介机构和组织来完成；兼并收购中股份的定价以及破产清算的程序也都离不开中介机构专业性的支持。因此，建立 VC/PE 中介服务机构，培养专业投资人才，对 VC/PE 行业的发展具有重要作用。中介机构扮演着造就和培育符合风险投资家需求的专业市场的角色。中介机构要不断提升自身的专业化服务水平和能力，借鉴国外成功的中介机构从业经验，强化自身的素质建设，同时培养高素质的专业人员，为投资企业提供优质的专业性服务，保证 VC/PE 投资者的顺利退出，促进我国 VC/PE 行业的健康有序发展。

（分报告执笔人：胡月，北京邮电大学；指导人：何瑛，北京邮电大学经管学院）

### 参考文献

[1] Bernard S. Black, Ronald J. Gilson. Does Venture Capital Require an Active Stock Market[J]. Journal of Applied Corporate Finance, 1999, 11 (4).

[2] 胡志颖,周璐,刘亚莉.风险投资、联合差异和创业板 IPO 公司会计信息质量[J].会计研究,2012 (7).

[3] 俞少栋.互联网企业风险投资退出机制的研究[J].中国软科学,2014 (12).

[4] 康洪艳.风险企业 IPO 后风险资本退出时机研究[J].经济管理,2007 (18).

[5] 吴超鹏等.风险投资对上市公司投融资行为影响

的实证研究[J]. 经济研究, 2012 (1).

[6] 徐欣, 夏芸. 风险投资特征、风险投资 IPO 退出与企业绩效——基于中国创业板上市公司的实证研究[J]. 经济管理, 2015, 37 (5).

[7] 张恩俊. VIE 结构在互联网企业应用研究——以阿里巴巴为例[J]. 财会通讯, 2015 (2).

[8] 金永红, 奚玉芹. 风险投资退出机制的国际比较与我国的现实选择[J]. 科技管理研究, 2007 (11).

[9] 汪炜, 于博. 上市还是并购：信息不对称视角下的风投退出方式研究[J]. 经济学家, 2013 (7).

[10] 郑可, 郑晓齐. 风险投资退出渠道的比较及我国可采用的现实途径[J]. 财贸经济, 2003 (6).

[11] 黄永聪, 陈放. 风险投资退出方式选择影响因素研究述评[J]. 科技管理研究, 2012 (2).

[12] 陈国平. 我国风险投资企业退出环境和机制分析[J]. 武汉大学学报（社会科学版）, 2002, 55 (1).

[13] 吴文建. 风险投资退出研究综述[J]. 重庆社会科学, 2005 (6).

[14] 陆豪栋. 从阿里巴巴上市再谈海外上市 VIE 结构[J]. 时代金融, 2014 (8).

[15] 梁玲. 兼并收购：我国风险投资退出的最佳选择[J]. 企业经济, 2007 (4).

[16] 宋亮. 中国私募股权退出方式研究[J]. 改革与开放, 2011 (7).

[17] 阚澄宇. 风险投资退出的相关问题探析[J]. 财经问题研究, 2008 (12).

[18] 赵辉. 我国私募股权退出问题分析[D]. 上海：上海师范大学, 2012.

[19] 赵继民. 浅析私募股权的退出机制[J]. 中国集体经济, 2011 (28).

[20] 李艳辉. 制约我国风险投资退出的因素分析[J]. 中州大学学报, 2009, 26 (1).

[21] http://research.pedaily.cn/201501/20150115376967.shtml.

[22] http://www.alibabagroup.com/cn/global/home.

## 分报告六
## 中国互联网企业投融资与资本运营策略研究

## 一 引言

伴随多领域科学技术的紧密融合与快速发展，互联网逐渐成为国家经济和人民生活的重要组成部分。以互联网为代表的新兴信息技术集成催生了互联网企业的兴起与繁荣，并相继锻造出诸如阿里巴巴、腾讯、百度、网易和京东公司等业内知名企业，其发展势头让传统企业望而兴叹。近年来，中国有很多优秀互联网企业纷纷在美国、中国香港、英国以及新加坡上市，成为我国高新科技产业在资本领域成功运作的典范。互联网是典型的资金、技术密集型行业，每一个互联网企业想要做大做强都离不开大量的资金支持，然而互联网企业普遍采用轻资产运营模式，可用于抵押的资产较少，且企业运作多存在信息不透明以及财务管理不规范等问题，导致传统企业常用的融资机制并不能很好地满足其小额、分散、高频的融资需求。另外，互联网企业配置、运用资金的能力水平，将直接关乎其收益的高低以及企业战略目标的实现。在互联网价值链呈现不断拓展的趋势下，电子商务、社交网络营销、虚拟银行、生活服务信息整合也日趋完善，各个网络业务单元在利益的驱动下，不断地交叉、渗透。为持续推动盈利模式创新、虚拟经济和实体经济的融合，中国互联网企业需要更具战略性的资本运营策略来增强行业竞争力以及更好地参与国际竞争。

## 二 互联网企业融资机制与融资特点

随着"互联网+"上升到国家战略层面，作为高科技的主力军，互联网企业在拉动实体经济、调整产业结构升级、推动创新发展和促进社会管理方面发挥着越来越重要的作用，成为经济新常态背景下的重要经济引擎。作为战略性新兴产业的重要组成部分，互联网行业战略性的重要地位和新兴产业的特征决定了其庞大的资金需求。同时，与传统行业相比，互联网具有高投入、高风险、高收益和技术创新快等特点，在技术研发、产品创新、市场开拓等方面需要大量的资金投入。目前，互联网产业正加速向各行各业渗透，移动支付、位置服务等基于移动互联网、物联网、云计算的新应用、新服务正在不断涌现，跨界融合和移动互联正引领未来发展方向。然而，互联网创新热潮之下却是全球经济的不稳定和资本的谨慎投入，互联网资本严冬的论断正在逐渐升级。面对互联网行业的快速发展及资本领域的全面竞争，融资效率就成为决定投资效果、价值创造和竞争成败的重要因素之一。

## （一）互联网企业融资机制的国际经验比较

互联网企业的融资机制在很大程度上受到其所处资本市场环境的影响。欧美的资本市场更加成熟，使其互联网企业从创立到上市，仅依靠本土资源就可以达成。如初期的天使投资、创业风投，后来的私募基金、银行贷款，到最后在证券市场上市，完善的融资配置和市场监督与辅导，在为企业提供资金的同时最大限度地控制了风险（朱德胜，2006）。而中国的资本市场还处于发展阶段，由于互联网企业风险大、缺乏可做抵押的固定资产的特殊性，使其难以获得银行贷款的支持，同时由于国内债券市场和股票市场准入门槛高，限制了其后续融资。因此，中国的互联网企业出现了严重依赖境外资金，且大部分为境外注册、国内经营的特点。在此背景下，国内外互联网企业的融资渠道呈现出较大的差异。一般来说，企业融资按照来源可分为内源融资和外源融资。其中内源融资主要源自企业内部经营活动形成的

现金流，在数量上等于净利润加上折旧、摊销后减去股利，是企业实现可持续发展的基础。表1-6-1列示了国内外互联网企业的融资机制构成。

表 1-6-1 互联网企业融资机制的构成

| | | |
|---|---|---|
| 互联网企业外源融资机制 | 政策性融资机制 | 财税政策支持<br>提供信用担保<br>政策性贷款 |
| | 市场性融资机制 | 传统市场融资方式：<br>● 借贷融资<br>● 债券融资<br>● 股票融资<br>新兴市场融资方式：<br>● 风险投资（VC）<br>● 私募股权（PE）<br>● 资产证券化融资<br>● 供应链融资<br>● 互联网金融 |
| 互联网企业内源融资机制 | 内部挖潜 | 提高经营效率<br>提高折旧和摊销比率<br>减少股利支付水平 |

1. 互联网企业外源融资机制的国际比较

国外的互联网企业总体来说多以外源融资为主，而在这些外源融资中，市场化融资机制是其主要手段。以美国为代表，大多数互联网企业在创业初期会引入天使投资这种相对不要求太高回报率的资金。而风险投资鉴于对高风险高回报的要求，在涉入互联网产业时会更加谨慎。同时，美国的"硅谷银行"也对中小互联网企业的融资起到了推动作用。后期则主要依靠在纳斯达克上市融资。而中国由于近年来专注于小微型企业融资的银行不断发展，一定程度上加大了对初期互联网企业的融资支持，但由于国内资本市场上各方面的限制条件，使得中国互联网企业主要通过外资或合资天使投资、外资创业投资等方式进行融资，并在最后选择境外上市。

（1）政策性融资机制。在全球信息化的大背景下，互联网企业作为信息科技的主要推动力，其发展关系到一个国家的长期战略，因而受到各国的密切重视。在政策性融资层面美国及欧洲的

一些发达国家多采用税收减免政策或提供政策性贷款帮助互联网企业形成间接融资。例如，美国政府反对所有针对互联网企业的相关国际税收、关税和管制，《互联网税收豁免法案》的通过使得互联网企业将更多的收益留存在企业内部进行再投资。我国也针对互联网企业制定了一系列财税上的优惠政策，政策性贷款基本偏向于小微型互联网企业，贷款条件和贷款利率均有不同幅度的宽松。税收上除了税率优惠以外，由于互联网企业的科技研发支出在总支出中所占比重较大，所以经认定的互联网企业的研究开发费用，未形成无形资产计入当期损益的，在按规定据实扣除的基础上，再按研究开发费用的50%加计扣除；形成无形资产的，按无形资产成本的150%摊销，这在很大程度上减轻了互联网企业的发展负担。

(2) 市场性融资机制。

1) 传统市场融资方式。传统市场的融资方式主要包括借贷融资、债券融资和股票融资，其中前两项属于债务性融资，后一项属于权益性融资。由于互联网企业的共性，初期无论中美，都以权益融资为主，债务融资为辅。权益融资中又以吸收直接投资的方式最为普遍，在得到天使投资或创业投资资金支持的同时，还可以参考投资人的专业意见，引导企业发展。国际上普遍认为，互联网企业合理的资产负债率区间在40%~50%（黄少安，2011）。由于美国的资本市场相对比较发达，股权融资条件较其他国家更为宽松，因此，美国互联网企业的资产负债率一直控制在45%左右相对较低的水平。而欧洲过去受到欧债危机等各种经济因素的影响，其互联网企业的负债比例一直居高不下，甚至有些知名的互联网企业如荷兰AVG、英国Rightmove的负债水平一度达到90%以上，后来随着危机的缓解以及企业通过多种运作手段调整资本结构，到2014年其资本结构已经降到了40%左右。如图1-6-1所示，在世界前100强的20家互联网企业的资本结构（以资产负债率为指标）比较中，亚洲、美洲、欧洲的资产负债率均值分别为49.98%、40.81%、39.44%。我国的资本负债率均值较其他国家偏高，这是由于我国资本市场的制度性问题致使互联网公司股权融资较为困难。我国资本市场体系结构单一，以沪、深两个交易所为中心的单一资本市场缺乏适应市场需求的多层次市场体系，并且我国目前只有主板市场，虽然推出了中小企业板块，但离真正的二板市场还有相当的距离，三板市场还远未形成气候，产权交易体系尚未完善，资本市场体系发展不完善。随着金融体制改革的逐步深化，互联网企业的融资结构会逐步优化，资本结构

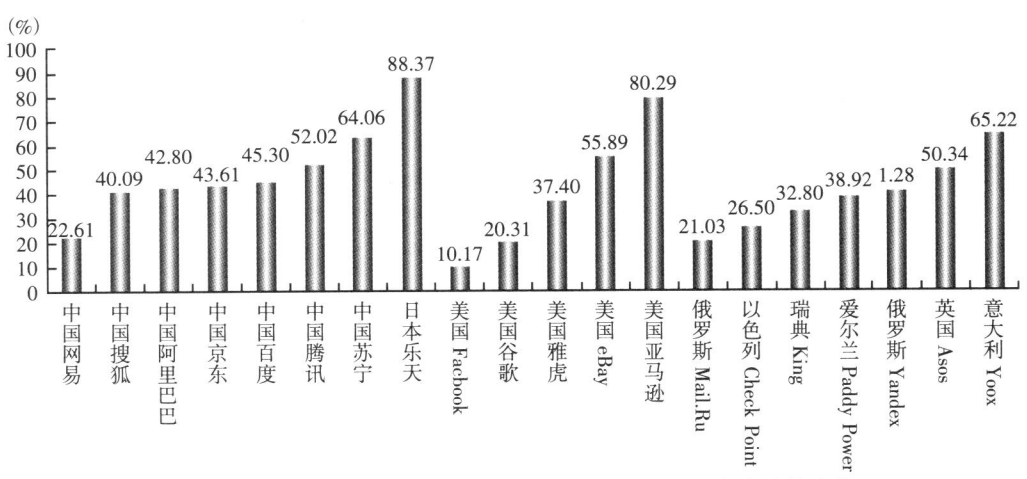

图1-6-1　2014年世界前100强的20家互联网企业资本结构比较

会趋于合理的区间水平。

2）新兴市场融资方式。新兴市场的融资方式对近年来互联网企业的发展起到了至关重要的作用。VC、PE、企业并购、资产证券化、供应链融资以及互联网金融都是互联网企业正在尝试使用的新兴方式。

在VC/PE方面，这些基金既有政府设立的，又有私人建立的，也存在政府和私人共同建立的，其性质一般属于产权资金。美国、日本和英国的VC/PE较为发达。随着互联网的热度不断加升，互联网企业成为VC/PE青睐的对象，这主要是由于该类企业高收益高风险的特性切合了投资公司的投资特点。2014全年国内VC共披露的总投资金额为127.06亿美元，其中互联网企业占比高达49%；PE共披露投资金额537.57亿美元，互联网企业占比高达11%。

在资产证券化方面，互联网企业会将缺乏流动性，但有可预期收入的资产，通过在资本市场上发行证券的方式予以出售，以获取融资并最大化提高资产的流动性。互联网企业较多的证券化资产是技术产权，从国外的实践来看，技术产权的证券化在过去十年内交易额上涨了10倍。尽管目前国内的资产证券化在整个融资市场中的比例还比较小，但已显示出巨大的发展潜力和态势。通过技术产权证券化所发行的技术产权证券的票面利率通常比向银行贷款支付的技术产权担保贷款利率低22%~30%，大大降低了融资成本，提高了可用资金的数额。

在供应链融资方面，银行通过对有实力核心互联网企业的责任捆绑，对产业链相关的资金流、物流的有效控制，针对链条上供应商、经销商及终端用户等不同企业的融资需求，提供以货物销售回款自偿为风险控制基础的组合融资服务（刘迅，2014）。我国的供应链融资相对国外而言起步较晚，同时，由于国内信用体制和物流系统不够完善，供应链融资在国内尚未成型。借鉴国外的供应链融资经验，未来互联网企业更应着眼于从整个产业链上寻找对银行的价值回报。

在互联网金融方面，就世界范围来看，中小互联网企业融资难是普遍存在的问题，除了极少部分企业可以获取来自非公开股权类的融资以外，绝大部分互联网企业创立开始就一直受到融资难的困扰，内源筹资能力有限、间接融资方式融资难度较大、直接融资准入门槛较高，传统的融资渠道很难满足企业发展对资金的需求。急需拓充新的融资方式与渠道。近年来，多种新型融资模式不断涌现，其中最为火热的当属互联网金融。互联网金融是指传统金融机构与互联网企业利用互联网技术和信息通信技术实现资金融通、支付、投资和信息中介服务的新型金融业务模式（罗明雄、唐颖，2013）。互联网金融是在实现安全、移动等网络技术水平上，被用户熟悉接受后（尤其是对电子商务的接受），自然而然为适应新的需求而产生的新模式及新业务，是传统金融行业与互联网精神相结合的新兴领域。目前最常见的互联网融资模式主要有三类，即基于大数据的小额贷款融资模式、P2P融资模式以及大众筹资融资模式。这三种模式相互补充，各有千秋，为互联网企业的融资打开了崭新的篇章。

2. 互联网企业内源融资机制的国际比较

内源融资作为企业资金融通的一个重要渠道，有着融资费用低、效益高的优势。尤其是对互联网企业而言，以核心技术、软件为代表的无形资产在总资产中的占比较高，因而其摊销比率较高，具有较强的内源融资能力。在国外，就中小型互联网企业而言，内源融资占有绝对的比例，除日本外，西方主要发达国家的中小企业的内源融资基本上都占其融资总额的55%以上，而且这一比例还在进一步加大。相比之下，中国的互联网企业受到各种内外界因素的影响，其内源融资比例过低，只有企业融资总额的30%左右。目前国内外内源融资方式主要是内部挖潜。

内部挖潜是企业不断将自己的储蓄（主要包括留存盈利、折旧摊销和股利）转化为投资的过程。内部挖潜的方式主要可以分为"开源"和"节流"两种："开源"是指尽可能通过提高经营效率来提升利润水平，以扩大企业的资金流入；"节流"是指尽可能通过提高折旧和摊销比率、降低股利支付水平，以减少企业的资金流出，将收益留存在企业内部以供再投资。在互联网行业，衡量企业内源融资能力的主要指标包括：销售净利润率、折旧摊销占净利润的比重、股利支付率、内部融资额等。图1-6-2、图1-6-3列示了2014年世界前100强的20家互联网企业的净利润率和内部融资额。

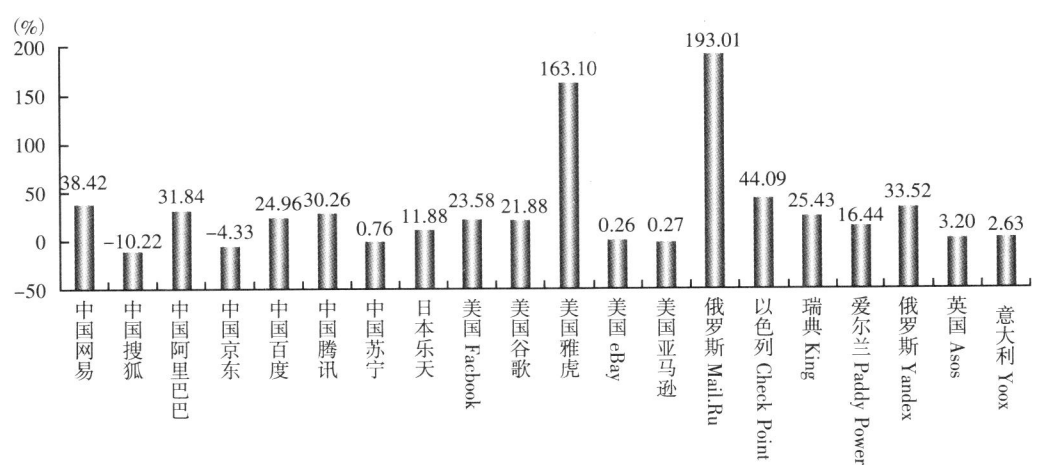

图1-6-2　2014年世界前100强的20家互联网企业净利润率比较

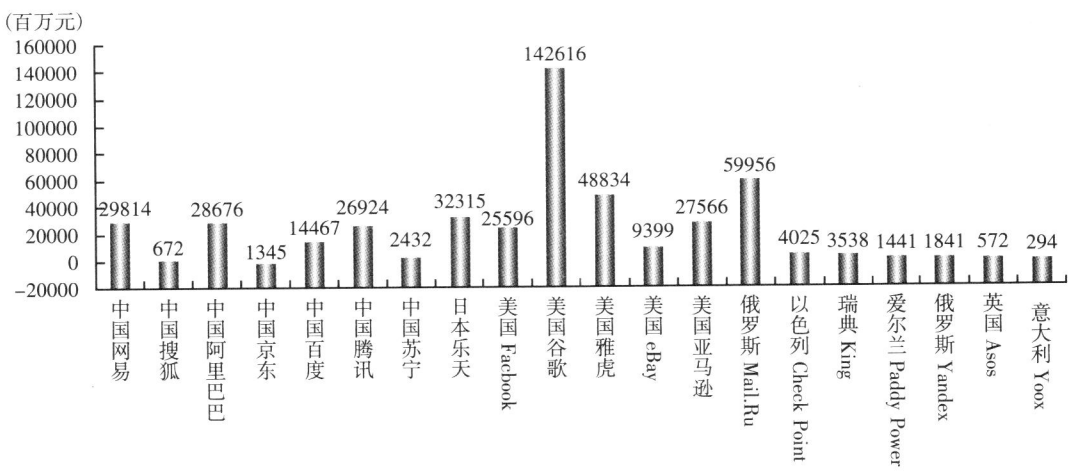

图1-6-3　2014年世界前100强的20家互联网企业内源融资额比较

亚洲地区互联网企业的平均净利润率为15.45%，远低于欧洲地区的45.48%和美洲地区的41.82%。可见由于以中国为主的亚洲地区互联网行业刚刚起步，各大互联网企业均以"烧钱"为生，并没有形成成熟的盈利模式，因而在内部挖潜的"开源"部分实际上还有很大的发展潜力。在股利分配政策上，国内外互联网企业基本采取保守的分配政策，在初创期和成长期均不进行股利分配，尽可能"节流"。总体上，美国的内源融资额是我国的2.7倍。相比于世界领先的互联网企业，中国的互联网企业内源融资的意识和能力还有待加强。

### （二）我国互联网企业融资现状与特点

**1. 融资结构：以股权融资为主，资本结构趋于合理**

MM理论是西方经典的融资结构理论，它揭示了融资方式构成的意义及在融资结构中债务融资的价值所在，基于此梅耶斯提出最优融资顺序理论，认为如果存在有利可图的投资项目，其融资应先通过内部资金（留存收益与折旧）进行，然后是低风险的债券，最后才采用股票。上述理论在国外发达国家互联网行业中得到了实践的验证。然而我国的互联网发展尚不成熟，完善的商业模式尚未成型，所以大部分互联网企业的内源融资不足，相比于美国等发达国家平均28.79%的内源融资比（内源融资额/总资产），我国互联网企业的内源融资比只有13.67%。但在外源融资方式的选择上，我国的融资结构持续优化，逐步实现债权>股权的最优融资结构，使得企业的资本结构趋于合理，资产负债率逐渐接近45%~50%的健康水平。

**2. 融资方式：以VC/PE融资为主，传统渠道融资难**

中国的互联网企业有三大特点：第一，大多数互联网企业处于初创期或成长期，商业模式尚不成熟；第二，互联网企业的资本密集性决定了早期资金投入需求量大并且具有高风险；第三，大多数互联网企业成立之初都靠免费提供服务来扩张用户规模、增加流量，这种"烧钱"的模式致使互联网企业在很长一段时间都是亏损的。传统的融资渠道包括银行贷款、企业债券等都对企业发展的稳定性和盈利性有较高要求，因此，互联网企业通过传统渠道筹集资金困难重重。

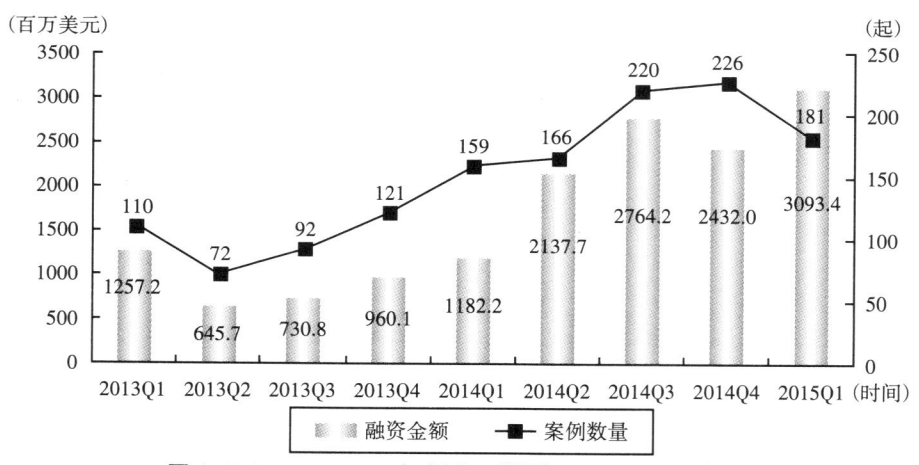

图1-6-4 2013~2015年中国互联网行业VC/PE融资情况

VC和PE高风险性和高回报性要求切合了互联网企业发展的特点，正因如此，我国互联网行业发展历程中，其资金来源多依靠风险投资机构的支持。目前来看，整个互联网行业的VC/PE融资虽然在数量的增长上趋于放缓，但是整体的融资金额依旧呈现上涨趋势。

**3. 融资市场：以国外资本市场为主，本土市场机制有待完善**

在融资市场的选择上，中国互联网企业虽然也有一部分资金来自国内资本市场（包括VC/PE、

IPO 上市），但绝大部分融资依赖于国外资本。在 VC/PE 方面，以 2014 年为例，外资投资无论是在投资案例数还是在投资金额上都高于本土投资，投资案例数量占到总投资案例数量的 55.3%，而投资金额更高达 7.40 亿美元，占投资总金额的 68.9%。由此可见，国外的风险投资在整个中国互联网行业中占据了主导性地位。在上市融资方面，国内大多数互联网公司的注册地在维尔京群岛、英属泽西群岛、瑙鲁、巴拿马等避税区，而中国的资本市场尚未推出国际板，由此这些外资身份的公司境内上市难。即使是一些注册地在内地的互联网公司，如果上市则必然登陆创业板，而中国资本市场实行的是审核制，监管部门对创业板设定了一套详尽的盈利、增长硬指标，入市门槛很高。相比之下，国外（尤其是美国）资本市场制度更加完善，拥有各种各样的融资工具，是互联网发展的前沿阵地和中心，入市门槛较低。同时，国外市场对互联网企业估值普遍较高，发行市盈率不比国内低，初创的互联网企业在不稀释股权的前提下就能募集到后续发展资金，这对于希望上市的互联网企业有很强的吸引力。为了不让更多优秀的互联网企业"外逃"，我国应加快发展多层次资本市场，大力拓展互联网企业融资渠道，稳步扩大企业债、公司债、中期票据和中小企业私募债券发行；抓紧建设覆盖全社会的征信体系，加快建立健全金融业统一征信平台，营造良好的金融服务生态环境；搭建投融资对接平台，鼓励互联网行业创新和差异化发展。

4. 融资规模：天价融资成为新常态，商业模式亟须改进

近两年随着中国互联网行业的快速发展，互联网企业几乎成为资本狂欢的盛宴，融资金额常常高达数千万美元甚至上亿美元。互联网产业的资本密集程度逐渐提高，过去少量资金就能快速发展的"轻资本"时代已经过去，在互联网商业模式尚未成熟的背景下，企业背后的资本支持显得尤为重要。从国外的互联网企业发展经验来看，一家企业是否能够夺得市场老大的地位，很大程度取决于融资的速度。中国的互联网行业已步入十几年来估值最高的时段，资金面的宽裕、IPO 高回报的诱惑、企业收入和市场规模的高预期，共同催化出市场的乐观情绪。但天价融资的背后是否有互联网泡沫的出现需要引起每一个企业的密切关注。我国的互联网企业应加强商业模式尤其是盈利模式上的创新，改变原有的"烧钱"模式，为投资者创造更大的价值。

5. 融资创新：互联网金融成为新趋势，金融格局正在重构

互联网金融是指传统金融机构与互联网企业利用互联网技术和信息通信技术实现资金融通、支付、投资和信息中介服务的新型金融业务模式。普惠性和便捷性的特点使得互联网金融成为国内互联网企业融资的新途径。目前最常见的互联网融资模式主要有三类，即基于大数据的小额贷款融资模式、P2P 融资模式以及大众筹资融资模式。这些融资模式消除了传统信贷模式中投资方与贷款方之间存在的种种壁垒，消解了双方之间的障碍，促使双方通过借贷服务平台直接交易，实现资金的高效对接。但目前，互联网金融依旧处于发展的初级阶段，借助于互联网金融途径融资的互联网企业一般集中于中小型或初创型互联网企业。未来，随着互联网金融模式发展的逐步成熟，互联网企业的融资方式或许将发生重大变革。

6. 资金退出方式：赴美上市成为新目标，投资机构助推 IPO

中国的互联网企业一般都是借鉴了美国互联网企业的商业模式，如最早的门户网站，后来的电子商务。公司创业之初，发展前景广阔，却面临着资金匮乏、盈利模式模糊的问题。为了解决发展过程中的资金问题，很多的企业都选择吸引

风险投资的方式。而风险投资者是要求回报的，他们一般会在投入5~10年左右选择退出，而退出并获得巨大收益的最好方式就是上市。因此很多的互联网公司的上市是迫于投资者股权变现的巨大压力而做的无奈选择。

## 三 中国互联网企业投资特点、投资趋势及投资风险

根据投资性质及投资目的的不同，将企业投资分为日常性投资与战略性投资两类。日常性投资是指为了维系企业正常运转所进行的投入，主要包括设备投资、技术投资、人力投资、营运投资、其他无形资产投资等。互联网企业多采用轻资产运营模式，属于典型的技术、资金密集型企业，其日常性投资主要投入在技术、无形资产以及业务运营等方面，固定资产投入则相对较少。战略性投资是指直接关系到企业竞争地位、经营成败及中、长期战略目标实现的重大投资活动，典型意义的战略性投资项目包括新产品的开发、新的生产技术或生产线的引进、新领域的进入、兼并收购、资产重组、生产与营销能力的扩大等。在互联网企业的战略性投资中，最具代表性、最常见的战略性投资形式是并购。通过并购，企业可快速取得先进的生产技术、经营网络、专业人才等各类资源，有利于企业整体竞争力的提升以及公司发展战略目标的实现。在企业的生命周期发展过程中，并购是整合优势资源、实现跨越式发展的惯用手段。

### （一）中国互联网企业投资特点

我国互联网行业经历了20多年的飞速发展，已形成全球最大的互联网市场。互联网作为典型的资金、技术密集型行业，具有技术更新快、资金需求量大、经营风险高等特点，借助资本投资，互联网企业快速扩大资本、抢占市场、控制资源、跨越行业壁垒，从而实现企业的自我发展。近些年，在巨量用户支撑和一系列产业政策的影响下，国内互联网行业涌现出如百度、腾讯、阿里巴巴（简称BAT）等一批重量级企业，它们凭借自身规模效应、业务影响力以及雄厚的资金实力，主导着互联网领域资本运营的主流方向。互联网企业在投资中呈现的典型特点包括：

1. 互联网企业轻资产运营模式较为普遍，无形资产投入占比较高

互联网企业普遍采用轻资产运营模式，在资本性支出方面相对于一般的传统企业明显偏少（如图1-6-5所示），例如世界500强20家电信运营企业CAPEX占收比的平均水平为16.56%，而互联网企业平均只有它的一半（选择中国排名靠前的腾讯、阿里巴巴、百度、京东、苏宁、网易、搜狐7家互联网企业，美国亚马逊、谷歌、Facebook、雅虎、eBay5家顶级互联网公司，数据根据各家企业2014年财报整理）。在研发支出方面则正好相反，传统企业在研发支出方面普遍偏低。思略特发布的报告显示，2014年中国企业研发总支出达到299.6亿美元，同比增长了46%，但研发支出占收入的平均比重仅为1.39%。而从全球来看，这一数据十年来的平均值是3.7%。相对而言，互联网企业的研发支出占收比则高出数倍（如图1-6-6所示），中国互联网企业与美国互联网企业基本处于同一水平，分别为11.53%与11.99%（中美互联网企业样本选取同上）。可见，

相对于传统行业互联网企业的固定资产投入较少，其在日常性投资中会向无形资产方面倾斜，毕竟互联网是技术密集型行业，研发能力的强弱直接影响互联网企业的生存与发展。在当前世界市值最高的 20 家互联网公司中，美国占了 11 家，亚洲国家占了 9 家，其中仅中国就占 6 席。在中国各行业研发力量普遍投入严重不足的大环境下，中国互联网企业异军突起，能够达到同世界顶级互联网公司一致的研发投资水平，是中国互联网企业得以迅速壮大发展的重要原因。另外，从投资效果来看（如图 1-6-7 所示，中美互联网企业样本选取同上），中美顶级互联网企业资产报酬率指标十分接近，中方企业的净资产报酬率指标甚至胜过美方企业，这说明我国互联网企业近年来的投资水平得到了极大提升，这多半是受益于国内互联网企业频繁的投资并购实践以及在国际化投资布局过程中汲取到的先进理念与宝贵经验，通过不断优化投资手段与策略，使得投资效率得到快速提升。

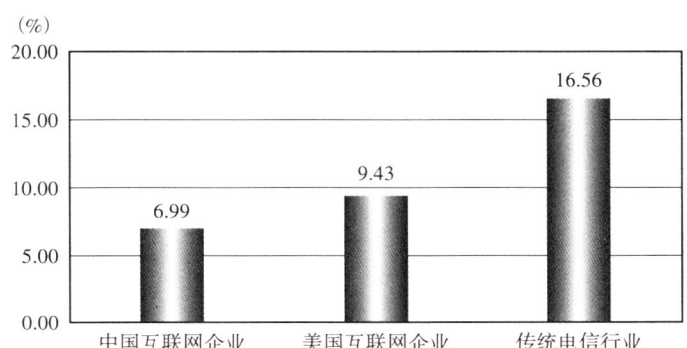

**图 1-6-5　中美互联网企业与传统行业 CAPEX 占收比**

资料来源：2014 年各公司财务报表。

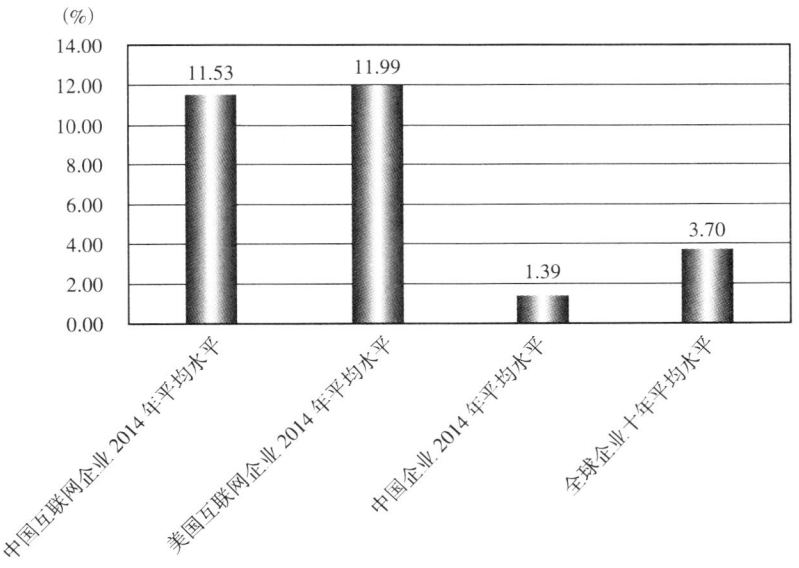

**图 1-6-6　中美互联网企业与传统行业研发支出占收比**

资料来源：2014 年各公司财务报表；思略特咨询。

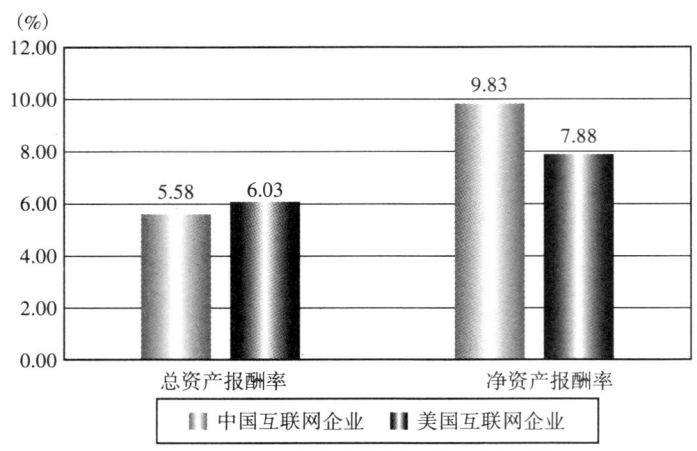

图 1-6-7　中美互联网企业投资效率对比

### 2. 互联网企业步入战略性投资时代，重量级并购投资进入密集爆发期

据统计，2014年中国并购市场共完成交易1929起，较2013年的1232起增长了56.6%，其中国内并购案例1737起，涉及交易金额813.21亿美元；海外并购发生152起，涉及金额324.19亿美元。从行业领域来看，2014年我国互联网行业共完成并购案例125起，同比上升184.1%，占全年度并购案例总数的7.9%；涉及并购金额86.48亿美元，比2013年的27.51亿美元激增214.4%（清科研究中心，2015）。在近几年众多的互联网并购案例中，百度对91无线的单笔收购金额为18.5亿美元，创下国内互联网企业并购单笔最高金额。阿里巴巴在赴美IPO之际投资优酷、高德地图、银泰等，为成就史上最大IPO打下坚实基础。腾讯则入股京东商城、大众点评、58同城等，业务版图进一步扩大。

### 3. 互联网行业生态深刻影响投资方向，三巨头并购各有侧重

从近几年BAT三家公司的频繁并购中不难看出，其并购频率几乎同步地发生变化，2005年、2006年前后频次较少，2010年之后越来越密集。究其原因，是因为在2010年前后中国互联网的行业生态发生了重大变化，迫使BAT采用并购方式来追赶和把握这些变化。第一个变化是互联网与日常生活的深度结合，即日常生活的"互联网化"，O2O的趋势日益明显；第二个变化是从以PC为中心的传统互联网转向以智能移动终端为中心的移动互联网。这两个变化对互联网经济版图的改变巨大而深远，且二者相互交叠（程兆谦、汪慧东，2014）。

（1）百度。百度最近几年在投资并购上采取了越来越保守的策略，2013年动作很大，从2014年到2015年则放慢了投资节奏，据不完全统计，2015年1~7月百度投资并购14家企业，根据已披露的数据预估总金额在50亿人民币左右。从2015年上半年的数据可以看出，其投资的方向并不太多，主要集中在汽车交通、广告营销、O2O等方面，而前两年投资的文化娱乐、教育、电子商务、游戏、硬件等领域的探索也都在进行中。与阿里巴巴、腾讯两家巨头不一样的是，百度的投资重心除了并购之外，还加大了技术及人力等日常性投资的力度，如增强了前沿科技的探索，引进了一些世界级技术专家。

（2）阿里巴巴。阿里巴巴从2014年开始，主要是围绕自身电子商务生态系统，不断向内深化、向外拓展，并通过自有业务和资本手段逐渐在构建一个互联网帝国，其帝国版图囊括了电子商务、

金融、本地生活O2O、教育、旅游、汽车、房产、医疗健康、硬件、游戏等各个领域。与此同时，阿里巴巴的战略在全球化的生态链中，也在开始进一步扩张。2015年1~7月阿里投资并购20家企业，根据已披露的数据预估总金额或超250亿人民币，从其投资中能明显看出2015年阿里巴巴关注的重点方向仍是围绕电子商务生态链的建设，并在移动互联网以及金融两个方向加大投入。

（3）腾讯。腾讯由于拥有QQ及微信两大王牌业务，占尽了移动物联网先机，但腾讯依然有比较强烈的危机意识，除在社交、游戏、文化娱乐等领域有明显优势外，自2014年开始，腾讯在一些新业务方面也大力投入，包括消费生活O2O、金融、医疗健康、汽车交通等。相对于2014年，2015年上半年，腾讯开始在投资并购方面发力，1~7月共投资并购30家企业，根据已披露的数据预估总金额或超300亿人民币，其中包含数笔国外并购，彰显了腾讯的国际业务布局雄心。相比阿里巴巴而言，腾讯虽然没有众多的业务线，但在业务纵深战略上却做得更好，比如其游戏业务。另外，腾讯的海外并购是三巨头中最为积极、投入最多的一家。

通过分析百度、阿里巴巴、腾讯三巨头最近的并购活动，可以看出它们基本都是以入口和资源垄断型并购为主，移动互联网和垂直领域是并购的重点，并购意在卡位和布局。观察已经被投资和收购的企业，可以总结出以下特点：并购金额越来越大、强强联合越来越多、并购呈现多元化趋势、被并购方业务潜在价值大、行业内并购竞争激烈、互联网企业开始跨界经营（张丹、高丛，2014）。

## （二）中国互联网企业投资趋势

1. 消费互联网产业投资热潮已过，产业互联网是未来投资方向

在互联网发展的前20年中，我国的互联网行业处于由BAT把控主要命脉的消费互联网时代，在搜索、电商和社交等领域它们代表着消费互联网达到的顶峰状态。然而从互联网发展的角度看，消费互联网市场已趋于稳定与饱和，而对实体资源有充分把控能力的企业仍有很大探索空间，它们正开始尝试与移动互联网融合，创造全新的价值经济，进而推动互联网行业迈向产业互联网时代。随着虚拟化进程逐渐从个人转向企业，以价值经济为主要盈利模式的产业互联网将逐渐兴起，产业互联网的到来意味着各行业如制造、医疗、农业、交通、运输、教育的互联网化。同时，由于传统的消费互联网巨头在行业经验、渠道、网络和产品认知等方面的壁垒，产业互联网将呈现一片蓝海，成为未来最有潜力的投资方向（2015）。

2. 互联网巨头将继续主导互联网行业并购市场

随着技术的进步和商业模式的创新，我国互联网行业发展迅速，网络服务能力显著提升，应用服务蓬勃发展，产业整体实力进一步加强，并形成横向延伸、纵向深入、跨界融合发展的态势。互联网作为经济发展和社会进步的推动力量，其支撑地位的作用也逐渐凸显。在此背景下，几大互联网巨头不断上演合纵连横的大戏，并购步伐不断提速。以百度、阿里巴巴、腾讯等为代表的BAT联盟将在一定程度上继续主导互联网、移动互联网领域并购市场，行业洗牌将进一步加剧，互联网及移动互联网领域以产业垂直整合为目标的企业并购浪潮将继续扩大，互联网产业在各主要领域的集中度将持续提升。

3. 中国互联网企业投资重心将转向移动互联网

自2013年12月工信部发放4G运营牌照后，

又分三批陆续为40多家企业发放了虚拟运营商牌照，这意味着十几年来三大运营商三足鼎立的竞争格局首次出现分化，而这也为广大互联网企业提供了新的业务契机。从2013年百度收购91无线到百度入股搜狗，从阿里巴巴投资新浪微博、高德地图到浙报传媒收购盛大边锋、浩方等可以看出，即时通讯、应用商店、客户端应用、移动搜索、浏览器、安全软件、手机厂商以及O2O、B2B等移动互联网领域持续受到BAT及其他企业巨头的青睐。根据艾瑞咨询数据显示，2013年中国移动互联网市场规模达到1059.8亿元，同比增速81.2%，预计到2017年将达到6000亿元。在4G牌照的支持下移动互联网市场中的投资并购仍将持续火爆，由移动硬件普及、网络基础设施提升带来的市场容量的扩张将为移动互联网市场的持续增长提供内源动力，而行业参与者的增加也将为市场竞争注入鲜活的力量。

### （三）中国互联网企业投资风险

不同的企业在其发展过程中都会受到包括自身行业特点、政策法规、市场状况等众多因素的影响，从而在对其进行投资时存在一定的不确定性，风险由此产生。在互联网企业进行投资策略制定的同时应充分考虑相关风险，尽可能规避潜在的投资陷阱。互联网企业相关风险主要表现为以下两个方面：

#### 1. 系统性风险

系统性风险是指由市场外部的因素如社会、经济、法律等交织引起的，投资机构难以预知和控制的外在风险。系统性风险导致整个系统（机构系统或市场系统）因外部因素的冲击或内部因素的牵连而发生剧烈波动、危机或瘫痪，而其中任何单个机构都不能幸免，从而遭受严重打击或者损失。系统性风险的可怕之处就在于它已然超出投资机构主体能力，即投资机构既无法在风险发生前对其进行准确预测，也无法在风险发生后通过市场策略或手段进行化解。互联网企业的系统性风险主要是由政治、经济及社会环境等宏观因素造成的，包括行业政策风险以及市场竞争风险。

（1）行业政策风险。近年来随着我国信息化进程的加快，互联网快速向移动互联网方向发展，国家对互联网（移动互联网）产业的政策扶持力度也持续加大。例如，《关于推进第三代移动通信网络建设的意见》和《电子信息产业调整和振兴规划》明确提出要引导推进第三代移动通信网络建设，拉动国内相关产业发展。"十二五"规划明确提出，加快三网融合、电子商务、电子政务等相关产业发展，全面提高信息化水平。新一代移动通信、下一代互联网智能终端、物联网等新一代信息技术产业被列为战略性新兴产业。从宏观层面来看，随着我国信息化进程的加快，在今后较长时期内，国家将对互联网产业的发展继续加以扶持，行业面临政策风险较小（易佣，2014年移动互联网行业投资风险分析）。

（2）市场竞争风险。首先，互联网企业一般都属于轻资产型企业，在创立初期成本、门槛较传统企业要低，一个细分领域会在短时间内涌现出大量的竞争者，领先或者创新者在业务内容及商业模式方面很容易被抄袭模仿，最后在大量的同质竞争中变为恶性竞争，最终导致市场的走坏。其次，互联网企业又属于典型的技术密集型企业，其技术主要涉及IT、CT技术，业界闻名的摩尔定律揭示了信息技术进步的速度。互联网行业不论是在硬件、软件还是理念方面均更新换代非常快，这也体现了市场竞争的残酷性。最后，从趋势上看，互联网市场竞争从单一领域竞争向跨界融合竞争转变，从单一应用的竞争向聚合多类应用的平台竞争转变，从以页面、客户端等为单纯载体的竞争向以页面、客户端、APP、操作系统等为混合载体的竞争转变。在业务创新推动下,新兴竞争主体不断出现,固有格局被日渐打破,竞争程度日趋激烈,竞争态势日益复杂(电信研究院,《我国互联网市场竞争现状与问题分析》)。

2. 非系统性风险

非系统性风险是指发生于非整体的特有事件造成的风险,纯粹由于个体自身的因素引起的变化以及由于这种变化导致的收益率的不确定性,例如,公司的工人罢工、新产品开发失败、失去重要的销售合同、诉讼失败或宣告发现新矿藏、取得一个重要合同等,这类事件是非预期的、随机发生的,它只影响一个或少数公司,不会对整个市场产生太大的影响,这种风险可以通过多样化某些手段来分散,即发生于某个体的不利事件可以被其他个体的有利事件所抵消。由于非系统风险是某个体所特有的,所以也称"特有风险"。互联网企业的非系统性风险主要包括财务估值风险、商业模式风险、技术风险以及人力资源风险。

(1) 财务估值风险。随着互联网行业全资并购比例的提高,并购所需资金数额愈加巨大,这意味着存在很大的财务估值风险。在互联网企业的并购中,界定并购交易价格的关键在于对被并购方的价值进行评估,这种估值存在一定的博弈性(潘乐媛,2015)。现实中,一些大型的互联网公司很容易就能得到高于实际资产价值的估值,而另外一些小型公司却经常获得较低的估值,这种资产被高估或者被低估,都不利于互联网并购活动良性健康的发展。此外,互联网企业的整体资产=流动资金+有形资产+无形资产,由于对互联网行业的财务估值,评估的主要是域名、网站、网络用户、访问量等无形资产,这就加大了财务估值的难度(曾章备,2015)。

(2) 商业模式风险。互联网在中国发展了已有将近20年,不论是规模还是业务应用都呈现高速增长的态势。另外,对互联网投资的热潮一直没有减弱的迹象,各大投资机构还有互联网企业巨头持续投入巨资,互联网业依旧是最吸引眼球的行业。但是,就国内互联网的商业模式来说,这些年并没有出现多少实质性的创新,大多数互联网企业只是在"烧钱"而并没有想清楚后续该如何盈利等问题。导致这种情况的原因笔者认为有两个:一是互联网的确颠覆了以往的商业模式,在互联网思维下,创新式的商业模式除了抄袭基本都是处于摸索阶段,并在摸索的过程中随时调整,如腾讯的发展,它的盈利模式是在后续业务经营中跟随社会还有行业的发展进行调整,甚至很多盈利模式是在不经意间挖掘到的;二是商业政策与氛围的问题,在国内还没有一套完善的反垄断保护法,导致商业模式创新乏力,而在美国却相对健全,所以美国的互联网企业创新劲头从未减弱。而在国内,很多投资机构在投项目之前都会向创业者抛出一个问题,即如果BAT也来做这块怎么办?没有类似反垄断法的法案保护,中小企业的创新很难成长起来。总之,在国内的大环境下,结合互联网企业的特点,商业模式的风险会一直存在。

(3) 技术风险。互联网企业大部分并不是生产型企业,而是研发型企业,因此技术因素对互联网企业的制约相对一般企业更大。特别是高新技术的开发利用,由于其研发活动的不确定性、技术的时效性和市场的波动性使得项目或者企业失败的概率远远大于成功的概率。另外,就目前来看,技术更新换代的速度一直在加速,新技术的应用是推动新产品研发的基础,也是互联网企业得以生存的核心竞争力。如果互联网企业不能把握新技术之于产品、产品之于市场的发展趋势,就很容易丧失竞争力,从而造成市场份额、经济收益的损失。

(4) 人力资源风险。首先,由于互联网企业对高级技术人才的依赖性较强,随着市场竞争越来越激烈，未来企业很可能将面临技术人员大量流失的风险，造成人力状况动荡甚至人力资源青黄不接的局面，从而削弱该企业的竞争力。其次，对于技术人才，互联网企业将面临需求类型转变的局面。之前互联网企业多以产品为主导，而现在则以客户需求为主，这要求技术人才方面也要做相应的转变，要从企业端的战略性技术人才转化为基于客户方的需求型技术人才。最后，互联网企业面临后备人才培养与储备不足的风险，由于国内特殊的人力市场状况，很多互联网企业都是临时组建项目团队或进行项目整体外包，虽然节约了团队建设与维系的成本，但也带来一些问题，如企业对前沿技术发展、更新的把握及敏感程度会逐渐降低，另外，会增加对其他组织的依赖性。

## 四 中国互联网企业投融资与资本运营策略

### （一）拓展多元化、低成本、风险收益相权衡的企业融资渠道

长期以来，融资渠道偏窄、资金支持不到位等问题一直制约着互联网企业的发展，该产业内蕴藏的大量融资需求得不到满足。而对于互联网企业来说，资金是其经营活动的第一推动力。企业能否获得稳定的资金来源，并及时足额筹集到生产要素组合所需要的资金，对经营和发展都是至关重要的。目前受限于信贷额度和信贷行业政策，贷款在新增融资中的比例明显下降，相应地，债券发行（含私募债券）、银行同业类信贷、银行理财产品、小贷公司、租赁公司等融资比例明显上升。信托公司、券商、基金公司等通道层出不穷，一定程度上降低了互联网企业对银行系统的依赖。随着国内资本市场金融体制改革的不断深化以及高科技产业日益成为一国的战略制高点，多元化的融资渠道也应该不断地拓展和完善，越来越多的融资模式呈现出来。

在多元化的融资模式下，互联网企业首先要考虑成本，将成本控制在合理的范围。其次要权衡风险和收益，权衡理论强调在平衡债务利息的抵税收益与财务风险的基础上，实现企业价值最大化时的最佳资本结构。最后要简化融资程序，提高融资效率。传统资本融资市场行情变幻莫测，宽松的货币条件和稳健的货币政策下，融资环境良好，融资也相对容易；反之，则融资情况截然不同。所以互联网企业融资必须抓住机遇，加快融资速度，赢得融资的最佳时间，为企业筹得充裕资金。多渠道融资不仅对互联网公司业务前景起着非常重要的作用，而且还与互联网企业的全球化进程相关。为了拉高企业的业务绩效，在融资渠道上企业不能单纯依靠银行贷款来获得资金支持，应该根据公司规模、业务特色、业务目标进行融资分析，拓宽融资地域，丰富融资渠道，并最终找到适合企业自身的融资渠道和方式，在资金链上为业务的顺利开展获取资金支持。除此以外，企业融资过程中通过财务服务建立良好的全球业务关系，还可以帮助企业进入新兴市场，打开全球业务的局面。

### （二）实现基于价值导向的经营和财务战略的协同

虽然互联网经济已经成为我国经济的一个重

要组成部分,但互联网企业的经营战略和财务战略依然处于"混沌"状态,互联网企业的成功或失败包含着很多"运气"成分。随着互联网产业的发展日趋成熟和投融资行为的日趋理性,市场迫切需要新的规则来指导互联网企业竞争战略的形成,价值创造成为互联网企业发展的新目标。与此同时,在互联网企业从价值创造、价值实现到价值经营整个价值流动过程中,那些真正创造价值的经营活动,才是价值链上的战略环节,是企业保持竞争优势的关键环节。传统互联网企业脱离价值链的经营战略和财务战略通常"各自为政",管理者更多关注的是财务战略在公司经营活动中的相对独立性,而忽略了财务与经营的匹配。现如今,对于互联网企业而言,要更加重视财务战略对于企业经营战略的支持性和先导性作用,财务战略以企业经营战略为出发点并协同企业经营战略的实现。

经营和财务战略的协同效应在企业并购及资本运营过程中体现得尤为明显。这种协同效应一方面可以为企业内部导入更多可以调动的现金流,从而达到优化内部资金时间分布的目的;另一方面使得企业经营所涉及的行业不断增加,经营多样化为企业提供了丰富的投资选择方案。提高回报率的同时也明显提高了企业的资金使用效率。互联网企业应在整个战略制定的过程中融入价值创造的思想,推行以价值为基础的战略导向思维,无论在经营战略还是财务战略上以是否创造价值、实现价值为重要落地点。同时,应通过积极创新商业模式、完善公司治理、拓宽市场渠道、深度开发核心技术,辅以科学的激励考核,提升价值创造能力。互联网企业需要通过提高治理水平来增强价值创造的能力,主要包括优化公司股权和股东结构、优化公司董事会结构、优化内控和考核与激励机制等。此外,价值创造还要求管理者在公司层面的各种重大问题上(如产品市场的选择、市场细分、目标市场选择和全球竞争等)的战略决策都必须基于价值导向,关注未来较长时期的收入现金流(何瑛,2013)。

### (三)运用灵活的并购手段持续优化整合企业资源配置

相对于传统行业,互联网行业对于核心技术有着更高的需求,而并购能满足互联网企业这方面的需求。同时,由于互联网产品存在同质化现象,互联网企业的竞争很多时候是市场占有率的竞争,互联网企业通过并购可以获得足够的市场份额。此外,资源的有限性同样适合于互联网企业,互联网企业通过并购可实现对互联网资源的竞争(曾章备,2015)。在并购运作方面,互联网企业通常采用横向并购与纵向并购并举的策略。横向并购是指两个及以上生产相同或相似产品的企业之间的并购。通过横向并购实现规模经济效应,迅速增加供应能力和扩大用户规模。最常见的横向并购形式包括在某行业或细分领域排名第一的企业并购排名第二的企业,从而在行业里形成绝对领先的优势,或者是排名第二和第三的企业联合起来,挑战排名第一企业的地位。具体到BAT三巨头过去的并购案例中,如腾讯入股搜狗、SOSO划入搜狗当中,就属于这一类型。搜狗在并入SOSO之后,补强了其搜索业务,使其市场定位更加稳固。又如在视频领域中,行业排名第一的优酷并掉行业排名第二的土豆,使得领先优势更加明显,而爱奇艺在与PPS合并,从而具备实力挑战原来的龙头优酷土豆。这类并购案例的目的非常明显,就是希望通过并购形成行业垄断优势。纵向并购是指生产过程或经营环节相互衔接、密切联系的企业之间,或者具有纵向协作关系的专业化企业之间的并购。互联网企业的产品和服务本身离不开传统行业的支持,大多互联网企业都与传统行业的业务相融合,通过线上的宣传和操作为线下提供方便。现今被并购的传统企业就相当于互联网企业的上下游企业，互联网企业通过这种纵向的全产业链并购控制了企业的成本，稳定了下游业务质量，为其稳定快速地扩张业务提供了保障（曾章备，2015）。通过纵向并购可以显著降低因产品或技术不足导致的交易费用。

在投资方面，横、纵向并购的综合运用使得企业资源配置得到进一步优化与整合。我国很多互联网企业通过适当的并购策略获取其他企业核心能力，或者通过获取其他企业的某一种能力要素来构建自己的核心能力，在迅速弥补企业自身缺陷、丰富企业盈利模式的同时，极大地提升了企业的核心竞争力。

### （四）高效整合海外资源，加强全球化战略布局

伴随着近年来中国网络经济的迅猛发展以及大批互联网企业国际化步伐的加快，国内互联网企业投资、并购海外公司的现象日趋踊跃。借助资本力量，补自身业务短板，拓展海外市场，已成为当前中国互联网企业的一大发展趋势。据不完全统计数据显示，自2012年以来，中国的BAT向美国初创公司进行了50多笔投资，总额达23亿美元。目前BAT等在国内相关领域都已建立了绝对领先优势，对它们来说，接下来要考虑的是进一步完善产业链、布局新技术、扩展增长空间，而国际化是中国企业未来要努力深耕的一个方向。基于此，各家本土互联网企业率先走出国门，争相到海外实施投资并购。从2013年中国互联网并购市场发生的16起大型海外案例来看，移动互联网依然是中国互联网企业海外并购的重头戏，其中9起移动互联网领域的并购涉及手机游戏、移动安全、搜索和社交等方面；电子商务领域的海外并购主要聚焦于专业垂直领域和在线电商两大板块，其中，体育与旅游是中国企业十分关注的专业电商垂直领域。

中国互联网企业迈向国际化征程，并购、资本先行是中国企业走向国际化的主要手段。扩展海外市场、占据新的用户群体、开发新技术，将是未来互联网企业规模扩张路途中必不可少的战略举措。

### （五）增强各阶段的风险管控力度，不断推进资本运作的良性发展

通常，人们看到的主要是企业并购带来快速扩张，并没有过多关注其中存在的风险，忽视了对风险的分析与控制，这往往使并购成为了风险最大的一种企业行为。从全球范围的并购来看：约有70%的并购案例效果不甚理想甚至以失败告终。企业并购风险是指由于不确定性和未知性，企业参与某次并购活动中所涉及的各项活动引起的，导致企业未来蒙受某种损失的可能性。这种损失既可能是企业收益的下降，也可能是企业的负收益，其中最坏的可能性是导致企业破产（李妍、梅强，2010）。中国互联网企业在并购扩张的过程中在不同的实施阶段会面临诸多风险，如并购前的战略决策失误、并购中的财务风险以及并购后经营整合、文化整合等风险（如表1-6-2所示）。

表1-6-2　中国互联网企业并购过程中可能面临的主要风险因素

| 阶段 | 风险类别 |
| --- | --- |
| 并购前 | 战略决策失误风险<br>目标企业选择失误风险 |
| 并购中 | 法律风险<br>财务风险 |
| 并购后 | 经营整合风险<br>资金链断裂风险<br>人力资源整合风险<br>文化整合风险 |

中国互联网企业在风险控制与处理过程中依据紧急性与重要性相结合、短期与长期风险防范

相结合、快速整合三原则进行。第一，紧急性与重要性相结合原则，企业在并购过程中应有所取舍，优先处理那些比较重要的风险，对于那些当前不是那么紧急的并购风险，可以做好规划，分步进行后续的风险控制，加快企业并购速度；第二，短期与长期风险防范相结合原则，互联网企业并购风险的防范是一个很长的过程，从互联网企业并购开始到并购结束都一直存在，甚至在并购后还存在很长时间；第三，快速整合原则，整合速度的快慢对企业并购成功率有直接的影响，快速整合能减少整合过程中员工的焦虑心理，因而减少员工流失，从而降低整合的风险（张颖，2012）。

### （六）推动互联网模式下的"互联网+"新趋势

当前，伴随着"互联网+"的战略推进，实体产业、金融业、互联网的多层次融合成为新的创新方向，这也是移动互联时代互联网企业进行产融结合探索的重要价值体现。产融结合发端于美国等发达国家，是指产业资本和金融资本结合，即两者以股权关系为纽带，通过参股、控股和人事参与等方式而进行的结合。近两年，互联网行业取得突飞猛进的发展，形成了相对完整的产业链生态，但行业的竞争格局也在逐步加剧，"互联网+"模式替代了传统的产融结合模式，互联网企业通过"互联网+"寻求新的业务增长和长远发展。互联网模式下的"互联网+"新趋势主要表现在以下几个方面：

第一，"产"和"融"的关注点均发生改变。一方面，传统的"由产到融"发生变化，体现为新兴互联网企业可以充分运用自身的数据和渠道优势，介入金融服务的功能创新中，使得互联网供应链金融、电商金融、大数据金融等更加扎根于实体部门的模式不断出现。另一方面，传统"由融到产"发生变化，表现为银行、证券、保险等金融企业，更加重视对互联网信息技术的应用，积极介入新兴互联网企业或建设互联网金融平台。

第二，从过去偏重产业与金融之间的股权、债权融合逐渐变为双向的智力与战略融合。因为在互联网时代，数据信息成为最重要的生产要素之一，金融服务呈现突出的跨界融合特征，产业与金融之间的谈判能力更加平衡，而非金融部门占据绝对优势，这种格局转换使得合作共赢逐渐成为主流。同时，传统的产融结合更加强调对资金配置方式的融合，而互联网产融结合则出现进一步的功能融合，在支付清算、风险管理等金融基础功能层面，不仅逐渐呈现金融产品与服务自身的混业，而且呈现金融与非金融边界的融合，深入到生产场景、消费场景的多元化金融服务成为趋势。

第三，互联网产业链金融成为新型产融结合的重要模式。产业链金融重在以核心企业为依托，针对产业链的各环节，设计个性化、标准化的金融服务产品，为整个产业链上的所有企业提供综合解决方案。在互联网环境下，产业链金融的边界进一步拓展，不仅着眼核心企业与上下游的信用传递，而且关注产业链不同企业之间的金融资源共享。

第四，产融结合的范畴发生变革。传统的产融结合包括大企业集团内部的金融资源整合，现在伴随互联网带来社会协作分工机制的变化，原有的生产、分配、交换、消费流程都在发生变革，企业达到最佳经济效率的边界也更加模糊，这使得在新技术支撑下，大集团内部的金融需求更容易通过外包的形式来完成，从而有效降低交易成本和提升产融效率。

（分报告执笔人：陈洋、袁筱月，北京邮电大学；指导人：何瑛，北京邮电大学经管学院）

## 参考文献

[1] 李玲，李冰.战略成本管理与企业价值创造[J].财务与会计，2012（9）.

[2] 朱德胜，宋晓宁.股权结构影响下的上市公司融资倾向研究[J].中央财经大学学报，2006（12）.

[3] 龙海泉，吕本富.基于价值创造视角的互联网企业核心资源及能力研究[J].中国管理科学，2010（1）.

[4] 刘迅，张庆，张华.基于电商平台的互联网供应链融资模式分析[J].财务与会计，2014（10）.

[5] 谢平，邹传伟.互联网金融模式研究[J].金融研究，2012（12）.

[6] 陈稳进.中外企业融资结构比较分析与启示[J].南开经济研究，2002（3）.

[7] 马建春.企业融资方式选择的阶段性特点与国别差异[J].中央财经大学学报，2005（9）.

[8] 林毅夫，孙希芳，姜烨.经济发展中的最优金融结构理论初探[J].经济研究，2009（8）.

[9] 黄少安，张岗.中国上市公司股权融资偏好分析[J].经济研究，2011（11）.

[10] 何瑛.电信运营企业财务转型[M].北京：经济管理出版社，2011.

[11] 何瑛.基于价值导向的电信运营企业财务竞争力综合评价与提升路径研究[J].中国工业经济，2011（11）.

[12] 罗明雄，唐颖，刘勇.互联网金融[M].北京：中国财政经济出版社，2013.

[13] 李晓光，张路坦.基于百度并购91无线案例的互联网企业并购财务风险研究[J].商业会计，2014（17）.

[14] 杨志强，黄椿丽，黄林娜等.互联网企业并购的实物期权定价方法——优酷网并购土豆网之案例分析[J].财会月刊，2015（29）.

[15] 张丹，高丛.腾讯、阿里巴巴、百度三巨头并购热潮动因分析[J].财会研究，2014（9）.

[16] 清科研究中心.2014年中国互联网行业并购专题研究报告[R].2014.

[17] 2013年互联网行业分析报告[R].2013.

[18] 曾章备.我国互联网企业并购的现状与风险防控研究[J].中国市场，2015（29）.

[19] 程兆谦，汪慧东.解析BAT并购战[J].企业管理，2014（7）.

[20] 2015年互联网发展趋势预测分析：产业互联网时代到来[N].云意科技，2015.

[21] 潘乐媛.基于互联网企业并购的财务整合风险及措施的分析[J].财经界，2015（2）.

[22] 易佣.2014年移动互联网行业投资风险分析[R].前瞻产业研究院，2014.

[23] 我国互联网市场竞争现状与问题分析[N].电信研究院，2013.

[24] 李妍，梅强.民营科技企业网络嵌入性、创新动力、创新能力关系研究[J].财会月刊，2010（10）.

[25] 张颖.整合背景下优酷网商业模式研究[J].现代商贸工业，2012（20）.

# 第二部分 报告篇
## ——互联网企业可持续发展报告

一　亚马逊公司可持续发展报告（Amazon）

二　谷歌可持续发展报告（Google）

三　京东可持续发展报告（JD）

四　eBay可持续发展报告（EBAY）

五　苏宁云商公司可持续发展报告（SUNING）

六　腾讯公司可持续发展报告（Tencent）

七　Facebook可持续发展报告（FACEBOOK）

八　阿里巴巴集团可持续发展报告（Alibaba Group）

九　百度公司可持续发展报告（Baidu）

十　雅虎可持续发展报告（Yahoo!）

十一　网易公司可持续发展报告（NetEase）

十二　搜狐可持续发展报告（SOHU）

# 亚马逊 amazon.cn

亚马逊的 LOGO 有两个明显的含义：聪慧和创新。从色彩应用角度来说，橙色含有平衡、活力、友好、诱人的意思。亚马逊标志的下方有个橙色的箭头，像一张非常具有亲和力的笑脸，表示亚马逊面带微笑迎接顾客，同时橙色的箭头代表亚马逊河，像一条广阔的河流滋润着万物。箭头从 a 指向 z，刚巧是 26 个字母从头到尾，蕴含着亚马逊的商品应有尽有之意；表达了亚马逊愿意向全球各地的消费者递送自己商品和服务的寓意。据悉，贝佐斯当初选择 Amazon 这个名字其实有两个原因：第一，它能让人联想起亚马逊热带雨林，暗示着亚马逊的巨大经营规模；第二，当时的网站排序主要是按照字母顺序进行的，因此选择以"A"开头的亚马逊能让网站排序更加靠前。

**杰夫·贝佐斯**（Jeffrey P. Bezos）
亚马逊董事长及首席执行官

　　杰夫·贝佐斯：52岁，美国籍，创办了全球最大的网上书店Amazon（亚马逊），并成为经营最成功的电子商务网站之一，引领了时代潮流。1964年，贝佐斯出生于美国新墨西哥州阿尔布奎克。1986年，毕业于美国普林斯顿大学，进入纽约的一家高新技术开发公司FITEL，主要从事计算机系统开发。1988年，进入华尔街的Bankers Trust Co，担任副总裁。1990~1994年，与他人一起组建套头基金交易管理公司D.E. Shaw & Co，于1992年成为副总裁。1995年7月16日成立Cadabra网络书店，后将Cadabra更名为亚马逊，于1995年7月重新开张。1997年5月股票上市，亚马逊成为了世界上最成功的电子商务网站之一。更可贵的是，随着互联网泡沫破灭，面对"破产"的批评，贝佐斯不畏艰辛，在保持持续增长的情况下，步步走向盈利，重新树立起电子商务的信心。当前，亚马逊依然是全球电子商务的第一象征。1999年，贝佐斯当选《时代》周刊年度人物，是美国《商业周刊》评选的"互联网时代最具影响力的25人"之一。2013年8月，贝佐斯以个人名义花费2.5亿美元收购《华盛顿邮报》。2014年2月，年仅50岁的杰夫·贝佐斯以2250亿元人民币高居2014年世界富豪榜第7位。

# 一 亚马逊公司可持续发展报告（Amazon）

## （一）公司简介

亚马逊公司（Amazon，简称亚马逊；NASDAQ：AMZN），是美国最大的一家网络电子商务公司，位于华盛顿州的西雅图，是网络上最早开始经营电子商务的公司之一。亚马逊成立于1995年，一开始只经营网络的书籍销售业务，现在则涉及了范围相当广的其他产品，已成为全球商品品种最多的网上零售商和全球第二大互联网企业，在公司名下，包括了AlexaInternet、a9、lab126和互联网电影数据库（Internet Movie Database，IMDB）等子公司。亚马逊于1997年5月15日在纳斯达克上市，代码是AMZN，一股为18美元。2004年8月亚马逊全资收购卓越网，使亚马逊全球领先的网上零售专长与卓越网深厚的中国市场经验相结合，进一步提升客户体验，并促进中国电子商务的成长。截至2013年3月18日，亚马逊已经制作了一系列大预算的电视剧集，这些剧集仅可通过互联网观看，原因是这家公司正在与Netflix展开"战争"，竞相利用人们对于在智能手机、平板电脑和互联网电视上观看电视节目的兴趣，以扩大自身在流媒体播放服务这一领域中的占有率。由于亚马逊提供的亚马逊云服务在2013年来的出色表现，著名IT开发杂志SD Times将其评选为2013 SD Times 100，位于"API、库和框架"分类排名的第二名，"云方面"分类排名第一名，"极大影响力"分类排名第一名。

亚马逊从建立至今，其定位经历了三次转变，如图2-1-1所示。

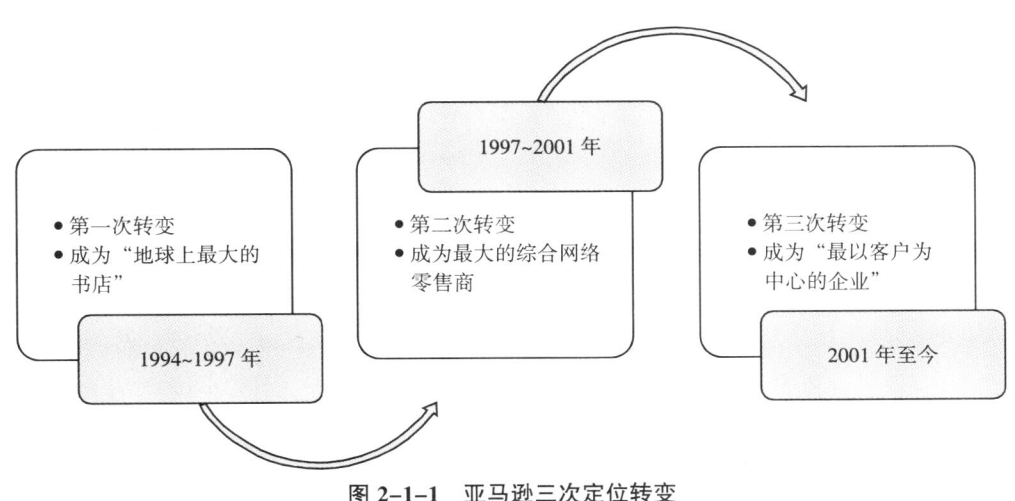

图2-1-1 亚马逊三次定位转变

1. 第一次转变：成为"地球上最大的书店"（1994~1997年）

1994年夏天，从金融服务公司D.E.Shaw辞职出来的贝佐斯决定创立一家网上书店，贝佐斯认为书籍是最常见的商品，标准化程度高；而且美国书籍市场规模大，十分适合创业。经过大约一年的准备，亚马逊网站于1995年7月正式上线。为了和线下图书巨头Barnes & Noble、Borders竞争，贝佐斯把亚马逊定位成"地球上最大的书店"（Earth's Biggest Bookstore）。为实现此目标，亚马逊采取了大规模扩张策略，以巨额亏损换取营业规模。经过快跑，亚马逊从网站上线到公司上市仅用了不到两年时间。1997年5月Barnes & Noble开展线上购物业务时，亚马逊已经在图书网络零售上建立了巨大优势。此后亚马逊和Barnes & Noble经过几次交锋，亚马逊最终完全确立了自己是最大书店的地位。

2. 第二次转变：成为最大的综合网络零售商（1997~2001年）

贝佐斯认为和实体店相比，网络零售很重要的一个优势在于能给消费者提供更为丰富的商品选择。因此，扩充网站品类，打造综合电商以形成规模效益成为了亚马逊的战略考虑。1997年5月亚马逊上市，尚未完全在图书网络零售市场中树立绝对优势地位的亚马逊就开始布局商品品类扩张。经过前期的供应和市场宣传，1998年6月亚马逊的音乐商店正式上线。仅一个季度，亚马逊音乐商店的销售额就已经超过了CDnow，成为最大的网上音乐产品零售商。此后，亚马逊通过品类扩张和国际扩张，到2000年时，亚马逊的宣传口号已经改为"最大的网络零售商"（the Internet's No.1 Retailer）。

3. 第三次转变：成为"最以客户为中心的企业"（2001年至今）

2001年开始，除了宣传自己是最大的网络零售商外，亚马逊同时把"最以客户为中心的公司"（the World's Most Customer-centric Company）确立为努力的目标。此后，打造以客户为中心的服务型企业成为亚马逊的发展方向。为此，亚马逊从2001年开始大规模推广第三方开放平台（Marketplace）、2002年推出网络服务（AWS）、2005年推出Prime服务、2007年开始向第三方卖家提供外包物流服务Fulfillment by Amazon（FBA）、2010年推出KDP的前身自助数字出版平台Digital Text Platform（DTP）。亚马逊逐步推出这些服务，使其超越网络零售商的范畴，成为一家综合服务提供商。

亚马逊及其他销售商为客户提供数百万种独特的全新、翻新及二手商品，如图书、影视、音乐和游戏、数码下载、电子和电脑、家居园艺用品、玩具、婴幼儿用品、食品、服饰、鞋类和珠宝、健康和个人护理用品、体育及户外用品、玩具、汽车及工业产品等。

截至2014年12月31日，亚马逊总资产为545.05亿美元，股东权益为107.41亿美元，股数为464383939股，员工人数154100人。全年实现主营业务收入700.80亿美元，净利润为2.41亿美元，每股盈余为0.52美元。2014年12月31日收盘价为310.35美元，市盈率为596.83。

## （二）公司战略

亚马逊2014年以低利润的战略扩张，使其股价终于支撑不住，下跌两成左右。重磅硬件Fire Phone出师不利，造成大笔资产减计。同时，阿里巴巴等中国电商的上市对其造成了一定的压力。从业务上来看，亚马逊的电子商务和云计算在全球得到了扩张，在美推出的一小时送货和外卖送餐业务也稳固了其地位。亚马逊面临的来自科技公司的挑战并不大，公司要做的只是抢占更多传统零售业份额。回顾2014年的业绩，亚马逊除了在全国开展配送服务之外，其新上线的"区域配送"项目让卖家可以自主决定配送范围及运费。"亚马逊物流"也持续增加了卖家入仓产品的种类，新增了包括手机、巧克力、红酒等高单价、高周转率的品类。同时，第三方平台还在卖家业务报告中增加了许多新功能，卖家可以利用这些新的指标来了解特定时间内的顾客访问情况，相应调整库存及产品策略。在2014年，亚马逊中国的"全球开店"团队扩张了3倍，并开始为卖家提供双语销售建议，还新增了加拿大和日本市场（目前共开放了9个国际市场）。而在北美市场的中国卖家数量和商品销量都实现了翻倍增长。2015年亚马逊继续其大投资的策略，并且在生鲜和送货方面继续加强。

亚马逊中国对外宣布了2015年的战略计划，表示将进一步加大"创新"及"本土化"。其将在物流服务、广告、卖家培训等方面推出新服务，以支持第三方平台业务的发展，并将继续加大"全球开店"项目的投入力度。

首先，亚马逊中国将在2015年推出3项创新，包括增加货到付款服务的物流选项、物流增值服务以及图文版的商品描述功能。其中，"货到付款"服务将向卖家开通顺丰速运，即卖家选择顺丰速运可直接使用货到付款，这是继亚马逊配送和宅急送配送后的第三种配送方式。而"亚马逊物流"还将提供产品入仓建议、免费换货、产品修复等增值服务。其次，2015年"亚马逊展示广告"将对卖家开放，首次允许供应商、第三方卖家及其他品牌商在亚马逊中国网站上投放广告。这也是该服务在全球首次提供给卖家使用。最后，亚马逊第三方平台还将于2015年初正式启动亚马逊全球范围内的第一家卖家大学——"亚马逊卖家大学"。

## （三）资本运营

亚马逊（Amazon.comInc.）于1995年创立时，仅仅是一家网上书店。经过20年的发展与扩张后，而今它已成长为全球最大的电子商务网站。亚马逊的成功离不开大大小小的并购。可以说，每次成功"出手"，都使其轻松跨入了一个全新的战略业务单元，为其成为电商帝国开疆拓土、奠定基础（如图2-1-2所示）。

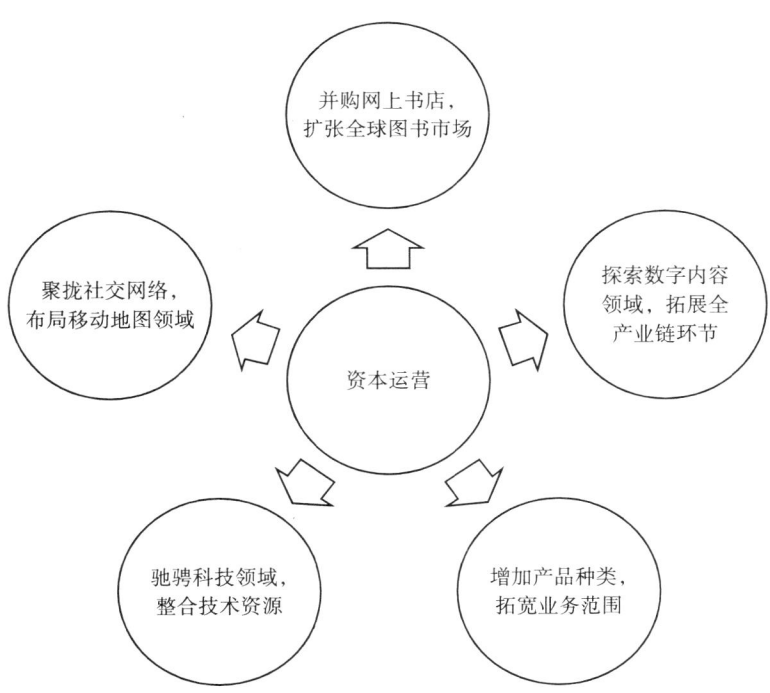

图2-1-2　亚马逊资本运营示意图

### 1. 并购网上书店，扩张全球图书市场

亚马逊起家主打业务是图书，对此它采取的是收购海外头号网上书店的策略，为其拓展海外市场占据领先地位提供捷径。

亚马逊第一笔成功收购案发生在1998年4月，它以0.55亿美元收购电影数据库网站（IMDB）及英国Bookpage和德国Telebook两家当地最大的网上书店，此举收购对当年亏损高达1.24亿美元的亚马逊来说是一笔不小的数目，但是为其致力于成为全球最大的网上书店，拓展海外市场奠定基石。按贝佐斯的话说："这次收购使亚马逊能迅速提供给欧洲消费者与美国同等待遇的选品、服务和价值。"同年10月，亚马逊宣布成立亚马逊英国和德国网站，整合收购的Bookpage和Telebook全部业务。Bookpage提供120万种英国图书，Telebook提供40万种德语书籍，而亚马逊则拥有300万美国图书和音乐等品种。这次收购使得当年亚马逊海外营收达到2100万美元，占总销售额的3.4%。

2004年，亚马逊以同样战略，斥资7500万美元收购当时中国的卓越网，获得进军中国市场的跳板。亚马逊对卓越网重新定位改造，大力推进图书和百货等业务。截至2012年12月，亚马逊中国以2.3%的份额，占据中国B2C网络零售市场第六的位置。2008年，亚马逊收购总部位于加拿大的全球网上图书销售平台Abebooks，该网站覆盖美国、英国、德国、法国、意大利等国家，出售来自全球数千家独立图书销售商的书籍，提供超过1.1亿册二手、珍藏版和绝版图书，会员数达到135000。这次收购使亚马逊在珍藏版和绝版图书业务上得以拓展，并将全球的图书销售商和图书爱好者联系在一起。

### 2. 探索数字内容领域，拓展全产业链环节

通过在数字内容领域的收购战略，亚马逊已经将数字内容业务拓展至产业链的各个环节，它正试图颠覆传统出版行业；同时，在图书出版业和数字内容的战略投资都表明亚马逊时刻捍卫自己在图书和电子书出版行业的领先地位。

亚马逊在数字内容领域的探索于2000年投资Audible.com开始，当时亚马逊斥资百万美元购买Audible.com 5%的股权，与之成为战略合作伙伴。此次合作，使亚马逊1600万客户可以享受Audible公司超过2万小时的数字视频内容，Audbile则给予亚马逊3年3000万美元的丰厚回报。2000年，亚马逊正式推出电子书商店，与Audible结成战略合作为亚马逊用户提供可下载的有声读物，也为亚马逊2008年成功收购Audible.com埋下伏笔。

2005年，亚马逊又相继收购Booksurge和Mobipocket两家图书出版公司。前者是全球最大的按需印刷公司，向发行商和作者提供书籍发行网络服务。亚马逊的库存图书很少，通常维持在200种最受欢迎的畅销书。亚马逊是在用户下单后，才从出版商那里拿货并直接送给用户。收购按需印刷公司，无疑有利于进一步降低库存。Mobipocket是法国一家提供电子书和移动阅读技术服务的公司，这为之后Kindle书籍寻找电子打包格式奠定了基础，其电子书籍.mobi格式便由此而来。这次重大的战略举措标志着亚马逊已经将自己的触角延伸至未来的图书出版行业。

2007年，亚马逊推出自创的Kindle电子阅读器，正是其进军数字内容出版行业的最好注脚。有了电子阅读器的终端设备，亚马逊进军电子图书行业的步伐越迈越大。2007年收购美国最大的独立有声读物出版商Brilliance Audio公司。该公司提供非常丰富的完整或删节的成人畅销小说的音频格式，同时出售给任何形式的商家，包括图书馆。过去，有声读物只限于一些畅销书，考虑到录制和复制等成本，畅销书的有声读物具有规模经济效益。随着互联网和便携式音乐播放器的

普及，有声读物的市场份额正在逐渐扩大。2008年，亚马逊以3亿美元现金收购了觊觎已久的Audible.com。该网站占据音频市场75%的份额，拥有7.5万多本有声书，此举帮助亚马逊成功拿下音频下载市场，进一步增强了其在数字内容下载领域的竞争力。

2009年，是电子书概念全面火爆的一年，SonyReader、iRex、Nook等先后面市，当然，还有蠢蠢欲动的苹果以及蓄势待发的Google。2009年4月，亚马逊宣布收购电子阅读软件开发商Lexcycle，是其重视技术创新的最好诠释。Lexcycle最知名的产品是用于iPhone和iPad的Stanza阅读器，拥有来自50个国家的50多万用户。Stanza的主要功能是使用户可在iPhone和iPad上下载和阅读不同格式的电子书。该软件允许用户把各种格式的电子书转移到亚马逊Kindle电子阅读器当中，受到Apple、CNET、华盛顿邮报、ArsTechnica、波士顿环球报、信息周刊以及PC杂志等多个媒体的赞扬和推荐。亚马逊极富远见地收购了会对其造成麻烦的平台公司，它意识到，等亚马逊Kindle格式日渐式微之时，苹果公司依托Stanza平台，足以对Kindle的发展构成威胁。

3. 增加产品种类，拓宽业务范围

亚马逊在品类上的拓展始于1999年，除了在自营的官网上新增商品种类外，亚马逊还通过网站联盟的方式为客户提供丰富的选品。1999年，亚马逊出资4400万美元收购网上药店Drugstore.com 46%的股份。当时，美国处方药拥有1020亿美元的市场规模，是图书行业的6倍，这也许是吸引贝佐斯投资药店的主要原因。双方签订协议，亚马逊向Drugstore.com开放自己的客户群，并在Amazon.com上提供Drugstore.com的网址链接，为此Drugstore.com需要在3年内向亚马逊支付1.05亿美元。同时，亚马逊也为该网上药店提供技术服务，诸如将亚马逊的一键购物oneclick技术整合到Drugstore.com的网站，如此合作达到双赢。

2000年经历了互联网泡沫冲击后，美国倒闭了210家互联网公司，其中就包括亚马逊投资的两家小规模电子商务企业Living.com和Pets.com，亚马逊在当年财报中对投资的资产减值亏损高达3亿多美元。但这些惨痛的教训并没有阻止亚马逊的投资步伐，继圈地运动后，亚马逊仍然不放弃在百货零售上的投资。2005年美国假期购物季，服装已成为网上订购的高级类别，交易额达到53亿美元，同比高出42%。亚马逊通过收购Shopbop打入奢侈品市场，该网站专门经营顶级服饰设计师的作品。奢侈品服装靠的是品牌影响力，这与亚马逊一贯以庞大的客户群吸引零售商在它的平台上低价直销背道而驰，而收购Shopbop正好弥补了亚马逊进入奢侈品行业的不足。2012年，亚马逊大力扩张时装与成衣网购业务，将之前收购的时尚购物网站Endless.com的业务转为亚马逊的一个站内频道继续运营，从而专心打造Amazon Fashion的用户体验。

之后，亚马逊收购了竞争对手Zappos和Quidsi，更印证了其推崇的"打不败对手就买下它"的收购战略。2009年，亚马逊以12亿美元的历史最高收购价买下由华人谢家华创办的网上鞋店Zappos。这家鞋店经历了电子商务红海厮杀数年后，从之前濒临破产发展到当时8亿美元的销售额，占美国鞋类网络市场总值30亿美元的1/4以上。收购网上鞋店巨头Zappos这一最大竞争对手，无疑更加巩固了亚马逊网上零售的领先地位。继大手笔收购Zappos后，亚马逊在2010年又斥资5.4亿美元买下觊觎已久的竞争对手、全美最大的在线尿布及婴儿用品零售商Quidsi。亚马逊通过收购Quidsi，一方面消除了在婴儿用品领域的最大竞争对手，并且通过收购Quidsi提高在婴儿用品领域的竞争力；另一方面，还为亚马逊开辟了女性市场。据统计，在Quidsi的50万用户中，80%为女性。而根据comScore的数据显示，女性用户仅占亚马逊用户总量的48.8%。

**4. 驰骋科技领域，整合技术资源**

除了电子商务，亚马逊的另一个身份就是科技公司，而其对科技公司的收购始于1998年，当时斥资1.86亿美元买下数据挖掘公司Junglee Corp。该公司在数据库技术方面的突破，大大提高了用户网上搜索购物的效率。在收购后，亚马逊利用Junglee搜索技术创造了"Shop-the-Web"的购物服务，即在网站上陈列图书和音乐以外的各种商品，用户点击之后，亚马逊便会将用户引导至其他零售商那里，最后收取销售提成。这也是亚马逊第一次尝试。同时，通过收购Junglee公司的搜索技术，亚马逊可以为顾客提供难度极高的搜索服务，该服务通过书名、作者、主题与内容相关的字符串、封面颜色和图案等提供28种途径检索。这种搜索方式让每个关键词串联出大量相关商品，从而使亚马逊的搜索显示规则不仅有关键词符合，还加入了标题关联度、内容关联度、主题关联度等不同权重的排序规则。

亚马逊又相继收购了移动产品搜索服务商SnapTell、触屏技术公司Touchco、语音识别技术公司Yap和仓库机器人公司Kiva等一系列技术公司。2010年，亚马逊把Touchco的技术和员工整合至旗下Kindle硬件部门，升级Kindle电子书以对抗苹果iPad。据称，Touchco技术的成本低于苹果公司iPhone和iPad所采用技术的成本。比较不同的是，Touchco屏幕能够同时检测数量不限的触控点。2011年9月，亚马逊完成了对语音识别技术公司Yap的收购。Yap是现存的与Siri最接近的产品，这可能意味着Amazon将进军语音市场，进一步加剧与苹果之间的战火。同一时期，Amazon发布了堪称能与苹果iPad直接抗衡的Kindle Fire平板电脑，而其欠缺的当下流行的语音服务正是亚马逊的软肋。收购Yap后，亚马逊可以利用Yap的技术建立自己的语音技术平台，服务于亚马逊的网上搜索和客户服务等领域。

2012年，亚马逊斥资7.75亿美元收购仓库机器人公司Kiva，此次收购是其继收购Zappos后的又一大手笔。Kiva主要开发用于仓库的机器人，该机器人能够抓取、移动货架和货品，并送到员工手里进行分拣和包装，这一技术将帮助亚马逊更快地实现订单交付，同时减少仓库员工数量。对于在线零售业务来说，物流中心颇为关键，能够提高订单执行能力，有助于降低仓储物流费用率。2011年，亚马逊仓储物流费用率上升至9.52%，高于2010年的8.4%，这是其运营费用中占比最大的成本。因此，如何降低费用、提高效率成为亚马逊今后的主要课题。

**5. 聚拢社交网络，布局移动地图领域**

2007年，亚马逊第一次收购了数码评论网站——Dpreview.com，该网站总部位于伦敦，主要专注于数码相机市场有关的评论、信息、新闻和论坛。亚马逊一直允许用户在其网站上对产品加以评论，而此次收购正是看中了Dpreview.com积累的大批可信度较高的摄影爱好者，可以对亚马逊网站上的数码评论提供补充。该网站每月拥有700万独立访问者，浏览量超过1.2亿，同时能为亚马逊提供大量的网络广告，通过在数码产品的评论中附加该产品在亚马逊的网址链接，为亚马逊带来更多数码产品的新用户和销量。2008年，亚马逊收购图书爱好者社交网站Shelfari，该网站主要为图书爱好者提供交流平台，同时允许用户创建虚拟书架，显示用户已读或想读的图书，用户可以发表书评或对图书评分，并与好友分享图书目录。收购Shelfari有助于亚马逊把创建的社区工具添加到其Kindle电子图书商店中，从而促进图书销售。2009年，亚马逊又收购了作者图书社交网站Booktour.com。作者可以在该网站上创建自己的个人主页，并与粉丝进行交流，发布自己的最新动态和工作时间表。收购后,亚马逊将 Booktour 的作者工作时间表显示在该作者的亚马逊主页上,让用户可以更为便捷地获取任何他们所喜爱的作者的动态。这种拉近读者和作者距离的方式,也为亚马逊的图书业务带来新契机。

与此同时,随着手机巨头纷纷将目光转移至移动地图领域,谷歌和苹果相继推出自己的 3D 地图服务后,亚马逊也开始蠢蠢欲动,希望能在移动地图领域分一杯羹。2012 年 7 月,亚马逊收购了 3D 地图初创公司 UpNext。由于亚马逊的 Kindle Fire 并没有内置地图功能,用户需在 Amazon Appstore 里下载地图应用软件,或通过浏览器访问在线地图服务,十分不方便。另外,亚马逊欲推出智能手机是既定的事实,而随着手机互联网的崛起,手机地图的平台特性越发明显。随着智能移动设备的普及,地理位置信息已经逐渐成为移动应用的标配,对于这个最底层和最基础的入口,地图毋庸置疑成为各大巨头必争之地。另外,亚马逊也可将地图整合到其 Kindle Fire 内置应用中,从而提高其在平板市场的竞争力。

表 2-1-1 亚马逊收购明细一览表

| 时间 | 事件 |
| --- | --- |
| 1998 年 4 月 | 亚马逊收购了互联网电影资料库公司 IMDb、Bookpage 和 Telebook |
| 1998 年 8 月 | 亚马逊以 1.86 亿美元收购数据挖掘公司 Junglee |
| 1998 年 8 月 | 亚马逊以 9300 万美元收购社交网络公司 Planetall |
| 1999 年 6 月 | 亚马逊以 2.5 亿美元收购了 Alexa |
| 2003 年 4 月 | 亚马逊收购了其在线音乐商店的竞争对手 en:CD Now |
| 2004 年 8 月 | 亚马逊以 7500 万美元收购了中国的卓越网 |
| 2005 年 4 月 | 亚马逊收购了电子书软件制造商 Mobipocket 和出版发行公司 Booksurge |
| 2005 年 7 月 | 亚马逊收购了 DVD 制作商 CustomFlix |
| 2006 年 2 月 | 亚马逊收购了女性时尚购物网站 Shopbop |
| 2007 年 5 月 | 亚马逊收购了数码相机测评网站 Dpreview |
| 2008 年 3 月 | 亚马逊以 3 亿美元收购了有声读物网站 Audible |
| 2009 年 7 月 | 亚马逊以 12 亿美元收购了在线鞋店 Zappos |
| 2010 年 6 月 | 亚马逊以 1.1 亿美元收购了团购网站 Woot |
| 2010 年 10 月 | 亚马逊称其收购欧洲在线购物服务网站 BuyVIP.com 以扩大在这个地区的市场份额,这笔收购交易的金融条款没有披露,亚马逊负责欧洲零售的副总裁 Greg Greeley 说,收购 BuyVIP.com 对于亚马逊欧洲业务是一个极好的补充,为亚马逊客户寻找和发现独特的和诱人的产品提供了另一个独特的途径 |
| 2010 年 11 月 | 亚马逊以 5.5 亿美元收购了 Quidsi |
| 2011 年 7 月 | 亚马逊收购了网上书店 The Book Depository |
| 2011 年 | 亚马逊收购了 Lovefilm、Pushbutton |
| 2012 年 3 月 | 亚马逊收购了自动化机器人公司 Kiva Systems |
| 2013 年 3 月 | 亚马逊在欧洲超越了当地其他在线零售商,成为欧洲最受欢迎、访问量最大的网络零售商 |
| 2014 年 4 月 | 亚马逊收购数字漫画公司 comiXology |
| 2014 年 5 月 | 亚马逊宣布投资 2000 万美元入股上海美味七七,开启中国市场的生鲜战略部署 |
| 2014 年 8 月 | 亚马逊宣布以 9.7 亿美元的现金收购视频游戏流媒体服务 Twitch |

## (四) 商业模式

亚马逊从创建时"网络书店"的 B2C 模式,逐步扩展到加盟、二手商品等 C2C 模式领域,近年来亚马逊通过不断完善自己的物流体系、支付模式创新、云计算技术的研发和推广使用、"Kindle"模式的创新等,已经成为了一家综合服务的提供商。它的成功,绝非是偶然的幸运,在全球金融海啸的背景下,亚马逊能够一枝独秀,从根本上说是得益于其成功的创新商业模式(如图 2-1-3 所示)。

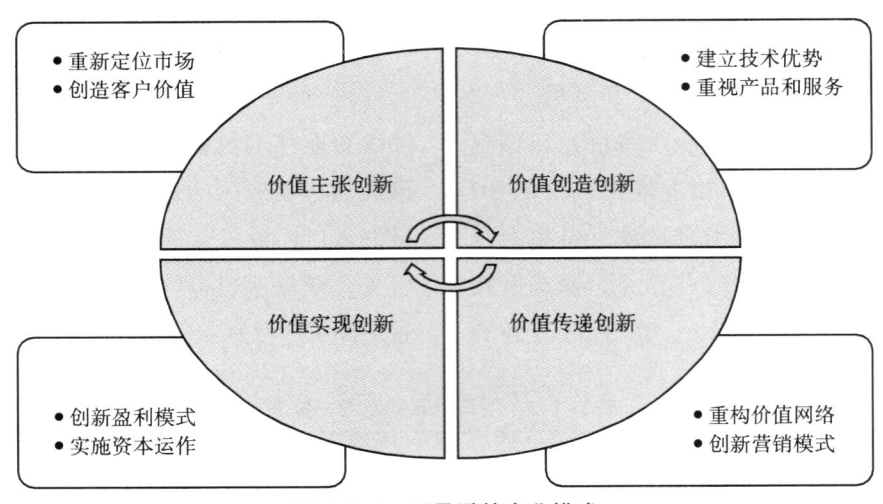

图 2-1-3　亚马逊的商业模式

**1. 价值主张创新:重新定位市场,创造客户价值**

价值主张的创新是平台企业商业模式创新的起点。亚马逊的价值主张从市场定位和客户价值两个方面来分析,市场定位是亚马逊锁定什么样的市场和如何对这个市场做出细分;客户价值则主要回答了亚马逊的目标顾客。

表 2-1-2　亚马逊价值主张创新分析

| 时间 | 重新定位市场 | 创造客户价值 |
| --- | --- | --- |
| 1994~1997 年 | 定位:成为"地球上最大的书店",即成为 B2C 电子商务平台,主要业务是做网络书籍销售 | 目标客户:有购书需求的网络用户,提供品种齐全的高质量的书籍,并在价格、付款方式、物流等方面都为用户提供方便,满足了用户购书时经济实惠、方便快捷、正品保证的需求 |
| 1997~2001 年 | 定位:成为"最大的综合网络零售商",即"网络超市" | 目标客户:几乎包括整个网络用户,公司扩充平台商品种类,从家电用品到大型工业用品,亚马逊利用品质保证、物流、付款、退货以及技术保障等满足人们网络购物的体验需求 |
| 2001 年至今 | 定位:成为"综合服务提供商"。突破网络零售商的范畴,开始大规模推广第三方开放平台(Marketplace)、2002 年推出网络服务(AWS)、2005 年推出 Prime 服务、2007 年开始为第三方卖家提供外包物流服务 Fulfillment by Amazon(FBA)、2010 年推出 KDP 的前身自助数字出版平台 Digital Text Platform(DTP)等 | 目标客户:从用户增加到了企业,通过平台为客户提供满足需求的服务,帮助客户解决问题,比如,为合作伙伴在平台上经营其品牌商品。亚马逊还不断地增加产品种类和服务 |

**2. 价值创造创新:建立技术优势,重视产品和服务**

价值创造创新是对企业价值创造的过程进行变革,价值创造主要包括支撑企业的资源、企业所形成的能力以及企业的关键核心业务活动。亚马逊的资源与能力主要表现在技术水平上,其关键业务活动一般都是提供产品和服务。

(1)建立技术优势。亚马逊在技术方面的创新主要表现在:

第一,B2C 电子商务平台 IT 技术的创新。电子商务平台的IT技术水平很重要，它是供应链优化和运营效率提升的驱动力。目前，亚马逊正在转型成为以"IT技术"为驱动力的第三代平台，它的技术核心基于Linux，拥有世界上最大的Linux数据库，强大的中央创新分析数据库具有查询、记录历史数据和ETL（提取、转换和装载）三个功能，亚马逊的技术架构每天要处理数百万的后台操作以及来自50多万第三方卖家的查询。这些后台IT技术的支撑，保证了其电子商务平台的各项服务功能的正常运作。亚马逊为了不断地创新技术，保持技术的优势，已经成立了多家技术研究中心，共同研究能够改善产品和服务的互联网技术。

第二，亚马逊云计算AWS（Amazon Web Service）。亚马逊是最早提供远程云计算平台服务的公司，目前，AWS已经占据了美国59%的基础设施及服务（IaaS）市场份额，2011年为亚马逊带来了19亿美元收入，领先于其他云计算服务商，亚马逊已经凭借云计算技术将企业转型成为网络技术服务商，也为其他业务带来了巨大商机，推动规模效应的形成。

第三，Kindle设备技术的创新。创新分析Kindle电子书阅读器大部分采用E-ink十六级灰度电子纸显示技术，能在最小化电源消耗的情况下提供类似纸张的阅读体验。

（2）重视产品和服务。亚马逊始终坚持"用户导向"的服务产品创新，将"用户体验"放在服务工作的首位，凭借"一键下单"（1-Click）设计，亚马逊帮助用户简化了购买程序，只要在网站上买过一次书，顾客的通信地址和信用卡账号就会被安全地存储下来，下次再购买时，用鼠标点一下欲购之物，网络系统就会完成之后的手续，包括用户的收件资料，甚至刷卡付费也可由网络系统代劳。

表2-1-3 亚马逊提供的服务产品项目一览表

| 项目 | 具体产品 |
| --- | --- |
| 电子商务零售平台 | 涵盖品类齐全的商品，甚至包括生鲜食品、绿色商品 |
| 消费电子产品 | 电子书阅读器Kindle系列和平板电脑Kindle Fire系列 |
| 数字产品 | 电子书、MP3音乐等数字产品 |
| 二手商品拍卖服务 | |
| 虚拟货币 | Coins |
| 网络技术服务 | 弹性计算云EC2（Elastic Compute Cloud），是一部具有无限采集能力的虚拟计算机，用户能够用来执行一些处理任务 |
| | 简单存储服务S3（Simple Store Service），为任意类型的文件提供临时或永久的存储服务 |
| | DB是为复杂的结构化数据建立的，支持数据的查找、删除、插入等操作 |
| | 简单队列服务SQS |
| | 弹性MapReduce服务 |
| | 内容推送服务CloudFront |
| | 灵活支付服务FPS |

3. 价值传递创新：重构价值网络，创新营销模式

价值传递是将企业创造出的价值通过某种途径或方式传递给客户，满足客户的需求。下面从价值网络的构建和营销模式的运用两个方面分析亚马逊。

（1）重构价值网络。亚马逊一直致力于寻求合作伙伴并重视重点合作伙伴的关系维护。首先，电子商务平台的合作伙伴。亚马逊通过提成和返点的策略来吸引合作伙伴，并制定了合作联盟的

相关制度管理与规范合作关系，来维持长久的合作关系。其次，亚马逊云计算服务推出了合作伙伴计划，新的AWS合作伙伴网络（APN）面向独立软件开发商、SaaS公司、工具和平台供应商，以及协商合作伙伴如系统集成商等。最后，亚马逊的Kindle设备采用了开放式的平台，允许外部APP进入，对亚马逊电子设备产品的推广具有很大帮助。

（2）创新营销模式。亚马逊采取了多样化推广方式，主要的推广媒介是包括网络广告Yahoo和Excie在内的五个最经常被访问的站点、SNS链接等。

营销策略多样化组合是亚马逊营销推广的重要举措，亚马逊的营销策略主要有：第一，产品策略，亚马逊根据商品的种类进行分类，对不同的电子商品实行不同的营销对策和促销手段；第二，定价策略，亚马逊采用了折扣价格策略，在商品的原价上给予一定的回扣，通过扩大销量来弥补折扣费用和增加利润；第三，促销策略，亚马逊利用折扣、节日特价、赠品、小礼品、免配送费用等方式促进销量；第四，售后服务，亚马逊特别重视平台的售后服务，对用户的反馈意见和建议，以及出现的问题都特别重视；第五，引用新的技术丰富用户的体验，商品搜索功能、在线对话、问题解答等功能吸引了很多用户去体验。

4. 价值实现创新：创新盈利模式，实施资本运作

亚马逊的收入来源有交易获利、支付体系收益、配送体系收益、佣金收益、广告收益、云计算服务收益、Kindle设备销售收入、数字产品分成收益等。亚马逊的收入来源随着服务产品的发展而不断增加和创新。亚马逊可以通过其核心业务获取用户的购买数据、零售数据，这都将是未来持续发起广告策略的重要资源。另外，亚马逊的云计算服务收入和Kindle的收入都在快速增长，亚马逊不断增加对两项核心业务的投入。未来亚马逊的盈利模式将主要围绕云计算服务、Kindle设备运营、广告业务等几大块而调整并创新。

为了保证业务活动的增长和客户获得实惠，亚马逊在财务管理上不遗余力地削减成本：减少开支、裁减人员，使用先进便捷的订单处理系统降低错误率，整合送货和节约库存成本，通过降低物流成本，相当于以较少的促销成本获得更大的销售收益，再将之回馈于消费者，以此来争取更多的顾客，形成有效的良性循环。

亚马逊的扩张之路也是其获取技术和客户资源的措施，通过收购投资战略，亚马逊逐步成为图书行业的霸主。收购战略是亚马逊迅速发展的重要保障，未来它仍将根据公司发展战略的需要继续收购有利于扩展的公司。

亚马逊公司能够从创建之初的"网络书店"发展成为规模庞大的"综合服务提供商"有以下几点重要原因：一是亚马逊价值主张明确，把"用户体验"作为公司发展的灵魂，一切产品服务和技术围绕用户需求来提供和研发；二是重视技术创新和技术研发能力的培养，目前亚马逊在电子书、网络影视、云计算服务等方面的技术处于世界领先水平；三是多产品服务组合，无论是B2C、C2C，还是亚马逊云计算服务（AWS）以及自己研发的电子书终端设备Kindle等，都是亚马逊为了满足用户体验而提供的产品服务；四是高超的资本运作和成本控制，亚马逊根据平台需求展开投资或收购，对平台的扩展具有重要意义，另外，亚马逊还是B2C平台中库存量控制最好的企业之一，对成本的控制相对具有很大优势。总之，亚马逊已经形成了"内容+平台+终端"的经营模式。

### (五) 市场概况

#### 1. 市场总体情况

2014财年，亚马逊净营收为889.9亿美元，比2013财年的744.5亿美元增长20%。其营业利润为1.78亿美元，而2013财年运营利润为7.45亿美元。运营现金流为68.4亿美元，同比增长25%。自由现金流降至19.5亿美元，同比减少3.9%。

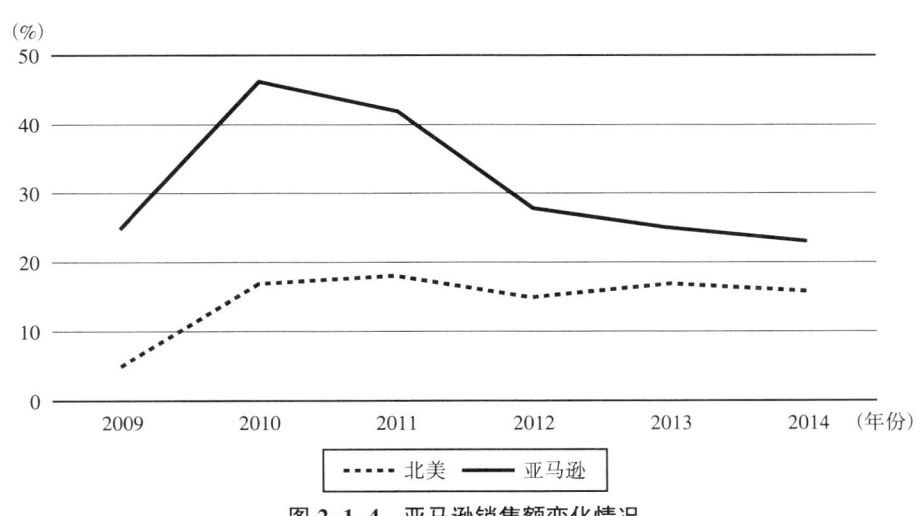

图 2-1-4　亚马逊销售额变化情况

资料来源：人民网。

按地域划分，2014财年第四季度亚马逊北美部门（美国、加拿大）净营收为187.47亿美元，比2013年同期的153.31亿美元增长22%；亚马逊国际部门（英国、德国、法国、日本和中国）的净营收为105.81亿美元，比2013年同期的102.56亿美元增长3%。

按产品划分，2014财年第四季度亚马逊来自电子产品和其他日用商品的营收为206.38亿美元，比2013年同期的171.26亿美元增长21%，在总营收中所占比例从67%增长至70%；亚马逊第四季度来自媒体产品的营收为69.50亿美元，比2013年同期的72.27亿美元下滑4%，在总营收中所占比例从28%下滑至24%。

#### 2. 业务拓展

2014年亚马逊推出了多种业务，具体情况如下：

第一，Prime No：承诺一小时内付费送货上门，两小时内免费送货上门，覆盖数万种日常必需品。这项服务目前已经在曼哈顿上线，还会扩大至其他城市。

第二，Prime Photos：在 Amazon Cloud Drive 提供免费无限量照片存储的服务 Prime Photos。Prime 会员现在拥有了一个简单且安全的地方，保存他们现有照片集，自动上传新照片，随时随地免费访问这些照片。

第三，Fire TV Stick：将相同的 Amazon Fire TV 体验——即易用、性能突出、选择范围广——带给数量更少但更便宜的设备。Fire TV Stick 可插入高清电视上的 HDMI 端口，让用户即时访问电影、电视剧、音乐、照片、应用和游戏等内容。

第四，Echo：围绕语音识别设计的新设备类别。用户可以通过 Echo 查询音乐、新闻和天气状况等各种信息，并立即获得结果或答案。

第五，Kindle Store：在荷兰推出 Kindle Store，

提供支持多种语言的300万部影视内容。

第六，影视服务：亚马逊投资的Prime独家电视剧集《透明人生》（Transparent）在金球奖上获得了两项大奖。《透明人生》也是第一部流媒体视频服务制作并获得金球奖最佳剧集奖的电视剧集。Amazon Studios宣布将开始制作和收购原创电影，它们将在院线和Prime Instant Video发行。原创电影将从2015年开始制作，目标是每年向用户奉献12部原创高品质影片。Amazon Studios宣布将制作由奥斯卡获奖导演兼制片人伍迪·艾伦（Woody Allen）执导的第一部电视剧集，并将于2015年在美国、英国、德国Prime Instant Video上面独家首播。这部尚未命名的剧集已经获得了一个完整季度的订单，将由艾伦亲自编写剧本并执导。

3. 市场业绩

2014年，亚马逊平台上来自100多个国家的卖家共售出了20多亿件商品，创历史新高。使用"由亚马逊发货"（以下简称"FBA"）服务的全球活跃卖家数量同比增长65%。圣诞购物旺季期间，FBA全球发货量同比增长50%多。整个2014年，来自全球100多个国家的亚马逊卖家通过FBA服务为185个国家的用户提供了服务。其中，中国内地和香港地区卖家的国际销量同比增长了80%。在使用亚马逊"登录与支付"（Login and Pay）服务的用户中，25%以上使用该移动设备。

4. 亚马逊中国业绩

根据亚马逊中国2014年用户购买行为，其业绩主要分为以下四个方面：

第一，2014年网购用户年轻化趋势明显，高学历、高收入用户占比显著增多。亚马逊数据显示，2014年网购用户中，80%消费群体集中在35岁以下，其中25岁以下的用户占到35%，但男性消费者明显多于女性消费者，占比达56%。从教育程度看，本科学历以上的用户占比超九成，成为亚马逊网购用户中的主流人群。这一趋势也是2014年网购最显著的变化。

第二，二三线城市网购渗透力持续增强。除北上广深之外的其他城市销售占全站总量近65%，其中销量占比增长最快的五大城市为南京、苏州、济南、合肥、昆明。2013年南方与北方城市比例为1:4，2014年逆转为4:1。

第三，购买品类呈现多元化、国际化。除了酒、宠物用品和户外运动，亚马逊2014年新上榜品类变化幅度超过60%。此外，消费者对国际高品质选品的需求也迅速增长。亚马逊拥有38个国家的近6000个品牌，较2013年品牌数增长56%。由于空气环境的影响，消费者似乎更加关注居家环境的健康，表现在数据当中的是，2014年亚马逊中国空气净化产品销量同比增长近50%，净水类产品的销量同比也有近100%的增长。

"亚马逊海外购"商店于2014年11月28日正式上线，其在"黑五"促销周中，取得了相较于前一周销售额增长24倍的成绩。海外购业务试运营一个月最受欢迎的品类为服装、鞋靴、玩具、母婴、个护健康。在直邮和海外购业务中，销量最高的五大城市为北京、上海、广州、杭州、成都。2013年8月，亚马逊还开通了海外6国直邮中国业务，这块业务的销量在三个月内增长了近8倍。官方透露，亚马逊海外直采业务2014年相较2013年，在选品数上增长超过2倍，销售额增长近5倍，现在涵盖来自12个国家的酒类、食品、鞋靴、服装、数码影音等13大品类。海外直采业务中，销量最好的是来自美国和法国的葡萄酒和果酒系列，选品数量实现了翻番，销售额则为2013年的3倍。

亚马逊中国正在加快国际化的步伐，来自其官方的数据显示，目前其拥有38个国家的近6000个国际品牌，相较2013年国际品牌数量增长56%，选品数量增长14倍，销量也占全站销量的四成多。国际品牌中,增长最快的是时尚品类,2014年与2013年相比,选品数量增长了30%,其销量在亚马逊中国时尚品类的占比也近六成。在国际选品中,亚马逊时尚频道拥有55个独家品牌,这些品牌在2014年的销售额增长了17倍。

第四,移动购物持续增长,并呈现时间更集中、社交程度更高的趋势。报告显示,2014年消费者在使用移动客户端购物时,时间更加集中,峰值主要集中在中午11点到1点和晚上8点到11点,这两个时间段的访问量占到全天的40%。与2013年相比,晚上8点到11点成为新的消费时段,这显示出更多消费者开始利用休闲时间通过移动端购物。此外,新媒体平台对移动购物的影响也日趋明显,2014年通过新媒体平台进入亚马逊移动端的消费者数量增长35%,销售额增长81%。

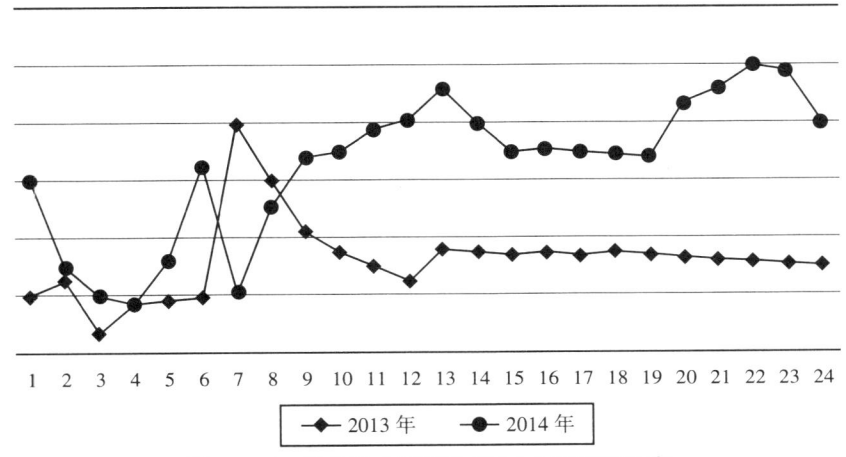

图 2-1-5 亚马逊中国移动端 24 小时购物分布

资料来源:中关村在线。

## (六) 经营和财务绩效

表 2-1-4 亚马逊 2012~2014 年度经营与财务业绩比较

单位:百万美元

| 年 份 | 2014 | 2013 | 2012 |
| --- | --- | --- | --- |
| 收入 | 88988 | 74452 | 61093 |
| 总资产 | 54505 | 40159 | 32555 |
| 净利润 | -241 | 274 | -39 |
| 净利润率(%) | -0.27 | 0.37 | -0.06 |
| 总资产报酬率(ROA)(%) | -0.44 | 0.68 | -0.12 |
| 净资产报酬率(ROE)(%) | -2.24 | 2.81 | -0.48 |
| 资本性支出(CAPEX) | 4900 | 3400 | 3800 |
| CAPEX占收比(%) | 5.51 | 4.57 | 6.22 |
| 经营活动净现金流 | 6842 | 5475 | 4180 |
| 每股经营活动净现金流(美元/股) | 14.73 | 11.92 | 9.20 |
| 自由现金流(FCF) | 1942 | 2075 | 380 |
| 自由现金流占收比(%) | 2.18 | 2.79 | 0.62 |
| 每股盈利(EPS)(美元/股) | -0.52 | 0.60 | -0.09 |
| 每股股利(DPS)(美元/股) | 0.00 | 0.00 | 0.00 |

续表

| 年 份 | 2014 | 2013 | 2012 |
|---|---|---|---|
| 股利支付率（%） | 0.00 | 0.00 | 0.00 |
| 主营业务收入增长率（%） | 133.93 | 21.87 | 27.07 |
| 总资产增长率（%） | -60.60 | 23.36 | 28.79 |
| 净利润增长率（%） | -136.68 | -802.56 | -106.18 |
| 经营活动现金流增长率（%） | -22.46 | 30.98 | 7.10 |
| 资产负债率（%） | 80.29 | 75.73 | 74.84 |
| 流动比率 | 111.53 | 107.16 | 112.07 |
| 总资产周转率（次） | 1.63 | 1.85 | 1.88 |
| 股息 | 0 | 0 | 0 |
| 内部融资额 | 4505 | 3527 | 2120 |
| 研发支出 | 9275 | 6565 | 4564 |
| 研发支出占收比（%） | 10.42 | 8.82 | 7.47 |

表 2-1-5　亚马逊轻资产运营特征一览表

| 序号 | 项目 | 2014 年 | 2013 年 | 2012 年 |
|---|---|---|---|---|
| 1 | 现金类资产比重（%） | 32 | 31 | 35 |
| 2 | 应收账款比重（%） | 10 | 12 | 12 |
| 3 | 存货比重（%） | 15 | 18 | 19 |
| 4 | 流动资产比重（%） | 57 | 61 | 65 |
| 5 | 固定资产比重（%） | 31 | 27 | 22 |
| 6 | 流动负债比重（%） | 52 | 57 | 58 |
| 7 | 应付账款比重（%） | 30 | 38 | 46 |
| 8 | 无息负债比重（%） | 20 | 26 | 35 |
| 9 | 有息负债比重（%） | 15 | 8 | 9 |
| 10 | 留存收益比重（%） | 4 | 5 | 6 |
| 11 | 营运资金（百万美元） | 3238 | 1645 | 2294 |
| 12 | 现金股利（百万美元） | 0 | 0 | 0 |
| 13 | 内源融资（百万美元） | 4505 | 3527 | 2120 |
| 14 | 资本性支出（百万美元） | 4900 | 3400 | 3800 |
| 15 | 现金储备（百万美元） | 17416 | 12447 | 11448 |
| 16 | 自由现金流（百万美元） | 1942 | 2075 | 380 |

## （七）内控与风险管理

亚马逊正在迅速扩大全球业务，包括提高产品质量和服务，建设基础设施等，以此来支撑企业的零售业务和服务业务。这种规模的扩张增加了业务的复杂性以及对企业运营、人员、财务等各方面管理的要求，这会导致企业面临来自各方面的风险。主要包括以下几个方面：

1. 法律风险

亚马逊的业务遍布全球各地，会受到各个地方对其管理等方面的不同要求和法律限制。一方面，企业会受到当地经济和政治条件的约束。不同政府对其实施的贸易保护措施，如出口关税等，以及外国所有权的限制要求不同。另一方面，不同地方对某些产品的业务许可或认证要求不同、支付法规不同。并且，国家有关隐私保护、网络安全等法律的规定都会导致企业面临不确定的风险。

2. 竞争对手风险

随着市场竞争的加剧，亚马逊面临的竞争对手处于不同的行业，如零售业、电子商务服务、数字内容和电子设备以及网络和基础设施服务等。一些现有的和潜在的竞争对手可能拥有更悠久的历史、更多的客户资源或更高的品牌知名度。他们可能会在供应商定价或者营销方面占有更多的优势，也可能通过战略联盟细分市场，成为公司的业务竞争对手。这种竞争的加剧会降低公司的销售额和利润。

3. 利率风险

公司市场利率风险变化主要是关于公司的投资组合和长期债务。长期债务以摊余成本计量，它的公允价值会随着利率的变化而变化。当利率下降时，价值增加；利率提高时，价值减少。公司的现金等价物以及可流通的固定收益证券被指定为可供出售，通常公司会利用多余的现金投资长期固定收益证券和AAA级货币市场基金。如果这些受到利率上升的不利影响，将会使公司遭受本金损失。

4. 外汇风险

2014年，亚马逊国际业务部门的净销售额占公司营业收入的38%。这些净销售额以及相关费用都是采用其所在国家的货币计量，包括英镑、人民币、欧元和日元等。在合并会计报表时，可能会受到汇率变动的影响，导致公司遭受损失。例如，由于受到2014年汇率变动的影响，国际事业部的收入相比2013年减少5.8亿美元。基于2014年12月31日的外汇基金540亿美元，5%、10%、20%不良资金的汇率变动将会导致公允价值分别减少2.7亿美元、5.35亿美元和1.1千亿美元。

5. 投资风险

截至2014年12月31日，亚马逊的股权投资为2.09亿美元。这些投资主要涉及以权益法和成本法核算投资的私营企业。由于全球经济变化的不确定性以及私营企业本身比较复杂，同时缺乏现成的市场数据，这造成了被投资企业估值的不确定性，从而带来投资风险。

6. 供应链风险

随着全球供应链与价值链之间的关联越来越紧密，并且对科技的依赖程度日趋加强，它们在变得更为高效的同时，也面对更大的系统性风险。亚马逊是一家巨大的零售企业，其上下游供应链的优化是至关重要的。亚马逊有着它自身强大的IT系统，这使它在商品的采购方面具有一定的优势，公司可以预测性地向供应商采购其所需要的产品，这在很大程度上给公司的物流等环节节约了时间，同时这也让客户能够在最短的时间内拿到他们所需要的货物。采购上的快速反应对于公司的库存管理也产生着比较大的影响，让顾客不至于经常出现想要货物但却没货的情况。但正是由于在其供应链上精品选择供应商，因此存在供货风险，不利于货品多元化，也降低了采购的议价能力，增加了成本。同时，由于受到季节性的变化以及新产品上市的影响，对于产品需求的预测准确性降低，这样会导致企业面临巨大的库存风险。

## （八）前景展望

随着互联网浪潮的袭来以及"互联网+"的观念深入人心，企业如何在竞争中脱颖而出，已经成为各行业关注的话题。和传统巨头相比，互联网公司对于新的思想和新的技术接受得更快。在很多高新的技术方面如云计算也比传统行业更有优势。互联网公司最大的优势在于离用户更近，更容易了解和迎合用户的想法和喜好，从而能利用互联网的扁平化和连接性创造更多新的、高效的方式，爆发出新的惊人能量，比如小米的互联网粉丝营销。亚马逊作为美国最大的一家网络电子商务公司，由于在Fire手机和其他设备以及扩大靠近市中心仓库网络上的无节制支出，导致这家公司2014年业绩成为2008年以来最差的一年。而贝佐斯称，Fire Phone还处于起步阶段，亚马逊计划在未来数年内不断对其进行更新迭代，并且一些投资者仍然认为亚马逊有长期增长潜力。因此为了在下一年有好的业绩，亚马逊可以从以下几个方面努力：

1. 提供更多产品和服务，扩大全球市场规模

在美国，去全食超市（Whole Foods Market，美国最大的天然食品和有机食品零售商）购物成为了一种时尚。健康的生活理念变成了一种全球性的趋势，不同收入的人群，不同职业的人群，不同的消费者，都在寻求健康的生活方式。这种理念改变了消费者的购物习惯，他们在生活的方方面面寻求健康，比如食物、健身、家居、可穿戴设备等。亚马逊可以开放更多品类和提供更多的服务。同时华南区的招商团队由20个增加到50个以上，同时更加注重本土团队的开发和大客户管理。在市场开拓方面，亚马逊将立足美国，放眼全球，比如欧洲、日本和加拿大市场等。亚马逊在全球有中国、德国、日本等10个站点开放第三方平台服务，方便卖家触及当地及全球的消费者。除了美国以外，亚马逊可以注重挖掘北美、欧洲和亚洲的新商机。

2. 优化企业物流系统，提高优质的物流服务

2009年，亚马逊只经营着18个物流中心，且全部分布于二线州市，如华盛顿州、印第安纳州、肯塔基州、堪萨斯州和特拉华州等。但今天，亚马逊已拥有近100座巨型物流中心，并分散在全国各地，覆盖了几乎所有的主要人口聚集城市。扩张为亚马逊带来了实质性优势，公司把握住了每个城市的零售市场增长机遇。而其中最为重要的一点是，亚马逊为在线消费清除了一个主要障碍：配送的即时性。亚马逊以强大物流中心"围攻"城市消费的战略应该继续发挥其优势，以做到进一步降低成本的同时，还能提高消费者便利性。

3. 拓展AWS云服务业务，占领优势地位

亚马逊已经在公共云领域比较稳固地建立了自己的优势。自2006年推出以来，AWS一直保持高速的产品研发节奏，其中按虚拟机付费的弹性计算云（EC2）已经成为云计算的旗舰产品。与此对应的是AWS惊人的指数型发展速度。亚马逊的数据显示，2011年亚马逊云服务S3的对象量翻了3番，增加了5000亿对象，相当于每个季度增加1250亿对象。据美国调查公司451Group的报告，AWS已经占据了美国59%的基础设施及服务（IaaS）市场份额，领先优势相当明显。亚马逊的云计算业务Amazon Web Services正在不断增长。虽然亚马逊没有发布AWS的业绩，AWS事实上已经成为初创企业和越来越多的老牌企业的后端计算服务提供商。此外，亚马逊的AWS近年也在开拓面向企业云服务的产品。因此，亚马逊要继续拓展AWS云服务业务，发挥先前优势，在市场中占领优势地位。

## 附件一：亚马逊财务报告（2014年）

### 1. 合并资产负债表

单位：百万美元（除每股数额）

| 年份 | 2014 | 2013 |
|---|---|---|
| 资产 | | |
| 流动资产 | | |
| 　现金及现金等价物 | 14557 | 8685 |
| 　有价证券 | 2859 | 3789 |
| 　存货 | 8299 | 7411 |
| 　应收账款净额及其他 | 5612 | 4767 |
| 流动资产合计 | 31327 | 24625 |
| 　物业和设备净额 | 16967 | 10949 |
| 　商誉 | 3319 | 2655 |
| 　其他资产 | 2892 | 1930 |
| 资产合计 | 54505 | 40159 |
| 负债和所有者权益 | | |
| 流动负债 | | |
| 　应付账款 | 16459 | 15133 |
| 　预提费用及其他 | 9807 | 6688 |
| 　未实现收益 | 1823 | 1159 |
| 流动负债合计 | 28089 | 22980 |
| 　长期借款 | 8265 | 3191 |
| 　其他长期负债 | 7410 | 4242 |
| 　或有负债 | | |
| 所有者权益 | | |
| 　优先股，面值0.01美元 | | |
| 　授权股份——500 | | |
| 　已发行股份——无 | — | — |
| 　普通股，面值0.01美元 | | |
| 　授权股份——5000 | | |
| 　发行股份——488和483 | | |
| 　流通股——465和459 | 5 | 5 |
| 　库存股，以历史成本计价 | (1837) | (1837) |
| 　其他实收资本 | 11135 | 9573 |
| 　累计其他综合亏损 | (511) | (185) |
| 　留存收益 | 1949 | 2190 |
| 所有者权益 | 10741 | 9746 |
| 负债和所有者权益 | 54505 | 40159 |

## 2. 合并损益表

单位：百万美元（除每股数额）

| 年份 | 2014 | 2013 | 2012 |
|---|---|---|---|
| 营业收入 | | | |
|   产品收入 | 70080 | 60903 | 51733 |
|   服务收入 | 18908 | 13549 | 9360 |
| 收入合计 | 88988 | 74452 | 61093 |
| 营业费用 | | | |
|   营业成本 | 62752 | 54181 | 45971 |
|   物流费用 | 10766 | 8585 | 6419 |
|   销售费用 | 4332 | 3133 | 2408 |
|   技术和内容费用 | 9275 | 6565 | 4564 |
|   管理费用 | 1552 | 1129 | 896 |
| 其他营业费用（收入）净额 | 133 | 114 | 159 |
| 营业费用合计 | 88810 | 73707 | 60417 |
| 营业利润 | 178 | 745 | 676 |
|   利息收入 | 39 | 38 | 40 |
|   利息费用 | (210) | (141) | (92) |
|   其他收入（费用）净额 | (118) | (136) | (80) |
| 营业外收入（支出）合计 | (289) | (239) | (132) |
| 税前利润 | (111) | 506 | 544 |
|   预付所得税 | (167) | (161) | (428) |
|   权益法下投资活动税收净额 | 37 | (71) | (155) |
| 净利润 | (241) | 274 | (39) |
| 基本每股收益 | (0.52) | 0.60 | (0.09) |
| 摊薄后每股收益 | (0.52) | 0.59 | (0.09) |

## 3. 合并现金流量表

单位：百万美元

| 年份 | 2014 | 2013 | 2012 |
|---|---|---|---|
| 期初现金及现金等价物余额 | 8658 | 8084 | 5269 |
| 经营活动 | | | |
|   净利润 | (241) | 274 | (39) |
| 将净利润调整为经营活动净现金流量： | | | |
|   物业及设备折旧（包括内部使用的软件和网站开发以及其他摊销） | 4746 | 3253 | 2159 |
|   基于股票薪酬 | 1497 | 1134 | 833 |
|   其他经营费用（收入）净额 | 129 | 114 | 154 |
|   有价证券收入减少（增加） | (3) | 1 | (9) |
|   其他费用（收入） | 62 | 166 | 253 |
|   递延所得税 | (316) | (156) | (265) |
|   基于股票薪酬的超额税收优惠 | (6) | (78) | (429) |
| 经营性资产和负债变化： | | | |
|   应收账款净额及其他 | (1193) | (1410) | (999) |
|   应付账款 | (1039) | (846) | (861) |

续表

| 年份 | 2014 | 2013 | 2012 |
|---|---|---|---|
| 预提费用及其他 | 1759 | 1888 | 2070 |
| 增加的未实现收入 | 706 | 736 | 1038 |
| 以前未实现收入的摊销 | 4433 | 2691 | 1796 |
| 经营活动现金流量净额 | (3692) | (2292) | (1521) |
| 投资活动 | 6842 | 5475 | 4180 |
| 购买物业和设备（包括内部使用软件和网站开发） | (4893) | (3444) | (3785) |
| 并购支付的现金净额及其他 | (979) | (312) | (745) |
| 出售有价证券及其他投资活动 | 3349 | 2306 | 4237 |
| 购买有价证券及其他投资活动 | (2542) | (2826) | (3302) |
| 投资活动现金流量净额 | (5065) | (4276) | (3595) |
| 筹资活动 | | | |
| 基于股票薪酬的超额税收优惠 | 6 | 78 | 429 |
| 回购普通股 | — | — | (960) |
| 长期负债收入及其他 | 6359 | 394 | 3378 |
| 偿还长期负债 | (513) | (231) | (82) |
| 资本租赁债务的本金偿还 | (1285) | (775) | (486) |
| 融资租赁债务的本金偿还 | (135) | (5) | (20) |
| 筹资活动现金流量净额 | 4432 | (539) | 2259 |
| 汇率变动对现金及现金等价物的影响 | (310) | (86) | (29) |
| 现金及现金等价物增加（减少） | 5899 | 574 | 2815 |
| 期末现金及现金等价物余额 | 14557 | 8658 | 8084 |
| 长期负债支付的现金利息 | 91 | 97 | 31 |
| 支付所得税的现金（扣除退税） | 177 | 169 | 112 |
| 融资租赁取得的物业及设备 | 4008 | 1867 | 802 |
| 承建租赁取得的物业及设备 | 920 | 877 | 29 |

## 附件二：亚马逊大事记

亚马逊公司是在1995年7月16日由杰夫·贝佐斯（Jeff Bezos）成立，一开始叫Cadabra。性质是基本的网络书店，后以地球上孕育最多种生物的亚马逊河重新命名。

亚马逊原于1994年在华盛顿州登记，1996年时改到特拉华州登记，并在1997年5月15日股票上市，代码是AMZN。

1998年4月，亚马逊收购了IMDb（互联网电影资料库公司）。

1998年6月亚马逊的音乐商店正式上线。仅一个季度亚马逊音乐商店的销售额就已经超过了CDnow，成为最大的网上音乐产品零售商。

1998年8月，亚马逊以1.86亿美元收购Junglee（数据挖掘公司）。

1998年8月，亚马逊以9300万美元收购Planetall（社交网络公司）。

1999年6月，亚马逊以2.5亿美元收购了Alexa。

亚马逊通过品类扩张和国际扩张，到2000年时亚马逊的宣传口号已经改为"最大的网络零售商"（the Internet's No.1 Retailer）。

2003年4月，亚马逊收购了其在线音乐商店的竞争对手en：CD Now。

2004年8月，亚马逊以7500万美元收购了中国的卓越网（卓越当时是一家网上书店）。

2005年7月，亚马逊收购了CustomFlix（DVD制作商）。

2006年2月，亚马逊收购了Shopbop（女性时尚购物网站）。

2007年5月，亚马逊收购了Dpreview（数码相机测评网站）。

2008年3月，亚马逊以3亿美元收购了Audible（有声读物网站）。

2009年7月，亚马逊以12亿美元收购了Zappos（在线鞋店）。

2010年6月，亚马逊以1.1亿美元收购了Woot（团购网站）。

2010年10月，亚马逊称其将收购欧洲在线购物服务网站BuyVIP.com以扩大在这个地区的市场份额。这笔收购交易的金融条款没有披露。亚马逊负责欧洲零售的副总裁Greg Greeley说，收购BuyVIP.com对于亚马逊欧洲业务是一个极好的补充，为亚马逊客户寻找和发现独特的和诱人的产品提供了另一个独特的途径。

2010年11月，亚马逊以5.5亿美元收购了Quidsi。

2011年7月，亚马逊收购了The Book Depository（网上书店）。

2011年，亚马逊收购了Lovefilm，Pushbutton。

2012年3月，亚马逊收购了自动化机器人公司Kiva Systems。

2012年9月6日，亚马逊在发布会上发布了新款Kindle Fire平板电脑，以及带屏幕背光功能的Kindle Paperwhite电子阅读器。

2013年3月18日，亚马逊已经制作了一系列大预算的电视剧集，由于亚马逊提供的亚马逊云服务在2013年以来的出色表现，著名IT开发杂志SD Times将其评选为2013 SD Times 100，位于"API、库和框架"分类排名的第二名，"云方面"分类排名第一名，"极大影响力"分类排名第一名。

2014年5月5日，推特与亚马逊联手，开放用户从旗下微网志服务的推文直接购物，以增加电子商务的方式保持会员黏度。

2014年8月13日，亚马逊推出了自己的信用卡刷卡器Amazon Local Register，进一步向线下市场扩张。

2015年1月20日，亚马逊旗下电影工作室将要开始拍电影。这些电影将首先在电影院上映，然后才在亚马逊Prime视频流服务上看到。

2015年3月6日下午，亚马逊中国（Z.cn）宣布开始在天猫试运营"amazon官方旗舰店"，计划于2015年4月正式上线。该旗舰店首期将主推备受消费者欢迎的亚马逊中国极具特色的"进口直采"商品，包括鞋靴、食品、酒水、厨具、玩具等多种品类。

# Google

Google 词义的一种解释是：G 意义为手，OO 为多个范围，L 意为长，E 意为出，把它们合一起意义为：Google 无论在哪里都能为您搜寻出海量您所需要的资料。Google LOGO 主要以红、黄、蓝三原色为基础，L 则特别地使用了黄 + 蓝得到的绿色，表示 Google 不墨守成规的意思。

**拉里·佩奇（Larry Page）**
**谷歌首席执行官**

拉里·佩奇：43岁，是谷歌公司的创始人之一，2011年4月4日正式出任谷歌CEO。2013年，拉里·佩奇获选2013美国40岁以下最有影响力CEO，并以230亿美元资产荣登《福布斯》2013全球富豪榜第二十位。1996年，佩奇和布林开始合作研究名为"BackRub"的搜索引擎，通过逐步完善这项技术，两人合作运行谷歌搜索，并以PageRank为基础给网页排名。1998年9月7日，谷歌公司在加利福尼亚州的曼罗帕克正式成立。他们雇用了第一位员工克雷格·希尔弗斯坦，他成为谷歌公司的科技主管。1999年6月，谷歌得到红杉资本和Kleiner Perkins Caufield两家风险投资基金的2500万美元注资。2000年，在佩奇的领导下Google发展成为最大的互联网搜索引擎，雅虎选择谷歌作为默认的搜索结果供应商。2001年，佩奇辞去了CEO的职位，从Novell公司聘请埃里克·施密特博士担任谷歌公司CEO，自己则担任了产品总监。2002年，他被世界经济论坛选为"未来的全球领袖"，同时被MIT的《技术评论》杂志（Technology Review）选为"创造未来的年轻发明家"。时隔10年，在2011年4月4日，谷歌联合创始人拉里·佩奇正式接替埃里克·施密特重新成为谷歌新任CEO，开始领导谷歌的产品开发和技术战略。2014年10月26日，佩奇把谷歌核心产品的领导权交给桑达尔·皮猜。

**埃里克·施密特（Eric E. Schmidt）**
**谷歌执行董事长**

埃里克·施密特：61岁，是一位电脑工程师，他拥有普林斯顿大学电子电气工程师学士学位，同时有加州大学伯克利分校的计算机科学学士学位和博士学位。1983年，施密特加盟Sun，先后担任首席技术官和首席执行官。他领导开发了Sun的独立编程技术平台，将Java变成Sun有史以来最强大的市场武器。1997年，施密特受雇于Novell公司，任公司主席兼CEO，主管公司战略规划、管理和技术研发。2001年，由谷歌创始人拉里·佩奇（Larry Page）和谢尔盖·布林（Sergey Brin）从Novell公司聘请其担任谷歌CEO，同时他亦为卡内基梅隆大学和普林斯顿大学理事会托管者，并且是程式编译器lex的共同作者。2010年4月，埃里克·施密特将CEO职务移交给拉里·佩奇，之后继续担任谷歌执行董事长。

# 二 谷歌可持续发展报告（Google）

## （一）公司简介

Google（中文名：谷歌），是一家美国的跨国科技企业，致力于互联网搜索、云计算、广告技术等领域，开发并提供大量基于互联网的产品与服务，其主要利润来自于 AdWords 等广告服务。Google 由当时在斯坦福大学攻读理工博士的拉里·佩奇和谢尔盖·布卢姆共同创建，因此两人也被称为"Google Guys"。1998 年 9 月 4 日，Google 以私营公司的形式创立，设计并管理一个互联网搜索引擎"Google 搜索"。Google 网站则于 1999 年下半年启用。谷歌是第一个被全球公认的最大搜索引擎，在全球范围内拥有无数的用户。2004 年 8 月 19 日，谷歌公司的股票在纳斯达克（Nasdaq）上市，成为公有股份公司。Google 公司的总部称作"Googleplex"，位于美国加州圣克拉拉县的芒廷维尤。

谷歌公司提供丰富的线上软件服务，如 Gmail 电子邮件，包括 Orkut、Google Buzz 以及最近的 Google+在内的社交网络服务。谷歌的产品同时也以应用软件的形式进入用户桌面，例如 Google Chrome 浏览器、Picasa 图片整理与编辑软件、Google Talk 即时通讯工具等。另外，谷歌还进行了移动设备的 Android 操作系统以及上网本的 Google Chrome OS 操作系统的开发。谷歌在智能设备方面也处于领先地位，Google Glass 是由谷歌公司于 2012 年 4 月在 I/O 大会上发布的一款"拓展现实"眼镜，它具有和智能手机一样的功能，可以通过声音控制拍照、视频通话、辨明方向以及上网冲浪、处理文字信息和电子邮件等。

另外，谷歌还发布了他们开发的无人驾驶汽车，该车可以自动驾驶，无须人工控制。

谷歌的使命是整合全球信息，使人人皆可访问并从中受益。完成该使命的第一步始于谷歌创始人 Larry Page 和 Sergey Brin 在斯坦福大学的学生宿舍内共同开发了全新的在线搜索引擎，然后迅速传播给全球的信息搜索者。谷歌目前被公认为全球规模最大的搜索引擎，它提供了简单易用的免费服务，用户可以在瞬间得到相关的搜索结果。

谷歌在中国的发展可谓一波三折，谷歌在中国的发展历程大致可概括为"艰难起步—快速发展—黯然离去"三个阶段。

第一，艰难起步阶段。2006 年 9 月 13 日，中国互联网络信息中心（CNNIC）发布的《2006 年中国搜索引擎市场调查报告》显示，62.1%的中国用户最优先选择百度为其提供搜索服务；与此同时，谷歌的首选率仅为 25.3%。艾瑞中国于 2006 年初公布的"搜索引擎用户使用页面搜索引擎的月度访问次数"的数据表明，2006 年 12 月百度的月度访问次数高达 66.3%，而谷歌则只有 18.1%。

由此可见，对谷歌而言，在其进入中国之初市场占有率是大大低于百度的，而百度作为中国的搜索引擎"老大"，在与谷歌的竞争上一开始就处于优势地位。由此造成了谷歌在中国搜索引擎市场的发展状态不佳的局面，因而说谷歌在中国的发展开始是处于艰难起步的阶段。

第二，快速发展阶段。经过 2006 年一年的修整，从 2007 年以后，谷歌中国鼓励员工创新，充分发挥自身的才干。这是谷歌中国"百花齐放"的一年，谷歌中国陆续推出包括春运地图、灾区亲人搜索、物资地图、图书搜索、谷歌地图、热榜、导航、谷歌拼音、谷歌生活搜索、贺年短信搜索、论坛讨论搜索、中文版谷歌翻译、MP3音乐搜索等多款本地化产品。其中，针对2008年雪灾造成交通中断问题的"春运地图"，针对汶川大地震的"灾区亲人搜索"、"物资地图"的影响尤为突出。这些项目的推出，不仅使谷歌中国多了许多本土气息，增加了亲和力，也平复了媒体和用户关于谷歌中国"水土不服，不做创新，在产品方面鲜有建树，必将重蹈跨国公司注定要遭遇的滑铁卢魔咒"之类的质疑。

在这一年里，谷歌还通过入股、收购、结盟等方式来增加合作伙伴。从电信运营商，到门户网站、中小网站，再到大众流行软件，谷歌在2007年通过资本并购、合作、结盟门户网站等形式来提升在华的综合实力，并形成在华的战略布局。据艾瑞中国的另一份调查显示，2007年第一季度，有21.2%的用户最常使用谷歌搜索引擎。该数据比2006年第四季度增长了1.5个百分点，这反映了谷歌影响力的提升。

第三，黯然离去阶段。2010年，谷歌撤出中国市场的谣言四起，其发展又开始处于艰难的阶段。其实从2009年开始，谷歌在中国每况愈下，市场份额逐渐被其他搜索引擎运营商吞噬（如图2-2-1所示）。

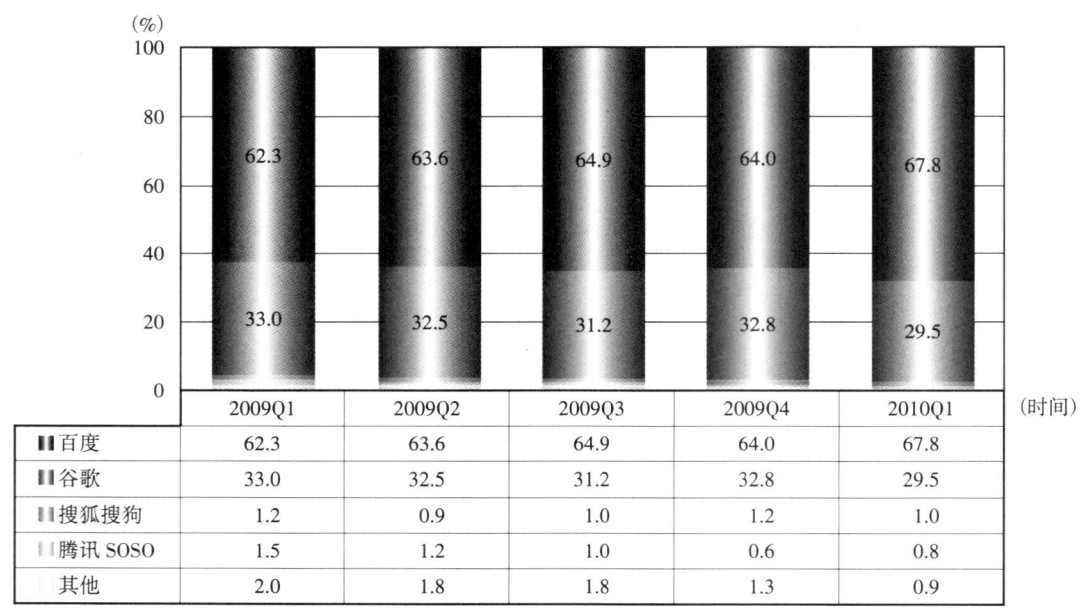

图 2-2-1　2009Q1~2010Q1 中国主要搜索引擎运营商营收份额

资料来源：艾瑞咨询。

由此可见，谷歌中国已经处于危机的边缘，其正面临着两种选择：第一，继续坚守中国市场，以图夺回失去的"阵地"；第二，选择黯然离去，放弃中国市场。谷歌选择了第二种，北京时间2010年3月23日凌晨3时3分，谷歌公司高级副总裁、首席法律官大卫德拉蒙德公开发表声明，再次借黑客攻击问题指责中国，宣布停止对谷歌中国搜索服务的"过滤审查"，并将搜索服务由中国内地转至中国香港。

截至2014年12月31日，谷歌在全球范围内共雇用了53600名全职员工。2014年，谷歌实现营业收入660.01亿美元，净利润144.44亿美元，每股盈余达到21.37美元/股，净资产报酬率达到13.82%。2014年12月31日，谷歌的总资产为1311.33亿美元，股东权益为1045亿美元，收盘价为530.66美元/股，市盈率为25。

谷歌的股权结构是典型的双层股权结构。谷歌上市前将股票分为A、B两类，向所有外部投资人发行的均为A类股，即每股只有1个投票权，对公司上市前的投资者也是如此；而谷歌的创始人和高管则持有每股对应10个投票权的B类股。谷歌的两位共同创始人佩奇和布林，加上CEO施密特一共持有谷歌大约1/3的B类股票，稳控Google的决策权。2012年，谷歌又增加了不含投票权的C类股用于增发新股。这样，即使总股本继续扩大，即使创始人减持了股票，他们也不会丧失对公司的控制力。截至2014年12月31日，佩奇、布林和施密特持有接近92.5%的B类股，代表了大约60.1%的表决权，拥有绝对控制权。

### （二）公司战略

全球的信息和商务需求已进入移动平台时代，而引领这一时代的是手机、平板电脑等移动终端。和台式电脑不同，移动终端要求软硬件的高度结合，和用户的关系也更加紧密而感情化，并能帮助商家对用户实现精准定位，从而拥有前所未有的用户影响力。移动平台时代的到来，使得引领桌面平台时代的企业领袖们有可能被完全淘汰。它们不得不有所作为，如亚马逊正将其电子书Kindle升级为多功能移动平台，而且也在开发手机。微软收购了诺基亚旗下的大部分手机业务，而谷歌则在推出Nexus One后，又收购了摩托罗拉。

谷歌不惜颠覆自身赖以成功的商业模型，将自己由轻变重，成为一个网络搜索服务及生产手机、平板电脑和机顶盒的综合性企业，将自己在互联网世界建立的优势向移动平台领域延伸，与苹果等企业同台竞争，最终的战略目标是成为云计算时代的领袖。

1. 垂直整合和横向扩张

谷歌遵循四大思路不断扩张：

第一，增加收入来源。2006年，谷歌以17亿美元收购网络视频公司YouTube，以此发展显示类广告以降低对搜索类广告的依赖；2007年，又用31亿美元收购了网络显示类广告领袖企业Double Click。

第二，增强自身的独立性和搜索自由度。其开发的高速网络浏览器Chrome，在全球拥有10%的市场占有率，进一步摆脱了微软对网络接口的控制。2011年，谷歌又与Feeva Inc合作，进入无线上网的导入点领域（WiFi Access Point），并在7月和Current Communication LLC（通过电力线路提供宽带上网）合作。

第三，进一步增强搜索能力。谷歌仍然大力提高其核心业务即搜索的质量，如提供Google Instant（在用户完成键入前显示搜索关键字）和开发预知性搜索，在用户搜索前就向他们提供想要的信息。另外，谷歌发力网络社交系统，如推出Google+以及收购开发网络社交软件的Slide等，以减弱来自Facebook的竞争压力。同时，谷歌宣布进入即时短信和网络电话领域，让自身的服务更加多元化。

第四，进行搜索平台扩张，以增强搜索覆盖度和扩展成长空间。为此，谷歌先收购了移动设备操作系统安卓（Android），并于2010年推出智能手机Nexus One，2011年又大手笔收购摩托罗拉手机部门。谷歌进入移动平台领域的首要考量是提高广告收入。移动广告虽然尚在初期，但因为其精准性而前景广阔。为此，谷歌早在2009年即花费7.5亿美元收购移动平台广告公司AdMob

和移动平台社交软件公司Dodgeball、Social Deck，进一步提高它在移动平台上的吸引力。当然，谷歌进入移动平台还有更宏大的战略考量。

总体来看，谷歌近几年的战略可总结为垂直整合和横向扩张。其垂直整合的目的就是增强自身的独立性，从而更好地把握技术变革和用户资源。横向扩张的用意则在于提高给用户的综合效能，扩大市场份额和提升用户忠诚度（如图2-2-2所示）。

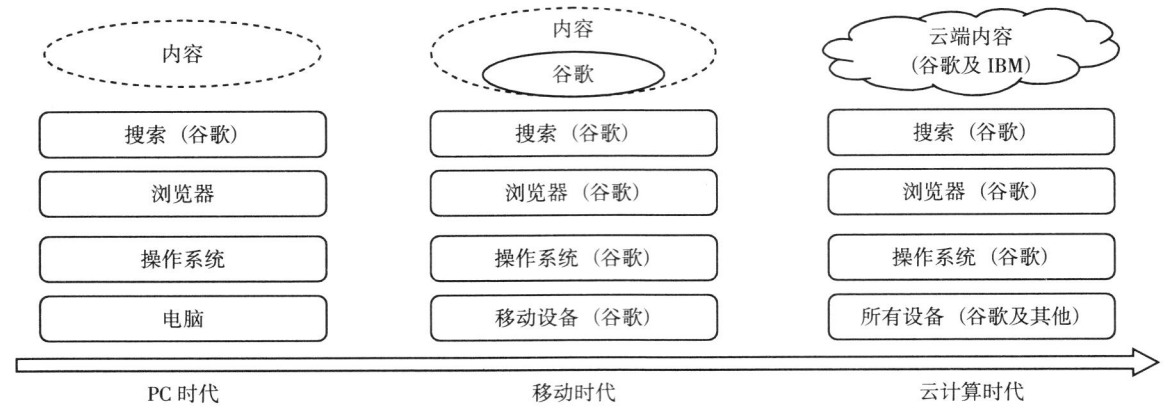

图 2-2-2　谷歌总体战略发展步骤

### 2. 终极战略目标：云计算

因为大规模业务扩张，谷歌几乎将自己置于所有高科技企业的对立面。如它因为开发网络应用软件和操作系统，直接挑战微软。为此，微软也开发出搜索工具必应（Bing）、移动平台操作系统如Windows Mobile和网络软件系统。谷歌收购摩托罗拉后，微软为塑造在移动平台的领导地位，收购了诺基亚的手机业务。另外，谷歌也在积极进入电子商务领域，威胁到eBay和亚马逊的地位。同时，谷歌对无线及宽带上网导入点领域的介入，也使其站在了电信巨子SBC和Verizon的对立面。纵横扩张让谷歌四面树敌。有些人认为谷歌已经深感困惑，存在自身定义危机。其实不然，谷歌的所有扩张都有一个极其重要的深层战略目的（如图2-2-3所示）。

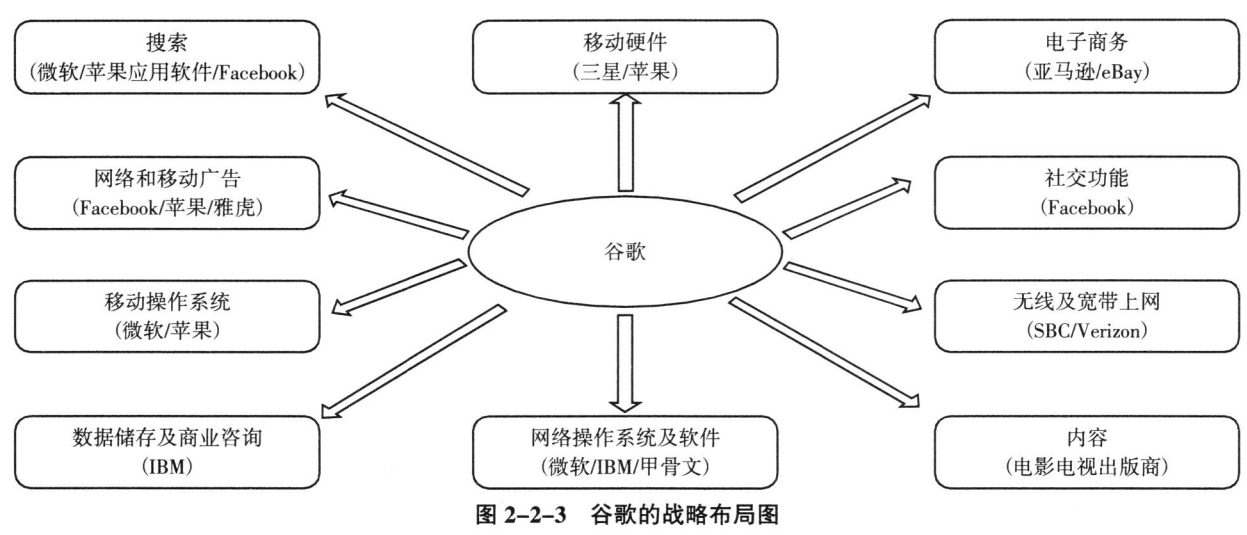

图 2-2-3　谷歌的战略布局图

谷歌一直以来的业务扩张乃至收购摩托罗拉手机，只是完成了基本的战略布局。它绝不满足于只做一个简单的广告公司。谷歌雄心勃勃，从其介入绿色能源和无人自驱车的开发就可看出，谷歌要成为一个伟大的企业而改变世界。为达此目的，谷歌真正的战略核心是在能够改变人类进程的云计算领域获得领袖地位，并一直为此做准备。

首先，谷歌功能强大的服务器全球网络就是向用户提供云计算的硬件基础，其手机又能为用户提供随时使用云计算服务的终端平台。其次，谷歌多年来作为个人网络信息的总保管员，通过搜索工具、电邮、日历、文件、照片、视频及准确的位置（从手机而得到）收集了巨大无比的用户信息，这都将成为谷歌提供云计算服务的软件基础。

另外，为打造一个云计算时代的帝国，谷歌还进行了诸多准备，具体如下：

其一，开发网络操作系统和应用软件。谷歌招揽了一批原在微软任职的专家，正在开发基于LINUX的网络操作系统，和微软的Windows竞争，并已取得相当的进展。最近，谷歌正与通用合作，为其提供谷歌应用软件包（Google Apps），包括邮件、谷歌文件（Google Docs，提供和微软软件如Word、Excel和PowerPoint类似的功能）和具有视频会议功能的社交服务软件Google+。目前，谷歌应用软件只占其收入的很小部分，但正以每年1亿美元的速度增长。为应对谷歌的挑战，微软2011年也推出了Office 365，即网络版的办公应用软件。如果和通用合作成功，谷歌将在微软的最核心领域与其正面竞争。

其二，成为内容提供商。谷歌除了收购YouTube外，还收购了向YouTube提供部分内容的Next New Networks，并计划收购拥有多家电视台和电影内容授权的视频公司HuLu LLC。将来，谷歌很可能会收购一家电影或电视公司，成为一个真正的内容制作商。其实，亚马逊和影视租赁公司Netflix已经有过类似的考虑。同时，谷歌收购了餐馆指南企业Zagat以及提供航班信息的ITA Software。表面上看，这些收购好像只是为了帮助谷歌的核心搜索业务，其实不然，这些都可能成为其云计算的核心业务。

其三，进入电子商务领域。谷歌的电子商务搜索网站Froogle目前还不出色，但它雇用eBay的高级研发负责人，准备把Froogle打造成eBay那样的网络交易市场。同时，谷歌正在开发网络付款系统平台，旨在与eBay的PayPal一争长短。谷歌还和零售商合作，推出快递服务，与亚马逊的Prime速递服务直接竞争。

其四，进入商业分析领域。谷歌也在开发为大企业和政府提供数据存储和商业分析的服务，这其实是IBM一直在经营的核心领域。谷歌在完成这些战略布局后，其搜索功能将会和其他业务形成强大无比的整合效应，这才是令竞争对手难以入眠之处。

迄今，没有一个企业拥有谷歌这么好的先天条件，可以顺理成章地成为云计算的领袖，也没有一个企业如同谷歌这样雄心勃勃想要承担这个历史使命。微软、甲骨文都已老去，苹果也显得综合实力不足，IBM尚有希望。未来将是谷歌和IBM这样的整合者的时代，它们不但实力雄厚、目光高远、充满自信，而且居安思危，不断创新，不断重新塑造自己。

## （三）资本运营

资本运营是将本企业的各类资本，不断地与其他企业、部门的资本进行流动与重组，实现生产要素的优化配置和产业结构的动态重组，以达到本企业自有资本不断增加这一最终目标的运作行为。互联网企业实施资本运营战略，主要是通过公司上市、战略联盟、收购、兼并、股份回购、参股、转让等途径优化资本配置，以实现其资本最大限度的增值目标。而谷歌的资本运营战略，则主要是依靠并购来扩大规模和建立竞争优势（如表2-2-1所示）。

表 2-2-1　谷歌主要收购事件

| 时间 | 事件 |
|---|---|
| 2005年 | Google仅花费5000万美元就收购了Android公司。今天Android占全球智能手机市场逾80%的份额，是Google历史上最成功的并购 |
| 2006年 | 收购视频分享网站YouTube，收购价格16.5亿美元 |
| 2007年4月13日 | 收购显示广告技术公司DoubleClick，收购价格31亿美元 |
| 2007年7月9日 | 谷歌花6.25亿美元收购了电子邮件安全公司Postini，主要将其垃圾邮件拦截、存档等附加电子邮件服务整合进Gmail |
| 2009年9月11日 | 收购移动广告公司AdMob，收购金额7.5亿美元 |
| 2010年7月1日 | 谷歌花了7亿美元收购ITA |
| 2010年8月5日 | 谷歌以1.82亿美元外加4600万美元的"挽留金"收购了Slide，以后Slide一直独立运行 |
| 2011年8月15日 | 谷歌和摩托罗拉移动公司宣布，谷歌将以每股40.00美元现金收购摩托罗拉移动，总额约125亿美元。这是谷歌史上最大规模的一次交易，通过这项交易，谷歌可在全球范围内获得1.7万项专利。谷歌对它的整合方向是Android、Google TV |
| 2013年 | 谷歌的收购触角已伸展到海外，用13亿美元拿下了以色列地图服务公司WAZE，将公司一些新奇的设计融入谷歌地图之中 |
| 2014年1月 | 谷歌以32亿美元收购智能温控器厂商NEST |
| 2014年6月11日 | 谷歌以5亿美元收购卫星公司Skybox Imaging |

**1. 初期发展，核心建立**

谷歌创立初期，同大多数初创公司一样，遇到了融资难的困境。好在谷歌搜索应用前景看好，红杉资本等VC的参与，让谷歌的搜索之路走得更快，步子迈得更大。谷歌的并购之路也由此开启，谷歌的成长史同时也是一部并购史。从成立不久的小规模收购，到现在的全方位收购。

2004年上市之前，谷歌的收购主要围绕搜索业务，包括上市前夕，收购照片整理与编辑软件Picasa。由于资本市场看好谷歌的未来成长，上市后谷歌市值涨势迅猛，达到230亿美元。上市之初就有如此好的表现和高市值，在科技企业中并不多见，即便现在很多赴美上市的被看好的中概股，市值也只徘徊在10亿~50亿美元。

上市当年，谷歌收购Keyhole公司，获得了其Earth Viewer的产品，并于2005年推出令其名声大噪的谷歌地球，这也成了谷歌的另一核心优势。随后的2006年和2007年，谷歌分别又以16.5亿美元和31亿美元的"大手笔"收购了视频分享网站YouTube和广告公司DoubleClick。这不仅为谷歌带来了庞大稳定的用户，也带来了可观的广告主和广告收入。谷歌的巨头地位就是在不断地收购与自己核心业务和优势领域相关的技术和公司的过程中建立起来的。

通过自我研发或收购获得某种技术、产品和服务不足以长久保持优势和领先地位。谷歌创始人佩奇和布林的创业者心态，也让他们更独具慧眼、开放和有野心。他们想打造一个平台，一种生态，让所有的相关参与者都加入进来，共生共赢。收购Keyhole的当年，谷歌收购了被三星拒绝的Android，开放的安卓更是成了谷歌颠覆诺基亚、抗衡苹果的里程碑。

**2. 逐渐壮大，保持竞争**

危机意识让谷歌更多地利用资本运营来保持

自己的竞争地位。科技企业做大做强、占据优势地位之后就成了巨头，可巨头数量有限、实力相当、竞争激烈，于是巨头的游戏就成了"寡头"的战争。美国科技企业中，能称得上是巨头的，除了谷歌还有苹果、微软、亚马逊等。据iDoNews了解，谷歌自2001年起至今，收购和整合的企业数量多达110多个。参与过的收购次数更是达250次之多，现在仍以高频率的节奏在"横扫"。这不仅反映了谷歌超高速的成长速度，新创科技企业的涌现和被巨头收购，也从侧面反映了美国的创业文化和激烈竞争。谷歌依赖搜索建立起来的广告、视频等业务，不断会有来自新老势力的竞争和冲击。谷歌的收入主要来自广告业务，谷歌的很多新兴业务领域，在商业上还不是很成熟，其投入或试错成本还得依赖于现有收入的支撑。

谷歌的部分收购就源自于加强自己的主业，保障自己的收入来源。例如2014年5月收购广告追踪公司Adometry，就是为了增强自己已有的业务或优势业务，抗衡来自Facebook和亚马逊的竞争。谷歌收购视频搜索公司Baarzo的传闻和谷歌旗下YouTube收购Twitch的传闻，都是谷歌危机感的表现。

收购消除的不仅是竞争对手，还包括获得其技术和人才，这也是谷歌收购的主要原因。早在2005年，收编"安卓之父"安迪·鲁宾，就是技术和人才的双丰收的创举。2014年6月，谷歌在开发者大会上宣布收购了移动测试平台Appurify，获得的技术将有助于解决苹果抨击谷歌的安卓碎片化问题。问题的解决将间接地回应来自苹果的指责和竞争。巨头的业务触角延伸很广，巨头之间的收购战也就蔓延到更宽广的领域。2014年4月谷歌收购无人机制造商泰坦公司，而在此之前该公司正和Facebook洽谈收购事宜，谷歌后来居上以高额的资金诱惑将Facebook逼出收购战局。

3. 超前布局，先行先试

谷歌的危机意识，不仅让其以收购直面竞争，还让其通过收购进行超前布局、先行先试，试图成为科技领域的先行者和探索者。谷歌的很多收购以现金支付，也一直保有高额的现金持有量，保证顺利布局。2013年，谷歌持有现金及现金等价物达587亿美元，其中336亿美元在海外，以便随时对美国或海外科技公司进行收购。正如谷歌CFO帕特里克·皮切特所言"保持战略突袭能力"。2014年4月谷歌完成拆股后，创始人对公司的控制进一步增强，对于被盯上的"潜力"公司，谷歌更将不遗余力，而且收购过程将更加畅通无阻。2014年6月，谷歌以5亿美元现金收购Skybox卫星公司，获取其高分辨率成像卫星技术；当月又收购无线通信公司Alpental，试图发展5G技术或拓展光纤项目。这些收购都是谷歌走在科技前沿，超前布局的执行力。

对于智能领域，谷歌野心更大，因为这是谷歌未来的新市场或持续成长的关键所在。谷歌开发者大会上，安卓系统在汽车、电视等领域的布局，只是刚刚搭建了几个平台，今后各路依赖谷歌生态系统而生的开发者、运营商和制造商等都将为这些平台出力。在智能领域，谷歌不仅有布局，还有收购行动。2014年初，谷歌以32亿美元收购智能家居厂商Nest；6月，Nest以5.5亿美元收购摄像头公司Dropcam。谷歌对新领域的开拓和收购都是持续和连贯的。说到持续和连贯，谷歌在机器人领域的发力更是生猛，将是谷歌未来的重点进攻领域之一，而机器人团队的负责人正是"安卓之父"安迪·鲁宾。目前谷歌已收购9家机器人公司，尤其以Bosto Dynamics公司最为引人注目，因为该公司是为美国国防部研发机器人的公司，并有一系列研发动物机器人的成功案例。这项收购对谷歌而言如虎添翼。

良好的资本运营是企业成功的关键要素之一。

持续的并购给谷歌带来了巨大的市场和广阔的前景。当企业的业务无法触及多个领域时，兼并收购无疑是双赢的策略。谷歌通过这一策略，成功地涉足多个领域并成为其中的霸主，同时也为自己未来的可持续发展铺平了道路。

### （四）商业模式

成功的企业一定要有成功的商业模式，商业模式体现了一家公司的特色，也是一家公司区别于其他竞争对手的最主要方面之一，谷歌经过多年的摸爬滚打也逐渐形成了自己独特的商业模式，其中最重要的便是竞价排名。

#### 1. 竞价排名

因为互联网的兴起，网络广告应运而生，相对于传统的平面广告，网络广告对于企业有更多的实惠：一是大多数网络媒体读者是免费使用的，这样就聚集了更大的人气，而且大的门户网站、搜索引擎每天的浏览、使用人数都是以百万计的；但是大多数平面媒体则需要读者付费使用，读者的人数也与网络媒体有一定的差距。二是平面媒体增加版面与发行量都要增加很大的成本；而理论上讲，网络媒体的容量则可以无限扩大。三是网络广告使得广告主可以根据自己的实力来决定广告投入量，开始时可以只付很少的广告费；而且根据点击率来计费，也让广告主掏钱掏得心服口服。相对于搜索技术授权，Google 的网络广告是更大的一个板块。目前，Google 的 2/3 收入来自于广告。Google 的网络广告主要分为 Adwords（关键字广告）和 AdSense（文字广告的延伸产品），搜索的方便性和使用的免费性，使得 Google 聚集了极高的人气。目前，Google 在 Alexa 上三个月的全球网站综合排名是第三，而且排名指数的曲线图一直非常平稳，这些都为广告营销创造了良好的条件。

竞价排名是按照出价高者排名靠前的原则，对购买了同一关键字的网站进行排名，当用户提交相应关键字进行检索时，竞价较高的网站就会出现在检索结果页面靠前的位置的一种推广方式。最重要的是，广告主要是按用户点击数付费的。也就是说，用户一开始只要付极少的费用就可以刊登广告，而且，可以保证用户的每次付费。排名的结果与检索结果同时显示在检索页面的左边，对于购买了相应关键字的商家，其产品信息、相关网址链接会出现在检索结果的前几位。其操作流程为：企业申请注册—提交关键字—协定每次点击计费—预付排名费—显示排名—新企业提出申请—协定每次点击计费—预付排名费—重新排名……

对于 Google 搜索引擎而言，关键字的竞价排名盈利模式是获得高收益的手段，也是其对海量网页进行有效管理的手段。在网络环境下，拥有很多有用、常用的商业词汇是网站经营者的一种追求。因为只有当网站中的商业词汇较多、较精准时，用户进行信息检索的时候，他们的网站才会出现在检索结果列表中靠前的位置，为更多潜在的消费者所认识。于是，一些网站经营者便有了关键词作弊行为，在自己的网页中添加更多的相关词汇，让网页内容更相关。因此，为了保持搜索结果的公正客观，Google 正加大检查力度。

对于 Google 的检索用户而言，竞价排名的结果有利有弊。当检索用户恰好有购买需求，而竞价排名企业所提供的商品或服务满足所需时，竞价排名的结果就成为检索用户与商业客户的桥梁，节约了用户的时间成本，互惠互利。当检索用户没有购买商品的需求时，竞价排名的结果与检索结果混合显示，会对用户的检索体验产生影响，使其产生检索效率不高的印象。由于竞价排名使得搜索引擎将出价较高的企业网站排在结果页面的最前面，而这些网页内容与用户所提交的检索关键词相关度并不一定成正比。这样一来，检索结果排名靠前的多为商品推广信息，导致内容相关度不高，容易让检索用户对检索结果的相关性、准确性产生怀疑，最终影响了搜索引擎的公众形象。

竞价排名是谷歌最主要的特色之一，与国内百度关键词竞拍，因出价高而排名在先的方式不同，谷歌排名结果尽管也与广告费高低有关，但它更是自然运算形成的而非人工干预的结果。

2. 搜索技术

搜索引擎技术的开发成本很高，对于一些需要利用搜索技术，但其核心不是搜索服务的企业来说，不愿将巨额的人力、物力花费在搜索技术的研发上，更倾向于从经营大型搜索引擎的企业购买相关的搜索技术。Google作为全球最大的搜索引擎，其强大的信息处理技术及其他的搜索引擎相关技术都可以作为技术产品授权出售，为其带来经济利益。Google搜索引擎，使用一种自创的称为PageRank（网页级别）技术来索引网页，索引是由程序"Googlebot"执行的，它会定期地请求访问已知的网页新拷贝，页面更新愈快，Googlebot访问的也愈多，再通过在这些已知网页上的链接来发现新页面，并加入到数据库。一般的门户网站、网络销售网站、职位检索网站等都会应用到相关的搜索技术，如雅虎、AOL、网易、思科、宝洁、美国能源部等许多大公司和网站以及政府机构正在使用的就是Google的搜索技术。Google按照搜索的次数来收取授权使用费。

3. Adwords 广告

Google设计的关键字广告是目前互联网上最好的商业模式之一。与竞价排名不同，Google在搜索结果右边刊登的是关键字广告。有广告主开价竞购特定的搜索关键字，出价最高的人购买的广告关键字，会出现在用户搜索结果旁的最上面。

最重要的是，广告主是按用户点击数付费的。也就是说，用户一开始只要付极少的费用就可以刊登广告。而且，可以保证用户的每次付费。因为Google收费原则是点击付费，不点击不付费，默认点击费率在中国和波兰最低0.15元/次，在全球其他区域是最低5美分/次。

4. Adsense 广告

在2004年10月，Google推出了比AdWords更为先进、技术也更复杂的AdSense广告模式，期望以会员的形式来吸引更多的网站加盟Google广告发布平台。AdSense实际上相当于一个广告联盟。AdSense可以在加盟者网站的内容网页上展示相关性较高的Google广告，并且这些广告不会过分夸张醒目。由于所展示的广告同用户在加盟者的网站上查找的内容相关，只要链接的广告被有效点击，加盟者还可以借此从Google分得一部分广告收入。卖广告，但是不卖搜索结果，这是Google做广告的原则。Google的广告形式不采用横幅广告，也没有令人眼花缭乱的Flash动画广告，所有的广告都是按照客户购买的关键字，以纯文本的方式把广告安置在相关搜索页面的右侧空白处，把所有的文字广告单独列出来，并用特别的颜色标示"赞助商链接"。如果有人在Google上输入"物流"，那么，在搜索结果网页上就会出现物流网站的文字广告，每次搜索Google向商家收取0.8~1.5美分的广告费。用户在使用关键字进行搜索时，相应关键字的广告出现在搜索结果中，并保证出现在搜索结果靠前的位置，这种广告效果比那些一进去便强行出现在网站窗口的广告形式好得多，也较能为网民所接受。而搜索结果的正文则是一种自动排序，取决于100多个因素，其中包括PageRank（网页排名）算法，即Google将网页划分成10个等级，与等级高的网页链接以及链接数量都会影响排名。

Ask Jeeves、Goto.com、Incoming、Looksmart和雅虎等搜索引擎的收费方式还有两种：一种是列表付费（Paid Listing），即在这些搜索服务提供商的目录或搜索结果中，客户需要付费才能把自己公司的名字加进去；另一种是位次付费（Paid Placement），即在关键字的搜索结果中，客户需要付费才能让自己公司的名次靠前。然而，Google把公司的名字列入其目录和搜索结果中时从不要求付费。更准确地说，Google从不允许自己介入这类活动。Google的网站排列方式只有两种，而且都是自动完成的：在目录页面中按照字母顺序；而搜索结果的排列则依据其开发的PageRank技术，即考察该页面在网上被链接的频率和重要性，换句话说，互联网上指向这一页面的重要网站越多，该页面的位次也就越高。其他同业者都在刻意地把广告和搜索结果混合在一起以获取收入。据统计，Google网络广告点击率是行业平均水平的4~5倍。一些网络搜索公司总是试图在同一时间做很多事情，它们几乎忘记了搜索的本行。不过，正是由于这些公司的"不务正业"，才成就了Google的今天。

Google已经由一个名词成为了一个动词，成为了"寻找答案"的代名词。许多网民用Google作为前缀创造了许多新奇的词汇：Googler（Google用户）、Googling（正在搜索中）、Googlemania（Google狂）、Googlepedia（Google百科全书）等。热心的网民们还创造了一个令人吃惊但是这个世界正在默认的词汇：Google Media（G媒体）。

5. 无线技术

无线搜索是基于移动网络搜索技术的总称，用户可以通过短信息、无线应用协议、互动式语音应答等多种接入方式进行搜索，获取互联网信息、移动增值服务及本地信息等信息服务内容。用户还可以选择搜索结果并定制相关移动增值服务。无线搜索的出现，真正打破了地域、网络和硬件的局限性，满足了用户随时的搜索需求。同时，移动增值服务业务的快速成长为无线搜索行业的发展提供了机遇。基于手机的无线搜索服务通过自然语句搜索用户关注的信息与服务，这在一定程度上扩大了搜索用户规模。庞大的手机用户成为无线搜索的潜在用户，该类用户区别于互联网用户的特征对搜索技术的功能实现提出了更高的要求。而且无线搜索基于移动网络的特点使得该服务拥有了可实现易操作的收费体系。而Google在中国的合作伙伴是中国移动，它为中国移动的音乐和应用平台提供搜索支持。在此之后，Google又联合中国移动、摩托罗拉、高通等30多家企业，共同开发开源代码手机操作系统Android。它致力于进一步推进"随时随地为每个人提供信息"。然而Google在注重短信互动性和灵活高效性的同时却忽略了即时性。在美国，苹果原本是Google最好的合作伙伴，但是伴随着两家公司在智能手机、移动广告等领域的摩擦不断加剧，两家公司的关系急转直下。如今竞争双方都已严阵以待，准备为争夺智能手机行业的霸主地位展开激战。譬如，现在苹果的搜索不仅使用Google的搜索引擎还有微软的必应搜索。

（五）市场概览

1. 市场总体情况

谷歌2014年营收660亿美元，较2013年增长19%，净利润为144.4亿美元（如图2-2-4所示）。其中，第四季度实现营收181亿美元，同比增长15%；实现净利润47.6亿美元，同比增长40%；实现摊薄后每股收益6.91美元，同比增长39%。谷歌合作伙伴网站营收37.2亿美元，在谷歌营收中所占比例为20%。谷歌其他营收19.5亿美元，占总营收的11%，比2013年同期的16.5亿美元增长19%。

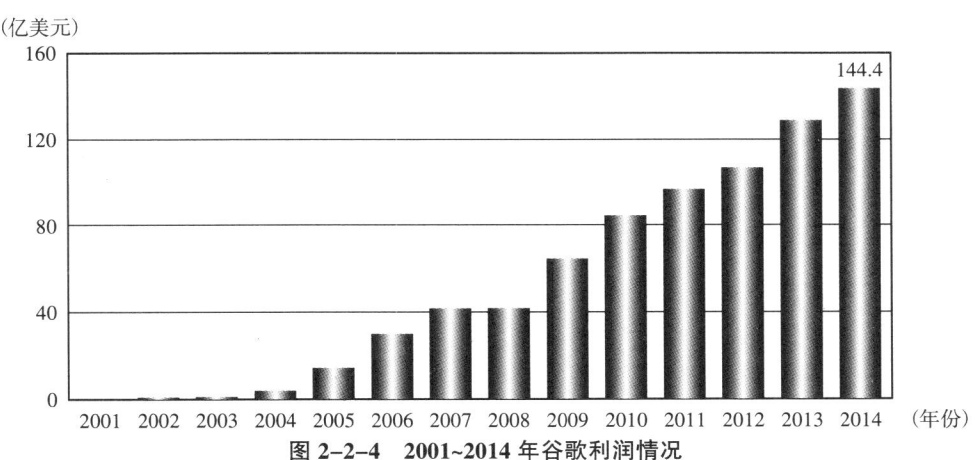

图 2-2-4　2001~2014 年谷歌利润情况

资料来源：中文互联网数据资讯中心。

在国际营收方面，谷歌在美国之外的营收达到 102.3 亿美元，占谷歌第四财季营收的 56%。谷歌第四季度来自英国的营收为 16.6 亿美元，在总营收中所占比例为 9%，2013 年同期所占比例为 10%。虽然谷歌的国际业务比例越来越高，但美国和英国仍然是它的主要收入来源，在剩下的国家中甚至没有任何一个拥有超过 10% 的份额（如图 2-2-5 所示）。

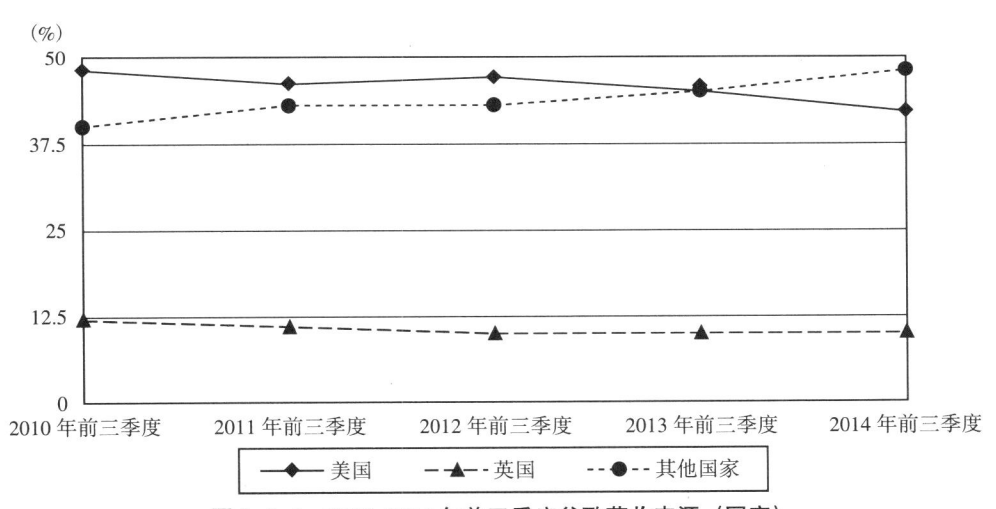

图 2-2-5　2010~2014 年前三季度谷歌营收来源（国家）

资料来源：中文互联网数据资讯中心。

2. 广告业务情况

广告一直是谷歌最重要的收入来源，2014 年占总营收的 89%（如图 2-2-6 所示）。2014 年 17% 的广告营收增长率与 2013 年的 16% 基本持平，如图 2-2-7、图 2-2-8 所示。但继 2014 年第三季度广告业务增长放缓之后，这一趋势延续了下去。第四季度中，在谷歌及其下属网站上投放广告的成本同比和环比都下跌了 8%。这意味着广告商们不愿意为它们的广告花钱，谷歌每个广告点击的价值缩水了 8%。

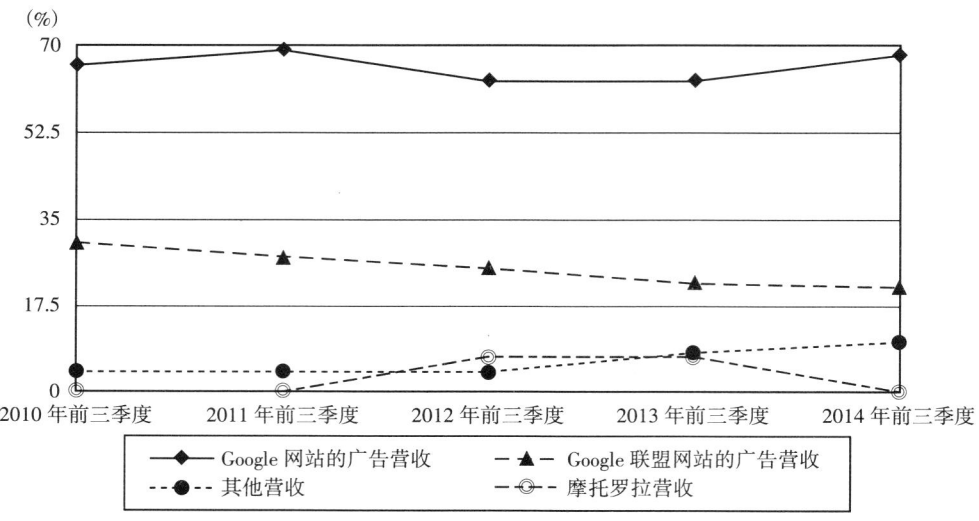

图 2-2-6　2010~2014 年前三季度谷歌营收来源（业务）

资料来源：中文互联网数据资讯中心。

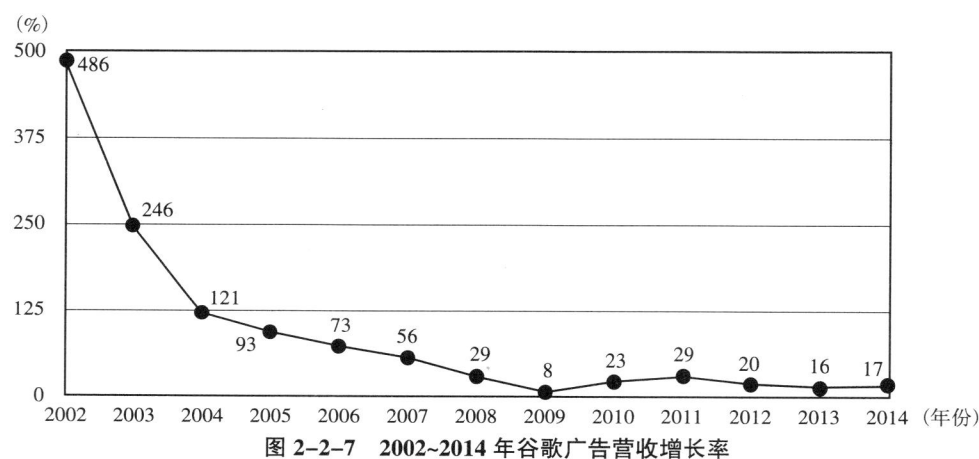

图 2-2-7　2002~2014 年谷歌广告营收增长率

资料来源：中文互联网数据资讯中心。

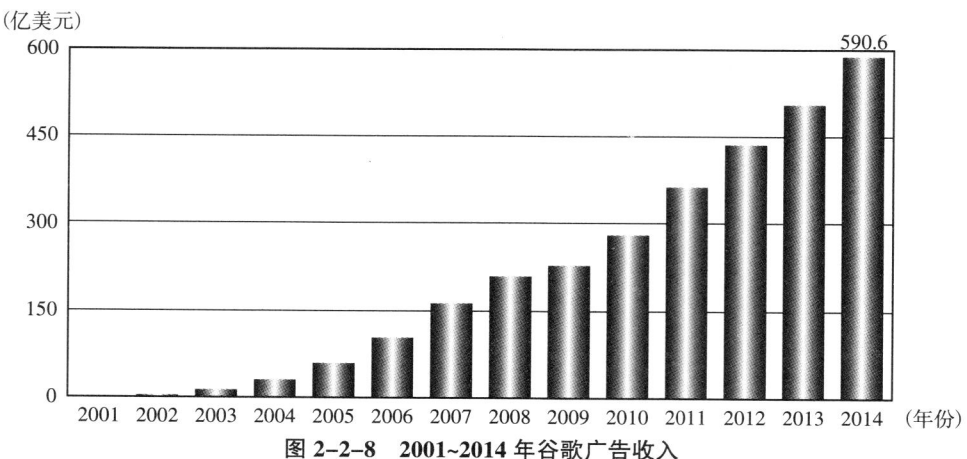

图 2-2-8　2001~2014 年谷歌广告收入

资料来源：中文互联网数据资讯中心。

谷歌移动广告业务市场份额也在不断下滑，三年内从52.6%下降到46.8%。相比之下，Facebook作为一个社交网站，有着更精准的用户数据、更好的广告展现方式和更有黏性的广告互动。这三年内，Facebook的市场份额从5.4%提升至21.7%（如图2-2-9所示）。

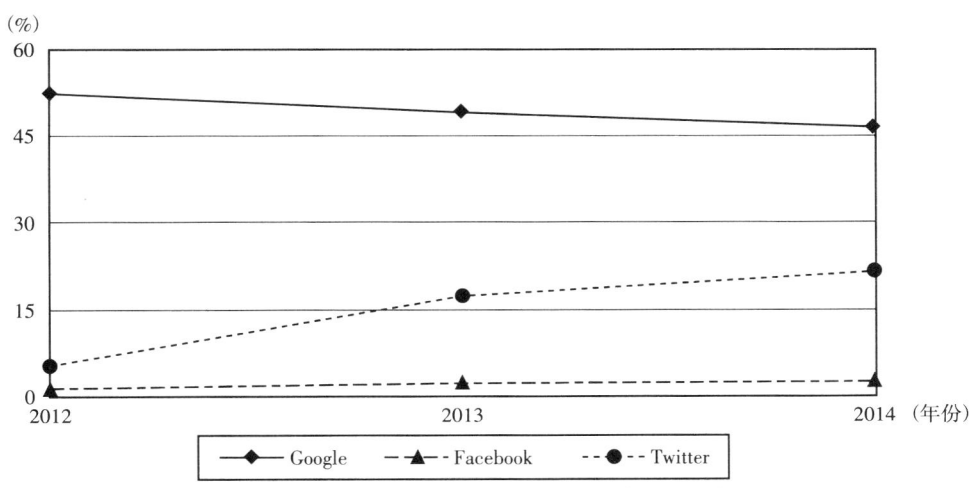

图2-2-9　2002~2014年美国移动广告市场份额

资料来源：中文互联网数据资讯中心。

### 3. 搜索业务情况

从美国本土市场看，根据市场研究公司Stat-Counter统计数据显示，2014年12月，谷歌在美国互联网搜索市场的份额为75.2%，低于2013年同期的79.3%（如图2-2-10所示），出现自2009年以来的最大跌幅，而雅虎搜索市场的份额则从7.4%上升至10.4%，呈现明显增长态势，达到2009年以来的新高。有分析认为主要原因是火狐默认搜索引擎从谷歌换到雅虎。

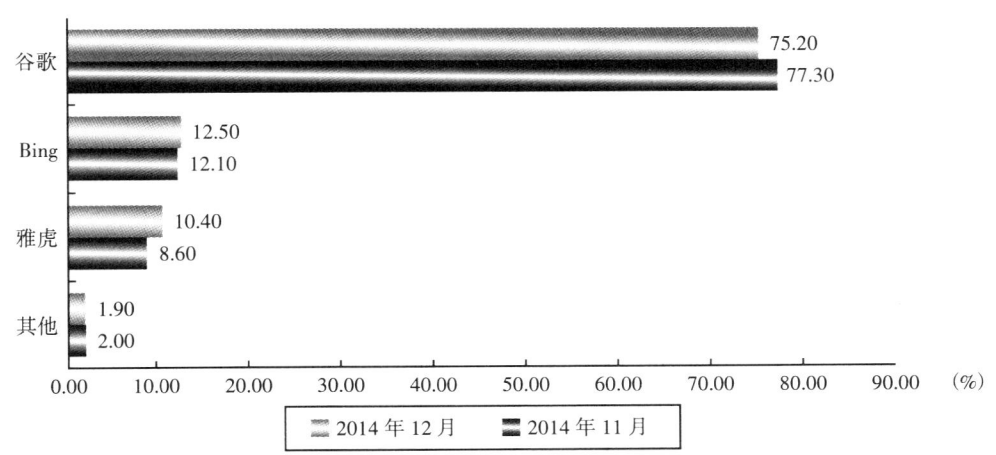

图2-2-10　2014年11月、12月Google美国搜索市场份额

资料来源：中文互联网数据资讯中心。

从全球范围看，谷歌依旧占据搜索引擎市场第一的位置（约68%）（如图2-2-11所示）。即便如此，在谷歌退出中国后的4年里，其在全球搜索引擎市场的占有率持续下降，从2010年的

84.88%降到了 2014 年的 67.6%。在中国市场的份额也由 2010 年的 26.3%降低到了 2%以下。相反，百度在全球范围内的占有率在此期间却稳步上升（由 3.38%至 18.90%）。

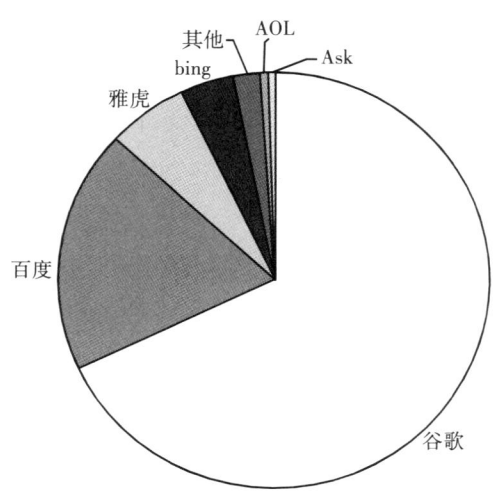

图 2-2-11　2014 年全球搜索引擎市场占有率

资料来源：netmarketshare。

百度在中国的占有率虽然逐年下降，但是在全球的占有量却稳步上升，侧面反映了中国的网民数量正飞速增长，显示了中国市场的快速发展和扩张潜力。在全球范围内，除了谷歌以外，Bing 和 Yahoo 依然是主流的搜索引擎，但在中国市场上，这些外来的搜索引擎在本土的适应性依然是较差的。

4. 新产品情况

2013 年以前，谷歌每年都推出数个不同平台的新产品。如果不计与 Android 直接相关的，它没有对消费者推出任何令人印象深刻的新产品。Project Loon、无人汽车等"未来项目"也多是在现有的基础上进一步发展。2014 年是谷歌推出新项目最少的一年。回顾谷歌的 2014 年，它所发布的产品全都和移动平台有关——Android 5.0 系统、Android One 系统、Nexus 系列移动设备、Inbox 应用、Android TV 和 Android Auto。它最受关注的两个收购——智能温度监控 Nest 和智能摄像机 Dropcam 都与"智能家居"有关——同样是为 Android 生态系统服务。

谷歌的策略越来越集中，因为 Android 是它在移动端最大的优势。Android Auto 和 Android TV 则把谷歌对未来的想象延伸到汽车和电视上。谷歌的计划是，不管是手机、手表、汽车还是电视，在任何能用电子产品的地方都能用上 Android 操作系统。全平台、统一生态圈是它未来的野心，为了获得更多用户数据让广告传播更广，为了更好地卖广告。

（六）经营和财务绩效

表 2-2-2　谷歌 2012~2014 年度经营与财务业绩比较

单位：百万美元

| 年份 | 2014 | 2013 | 2012 |
|---|---|---|---|
| 收入 | 66001 | 55519 | 46039 |
| 总资产 | 131133 | 110920 | 93798 |

续表

| 年份 | 2014 | 2013 | 2012 |
|---|---|---|---|
| 净利润 | 14444 | 12920 | 10737 |
| 净利润率（%） | 21.88 | 23.27 | 23.32 |
| 总资产报酬率（ROA）(%) | 11.01 | 11.65 | 11.45 |
| 净资产报酬率（ROE）(%) | 13.82 | 14.80 | 14.97 |
| 资本性支出（CAPEX） | 11000 | — | 3273 |
| CAPEX占收比（%） | 16.67 | — | 7.11 |
| 经营活动净现金流 | 22376 | 18659 | 16619 |
| 每股经营活动净现金流（美元/股） | 32.88 | 55.52 | 50.41 |
| 自由现金流（FCF） | 11376 | 18659 | 13346 |
| 自由现金流占收比（%） | 17.24 | 33.61 | 28.99 |
| 每股盈利（EPS）（美元/股） | 21.37 | 19.41 | 16.41 |
| 每股股利（DPS）（美元/股） | 0 | 0 | 0 |
| 股利支付率（%） | 0.00 | 0.00 | 0.00 |
| 主营业务收入增长率（%） | 18.88 | 20.59 | 21.46 |
| 总资产增长率（%） | 18.22 | 18.25 | 29.24 |
| 净利润增长率（%） | 11.80 | 20.33 | 10.27 |
| 经营活动现金流增长率（%） | 19.92 | 12.28 | 14.10 |
| 资产负债率（%） | 20.31 | 21.29 | 23.54 |
| 流动比率 | 480.12 | 458.17 | 421.66 |
| 总资产周转率（次） | 0.50 | 0.50 | 0.49 |
| 股息 | 0 | 0 | 0 |
| 内部融资额 | 142616 | 123806 | 101453 |
| 研发支出 | 9832 | 7137 | 6083 |
| 研发支出占收比（%） | 14.90 | 12.86 | 13.21 |

表 2-2-3　谷歌轻资产运营特征一览表

| 序号 | 项目 | 2014年 | 2013年 | 2012年 |
|---|---|---|---|---|
| 1 | 现金类资产比重（%） | 49.11 | 52.94 | 51.27 |
| 2 | 应收账款比重（%） | 7.16 | 8.01 | 8.41 |
| 3 | 存货比重（%） | 0.17 | 0.38 | 0.54 |
| 4 | 流动资产比重（%） | 61.53 | 65.71 | 64.45 |
| 5 | 固定资产比重（%） | 18.21 | 14.90 | 12.64 |
| 6 | 流动负债比重（%） | 12.82 | 14.34 | 15.28 |
| 7 | 应付账款比重（%） | 1.31 | 2.21 | 2.15 |
| 8 | 无息负债比重（%） | −5.85 | −5.80 | −6.26 |
| 9 | 有息负债比重（%） | 3.99 | 4.73 | 5.90 |
| 10 | 留存收益比重（%） | 57.73 | 55.23 | 51.54 |
| 11 | 营运资金（百万美元） | 63880 | 56978 | 46117 |
| 12 | 现金股利（百万美元） | 0 | 0 | 0 |
| 13 | 内源融资（百万美元） | 142616 | 123806 | 101453 |
| 14 | 资本性支出（百万美元） | 11000 | — | 3273 |
| 15 | 现金储备（百万美元） | 64395 | 58717 | 48088 |
| 16 | 自由现金流（百万美元） | 11376 | 18659 | 13346 |

## （七）内控与风险管理

谷歌的运营和财务结果受到各种风险和不确定因素的影响，包括以下几个方面：

### 1. 内部风险因素

（1）投资风险。谷歌已经投资并打算继续投资新企业、产品、服务和技术。这种努力可能有重大的风险和不确定性，包括管理分散，投资收入不足以抵消承担这些新投资的负债和费用，投资回报的资本不足，策略和产品的失败可能会影响谷歌的声誉、财务状况和操作的结果。同时，并购可能导致操作困难、股权稀释和其他可能对业务和操作结果产生负面影响的结果。收购交易可能对财务状况和经营成果产生影响。被收购公司、业务和技术的整合将继续，并且会出现不可预见的经营困难和支出。

（2）业务风险。从国内情况看，谷歌的大部分利润从广告中获得，支出减少或广告商的流失会影响业务。谷歌在2014年的广告客户所产生的收入占其总收入的89%。谷歌的广告客户通常可以在任何时间终止与谷歌的合同。如果他们对谷歌的广告投入没有产生销售增长或品牌知名度，乃至增加客户，或者如果谷歌不以有效甚至高效的方式提供自己的广告，广告商将不会继续与谷歌合作。如果谷歌不能保持竞争力，并提供价值，谷歌的广告商可能会停止投放广告，终止与谷歌合作，这将对其收入和业务造成不利影响。

此外，通过广告的支出往往是周期性的，反映整体经济状况、预算和购买模式。不利的宏观经济条件也可以对广告产生实际的负面影响，并会导致广告商减少他们在广告上的花费，这可能对谷歌的收入和业务产生不利影响。

从国外情况看，国际业务会让谷歌产生额外的风险，可能会损害其业务和财务状况。谷歌的国际业务对其收入和净利润的影响是显著的，谷歌计划继续增长国际业务。2014年国际收入占公司合并营业收入约57%。在一些特定的国际市场中，谷歌的运营经验有限，可能不会受益于首先进入市场的优势或其他成功方式。

（3）品牌维持。谷歌强大的品牌已显著有助于其业务的成功。保持和加强品牌影响力减少了谷歌进入新领域和推出新创新产品的困难，提高了其服务用户需求的能力。谷歌的品牌可以通过许多因素受到负面影响，其中包括声誉问题和产品技术的性能故障。此外，如果谷歌不能保持和增强其品牌价值，谷歌的业务、经营业绩和财务状况可能会受到重大不利影响。维护并加强谷歌的品牌将在很大程度上取决于谷歌仍然是一个技术领先的企业，并拥有继续提供高质量的创新产品和服务能力，这才是真正有用的，将在人们的日常生活中发挥有意义的作用。

（4）技术安全风险。有关谷歌技术的隐私问题可能会损害其声誉，阻止现有和潜在用户使用谷歌的产品和服务。谷歌已对其产品是否对用户和其他相关利益者的隐私做出妥协表示出忧虑。考虑到谷歌关于收集、使用、披露个人信息安全问题或其他隐私相关的事项的措施，即使毫无根据，也可能会损害谷歌的声誉并对公司的经营业绩产生不利影响。

此外，谷歌几乎所有的产品和服务都是基于网络的，谷歌存储在服务器（包括个人信息）的数据一直在增加。任何系统故障或由谷歌数据泄露导致美国出现安全隐患，这都可能会严重限制其产品和服务的使用，也会损害谷歌的声誉、品牌和业务。谷歌期望继续花费大量资源来防止安全漏洞。由于谷歌在地域上扩大了基于网络的产品和服务，因此这些类型事件严重损害谷歌业务的风险是可能增加的。

如果违反了谷歌安全协定或者谷歌的服务受到攻击，使得其无法为用户提供产品和服务，那么谷歌的产品和服务可能被视为不安全,用户和客户可能减少或停止使用其产品和服务,谷歌可能招致重大法律和财务风险。谷歌经历过不同程度的定期网络攻击。谷歌的安全措施也可能因员工失误、渎职、系统错误、漏洞或其他方式受到威胁。此外,外部各方可能会尝试欺诈诱导员工、用户、客户披露敏感信息,以获得访问谷歌的数据或用户、客户的数据。任何此类违反或未经授权的访问可能会导致巨大的法律和财务风险,损害谷歌的声誉,引起外界对谷歌的产品和服务安全性产生质疑,从而对其业务产生不利影响。

2. 外部风险因素

(1)激烈的行业竞争。谷歌的业务正在迅速发展,面临激烈的竞争。竞争的成功在很大程度上取决于谷歌迅速向市场提供创新的产品和技术的能力,以及为用户提供有用的搜索结果和广告。随着谷歌的业务发展,竞争力创新的压力将涉及更广泛的产品和服务,包括经典核心业务之外的产品和服务。

谷歌有很多不同行业的竞争对手,包括通用搜索引擎和信息服务、电子商务垂直搜索引擎和电子商务网站、社交网络、在线产品和服务的提供者,其他形式的广告和网络广告平台,其他操作系统,无线移动设备公司。谷歌当前的和潜在的国内外竞争对手的范围从强大的老牌公司到新兴创业公司。老牌公司有更长的历史和更成熟的客户、用户关系,它们会用经验和资源的方式影响谷歌竞争地位,包括收购、继续大力投资研发、积极启动知识产权索赔,并继续积极与广告商和网站竞争。新兴创业公司能够以更快的速度创新并提供产品和服务,在谷歌之前预见到消费者需要的产品和服务。

(2)监管审查风险。谷歌的成长和在各个新领域的扩张涉及多种新的监管问题,随着规模的增加,谷歌所面临的监管力度也在加大。例如,

调控机构都要求审查谷歌对潜在竞争问题的搜索和其他业务。谷歌继续与欧盟委员会(EC)和全球其他监管部门合作,调查谷歌的业务和其对竞争的影响。立法者和监管者可能使法律与监管政策发生变化,或者解释和适用现有的法律,使谷歌的产品和服务对用户不太有用从而承担巨大的成本,或使谷歌面临意想不到的民事或刑事法律责任,甚至使谷歌改变其商业行为。这些变化或成本增加都会对谷歌的业务和业绩产生负面影响。

同时,谷歌经常受到索赔、诉讼和政府调查,涉及竞争、知识产权、财产隐私、消费者保护、税收、劳动就业、商业纠纷、用户编辑的内容、利用谷歌平台由广告商或发行商提供的服务,以及其他事项。硬件产品的销售也让谷歌暴露在产品责任的风险中,还涉及其他诉讼风险,包括有关产品缺陷的断言,健康和安全,危险材料的使用,以及其他环境问题。

这样的索赔、诉讼和政府调查本身具有不确定性,其结果无法预测肯定。不管结果如何,这些类型的法律诉讼可能会对谷歌产生不利影响。这些诉讼可能导致声誉损害、刑事制裁,或法令阻止谷歌提供一定特点和功能的产品或服务,要求谷歌改变商业惯例或产品召回或其他领域的行动,或不侵权,以其他方式改变产品或技术的要求。任何后果都可能对谷歌的业务及经营业绩造成不利影响。

(3)设备应用。许多人通过移动设备访问互联网而非台式电脑,包括移动手机、智能手机、上网本和平板电脑(掌上电脑、视频游戏机和电视机顶设备),这些设备的使用频率大幅增加。与其他设备相关联的功能和用户体验使得通过这种设备使用谷歌产品和服务更加困难(或者仅仅是不同的),为这些设备开发的产品和服务的版本可能不会对用户产生吸引力。每个制造商或分销商可以建立独特技术标准的设备,谷歌的产品和服

务可能与这些设备不兼容。此外，越来越多的搜索查询通过特定的设备或社交媒体平台上的"应用程序"进行，这可能会影响其搜索和广告业务。

随着新设备和平台不断被开发出来，谷歌可能很难预测调整产品和服务、开发有竞争力的新产品和服务时所面临的问题。谷歌将继续投入大量资源创建、支持和维护多个平台和设备支持的产品和服务。如果谷歌不能吸引并留住大量的替代设备制造商、分销商、开发人员和用户，如果谷歌的兼容替代设备的产品和技术发展缓慢，谷歌将无法在一个动态的、实时的环境中捕捉机会。

（4）供应链风险。谷歌面临着许多相关的制造和供应链管理的风险。例如，谷歌出售的产品由于设计或制造商的原因而出现质量问题，或由所在使用的软件产生的质量问题。有时，这些问题是由谷歌从其他制造商或供应商手中购买的组件产生的。如果谷歌的产品不能满足客户的期望或产品质量被发现是有缺陷的，那么谷歌的销售额和营业利润乃至声誉，可能会受到负面影响。

谷歌也要求其供应商和商业伙伴遵守劳资法和公司政策（政策和就业的做法、数据的安全性、符合环保要求和知识产权许可），但谷歌不能控制他们或他们的做法。如果其中的任何一方违反法律或惯例将被视为不道德的，谷歌可以将供应链中断，取消订单，终止损坏重要关系以及损害谷歌声誉的行为。

谷歌供应链中重要的一环是提供互联网接入的公司。谷歌的业务依赖于持续和畅通的互联网接入。互联网接入提供者可以限制、阻止、降低对某些产品和服务收费，这可能导致额外的费用和用户及广告商的流失。目前，互联网访问是由在宽带和互联网接入市场具有显著市场力量的公司提供的，其中包括电话公司、有线公司、移动通信公司和政府拥有的服务提供商。有些供应商已经采取或都表示他们可能会采取措施，包括

采取法律行动。此外，在一些司法管辖区，其产品和服务一直受到政府的限制或堵塞。这样的干扰可能导致现有的用户、广告商减少和成本的增加，并且可能影响谷歌吸引新用户和广告客户的能力，从而损害谷歌的收入和增长。

## （八）前景展望

目前谷歌占据了美国网络广告市场超过40%的份额，预计谷歌在市场规模超过373亿美元的网络广告市场占有率有望继续攀升。谷歌同时还利用与三星电子的结盟，在移动操作系统市场获得了更多的份额，这也给苹果带来了更大的压力，因为投资人当前等待着苹果的下一个大产品。

美国投资公司B.Riley & Co.分析师萨米特·辛阿（Sameet Sinha）表示，"市场中只有一家公司能够从互联网增长的各个领域中受益：视频、移动、本地、社交、显示广告。苹果仅仅是在设备上做得出色，别无其他可言"。

### 1. 搜索和移动方面

在谷歌首席执行官拉里·佩奇（Larry Page）的带领下，谷歌在网络搜索市场的领先优势被进一步扩大。目前，谷歌在网络搜索市场的份额已经达到67%，在智能手机操作系统市场的份额达到了70%。这也让谷歌从平板电脑和智能手机的崛起，以及广告主向数字广告的转移中受益。

### 2. 服务和设备方面

在不到6年的时间里，有超过10亿部安卓设备被激活（而且这一速度还在加快）——为全球越来越多的应用开发者打造了一个绝佳的平台。在2013年，安卓开发者从用户处挣到的钱，平均是前一年的4倍多。谷歌现在将安卓移植到手表这样的可穿戴产品上以及汽车上，让查找方位、打电话或听音乐变得非常容易。

Google Play网店背后的理念是相似的。用户可以在这里一站式下载应用、电影、书籍以及音

乐，而且可以省去同步工作在任何设备上查阅这些内容。你在平板电脑上听的歌，切换到手机上同样存在。还有最近的谷歌电视棒 Chromecast，用它我们就能更方便地在家里或朋友那里观看 Google Play 或是 Netflix 上的电影。你可以扔掉所有遥控器，靠手机或平板电脑控制电视，使用习惯完全和上网一样——就像在网上看 YouTube 一样。最妙的是，这款设备仅售 35 美元。

未来，人们将会越来越多地使用移动设备，谷歌利用这些设备推销自己的服务将变得畅通无比，同时也会有越来越多的开发者来到这个大舞台，将自己的本领尽情展示出来。

3.托管服务方面

早期发行的谷歌 App Engine，是计算机引擎的前身，可以用来解决某些类型的计算机问题，但许多 App Engine 的应用程序缺乏处理其他方面的通行能力。这是非常昂贵的，也是很令人困惑的，谷歌认为这个时代即将离去。谷歌认为，接下来的时代，开发者们担心的是他们的产品，而不是他们正常运行的时间。"随着时间的推移，托管服务将会成为新趋势"，Magnusson 说。目前 App Engine 上已经有超过一百万的应用，Magnusson 指出，管理基础设施所需要的工程师数量远远低于谷歌的规模，随后越来越多的应用更是监管不过来，所以托管服务会成为未来的新趋势。

### 附件一：谷歌财务报告（2014 年）

1. 合并资产负债表

单位：百万美元（除每股数额外）

| 年 份 | 2013 | 2014 |
| --- | --- | --- |
| 资产 | | |
| 流动资产 | | |
| 现金及现金等价物 | 18898 | 18347 |
| 有价证券 | 39819 | 46048 |
| 现金及现金等价物和有价证券合计（包括证券贷款 5059 和 4058） | 58717 | 64395 |
| 应收账款净额 | 8882 | 9383 |
| 反向回购协议下的应收账款 | 100 | 875 |
| 递延所得税净额 | 1526 | 1322 |
| 应收所得税净额 | 408 | 1298 |
| 预付款项、费用及其他资产 | 3253 | 3412 |
| 流动资产合计 | 72886 | 80685 |
| 预付收入份额、费用及其他非流动资产 | 1976 | 3280 |
| 非市场化股权投资 | 1976 | 3079 |
| 物业和设备净额 | 16524 | 23883 |
| 无形资产净值 | 6066 | 4607 |
| 商誉 | 11492 | 15599 |
| 资产合计 | 110920 | 131133 |
| 负债及所有者权益 | | |
| 流动负债 | | |
| 应付账款 | 2453 | 1715 |
| 短期负债 | 3009 | 2009 |
| 应计薪酬及福利 | 2502 | 3069 |

续表

| 年　份 | 2013 | 2014 |
|---|---|---|
| 预提费用及其他流动负债 | 3755 | 4434 |
| 应计收入 | 1729 | 1952 |
| 应付证券借贷 | 1374 | 2778 |
| 递延收入 | 1062 | 752 |
| 应交税费净额 | 24 | 96 |
| 流动负债合计 | 15908 | 16805 |
| 长期负债 | 2236 | 3228 |
| 非流动递延收入 | 139 | 104 |
| 应交所得税 | 2638 | 3407 |
| 非流动递延所得税净额 | 1947 | 1971 |
| 其他非流动负债 | 743 | 1118 |
| 承诺及或有事项 | | |
| 所有者权益 | | |
| 　可转换优先股，每股面值0.001美元，发行100000股，无股票发行和流通 | 0 | 0 |
| 　A类和B类普通股，C类普通股及附加资本，每股面值0.001美元，15000000股得到授权 | 25922 | 28767 |
| 　累计其他综合收益 | 125 | 27 |
| 　留存收益 | 61262 | 75706 |
| 　所有者权益合计 | 87309 | 104500 |
| 负债及所有者权益合计 | 110920 | 131133 |

2. 合并损益表

单位：百万美元（除每股数额外）

| 年　份 | 2012 | 2013 | 2014 |
|---|---|---|---|
| 营业收入 | 46039 | 55519 | 66001 |
| 成本与费用 | | | |
| 　营业成本 | 17176 | 21993 | 25691 |
| 　研发支出 | 6083 | 7137 | 9832 |
| 　销售费用 | 5465 | 6554 | 8131 |
| 　管理费用 | 3481 | 4432 | 5851 |
| 　成本与费用合计 | 32205 | 40116 | 49505 |
| 主营业务收入 | 13834 | 15403 | 16496 |
| 利息及其他收入净额 | 635 | 496 | 763 |
| 持续经营税前收入 | 14469 | 15899 | 17259 |
| 预付所得税 | 2916 | 2552 | 3331 |
| 持续经营净利润 | 11553 | 13347 | 13928 |
| 终止经营业务净利润（损失） | (816) | (427) | 516 |
| 净利润 | 10737 | 12920 | 14444 |
| 基本每股净利润（损失） | | | |
| 　持续经营 | 17.66 | 20.05 | 20.61 |
| 　终止经营 | (1.25) | (0.64) | 0.76 |
| 　基本每股净利润（损失） | 16.41 | 19.41 | 21.37 |

续表

| 年 份 | 2012 | 2013 | 2014 |
|---|---|---|---|
| 摊薄后每股净利润（损失） | | | |
| 　持续经营 | 17.39 | 19.70 | 20.27 |
| 　终止经营 | (1.23) | (0.63) | 0.75 |
| 摊薄后每股净利润（损失） | 16.16 | 19.07 | 21.02 |

### 3. 合并现金流量表

单位：百万美元

| 年 份 | 2012 | 2013 | 2014 |
|---|---|---|---|
| 经营活动现金流 | | | |
| 　净利润 | 10737 | 12920 | 14444 |
| 将净利润调整为经营活动净现金流量 | | | |
| 　折旧费用及出售资产和设备损失 | 1988 | 2781 | 3523 |
| 　无形资产摊销及其他资产减值 | 974 | 1158 | 1456 |
| 　基于股票的薪酬 | 2692 | 3343 | 4279 |
| 　股权激励中的超额税收优惠 | (188) | (481) | (648) |
| 　递延所得税 | (266) | (437) | (104) |
| 　资产剥离收益 | (188) | (700) | (740) |
| 　股权收益 | 0 | 0 | (126) |
| 　非市场化股权投资出售收益 | 0 | 0 | (159) |
| 　其他 | (28) | 106 | 87 |
| 并购造成的资产及负债的净额变动 | | | |
| 　应收账款 | (787) | (1307) | (1641) |
| 　所得税净额 | 1492 | 401 | 283 |
| 　预付收入、费用及其他资产 | (532) | (930) | 459 |
| 　应付账款 | (499) | 605 | 436 |
| 　应计费用及其他负债 | 762 | 713 | 757 |
| 　应计收入份额 | 299 | 254 | 245 |
| 　递延收入 | 163 | 233 | (175) |
| 　经营活动产生的现金流量净额 | 16619 | 18659 | 22376 |
| 投资活动现金流 | | | |
| 　购买资产及设备 | (3273) | (7358) | (10959) |
| 　购买有价证券 | (33410) | (45444) | (56310) |
| 　出售有价证券 | 35180 | 38314 | 51315 |
| 　非市场化股权投资 | (696) | (569) | (1227) |
| 　与证券借贷相关的现金抵押 | (334) | (299) | 1403 |
| 　反向回购协议投资 | 45 | 600 | (775) |
| 　资产剥离收益 | 0 | 2525 | 386 |
| 　收购，现金收购净额和购买无形资产及其他资产 | (10568) | (1448) | (4888) |
| 　投资活动产生的现金流量净额 | (13056) | (13679) | (21055) |
| 融资活动现金流 | | | |
| 　股权激励相关的支付净额 | (287) | (781) | (2069) |
| 　股权激励中的超额税收优惠 | 188 | 481 | 648 |
| 　发行债务所得，净成本 | 16109 | 10768 | 11625 |

续表

| 年份 | 2012 | 2013 | 2014 |
|---|---|---|---|
| 偿还债务 | (14781) | (11325) | (11643) |
| 融资活动产生的现金流量净额 | 1229 | (857) | (1439) |
| 汇率变动对现金及现金等价物的影响 | 3 | (3) | (433) |
| 现金及现金等价物的净增加（减少） | 4795 | 4120 | (551) |
| 年初现金及现金等价物 | 9983 | 14778 | 18898 |
| 年末现金及现金等价物 | 14778 | 18898 | 18347 |
| 补充披露现金流量信息 | | | |
| 现金支付税费 | 2034 | 1932 | 2819 |
| 现金支付利息 | 74 | 72 | 86 |
| 非现金投资及融资活动 | | | |
| 与摩托罗拉手机剥离相关的应收票据 | 0 | 0 | 1314 |
| 与摩托罗拉手机剥离相关的联想股票收据 | 0 | 0 | 750 |
| 与摩托罗拉剥离相关的 Arris 股票收据 | 0 | 175 | 0 |
| 与收购摩托罗拉相关的股票激励的公允价值 | 41 | 0 | 0 |
| 记录在资产负债表内的期内租赁 | 0 | 258 | 250 |

## 附件二：谷歌大事记

1998年，Google公司在美国加利福尼亚州山景城由佩奇和布林以私有股份公司的形式创立，以设计并管理一个互联网搜索引擎。

2001年9月，Google的网页评级机制PageRank被授予了美国专利。专利正式地被颁发给斯坦福大学，Lawrence Page作为发明人列于文件中。

2003年2月，Google接管了Blogger的所有者Pyra实验室，一个主导Weblog网络服务的先锋，似乎这与Google的使命相矛盾。然而，这实际上巩固了公司从Blogger发布改善Google新闻搜索的速度和其搜索相关性的能力。

2004年初的一个最高峰时期，通过它的网站及其客户网站如雅虎、美国在线和CNN，Google处理了万维网上80%的搜寻请求。Google的份额在2004年2月跌落一些，因为雅虎放弃了Google的搜寻技术，决定独力开发自己的搜索引擎。

2004年8月19日，Google公司的股票在纳斯达克上市，成为公有股份公司。

2005年7月19日，Google宣布将在中国设立研发中心。

2005年12月20日，谷歌公司宣布斥资10亿美元收购互联网服务供应商"美国在线"5%的股权。

2006年4月12日，Google公司行政总裁埃里克·施密特在北京宣布该公司的全球中文名字为"谷歌"。同时，Google公司于2006年2月15日在台湾地区登记之分公司取名为"美商科高国际有限公司"。此前，在一份中国国际经济贸易仲裁委员会域名争议解决中心裁决书中，公司被称为"科高公司"。该公司亦拥有"谷歌.cn"、"谷歌.中国"、"咕果.com"（但不拥有"咕果.中国"及"咕果.公司"）等中文域名。

2006年10月，Google公司以16.5亿美元，收购影音内容分享网站YouTube，是Google有史以来最大笔的并购。

2007年10月29日，Google公司在中国向二六五网络公司以约2000万美元的价格购得史上最短的网域注册名称。

2007年11月5日，Google宣布基于Linux平

台的开源手机操作系统的名称为 Android。

2008 年 9 月 7 日，Google Map 卫星升空，将为 Google Earth 提供 50 厘米分辨率高清照片。同年，Google 与金融集团汇丰银行（HSBC）以及国际有线电视集团 LibertyGlobal 组成名为"O3bNetworks"的网络计划。通过发射 16 颗卫星将网络服务带入地球上还未连上网络的地区，取名为 O3b 就是指地球上另外尚未有网络建设的 30 亿人口，希望借这样的网络计划工程，真正建立在地球上任何区域皆有连网能力的环境。

2012 年 5 月，谷歌以 125 亿美元收购摩托罗拉移动。

2012 年 6 月 28 日，Google I/O 开发者大会在美国旧金山开幕。作为移动智能操作系统业界巨头，谷歌打出了一套"软硬"结合的组合拳，其中包括代号为"果冻豆"的最新操作系统安卓 4.1、售价 199 美元的谷歌首款自主品牌平板电脑 Nexus7、外形前卫的社交流媒体播放器 NexusQ 以及酷炫的概念智能眼镜"谷歌眼镜"，在数量和气势上丝毫不输于同时发布新品的苹果与微软。

2012 年 10 月 2 日，谷歌已经超越微软，成为按市值计算的全球第二大科技公司，原因是通过互联网进行的计算已经降低了台式机软件的市场需求。

2012 年 12 月 4 日 Google 员工画"Android 进化史"证实下一代 Android 系统为"Key Lime Pie"。

2012 年 12 月 12 日，谷歌关闭在中国大陆市场购物搜索服务，搜索服务由中国内地转至中国香港。

2013 年 3 月，Google 正式进军电商行业，推购物快递服务。由于亚洲地区每天新增的互联网用户人数远远超过全球其他地区，因此 Google 决定加大该地区的数据中心投入。Google 位于中国台湾彰化县的数据中心预计将在 2013 年下半年投入运营，总建造成本约为 3 亿美元。Google 表示，从整体能耗来看，该公司的数据中心将比其他竞争对手的数据中心节能 50%。Google 的数据中心主要为 Facebook、亚马逊、微软、雅虎等数十家公司的产品提供服务。

2013 年 4 月 27 日消息，据国外媒体报道，谷歌向美国证券交易委员会（SEC）提交的监管文件显示，第一季度它完成了 8 笔收购，交易总额为 2.91 亿美元。

2013 年 6 月 12 日，Google 正式宣称收购 Waze 的交易已经结束。据知情人士称，收购金额不是之前报道的 13 亿美元，而是 10.3 亿美元。从交易来看，Google 要争夺的是地理定位数据，它在我们日常生活中越来越重要，比如，我们可以用数据来寻找吃饭的地方，查找不熟悉的路。Waze 是一家社交地图创业型公司，它收集实时用户交通数据，可以帮助司机寻找到达目的地的最快路径。

2014 年 11 月 22 日，谷歌表示将推出所谓的"捐助者"项目，用户每月支付 1~3 美元，浏览某些网站时将不会有任何广告的打扰。

2015 年 1 月 27 日，谷歌宣布，该公司的高速光纤网络项目将再覆盖四座城市，包括亚特兰大、纳什维尔、夏洛特和罗利—达勒姆。

2015 年 2 月 24 日，谷歌正式发布 Android 和 iOS 版 YouTube，谷歌称，这是"首款以儿童为设计初衷的谷歌产品"。

2015 年 2 月 26 日，谷歌正式推出 Android for Work，黑莓提供安全管理。

2015 年 3 月 11 日，Google 正式推送 Android 5.1 系统。新版本并没有大刀阔斧地进行更新，但包括设备防盗保护、多 SIM 卡的支持以及 HD Voice 高清语音等重要特性。

2015 年 4 月 11 日，谷歌已加入研发更好的电池技术的大军，帮助进军消费电子和其他硬件领域。

2015年4月18日,谷歌把旗下全部在线服务转向HTTPS协议,其中Gmail电子邮件服务2008年转向了HTTPS协议。

2015年9月,谷歌最早有望在2015年秋天重返中国大陆市场,将获准在中国市场分发Google Play的一个专门针对中国开发的特别版本。这一应用商店的特别版需满足中国方面的要求,同时需在当地存储数据。

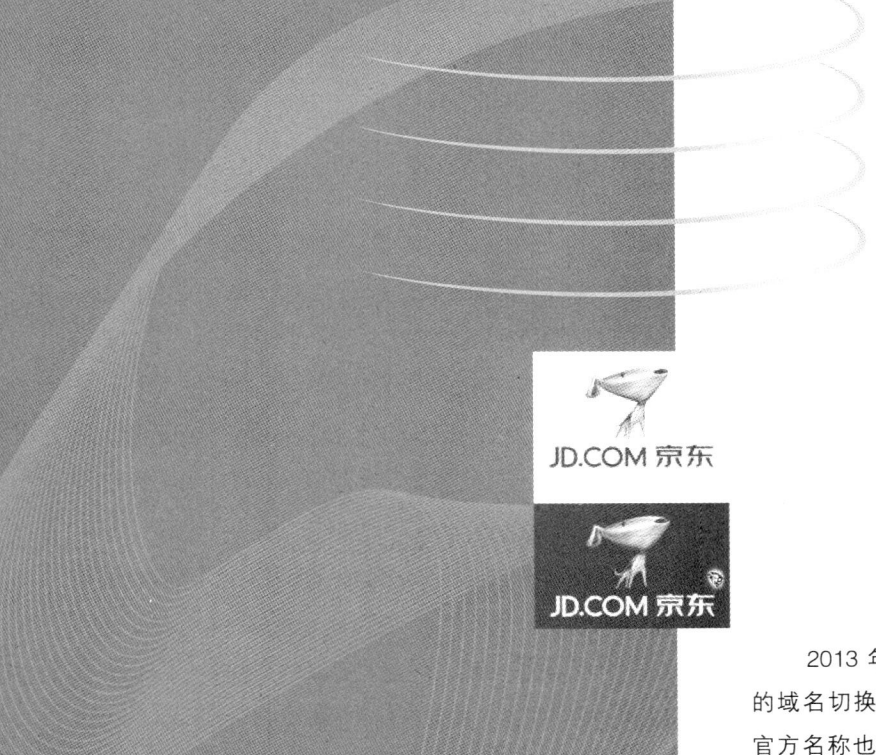

2013年3月，京东商城正式将360buy.com的域名切换至JD.COM。此外，"京东商城"这一官方名称也被缩减为"京东"，原先以蓝色为主调的"360buy"被更新成了一只名为"Joy"的金属狗，成为京东官方新的LOGO和吉祥物。京东商城官方对金属狗吉祥物的诠释是：以对主人忠诚而著称，拥有正直的品行和快捷的奔跑速度。

刘强东

董事长及首席执行官

刘强东，1974年2月14日出生于江苏省宿迁市，京东商城创始人、董事局主席兼首席执行官。

1996年刘强东毕业于中国人民大学社会学系，1998年6月在中关村创办京东公司，代理销售光磁产品，并担任总经理。三年后京东成为全国光磁产品领域最具影响力的代理商，销售量及影响力在行业内首屈一指。2003年非典的到来使刘强东放弃了要在全国扩张门面店的计划并开始尝试在网上发帖售卖商品，短短几个月便看到了电子商务的巨大潜力。2004年初刘强东和他的团队正式涉足电子商务领域，放弃了全部实体店面，创办"京东多媒体网"即"360buy京东商城"的前身，并出任CEO。凭借"让生活变得简单快乐"的经营理念，他建立了以"价值链整合"为核心的京东模式，大大降低了社会交易成本，提升了社会交易效率，为社会、行业、用户都创造了价值。一直以来，刘强东坚持追求最佳用户体验，倡导"客户为先、诚信、团队、创新、激情"的企业价值观，赢得了广大消费者的喜爱和支持。

由于其杰出的管理才能和战略眼光以及在中国电子商务领域取得的卓越成就，刘强东自2012年起连续3年获评《财富》（中文版）"中国最具影响力的50位商界领袖"之一，2015年获选《财富》"全球50位最伟大领导者"之一。

# 三 京东可持续发展报告（JD）

## （一）公司简介

京东（JD.COM）是中国最大的自营式电商企业，2015年第一季度在中国自营式B2C电商市场的占有率为56.3%。2014年，京东市场交易额达到2602亿元，净收入达到1150亿元。2015年第二季度，京东市场交易额达到1145亿元，同比增长82%；净收入达到459亿元，同比增长61%。2014年5月，京东在美国纳斯达克证券交易所正式挂牌上市，是中国第一个成功赴美上市的大型综合型电商平台，并跻身全球前十大互联网公司排行榜。2015年7月，京东因其高成长性入选纳斯达克100指数和纳斯达克100平均加权指数，成为纳斯达克100指数中仅有的2家中国互联网公司之一。

目前，京东集团旗下设有京东商城、京东金融、拍拍、京东智能、京东到家及海外事业部。京东致力于为消费者提供愉悦的在线购物体验。通过内容丰富、人性化的网站（http://www.jd.com）和移动客户端，京东以富有竞争力的价格，提供具有丰富品类及卓越品质的商品和服务，以快速可靠的方式送达消费者，并且提供灵活多样的支付方式。另外，京东还为第三方卖家提供在线销售平台和物流等一系列增值服务。京东提供丰富优质的商品，品类包括：计算机、手机及其他数码产品、家电、汽车配件、服装与鞋类、奢侈品（如手提包、手表与珠宝）、家居与家庭用品、化妆品与其他个人护理用品、食品与营养品、书籍、电子图书、音乐、电影与其他媒体产品、母婴用品与玩具、体育与健身器材以及虚拟商品（如国内机票、酒店预订等）。

京东拥有中国电商行业最大的仓储设施。截至2015年6月30日，京东在全国拥有7大物流中心，在全国44座城市运营166个大型仓库，拥有4142个配送站和自提点，覆盖全国2043个区县。京东专业的配送队伍能够为消费者提供一系列专业服务，如211限时达、次日达、夜间配和3小时极速达、GIS包裹实时追踪、售后100分、快速退换货以及家电上门安装等服务，保障用户享受到卓越、全面的物流配送和完整的"端对端"购物体验。

京东从进军电子商务领域以来，经历了以下几个阶段：

第一阶段：进军行业，搭建数码购物平台。2004年京东正式进军电子商务领域，以销售电脑产品和数码产品为基础，并逐渐扩展至其他3C类电子产品，到2008年，京东商城完成3C产品（即计算机、通信和消费电子的结合，亦称"信息家电"）全线搭建，成为名副其实的3C垂直型B2C网购平台。2008年6月，京东商城营业额突破1亿元，成为中国B2C网上零售行业单月销售冠军。

第二阶段：资本运营，多元化经营拓展。2009年1月，京东获得今日资本、雄牛资本以及亚洲著名投资银行家梁伯韬先生共计2100万美元的联合注资，成为2008年金融危机爆发后第一个获融资的中国电子商务企业。与此同时，京东商城也进入了从3C垂直型网络零售商向综合型网络零售商发展的转型阶段。产品类型从3C产品迅速扩展到家电、图书、母婴产品、机票、酒店预订、汽车、房地产等，营业额一路攀升，由2004年的1000万元，到2007年的3.6亿元，再到2009年的40亿元，2010年的100亿元，2012年其营业额已达到600亿元。京东商城在保持其在自营B2C市场的巨大优势基础上，由原来的3C垂直型网络销售平台顺利转变成综合型网络零售商，成为中国B2C市场上第二大网络零售平台。

第三阶段：挂牌上市，积极开展新型业务。2014年1月30日，京东商城向美国证券交易委员会递交招股说明书，正式启动了首次公开募股进程。5月22日，京东在纳斯达克挂牌上市，发行价19美元，成功募集到17.8亿美元资金。上市后，京东市值超过300亿美元，在中概股中排名第二。刘强东指出，未来京东的增速来自3个方面：一是3~6线城市渠道下沉；二是移动端购物的增长；三是新兴业务，诸如海外项目、金融、物流平台开放、生鲜等。

京东是一家技术驱动的公司，从成立伊始就投入巨资开发完善可靠、能够不断升级、以电商应用服务为核心的自有技术平台。截至2014年12月31日，京东总资产为664.93亿人民币，股东权益为374.98亿人民币，股数为2419668247股，其股权结构如表2-3-1所示。全年实现主营业务收入1150.02亿人民币，净亏损为49.96亿元人民币，每股盈余为-5.35元人民币。2014年12月31日收盘价为23.14美元，市盈率为-4.3。

表2-3-1 京东股权结构

|  | 持股数（股） | 持股比例（%） |
| --- | --- | --- |
| 主要和限售股东 |  |  |
| 最大智能公司 | 449444989 | 16.2 |
| 腾讯 | 498850435 | 18.0 |
| 老虎环球基金 | 420549298 | 15.2 |
| 高瓴资本 | 304843330 | 11.0 |
| 今日资本 | 178937180 | 6.5 |
| 财富控股有限公司 | 87719702 | 3.2 |

## （二）公司战略

京东商城主要有三种经营策略：第一，成本优先战略：在电子商务时代京东商城要做的就是，打造一个诚信、共赢、繁荣的网络零售生态系统，将更多的品牌商、供货商聚合到京东商城的平台之上，借助于京东商城锻造的高效率、低成本、供应链，开放信息、物流、财务系统，实现产业链各方的共赢，这正是京东实施最新战略的目的所在。第二，市场渗透策略：京东商城从2004年进入电子商务领域以来，一直致力于仓储、物流、售后服务体系等基础的建设和升级扩张，为消费者提供了良好的网络购物体验。第三，差异化战略：告别重销售、轻品牌的时代，发展更多用户，提高知名度全品类，京东商城不断丰富自己的产品种类，力求把更多的白领和中高端消费人群聚集在自己身边。

2014年京东CEO刘强东表示主要有以下五大发展重点：第一，技术层面，更加重视移动互联网和大数据，鼓励内部技术创新，并完善研发创新机制。第二，金融方面，京东金融集团目前是独立于公司的，实现了人财物的独立。第三，O2O方面，整合线下的库存资源，例如将一些便利店变为京东的线下库存。第四，渠道方面，2013年，京东将重点向三四线以下城市拓展。第五，国际化方面，京东将在国际上有进一步动作。

由于具备绝对优势，京东商城应选择稳定扩张战略，在扩张过程中要注意保证内部能力与外部市场机会匹配，不盲目扩张，适当放弃部分市场机会，如低毛利产品，成本费用高的客户等。具体来说要实现扩张应从以下几个方面入手：

第一，地理扩张：从北京扩展到北上广等一线城市，随着电子商务配套能力（网民消费习惯、安全支付能力、物流配送能力、互联网诚信环境）跟进，进而拓展到全国主要城市。

第二，业务单元调整：从单一3C业务到图书、服装、日化、食品等，由单一的3C产品转向毛利率更高的日用百货市场网上直销，转型为综合类的B2C。

第三，竞争战略选择——低成本战略：通过技术平台整合，实现领先的低成本战略，从而实现规模扩张；通过增强服务意识，提升服务水平，最大限度提升客户消费体验，从而提高客户重复购买率。京东商城3C产品能一直保持低价，一方面是因为直接跟3C厂商合作，省去了当中众多的环节；另一方面是产品运转的周期短。3C产品价格变化很快，因此其销售关键就在于库存周转。据了解，目前京东商城的库存周转率为12.6天，而传统卖场却是30天。当然，要实现"超低的价格"，合理控制毛利润是必不可少的。

第四，纵向一体化：从单一网上零售到仓储、零售，物流配送全方位运营，通过平台整合，价值链控制，打通整个产业链条，实现供应商—仓储—网购平台—物流配送—消费者无缝对接。

### （三）资本运营

2014年5月，京东上市，成为中国第四大互联网公司，与互联网巨头BAT（百度、阿里巴巴、腾讯）并称BJAT。互联网圈日新月异，暴富和倒闭的现象矛盾地共存。虽说，京东表面无比光鲜，但是要想与BAT比肩，京东还有很多路要走。

从移动社交、智能硬件到O2O、互联网金融，每一个新兴热门领域最终都逃不过互联网巨头的目光。而京东，基于互联网也进行了很多投资（如表2-3-2所示），这些投资主要分为三个阶段。

表 2-3-2　2010~2014年京东商城并购/投资企业列表

| 并购时间 | 并购/投资方 | 被并购/被投资方 | 融资金额 | 所占股权（%） |
| --- | --- | --- | --- | --- |
| 2010-03-11 | 京东商城 | 千寻网络 | 400万~500万美元 | 100.00 |
| 2012-01-11 | 京东商城 | 迷你挑网 | — | 100.00 |
| 2012-10-29 | 京东商城 | 网银在线 | 1500万美元 | 100.00 |
| 2013-07-02 | 京东商城 晨兴创投 | 到家美食会 | — | — |
| 2013-12-26 | 京东商城 奇虎360 | 古北 BroadLink | 1000万美元 | 100.00 |
| 2014-01-23 | 京东商城 | 今夜酒店特价 | 1000万美元 | 100.00 |
| 2014-06-14 | 京东商城 腾讯 | 缤刻普锐 PICOOC | 2100万美元 | 100.00 |

续表

| 并购时间 | 并购/投资方 | 被并购/被投资方 | 融资金额 | 所占股权（%） |
|---|---|---|---|---|
| 2014-09-17 | 京东商城 麦格理 | 到家美食会 | 5000万美元 | — |

资料来源：清科私募通。

1. 第一阶段（2010~2012年）：寻多元化电商入口，三大项目两个"败局"

2010年3月，京东首次出手收购千寻网。京东收购千寻网是为了向日用百货类商品市场全面进军，目的很明确，扩大经营范围，拓展多元化电商入口。虽然最初都是奔着美好的发展前程而结合的，但是最终结局却未必尽如人意。2012年7月，京东正式关闭二次重开的千寻网，域名也跳转到新被京东收购的迷你挑网站。至于千寻网最终被关停的原因，京东至今讳莫如深，尚未对外披露。千寻网原隶属于全球500强的韩国SK电讯集团，是以服装、鞋帽等时尚商品为主的B2C电商网站，由于某些原因不再继续投资，因而千寻网投入了新东家京东的怀抱。不过，被收购后的千寻网命运还是一波三折，经历了关闭—重开—关闭的波折，最终还是落了一个被彻底关闭的惨淡结局。

2012年1月，京东正式收购迷你挑商城。迷你挑商城2011年6月成立于上海，定位是中高端时尚人群，销售日韩流行前沿时尚精品。收购完成后，京东高层基于国际化战略布局的考虑，决定将迷你挑独立出来运营，打造京东日韩馆。京东收购迷你挑，更多的是看上其运营团队及在日本的买手资源，当然这一举动也意味着京东百货类商品的扩张在提速。据悉，2013年，迷你挑实现了约3.5亿元的交易额，同比增长率超过500%，子公司净利润超过1500万元。然而命运多舛的迷你挑也没有得到圆满的结局，在2014年5月，京东上市前夕，迷你挑创始人赖丹丹一纸诉状将京东告上法庭，指责"刘强东掏空迷你挑资产，被迫20元转让80%股份"，目前此案尚无最新进展。

2012年10月，京东为布局金融产业链，收购第三方支付牌照公司网银在线。网银在线成立于2003年，在2011年5月3日首批获准央行《支付业务许可证》；京东收购该公司后，于2013年12月获得了证监会颁发的基金销售支付结算牌照。目前，网银在线（网银钱包是支付工具）、供应链金融（京保贝）、消费金融（京东白条）、平台业务（小金库），是京东金融的四大部分。京东收购网银在线等于打开了金融产业链之门，不仅利于京东进行平台与物流、采购、第三方商户、买家之间的现金流转，缓解资金压力，还能通过向中小商户提供小额贷款等介入金融领域。网银在线是京东布局在线支付的标志性举措，也是京东金融的敲门砖，目前在京东的战略中占到举足轻重的发展地位，是京东早期最成功的收购案例。

2. 第二阶段（2013~2014年）：牛刀小试锋芒，低调布局智能硬件与O2O

2013年7月，京东首次投资到家美食会，2014年9月，京东再次追加投资，与麦格理共同投资到家美食会5000万美元。到家美食会成立于2010年4月，不同于轻模式的外卖平台，到家美食会选择自建线下配送团队。用户通过网站、APP或客服中心订餐后，由到家美食会完成给餐厅下单、到餐厅取餐及送餐到用户手中的服务。目前，已开通北京、上海、杭州等8个城市的服务，拥有将近100万用户。合作餐饮商户有数千家，线下配送团队超过1000人。对到家美食会的两轮投资，足以证明京东开始着手布局O2O，充分重视本地生活服务的重要性。在构建O2O生态上，京东官方称，将以更加开放的态度，立足自建的物流配送体系，结合移动互联网，辅以社区性和及时性物流等手段，在包括餐饮、出行等在内的多个细分领域寻求各种形式的深度合作机会。这就意味着，未来京东还将在O2O领域有更多布局。2013年12月，京东投资杭州古北电子科技有限公司（BroadLink）。BroadLink成立于2013年，是一家集硬件软件的研发、生产、销售、服务于一体的高科技企业。手机下载一个APP软件，可以通过手机来远程控制家里的插座的通电、断电；智能遥控器通可以用手机控制家里的电器，可以远程遥控家里的空调等。古北是京东和奇虎360共同出资收购的智能硬件项目，是京东进入硬件创投和孵化的开局。

2014年1月，京东收购今夜酒店特价。今夜酒店特价本身估值不高，还采用的是现金+股票形式。今夜酒店特价是天海路网络信息科技有限公司开发的一款手机酒店预订应用，于2011年9月正式推出。用户使用这款产品预定每晚6点后当天酒店剩房，只需要付白天网络预订价格的五折左右的费用，该应用一经推出，一度排在苹果免费应用榜前列，受到资本界及媒体界的广泛关注。2011年10月底，今夜酒店特价成功获得首轮融资超400万美元。收购完成后，今夜酒店特价继续保持独立运营，由公司高层向京东方面汇报工作。京东在2012年初上线新的酒店预订服务，并以此进入在线旅游领域；随后开通旅行频道，并陆续推出机票、出租车、度假、景点等多项在线旅游服务。业内分析人士认为，京东选择收购今夜酒店特价，是为了进一步完善O2O业务布局，并扩大其在在线旅游领域的市场份额。

3. 第三阶段（2014年6月至今）：上市后估值上升，与阿里巴巴、腾讯一决高下

2014年6月，京东、腾讯联合投资缤刻普锐（PICOOC）2100万美元。缤刻普锐（PICOOC），成立于2013年7月，是一家移动智能外设产品和应用开发商，提供穿戴式设备和医疗健康服务等，产品有Latin健康测量仪等。在2013年8月获得薛蛮子等百万元天使投资，2014年1月获得戈壁创投400万美元Pre-A投资，6月获得京东和腾讯的B轮投资。

作为风投的京东，本次投资算是在移动和智能硬件领域第二笔，相隔时间不过5个月，由此可见京东非常重视移动和智能硬件领域的发展，这也算是其成就"生活解决方案提供商"的布局之一，在一步步占领阵地，从而在与BAT的竞争角力中寻找更多突破点。与BAT动辄上亿元的投资并购相比，京东的投资并购金额微不足道，作为风投的角色也更像是玩票性质，投入不大，即使失败也难动根基。但是仔细分析京东的投资并购路线，从最初的多元化电商入口布局，到有目的的布局金融产业链，高调搅局O2O和移动智能硬件领域，每一步都是有的放矢，完全是围绕京东本身的业务线在查漏补缺，最终也都差不多达到了京东预想的目标。未来，在移动社交、互联网金融、智能硬件、O2O等资本市场热门追逐的领域，京东是频繁出手与BAT激烈竞争过招，还是继续谨慎、稳扎稳打的保守推进路线，还有待观察。因为京东上市后虽然资金充裕，但也不能随意投资，不管是把"亚洲一号"上海物流中心建好，还是多在农村刷墙抢市场，都需要大量的资金。京东作为中国互联网领域的新生主力军，未来可施展的空间与用武之地还无限广阔。

互联网企业进行收购，常见的三个驱动因素是：业务驱动、投资方驱动、IPO驱动。如上文分析的，京东此次投资收购今夜酒店特价，IPO

驱动的成分更大。过去的一年多，京东有代表性的投资收购案例还包括：收购网银在线（支付）和投资到家美食会（O2O）。相比今夜酒店特价，网银在线属于典型的业务驱动，谋的是长远布局和发展；至于到家美食会，虽然O2O的概念和想象空间不错，但盘子毕竟太小，多少有些投资方驱动的因素在里面。

从IPO驱动投资收购的角度看，京东还有可能在其IPO标签上加上本地生活服务、数字出版、精准广告营销等。过去的一年，美国资本市场本地生活服务企业（如Yelp、Groupon）股价涨势非常不错，而数字出版（加终端）是继续拉近和亚马逊距离的有用概念，而前面京东和MediaV的绯闻则和精准广告营销有关，对应的也是2013年以来亚马逊发力广告业务。

从业务驱动的角度看，京东公布的2014年五大战略都是谋求长远发展，京东有可能通过投资收购去加速推进：在国际化方面，京东上市后通过收购新兴国家的电商网站打入当地市场的可能性较大；O2O方面，和唐久的合作是试水，未来不排除京东投资入股线下便利店的可能；渠道下沉、技术和金融领域，适合京东的投资收购对象很少，自主投资的机会更大。

### （四）商业模式

京东商城自创立伊始，一直专注于发展其互联网直销业务，并一直努力打造自己的基础设施建设，其中包括最后1公里的交付能力等，并同时利用京东自身的专利技术平台来支持其业务。由于京东商城互联网直销业务规模增长迅速，京东推出了在线市场，以此来补充扩大其产品品类，利用其打造的基础设施和技术平台，确保卓越完美的用户体验。京东商城凭借其互联网直销业务、B2C平台业务以及全国范围的基础设施与技术平台的结合，成为了在中国互联网零售市场领域中用户体验最好的电子商务企业。

京东商城凭借其业务规模的迅速发展，也开始涉入其他领域来提供服务，以此来补充其核心业务，创造显著价值。京东商城致力于建立合作伙伴，其中包括供应商以及第三方零售商，通过与合作伙伴的精心合作，打造更好的业务并提升消费者的用户体验。

1. 主要业务

（1）互联网零售业务。京东商城的互联网直销业务是从2004年开始的，最开始出售的是各种类型的电脑，2007年开始引进手机以及其他移动数码产品。2008年，京东商城开始加大扩张的速度，大步流星地扩大产品组合，开始出售各类家电以及一般商品。2009年，京东商城开始上线衣服、鞋帽、化妆品等个人用品，同时上线的还有食品、营养品和各类书籍报刊。音乐、电影及其他媒体类产品是在2011年开始提供的，电子书从2012年开始，数字音乐从2013年开始。截至2013年12月31日，京东商城的网上直销业务提供了大约220万个SKU。

（2）互联网平台业务。京东商城的B2C平台为第三方卖家提供网上交易市场及客户，这是京东商城的平台业务。京东商城是在2010年10月开始开放B2C平台，允许第三方商家入驻经营的，截至2013年12月31日，京东商城B2C平台第三方卖家达到了23500家，并且为互联网消费者提供了大约2350万个SKU。B2C平台的商品交易总额，2011年为166亿元，而发展到2012年已经达到了290亿元。京东商城为所有的B2C平台卖家提供在线服务平台，包括订单交易处理等服务，京东还利用自己在全国建立的基础物流系统，为第三方卖家提供增值型的服务，比如仓储和配送的组合服务等。京东商城对第三方卖家的可靠性要求很高，对其出售的产品也进行严格把控，目的是为互联网用户提供物美价廉的优质产品及良好的购物体验。

（3）其他业务。京东商城的规模不断发展，使其具备提供更多更好服务的基础条件，可以为京东的商业合作伙伴创造更多的价值，并把这些价值最终传递到消费者身上。京东为第三方卖家在平台交易市场上履行的服务提供额外的增值服务，这里面包括第三方卖家所选择的所有交付方式或仓储和配送服务的组合。京东还开始提供各种各样丰富多彩的在线广告业务。另外，京东近期开始涉入互联网金融业务，开发了一系列的金融产品，目前京东已经开始向其供应商提供金融服务，即京东拿出自有资金建立资金池，根据京东供应商的合作数据并结合其申请的融资额度，为供应商提供融资。截至2014年，京东面向企业客户的融资理财服务对京东生态圈之外开放。另外，由于京东收购了网银在线，京东已经推出独立的在线支付产品及服务。

2. 利润来源

（1）直接销售收入。京东商城的直接利润来源为赚取采购价和销售价之间的差价。京东产品价格比线下零售店便宜10%~20%；库存周转率为12.6天，与供货商现货现结，费用率比国美、苏宁低7%，毛利率维持在5%左右，向产业链上的供货商、终端客户提供更多价值。2011年，京东此项收入为211亿元人民币。

（2）开放平台商家。此项收入包括年费、技术服务费、仓储运输费。京东商城的开放平台在2010年12月上线，2011年，京东商城开放平台基本上保持200%~300%的增速，收入为57亿元人民币。2012年的主要建设方向为团购、虚拟产品、服装、鞋帽，以及对并购垂直B2C网站的整合。

（3）广告费。2010年京东广告收入达到了1000万元，2011年实现5000万元左右的收入，2015年广告平台收入达到5亿~7亿元。

3. 产业定位

产业定位是企业在产业链中的位置和充当的角色。京东商城将自己定位为零售业态的网上销售，处于产业链的末端销售环节，其模式的商业逻辑与传统零售业同出一源，通过销售服务，获得进销差额和供应商的返点。

4. 核心流程

商务模式中的核心流程包括企业的生产和管理流程。作为商业企业，京东商城的运作流程包括购入、销售、配送、支付等环节。首先，购入环节：厂商不需要交纳进场费、装修费、促销费、过节费。免去各种费用之后，京东销售利润率比通过传统渠道销售的要高很多。此外，京东给厂商的返款周期为20天。其次，销售环节：纯电子商务企业，无实体店相依托，全面实施网上销售，承诺在运输"保价费"上永久免费，运输过程的风险一律由京东承担，实施"售后100分"服务。再次，配送环节：京东在华北、华东、华南、西南建立的四大物流中心覆盖了全国各大城市。在天津、苏州等40余座重点城市建立了城市配送站，实施了"211限时达"服务承诺。配送方式包括上门自提、快递运输、E邮宝等。最后，支付环节：支付方式包括公司转账、货到付款、邮局付款、在线支付、分期付款等。

京东商城初步形成了保证系统正常运行的规章制度、人员和信息系统等结构体系，它能对系统的运行进行跟踪监测、反馈控制、预测和决策。

京东商城的优势主要表现在以下几方面。

（1）较为完善的技术支持。京东运营中枢通过ERP系统可以掌握每款产品的详细信息，如入库时间、采购员信息、供应商信息、进价、质保期、货架位置、客户的详细信息等。客户在购物时可以随时查询到所订购商品的具体状态。网页信息更新技术采用中间件的方式，从而避免了缓存，使客户能及时得到新的信息。通过信息管理系统，可以预测到将来15天之内每天的销量。

（2）更为低廉的产品价格。京东的产品价格低，通常比市场价低10%，有些产品的价格会便宜到30%。彩电比苏宁和国美连锁店通常要便宜10%~20%，一些高端的国外品牌彩电会便宜到1万元。

（3）相对快捷的物流服务。京东在华北、华东、华南、西南建立的四大物流中心覆盖了全国各大城市。2009年3月，京东商城成立了自有快递公司，物流配送速度、服务质量得以全面提升。

（4）较为周全的在线服务。京东商城在为顾客提供正品行货、机打发票、售后服务的同时，还推出了"价格保护"、"延保服务"等举措，最大限度地解决顾客的后顾之忧，保护顾客的利益。

京东商城的电子商务模式是对初期亚马逊模式的模仿，并根据国内实际进行了创新，属于改变收入模式的一种创新。刘强东从宏观层面抓住了电子商务行业发展的机遇，准确定义了网上销售3C家电的用户需求，深刻解读了用户购买家电产品需要完成的任务或要实现的目标，即顾客看重的不是销售渠道，而是更低的价格、相应的质量保证。基于此用户价值定义，京东为顾客提供了一整套网上销售的解决方案。

相对于亚马逊的初期网上图书卖场的定位，京东成功将大额商品的销售很好地推广到网上，并取得了不俗的业绩。尤其是利用国美家电、苏宁电器的实体店面作为自己的"体验店"，充分解决了顾客的信任问题，是一种非常高明的商业策略，同样的商品，超低的价格，极大地吸引顾客购买，迅速扩大了市场占有率。

### （五）市场概况

2015年8月7日，京东集团发布2015财年第二季度业绩。截至2015年6月30日，京东第二季度交易总额（GMV）达到1145亿元，同比大增82%，净收入则达到459亿元，同比增长61%。活跃用户数和履约订单量分别达到1.18亿人和3.056亿单。按照国家统计局公布的2015年上半年全国网上零售额同比增长39.1%计算，京东的交易总额依旧保持着两倍于行业平均增速的增长速度，持续演绎着大体量、高增长的发展态势。

1. 总体情况，业绩表现再创新高

2015年8月7日，京东集团发布2015财年第二季度业绩，也是自2014年5月上市以来的第五份季度财报，业绩表现再次超出市场预期。回

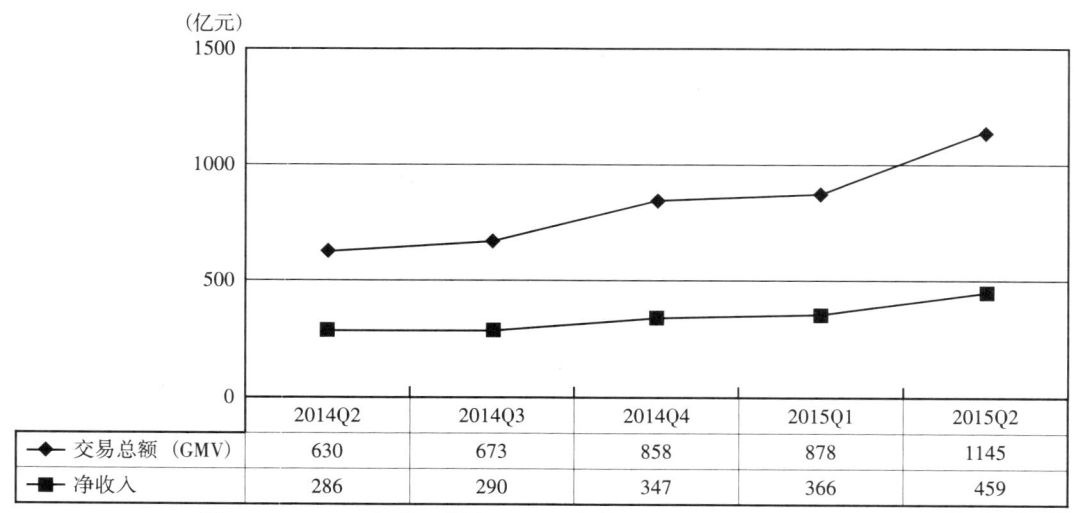

图2-3-1　2014年第二季度至2015年第二季度交易总额和净收入

顾上市之后的五个季度，京东每个季度的交易总额同比增幅均保持在80%以上的高位，而净收入的同比增长幅度始终保持在61%至73%之间。这种连续、高速、稳定的成长特性完美诠释了"华尔街学霸"的勇猛精进态势。

2015年第二季度完成订单量为3.056亿单，与2014年第二季度1.637亿单相比，同比增长87%。2015年第二季度通过移动端渠道完成订单量约占总完成订单量的47%，同比增长约290%。

2015年第二季度，京东商城的交易额同比增长高达92%，更潮、更酷、更国际化的品牌特质、"正品行货的"价值理念受到越来越多追求高品质生活的网购用户的喜爱和信任。在2015年的6·18大促中，全行业参与、全民狂欢的"众乐乐"网购热潮席卷市场，丰富、优质、价低的商品以及炫酷的营销攻势带动京东商城6·18下单量突破1500万单，订单量同比增加超过100%。

2. 品牌入驻，打造高端购物社区

随着品牌影响力和行业地位的不断提升，以及国内外商家对京东保护知识产权态度的高度认可，GAP、HUGO BOSS、丝芙兰等国际大品牌纷纷入驻京东商城，充分满足了京东用户对高端品牌商品的巨大需求。同时，随着中国消费者对进口商品需求的爆发式增长以及国家一系列支持跨境电商政策的逐步落地，京东全球购业务进展迅猛，"日本馆"、"澳洲馆"、"美国馆"、"法国馆"、"韩国馆"均已陆续开通，未来还将继续开通更多国家馆。农村电商是京东渠道下沉和生鲜战略的重要组成部分，目前，京东已经建立了近300个"县级服务中心"和800多家"京东帮服务店"，覆盖近4万个乡镇和超过26万个行政村。

3. 业务拓展，积极布局互联网生态圈

京东集团在新业务方面不断突破创新，继续围绕金融、智能、O2O进行积极布局和深入发展，并取得了阶段性的成果。

（1）涉足金融领域。京东金融已经形成众筹、消费金融、财富管理、供应链金融、支付、保险与证券七大业务板块，其中，截至2015年6月30日，京东众筹项目筹资成功率已超90%，筹资人民币百万元级项目超100个。

（2）开启智能生活。京东智能则在智能生态链布局的基础上，形成了互联互通、智能云和大数据、整合营销、供应链、投资孵化、工业设计和UI六大能力，2015年1~6月，在京东购买智能产品的用户环比增长为84%。京东到家从最开始的商超服务，到现在已经涵盖了生鲜、美食、外卖、鲜花蛋糕、健康、家政洗衣、按摩、美业共八大领域，正在努力实现"万种商品，即刻到达"的目标。

（3）建立O2O生态圈。秉持"让生活变得简单快乐"的使命，京东逐步加强以电商为核心的生态圈建设，对已有核心电商业务模式进行有效补充。2015年上半年以来，京东通过投资并购强势进入汽车电商、旅游、外卖、生鲜、医药等领域，并与合作伙伴展开从商品品类到物流服务的深入合作，不仅更加全面地满足京东海量、优质用户的多元化需求，而且迅速进入高潜力垂直领域市场，为公司长远发展进行战略布局。

对于京东连续、高速、稳定的高成长特性，资本市场也给予了积极回应。自2014年5月上市之后，京东股价上涨了约60%，京东市值亦随之不断攀升并在2015年6月8日突破500亿美元。2015年7月24日，纳斯达克证券交易所宣布，由于京东的高度成长性，正式将京东纳入纳斯达克100指数和纳斯达克100平均加权指数成份股。

## （六）经营和财务绩效

表 2-3-3　京东 2013~2014 年度经营与财务业绩比较

单位：百万元

| 年份 | 2014 | 2013 |
|---|---|---|
| 收入 | 115002 | 69340 |
| 总资产 | 66493 | 26010 |
| 净利润 | -4996 | -50 |
| 净利润率（%） | -4.34 | -0.07 |
| 总资产报酬率（ROA）(%) | -7.51 | -0.19 |
| 净资产报酬率（ROE）(%) | -13.32 | -2.41 |
| 资本性支出（CAPEX） | 2902 | 1292 |
| CAPEX 占收比（%） | 2.52 | 1.86 |
| 经营活动净现金流 | 1015 | 3570 |
| 每股经营活动净现金流（元/股） | 0.42 | 2.11 |
| 自由现金流（FCF） | -1887 | 2278 |
| 自由现金流占收比（%） | -1.64 | 3.29 |
| 每股盈利（EPS）（元/股） | -5.35 | -1.47 |
| 每股股利（DPS）（元/股） | 0 | 0 |
| 股利支付率（%） | 0.00 | 0.00 |
| 主营业务收入增长率（%） | 65.85 | 67.57 |
| 总资产增长率（%） | 155.65 | — |
| 净利润增长率（%） | -9912.94 | 97.11 |
| 经营活动现金流增长率（%） | -71.57 | 154.32 |
| 资产负债率（%） | 43.61 | 64.48 |
| 流动比率 | 172.24 | 134.05 |
| 总资产周转率（次） | 1.73 | 2.67 |
| 股息 | 0 | 0 |
| 内部融资额 | -3346 | 243 |
| 研发支出 | 1836 | 964 |
| 研发支出占收比（%） | 1.60 | 1.39 |

表 2-3-4　京东轻资产运营特征一览表

单位：%

| 序号 | 项目 | 2014 年 | 2013 年 |
|---|---|---|---|
| 1 | 现金类资产比重 | 45.26 | 49.03 |
| 2 | 应收账款比重 | 3.66 | 1.93 |
| 3 | 存货比重 | 18.33 | 24.55 |
| 4 | 流动资产比重 | 75.11 | 86.43 |
| 5 | 固定资产比重 | 3.62 | 3.94 |
| 6 | 流动负债比重 | 43.61 | 64.48 |
| 7 | 应付账款比重 | 24.61 | 42.36 |
| 8 | 无息负债比重 | 20.95 | 40.43 |
| 9 | 有息负债比重 | 2.84 | 3.59 |
| 10 | 留存收益比重 | 0.02 | 0.01 |
| 11 | 营运资金（百万元） | 20947 | 5710 |

续表

| 序号 | 项目 | 2014 年 | 2013 年 |
|---|---|---|---|
| 12 | 现金股利（百万元） | 0 | 0 |
| 13 | 内源融资（百万元） | -3346 | 243 |
| 14 | 资本性支出（百万元） | 2902 | 1292 |
| 15 | 现金储备（百万元） | 30097 | 12752 |
| 16 | 自由现金流（百万元） | -1887 | 2278 |

### （七）内控与风险管理

#### 1. 内部控制

截至 2013 年 12 月 31 日，有关合并财务报表的审计，京东和京东独立注册的会计师事务所在京东对财务报告内部控制报告上发现了一个重大问题。美国公众公司会计监督委员会所确立的标准中定义的"重大缺陷"是一个缺陷或组合的不足之处，在内部控制财务报告中出现这样的问题有一定可能性不能够预防或及时地检测到年度或临时财务报表重大错误。京东缺乏足够的财务报告和会计人员。京东将按照美国公认会计准则和美国证券交易委员会报告要求，妥善处理美国公认会计准则会计问题，编写并审查京东的合并的财务报表和相关信息披露的适当的知识以满足美国公认会计准则和美国证券交易委员会的财务报告要求。

京东推行了不少措施，以解决截至 2013 年 12 月 31 日的合并财务报表审计有关财产物资的弱点。京东聘用了大量了解美国公认会计原则及具备编写美国证券交易委员会报告经验的包括京东新的首席财务官及额外的财务和会计工作人员。京东已拨出额外资源，包括雇用了解相关美国公认会计原则和具有编写 SEC 报告经验的工作人员，以提高财政监督职能，根据美国公认会计准则和美国证券交易委员会的报告要求引入正式的商业绩效审查过程中，编写和审查综合金融语句和相关信息披露。京东正在建立一个项目，以向京东的会计人员提供适当培训，特别是培训有关美国公认会计准则和美国证券交易委员会的报告要求。京东也一直不断努力，进一步加强京东内部审计功能，提高京东监测美国公认会计准则的会计和报告事项。

截至 2014 年 12 月 31 日，基于由京东管理上的上述性能评估提到的补救措施，京东确定先前发现的在京东对财务报告内部控制的重大缺陷已得到补救。

自从京东首次公开募股，京东已符合 2002 年《萨班斯—奥克斯利法案》。此外，从同一时间开始，京东独立注册的会计师事务所必须报告京东对财务报告内部控制的有效性。京东已经进行了京东对财务报告的内部控制的正式评估，或者由京东独立注册的公共会计公司，执行京东对财务报告内部控制审计，额外的内部控制缺陷已经可以确定。如果京东不能进行和保持一个有效的财务报告内部控制制度，京东可能无法准确地报告京东的财务报告或防止欺诈行为。

#### 2. 风险管理

（1）利率风险。京东面临的利率风险主要是由过剩的现金产生的利息收入，这些收入主要是由银行存款产生的。京东不在其投资组合使用衍生金融工具。利息收入工具具有一定的利率风险。京东没有接触过，也未预期到可能会由于市场利率的变化导致重大风险。然而，京东未来的利息收入可能低于预期市场利率的变化。

（2）外汇风险。所有京东的收入和大多数开支都是以人民币计价的。京东认为，目前京东没有任何重大的直接外汇风险，并且没有使用任何衍生金融工具对冲风险。虽然在一般情况下京东面临的外汇风险应该非常有限，但是，客户投资的ADSs的价值会受到美元与人民币之间汇率的变动影响，因为京东业务的价值以人民币计价，而京东的ADSs将以美元交易。

人民币转换成外国货币，包括美元，基于中国人民银行的兑换率。2005年7月至2008年7月，中国政府允许人民币在与美元兑换时升值20%以上。2008年7月至2010年6月，这个升值幅度被停止，人民币与美元汇率保持在一个狭窄的区间内。后来，自2010年6月，人民币再次开始升值，虽然有一些时期，它在兑换美元时失去了价值，就像在2014年时的那样。京东很难预测未来市场的力量或中国或美国政府的政策可能对未来的人民币和美元之间的汇率造成的影响。

当需要将美元换成人民币时，人民币对美元汇率升值将会对京东产生不利影响。相反，如果京东决定把人民币兑换成美元以支付普通股份、ADSs股息或用于其他商业目的，美元兑人民币升值会造成负面的影响。

（3）通货膨胀。近几年，中国的通货膨胀不会影响公司的运行。国家统计局的数字显示，中国消费者价格指数在2012年12月、2013年和2014年年百分比变化分别为2.5%、2.5%和1.5%的升幅。虽然在过去，京东不受通货膨胀的影响，但如果中国未来通胀率过高的话，也可能在未来使公司受到影响。

（4）开展消费金融的风险。

1) 监管风险。2013年11月14日，银监会公布修订版《消费金融公司试点管理办法》（于2014年1月1日生效），准予非金融企业作为主要出资人参与这个领域。但是京东白条、天猫分期付款、百发有戏背后公司均为互联网企业，而目前互联网金融相关监管迟迟未落地；监管上没有清晰的界定，这也是三者没有取得相关资质依旧能够运营的一个重要原因。

京东白条与天猫分期模式上类似于虚拟信用卡，2015年3月，央行发文暂停虚拟信用卡，的确向市场发出了一个整顿信号，但是暂停并不是叫停。就如此前央行暂停二维码支付，但是目前二维码支付企业层出不穷。

2) 信用风险。中国信用环境尚处于落后阶段，个人贷款违约风险较大；电商公司以消费金融形式开展个人授信未进入央行征信系统，个人信用体系建设也不是短期可以实现的，难以保证用户出现恶意违约，出现信用危机；对于价格为王的网购市场，用户忠诚度难以通过单个平台的大数据分析而得，坏账控制能力将是电商展开消费金融的重要关键。

3) 产品风险。数据显示，目前国内银行发放的贷款中，有82%都是贷给企业，只有18%是贷给个人消费，而这18%中又有15%是房贷，真正利用消费金融工具来进行日常消费的比例只有3%。

美国人喜欢没钱借钱消费，而在中国大部分人拼命攒钱却不敢消费，中国人的消费观决定了提前消费的观念接受度低，信用卡的日益普及在一定程度上让消费者认识到超前消费，但在实际使用上中国人的固守成规与被动性使消费金融发展道路尚漫长。

4) 法律风险。互联网企业提供的消费金融是无须抵押和担保的，虽然目前用户量有限，不至于产生大规模的违约情况，但是当消费金融的摊子做大后，违约情况必然随之上升。而且由于用户群体大、个体金额不大，会导致追讨欠款成本高。

## （八）前景展望

2015年10月20日，京东云在京发布"互联网+"战略，为传统企业的互联网转型提供了契机。京东云平台基于电商云、数据云、基础云资源，向广泛的传统领域提供完整的"互联网+"解决方案。

京东电商云是京东云在国家"互联网+"大战略背景下，针对各产业存在的问题提出的一整套融合了B2B、B2C、O2O模式在内的云解决方案，是京东12年电商经验的结晶。为了更快速高效地帮助传统企业解决问题，京东电商云还建立了规划、建设和运营三步走的解决方案，这个方案有望在一年内提供一整套完整的互联网化解决方案。

基于大数据技术，京东数据云可以为传统企业提供可直接应用于业务中的、端到端的数据分析服务。不管是政务、医疗、教育、电信还是金融，都可以从销售信息、用户行为、供应链效率、客户满意度和财务数据上进行数据采集、挖掘以及可视化分析，能够为用户提供京东级数据分析服务能力，一站式满足企业数据分析的诉求。

京东基础云由私有云和公有云两部分组成。京东私有云已经成为了支撑京东信息系统稳定运行的重要基石。云存储系统稳定支持了主站商品图片、订单、物流等200多个系统的运行，京东私有云可以实现对流控、CPU、I/O等资源细粒度的精准控制和自动伸缩。京东公有云服务中的云主机服务、对象存储服务（云存储）通过了我国唯一针对云服务可信性的权威认证体系，最终获得了可信云年度电商云服务奖。

据了解，未来京东将从全产业链能力输出、结成深度合作关系纽带、共享云计算大数据技术、发展互联网企业生态四个方面，全面帮助中国企业实现"互联网+"的升级。

## 附件一：京东财务报告（2014年）

1. 合并资产负债表

单位：千元

| 年份 | 2013 | 2014 | |
|---|---|---|---|
| 资产 | | | |
| 流动资产 | | | |
| 现金和现金等价物 | 10812339 | 16914651 | 2726147 |
| 限制性现金 | 1887387 | 3038286 | 489683 |
| 短期投资 | 1903224 | 12161643 | 1960101 |
| 应收账款净额 | 502089 | 2436256 | 392653 |
| 预付账款 | 769765 | 930026 | 149893 |
| 存货净额 | 6386155 | 12190843 | 1964807 |
| 贷款及应收款项 | — | 123344 | 19879 |
| 预付款项和其他流动资产 | 219102 | 1734334 | 279526 |
| 关联方账户 | — | 412314 | 66453 |
| 流动资产总额 | 22480061 | 49941697 | 8049142 |
| 非流动资产 | | | |
| 股权投资 | 36502 | 586959 | 94601 |
| 证券投资 | — | 434118 | 69967 |
| 资产、设备和软件净额 | 1024428 | 2408438 | 388170 |
| 在建工程 | 1237644 | 1928899 | 310882 |

续表

| 年份 | 2013 | 2014 | |
|---|---|---|---|
| 无形资产净额 | 215802 | 6877947 | 1108524 |
| 土地使用权 | 598853 | 1067253 | 172010 |
| 商誉 | 14649 | 2622470 | 422665 |
| 其他非流动资产 | 401873 | 625391 | 100795 |
| 非流动资产总额 | 3529751 | 16551475 | 2667614 |
| 总资产 | 26009812 | 66493172 | 10716756 |
| 负债 | | | |
| 流动负债 | | | |
| 短期银行贷款 | 932826 | 1890771 | 304737 |
| 应付账款 | 11018865 | 16363671 | 2637345 |
| 顾客预付款 | 2055625 | 4666660 | 752129 |
| 递延收入 | 208527 | 157080 | 25317 |
| 应交税费 | 278256 | 236160 | 38062 |
| 关联账户 | — | 325119 | 52400 |
| 应计费用和其他流动负债 | 2269798 | 5311832 | 856113 |
| 递延应税义务 | 6087 | 43812 | 7061 |
| 流动负债总额 | 16769984 | 28995105 | 4673164 |
| 负债总额 | 16769984 | 28995105 | 4673164 |
| 承付款项与或有负债 | | | |
| 夹层资本 | | | |
| C轮可转换可赎回优先股 | 7173263 | | |
| 股东权益 | | | |
| A轮和A-1轮可转换可赎回优先股 | 255850 | | |
| B轮可转换优先股 | 88241 | | |
| 普通股 | 199 | 358 | 58 |
| 额外实收资本 | 6251869 | 47131172 | 7596166 |
| 留存收益 | 2648 | 15009 | 2419 |
| 库存股 | — | (4) | (1) |
| 累计赤字 | (4263624) | (9272343) | (1494430) |
| 累计其他综合损失 | (268618) | (376125) | (60620) |
| 权益总额 | 2066565 | 37498067 | 6043592 |
| 总负债及股东权益 | 26009812 | 66493172 | 10716756 |

### 2. 合并损益表

单位：千元

| 年份 | 2012 | 2013 | 2014 | |
|---|---|---|---|---|
| 净收入 | | | | |
| 在线直接销售 | 40334551 | 67017977 | 108549258 | 17494965 |
| 服务和其他 | 1045970 | 2321835 | 6453059 | 1040044 |
| 净收入总额 | 41380521 | 69339812 | 115002317 | 18535009 |
| 经营成本和费用 | | | | |
| 收入成本 | (37898387) | (62495538) | (101631443) | (16380015) |
| 物流成本 | (3061024) | (4108939) | (8067048) | (1300172) |

续表

| 年份 | 2012 | 2013 | 2014 | |
|---|---|---|---|---|
| 营销成本 | (1096765) | (1590171) | (4010280) | (646340) |
| 研发成本 | (636346) | (963653) | (1835919) | (295896) |
| 管理费用 | (639097) | (760338) | (5260064) | (847768) |
| 总经营成本和费用 | (43331619) | (69918639) | (120804754) | (19470191) |
| 运营亏损 | (1951098) | (578827) | (5802437) | (935182) |
| 其他收入（费用） | | | | |
| 利息收入 | 175751 | 343770 | 637641 | 102769 |
| 利息支出 | (8324) | (8437) | (28825) | (4646) |
| 其他收入净值 | 60325 | 193555 | 216587 | 34907 |
| 税前亏损 | (1723346) | (49939) | (4977034) | (802152) |
| 所得税（费用）/收益 | (6127) | 40 | (19324) | (3114) |
| 净亏损 | (1729473) | (49899) | (4996358) | (805266) |
| 优先股赎回价值增值 | (1587454) | (2435366) | (7957640) | (1282539) |
| 归属于股东所有者的净亏损 | (3316927) | (2485265) | (12953998) | (2087805) |
| 净亏损 | (1729473) | (49899) | (4996358) | (805266) |
| 其他综合损失 | | | | |
| 外汇折算差异 | (7546) | (137921) | (121612) | (19600) |
| 可供出售证券的未变现收益的变动净值 | | | | |
| 未变现收益或零税 | — | 96501 | 71286 | 11489 |
| 包括可供出售证券和零税的收入分类调整 | — | (73277) | (57181) | (9216) |
| 可供出售证券的未变现收益的净值 | — | 23224 | 14105 | 2273 |
| 其他综合亏损总额 | (7546) | (114697) | (107507) | (17327) |
| 综合亏损 | (1737019) | (164596) | (5103865) | (822593) |
| 永久权益证券每股净亏损 | | | | |
| 基本 | (2.18) | (1.47) | (5.35) | (0.86) |
| 摊薄 | (2.18) | (1.47) | (5.35) | (0.86) |
| 永久权益加权平均数 | | | | |
| 基本 | 1523639783 | 1694495048 | 2419668247 | 2419668247 |
| 摊薄 | 1523639783 | 1694495048 | 2419668247 | 2419668247 |
| 以股权支付的补偿支出 | | | | |
| 物流成本 | (77393) | (81013) | (128623) | (20730) |
| 营销成本 | (8979) | (8741) | (23570) | (3799) |
| 技术成本 | (25176) | (33269) | (79469) | (12808) |
| 管理成本 | (113491) | (138150) | (4017886) | (647566) |

3. 合并现金流量表

| 年份 | 2012 | 2013 | 2014 | |
|---|---|---|---|---|
| 经营活动现金流 | | | | |
| 　　净损失 | (1729473) | (49899) | (4996358) | (805266) |
| 将净损失调整为经营活动净现金流量 | | | | |
| 　　折旧和摊销 | 185730 | 293141 | 1650533 | 266018 |
| 　　股票薪酬 | 225039 | 261173 | 4249548 | 684903 |
| 　　呆账准备金 | (2406) | (107) | 74332 | 11980 |
| 　　处置固定资产损失 | 10982 | 22726 | 26043 | 4197 |
| 　　某些股东的非现金营销活动 | — | 24682 | — | — |
| 　　递延所得税 | 6127 | (40) | 4169 | 672 |
| 　　投资亏损/(收入) | — | 309 | (638) | (103) |
| 　　汇兑（收入）/亏损 | (13762) | (92761) | 28980 | 4671 |
| 经营资产及负债变化 | | | | |
| 　　应收账款 | (226931) | (22844) | (2004884) | (323129) |
| 　　限制性资金 | (628358) | 577743 | (689499) | (111127) |
| 　　存货 | (1989996) | (1632326) | (5804688) | (935546) |
| 　　贷款及应收款项 | — | — | (125935) | (20820) |
| 　　预付账款 | 58651 | (660000) | (160203) | (25820) |
| 　　预付款以及其他应收款 | (30292) | (59684) | (1210697) | (195129) |
| 　　应付关联方 | 1500 | — | (412314) | (66453) |
| 　　其他非流动资产 | (101350) | (78644) | (66485) | (10716) |
| 　　应付账款 | 4155911 | 2687361 | 4902844 | 790195 |
| 　　预收客户款 | 604053 | 1158745 | 2611035 | 420823 |
| 　　递延收益 | 44252 | 103258 | (65725) | (10593) |
| 　　应付税款 | 76220 | 112951 | (42615) | (6868) |
| 　　应计费用和其他流动负债 | 754298 | 928920 | 2988499 | 481658 |
| 　　应收关联方 | 3457 | (4885) | 67412 | 10865 |
| 经营活动产生的现金净值 | 1403652 | 3569819 | 1015016 | 163591 |
| 投资活动现金流 | | | | |
| 　　短期投资购买 | (2590000) | (9966200) | (19104408) | (3079071) |
| 　　到期短期投资 | 510000 | 9166200 | 7853607 | 1265772 |
| 　　验资存款变动 | — | (545000) | 545000 | 87838 |
| 　　投资性证券购买 | — | — | (421133) | (67874) |
| 　　预付款和股权投资 | (2000) | (35133) | (434585) | (70042) |
| 　　处置股权投资获得现金 | — | 1162 | — | — |
| 　　固定资产购买 | (597312) | (439881) | (1424534) | (229593) |
| 　　用于在建工程的现金 | (136122) | (727411) | (1036513) | (167056) |
| 　　无形资产购买 | (45300) | (10237) | (17935) | (2891) |
| 　　土地使用权购买 | (369001) | (104552) | (423084) | (68189) |
| 　　企业合并（付出）/获得的现金 | (139719) | — | 1260337 | 203129 |
| 用于投资活动的现金净额 | (3369454) | (2671052) | (13203248) | (2127977) |
| 筹资活动现金流 | | | | |
| 　　发行普通股净收益 | 1571431 | 2720076 | 17447653 | 2812051 |
| 　　权证的行使收益 | 410164 | — | — | — |

续表

| 年份 | 2012 | 2013 | 2014 | |
|---|---|---|---|---|
| 短期银行贷款收益 | 872036 | 940216 | 1890771 | 304737 |
| 短期银行贷款偿还 | — | (865108) | (946396) | (152531) |
| 筹资活动现金净值 | 2853631 | 2795184 | 18392028 | 2964257 |
| 现金和现金等价物汇率变更的影响 | 688 | (58906) | (101484) | (16357) |
| 现金和现金等价物的净增加值 | 888517 | 3635045 | 6102312 | 983514 |
| 年初现金和现金等价物 | 6288777 | 7177294 | 10812339 | 1742633 |
| 年末现金和现金等价物 | 7177294 | 10812339 | 16914651 | 2726147 |
| 非筹资活动补充披露 | | | | |
| 优先股到普通股的转变 | — | 38176 | 15474994 | 2494116 |
| 与腾讯有关的发行普通股净额 | — | — | 11644310 | 1876722 |
| 某些定期存款抵押短期银行贷款 | — | — | 2000000 | 322341 |

## 附件二：京东大事记

2004年1月，京东涉足电子商务领域，京东多媒体网正式开通，启用域名 jdlaser.com。

2006年1月，京东宣布进军上海，成立上海全资子公司。

2007年5月，京东全力开拓华南市场，在广州成立华南分公司。

2007年6月，京东正式启动全新域名 360buy.com，并成功改版，正式更名为京东商城。

2007年7月，京东建成北京、上海、广州三大物流体系。

2007年10月，京东在北京、上海、广州三地启用移动POS机上门刷卡服务，开创了中国电子商务的先河。

2008年6月，京东上线电视、空调、冰洗等大家电产品线，完成了3C产品的全线搭建。

2009年2月，京东获得国家商务部发放的"家电下乡"零售商牌照，成为首个承担家电下乡任务的电子商务企业。

2009年10月，京东呼叫中心由分布式管理升级为集中式管理，且由北京总部搬迁至江苏省宿迁市。

2010年3月，京东推出"211限时达"极速配送，引领并建立了中国B2C行业的全新标准。

2010年6月，京东开通全国上门取件服务，解决网购的售后之忧。

2010年11月，京东图书产品上架销售，实现从3C网络零售商向综合型网络零售商转型。

2010年12月，京东开放平台正式运营。

2011年11月，京东进军奢侈品领域，正式推出奢侈品购物网站360Top.com。

2012年1月，京东在线客服正式上线，在网站访客与京东之间搭建起全新的即时沟通渠道。

2012年10月，京东海外站（英文网站）正式上线公测，迈出国际化重要一步。京东完成了对第三方支付公司网银在线的完全收购，正式布局支付体系。

2012年11月，京东上线供应链金融服务"京保贝"，可以实现三分钟向供应商提供融资服务。京东正式开放物流服务系统平台。

2013年3月，京东完成价值观梳理：客户为先、诚信、团队、创新、激情。新企业价值观的核心是"客户为先"。京东域名正式更换为JD.COM，并推出名为"Joy"的吉祥物形象。京东与中国顶级足球赛事中超联赛牵手，成为中超联赛一级合作伙伴。

2013年5月，京东推出"夜间配"、"极速达"等配送服务，树立电商物流配送的新标杆。京东超市业务上线。

2013年6月，京东推出电商云的四大解决方案：宙斯、云鼎、云擎、云汇。京东开出中国电子商务领域首张电子发票。京东在北京、沈阳两地成功投放自提柜业务，消费者可24小时随时取货。

2013年7月，京东"亚洲一号"上海物流中心（一期）完成建筑结构封顶。成功举办京东首届开放平台合作伙伴大会。

2013年9月，京东发布首份企业社会责任报告，提出"五为"理念。

2013年10月，京东调整会员体系，推出"京豆"。京东首次面向海外招聘国际管培生。京东在自营家电品类率先推出"30天价保，30天只退不换，180天只换不修"特色服务承诺，远超"国家三包法"规定。

2013年11月，发布JDPhone计划，整合产业链为用户打造最佳性价比手机。京东获基金支付牌照。京东正式推出"退换货运费险"，是电商业界首次退换货"双保险"。京东与太原唐久便利店合作上线O2O项目。

2013年12月，京东成为中国首批虚拟运营商。京东会员俱乐部上线。

2014年1月，京东西北大区正式启动运营。京东率先试行"新消法"。

2014年2月，京东推出首个互联网金融信用支付产品——"京东白条"。

2012年9月14日，eBay发布了一个新的公司LOGO，新的公司LOGO保留了eBay著名的红、蓝、黄、绿四种颜色，但与此前的LOGO相比字体更细，颜色更加柔和，排列上更加整齐，修正先前字母错落混杂。这反映了eBay公司长久的经营活力，展示了公司要脚踏实地地经营自己业务的决心，体现了eBay公司在业务上从竞价和收藏品向价格齐全、即时购买的商品的转变过程。伴随着eBay和亚马逊业务的交叉，后者的增长速度一直快于eBay，双方的竞争日趋白热化，为了更好地与亚马逊展开竞争，公司逐渐将重心放在新的、固定价格的商品销售交易上，新的公司LOGO反映了这个新的方向。这就是今天的eBay，一个全球性的在线商城，为用户提供更干净的、更当代化的和始终如一的体验。在eBay的特别频道中，竞价拍卖物品、二手货、古董和绝版珍品仍构成买卖交易的重要部分。但它在过去几年时间里已经取得了很大的演进，现在的eBay已远不只是竞价拍卖的网站。

约翰·多纳霍（John Donahoe）
eBay 董事长及首席执行官

约翰·多纳霍（John Donahoe），1960 年出生，早年就读于达特茅斯学院经济系。位于美国东部新罕布什尔州汉诺威小镇的达特茅斯学院（Dartmouth College）成立于 1769 年，"常青藤联盟"成员之一。之后他在斯坦福大学商学院获得硕士学位。毕业后多纳霍就进入了贝恩公司（Bain Company）。多纳霍和 eBay 的前任总裁兼 CEO 惠特曼曾经是贝恩公司的同事，惠特曼在贝恩公司旧金山办事处工作过 8 年，担任过副总裁。后来惠特曼工作路径转向企业，而多纳霍则一直留在贝恩，他在贝恩工作了 20 年以上，最终成为了这家投资公司的全球董事总经理，治理 29 个办事处和 3000 名员工。2005 年初，惠特曼邀请多纳霍访问位于加州圣何塞的 eBay 总部，此时多纳霍还以为惠特曼要同他谈一个详细项目，事实是，惠特曼力邀多纳霍加盟 eBay，言外之意是他将有机会成为新的 CEO。于是，多纳霍于 2005 年加入 eBay，2008 年 3 月，他正式从 eBay 前明星 CEO 惠特曼手中接任 eBay CEO 一职。

## 四 eBay 可持续发展报告（EBAY）

### （一）公司简介

全球在线交易平台 eBay（EBAY，中文名：亿贝、易贝；纳斯达克：EBAY）于 1995 年 9 月 4 日由 Pierre Omidyar 以 Auctionweb 的名称创立于加利福尼亚州圣荷塞，是一个致力于为个人用户和企业用户提供国际化的网络交易平台的公司。在这里形成了一个多元化的社区，上面的商品包罗万象，物品分类超过数千种。无论是纪念卡、古董、玩偶和家用器皿等收藏品，还是二手车、服装、书籍、音像制品及电子产品等实用商品都可以交易。买家可以自由选择竞拍，或通过一种特有的、称作"立即购买"的定价拍卖方式购得商品。eBay 的诞生源于 Pierre Omidyar 未婚妻对 PEZ 玩具糖果盒的收藏爱好，她希望能有个途径找到志同道合的人交流收藏经验。为了达成未婚妻的梦想，Pierre 日夜辛劳设计，拍卖网站就这样诞生了。开站后，成员数目与日俱增，最后令 eBay 一跃成为全球最大的拍卖网站。

eBay 的诞生不只是圆了一对未婚夫妇的梦，更是创造了一个让全球所有人乐于投入的交易平台，成为会集全球各地好友的真诚社区。目前，eBay 在全球的服务站点包括在美国的主站点和在奥地利、澳大利亚、比利时、巴西、加拿大、中国、法国、德国、中国香港、印度、爱尔兰、意大利、韩国、马来西亚、墨西哥、荷兰、新西兰、菲律宾、波兰、新加坡、西班牙、瑞典、瑞士、中国台湾、英国和阿根廷的 26 个全球站点。eBay 总部设在美国加利福尼亚州，目前拥有 4000 名员工，在英国、德国、韩国、澳大利亚、中国和日本等地都设有分公司。全球共有逾 541000 个 eBay 店铺，分别约有 255000 个设在 eBay 美国及 286000 个设在 eBay 国际网站上，用户每秒买卖的商品总值超过 2000 美元。本部分将从 eBay 的发展历程、业务现状、管理层及股权结构、总体规模及经营业绩四个方面展示 eBay 目前的基本状况。

1. 发展历程

eBay 的发展，大致经历了三个阶段：

第一阶段（1995~1998 年）：eBay 的创立与发展。eBay 由法国人皮埃尔·欧米亚（Pierre Omidyar）创立，传说那是皮埃尔为了满足妻子收藏 PEZ 玩具糖果盒的需要才有的想法。就是这种最初的兴趣使欧米亚与杰夫·斯考尔在 1995 年 9 月以独资企业形式创立了一个以家庭为基础的拍卖网站 AMCtlon.web，目的是为 PEZ 收藏迷们提供一个在网上相互交流和交易的场所，这就是 eBay 的最初由来，靠 PEZ 迷们的口耳相传，eBay 很快吸引了大量访客。不久，开始有人在 eBay 上交易其他物品，交易的物品也变得越来越多种多样、五花八门，有古董体育纪念品、电脑、玩具、布娃娃、塑像、硬币、邮票、杂志、音乐制品、陶器、摄影作品、珠宝、家具等。eBay 处理的交易数量也急剧上升，远远超过免费服务可承担的负荷，皮埃尔不得不开始对每一笔交易收费，根据登陆物品种类、数量、价值的不同，收取从 25 美分到 2 美元不等的费用，除此以外，还收取成交金额 1.25%~5% 的手续费。虽然 eBay 开始收费，人们还是像潮水般地不断涌向该站点。至此，欧米亚不得不辞去了 General Magic 公司的工作，于

1996年5月正式组建了eBay公司，截至1998年9月，每一天eBay站点上的待拍品数量都超过50万件。在1997年中，eBay年收入达570万美元，盈利87.4万美元。在雅虎、亚马逊书店等著名网络公司尚普遍不能盈利的情况下，eBay却成为最早开始盈利的互联网公司之一。

eBay公司的高速发展态势，使两位创始人意识到该是聘用优秀的职业经理人来应对的时候了，这样才能更大地激发eBay的潜力。经过对多位候选人多方位考察以后，最终决定聘用玛格丽特·惠特曼为CEO。玛格丽特女士于1998年3月正式加盟eBay，任公司总裁兼首席执行官。她对eBay成功的领导，奠定了eBay在全球在线市场和消费者电子商务网站的头把交椅地位。

第二阶段（1998~2006年）：eBay成功挺进欧美市场。1998年8月开始与美国在线（AOL）的合作，借助这个美国浏览率最高的门户，eBay很快获得巨大的来自美国国内的流量，同年同月与CarClub.com和AotoTrade.com这两个汽车公司的合作，使eBay迅速进入了另一个高价商品领域——二手车市场。而2004年2月20日与Toyota Motor Sales，USA Inc.（美国丰田汽车销售公司）的联合营销协议帮助eBay Motor站进一步扩大影响。2000年2月8日与迪斯尼（Disney）的合作，又充分应用了迪斯尼集团强有力的非网络频道开拓市场，这些频道包括ABC电视与广播网络、ESPN有线网络、迪斯尼频道及迪斯尼分类与主题公园等。2005年6月6日，eBay与环球资源公司联合宣布建立战略联盟，eBay借此进入B2B领域。该战略合作将帮助eBay在全球范围内获得更多货源信息，也为环球资源公司的供应商提供更多货源。此次合作打通了B2B与C2C两种电子商务模式，创造出一种新的B2X2C的电子商务新模式，其中的X既是B2B中第二个B也是C2C中第一个C。以前C2C模式中买家往往缺乏高性价比的货源，而作为个人又无法在B2B平台上进行采购，同时B2B市场的供应商苦于没有渠道进入拥有巨大用户量的个人消费市场，此次合作打破了这一界限。2006年5月25日，与雅虎（Yahoo!）在美国国内的合作，合作内容涉及搜索和图片广告、在线支付、联合品牌工具条和"点击呼叫"领域。这次战略联盟，使两者联合起来在美国国内抗衡迅速扩张的共同竞争者Google。同年8月，Google和eBay宣布建立广告联盟。根据协议，Google将在eBay拍卖网站上销售广告，Google将成为eBay在美国之外的独家文本广告提供商，同时双方还将在eBay平台上提供点击通话（Click to Call）功能，允许买家通过电话快速地同卖家联系。

至此，在惠特曼的带领下，eBay已经在美国57个城市和26个国家和地区建立了地方网站。2005年第一季度，eBay宣布注册eBay的国外用户首次超过美国本土用户。来自海外的收入增长比例大大超出总收入的增长比例，其中德国和英国的贡献又是最为巨大的。eBay德国公司是eBay成功借壳入市的一个典型案例，1999年6月，eBay以4300万美元的价格收购了德国本土的Alando网站，在该网站架构上进行了eBay特色的改动，并获得了建设性的成功，德国很快就成为继美国市场之外为eBay带来最多利润的市场。德国作为一个典型的欧陆国家，双休日大多数商店都是关门歇业的，富裕经济培养下的购买力却并未在双休日消逝，eBay这种灵活的网络购物模式，每天24小时的服务时间极大满足了不同的购物需求，因此eBay德国很快获得成功都是意料之中的事情。另一个典型的成功案例就是英国市场，eBay通过自我打造重新开设的全新网站，既没有语言的任何障碍，又极好地传承了eBay的精神，在英国这样历史悠久的国家，小而精的创业团队很快就打动了这个陈旧的市场，并占据了主导地位，eBay又一次印证了自己拓展的成功。

第三阶段（2006年至今）：eBay在亚洲市场败兴而归。几乎所有大型跨国企业都意识到当欧美的市场逐渐饱和，要想获得进一步的拓展优势，必然要抢占亚洲这个新兴市场，这个人口占比第一的大洲，无不让人感受到潜力的巨大，eBay公司当然也不会例外。日本是eBay向海外扩张的第17站，当它刚进入的时候，雅虎日本从事线上拍卖业务仅仅5个月的时间，不过雅虎日本当时还是免费的。但是eBay刚踏上日本国土时坚持传播他们的eBay精神，仍然保持收费的策略，即根据拍卖品的价格向拍卖品展示者收取每件30日元至7500日元的手续费。殊不知，从本土人民喜好角度讲，照搬美国套路的eBay在日本并不讨巧，日本人最喜欢的星相和新闻简报栏目，使得eBay始终不能获得日本网民的欢心。日本受挫后，2000年eBay以950万美元收购当时中国台湾排名第一的力传咨询股份有限公司的网上购物平台进入亚洲第三的中国台湾市场。遗憾的是，就算他们先到了那里，仍然没有守住先入为主的地位，在雅虎奇摩的大力竞争之下痛失先机，宣布撤销中国台湾站。同样，eBay在韩国的表现也不尽如人意。从eBay在亚洲市场的表现来看，eBay在一个和美国文化差异比较大的文化圈内的作战能力令人怀疑，本土化水平如此之差，无法根据区域市场进行差异竞争，无法做出适合当地客户需求的产品，仅仅依靠eBay如雷贯耳的名气加上"eBay精神"的口头传播，在实际的商战中要取得胜利，无异于缘木求鱼。

2. 业务现状

eBay以拍卖起家，然而随着电子商务产业链趋于完善，特别是亚马逊在物流体系、IT系统、供应链管理等方面的逐渐成熟，以及用户对购物体验的要求越来越高，eBay拍卖模式受到严重冲击，股价也随之跌入谷底。2008年多纳霍接管eBay后，开始进行全面整顿，如今的eBay已不仅仅是一家线上跳蚤市场，固定价格商品交易已占据eBay平台交易额大半，PayPal支付业务成为亮点，是公司业绩增长的动力，此外，eBay还收购了GSI电商解决方案公司，由此构成了当前三大业务线，分别为在线拍卖市场、PayPal在线支付服务和GSI电商解决方案，这三大业务的贡献营收和交易额如图2-4-1所示。

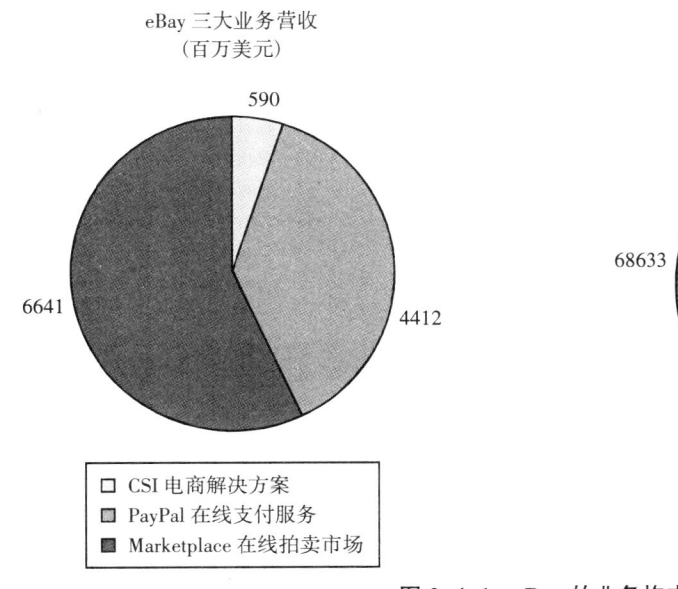
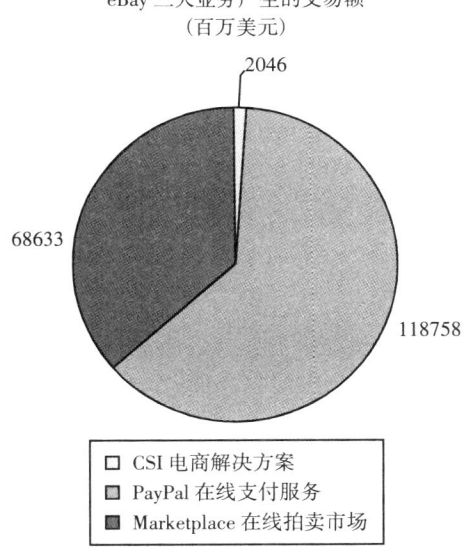

图2-4-1　eBay的业务构成

这三项核心业务相互推动，促进网络流量的增长。PayPal 是 eBay 目前发展最为迅猛的业务，目前支付业务贡献 38% 的营收，在今后几年内有望成为该公司的最大收入来源，未来有可能分拆上市。GSI 是 eBay 于 2011 年收购的新业务，顺应了为商户提供从网站设计、寻找买家到履行订单的全方位服务战略，现在看来表现平平，但未来很可能为企业带来丰厚的利润。在线拍卖业务是 eBay 最传统的业务，目前依旧是公司盈利的主要来源。但随着互联网时代的发展，未来该平台在商业模式上需要做更多的转型和改进。与业务相适应，eBay 公司拥有四个主要的产品（如图 2-4-2 所示）。

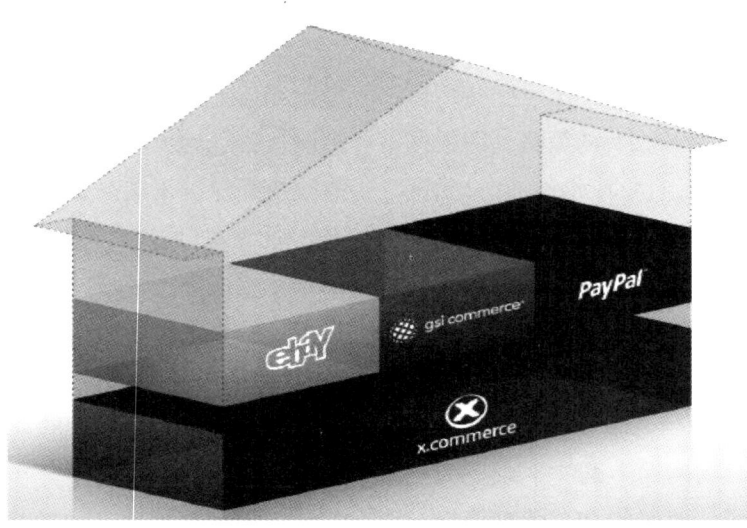

图 2-4-2　eBay 的主要产品构成

（1）eBay 电子商务平台：eBay 以网络拍卖业务起家，为买卖双方搭建交易平台，为了扩大服务范围和提升服务质量，近些年，eBay 不断开拓规模较大的商户资源，固定价格交易业务逐渐成为平台业务增长的主要动力。2011 年，eBay 平台业务交易额当中有 63% 来自固定价格商品交易。

（2）PayPal 支付工具：eBay 于 2002 年收购 PayPal，开始提供在线支付服务。eBay 支付产品主要有：普通支付工具 PayPal，服务于全球约 190 个市场，与超过 15000 家金融机构合作，并提供跨境交易功能，目前 PayPal 超过一半的营收来自海外市场；信用支付工具 BillMe Later，为美国地区用户提供一定信用额度，提升购买力；2011 年收购 Zong，填补 PayPal 在移动支付领域的空白。

（3）GSI 电子商务解决方案：eBay 于 2011 年 6 月收购电子商务解决方案公司 GSI，被收购前，GSI 曾在纳斯达克上市。GSI 主要提供电子商务代运营服务，向品牌商提供网站技术支持、物流及客服服务、互动营销服务等。GSI 目前服务于全球 500 多家品牌商，包括阿迪达斯、Levi's、惠普等。2011 年，GSI 业务贡献净营收 5.9 亿美元。

（4）X.commerce 开放平台：eBay 于 2011 年下半年推出了 X.commerce 开放平台，该平台并非直接面向消费者，而是专门为商家和开发者搭建的平台。开发者可以在 X.commerce 平台上开发并提交应用，商家可以选择免费或者付费接入 eBay 或者第三方开发者提供的电子商务所需的技术工具，eBay 再和开发者进行少量的分成。目前，X.commerce 汇集了 eBay、PayPal、开源 PHP 电商系统 Magento 提供的服务，为商家提供网站管理、购物车、支付、库存管理、促销、推广等工具，Magento 则是基础平台，具有模块化架构体系，易于与第三方应用集成。也就相当于省去了商家在开网店时的技术障碍，网站如何维护、怎样推广更有效等商家本不擅长的事情，都交由专业的 X.commerce 平台完成。X.commerce 在 eBay 处于一个独特的位置，这项服务将不会直接给 eBay 带来大量收入。但该平台会间接促进 eBay 网站、PayPal、GSI 三大业务更好地货币化。

3. 股权结构及公司治理

eBay 的股权结构十分分散，目前的前十大股东中，没有一个单一股东的持股比例超过 10%，持股比例最高的 Omidyar Pierre M. 也只有 7.42%（如表 2-4-1 所示），前十大股东持股比例加在一起也不到 25%。2004 年 eBay 收购 Craigslist 28.4% 的股权，但双方迅速交恶。2008 年，Craigslist 改变其股东计划从而稀释了 eBay 的财务利益，后者因而提起诉讼。Craigslist 之后反诉 eBay，称这家在线交易市场巨头窃取机密信息，侵犯其商标并违反信托义务。之后 eBay 在美国推出类似服务，两家公司的诉讼战因而打响。几周前，eBay 回售分类信息网站 Craigslist 的全部股权，结束十年诉讼战。

表 2-4-1 eBay 前十大股东持股状况

| 持有者 | 持有份额 | 变化率（%） | 变化金额 | 持股比例（%） |
|---|---|---|---|---|
| Pierre M. Omidyar（机构） | 96434558 | 0.1 | 96434558 | 7.42 |
| Black Rock, Inc.（机构） | 66796090 | 0.1 | 66796090 | 5.14 |
| Vanguard Total Stock Mkt Idx（基金） | 19537312 | 1.4 | 6793196 | 1.50 |
| Vanguard Five Hundred Index Fund（基金） | 13288038 | 2.8 | 8744021 | 1.02 |
| Dodge & Cox Stock Fund（基金） | 12163109 | -14.2 | -49148840 | 0.94 |
| Vanguard Institutional Index Fund（基金） | 12000564 | 1.0 | 2938690 | 0.92 |
| SPDR ® S&P 500 ETF（基金） | 11042078 | 1.3 | 4077005 | 0.85 |
| SPDR ® S&P 500 ® ETF Trust（基金） | 10230751 | — | — | 0.79 |
| FMI Large Cap Fund（基金） | 9751000 | 123.3 | 131584960 | 0.75 |
| PowerShares QQQ（基金） | 9693884 | 0.5 | 1252959 | 0.75 |

4. 总体规模及经营业绩

eBay 于 1998 年 9 月 24 日在美国纳斯达克证券交易所挂牌上市，2014 年 12 月 31 日，eBay 公司的收盘价为 56.12 美元，总资产规模为 781203.10 万元，较年初增加 19.42%，公司实现营业总收入 604498.99 万美元，同比小幅下降 0.50%，归属于上市公司净利润同比下降 13.96%。2015 年第二季度 eBay 净营收为 43.79 亿美元，比 2014 年同期的 41.03 亿美元增长 7%；按照美国通用会计准则（GAAP），eBay 第二季度净利润为 8300 万美元，2014 年同期则为 6.76 亿美元，同比下降 88%。2015 年 7 月，eBay 董事会授权公司额外回购价值 10 亿美元的股票。加上 eBay 董事会在 2014 年 1 月授权的股票回购计划中剩余的 20 亿美元，截至 2015 年 7 月 16 日，eBay 已获批可回购股票总金额为 30 亿美元。

## （二）公司战略

自 eBay 成立以来，这个公司就已经发展成为一个电子商务的典范，eBay 的成长战略以地理和范围的扩展为基础，已持续增长的创新来提升网上产品的多样性和吸引力。

1. eBay 的整体发展战略

（1）多元化战略。多元化经营是指企业在多个相关或不相关的产业领域同时经营多项不同业务的战略。eBay 在其多元化战略的发展中还融合了其他的贸易模式,比如按次收费、插播广告等贸易模式,这些收费及推广模式对于客户来说具有很大的吸引力,从而使 eBay 获得了更多、更稳定的客户群。而且 eBay 对所有的销售商,不论规模大小都有一套统一的规定。该公司向商户征收同样的费率,并且不向任何一方对任何一种商品做出独家销售权的保证。尽管 eBay 吸引诸如 IBM、沃尔特、迪斯尼等大型商户的努力让一些小型商户感到担忧,但大型商户整体上在 eBay 并没有特别成功的表现,小型商户仍有很大的空间。

(2)同盟发展战略。eBay 与多家大型公司建立战略同盟关系。1998 年 8 月,eBay 与美国在线签订合同,约定 eBay 将成为美国在线分类和兴趣领域 C2C 交易服务的首选提供商。2000 年 eBay 与迪斯尼合作一起通过迪斯尼的非网络频道开拓市场。2004 年它又与美国丰田汽车签订了一项营销协议,允许该汽车制造商在 eBay 上主办独家栏目。2006 年,Google 在美国以外的地方为 eBay 提供网络搜索广告,在"一键通"广告业方面,两家公司也携手合作。如此庞大的战略合作体系使得 eBay 公司迅速扩张。

2. PayPal 支付系统发展战略

PayPal 是在线支付的始祖,1998 年成立以后便以势不可当之势迅速发展(如图 2-4-3 所示),现如今它已经成为该行业的标准。PayPal 的发展得益于其自身的核心优势。

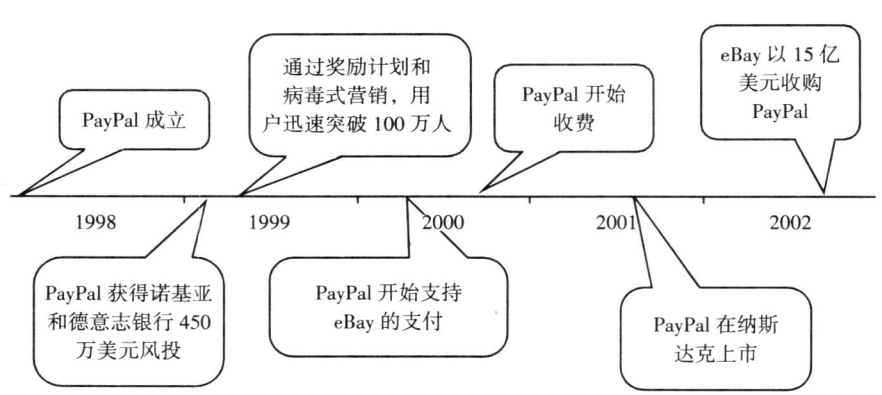

图 2-4-3　PayPal 发展历程

(1)专注支付领域。在"存、贷"业务上,eBay 一直走的是"支付+第三方金融机构"的道路。由 eBay 和 PayPal 提供平台、客户和支付渠道,由专门的金融机构提供产品、管理和风控等,增强其在支付领域的客户基础和竞争力。

(2)廉价和安全的比较优势。以 PayPal 为代表的第三方支付最大优势是解决了电子商务中的信用缺失问题,通过虚拟账户和信用垫付促成了交易的形成。通过表 2-4-2 可以看出,相对传统支付方式,PayPal 通过互联网和平台降低了电子商务的交易成本,提高了对用户的吸引力。

表 2-4-2　PayPal 与其对手的比较

| | PayPal | 银行电汇 | 支票 | 西联汇款 | 信用卡网关 |
|---|---|---|---|---|---|
| 交易时间 | 实时 | 2~5 天 | 40~60 天 | 10 分钟 | 实时 |
| 转账费用 | 2.9%~3.9% | 30 美元以上 | 电信费+手续费 | 每笔 20 美元以上 | 3%~6% |
| 申请条件 | E-mail | 银行账户及 SWIFT 码 | 姓名和邮寄地址 | 姓名、电话和地址 | 国际信用卡 |
| 安全性 | 信用垫付和买家保护措施，较安全 | 较安全 | 有冒领、欺诈风险，安全性较低 | 较安全 | 较安全 |

（3）平台资源和入口。PayPal 的发展主要是基于 eBay 交易产生的。通过为 eBay 上的个人卖家以及小型商户提供支付受理服务，PayPal 迅速发展起来。目前，PayPal 交易的 70%来自 eBay 交易。此外，68%的 eBay 交易都使用 PayPal 付款。

（4）国际化的拓展。首先，eBay 依托美国强大的经济影响力和美元的强势地位，能够吸引更多的使用者；其次，PayPal 支持在全球 190 多个国家和地区，使用 25 种货币进行交易；最后，eBay 通过并购的方式完成了国际化的布局，解决了不同地区法律和制度的障碍。

PayPal 的发展战略是与其特有的核心优势相匹配的，它的战略路径经历了四个发展阶段：

（1）"病毒式"扩张，形成初期规模。业务发展初期，PayPal 花费超过 1 亿美元的资金，使用侵略性的财务奖励计划以及"病毒式"营销模式，来打开市场。

（2）借助 eBay 平台，迅猛增长。在 2002 年，eBay 以 15 亿美元收购 PayPal，依托 eBay 庞大的交易量，PayPal 得到快速发展。2003 年 PayPal 年收入暴增 359%，达到 4.4 亿美元，到 2012 年其收入已经达到 52 亿美元，其中 63%的交易来自 eBay。

（3）借助收购，走出 eBay，拓展中小企业和大企业市场。过分依赖 eBay 容易导致企业未来增长的不确定性，PayPal 开始战略性地把服务扩展到新的目标市场。收购 Verisign，开拓中小企业市场：VeriSign 被收购前已经有 10 万中小企业商户和超过 400 亿美元的交易额。借助 GSI，切入大企业市场：GSI 的专长在于为成熟企业提供电子商务解决方案，被收购前期客户数量已经超过 500 家，其中 200 多家为知名品牌。

（4）进军移动支付。PayPal 于 2011 年以 2.4 亿美元完成了对移动支付公司 Zong 的收购，并于 2012 年推出了移动支付应用 PayPalHere。未来主攻移动支付市场。

3. eBay 中国发展战略

（1）外贸服务。传统外贸方式，由于准入门槛高，受到代理商、渠道、资金、信息等多方面的制约，中小企业、个人用户很难参与其中。对于 eBay 易趣，最大优势在于共享 eBay 全球的资源，于是 eBay 易趣也加紧推广自己的网络跨国交易战略，在 eBay 上做外贸，交易是点对点的，中小企业和个人用户可以通过 eBay 平台与全球 38 个市场、2.41 亿用户直接进行交易。eBay 易趣提供的支付工具 PayPal 可以支持全球交易，极大方便了客户。从这一点来说淘宝网是望尘莫及的。虽然淘宝也开展了外贸服务，但其步伐和规模还远远落后。此外，Bay 易趣提供的沟通工具 Skype 是支持全球很多国家的即时语音沟通系统，这个功能是淘宝旺旺短期内无法实现的，对于在中国市场上进行外贸的商家和买家来说，都是无法替代的工具。这也是 eBay 易趣产品差异化战略的巨大优势所在。

（2）战略联盟。2006 年 3 月，eBay 易趣和麦当劳达成战略合作，双方将用各自在门店零售和在线交易平台方面的优势与对方实现资源互补，建立全新的、整合的营销渠道。2006年3月29日，永乐家电与eBay易趣在上海签署战略合作协议，开拓新的零售渠道。同时，永乐电器在eBay易趣网上开设永乐品牌商品网店，即日开始运行。2006年5月，eBay易趣"品牌旗舰专区"正式上线。这是国内第一个由品牌商自行经营或直接授权销售的网络旗舰专区。这一合作标志着电子商务领域各种业态日渐融合，eBay易趣由原来专注于个人网上交易，将业务拓展至品牌产品销售，而传统的家电营销网络通过互联网得以延伸，吸引国内近2000万网上消费者，新的家电零售渠道由此诞生。

（3）开发新的购物平台。2006年6月6日，eBay易趣与T服在线合作，推出国内首个基于WAP技术的手机购物平台，并向其网站2000万用户提供免费的交易信息短信服务。

### （三）资本运营

PayPal和eBay的发展史就是一部互联网企业的并购史，通过不断的并购拓展其业务、客户和技术实力，从而建立起更大的竞争优势。而其强大的并购、整合的能力主要源于坚实的现金流和包容开放的文化。

1. eBay的全球并购扩张历程

表2-4-3列示了从eBay创立到现如今的重要并购事件，从表中可以发现eBay全球扩张始于1999年，初次登陆点是英国、德国和澳大利亚。紧接着在2000年，eBay进入日本和加拿大市场。至2001年底，eBay交易平台遍及美国、德国、英国、澳大利亚、日本、法国、加拿大、意大利、奥地利、韩国、西班牙、瑞士、瑞典、新加坡、新西兰、爱尔兰和比利时。2002年，eBay通过收购Neolom进入中国台湾，同年斥资3000万美元购得易趣33%股份进入中国大陆并于2003年以1.5亿美元高价买下余下的67%股份，实现对易趣的全额控股。eBay全球扩张正在如火如荼之际，在日本却被泼了冷水。2002年eBay在日本市场被本土化做得更好的Yahoo！打败，同年宣布退出日本市场。

表2-4-3 eBay重要并购事件

| 年份 | 被并购公司 | 主要业务 | 并购金额 |
| --- | --- | --- | --- |
| 1998 | Up for Sale.com | 拍卖 | — |
| 1999 | Butterfield | 拍卖 | 2.6亿美元 |
| 1999 | Billpoint | 在线付款服务 | — |
| 1999 | Alando | 德国线上交易 | 4300万美元 |
| 2000 | half.com | 帮助用户销售二手书籍、唱片和电影光盘 | 3.13亿美元 |
| 2001 | Internet Auction.com | 线上拍卖商 | 1.2亿美元 |
| 2001 | iBazar | 线上拍卖商 | 6600万美元 |
| 2002 | PayPal | 在线付款服务 | 15亿美元 |
| 2003 | carad.com | 在线汽车拍卖管理 | |
| 2004 | Rent.com | 公寓租赁网站 | 4.15亿美元 |
| 2004 | Mobile.de | 分类汽车网站 | 1.49亿美元 |
| 2004 | Baazee.com | 拍卖网站运营商 | 5000万美元 |
| 2004 | Marktplaats.nl | 荷兰广告分类网站 | 2.9亿美元 |
| 2005 | LoQUo.com | 价值评估网站 | — |
| 2005 | Skype | 即时通讯 | 26亿美元 |
| 2006 | Tradera.com | 瑞典在线拍卖网站 | 26亿美元 |
| 2007 | StubHub | 在线票务零售商 | 3.1亿美元 |

续表

| 年份 | 被并购公司 | 主要业务 | 并购金额 |
|---|---|---|---|
| 2007 | StumbleUpon | 网站评级系统 | 26亿美元 |
| 2007 | Bill Me Later | 在线支付网站 | 8.2亿美元 |
| 2007 | Fraud Sciences | 以色列安全企业 | 1.96亿美元 |
| 2012 | Svpply | 社交购物推荐平台 | — |
| 2014 | PhiSix | 电脑图像公司 | — |

eBay的网络拍卖业务需要成熟的互联网和大量的网购人群，而当时绝大部分地区还达不到此硬性要求，所以eBay的第一轮扩张选择在发达国家及地区。但eBay深知先下手为强的道理，尽管硬件条件还不够成熟，两年后eBay的第二轮扩张便瞄准了潜力地区——亚洲和南美洲。2002年底，eBay交易平台新增阿根廷、巴西、智利、哥伦比亚、厄瓜多尔、墨西哥、乌拉圭、委内瑞拉和中国。2004年底，其平台新增马来西亚、印度、菲律宾和中国香港。直至目前，eBay已经出现在37个国家及地区的电子交易市场上。

表2-4-4 eBay全球流量分布

| | 全球网站流量排名 | 所在地区网站流量排名 | 每日浏览时间 |
|---|---|---|---|
| 德国 | 70 | 5 | 16 |
| 英国 | 89 | 6 | 16 |
| 巴西 | 307 | 10 | 10 |
| 意大利 | 330 | 9 | 12 |
| 澳大利亚 | 334 | 5 | 14 |
| 法国 | 386 | 14 | 13 |
| 印度 | 396 | 17 | 10 |
| 阿根廷 | 556 | 6 | 12 |
| 墨西哥 | 600 | 10 | 10 |
| 加拿大 | 881 | 16 | 11 |
| 西班牙 | 1031 | 16 | 11 |
| 奥地利 | 2603 | 11 | 9 |
| 比利时 | 3226 | 16 | 9 |
| 韩国 | 4791 | 96 | 6 |
| 中国香港 | 4797 | 684 | 8 |
| 中国 | 8180 | 937 | 6 |

通过表2-4-4 eBay在各地区的流量和浏览时间的比较，可见eBay的人气主要集中在美国、德国、英国等欧美国家，而在近邻南美洲和拥有全世界最多人口的亚洲并没有太大市场。

2. eBay的两次中国之旅

（1）eBay的第一次中国之旅。eBay于2002年通过收购易趣进入中国，并一度占据中国C2C市场80%份额。当时eBay女CEO惠特曼信誓旦旦地保证"中国市场eBay必须拿下"，易趣便拿着eBay的资金在各种渠道上广告轰炸。2004年，eBay易趣还与中国当时的三大门户网站——新浪、搜狐和网易签署排他性协议，以封杀淘宝等拍卖网站在后者的网站上打广告。按照当时惠特曼的预期，借此次封杀行动，中国拍卖市场的争夺战将于18个月内结束。但事实上eBay并没能阻止淘宝的崛起，而且输在了本土化上。

eBay全资收购易趣后的工作重心是完成易趣与eBay美国平台的对接，例如将服务器搬到美国并将网站风格改成eBay的全球统一模式，但这种改变马上就引起老用户的反感。在战略调整上，易趣需要层层向上级汇报工作从而反应迟钝。比如，在对店铺的收费制度上，eBay坚持收费模式，宣称"免费不是商业模式"。淘宝借此机会推出的免费模式，马上受到了卖家的欢迎。紧接着腾讯和当当也推出了C2C拍卖，其共同特点就是免费。事实证明免费模式在当时更适合中国国情，但在本土公司的迅猛冲击之下，eBay的应对却非常迟缓。eBay于2005年5月才第一次调整相关费用制度，于同年12月和2006年1月再次下调费用。马云事后对此评价说："如果在一年半前，易趣采取免费策略，淘宝的日子就没这么好过了，但现在淘宝气势来了，易趣就没有机会了。"

2005年，易趣的市场份额被挤到24%，并且每况愈下；2006年底，eBay无奈出让易趣51%股权给Tom在线，并传闻签有5年排他协议。协议规定eBay在中国退出面向消费者的电商市场，只留下连接中国中小企业卖家和全球消费者买家的出口业务；2012年4月，易趣成为Tom集团的全资子公司，不再是eBay在中国的相关网站。

（2）eBay的第二次中国之旅。阔别6年之久，2012年11月12日，eBay选择与本土时尚电商走秀网合作，推出网购频道"eBay Style秀"。通过这个一站式购物平台，中国消费者可以搜索、浏览并购买eBay全球发售的产品，包括服装、包、鞋、首饰等8个类别，5000个品牌，50万数量的单品。从构架上，中国消费者在走秀网下单后，由走秀网统一将订单数据传送到eBay美国总部。eBay总部再开始将货物调配到美国和中国香港的仓库。最后由走秀网统一将货品引进国内，并负责物流、配送、海关、支付、退换和售后服务。

走秀网于2008年上线，是一家时尚百货购物网站，产品包括奢侈品、国内外知名品牌和设计师品牌。2011年其销售额在10亿元左右，而当年国内网购总额超过7800亿元，其所占市场份额并不大。与eBay合作对于走秀网来说可以大大丰富产品种类。走秀网一直坚持自营道路，在与天猫、京东等平台商家竞争时面临产品不够丰富的困境，而且获得知名品牌商授权难度较大。通过引入eBay的商家，走秀网可以一次性获得大量渠道资源。

对于eBay来说，与走秀网合作是其本身业务的自然延伸。2011年，中国消费者登陆eBay英文网站购买商品数量同比增长40%，2012年上半年，中国用户浏览eBay英文网站时间长达1700小时。eBay选择是否进入某一市场的重要考核标准就包括该地区通过海外购方式购买eBay产品的人数，如果有足够多的用户对eBay的产品有兴趣，那么在该地区开设购物网站便是顺理成章的事了。另外，根据eBay调研发现，进口品牌产品占据中国零售市场30%，进口商品在线零售在2015年有望达到150亿美元。eBay拥有全球化多元采购的优势，对海外购这个市场想必志在必得。

### （四）商业模式

eBay能够存活下来并创造利润的首要原因是它的商业模式——网上交易。它创造了电子商务世界中最成功的商业模式。其实，从某种意义上说，eBay是虚幻的：它本身不生产商品，不提供商品，也没有现实生活中的零售店。eBay能提供的只是一种服务，一种前所未有的以网络为基础的服务——网络拍卖。eBay使拍卖这种古已有之的交易形式在电子时代里不再只局限于传统拍卖会或者车库里的清仓甩卖。它赋予拍卖新的含义、新的形式，使拍卖商的商品超越时间和空间的限制，能够在极短的时间里接触到来自全世界的诸多潜在顾客。eBay 独特的商业模式使 eBay 走上与众不同的商业轨道，把公司和其他专靠广告收入的商业网站区分开来。雅虎 90% 的收入来自广告，失去广告，雅虎将面临严峻的生存问题；而 eBay 则不同，它的广告收入只占总收入的 5%。如今 eBay 在美国的网上拍卖市场独霸一方，占据了 85% 的市场份额。2003 年，eBay 21.5% 的营业额来自明码标价的商品。

在 eBay 创立初期，和大部分的 B2C 公司有所不同的是，B2C 公司在本质上还保留着商品的特性，只不过是把传统商店放到了网络上。而 eBay 更倾向于"平台"建设，即建立起规范模式化的交易平台，不参与交易行为，不赚取商品利润，只以管理费和交易费作为收益。这是一条相当圆滑和灵活的规则，它使得 eBay 不用承担传统 B2C 业务中商品积压、物流渠道、供货商关系、购买者习惯等带来的压力，而是处于网民自愿交易行为的辅助者、指导者、管理者的角度，牢牢抓住了单项交易收益额小但成交宗数多的普通网民市场。这便是 eBay 开创的史无前例的商业模式——C2C 电子商务模式。"长尾理论"指出只要渠道足够大，非主流的、需求量小的商品销量也能够和主流的、需求量大的商品销量相匹敌。与传统的"二八定律"不同的是，长尾理论中"尾巴"的作用是不可忽视的，经营者不应该只关注头部的作用。eBay 开创的 C2C 模式便是以"长尾理论"为依据的通过"小钱赚大钱"的商业模式。

1. C2C 模式

作为交易的第三方，eBay 自己并不直接参与交易，而是专门为客户提供商务信息及增值服务。通过这个电子商务信息中介服务平台，信息流可以在买方和卖方之间相互流动（如图 2-4-4 所示）。eBay 通过出售收集到的信息，向用户收取店铺费、商品登录费、交易服务费等费用获得丰厚收入。

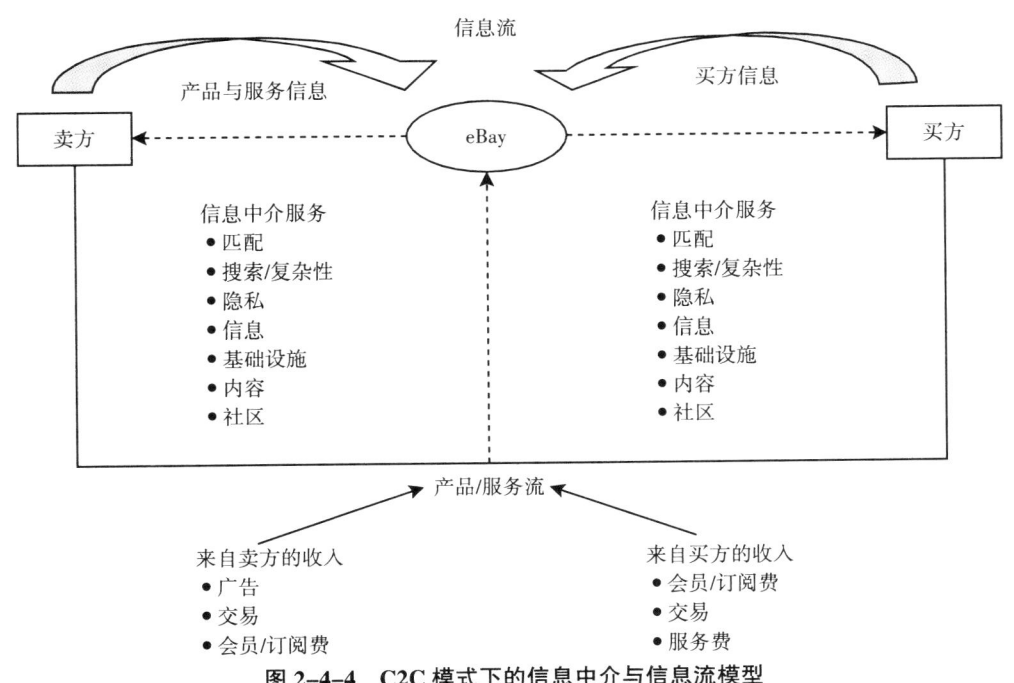

图 2-4-4　C2C 模式下的信息中介与信息流模型

eBay推翻了以往那种规模较小的跳蚤市场，通过网络，将买家与卖家拉在一起，创造一个永不休息的市场。大型的跨国公司，像是IBM会利用eBay的固定价格或竞价拍卖来销售他们的新产品或服务。资料库的区域搜寻使得运送更加迅捷或是便宜。软件工程师们借着加入eBay Developers Program，得以使用eBay API，创造许多与eBay相整合的软件。作为一家成功的C2C国际商务信息平台，eBay成功的C2C模式有着其独到之处：

（1）与传统的二手市场相比，C2C模式是最能够体现互联网的精神和优势的。数量巨大、地域不同、时间不一的买方和同样规模的卖方通过一个平台连接，交易不再受到时间和空间限制，节约了大量的市场沟通成本，其价值是显而易见的。

（2）比价信息服务，给顾客带来真正实惠。通过网上竞拍，eBay使得消费者也部分掌握了议价的主动权，价格也更具有弹性。同时，常有的打折促销活动通过信息平台更加迅速地传达到顾客那里，让他们在足不出户的情况下享受到购物的乐趣。精明的网上购物者可能早已有了自己喜爱的购物站点，但是他们如何才能找到提供同样好的服务和条款而价格更低的其他商店呢？购物机器人（或称购物代理）可以根据消费者设定的标准替他们搜索网络。例如按颜色、质地、品牌、产地、商家信誉、价格区间搜索某种商品或者高级搜索。

（3）安全制度。eBay注重诚信建设，登录之前必须注册。实名认证机制区分了个人用户与商家用户认证，两种认证需要提交的资料不一样，个人用户认证只需提供身份证明，商家认证需提供身份证明，并为用户提供支付证明和营业执照，从而保证了网上交易的安全性。

（4）评价系统。eBay主要的防诈骗手段是评价系统。在每笔交易完成后，买家、卖家皆可以为彼此评价。她们可以给出像"正面"、"负面"或是"中立"的评价，并且为该次交易留下意见。所以，如果买家对该卖家（交易）有所不满的话，他可以给这位卖家留下一笔负面评价，以防下一位买家有可能误中陷阱。对买家而言，学会并善用评价系统有助于减低被诈骗的概率。当然，评价系统同时也是保护卖家的。如果有个买家的评价过低，或是负面评价太高，该卖家可以根据其评价，拒绝其交易。因为eBay几乎不会移除任何评价。所以，移除不公平、非真实的评价根本是不大可能的。

2. 盈利模式

无论什么样的生意，都必须依靠长久的、稳定的、有持续性的盈利才能够生存和维持，在此基础上才能谈到发展，才能谈到竞争。eBay本质上扮演着中介的角色，把买卖双方通过互联网连接起来，为买者和卖者提供一个相遇的平台，所以它的盈利模式属于价值网络型。盈利的前提是提供价值，eBay为买方提供了一站式购齐的便利和独特的购物体验，为卖方提供了低廉的经营成本和很大的客户群。下面就其盈利模式的构成要素——利润对象和利润来源作具体阐述：

（1）盈利对象：eBay的客户最初定位于美国和加拿大等北美市场，但美国人口只占整个世界的6%，巨大的潜在用户市场存在于北美英语语言区之外。自1999年开始，eBay向海外探索，新的eBay站点覆盖了英国、德国、澳大利亚、印度和中国等国家。目前，eBay的国外注册用户已经接近其总用户数的50%。除了在地域上拓展用户范围之外，eBay还拓展其他用户群类型。eBay最初严格采用P2P的运作方式，它的客户是买家和卖家个人。随着交易时间的延长，其业务逐渐扩展到了经销商对个人的交易，这些经销商除了众多不知名的小商家外，还包括一些著名的大型公司，如 IBM、Samson 和 Sears 等，这些大企业成为 eBay 的新客户，在 eBay 上出售全新或二手的产品，现在这个群体已经成为大宗交易的主体。

（2）盈利来源：eBay 对于买家是完全免费的，但对于在网站上展示和销售其商品的卖家却是收费的。除汽车和房地产外，eBay 上所有的商品展示费从 25 美分到几美元不等。如果要在产品中加入黑体字或照片还需另外收费。如果卖家将展示的产品销售出去，必须按销售价格抽取一定比例的费用付给 eBay。这个比例根据产品的售价有所变动，25 美元以下交易收 5% 的提成，25 美元至 1000 美元收 2.5%，1000 美元以上为 1.25%。如果竞标失败，eBay 只向卖家收取 0.25~2 美元不等的"资料费"，具体数额根据卖家的资料或者图片的多少而定。所以 eBay 的收入主要来自产品费和交易服务费。对于每个做成交易的卖家来说，它们无须支付网站使用费，只需要支付商品展示费和交易提成，相对于实体店铺的高额租金来说，这些费用就显得微不足道了。此外，eBay 还有其他一些收入来源，包括广告收入、销售佣金、通过提供其他站点的链接而获得转接收入。

在中国境内，eBay 易趣的盈利模式也经过了漫长探索。易趣网首先是对个人用户提供服务进行收费以实现盈利。易趣网自 1999 年建立之后，迅速占领中国市场，并于 2001 年适时地推出各种服务收费制度，以期通过对个人用户进行收费来实现最终盈利，即通过将网站所有者传播给网站的信息以私人物品的形式进行交易（如网站通过出售虚拟服务、会员权限等）为盈利模式。易趣网的收入来源于网页的广告收入、网上直销收入、C2C 商品拍卖的服务费、个人物品拍卖的卖方手续费、收取商品登录费，目前易趣向卖家收取商品登录费，以商品最低成交价为计费基数，并在每次交易成功之后，收取相应佣金，也就是交易服务费，价格按每件商品在网上成交金额的

0.25%~2% 收取，如果未实际成交则不收取。

但是，易趣网的盈利尝试却被淘宝网以免费的营销策略所击溃，淘宝网许诺对个人用户的免费运营，不仅帮助淘宝网抢占大量市场份额，而且使得个人用户错失了在养成阶段培养缴费习惯的机遇，从商业网站的盈利模式方面讲，淘宝带给 C2C 商业市场劣币驱逐良币的不利效应，导致淘宝网在 2006 年推出招财进宝的针对用户服务收费的盈利模式快速夭折。接着在易趣网和淘宝网先后采取对用户收取（种类不同但本质相同的）服务费来实现商业盈利的模式失败后，易趣网和淘宝网又分别尝试两个方向的盈利模式。

易趣网被 Tom 在线收购后，更加重视移动商务的业务拓展。eBay 时期的易趣和 Tom 在线就曾经在无线领域进行合作，推出国内首个基于 WAP 技术的手机购物平台，在 Tom 入主易趣后，依托 Tom 在中国无线业务卓越的优势，易趣网的手机购物平台成为新易趣的最大竞争优势。手机购物平台在国外已经相对成熟，伴随着中国手机用户的成熟和普及，无线上网技术的发展，易趣开拓的手机网购平台具有极大的市场前景。同时，最重要的，易趣开拓手机网络购物平台不仅仅是新增了一个渠道，而更重要的是将日后发展的重要方向调整在"移动购物"这一广阔市场上来。此举将移动购物摆在日后的重心地位，显然是确定了移动购物新的盈利模式——移动支付。

### （五）市场概况

1. 市场总体概况

2014 年 eBay 总盈利 4600 万美元，合每股 4 美分。其中，第四季度净利润为 9.36 亿美元，比 2013 年同期的 8.50 亿美元增长 10%；第四季度净营收为 49.2 亿美元，比 2013 年同期的 45.3 亿美元增长 9%。PayPal 2015 年第一季度季报显示，公司第一季度总营收为 44.5 亿美元，根据图 2-4-5

可知比2014年同期增长4.4%。其每股收益为0.77美元，超出了分析师营收44.2亿美元、每股收益0.7美元的预期，eBay的股价也在季报之后上涨了5%。

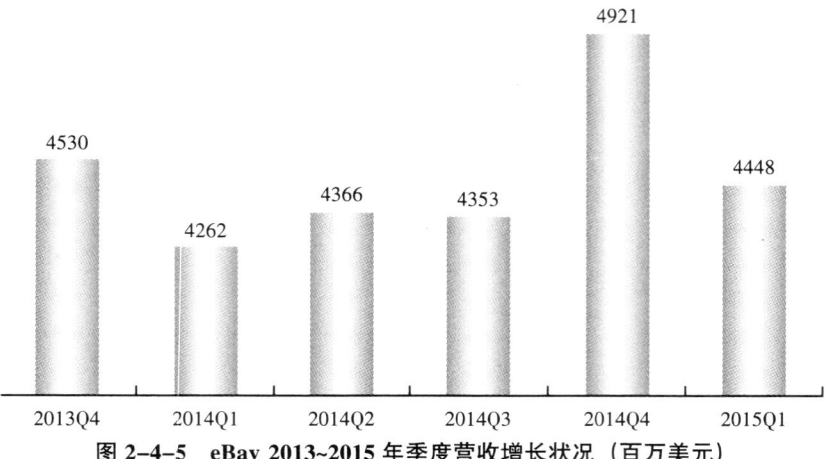

图2-4-5　eBay 2013~2015年季度营收增长状况（百万美元）

目前，eBay主要有3大块业务：支付（即PayPal）、eBay交易平台和eBay企业版。

图2-4-6展示了近两年PayPal支付板块的营收增长情况。PayPal 2015年第一季度总支付量上涨了18%达到610万美元，营收为21亿美元，用户数量相比上季度增长了11%至1.65亿人。2015年第一季度交易数量超过10亿笔，较上季度增加24%。PayPal 2015年第一季度用2.8亿美元收购了移动支付公司Paydiant并用6000万美元收购了网络安全公司CyActive。Paydiant将帮助PayPal延伸线下支付业务，CyActive将加强PayPal的安全属性。

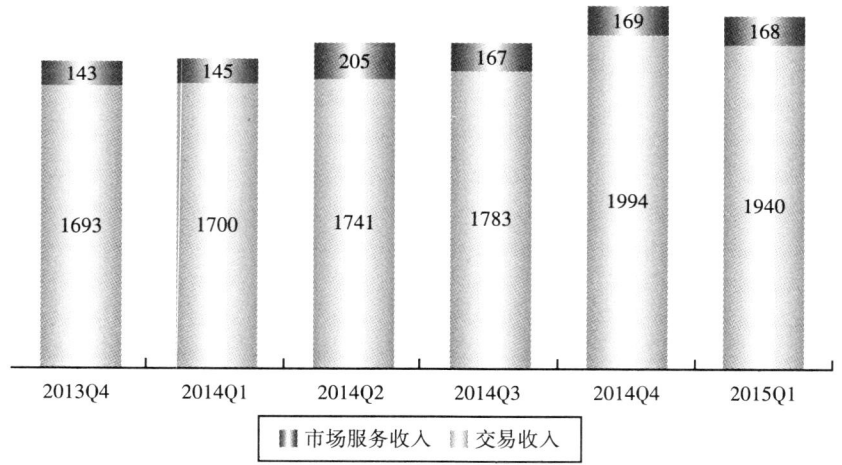

图2-4-6　PayPal 2013~2015年季度营收增长状况（百万美元）

图2-4-7展示了近两年eBay的交易平台板块的营收增长情况。eBay交易平台2015年第一季度的营收较2014年下降了4%至20.7亿美元，这是公司同比季度利润自2009年来首次下滑。另外，活跃用户增长率连续第12个月下降，说明eBay交易平台的用户数量已经趋于稳定。

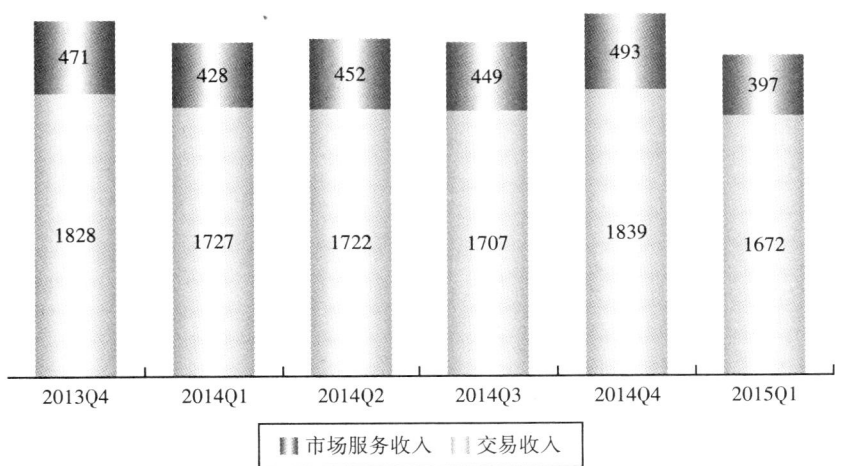

图 2-4-7　eBay 交易平台 2013~2015 年季度营收增长状况（百万美元）

图 2-4-8 展示了近两年 eBay 企业板块的营收增长情况。eBay 企业板块 2015 年第一季度营收 2.88 亿美元，相比 2014 年同期增长 7%，商品交易总额达到 10 亿美元。可以看到，eBay 交易平台电商业务的发展已经趋于停滞，2015 年初还裁掉了 2400 人，而发展良好的 PayPal 在 2015 年第三季度被拆分出来独立上市，剩下的企业板块业务也在寻求 IPO 或者出售可能。

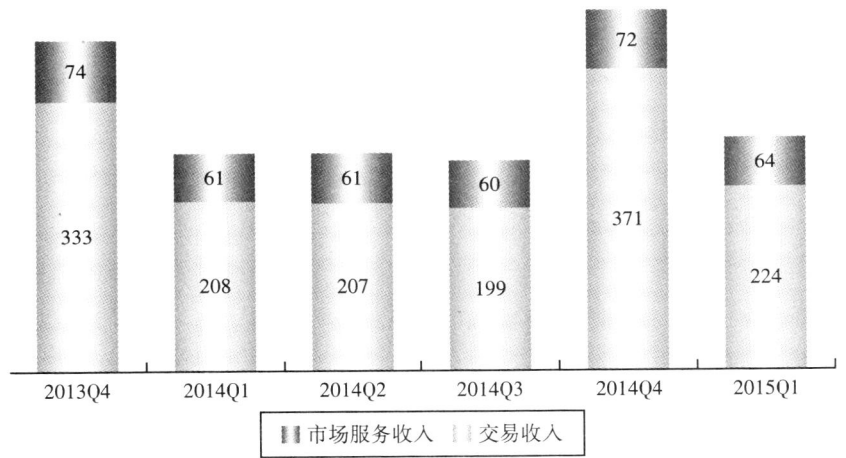

图 2-4-8　eBay 企业板块 2013~2015 年季度营收增长状况（百万美元）

2. eBay 中国跨境业务发展趋势

eBay 成立以来，其核心业务电子商务平台的 GMV（成交总额）长期保持快速增长。但从图 2-4-9 看到，自从 2006 年后，其 GMV 增速放缓，2009 年甚至出现负增长。2010 年和 2011 年 eBay 靠收购使其 GMV 重新增长起来，但其主要网站 ebay.com 的发展已逐渐陷入停滞。

2014 年 4 月，eBay 在上海发布《2014 年大中华区跨境电商零售出口产业发展趋势报告》，该报告指出，在中国扶持政策不断出台、传统外贸加速转型、网购模式逐渐渗透等多重利好刺激下，中国跨境电商零售出口产业在 2014 年仍将保持强劲的增长势头，并将呈现出品类更加多样化、市场日趋成熟、消费者趋于多屏幕全渠道购物、物流解决方案多样化以及跨境电商主体多元化五大发展趋势。

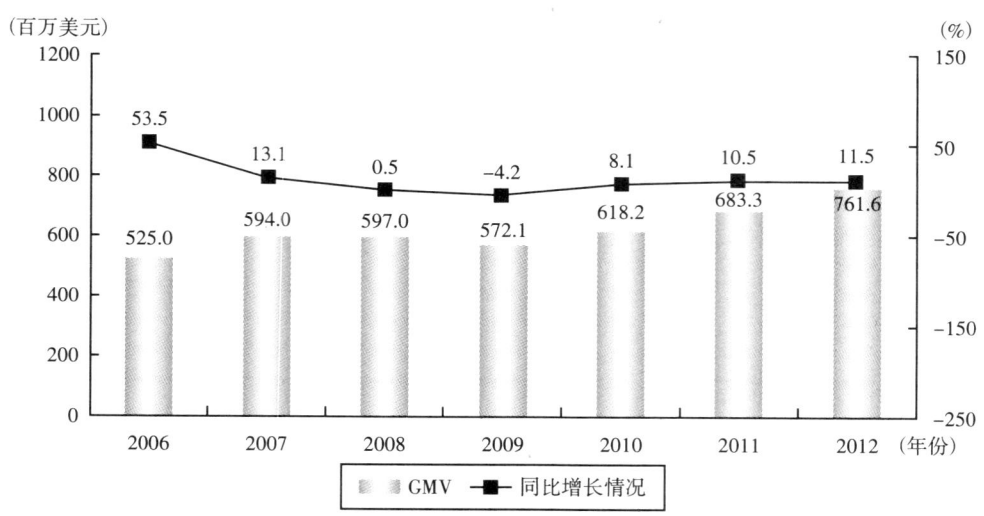

图 2-4-9 eBay 2006~2012 年 GMV 增长情况

（1）品类趋势：品类更多，机会更多。不断拓展销售品类将成为大中华区卖家业务扩张的重要手段。销售品类的不断拓展，将更多重量高、体积大、形状特异的商品引入了全球消费者的视野内，不仅使得"中国产品"和全球消费者的日常生活联系更加紧密，而且也有助于大中华区卖家抓住最具消费力的全球跨境网购群体。

（2）目的地市场趋势：成熟市场潜力巨大、新兴市场加速成长。人均购买力强、网购观念普及、消费习惯成熟、物流等配套设施完善——这些良好的市场氛围将使大中华区卖家在以美国、英国、德国、澳大利亚为代表的成熟市场保持着旺盛的发展势头；与此同时，不断崛起的新兴市场正在成为跨境电商零售出口产业的新动力。

（3）买家消费趋势：移动科技引领多屏幕、全渠道购物体验。移动技术的进步使线上与线下商务之间的界限逐渐模糊，以互联、无缝、多屏为核心的"全渠道"购物方式将快速发展，使消费者能够随时、随地、随心购物，极大地拉动市场需求，增加跨境零售出口电商的机会，同时也对卖家如何把握"指尖经济"提出了新挑战。

（4）跨境交易本地化趋势：多样化物流解决方案提升竞争力。越来越多的大中华区卖家将通过建立或采用海外仓储来加快商品配送速度，提升退换货体验，提高服务标准，从而获得目的地市场的"本地化竞争优势"。

（5）卖家群体趋势：将出现更多元化的经营者。跨境电商零售出口为诸多中小企业、创业者提供了迅速把握全球商机的捷径；另外，许多大卖家、传统外贸企业也正不断加大在电商平台上的投资力度，拓展业务并提升服务水平。更加多元化的跨境零售出口主体将进一步改善买家购物体验，提升行业整体服务水准。

## （六）经营和财务绩效

表 2-4-5　eBay 2013~2014 年度经营与财务业绩比较

单位：百万美元

| 年　份 | 2014 | 2013 |
| --- | --- | --- |
| 收入 | 17902 | 16047 |
| 总资产 | 45132 | 41488 |
| 净利润 | 46 | 2856 |

续表

| 年份 | 2014 | 2013 |
|---|---|---|
| 净利润率（%） | 0.26 | 17.80 |
| 总资产报酬率（ROA）（%） | 0.10 | 6.88 |
| 净资产报酬率（ROE）（%） | 0.23 | 12.08 |
| 资本性支出（CAPEX） | 395 | 375 |
| CAPEX占收比（%） | 2.21 | 2.34 |
| 经营活动净现金流 | 5677 | 4995 |
| 每股经营活动净现金流（美元/股） | 4.64 | 3.86 |
| 自由现金流（FCF） | 5282 | 4620 |
| 自由现金流占收比（%） | 29.51 | 28.79 |
| 每股盈利（EPS）（元/股） | 0.04 | 2.20 |
| 每股股利（DPS）（元/股） | 0 | 0 |
| 股利支付率（%） | 0 | 0 |
| 主营业务收入增长率（%） | 11.56 | 14.03 |
| 总资产增长率（%） | 8.78 | 11.91 |
| 净利润增长率（%） | -98.39 | 9.47 |
| 经营活动现金流增长率（%） | 13.65 | 30.15 |
| 资产负债率（%） | 55.89 | 43.00 |
| 流动比率 | 151.34 | 184.22 |
| 总资产周转率（次） | 0.40 | 0.39 |
| 股息 | 0 | 0 |
| 内部融资额 | 1536 | 4256 |
| 研发支出 | 2000 | 1768 |
| 研发支出占收比（%） | 11.17 | 11.02 |

表 2-4-6　eBay 轻资产特征一览表

单位：%

| 序号 | 项目 | 2014年 | 2013年 |
|---|---|---|---|
| 1 | 现金类资产比重 | 35.17 | 33.74 |
| 2 | 应收账款比重 | 1.77 | 2.17 |
| 3 | 存货比重 | 0 | 0 |
| 4 | 流动资产比重 | 58.79 | 56.12 |
| 5 | 固定资产比重 | 6.43 | 6.65 |
| 6 | 流动负债比重 | 38.84 | 30.46 |
| 7 | 应付账款比重 | 0.89 | 0.74 |
| 8 | 无息负债比重 | -0.88 | -1.42 |
| 9 | 有息负债比重 | 16.90 | 9.94 |
| 10 | 留存收益比重 | 41.88 | 45.44 |
| 11 | 营运资金（百万美元） | 9000 | 10644 |
| 12 | 现金股利（百万美元） | 0 | 0 |
| 13 | 内源融资（百万美元） | 1536 | 4256 |
| 14 | 资本性支出（百万美元） | 395 | 375 |
| 15 | 现金储备（百万美元） | 15875 | 13996 |
| 16 | 自由现金流（百万美元） | 5282 | 4620 |

## （七）内控与风险管理

### 1. 收费模式陈旧

eBay中国的失败主要归因于其收费模式的陈旧。2003年eBay通过收购易趣网进入中国市场，当时的易趣占据着中国在线拍卖市场近80%的市场份额。然而，淘宝的免费模式，给中国网购市场带来了颠覆性的变革，通过免费模式，淘宝迅速聚拢了中国零售市场大批分散的中小型卖家，并开发即时通讯工具，提高商家和买家的沟通效率。eBay因此折戟中国C2C市场，并于2006年底转型跨境B2C交易。

不仅在中国市场，eBay采取这种收费的模式并非基于"效果"收费，且收费不低，导致包括美国本土在内的多个市场的一部分商家出逃，它们或转投亚马逊等其他电商平台，或直接建立自己独立的网站，通过购买谷歌关键字获取流量。之后，eBay多次在多个市场采取不同程度的降低费用策略，包括降低信息发布及图片展示，以及交易佣金方面的费用，从而降低卖家流失风险。

### 2. 拍卖模式遭遇挑战

成立于1995年的eBay曾成功将美国的旧货市场搬到了互联网上，给买卖旧货的双方搭建了更为便捷的平台，并迅速聚集了大量的用户，eBay上拍卖的商品，也逐渐由传统的旧车、旧家具、古玩，扩展到各种稀奇古怪的东西。作为平台，除了基本的运营开支，eBay几乎没有其他大项目的开销，成立初期毛利率甚至长时间高达80%。相比之下，在那段时间，由于电子商务产业链不成熟，不少B2C电商遭遇着库存积压、物流建设成本高、供应链不完善等问题。

随着物流体系的完善、产业链走向成熟，以及互联网的普及，用户对于网购体验的要求也越来越高，亚马逊在品类、品质、低价、物流、供应链管理、信用等方面的优势逐渐显现，拍卖模式遭遇严峻挑战，eBay电子商务老大的宝座于是让位于亚马逊。

### 3. 诚信问题频发

作为平台，eBay独立于买卖双方的交易，但对信用问题的把控能力却并不强大。为了避免买卖双方的欺诈作假行为，eBay建立信用评分制度，要求买卖双方相互评分，进而你可以查看到eBay每一个用户，包括商家的交易记录和评价好坏。这些举措一定程度上规范了eBay以及PayPal使用上的交易规则，但仍无法完全杜绝信用问题发生。欧莱雅、蒂芙尼等公司，都曾提起诉讼，称有人借eBay网站出售假冒产品侵权。为此，eBay每年在各种信用方面的诉讼麻烦并不少。

## （八）前景展望

互联网行业虽然刚刚兴起，前途无量，但在这个行业中却很少有企业能够长久地存活下去。据统计，互联网企业的平均寿命只有7年。在这样的生命速度中，eBay活过了15年，几乎单枪匹马地创建了全球性的二手商品交易平台和评估机制，开创了人人机会均等的交易环境。虽然在中国和日本遇到挫折，但仍然无损于eBay在世界范围内赢得的开创性胜利。eBay过去的成功得益于商业模式的创新，得益于良好的企业价值观。然而随着时代的发展，互联网行业每时每刻都在发生巨大的改变。eBay更是遭受到来自各方的挑战。对于未来，eBay的前景是光明的，但道路难免曲折。根据电子商务的发展趋势，eBay未来可以在以下两个方面加强转变。

### 1. 用创新打开通往未来的通道

创新是企业发展的不竭动力，科技创新不仅可以让eBay保持在时代前列，同时也有利于着手解决如何前进的问题。eBay的未来应该拥有无限的想象，PayPal的市场应该还有无穷的潜力。目前，全球商业总产值高达24万亿美元，其中在线电子商务仅有2.5万亿美元，比重为10%。如果把所有商业交易当成PayPal的潜在市场，尤其考虑到更多的购物转至线上以及PayPal向更多的实体店POS机渗透，那其中的可能性就是无限大。而在美国，每3个成年人当中，就有一个是活跃的PayPal用户。尽管如此，eBay还是面临巨大的竞争。从eBay交易平台来说，亚马逊、阿里巴巴的崛起都带走了大量用户，导致eBay交易额逐步下滑。从PayPal支付平台来说，即使PayPal现阶段有160万活跃用户的明显优势，但苹果的强大用户群一旦形成新的支付习惯，将给PayPal带来威胁。PayPal需要告诉投资者如何保持市场份额，特别是在智能手机的移动支付上。PayPal收购了移动钱包技术公司Paydiant，旨在加强面向实体零售业务的移动支付服务，助力PayPal与苹果、谷歌等展开移动支付竞争。市场瞬息万变，eBay的创新不能止步。

2. 用移动业务引领未来发展

eBay令人兴奋的前景与其传统拍卖业务甚至核心的电子商务运营并无太大关系，尽管该公司的市场部门实现了不错的业绩并且是自2006年以来最好的，但其大部分的增长来自移动零售和PayPal在线支付部门，eBay在2002年收购该公司，价格仅为15亿美元，现在看来这是一笔非常划算的交易。随着消费者开始在自己的手机上进行购物，移动继续成为游戏改变者。到目前为止，已有9000万用户下载了eBay的移动应用程序，60万客户完成了自己首笔移动购物，其中每30秒就有用户通过eBay移动网站购买一个女性手提包。移动技术正彻底改变传统的购物和支付方式，并日渐成为消费者数字化生活的中心，这无疑提升了跨境零售出口电商的机遇。移动技术的进步使得线上和线下消费之间的界限逐渐模糊，但消费者依然希望得到与传统零售购物一致的消费体验。为满足消费者对移动购物体验更高的要求和期待，eBay应该不断地创新移动设备应用，让全球消费者随时、随地、随心购物，同时也把大中华区卖家的商品放进千百万全球消费者的口袋里，帮助他们紧抓指尖上的商机。

**附件一：eBay 财务报告（2014 年）**

1. 合并资产负债表

单位：百万美元

| 年 份 | 2014 | 2013 |
| --- | --- | --- |
| 资产 | | |
| 流动资产 | | |
| 　现金及现金等价物 | 6328 | 4494 |
| 　短期投资 | 3770 | 4531 |
| 　应收账款净额 | 797 | 899 |
| 　贷款及应收利息净额 | 3600 | 2789 |
| 　应收基金及其他应收款 | 10545 | 9260 |
| 　其他流动资产 | 1491 | 1310 |
| 　流动资产合计 | 26531 | 23283 |
| 　长期股权投资 | 5777 | 4971 |
| 　固定资产净额 | 2902 | 2760 |
| 　商誉 | 9094 | 9267 |

续表

| 年份 | 2014 | 2013 |
|---|---|---|
| 无形资产净额 | 564 | 941 |
| 其他资产 | 264 | 266 |
| 资产合计 | 45132 | 41488 |
| 负债及所有者权益 | | |
| 流动负债 | | |
| 　短期银行借款 | 850 | 6 |
| 　应付账款 | 401 | 309 |
| 　应付基金及其他应付款 | 10545 | 9260 |
| 　应计费用及其他流动负债 | 5393 | 2799 |
| 　递延收益 | 188 | 158 |
| 　应交所得税 | 154 | 107 |
| 　流动负债合计 | 17531 | 12639 |
| 递延所得税负债净额 | 792 | 841 |
| 长期借款 | 6777 | 4117 |
| 其他负债 | 126 | 244 |
| 负债合计 | 25226 | 17841 |
| 所有者权益 | | |
| 　股本 | 2 | 2 |
| 　股本溢价 | 13887 | 13031 |
| 　库存股 | (14054) | (9396) |
| 　留存收益 | 18900 | 18854 |
| 　累计其他综合收益 | 1171 | 1156 |
| 所有者权益合计 | 19906 | 23647 |
| 负债及所有者权益合计 | 45132 | 41488 |

2. 合并损益表

单位：百万美元（除每股数额）

| 年份 | 2014 | 2013 | 2012 |
|---|---|---|---|
| 营业收入 | 17902 | 16047 | 14072 |
| 营业成本 | 5732 | 5036 | 4216 |
| 毛利润 | 12170 | 11011 | 9856 |
| 营业费用 | | | |
| 　销售费用 | 3587 | 3060 | 2913 |
| 　产品研发 | 2000 | 1768 | 1573 |
| 　管理费用 | 1843 | 1703 | 1567 |
| 　财务费用 | 958 | 791 | 580 |
| 　无形资产摊销 | 268 | 318 | 335 |
| 　营业成本合计 | 8656 | 7640 | 6968 |
| 营业利润 | 3514 | 3371 | 2888 |
| 利息及其他 | 17 | 95 | 196 |
| 税前利润 | 3531 | 3466 | 3084 |
| 所得税费用 | (3485) | (610) | (475) |

续表

| 年份 | 2014 | 2013 | 2012 |
|---|---|---|---|
| 净利润 | 46 | 2856 | 2609 |
| 普通股每股收益 | | | |
| 　基本每股收益 | 0.04 | 2.20 | 2.02 |
| 　摊薄每股收益 | 0.04 | 2.18 | 1.99 |
| 用加权平均数计算的普通股数 | | | |
| 　基本普通股加权平均数 | 1251 | 1295 | 1292 |
| 　摊薄普通股加权平均数 | 1262 | 1313 | 1313 |

3. 合并现金流量表

单位：百万美元

| 年份 | 2014 | 2013 | 2012 |
|---|---|---|---|
| 经营活动现金流 | | | |
| 净利润 | 46 | 2856 | 2609 |
| 调整 | | | |
| 　交易和贷款损失 | 958 | 791 | 580 |
| 　折旧和摊销 | 1490 | 1400 | 1200 |
| 　股权激励 | 675 | 609 | 488 |
| 　递延所得税 | 2808 | (31) | (35) |
| 　从股票补偿中得到的溢税收益 | (115) | (201) | (130) |
| 　股权投资出售收益 | — | (75) | — |
| 　剥离业务所得 | — | — | (118) |
| 资产负债变化，收购净影响 | | | |
| 　应收账款 | 16 | (123) | (207) |
| 　其他流动资产 | (183) | (378) | (310) |
| 　其他非流动资产 | 14 | (108) | (96) |
| 　应付账款 | 87 | 7 | (16) |
| 　应计费用及其他负债 | (347) | (3) | (164) |
| 　递延收益 | 30 | 20 | 28 |
| 　应交所得税及其他应交税款 | 198 | 231 | 9 |
| 经营活动产生的现金流量 | 5677 | 4995 | 3838 |
| 投资活动现金流 | | | |
| 　固定资产及设备购置 | (1271) | (1250) | (1257) |
| 　主要应收账款净变化 | (1020) | (794) | (727) |
| 　股权投资 | (8834) | (7505) | (3128) |
| 　投资出售 | 8524 | 3943 | 1421 |
| 　收购净现金 | (59) | (869) | (143) |
| 　应收票据的偿还及关联股权的出售 | — | 485 | — |
| 　剥离业务的收益（扣除先进的净收益） | — | — | 144 |
| 　其他 | (13) | (22) | (73) |
| 投资活动产生的现金流量 | (2673) | (6012) | (3763) |
| 融资活动现金流 | | | |
| 　发行普通股所得收益 | 300 | 437 | 483 |
| 　普通股回购 | (4658) | (1343) | (898) |

续表

| 年 份 | 2014 | 2013 | 2012 |
|---|---|---|---|
| 从股票补偿中得到的溢税收益 | 115 | 201 | 130 |
| 以限制性股票奖励份额净值结算相关税扣缴 | (252) | (267) | (186) |
| 发行长期债券所得净额 | 3482 | — | 2976 |
| 偿还商业票据计划 | — | — | (550) |
| 偿还债务 | — | (400) | — |
| 应收基金及其他应收款 | (1285) | (1149) | (4126) |
| 应付基金及其他应付款 | 1285 | 1149 | 4126 |
| 其他 | (9) | 18 | (4) |
| 融资活动产生的现金流量 | (1022) | (1354) | 1951 |
| 汇率变动对现金及现金等价物的影响 | (148) | 48 | 100 |
| 现金及现金等价物的增加 | 1834 | (2323) | 2126 |
| 期初现金及现金等价物余额 | 4494 | 6817 | 4691 |
| 期末现金及现金等价物余额 | 6238 | 4494 | 6817 |

## 附件二：eBay 大事记

1999 年 5 月，eBay 合并线上付款服务公司 Billpoint。该公司于 eBay 并购 PayPal 后结束营业。

1999 年，eBay 合并了 Butterfield & Butterfield。该公司在 2002 年卖给了 Bonhams。

1999 年，eBay 以 4300 万元合并了 Alando。该公司后被合并在 eBay 德国之下。

2000 年 6 月，eBay 合并了 Half，并将其整合在 eBay 中。

2001 年 8 月，eBay 合并了 Mercado Libre、Lokau 及 iBazar 等三家拉丁美洲的拍卖网站。

2002 年 2 月，eBay 以 950 万元并购中国台湾最大的拍卖网站 uBid（力传资讯），并改成中国台湾 eBay。但数个月之后被并公司的高阶主管集体请辞。

2002 年 6 月，eBay 以价值 15 亿元的股票合并了 PayPal。

2003 年 7 月 11 日，eBay 以 1.5 亿元现金合并了中国最大电子商务公司 EachNet（中文名称："易趣"），并推出联名拍卖网站"eBay 易趣"。

2004 年 6 月 22 日，eBay 以 5000 万元及额外的现金并购印度拍卖网站 Baazee。

2004 年 8 月 13 日，eBay 自一位前 Craigslist 员工处取得了该公司 25% 的股权。

2004 年 9 月，eBay 将合并眼光摆到其在韩国的对手 Internet Auction Co.（IAC），并以每股 125000 韩元（约合 109 美元）的价格取得该公司近 300 万的股权。

2004 年 11 月，eBay 以 2.25 亿欧元并购 Marktplaats。该公司借着专注在小型广告上而取得在荷兰的八成市场，并成为 eBay 在荷兰的主要竞争者。

2004 年 12 月 16 日，eBay 以 3000 万元现金和总值 3.85 亿元的 eBay 股票并购 Rent。

2005 年 5 月，eBay 合并 Gumtree。该公司是一家提供城市分类广告的网站。

2005 年 6 月，eBay 以 6.35 亿元并购 Shopping。该公司是一家线上比价网站。

2005 年 9 月，eBay 以 26 亿元现金及股票并购 VoIP 业者 Skype。

2006 年 6 月 5 日，eBay 与中国台湾 PChome Online 网路家庭宣布进行合作投资，双方将于 2006 年下半年推出联名拍卖网站。

2006 年 9 月 6 日，eBay 与中国台湾 PChome

Online 网路家庭宣布,将在 2006 年 9 月 25 日推出联名拍卖网站"露天拍卖"。

2006 年 10 月,eBay 与中国台湾 PChome Online 网路家庭合资的"露天市集国际资讯股份有限公司"(PChome eBay Co., Ltd.)成立,中国台湾 eBay 随之关闭。

2006 年 12 月,eBay 宣布与中国 Tom 成立合资公司,新的合资公司 Tom 占 51% 股份,eBay 占 49%,将继续易趣国内交易。另成立新公司 CBT 负责跨国交易部分的业务。

2012 年 4 月,易趣不再是 eBay 在中国的相关网站,易趣为 Tom 集团的全资子公司,易趣网站提供的各项服务均不受影响。

2012 年 9 月 6 日,eBay 宣布已收购了只有 6 名员工的社交购物推荐平台 Svpply。eBay 表示,这笔收购将帮助该公司获得人才,改进在线购物平台,尤其是平台的个性化体验和营销方式。

2013 年 4 月,eBay 集团于 2013 年 4 月 17 日发布了截至 2013 年 3 月 31 日的 2013 财年第一季度财报。报告显示,eBay 第一季度净营收为 37 亿美元,较 2012 年同期增长 14%;基于美国通用会计准则计算的净利润为 6.77 亿美元,每股摊薄收益为 0.51 美元;未基于美国通用会计准则计算的净利润为 8.29 亿美元,每股摊薄收益为 0.63 美元。

2014 年 2 月,国际电商 eBay 宣布收购了电脑图像公司 PhiSix。PhiSix 能够根据照片、图形文件及其他来源创立 3D 模型,并模拟服装上身后的试穿效果。

2014 年 4 月 10 日,eBay 宣布与激进投资者卡尔·伊坎(Carl Icahn)达成和解,从而避免了即将到来的代理权争夺战。

2014 年 9 月 30 日,eBay 董事会批准公司旗下的 eBay 和 PayPal 业务 2015 年分拆成两家独立的上市公司的计划。分拆后,eBay 市集业务现任总裁德文·韦尼希(Devin Wenig)将执掌 eBay,而新招揽的前美国运通高管丹·舒尔曼(Dan Schulman)将出任 PayPal CEO。

**SUNING 苏宁**

**Suning 苏宁**

**苏宁易购**
suning.com

苏宁的 LOGO 设计采取差异化策略，在集团办公、行政商务等领域采用大写字体"SUNING 苏宁"；而面向消费者的线下实体店面则采用小写字体"Suning 苏宁"，线上电子商务平台沿用"suning.com 苏宁易购"名称，增强了亲和力和体验感。结构化的视觉体系使得苏宁品牌内涵更丰富，架构更清晰，颜色更多彩，表达力更强。

苏宁易购 LOGO 主要运用百兽之王"狮子"作为设计元素，与图形中"云"的嘴部特征巧妙结合，来诉说苏宁易购线下与线上统一的云商模式。同时，以极简、亲和可爱的形象变化去吸引年轻化、个性化的消费群体，提升消费体验。在色彩方面，新 LOGO 改变原苏宁易购"电器化"感受略强的蓝色，传承黄色，与包容性、时代感最强的黑色构成全新色彩体系。英文大小写混合的设计考虑使得整体在视觉上更具平衡性，且此形式改变传统对称的标志组合形式，运用小狮子的眼睛与中文形成视觉平衡，错位式组合形式加强整体的独特性与互联网行业现代、活泼的特性，使标志更为符号化。

张近东
苏宁云商董事长

张近东：1963年3月出生于安徽天长，1981年至1984年在南京师范大学中文系读书；1984年至1989年在南京市鼓楼区工业总公司任职；1990年12月26日，张近东以10万元自有资金，在南京宁海路租下一个200平方米的门面房，取名为苏宁交家电，专营空调；2004年张近东被评为"2004年度中国民营经济十大风云人物"，并先后被中华青年联合会授予"中国青年五四奖章"、被中华全国工商联合会授予"优秀中国特色社会主义事业建设者"、被国家民政部授予"中华慈善奖"、被中华慈善总会授予"中国十大公益楷模"、被《中国企业家》杂志连续五年评为"中国最具影响力的25位企业领袖"、被《21世纪经济报道》评选为"2009年度华人经济领袖"、被美国《财富》杂志评选为"中国最具影响力的25位商界领袖"和"2010年度中国商人"、被中国扶贫基金会授予"中国消除贫困奖"；2013年"两会"期间，成为网店增税提案第一人；2014年，张近东以440亿元，位列胡润百富榜第11位，并担任全国政协委员、中华全国工商联副主席等职务，成为中国民营经济和商业领域的企业领袖。

金明
苏宁云商首席执行官

金明：1989年9月至1993年7月就读于南京师范大学。1993年，苏宁电器开始引进应届大学毕业生，金明从南京师范大学毕业后直接加入苏宁电器；1994年至2010年7月，金明先后担任苏宁交家电（集团）有限公司营销管理中心总监，苏宁电器股份有限公司副总裁等职务；2010年7月28日，金明出任苏宁电器总裁，全面负责公司运营管理；2013年12月至今，任苏宁云商集团股份有限公司董事、总裁。并在公司下属子公司——香港苏宁电器有限公司、GRANDA MAGIC LIMITED、GREAT ELITE LIMITED、香港苏宁采购有限公司、香港苏宁云商有限公司、香港港宁广告有限公司等31家子公司担任法定代表人。

## 五  苏宁云商公司可持续发展报告（SUNING）

### （一）公司简介

苏宁云商集团于1990年在南京成立，经过25年的发展，苏宁云商已经建立起了覆盖海内外600多个城市的实体连锁网络和综合型电子商务平台。苏宁云商是国内率先提出并实现O2O融合发展的大型零售企业，其中，其线上平台苏宁易购跻身中国电商B2C市场前三，线下连锁网络覆盖中国内地、中国香港和日本东京、大阪等地区，拥有1600多家实体门店和18万员工。目前苏宁云商已经成为中国最大的商业零售企业，蝉联全国工商联2014年度中国民营企业500强榜首。苏宁云商是一家对科技、信息技术有执着追求的公司，早在1993年，苏宁云商就配备了十几台电脑，并且将这些电脑连起来，建立了一个基于DOS系统的单机应用，并在空调业内率先建立了一套完整的售后服务管理系统，将客户购买空调的送货信息、安装信息、维修记录存入数据库，并进行计算机流程化管理，这是苏宁云商信息化的最初实践。也正是由于对科技、信息技术的重视，作为后起之秀的苏宁云商才能在与诸多国营商场激烈的市场竞争中脱颖而出，成为空调领域的销售冠军。

1999年，苏宁云商顺应商业模式变革，开始二次创业征程。在巅峰时期的苏宁云商，毅然决然地砍掉了占全公司90%业绩的空调批发业务，开始由批发转向全国连锁经营，因为这次转型，苏宁云商开始迈向全国，迎来了纵横捭阖的新时代。在当今互联网、物联网、大数据时代，苏宁云商创新科技零售，以云技术为基础，云服务为产品，整合前台后台、协同线上线下、融合互联物联，拓展全渠道、经营全品类、服务全客群，为生产商、代理商、零售商提供开放的金融服务、供应链服务和产品品牌推广服务，为个人、家庭、企事业客户提供产品、内容、应用整体智能解决方案，开创"店商+电商+零售服务商"的云商模式。

苏宁云商的发展历程可以概括为以下五个时期：

第一，创业积累期（1990~1993年）：刚刚成立的苏宁云商，从空调专营起步，建立起完整的"配送、安装、维修"一体化的服务体系，组织了300人的专业安装队伍，为顾客免费安装，让消费者在最短的时间内用上空调。这一招在今天已成为商家的"常规武器"，而在当时却是"撒手锏"，苏宁云商的优质服务得到了消费者的大力支持，是其在"原始积累期"得以生存发展的一大社会根基。与此同时，苏宁云商开辟了"厂商合作"新模式。从1991年起，率先向供应商渗透商业资本，首创了经销商在淡季向生产商打款这一"逆向运作方式"，与当时两大空调供应商建立新的厂商购销模式，确保旺季获得稳定货源和优惠价格。

第二，快速扩张期（1994~1996年）：从1994年起，苏宁云商大力发展全国性的批发业务，以南京为大本营建立起辐射全国的批发网络4000多家，庞大的分销体系发挥了强大的作用。苏宁云商包销了华宝、三菱的30%的产量，松下50%的国内市场份额。借助全国批发网络，苏宁云商迎来了企业发展的第一次大跳跃，从1993年的3亿元发展到1996年的15亿元，增长了400%。20世纪90年代中期，中国家电市场从"短缺经济"逐步转变为"过剩经济"。这一市场背景的转变，给苏宁云商未来发展提出了严峻的挑战，如果继续过去的"批发模式"，就会自断生路。此时，苏宁云商未雨绸缪，开始了直营连锁之路。1996年3月28日，苏宁云商第一家全资子公司——扬州苏宁交家电公司成立，从此揭开了苏宁云商连锁经营的序幕。

第三，调整发展期（1997~1998年）：20世纪90年代中后期，空调生产厂家要对市场精耕细作，明确提出"限制大户、培育中户、发展小户"的市场经营策略。此时，苏宁云商拥有众多品牌总经销或总代理资格。两种市场策略可谓"针尖对麦芒"。为了跳出"市场恶性循环圈"，苏宁云商主动放弃了自己熟悉的空调批发业务，转型做零售，实行了以"零售为核心"的经营战略，实现"点对点"的市场交易，并在终端市场确立了自身的市场地位，这是苏宁云商发展历程中的一次重大战略转折点。1998年，苏宁云商实现了由"批发模式"向"自营零售体系"的"市场软着陆"，而避免了一场"市场风暴"。一大批批发大户偃旗息鼓，而苏宁云商却实现了28亿元的销售业绩，第6次蝉联中国最大空调经销商桂冠。

第四，二次创业期（1999~2011年）：1999年，苏宁云商十周年之际，在号称"中华第一商圈"的南京新街口，18层的苏宁电器大厦盛大开业，从此，苏宁云商开始从单一的空调业务全面转向综合电器。与此同时，企业投资3000万元实施了ERP工程，并在2000年成功上线，增强了企业市场反应能力。2003年苏宁云商首创"3C（电脑、通信、家电）模式"，这是家电直销第三代经营模式。2004年7月21日，苏宁云商在"深交所"成功上市，标志着苏宁云商连锁事业迎来了更加广阔的社会舞台。2006年11月14日中国移动—苏宁云商两大巨头战略结盟。2011年11月8日，由中国民营企业联合会、中国统计协会、北京大学中国民营企业研究所发布的2011中国民营企业五百强排行榜中，苏宁云商以1562.23亿元的营业收入名列第三。

第五，蜕变期（2012年至今）：随着网上电子商务、网购的不断兴起，传统的销售实体店受到越来越大的竞争压力。伴随以京东商城为代表的一批电商的异军突起，其在电子产品和家电销售领域占据了越来越多的市场份额，而且由于价格相对实体店来说有很大优惠，所以电商越来越受到消费者青睐，这让传统的实体店巨头苏宁云商感受到巨大的压力，要想生存和发展就不得不进行蜕变。2011年，苏宁云商董事长张近东去美国考察沃尔玛、亚马逊、Bestbuy等行业领导者，随后参观访问位于硅谷的IBM、Google、微软、Facebook等IT巨头，参观学习其后台支持系统。回国后，张近东召开会议，要求全力以赴加强电子商务的技术研发。2012年，张近东还邀请包括华为、腾讯在内的全国各大IT公司高层到苏宁易购总部南京开会。这一年中张近东集合海外及国内一切可以利用的力量做电商，最终目标是在中国做"亚马逊+沃尔玛"模式的电子商务网站。

截至2014年12月31日，苏宁云商总资产为821.94亿元，股东权益为295.37亿元，股数为7383043150股，员工人数为13391人，其股权结构如图2-5-1所示。全年实现主营业务收入1072.60亿元，净利润为8.67亿元，每股盈余为0.12元。2014年12月31日收盘价为9.00元，市盈率为75。

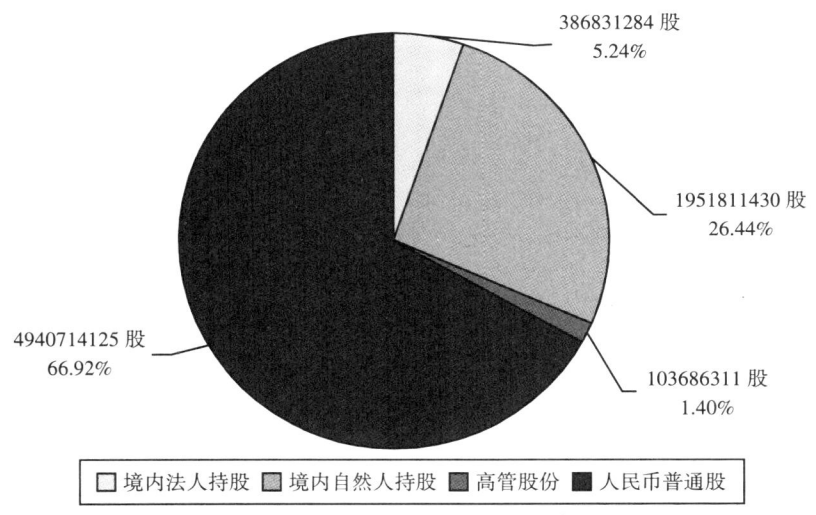

图 2-5-1　苏宁云商股权结构示意图

## （二）公司战略

苏宁云商作为目前国内最成功的连锁商业企业，在其经营发展的各个阶段，根据宏观环境的变化和企业自身资源情况，审时度势，采取了恰当的战略，使企业不断发展壮大，并展现出良好的发展态势，其成功经验和战略选择路径值得其他同类型企业借鉴。以下为苏宁云商在其发展过程中采用的战略总结。

### 1. 重点集中战略

众所周知，企业在创立初期，由于资源等各方面条件限制，其抗风险能力较差，很多企业因项目选择错误导致企业无法生存。因此，选准创业项目所处行业，成为决定企业能否生存下去的关键因素。苏宁云商创业时间点为20世纪90年代初期，在那个时期伴随国民收入水平的提高，诸如电视、冰箱、洗衣机以及空调等家用电器均以较快速度进入普通家庭。显然，从经济因素的角度看出现了巨大的市场机会，但接下来的问题是，进入家电行业起码存在两种选择，一是进行家电产品制造，二是进行家电产品销售。进行家电产品的制造，资金、生产规模、技术等进入条件相对较高，而家电产品销售，所面对的进入条件显然较低。同时，当时所有家电销售企业规模均很小，且几乎都是面向一个小区域市场，没有实力强大的竞争对手。针对行业竞争格局并结合自身的情况，显然应该选择家电销售作为其主营业务。正是由于苏宁云商在创业初期对于市场机会的敏锐感知，并结合自身的实际情况做出了正确的战略选择，即选择了重点集中战略，将企业的主要资源集中于家电销售业务，为此后的发展奠定了坚实的基础。

### 2. "成本领先＋横向一体化"战略

20世纪90年代初，国内众多企业均看到了家电行业的市场机会，纷纷涌入这一庞大的市场，尤其是家电销售领域，几乎每个大中城市均有为数众多的企业，同时在某些区域中心城市出现了规模较大的家电产品专营市场，行业的竞争渐趋激烈。此外，由于国内家电产品同质化程度过高，造成各商家间为了抢夺市场份额，往往采取单纯的价格竞争。企业要想在残酷的价格竞争中立于不败之地，必须想方设法降低成本，即采取成本领先战略。从经济学的角度看，企业的成本可分为固定成本和变动成本两个部分，而降低固定成本的最有效手段就是迅速扩大企业规模以获取规模效应，从而有效降低固定成本。从苏宁云商的发展历程看，这一阶段从1994年至2005年持续了10年左右时间，在此期间，苏宁云商采取"租、建、购、并"四位一体的方式，实施了横向一体化战略，将业务从南京逐渐扩展到整个华东地区，进而在全国形成完整的销售网络。

3. 差异化战略

由于每家家电销售企业销售的产品几乎都是相同的，消费者在决定从哪家企业购买产品时，其主要的决策标准显然是售后服务的水平。作为销售型企业的苏宁云商，由于自身不生产具体产品，不可能从核心产品和形式产品层面去寻求差异化，只能从延伸产品即服务方面去寻求差异化的途径。因此，我们可以看到苏宁云商从1994年至2005年长达12年的时间里，在产品服务方面付出了大量的努力，诸如建立自己的物流网络来提升物流服务水平、引入ERP系统以提高对于消费者需求的响应速度、降低库存成本等措施，使得苏宁云商的售后服务水平在国内家电企业中处于领先地位，具备了明显的差异化优势。

4. 多元化战略

2006年以后，随着国内家电行业进入成熟期，产品销售增长率逐渐下降，单纯依靠销售产品已经很难满足企业进一步发展的要求。面对这样的市场环境，采用多元化战略能够帮助处于需求增长放缓甚至下滑市场中的企业寻找到新的利润增长点，提高企业抵御风险的能力。苏宁云商从2006年开始尝试多元化经营，其中比较典型的是介入商业地产行业。近几年来，苏宁云商在国内一些重点城市开发了诸如"苏宁广场"类型的大型商业地产项目。此外，针对家电产品增长率下滑的市场环境，苏宁云商开始在其网购平台大规模引入包括日用品、服装、食品、图书等涵盖各种需求的产品销售，以期弥补家电产品销售下滑的损失，并增加企业的盈利能力。同时，针对消费者购买方式的转变及网络技术的发展，大力推进网购平台的建设。

5. 国际化战略

综观目前世界上的著名企业，当其面临国内市场需求下滑时，往往选择进入其他国家市场，进而进行国际化经营。按照战略管理的理论，企业进入国际市场的方式有多种，对于生产型企业而言，可以采取产品出口、国际并购、合资、独资等方式；而对于销售型企业，通常采取的方式是后三种，即并购、合资、独资等。2009年苏宁云商先后并购了日本LAOX电器和中国香港镭射，从而成功迈出了国际化经营的步伐，为其后续国际化的连锁经营打下良好的基础。

## （三）资本运营

苏宁云商从一家空调专营店起步，经过25年的发展，成功搭建起覆盖海内外600多个城市的实体连锁网络和综合型电子商务平台，目前已经成为中国最大的商业零售企业，其线下连锁网络覆盖中国内地、中国香港和日本东京、大阪等地区，其线上平台苏宁易购跻身中国电商B2C市场前三。取得如此骄人的业绩不仅与其精准的商业判断及踏实的经营模式相关，高效的资本运营策略同样也起到了举足轻重的作用。在公司不同的发展阶段，作为一家销售型企业，苏宁云商采用了最常见的并购手段（如图2-5-2、表2-5-1所示），以较低的代价换取了时间、空间、技术、人才、经验等多方面的高收益，极大地促进了公司各个目标的顺利实现。

1. 并购海外企业，借鉴国外先进经验

鉴于日本3C消费电子产品在技术、消费、渠道方面的领先地位，苏宁云商并购日本的LAOX，目标是增强自身在3C消费电子营销模式上的创新，并通过建立起协同采购平台提高自身

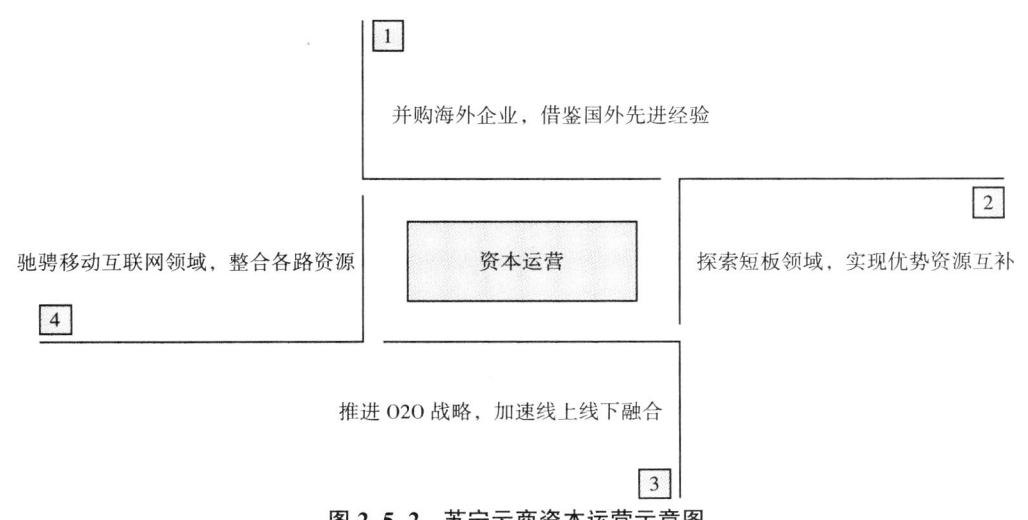

图 2-5-2　苏宁云商资本运营示意图

表 2-5-1　苏宁云商收购明细一览表

| 时间 | 事件 |
| --- | --- |
| 2009-06 | 苏宁云商以 8 亿日元收购日本 LAOX |
| 2009-12 | 苏宁云商以 1.19 亿港元收购中国香港镭射电器 |
| 2012-09 | 苏宁云商出资 6600 万美元收购红孩子公司 |
| 2013-10 | 苏宁云商以 2.5 亿美元收购 PPTV |
| 2014-01 | 苏宁云商以 700 万美元并购满座网 |
| 2014-09 | 苏宁云商以 1500 万美元收购好耶（中国）控股有限公司的全部股权 |
| 2015-06 | 苏宁云商以 5000 万元入股锤子科技 |
| 2015-08 | 阿里巴巴 238 亿元入股苏宁云商 |

3C 消费类电子产品的丰富度和竞争力。LAOX 有三个分别经营乐器、动漫、数码的品牌，苏宁云商通过并购把 LAOX 经营的一些产品引进中国，比如以个人娱乐为中心的音响、动漫、模型等，这些 LAOX 都已经有了非常成熟的经验和体系。苏宁云商通过此次并购，利用日本家电零售业的经验，完成国内业务的国际化改造，而这一改造除了与国内同行在经营水准方面拉开距离，还可以"以夷制夷"，抵御百思买等欧美家电连锁巨头在中国的攻城略地。

2. 探索短板领域，实现优势资源互补

2012 年 9 月 25 日，苏宁云商以 6600 万美元（约合 4.16 亿元人民币）的价格将母婴用品电子商务网站红孩子纳入旗下，这是苏宁云商首次通过收购扩张电子商务业务。收购原因除了红孩子自身具备的母婴、化妆领域领先优势外，双方的互补性强是促成并购的重要原因。红孩子以女性消费者为主，与苏宁云商现有的客户群体资源互补，而借助苏宁云商在全国领先的仓储配送网络，可大幅降低红孩子前后台的经营成本。

2013 年 10 月 28 日苏宁云商花费 2.4 亿美元成为 PPTV 第一大股东。收购 PPTV，对苏宁云商最直接的好处是弥补其在数字内容消费上的短板，这些内容可以直接和平板、手机、电脑产品挂钩，而未来则有可能打通视频和在线购物，实现智能家居系统里无所不在的屏幕之间的共通，从而建立起一个完整的互联网生态圈。

### 3. 推进O2O战略，加速线上线下融合

2013年6月，苏宁云商将原有的团购、旅行、虚拟产品三大频道整合升级，上线了本地生活频道，提供10多个一线城市的美食、娱乐、生活、酒店、商品团购等服务，可以看到团购是苏宁布局O2O的重要一环。

2014年1月，苏宁云商并购满座网。满座网除了其核心团队拥有丰富的本地生活类产品运作经验外，其业务范围目前已经涉及餐饮、电影、家政、美容、SPA、旅游、健身、租车、租房等领域，这正是苏宁本地生活频道服务所必需的。苏宁云商的目标是建立以门店为核心、辐射周边商户的O2O生态圈。满座网能够实现用户团购的交易，团购本身也是商家促销的手段，而苏宁云商最为外人称道的是其配送服务，二者打通以后，用户团购的需要配送的商品可以直接由苏宁店面配送，这是O2O中最重要的一环，苏宁的优势于此得到展现。

### 4. 驰骋移动互联网领域，整合各路资源

2014年9月，苏宁云商子公司与Allyes Information Technology Company Limited签署了《收购协议》，以基准对价1500万美元收购好耶（中国）控股有限公司的广告技术业务的全部股权。苏宁借此收购，获取其精准营销、自动化广告投放、实时竞价（RTB）等互联网广告技术和业务。

2015年6月，苏宁云商与锤子科技（北京）有限公司的相关股东正式签订协议，共出资5000万元认购锤子科技的部分股权，持股比例为1.89%。手机是互联网世界竞相追逐的风口，苏宁云商通过锤子手机可以轻易地获得移动互联网的入口。苏宁云商的移动端销售占比正在显著提升，目前已经超过了50%。苏宁云商在PC端已经落后于阿里巴巴和京东，而在移动端大家则处于同一起跑线，这是苏宁云商未来抢占更多市场份额的机会。另外，苏宁云商是国内最早获得虚拟运营商牌照的民营企业，目前已经开通了WCDMA制式和CDMA2000制式业务，在170号段可以覆盖电信和联通的信号，如果一款手机或者几款手机和170虚拟号段绑定，那么苏宁云商的虚拟运营商可以通过手机真正落地了。

## （四）商业模式

电子商务的快速发展给我国传统家电行业带来了很大冲击，苏宁云商作为行业龙头为应对外部环境的冲击和自身业绩的下滑，提出了"店商+电商+零售服务商"的云商模式。云商模式的核心是以云技术为基础，整合前台后台、融合线上线下，服务全产业、服务全客户群。从盈利模式上看，"店商+电商"强调的是通过商品的进销差价来赚取利润；"零售服务商"强调的是开放平台，通过整合内外部资源为商家、消费者提供增值服务来赚取利润。苏宁云商的商业模式内容包括以下几方面。

### 1. 打造线上线下相融合的O2O商业模式

O2O（Online to Offline）是一种新型电子商务商业模式，即"线上到线下"，将线上的虚拟商务与线下的实体门店相融合。线下商家可以到线上挖掘和吸引客源，而消费者可以先在线上挑选产品和服务，然后再到线下消费或体验，也可以在体验后完成线上支付。这种模式可以充分利用互联网的信息，挖掘线下资源，缩短消费时间，使消费者充分享受服务，满足消费者的需求（如图2-5-3所示）。

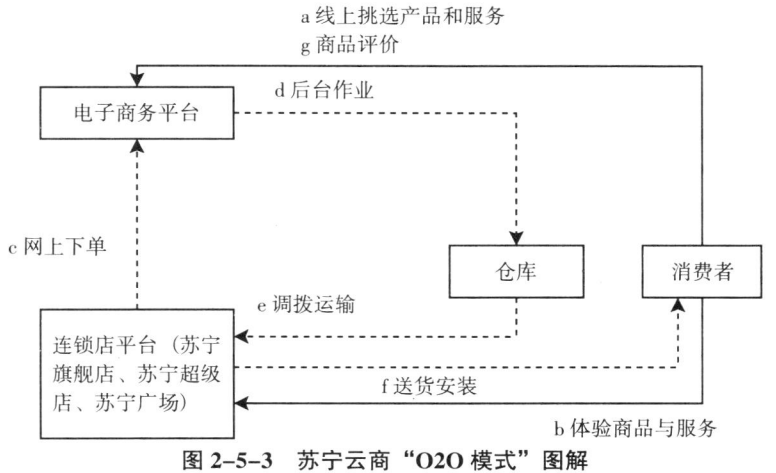

图2-5-3 苏宁云商"O2O模式"图解

（1）两大平台相辅相成，线上线下价格统一。苏宁O2O模式是全国首例大型零售商推行线上线下同价，如果线上或线下价格有阶段性波动，将采取就低不就高的原则。这种线上线下同价的方式，使消费者可以先在苏宁易购网上商城挑选产品与服务，然后再到线下实体店去体验。云商模式主要借助两大平台：连锁店面平台，主要包括苏宁旗舰店、苏宁超级店、苏宁生活广场和苏宁广场；电子商务平台，主要包括PC电脑终端、移动客户端、移动PAD客户端、智能电视和自动终端。这两大平台的相互融合，使得消费者可以及时了解商家的动态、商品的详细信息，减少消费者的交易费用，为消费者带来了诸多方便。同时，在两大平台上的信息集聚也为企业获得了成本优势，提高了经营效率。

（2）物联网、云计算技术及大数据管理提高企业的运作效率。云商模式充分利用物联网、云计算及大数据管理，在顾客下单后，提高后台作业效率和调拨运输能力。新技术的运用可以最大程度发挥线上线下协同效应。物联网的建立将使整个供应链和产业链效益得到极大的提高；大数据管理为消费者提供全面、及时的信息，并且顾客的反馈信息不仅可以优化企业管理路径，对产品优良的反馈也是产品再宣传的有力途径。

（3）苏宁云商的"超电器化"之路。苏宁云商于2012年推出了新一代实体门店"苏宁Expo超级店"，其经营产品涵盖十七大类，不仅是3C产品，还增加百货、图书、金融等产品，这标志着"超电器化"之路的开始。品类的拓展一定程度上可以为企业带来更多的利润，并且为顾客节约交易费用，分摊物流成本，分散经营风险，提高经营安全。

2. 构建新型零售生态系统

通过云技术整合供应链、大数据、开放物流和金融四大平台，与供应商、消费者、中小零售商和雇员等建立新型共生关系，重塑全新的零售生态系统。苏宁云商以服务全产业和服务全客户为目标，以云技术为支撑，开放平台，全面整合产品信息，并且与平台企业成为合作伙伴。首先，2012年7月苏宁云商推出"三免"政策，即免年费、免平台使用费、免保证金，用这种"开放平台"的战略全面吸引商家入驻。其次，线上线下全面融合、虚实结合的模式，为消费者提供的不仅仅是产品，也是各种增值服务和内容服务。最后，苏宁云商为员工提供知识、技能等多方面的培训，为员工提供一站式便捷服务，与员工建立了合作关系。

云商模式作为一种崭新的创新型商业模式，

成功打造连锁店面和电子商务两大开放平台，实现线上线下的虚实结合。其在商业模式上的创新点体现在以下几个方面：

第一，改变收入模式。改变收入模式需要企业重新确定用户需求，确定新的用户群。苏宁云商的"超电器化"之路，在拓展品类的同时又扩大了其目标客户群，并且线上线下融合的O2O模式在一定程度上可以吸引一部分网上客户群。这种新的云商模式在品类和服务方式上都进行了创新，重新确定了新用户的价值，改变了企业的收入模式。

第二，改变产业模式。改变产业模式要求一个企业重新定义本产业，进入或创造一个新的产业。电子商务的快速发展，特别是近几年天猫、京东的快速崛起，逐渐撼动了苏宁云商在家电行业的地位。因此，苏宁云商利用云技术、物联网技术，重新整合原有店铺资源、物流资源等，再加上现有先进的技术进入电子商务领域，形成了"电商+店商+服务零售商"的云商模式，创新其产业模式。

第三，改变技术模式。技术创新是商业模式创新的主要驱动力，苏宁云商利用新技术创新商业模式，云计算能够处理海量数据，并最大限度地挖掘客户的价值，获取客户信息，从而拓宽销售渠道。同时，云计算还能够为企业减少成本投入，进行商业活动和移动交易更加便捷，并增强了网站数据的安全性。

### （五）市场概况

1. 市场总体情况

2014财年，苏宁云商实现营业总收入1091.16亿元，较2013年同比增加3.63%，实现利润总额、归属于上市公司股东净利润9.46亿元、8.61亿元，分别较2013年同期增加555.28%、131.53%。2014年共实现线上销售225.99亿元，开放平台31.92亿元，总计257.91亿元。会员方面，截至2014年底，苏宁云商会员总数达到1.67亿人次，从苏宁易购等渠道注册会员增加4872万人次。

2. 全渠道融合

（1）持续推进连锁网络布局，加速门店互联网化运营。苏宁云商加快二级、三级市场连锁开发，进一步纵深网络布局，报告期末二级、三级市场店面数量占比提升3.23%，达到64.55%。围绕O2O渠道模式下店面布局规划，对于社区店持续调整关闭，对于旗舰店持续优化升级，提升店面质量。2014年，公司新进地级城市12个，新开各类店面180家，其中旗舰店16家、社区店123家（主要为在二级、三级市场开设的店面，该部分店面归入社区店类型）、中心店31家、红孩子店6家、超市店4家，调整或关闭各类店面115家。2014年，公司海外连锁网络布局也进一步完善，报告期内公司新进中国澳门地区，新开店面1家，中国香港地区新开4家，调整或关闭5家。在日本市场积极优化本地网络布局，新开店面7家，关闭店面2家。截至2014年12月31日，公司在中国内地已进入289个地级以上城市，拥有连锁店1650家，连锁店面积合计685.30万平方米，其中购置店面27家，自行开发店面9家，与苏宁电器集团/苏宁置业集团合作开发长期租赁店面14家，在创新型资产运作模式（REITs）之下公司可长期租赁的店面11家，公司通过购置、自建、与合作伙伴紧密合作方式拥有较多优质店面资源。国际市场方面，公司在中国香港、中国澳门地区连锁店合计29家，在日本市场拥有连锁店17家。为此，截至本报告期末，公司共计拥有连锁店1696家（如表2-5-2、表2-5-3所示）。

表 2-5-2 中国内地按照店面类型分布情况

单位：家

| 店面类型 | 2014年12月31日 | | 2013年12月31日 | | 增减变化情况 | |
|---|---|---|---|---|---|---|
| | 数量 | 占比（%） | 数量 | 占比（%） | 数量变化 | 占比变化（%） |
| 旗舰店 | 339 | 20.55 | 330 | 20.82 | 9 | -0.27 |
| 中心店 | 438 | 26.55 | 428 | 27.00 | 10 | -0.45 |
| 社区店 | 797 | 48.30 | 737 | 46.50 | 60 | 1.80 |
| 常规店小计 | 1574 | 95.40 | 1495 | 94.32 | 79 | 1.08 |
| 县镇店 | 61 | 3.70 | 76 | 4.79 | -15 | -1.09 |
| 红孩子店 | 8 | 0.48 | 2 | 0.13 | 6 | 0.35 |
| 超市店 | 4 | 0.24 | 0 | 0 | 4 | 0.24 |
| 乐购仕店 | 3 | 0.18 | 12 | 0.76 | -9 | -0.58 |
| 合计 | 1650 | 100 | 1585 | 100 | 65 | — |

注：社区店除了包括在一级、二级市场社区商圈开设的店面以外，也包括在县级市场开设的3000平方米左右的标准店；县镇店指在欠发达的县级市场与镇级市场开设的800~1500平方米的店面。

表 2-5-3 中国内地按照市场级别分布情况

单位：家

| 市场级别 | 2014年12月31日 | | 2013年12月31日 | | 增减变化情况 | |
|---|---|---|---|---|---|---|
| | 数量 | 占比（%） | 数量 | 占比（%） | 数量变化 | 占比变化（%） |
| 一级市场 | 496 | 30.06 | 510 | 32.18 | -14 | -2.12 |
| 二级市场 | 474 | 28.73 | 462 | 29.14 | 12 | -0.41 |
| 三级市场 | 591 | 35.82 | 510 | 32.18 | 81 | 3.64 |
| 四级市场 | 89 | 5.39 | 103 | 6.50 | -14 | -1.11 |
| 合计 | 1650 | 100 | 1585 | 100 | 65 | — |

注：一级市场指副省级以上城市；二级市场指一级市场以外的地级市；三级市场指一级、二级市场下辖的县、县级市或远郊区；四级市场主要指镇级城市。

（2）优化用户体验，夯实互联网运营能力。2014年，苏宁云商强化用户经营意识，以"用户体验"作为各项工作核心，积极推动双线融合的互联网营销创新。营销产品方面，以商品全生命周期推出了预售、新发现、闪拍、大聚惠、摸金党等产品，既满足了消费者需求，也适应了供应商、商户在不同阶段的推广工具需求；以专业化为导向持续优化通信、母婴、超市频道，提升用户垂直需求的用户体验，增强了用户黏性。会员营销方面，打通线上线下会员系统，实现双线会员统一。截至2014年底，苏宁云商会员总数达到了1.67亿人（不含PPTV会员数），年内从苏宁易购各终端首次注册会员增加4872万人。公司基于大数据应用的会员营销平台已成为所有经营人员的最重要经营工具，年度活跃会员增加到2700万人。品牌推广方面，公司加大新媒体、社交媒体的运营，顺应互联网时代的传播特点，围绕新闻事件、内容策划、社交粉丝经济进行了一系列有效的推广，逐步建立起苏宁互联网零售企业的品牌形象。移动端建设方面，一方面加强应用分发渠道的建设，提高门店、PPTV端的下载激活量；另一方面强化运营，推出了码上省、微信红包、身边苏宁、附近现货、门店出样等打通线上线下平台的产品，运用多种社会化营销手段，搭建社交平台，进一步增强了用户黏性，转化率提高，至2014年12月移动端订单数量占线上整体比例提升至32%。2014年，公司线上业务累计实现自营商品销售收入225.99亿元（含税），开放平台实现商品交易规模为31.92亿元（含税），线上平台实现商品交易总规模达257.91亿元。

### 3. 品类经营

2014年，苏宁云商明确"巩固家电、凸显3C、培育母婴超市"的全品类发展战略，并坚持以专业化为特色的品类经营策略。传统品类方面，继续巩固优势，积极优化供应链建设，运用C2B、大数据等新技术、新工具探索顺应互联网发展的众包、预售等新型模式；建立多端融合运营的模式和体系，实现全渠道融合运营，加强互联网推广能力；强化差异化采购能力，年内实现了美图手机、TCL么么哒手机、夏普S1彩电、索尼G6、XBOX-ONE、PPBOX等单品的运营。母婴品类方面，强化专业运营，推进供应链建设、网站运营优化及市场推广等工作，红孩子树立了"可信赖的母婴专家"的品牌形象；聚焦核心类目，通过单品营销策略抢占市场份额。超市品类方面，逐步完善运营体系，建立起适应快消品经营的供应链管理模式。超市频道于5月正式上线运营，并开发线下超市体验店，建立"苏宁超市"品牌。母婴、超市品类的发展，加深了消费者对苏宁全品类经营的认知度，对顾客群体的拓展、流量引入，尤其是会员复购率提升起到了积极的作用。开放平台建设方面，公司坚持优选精选，严控商户引进标准，严格按照正品行货、开具发票标准进行监管，对发货速度、售后条款执行进行全程监控，并最终以苏宁统一承诺、承担责任为保障，从一开始就坚持苏宁平台品质化的特色。公司兼顾质量与数量，在平台发展中不断完善招商、服务、监管机制，在保障消费者体验的情况下，商品丰富度有了质的提升。截至2014年底，公司自营与开放平台经营商品SKU规模达到了791万元（同一商品来自不同供应商、同一商品被公司和开放平台第三方商户销售均计为同一个SKU），共引进商户近11000家。

### 4. 新业务拓展

（1）金融产品。2013年初苏宁云商成立金融事业部，完善组织体系人才团队建设，并推进各类牌照资质的申请。经过两年的发展，公司已构建形成了较为完整的互联网金融业务布局。在支付方面，强化基础建设，截至2014年12月底，易付宝接入快捷支付银行71家，网银全覆盖，提升了支付便捷性，注册用户数达到8420万人；理财业务方面，产品逐步丰富，上线"零钱宝"、票据产品、对公理财，规模持续提升；信贷业务方面，供应链金融领域，苏宁小贷、苏宁保理通过数据挖掘，对上游供应商、开放平台商户开展精准营销，推出无抵押、无担保、全程系统申请的金融服务产品；消费信贷领域，将作为拉动消费与提高用户黏性的重要手段，公司通过大数据应用，不断完善信用模型，为消费金融公司开业运营奠定基础。

（2）苏宁互联。成立"苏宁互联"独立品牌，独立化公司运营，不断引进业务领域专业人才，加强团队建设。苏宁云商先后与中国电信、中国联通、中国移动签订了转售业务合同，截至目前分别获得中国联通61个地市、中国电信55个地市、中国移动35个城市移动通信转售业务牌照，可以同时为用户提供1700、1705、1709等不同网络制式的业务服务。目前苏宁互联业务覆盖全国28个省75个城市，是中国覆盖范围最广的虚拟运营商，同时依托于苏宁600多个城市的连锁网络覆盖，苏宁互联为用户提供近在身边的线下服务。在线上，苏宁互联为用户提供网厅、掌厅、微厅等个性化服务渠道；在线下，截至2014年12月底已在全国28个省完成838个门店专区建设。此外，作为唯一一家获得4PS国际标准认证的虚拟运营商，苏宁互联10035客服热线自2014年9月正式开通，为用户提供全天候、全时段、全方位的服务。苏宁互联从资费、通话、应用服务等方面探索创新，推出满足不同客户在语音、流量上多样化需求的产品，如"越打越便宜"的"至简产品"、"畅想流量，上网无压力"的"至享产品"以及语音、流量可相互转换的"至惠年卡产品"等。未来公司移动通信业务将与自身会员、内容产品、金融服务、供应链服务等多方面资源有机结合，以通信业务为基础，为消费者和合作伙伴提供围绕移动互联生活、互联商务的一系列增值服务和解决方案。

（3）PPTV。作为家庭互联网战略重要布局，PPTV经过一年的磨合，已经全面融入苏宁云商的运营体系，双方在会员共享、数据打通、智能终端发展与大数据投放推广等方面进行了融合推进，并在内容投资、智能硬件、视频内容方面进一步发力。PPTV内部也在战略定位、竞争策略、团队建设与运营推广上开始走向新的轨道，强化体育、综艺制作运营能力，加大移动、OTT发展，布局视频电商融合，提升对广告主客户的增值服务能力。尤其在内容建设方面，PPTV大力丰富平台内容，实现多角度全覆盖，包括海内外新片电视剧、综艺栏目、卫视常态节目等；高举体育王牌，第一体育独立APP上线，强化直播优势，为体育爱好者提供更专业的产品。报告期内，PPTV的业务保持了较为快速的发展，至2014年12月PPTV会员总数1.03亿人，全站的日均UV约为5400万，峰值7000万，日均VV 3.2亿，峰值3.8亿。当前阶段，PPTV仍处于快速布局、快速获得用户阶段，因此在研发、人才、内容等方面保持了持续增加的投入，报告期内亏损48527.1万元。苏宁云商及PPTV管理层认为盈利不是短期目标，尽快完善从硬件到网络、到内容的价值链体系，以及形成可持续盈利模式是现阶段战略重点。

## （六）经营和财务绩效

表 2-5-4　苏宁云商 2013~2014 年度经营与财务业绩比较

单位：百万元

| 年　份 | 2014 | 2013 |
| --- | --- | --- |
| 收入 | 108925 | 105292 |
| 总资产 | 82194 | 83044 |
| 净利润 | 824 | 104 |
| 净利润率（%） | 0.76 | 0.10 |
| 总资产报酬率（ROA）（%） | 1.00 | 0.13 |
| 净资产报酬率（ROE）（%） | 2.79 | 0.36 |
| 资本性支出（CAPEX） | 3951 | 1434 |
| CAPEX占收比（%） | 3.63 | 1.36 |
| 经营活动净现金流 | −1381 | 2238 |
| 每股经营活动净现金流（元/股） | −0.19 | 0.30 |
| 自由现金流（FCF） | −5332 | 805 |
| 自由现金流占收比（%） | −4.90 | 0.76 |
| 每股盈利（EPS）（元/股） | 0.12 | 0.05 |
| 每股股利（DPS）（元/股） | 0.05 | 0 |
| 股利支付率（%） | 41.67 | 0 |
| 主营业务收入增长率（%） | 3.45 | 7.05 |
| 总资产增长率（%） | −1.02 | 9.04 |
| 净利润增长率（%） | 690.04 | −95.84 |
| 经营活动现金流增长率（%） | −161.71 | −57.76 |

续表

| 年份 | 2014年 | 2013年 |
|---|---|---|
| 资产负债率（%） | 64.06 | 65.46 |
| 流动比率（%） | 120.25 | 122.81 |
| 总资产周转率（次） | 1.33 | 1.27 |
| 股息 | 369 | 0 |
| 内部融资额 | 2432 | 1237 |
| 研发支出 | 73 | 166 |
| 研发支出占收入比（%） | 0.07 | 0.16 |

表 2-5-5　苏宁云商轻资产运营特征一览表

单位：%

| 序号 | 项目 | 2014年 | 2013年 |
|---|---|---|---|
| 1 | 现金类资产比重 | 34.46 | 36.33 |
| 2 | 应收账款比重 | 0.65 | 0.81 |
| 3 | 存货比重 | 19.51 | 21.99 |
| 4 | 流动资产比重 | 61.62 | 65.40 |
| 5 | 固定资产比重 | 14.79 | 12.94 |
| 6 | 流动负债比重 | 51.24 | 53.25 |
| 7 | 应付账款比重 | 0.65 | 0.81 |
| 8 | 无息负债比重 | 9.60 | 11.87 |
| 9 | 有息负债比重 | 3.35 | 2.05 |
| 10 | 留存收益比重 | 21.03 | 19.78 |
| 11 | 营运资金（百万元） | 8531 | 10088 |
| 12 | 现金股利（百万元） | 369 | 0 |
| 13 | 内源融资（百万元） | 2432 | 1237 |
| 14 | 资本性支出（百万元） | 3951 | 1434 |
| 15 | 现金储备（百万元） | 28321 | 30168 |
| 16 | 自由现金流（百万元） | -5332 | 805 |

## （七）内控与风险管理

苏宁云商的经营活动与财务业绩主要会面临各种金融风险。苏宁云商整体的风险管理计划针对金融市场的不可预见性，力求减少对公司财务业绩的潜在不利影响。公司面临的金融风险包括以下几个方面。

1. 市场风险

（1）外汇风险。苏宁云商的经营主要位于中国境内，主要业务以人民币结算，但公司已确认的外币资产和负债及未来的外币交易（外币资产和负债及外币交易的计价货币主要为日元、港元、美元和澳门元）依然存在外汇风险。苏宁云商总部财务部门负责监控集团外币交易和外币资产及负债的规模，以最大程度降低面临的外汇风险。为此，公司可能会以签署远期外汇合约或货币互换合约的方式来达到规避外汇风险的目的。

（2）利率风险。苏宁云商面临的利率风险主要产生于长期银行借款及应付债券等长期带息债务。浮动利率的金融负债将使公司面临现金流量利率风险，固定利率的金融负债则使其面临公允价值利率风险。苏宁云商会根据相应的市场环境来决定固定利率及浮动利率合同的相对比例。

2. 信用风险

苏宁云商对信用风险按组合分类进行管理。信用风险主要产生于银行存款、应收账款、应收利息、其他应收款、应收票据和长期应收款等。苏宁云商的银行存款主要存放于国有银行和其他大中型上市银行，应收利息主要是各类保证金及存款产生的利息，其不存在重大的信用风险，不会产生因对方单位违约而导致的任何重大损失。此外，对于应收账款、其他应收款、应收票据和长期应收款，苏宁云商会设定相关政策以控制信用风险敞口。苏宁云商基于对客户的财务状况、从第三方获取担保的可能性、信用记录及其他因素诸如目前市场状况等评估客户的信用资质并设置相应信用期。另外，苏宁云商会定期对客户信用记录进行监控，对于信用记录不良的客户会采用书面催款、缩短信用期或取消信用期等方式，以确保公司的整体信用风险在可控的范围内。

3. 价格风险

苏宁云商持有的理财产品、货币基金等投资工具，以及卖出期权、投资者回售选择权和远期外汇合约等衍生工具，面临市场价格风险的影响，这些价格风险来自相关标的指数或标的资产未来价值波动的不确定性。苏宁云商会持续监控这些标的指数或标的资产的价值波动水平，并严格控制该类投资工具及衍生工具的规模，必要时采用合适的对冲工具以缓释市场价格风险对公司带来的不利影响。

4. 流动性风险

苏宁云商内各子公司负责其自身的现金流量预测。总部财务部门在汇总各子公司现金流量预测的基础上，在集团层面持续监控短期和长期的资金需求，以确保维持充裕的现金储备和可供随时变现的有价证券。同时将持续监控是否符合借款协议的规定，从主要金融机构获得提供足够备用资金的承诺，以满足短期和长期的资金需求。

## （八）前景展望

1. 行业发展趋势

2015年，中国经济还将面临复苏动力不足，下行压力加大等困难，但同时也处于重要战略机遇期，新型工业化、信息化、城镇化、农业现代化持续推进，宏观经济将继续稳增长、调结构。另外，互联网发展将会进一步渗透每一个行业，互联网技术、思维与传统行业、产业的深度融合，将会对拉动大众消费、促进产业升级产生重大的推动作用，这就是"互联网+"将会带来的巨大机遇，而苏宁云商提出的"互联网零售"的理念则是公司在过去5年里做出的具体实践，这种实践从朦胧到逐步清晰，今年则将进入全面产出阶段。

2. 公司发展战略

通过五年来的转型探索，苏宁云商进一步明确战略方向必须两手抓：一手是坚持不断提升零售行业核心竞争力，包括物流、供应链；另一手是坚持不断应用互联网技术、思维，包括大数据、开放理念、用户体验、团队创新。在此基础上进一步聚焦和明确战略实施路径，概括起来就是"一体、两翼、三云、四端"："一体"就是作为零售主体的商品管理能力、用户经营能力；"两翼"就是开放平台的生态体系搭建与线下的互联网化运营升级；"三云"就是将传统的物流、信息流、资金流通过互联网技术升级为"物流云、数据云、金融云"，并以互联网的思维全面开放、协同共享；"四端"就是门店端、PC端、移动端、家庭端实现全渠道融合。

所有的战略工作最终是为了实现苏宁云商一以贯之的经营定位，也就是永远站在消费者角度，为消费者提供更好的产品、服务与体验，消费者需要什么，无论商品形态、服务内容、交易形式，苏宁云商都必须以最有效率的形式进行组织、提供，最终形成一个为消费者提供最为全面、最为便捷、最为增值的消费解决方案平台，而苏宁云商所有开展的业务、收购的业务，都是围绕这个平台建设打造生态系统，促进这个平台的发展，也使得生态系统中的各个主体各取所需、协同发展。

**3. 2015年工作策略**

（1）用户策略。全面贯通苏宁云商生态系统中的所有用户，这包括苏宁零售体系中的用户、PPTV视频体系中的用户、苏宁金融体系中的用户以及苏宁广场等生活服务体系中正日益发展的用户，最终形成一个用户、一个会员账户、一个金融账户的用户体验。通过大数据平台统一辨识、了解用户需求，通过各类资源的整合精准满足消费需求，无论是商品购买、金融服务、文化休闲。通过"四端"融合，无论是在家里、路上、店内，全渠道地满足交易和服务的形式，并以此重新建立用户对苏宁云商的认知，充分提升用户的满意度，从而提升用户的活跃度，构建高价值核心用户体系。

（2）渠道策略。全面融合店面、PC、移动、家庭四种渠道。苏宁云商将不再简单地分渠道来管理各自的销售，更重要的是更细致地区分不同渠道之下消费者所更需要的产品体验、交易方式、交互形式、服务需求，并在场景上实现随意切换。

从店面端来看，核心旗舰店升级，打造集体验、销售、服务、本地化营销于一体的区域生活服务中心是O2O发展的核心工作；而大型社区服务站、农村市场服务站、校园服务站，则是在互联网渠道、核心旗舰店广域覆盖下的网络密织延伸、发挥本地化优势，这是O2O发展的重点工作。

从移动端来看，就是连接"四端"的枢纽，在顺应移动发展趋势、加大推广、扩大交易占比的同时，通过适应移动端应用场景、使用特色的产品开发，着重发挥其连接器的作用是O2O发展的关键工作。

从家庭端来看，PPTV将全面融入苏宁云商的渠道体系，成为家庭端的载体和家庭用户统一认知的界面。因此PPTV将打造终端、网络、内容为一体的平台，核心工作是推进优质智能终端产品的上市、网络播放能力的云化，以及通过大数据形成细分用户群体定制内容的能力，包括体育、剧集与综艺，在此基础上积极探索"四端"融合的视频电商模式以及商户品牌推广模式。

对PC端来说，进一步优化购物流程、智能搜索、推荐引导仍是长期工作，同时对于不同用户消费场景打造从项目众筹、新品预售、大聚惠折扣促销、尾货特卖到样机折扣的涵盖商品全生命周期的特色营销产品体系，对于母婴、美妆、通信、超市、生鲜打造垂直专业的特色频道，提升用户对苏宁易购品牌、内涵的认识，扩大用户规模与购买频率，增强商户推广能力。

（3）供应链策略。第一，加快开放平台建设与发展。随着苏宁云商对开放平台物流、IT、金融、推广服务能力的加强，公司具备进一步加快开放平台招商与提升开放平台运营的基础条件。该项工作将围绕着公司提出的品类策略相对聚焦地展开，优先致力于完善3C、母婴、超市的SKU组合，最大程度提升专业化水平。优化自营供应链。苏宁云商在行业的供应链管理能力处于领先水平，但在互联网零售模式之下，原有的供应链组织、运行模式需要借鉴开放平台理念，在零供双方分工方面进一步专业化、合理化，在交易环节方面进一步提升技术应用水平与交易规则的透明化，对于最大程度发挥各自的优势、提升供应链效率有重要意义。同时苏宁云商将着力于将大数据应用于商品规划、库存部署、会员营销、金融服务，以更好地为供应商提供增值服务。

第二，构建基于C2B的商品供应链模式。互联网的特点将消费者对单品与订制的需求进一步凸显，苏宁云商将围绕这一变化，在通信、彩电领域结合硬件、内容、网络进行打造；在空调、厨卫、环保领域结合智能家居进行打造；在母婴、超市领域结合健康、安全需求进行尝试。

第三，构建海外商品管理体系。基于消费者需求的衍变、全球一体化的趋势，海外商品的供应链与开放平台体系构建是公司下一步发展的重点。苏宁云商将以中国香港作为这一工作的基地，结合中国香港、日本、美国已建立的经营体系，充分协同跨境物流、保税物流的发展，加快海外供应商、平台商户的引进合作，加强对其服务能力建设，优先聚焦母婴、美妆、小家电等部分商品类别，形成可持续发展的模式。

（4）后台策略物流方面。构建独立的物流子集团架构，形成以选址、开发、建设为一体的物流资产运营与涵盖仓储、运输、配送全流程的物流服务运营相结合的物流全价值链。积极探索物流资产创新运营模式，以加快投入建设，形成更完善的网络；积极探索物流服务与全球、中国优质资源的合作互补，以领先的技术、管理，形成更高效的能力。

构建中国网络覆盖最健全、交付能力最快速的物流网络。8大核心枢纽、57大区域中心、352个城市转配中心将随着店面网络、农村服务站、社区服务站、校园服务站从最后1公里延伸到最后100米。半日达、次日达、急速达服务覆盖范围继续扩大，同类区域在速度、质量上要领先竞争同行，并结合苏宁云商的特点，将送装一体、售后到家等服务植入物流环节。

（5）技术方面。围绕O2O加大资源投入，使得苏宁云商作为实质拥有多端平台能力的互联网零售企业，向消费者、供应商提供更为丰富、更有体验性的应用服务。围绕大数据加快各类应用研发，使得从用户营销到供应链升级，再到内部管理创新建立全新的支撑平台，对于组织扁平、营销精准、周转优化形成质的变革。围绕硬件、网络、内容协同的商业模式升级，从云、管、端三个方面投入研发资源，从而提升苏宁云商对消费者的吸引与增值服务能力，形成差异化竞争优势。

（6）金融方面。构建独立的金融子集团，围绕苏宁云商生态圈的用户、合作伙伴形成全面的金融服务能力。支付作为基础平台，将从内向外快速拓展，丰富支付场景。理财方面，结合苏宁云商以及关联企业大量低风险、可供交易资产，形成管理能力，给消费者带来合理回报，也是激活庞大会员体系、维系高价值用户的重要手段。信贷方面，消费金融、供应链金融公司拥有得天独厚优势，将加速扩大规模，贡献收益。在新兴领域，众筹作为重点培育方向，将实物众筹、体育娱乐众筹、公益众筹与各项业务结合起来推广，形成独特优势。

## 附件一：苏宁云商财务报告（2014年）

### 1. 合并资产负债表

单位：千元（除每股数额外）

| 年 份 | 2014 | 2013 | 2012 |
| --- | --- | --- | --- |
| 流动资产 | | | |
| 货币资金 | 22274468 | 24806284 | 30067365 |
| 发放贷款及垫款 | 505866 | 142242 | — |
| 以公允价值计量且其变动计入当期损益的金融资产 | 2644705 | 2862077 | — |

续表

| 年 份 | 2014 | 2013 | 2012 |
|---|---|---|---|
| 应收票据 | — | 577 | 2987 |
| 应收账款 | 535579 | 671075 | 1270502 |
| 预付款项 | 3851804 | 4121158 | 3104874 |
| 应收利息 | 75200 | 66712 | 87729 |
| 其他应收款 | 1913868 | 1059718 | 327820 |
| 存货 | 16038522 | 18258355 | 17222484 |
| 其他流动资产 | 2807402 | 2323984 | 2024730 |
| 流动资产合计 | 50647414 | 54312182 | 54108491 |
| 非流动资产 | | | |
| 可供出售金融资产 | 1549505 | 804019 | 562967 |
| 长期应收款 | 502784 | 482296 | 499675 |
| 长期股权投资 | 1346853 | 1553548 | 19486 |
| 投资性房地产 | 1014057 | 1014731 | 1270242 |
| 固定资产 | 12155378 | 10749599 | 8579277 |
| 在建工程 | 3230834 | 3939894 | 2478083 |
| 工程物资 | 14859 | 10497 | 7772 |
| 无形资产 | 7015413 | 6723286 | 6039735 |
| 开发支出 | 36023 | 88424 | 42297 |
| 商誉 | 461852 | 419756 | 185094 |
| 长期待摊费用 | 1265112 | 1072382 | 839352 |
| 递延所得税资产 | 1664361 | 1130944 | 756221 |
| 其他非流动资产 | 1289284 | 742097 | 1461363 |
| 非流动资产合计 | 31546315 | 28731473 | 22741564 |
| 资产总计 | 82193729 | 83043655 | 76850055 |
| 负债及股东权益 | | | |
| 流动负债 | | | |
| 短期借款 | 1836529 | 1109893 | 1752492 |
| 以公允价值计量且其变动计入当期损益的金融负债 | 137200 | 90400 | — |
| 应付票据 | 22442132 | 25235849 | 24229852 |
| 应付账款 | 8427397 | 10531493 | 10457733 |
| 预收款项 | 1451732 | 507651 | 542171 |
| 应付职工薪酬 | 353563 | 290361 | 258838 |
| 应交税费 | 1082560 | 838817 | 804674 |
| 应付利息 | 42089 | 40828 | 13810 |
| 其他应付款 | 5442037 | 4931210 | 3346992 |
| 一年内到期的非流动负债 | 217187 | 54266 | 44868 |
| 其他流动负债 | 684486 | 593335 | 475188 |
| 流动负债合计 | 42116912 | 44224103 | 41926618 |
| 非流动负债 | | | |
| 长期借款 | 914214 | 593838 | — |
| 应付债券 | 7961177 | 7945925 | 4465405 |
| 预计负债 | 61244 | 56208 | 62915 |
| 递延收益 | 1421918 | 1333524 | 1086193 |
| 长期应付职工薪酬 | 17233 | 16440 | 23196 |

续表

| 年　份 | 2014 | 2013 | 2012 |
|---|---|---|---|
| 递延所得税负债 | 159356 | 185530 | 163175 |
| 其他非流动负债 | 4873 | 2915 | 3826 |
| 非流动负债合计 | 10540015 | 10134380 | 5804710 |
| 负债合计 | 52656927 | 54358483 | 47731328 |
| 股东权益 | | | |
| 　股本 | 7383043 | 7383043 | 7383043 |
| 　资本公积 | 4679567 | 4679567 | 4679313 |
| 　其他综合收益 | (77343) | (140760) | (23089) |
| 　盈余公积 | 1160735 | 1160735 | 1154866 |
| 　一般风险准备 | 10321 | 4114 | — |
| 　未分配利润 | 16125532 | 15264824 | 15272189 |
| 归属本公司股东权益合计 | 29281855 | 28351523 | 28466322 |
| 少数股东权益 | 254947 | 333649 | 652405 |
| 股东权益合计 | 29536802 | 28685172 | 29118727 |
| 负债及股东权益总计 | 82193729 | 83043655 | 76850055 |

### 2. 合并利润表

单位：千元（除每股数额外）

| 项　目 | 2014 年 | 2013 年 |
|---|---|---|
| 一、营业收入 | 108925296 | 105292229 |
| 　减：营业成本 | (92284572) | (89279061) |
| 　　　营业税金及附加 | (357160) | (329942) |
| 　　　销售费用 | (14105025) | (12739711) |
| 　　　管理费用 | (3356570) | (2805667) |
| 　　　财务（费用）/收入–净额 | (66770) | 149087 |
| 　　　资产减值损失 | (174955) | (219939) |
| 　加：公允价值变动（损失）/收益 | (9330) | 82988 |
| 　　　投资（损失）/收益 | (29847) | 33919 |
| 　　　其中：对联营企业的投资损失 | (235232) | (5875) |
| 二、营业（损失）/利润 | (1458933) | 183903 |
| 　加：营业外收入 | 2652150 | 161088 |
| 　　　其中：非流动资产处置利得 | 2449352 | 1346 |
| 　减：营业外支出 | (220604) | (200605) |
| 　　　其中：非流动资产处置损失 | (28824) | (21743) |
| 三、利润/(亏损)总额 | 972613 | 144386 |
| 　减：所得税费用 | (148575) | (40083) |
| 四、净利润/(亏损) | 824038 | 104303 |
| 　其中：归属于本公司股东的净利润/(亏损) | 866915 | 371770 |
| 　　　少数股东损益 | (42877) | (267467) |
| 五、其他综合收益的税后净额 | 30252 | (188555) |
| 　归属于本公司股东的其他综合收益的税后净额 | 63417 | (117671) |
| 　以后将重分类进损益的其他综合收益 | | |
| 　　可供出售金融资产公允价值变动 | 126567 | (23736) |

续表

| 项 目 | 2014年 | 2013年 |
|---|---|---|
| 外币财务报表折算差额 | (63150) | (93935) |
| 归属于少数股东的其他综合收益的税后净额 | (33165) | (70884) |
| 六、综合收益总额 | 854290 | (84252) |
| 归属于本公司股东的综合收益总额 | 930332 | 254099 |
| 归属于少数股东的综合收益总额 | (76042) | (338351) |
| 七、每股收益 | | |
| 基本每股收益（元） | 0.12 | 0.05 |
| 稀释每股收益（元） | 0.12 | 0.05 |

3. 合并现金流量表

单位：千元（除每股数额外）

| 项 目 | 2014年 | 2013年 |
|---|---|---|
| 一、经营活动产生的现金流量 | | |
| 销售商品、提供劳务收到的现金 | 126542150 | 120912384 |
| 收到其他与经营活动有关的现金 | 3563699 | 2214224 |
| 经营活动现金流入小计 | 130105849 | 123126608 |
| 购买商品、接受劳务支付的现金 | (109561787) | (102476933) |
| 支付给职工以及为职工支付的现金 | (5957350) | (4684856) |
| 支付的各项税费 | (2909594) | (2984186) |
| 支付其他与经营活动有关的现金 | (13058537) | (10742149) |
| 经营活动现金流出小计 | (131487268) | (120888124) |
| 经营活动（使用）/产生的现金流量净额 | (1381419) | 2238484 |
| 二、投资活动产生的现金流量 | | |
| 收回投资收到的现金 | 47726867 | 18235948 |
| 取得投资收益所收到的现金 | 393025 | 64871 |
| 处置固定资产收回的现金净额 | 4021850 | 38496 |
| 投资活动现金流入小计 | 52141742 | 18339315 |
| 购建固定资产、无形资产和其他长期资产支付的现金 | (3854484) | (4761480) |
| 投资支付的现金 | (50189951) | (23313847) |
| 取得子公司及其他营业单位支付的现金净额 | (104355) | (312416) |
| 投资活动现金流出小计 | (54148790) | (28387743) |
| 投资活动使用的现金流量净额 | (2007048) | (10048428) |
| 三、筹资活动产生的现金流量 | | |
| 吸收投资收到的现金 | 11588 | 32063 |
| 其中：子公司吸收少数股东投资收到的现金 | 11588 | 32063 |
| 取得借款收到的现金 | 3113510 | 928513 |
| 发行债券收到的现金 | — | 3500000 |
| 筹资活动现金流入小计 | 3125098 | 4460576 |
| 偿还债务支付的现金 | (1971420) | (933596) |
| 分配股利、利润或偿付利息支付的现金 | (525134) | (625916) |
| 其中：子公司支付给少数股东的股利、利润 | | (2114) |
| 支付其他与筹资活动有关的现金 | — | (26891) |

续表

| 项 目 | 2014 年 | 2013 年 |
|---|---|---|
| 筹资活动现金流出小计 | (2496554) | (1586403) |
| 筹资活动产生的现金流量净额 | 628544 | 2874173 |
| 四、汇率变动对现金及现金等价物的影响 | (60597) | (189856) |
| 五、现金及现金等价物净减少额 | (2820520) | (5125627) |
| 　加：年初现金及现金等价物余额 | 15118092 | 20243719 |
| 六、年末现金及现金等价物余额 | 12297572 | 15118092 |

## 附件二：苏宁云商大事记

1990年12月，苏宁诞生于中国南京宁海路60号，专营一家200平方米的空调店。

1991年4月，组建售后服务中心，树立专业自营的售后服务品牌。

1992年4月，组织员工乘飞机旅游，形成"企业与员工利益共享"的价值观雏形。

1993年4月，苏宁电器完成了创业初期的原始积累，在"空调大战"中一举成名。

1994年，苏宁电器立足空调专营，自建专业售后服务队伍，树立了"服务为本"的苏宁品牌，销售持续增长，成为中国最大的空调销售企业。

1995年，成立专营批发部，除零售和工程外，建立了全国的批发网络。

1996年3月，苏宁电器走出南京，在扬州开设第一家外埠公司，揭开了连锁发展的序幕；与此同时，苏宁电器率先启动电脑开票系统，实现销售、财务一体化和会计电算化。

1997年2月，苏宁电器投资3000万元在南京自建第一代物流配送中心和10个售后服务网点，初步形成了"前后台协同发展，后台优先"的经营管理模式。

1998年，苏宁电器把握行业发展趋势，实施二次创业，向综合电器连锁经营转型。

1999年12月，南京新街口旗舰店成功开业，标志着苏宁电器从空调专营转型到综合电器全国连锁经营。

2000年12月，实施二次创业战略，全面推进全国电器连锁发展；苏宁ERP系统上线，打造企业IT神经系统。

2001年3月，苏宁电器进行内部组织再造，建立了以"专业化分工、标准化作业"为基础的矩阵式管理架构和第一代电器连锁专业ERP信息系统。

2001年10月，成为江苏省著名商标。

2002年，苏宁电器连锁网络从南京走向浙江、北京、上海、天津、重庆等地，初步建立了全国连锁发展的战略布局；10月，苏宁启动"1200"一期工程，向全国高校招收1200名优秀应届大学毕业生。

2003年3月，亚洲规模最大、品种最全的单体专业电器综合购物广场——苏宁电器南京山西路3C旗舰店开业，苏宁电器连锁经营全面进入"3C"时代。

2004年3月，"百名店长工程"正式启动，为连锁发展人才培养与储备奠定了基础。

2004年7月，温家宝总理勉励"苏宁要成为中国的沃尔玛"，7月21日苏宁电器（002024）在深交所成功挂牌上市，成为中国家电行业第一品牌。

2005年，苏宁电器在行业内率先完成全国一级市场网络布局；3月，苏宁电器启动"5315服务工程"，建立全国一体化的物流配送体系、售后服务体系、客户服务体系，全方位提升苏宁电器为消费者提供服务的能力。

2006年3月，苏宁"1+1阳光行"社工志愿者行动启动，社会公益品牌化、制度化。

2006年4月，以第五代"3C+旗舰店"为主导，建立了租、建、购、并四位一体的开发方式，形成了以"内生增长，后台优先"为核心的发展模式，并实施了中国零售业信息化1号工程——SAP/ERP系统上线，建立了集团化、全球化的经营管理平台。

2006年7月，苏宁"3C+"模式在新街口店试点成功，引领家电连锁最新模式。

2007年1月，苏宁电器董事长张近东入选"2006 CCTV中国经济年度人物"。

2008年3月，南京雨花物流基地全面交付使用，苏宁物流迈入作业机械化、管理信息化、网络集成化、人才知识化的新时代。

2008年5月，秉承奥运精神，全国36名苏宁员工在各地参加火炬传递。

2008年6月，苏宁成立大开发体系，"租、建、购、并"四位一体，立体推进连锁开发。

2009年，苏宁以1170亿元、941家店面的经营规模成为中国最大的商业流通企业，提前实现行业领先；先后入主日本LAOX电器和中国香港镭射，开启国际化连锁拓展；温家宝等党和国家领导人先后莅临苏宁视察指导，勉励苏宁要打造民族商业品牌，要成为中国的沃尔玛，并将超过沃尔玛；3月28日，苏宁电器集团总部基地奠基仪式在徐庄软件产业园隆重举行；4月9日，《福布斯》公布全球2000大企业排名，中国家电连锁领导企业苏宁电器排名1055位，成为排名最高的中国零售企业，同时也成为排名第一的中国民营企业。

2010年1月，苏宁依托大开发、营销变革、服务变革、管理提升、人才梯队建设，构建面向未来发展的新平台。

2010年2月，苏宁易购正式上线，打造国内第一的电子商务网购平台。

2010年10月，威海苏宁电器广场EXPO超级自建旗舰店盛大开业。

2010年12月，苏宁启动5000万感恩行喜迎20周年，为全国213座城市、25万户困难人群送去关怀，全体员工累计捐款超过500万元，并组成了1000多支社工服务队开展各种社工服务。

2011年3月，苏宁全球总部基地启用，打造世界级管理平台。

2011年6月19日，苏宁发布未来十年的发展规划，启动以"科技转型，智慧再造"为方向的发展规划，目标是到2020年跻身世界一流企业行列。

2011年6月29日，世界品牌实验室发布"2011年（第八届）《中国500最具价值品牌》"榜单，苏宁电器品牌价值升至728.16亿元，继续蝉联中国商业零售第一。

2011年10月31日，苏宁易购图书频道上线，首期60多万SKU引爆网购图书市场，震惊业界。

2011年11月11日，苏宁总部基地启用暨全球供应商大会隆重开幕，苏宁向全球500余家家电供应商及合作伙伴阐述了新十年规划与实现战略，打造现代商业服务平台。

2011年12月26日，苏宁喜迎21周岁生日，向中国扶贫基金会"筑巢行动"、"溪桥工程"，上海真爱梦想公益基金会"梦想中心"，江苏省慈善总会共捐赠4000万元扶贫助困，"苏宁阳光情暖中国""1+1阳光"行社工志愿者行动在全国222个城市温情上演，度过了一个有意义的生日；12月31日，苏宁旗下中国首家乐购仕生活广场（LAOX LIFE）在南京正式开业，标志着苏宁在国内的"双品牌战略"正式落地。随后，乐购仕生活广场全面入驻北京、上海、广州、深圳等城市。

今后，乐购仕中国将全力开拓中国市场，实现5年内在25个主要城市开设150家乐购仕生活广场的中期目标。

2012年4月，苏宁首个自动化仓库正式上线运行；4月23日，"云集苏宁，易购天下"苏宁易购总部基地奠基仪式在集团总部隆重举行，国家工信部、商务部等主管部门、江苏省、南京市各级政府、全球供应商、互联网与IT领域、金融界、投行、规划设计、传媒等各界合作伙伴共700多人参加，共同见证世界级电子商务总部建设的启动。

2012年5月13~15日，2012年（第七届）中国零售商大会暨展会在江苏昆山国际会展中心召开。苏宁以1947亿元的销售规模连续第三年荣登榜首，再度领跑中国零售业，是中国最大的零售企业；上海乐购仕首家旗舰店——乐购仕四川北路店在万众期待中盛装亮相。

2012年6月，盐城苏宁电器物流基地完成搬迁，物流基地项目正式投入使用；6月28日，世界品牌实验室在京发布了"2012年（第九届）《中国500最具价值品牌》"榜单，苏宁品牌价值由2011年的728.16亿元升至815.68亿元，连续6年蝉联中国商业零售第一，持续领跑行业。

2012年7月20日，乐购仕北京1号店盛大开业，这也标志着继南京、上海之后苏宁"乐购仕"品牌正式进驻北京；7月25日，苏宁向南京市教育局捐赠1000万元成立助学教育基金。

2012年8月25日晚，"创新转型，再造苏宁"2012苏宁之夏大型文艺晚会在集团总部绚丽上演。

2012年9月25日，苏宁并购红孩子媒体通报会在南京举行。苏宁拟出资6600万美元或等值人民币收购红孩子公司，承接"红孩子"及"缤购"两大品牌和公司的资产、业务，全面升级苏宁易购母婴、化妆品的运营。这是苏宁在电商领域的首次并购，对于苏宁"超电器化"经营和苏宁易购品类拓展、精细运营、规模提升具有重要意义，也拉开了电商行业整合大幕。

2012年10月，苏宁联合各大高校、人力资源专家、咨询公司、主流媒体举办"大学生择业暨企业人才培养高峰论坛"，会上，基于"90后"大学生的特点和新十年发展战略，苏宁正式发布与科技化、多元化、国际化新苏宁相匹配的人力资源战略，未来苏宁将坚持价值共享、创新激励机制，打造一支知识型、专业型、开放型人才团队，并继续通过校园招聘、自主培养方式培育事业接班人。

2012年11月，徐州物流基地项目施工完毕，并正式交付使用。

2012年12月3日，苏宁召开发布会，正式推出全新一代实体零售门店——苏宁地区旗舰店；12月26日，苏宁延续"公益庆生"传统，举行大型公益捐赠及员工志愿者服务活动，向中国扶贫基金会、中国宋庆龄基金会、江苏省慈善总会等公益机构捐赠4140万元，开展以扶贫助教为主的公益慈善活动；12月29日，苏宁全球第一生活广场南京新街口Expo超级店正式开业，凭借全新经营模式和服务体验，提前引爆元旦购物热潮，受到众多消费者的追捧，迎来2013年元旦黄金周的"开门红"。

2013年2月，苏宁正式公布新模式、新组织、新形象，标志着行业革命性的"云商"模式全面落地，开启了跨越式发展的新征程。

2013年3月11日，由南京市发改委牵头，南京市工商行政管理局、苏宁具体承接的全国唯一一个电子商务交易纠纷处理服务试点项目在南京启动。

2013年5月25日，苏宁成为首家进驻西藏自治区的全国性大型连锁企业，也实现了在中国内地连锁布局的圆满收官。

2013年6月8日，全国所有苏宁门店、乐购仕门店销售的所有商品将与苏宁易购实现同品同价，这是全国首例大型零售商全面推行线上线下同价，此次价格一致是苏宁多渠道融合的重要一步，标志着苏宁O2O模式的全面运行。

2013年9月12日晚，苏宁开放平台战略通报暨平台联盟大会在北京水立方盛大举行，苏宁高管团队集体亮相，近千商户、媒体、行业专家和投资者共同见证了苏宁开放平台的发布。前期十万元全球征集平台命名也揭晓了答案——"苏宁云台"，寓意苏宁云商开放平台。

2013年10月28日，中国领先的视频媒体PPTV聚力与苏宁云商、弘毅投资在北京联合宣布，苏宁和弘毅将以4.2亿美元的公司基准估值联合战略投资PPTV聚力。PPTV聚力在引进新的战略投资者之后，将大大加强其在资金和战略资源方面的行业领先优势，加速视频行业格局的演变。

2013年11月19日，"苏宁美国研发中心暨硅谷研究院"隆重揭幕，苏宁董事长张近东正式宣布其全球首家海外研究院开始运行。苏宁硅谷研究院将着眼于融合线上线下O2O模式，聚焦于智能搜索、大数据、高性能计算、互联网金融等领域的前沿技术研究。

2013年12月26日是苏宁成立23周年的庆典日，沿袭一贯"公益庆生"的传统，当天在苏宁总部及全国各地分公司同步开展了公益捐赠及阳光行活动，与往年不同的是，2013年除了捐赠3695万元、开展"阳光1+1"社工志愿者行动外，还将互联网转型运用到了公益事业创新上，并邀请全国权威公益机构、知名专家举办主题为"网聚仁的力量"的"2014年企业公益论坛"，探讨公益创新与互联网的融合之道，并发出了1000万元捐赠的苏宁猜想。

2014年1月13日晚，苏宁云商发布公告称，旗下的南京苏宁易付宝网络科技有限公司（以下简称"易付宝"）推出的余额理财产品"零钱宝"将于1月15日正式上线；1月27日，苏宁官方对外宣布100%收购国内知名团购网站满座网，并整合为本地生活事业部，加速本地生活服务领域的发展，推动线上线下融合的O2O战略进一步深入。这是互联网领域2014年的第一起并购，表明集团将在2014年继续快马加鞭加速转型。

2014年3月4日，苏宁对外正式宣布成立"苏宁互联"独立公司，作为虚拟运营商的客服号码为10035。苏宁互联公司的成立标志着集团全面进军移动转售业务。3月21日10:08，随着电话的接通，苏宁互联号码宣布测试成功。

2014年6月25日，世界品牌实验室在北京发布了"2014年《中国500最具价值品牌》"榜单，苏宁以1052.35亿元蝉联中国最具价值的商业零售品牌，并位列"中国500最具价值品牌"榜第13名。

2014年8月26日，苏宁客服体系成功通过了4PS国际标准认证，正式全面接轨4PS国际标准体系，成为国内首家获得该标准认证的互联网零售企业和虚拟运营商企业。

2014年10月17日上午，由国务院召开的全国社会扶贫工作会议在人民大会堂举行，会上，集团凭借持续公益执行与互联网化创新扶贫行动，荣获国务院扶贫开发领导小组授予的"全国扶贫开发先进集体"荣誉称号。

2014年11月26日，苏宁与航天信息集团（"航天信息"）举行签约仪式，正式宣布双方合力推进国内电子发票业务发展，扩大电子发票应用领域和地域，让电商规范化发展有据可依。

2014年12月20日，位于中国澳门大三巴草地围的大三巴店隆重开业；12月26日，苏宁延续公益庆生的传统，宣布正式上线公益频道，旨在发挥线上线下O2O融合优势，探索互联网时代下的公益之路。

2015年1月23日，首批2家苏宁易购直营店在江苏省宿迁市洋河镇和盐城市龙冈镇正式开业。

2015年2月6日，苏宁云创私募REITs在深圳交易所正式挂牌上市，这也是中国首支交易所场内交易的商贸物业私募REITs；2月12日，易付宝首次尝试支持外部商户购物支付，情人节前牵手南京新百。

2015年3月8日，苏宁超市公司正式进军生鲜市场，开售自营生鲜产品，并命名为"苏鲜生"；3月26日，"苏宁物流报关代理服务有限公司"获批。

2015年4月7日，苏宁第三方物流企业服务平台项目正式发布上线；4月28日，苏宁新一代互联网云店在南京山西路店和上海浦东店正式开业。

2015年5月29日，苏宁消费金融公司正式开业运营，第一款代表性产品"任性付"也首次与外界见面。

2015年6月16日，世界品牌实验室在京发布了"2015年《中国500最具价值品牌》"排行榜，苏宁以1167.81亿元的品牌价值，居排行榜第13位，成为最具价值的互联网零售品牌；6月17日，苏宁宣布在上海建设第二总部，将现有总部部分职能平移到上海，在互联网零售、PPTV、国际化、金融投资、研发、人才等方面，加强多元产业的融合集聚发展，加速进入互联网零售的快车道。

2015年7月10日，中共中央政治局常委、国务院总理李克强主持召开经济形势座谈会，张近东受邀参会。听完苏宁的转型介绍后，李克强对张近东直言"你给我们带来了好消息"。

2015年8月10日，苏宁联合南京市政府、中国国际贸易促进委员会、中国互联网协会举办首届"'互联网+'零售紫金峰会"，吸引了包括王健林、李彦宏等2000多位企业领袖、行业精英的参加。

2015年9月6日，苏宁与万达达成战略合作协议，苏宁易购云店等品牌将进入已开业或即将开业的万达广场经营，双方确定的首批合作项目为40个；9月25日，苏宁云商和国务院扶贫办在北京签署全国农村电商扶贫战略合作框架协议，双方将在"电商扶贫双百示范行动"、电商扶贫O2O展销专区、"10·17扶贫购物节"、农村电商人才培养四个方面展开合作。该协议签署后，将惠及全国约104个贫困区县，234万农村贫困家庭。

腾讯网 LOGO 设计环绕 QQ 企鹅的三种颜色代表腾讯网在蓝色的科技基石上，为公众提供的三个创新层面。绿色，表示通过学习型创新，提供日新月异生命力蓬勃的产品；黄色，表示通过整合创新，提供温暖可亲的多元化互联网服务；红色，表示通过战略创新，倡导年轻活力，创意无限的 QQ 生活 Style。

马化腾（Pony）

**腾讯公司董事长及首席执行官**

　　马化腾，44岁，腾讯公司主要创办人之一，现担任腾讯公司控股董事会主席兼首席执行官,全面负责本集团的策略规划、定位和管理。他曾在深圳大学主修计算机及应用，于1993年取得深大理科学士学位。在创办腾讯之前，马化腾曾在中国电信服务和产品供应商深圳润迅通讯发展有限公司主管互联网传呼系统的研究开发工作，在电信及互联网行业拥有10多年经验。1998年，他和好友张志东注册成立"深圳市腾讯计算机系统有限公司"。在2014年3000中国家族财富榜中马化腾以财富1007亿元荣登榜首，相比于2013年，财富增长了540亿元。2014年4月24日，美国《时代周刊》公布了2014年度全球100位最有影响力人物名单，包括深圳腾讯公司董事会主席兼首席执行官（简称CEO）马化腾。

## 六 腾讯公司可持续发展报告（Tencent）

### （一）公司简介

腾讯成立于1998年11月，是目前中国最大的互联网综合服务提供商之一，也是中国服务用户最多的互联网企业之一。成立10多年来，腾讯一直秉承"一切以用户价值为依归"的经营理念，始终处于稳健发展的状态。2004年6月16日，腾讯控股有限公司在中国香港联交所主板公开上市（股票代码00700）。

通过互联网服务提升人类生活品质是腾讯的使命。目前，腾讯把为用户提供"一站式在线生活服务"作为战略目标，提供互联网增值服务、网络广告服务和电子商务服务。通过即时通信工具QQ、移动社交和通信服务微信和WeChat、门户网站腾讯网（QQ.com）、腾讯游戏、社交网络平台QQ空间等中国领先的网络平台，腾讯打造了中国最大的网络社区，满足互联网用户沟通、资讯、娱乐和电子商务等方面的需求。截至2014年，QQ的月活跃账户数达到8.29亿，最高同时在线账户数达到2.06亿；微信活跃账户数达4.38亿。腾讯的发展深刻地影响和改变了数以亿计网民的沟通方式和生活习惯，并为中国互联网行业开创了更加广阔的应用前景。

面向未来，坚持自主创新，树立民族品牌是腾讯的长远发展规划。目前，腾讯50%以上员工为研发人员，拥有完善的自主研发体系，在存储技术、数据挖掘、多媒体、中文处理、分布式网络、无线技术六大方向都拥有了相当数量的专利申请，是拥有最多发明专利的中国互联网企业。

腾讯从创立发展至今，可以概括为三个发展阶段：

第一个阶段（1998~2004年）初创期：1998~2004年这6年可以说是腾讯的第一次创业，这6年腾讯从一个不足10人的团队发展到了1000人左右的团队，2004年在中国香港主板上市成为了一家公众公司，腾讯很幸运遇到了即时通信大发展的时机。这一阶段也是腾讯的学习型发展阶段，腾讯的很多发展都来自学习，这一方式对腾讯来说是最佳的进入和求得生存的方式。

第二个阶段（2004~2010年）快速成长期：腾讯成为公众公司之后，面临着两条路可以选，第一条路是只专注于做通信和娱乐，当时宽带娱乐也在兴起，这条路是腾讯比较擅长的，有较强的营收能力；第二条路是叫"在线生活"，腾讯内部经过多次讨论，最后选了第二条路，这条路比较难走，就逼着腾讯有很多艰苦的过程。这种模式遇到很大的瓶颈，于是腾讯经历了第一次很大的组织变革。在这个变革中，从垂直部门创始人各管一块的结构变成了事业部单元为主的组织结构，创始人就从垂直管一大块变成横向的支持，这是一个很大的组织调整。这一阶段也是腾讯的整合性发展阶段，此时，腾讯由单一的以产品价值为出发点的学习型创新成功过渡到了以用户需求为出发点的整合型创新。

第三个阶段（2010年至今）转型期：面对移动互联网的浪潮，腾讯遇到了自我革命还是被革命的问题。腾讯在2012~2013年做了一个很大的组织变动，拆掉了原来的无线事业部群，改以业务为单位，把手机、PC聚在一起，PC上大团队转身投入手机上来。

腾讯创业初期，IDG和盈科数码分别向腾讯投资220万美元，各占腾讯20%股份，马化腾及其团队持股60%。此后，南非MIH集团从盈科数码和腾讯创始人团队手中收购了一部分腾讯公司的股份。在2004年上市之前，腾讯对股权结构重新调整，MIH与创业团队分别持股50%。目前，米拉德国际控股集团持有腾讯34.27%的股权，马化腾持股10.92%（如图2-6-1所示），还不及MIH的1/3。所幸的是，米拉德国际集团对于马化腾给予充分信任，一开始就放弃了所持股份的投票权，因此马化腾持有腾讯的股份比例虽然不高，但公司的具体经营管理主要还是由他和几位联合创始人来负责。2004年腾讯上市时南非联合银行申报在2004年8月31日持有腾讯1.85亿股好仓权益，占已发行股份的10.43%，在此之前南非联合银行并没有持有腾讯股份，目前南非联合银行持有腾讯6.32%的股份。

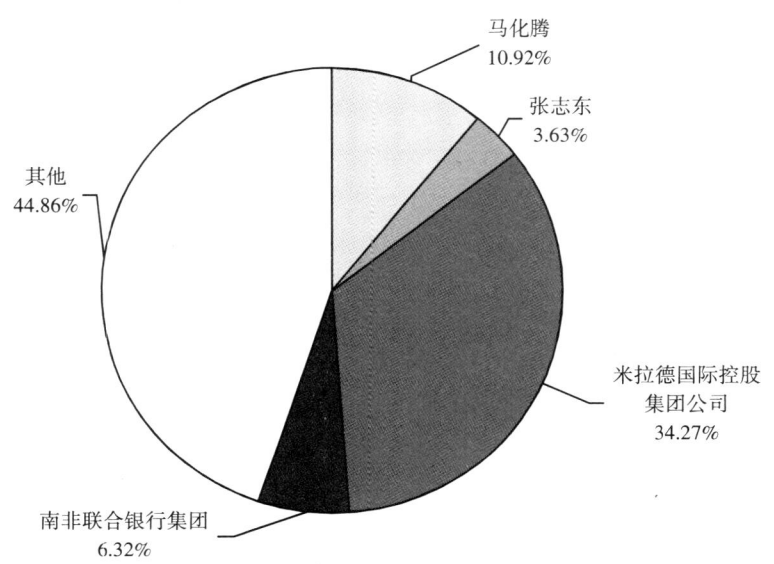

图2-6-1 腾讯集团股权结构图

截至2014年12月31日，腾讯集团的总资产为1711亿元，股东权益为821亿元。腾讯总营收789亿元，同比增长31%，净利润238亿元，同比增长54%，年度经审计的归属于母公司的净利润为人民币238亿元，较上一年度的业绩增加54%。截至2014年12月31日，年度的基本及摊薄每股盈利分别为2.579元及2.545元，已发行普通股总数为9370678830股。

### （二）公司战略

腾讯公司将其战略定位制定为互联网服务和电信及移动增值服务供应商，并达到中国领先水平。腾讯定位的市场范围是中国，实现这一战略定位的主要业务手段是即时通信业务、网络媒体业务、网络增值业务、无线增值业务、互动娱乐业务等网络平台。可见，虽然腾讯致力于建设多功能的商业生态系统，但一直没有超越互联网的范畴，说明其定位是专一的、务实的。腾讯虽然尝试过国际化，但并没有把主要的精力放在国际化上，因为国内的市场仍然是潜力无穷的，并且腾讯缺乏拓展海外市场的能力和经验，不合适盲目推行国际化战略。

腾讯公司将"为用户提供一站式在线生活服务"作为自己的战略目标，这就决定了腾讯必然要采取多元化的发展战略。中国互联网平台企业竞争激烈，需要优化竞争战略以应对越来越激烈的竞争。为克服大企业病，腾讯应当在建设全面的商业生态系统时借助外部力量，构建稳固的联盟体系。

1. 即时通讯和网游的多元化战略

2006年腾讯的战略目标正式发布。它将战略目标的重点放在用户服务上，着力将这种服务打造成一站式的在线生活服务。而打造一站式的服务，就要涉及更深的产品链，更多的产品品种，原有的较为单一的产品圈就无法实现这一战略目标，因此多元化的战略就成为腾讯选择的战略方向。

多元化的制定是符合平台企业的发展特点的，市场竞争表现为平台间的竞争，哪个平台能吸引更多的顾客就能获取更多的企业价值，吸引顾客、黏住顾客非常重要的方面就是满足顾客在多方面、全方位的需求。企业提供全领域的服务，这在传统经济视野下看起来是跨多行业的、近乎不可能的，但借助平台的可扩展能力和网络的无限链接可以实现多种跨行业功能同时在一个企业内实现。经过八年的努力，腾讯构建起了现在的业务体系。综观腾讯的主要业务构成体系，可以说腾讯的多元化是具备高度的相关性的，都是围绕互联网经济展开的，并且大多数业务与即时通讯业务有密切的联系。什么都做，并不代表什么业务都平均用力，也不代表什么业务都能做好。只有更好地整合各项业务，才能完成腾讯的战略目标，也才能在长期的竞争中胜出。

（1）坚持即时通讯的多元化战略。腾讯在成立后的数年之内一直致力于发展个人即时通讯软件QQ，QQ为腾讯后续的发展积累了海量用户基础。而目前，微信在手机客户端获得成功，腾讯发展无线增值业务将更多依托于微信这一平台。微信和QQ两大产品保证了腾讯既占领了电脑桌面，也占领了手机屏幕。

腾讯应继续集中发展这两大即时通讯业务，持续增强在即时通讯市场上的竞争力。围绕QQ和微信发展其他产品线，为用户提供一站式的在线新模式。海量用户与各项业务无缝融合，更大程度地满足了用户工作和生活的需求，其他业务和产品的发展也反过来进一步巩固了腾讯的两大核心平台——QQ和微信，增强了顾客黏性，为腾讯平台创造了更多的价值。在即时通讯业务上，腾讯应当进一步扩展品牌优势，打造顾客认知度高的强势品牌。借助即时通讯的吸引力，增强腾讯平台整合其他业务的力度和能力。

（2）打造网络游戏的多元化战略。在网络游戏方面，腾讯有明显的内部优势，同时也面临着激烈的外部竞争。内部优势表现在网络游戏与即时通讯业务已建立起了有效的整合，腾讯QQ和微信用户被有效地引导到了网络游戏平台上，为了充分利用QQ用户资源，腾讯围绕QQ开发了QQ秀、非常QQ男女、QQ交友中心等个性化增值服务，利用年轻人喜爱的游戏娱乐提高了QQ用户的忠诚度。在QQ游戏中心的基础上，不断集成创新，开设了QQ对战平台，增加了QQ音速等新类型游戏。依托微信平台，腾讯开发了《飞机大战》、《天天连萌》、《天天飞车》、《节奏大师》、《天天爱消除》、《天天酷跑》、《欢乐斗地主》等游戏，涵盖了连连看、赛车、音乐、消除、跑酷、棋牌等多种游戏模式。2013年5月，腾讯宣称将整合旗下包括微信、手机QQ、手机QQ游戏大厅、手机QQ空间、应用宝等在内的各个移动平台资源，推出"腾讯移动游戏平台"。

2. 电子商务的持续创新战略

根据艾瑞咨询发布的中国网络购物市场数据，2014年中国的网络购物市场交易规模为2.8万亿元，较2013年增长48.7%，这体现出中国的电子商务市场有巨大的发展空间。腾讯目前拥有QQ

商城这一独立的电商平台，另外通过股权购买，腾讯获得了易讯的控股权，收购易讯之后，对各个电商平台的优势进行整合，打造"以易迅为核心的自营+优质商户开放平台"的模式，建设新一代电商开放平台。为了弥补自身在电子商务经营管理及物流方面的不足，2014年3月腾讯与京东联合宣布，腾讯入股京东15%，成为其一个重要股东，双方联姻后，京东将保持独立。双方资产进行整合，腾讯支付2.14亿美元现金，并将QQ网购、拍拍的电商和物流部门并入京东。易迅继续以独立品牌运营，京东会持易迅少数股权，同时持有其未来的独家全部认购权。双方还将签署战略合作协议，其中，腾讯将向京东提供微信和手机QQ客户端的一级入口位置及其他主要平台的支持；双方还将在在线支付服务方面进行合作。与京东的战略合作，不仅将扩大腾讯在快速增长的实物电商领域的影响力，同时也能够更好地发展腾讯的各项电子商务服务业务，如支付、公众账号和效果广告平台，为腾讯平台上的所有电商业务创造一个更繁荣的生态系统。

目前在国内，电子商务企业的代表是阿里巴巴，阿里巴巴平台已经形成了在电子商务领域的绝对领导优势。腾讯的电子商务在竞争中是处于劣势的，腾讯看中了电子商务市场的巨大机会，实行追随者战略运营自己的电子商务平台。但腾讯的电子商务因为没有完成与主要业务即时通讯业务的有效整合。即时通讯业务积累的海量用户是腾讯发展任何业务的关键，各类业务都要借助即时通讯业务创造出来的平台价值。因此，腾讯发展电子商务的关键是如何将即时通讯中的用户引导向自己的电子商务平台，这在技术层面并不难实现，对腾讯而言需要打破内部各业务间的藩篱，实现真正的合作。在电子商务市场上，商业模式创新是比较活跃的，一旦有企业颠覆现有的商业模式，将打破现在的竞争局面，腾讯应当基于依附自身平台的海量用户探索新的电子商务模式，更好地满足用户的广泛需求。

3. 用户群体的差异化战略

有效的差异化战略能够形成壁垒，使竞争对手难以模仿或需要付出高昂的代价。在互联网时代，互联网上的产品一出现就会被其他企业模仿，因此仅依靠技术创新和产品创新无法维持差异化，需要通过建立完善的差异化战略管理体系来实现。

目前中国网民总数已达到6.49亿人，随着国民素质和文化水平的提升，互联网具有极大的市场潜力。腾讯的应用，在中国互联网的发展过程中，成为诸多网民最普遍使用的产品。拥有国内这样的消费者群体和消费者基础，是腾讯保持企业竞争力并进一步开发市场需求的良好基础。腾讯可以通过拓展企业产品的生态圈，甚至是开发新产品的方式，实现企业的壮大。腾讯的海量用户是一个优势同时也是一个劣势，不同的人有不同的需求，如何满足广大用户的需求，将他们牢牢地绑定在腾讯诸平台上是腾讯竞争战略的关键所在。

腾讯主要用户群的年龄在10~39岁，这类人群接受新鲜事物的能力较强，他们喜欢上网购物，并且这类人群朋友相对较少、娱乐单调，QQ和微信成为这类人群娱乐的空间和平台。随着网络的普及，越来越多的老年人用上了电脑，腾讯需要开发相应产品满足老年用户的需求。腾讯已经构建起了以即时通讯产品为中心的金字塔产品模式，从信息传递、知识获取与交流、个性展示、互动娱乐，再到电子商务交易。进一步的工作应该是增加针对不同类型用户有针对性地设计产品，满足海量用户的需求。

4. 产品的追随者战略

追随者优势是指跟随先动者进入市场的企业所获得的一种竞争优势，这是腾讯一直采取的策略。QQ的前身OICQ便是当时国外流行的聊天软件ICQ的中国版，但是腾讯并非全盘照搬，而是充分考虑了本地用户习惯进行了体验改善，增加了许多本地化功能。在2000年左右，QQ就已经建立起在中国即时通讯市场的领导者地位，而由于即时通讯工具具有非常强的用户黏性，所以随着时间推移QQ用户实现了雪球式滚动效应。

在取得垄断性市场份额后，腾讯更多注重于服务质量的提升和用户体验的不断优化，而产品创新和新功能方面则更多留给了挑战者，一旦发现对手产品市场份额提升或新功能获得用户喜爱，腾讯立即开展深入研究分析，如果是同质化功能则优化自己；如果是差异化功能则快速开发出DEMO原型进行小范围尝试，用户认可则快速放量；如果有难以复制的技术壁垒则通过各种途径进行购买，比如早前Skpe因为语音优势市场份额快速提升，于是腾讯干脆从国外把Skpe最核心的语音引擎买了过来，最终弥补了产品短板。

追随者战略无疑能够使追随者采取最小的成本获得尽可能大的收益，并大大降低了新商业模式的风险，但这种追随者战略自身却存在很大的风险隐患：首先，假如市场领导者建立起强大核心竞争优势后，追随者可能很难再撼动，我们看到腾讯在搜索以及电子商务上不是非常成功也正是由于这一原因；其次，一旦出现翻天覆地的技术创新和商业模式创新，往往难以实现追随，势必形成对追随者致命的打击。

5. 合作联盟战略

早在2006年，腾讯与中国移动就梦网上提供聊天交友类业务签署合作备忘录，腾讯QQ与飞信实现互联互通。当时腾讯在电脑端有显著的优势，而在手机端竞争力量薄弱，不得不通过与中国移动飞信合作来进入手机客户端，这可以说是腾讯实施合作战略的开端。

腾讯真正进入合作战略时代是在2010年。2010年，中国互联网发生了一场被称为"3Q大战"的网络战争，其中的主角之一就是腾讯公司，也正是在这次大战之后，腾讯开始考虑建立开放的平台。2011年腾讯在合作伙伴大会上提出开放战略，希望打造一个没有疆界、开放共享的互联网新生态，并提出"开放是一种能力"。目前，腾讯开放平台拥有的平台能力包括社交广告、腾讯罗盘、云支付、云服务等。一旦加入腾讯开放平台后，腾讯海量的用户平台、完善的硬件支持、丰富的SNS运营经验等优秀的资源就能够在伙伴之间实现共享，而所得的收入将在腾讯与合作伙伴间分成。腾讯开放平台帮助有能力、有梦想的人实现创业梦想，并且使整个网络获得长久而持续的发展。另外，腾讯电脑管家也发布了"安全云库"平台，继续坚持技术开发、平台共享策略，进一步推动互联网安全开放平台建设，为合作伙伴输出安全云库数据及技术服务。腾讯这一系列开放平台的建设，不仅有利于自身的发展，更为互联网络的发展营造了一个非常良好的环境。

腾讯开放平台的建设使得腾讯原本封闭的QQ生态圈变成了互联网整体的生态圈，开放的平台能够吸引更多更好的资源。由于专业化与分工，与其他的公司结成合作网络，能够使得每个公司更专注并发挥自身的专长，而且相互之间的协作可以增强每个公司的核心竞争力。自2013年以来，腾讯开放平台的优势显现出来，借助"网络效应"可以创造更多的价值和获得更多收益，但合作方式的选择与合作机制的设计仍然是腾讯必须考虑的关键问题。对于合作方式的选择，腾讯可以考虑将非核心活动或业务外包给合作企业以获取各种互补性资源并最大限度减少资产性投入，也可以通过虚拟运营实现合作网络内企业的协同运作。在合作机制的设计上，腾讯应当借力大数据的发展，通过信任机制与利益分配机制的再设计实现大数据的价值，为腾讯平台持续地增加竞争砝码。

### （三）资本运营

**1. 腾讯融资成长路径**

作为中国互联网大军中最为成功的公司之一，自1998年成立以来，腾讯推出免费即时通信软件平台QQ，飞速建立起庞大的用户群体，并随之迅速寻找出针对这些极具黏性的用户相适应的增值收费产品和服务。腾讯以独特的方式寻找到了适合自己的盈利模式，整个企业的融资可以分为三个阶段。

第一次融资，1998年马化腾和张志东等五人一共凑了50万元注册了深圳腾讯计算机系统有限公司，在这笔资金中马化腾出了23.75万元，占了47.5%的股份；张志东出了10万元，占股20%；曾李青出了6.25万元，占了12.5%的股份；其他两人各出5万元，各占10%的股份。OICQ凭借简洁的风格及细心的设计赢得了广大网民的喜爱，以令人吃惊的速度迅速传播开来，由于当时的腾讯并没有找到盈利模式，所以一直处于亏损状态。这时的腾讯一边继续开发着项目，一边用赚来的钱养活着OICQ。

第二次融资，腾讯从1998年注册资本仅为50万元人民币的腾讯计算机到今天价值约1.4万亿的市值，国际投资机构功不可没。2000年腾讯公司通过盈科数码和IDG融资220万美元。同时两家公司各拿走腾讯20%的股份，马化腾及其团队持股60%，正是这220万美元的风险资金为腾讯日后的迅速崛起奠定了基础。2001年6月，在以110万美元的投资，不到一年即获得1000余万美元的回报后，香港盈科又以1260万美元的价格将其所持腾讯的20%股份悉数出售给米拉德国际控股集团公司（MIH），起源于南非的MIH传媒巨头不满足于从盈科手中购得的20%腾讯股份，2002年6月，MIH又从IDG和腾讯控股的主要创始人处分别购得13%、13.5%的股份。此时，MIH的连连出手使得腾讯控股的股权结构变为创业者占46.3%、MIH占46.5%、IDG占7.2%，MIH成为腾讯的最大股东。

第三次融资，2004年6月腾讯公司在中国香港联合交易所成功上市，成为在港交所第一家上市的中国内地互联网公司，共募得1.99亿美元。腾讯控股（0700.HK）公布2004年业绩财报，腾讯实现营业额11.44亿元，同比上升55.99%；实现净利润4.46亿元，同比大增38.6%。腾讯公司的营收中，互联网增值服务收入所占比例也越来越大，营销手段也越来越灵活，商业模式越发成熟稳健，腾讯QQ的注册用户数量也大幅度地逐年递增。与此同时，腾讯也完善了公司内部组织架构和产品结构：借助QQ这样一个垄断和极具竞争力的免费即时通讯平台，随之衍生出互联网增值、移动及电信增值、网络广告三大收费业务体系，为客户提供了丰富的一站式产品和服务，腾讯最终系统地整合了公司的利润点和客户需求点，公司从此进入稳步发展阶段。

**2. 腾讯投资并购概况**

据CVSource统计显示，腾讯于2005年左右开始作为战略投资者对与其相关的产业进行投资和收购。2011年1月，腾讯成立了腾讯产业共赢基金，起初基金规模为50亿元人民币，2011年6月扩充至100亿元。腾讯战略投资和腾讯产业共赢基金从2005年至今，在海内外投资和收购的案例超过160起，总金额超过530亿人民币。

从投资的时间来看（如图2-6-2所示），腾讯自2005年起开始陆续做投资和收购，但从其对外公布的投资和收购事件来看，大规模的布局始于2010年。统计显示，2010年是腾讯对外投资并购的分水岭，在此之前，其收购支出没有一年超过4亿元（腾讯上市当年即2004年的收购支出更是为零），但自2010年起，其并购支出直接提升了一个数量级达到32亿元，并且从此一路飙升，及至 2014 年，其更是豪掷 295 亿元。据此计算，537 亿元的累计投资额中，2010 年以前的合计金额仅占 2%，而 2010 年之后的合计金额占比高达 98%。

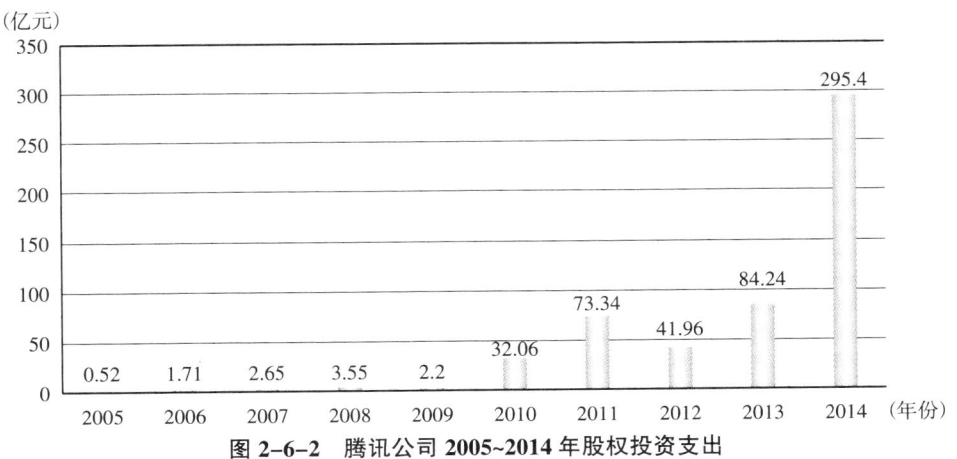

图 2-6-2　腾讯公司 2005~2014 年股权投资支出

腾讯在 2010 年以前投资和收购案例数量较少，在 2010 年之后爆发，这主要与腾讯自身的发展战略的调整密切相关。在 2010 年以前，腾讯的产品线铺得很广，几乎在互联网领域任何产品市场都可见腾讯的身影，以模仿为主，战略比较封闭。2010 年之后，一方面，腾讯自身发展战略进行了调整，实施更加开放的战略，由单纯的模仿开始转向产品的创新和开发，并于 2011 年初设立了产业共赢生态基金，孵化和收购优质企业，开始注重生态链的建设；另一方面，2010 年左右正是智能手机开始普及、移动互联网用户开始爆发式增长的阶段，移动互联网的发展推动了电商和以 O2O 为核心模式的本地生活服务的发展。

腾讯战略投资和腾讯产业共赢基金从 2005 年至今，在海内外投资和收购的案例超过 160 起，总金额超过 530 亿元人民币，从案例所处的地域来看，114 起案例来自中国内地，46 起案例来自海外，海外有七成以上来自韩国和美国，韩国的大多是游戏公司，美国的主要为游戏、社交和工具软件等。从投资的领域来看，游戏、电商和工具软件案例数量居前列（如图 2-6-3 所示）。从不同领域在每个年度投资占比的角度来看，游戏在

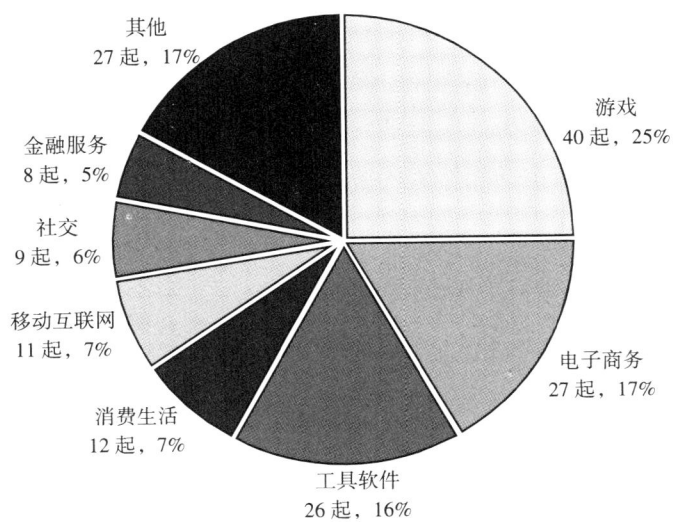

图 2-6-3　腾讯 2005~2014 年投资收购领域分布

早期投入较多。腾讯在2008年收购了《英雄联盟》的制作商Riot Games之后，仅仅在2010年就投资或收购了11家游戏厂商，占据了当年投资案例的一半之多。之后几年随着其他领域机会的增多，比例逐渐减少。下面就腾讯各领域的投资并购作详细阐述。

（1）网络游戏领域。腾讯近几年对游戏公司投资比较专注，同时腾讯的投资也得到了丰厚的回报，网络游戏的收入这几年一直占腾讯收入的很大比重，2014年腾讯游戏收入高达447亿元，占总收入的56%。2011年腾讯完成对Riot Games的收购（代表作为《英雄联盟》），占股92.78%，使英雄联盟这款游戏更贴近中国市场。2012年出资2695万美元购买Level Up已发行股本的49%，Level Up还将向腾讯授出部分期权，占其已发行股本的67%。Level Up为一家新加坡公司，是巴西及菲律宾主要的游戏运营商之一，对Level Up的投资可协助腾讯在该特定市场上寻找更多在网游领域涌现的其他机会。2012年7月，腾讯以3.3亿美元收购EpicGames已发行股本48.4%的股份。2014年腾讯以200亿韩元投资韩国著名游戏商PATI Games并以5亿美元入股韩国游戏厂商CJ Games 28%的股份。

在2014年腾讯投资的9家游戏公司中，仅有2家是中国的，其他7家都来自国外，而且国外投资同样大手笔，累计金额超过6.6亿美元。腾讯通过大量引入海外优质游戏，成为这些游戏实际上的掌门人。中国这块巨大的市场能使这些游戏获得远超他们在其他国家的总收入，而随着和腾讯合作的深入，这些游戏公司对腾讯的依赖无疑也将会变得越来越强。

（2）电子商务领域。电子商务应该算腾讯心中的一根刺，自己做业务一直没有特别成功，于是在2014年改变做法，在投资上面大刀阔斧，投资了4家公司，金额达到6.5亿美元，大手笔或者战略级的投资当属2.14亿美元投资京东商城，并把拍拍网等一些电商业务并入京东之中，接着围绕电商、微信商城进行了非常多的合作；移动电商也是腾讯重点关注的，腾讯在这个领域投资了口袋购物，继续追投了买卖宝，此外围绕电商的配送快递环节，投资了共享经济模式的人人快递。

（3）消费生活领域。消费生活对于腾讯而言，是2014年的战略重点。一方面这个领域已成为BAT角逐最激烈的方向；另一方面则是对于腾讯或微信而言，消费生活服务是必然要拓展的重要领域，腾讯2014年在这个领域的投资很多，花钱也大方。最大手笔的投入当属58同城，围绕其上市前后进行了3轮投资，总金额达到8.6亿美元的同时，腾讯持股比例也达到了24%，占据非常重要的股东地位，除财务回报外，两者在业务上的结合也值得关注。另外一个大手笔当属大众点评网，虽然未透露具体金额，但腾讯持股比例达到20%，相比大众点评接近10亿美元的估值，也是一笔非常大的投资。此外，腾讯的投资还包括华南城、e家洁、e袋洗等。

（4）工具软件领域。2010年之后，移动互联网的发展使互联网进入新的阶段，工具软件、本地消费生活应用层出不穷，腾讯在这些领域进行了一些防御性布局，以防止落后对手，这样的案例有金山软件、猎豹移动、搜狗、四维图新等。移动互联网也带动了O2O模式的兴起，滴滴打车、大众点评、58同城等业界翘楚都有"企鹅"的影子。

（5）其他相关领域。在互联网与传统行业结合、消费升级的领域，与阿里巴巴一样，腾讯在汽车交通、医疗健康、教育、旅游、金融、房产酒店等领域也进行了比较多的投资和布局，几乎是针锋相对的。这些行业的业务是腾讯自身以前触及比较少的，但却是当前很多创业公司所重点摸索的，在这样的时间点上，通过投资来做这些垂直行业可能更高效一些。交通出行上，腾讯继续大手笔投资滴滴打车；医疗健康上，腾讯首次开始布局，覆盖软硬件、移动及PC，包括1亿美元投资挂号网、7000万美元投资丁香园、2100万美元联合京东投资PICOOC；教育领域则先后投资了跨考教育、优答等；金融上投资了人人贷、富途证券；旅游领域投资了同程网、面包旅行、我趣旅行；房产酒店则是1.8亿美元投资乐居。

### （四）商业模式

互联网企业的商业模式具有较强的可塑性，企业应在发展过程中根据内外部环境的变化对商业模式进行创新。腾讯在创业期、成长期和成熟期不同发展阶段，商业模式表现出独特的演变路径和鲜明的特征，腾讯商业模式的创新不仅提升了公司的价值和竞争力，而且为其获取丰厚盈利和赢得竞争优势，其成功经验为我国互联网企业提供了启示与借鉴。

**1. 创业期**

新竞争者的进入催生即时通讯业务，同类产品的缺陷推动自身产品的优化。1998年1月马化腾与张志东合作创立腾讯，当时公司主要是为其他公司制作网页、承接一些系统集成项目，既没有核心业务更无价值主张。后来ICQ风靡美国并传入中国，马化腾和张志东才模仿ICQ开发出OICQ，并优化改善ICQ的一些缺陷，后来OICQ由于一场诉讼，改名为现在的QQ。客户需求使创业者转换经营思维，寻求新的商业模式。刚开发出的OICQ由于缺乏推广资金，马化腾欲以100万元卖掉QQ，竟无人问津，无奈才将其放到网上，却发现下载量达几十万，这坚定了他们对QQ的信心，萌发在QQ里嵌入广告获取收益的商业模式，结果获得初步成功；行业融合发展，合作伙伴拓展新的产品应用助推公司突破发展瓶颈，2000年6月移动推出"移动梦网"，于是腾讯开发出手机QQ，与移动合作开展移动增值业务，由此获得了丰厚收入，使腾讯成为中国首家盈利的互联网公司。腾讯在创业期的商业模式逻辑图如图2-6-4所示。

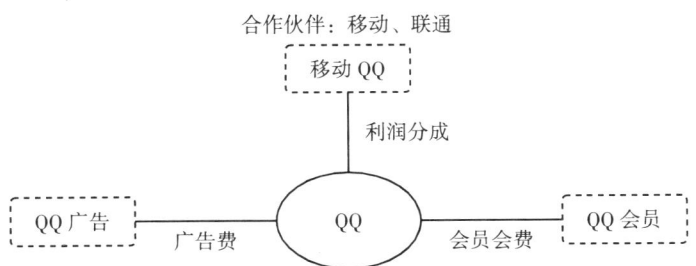

**图2-6-4　腾讯在创业期的商业模式逻辑图**

该模式以QQ业务为核心，延伸出三种收费业务：提供QQ广告服务——收取广告佣金，QQ会员服务——收取会员费，移动QQ业务——收取无线增值费，无线增值收入通过与通信运营商的利润分成实现，每月从通信运营商处领取收入。

腾讯在创业期商业模式的主要特征是：①具有一定的前瞻性。公司敏锐地抓住消费需求的"空穴"，由承接系统集成等软件外包服务转变为自主开发即时通信业务这一未来有巨大增值潜力、能够黏住客户的"明星"业务，使商业模式的经营逻辑发生了彻底变革，这是创业期商业模式的价值所在。②独特性差，较容易被模仿，抗风险能力较弱。由于80%的收入来自与通信运营商的利润分成，没有稳固的网络关系和多元收入模式，自我防护的隔绝机制薄弱，竞争能力不高。总之，由于创业之初商业模式不能维系自身生存，腾讯敏锐地抓住商机转变了经营主业，重构了公司的核心逻辑，重新定义了商业模式的价值主张、价值网络、价值维护和价值实现方式，构建起一种新的商业模式。这一阶段，腾讯的商业模式设计或创新属于重构型商业模式创新。

2. 成长期

腾讯在成长期商业模式发生演变的诱因是：①互联网行业的快速发展推动腾讯进入新业务领域，竞争的白热化使其寻求差异化经营。腾讯是伴随着互联网行业的爆发式增长而成长的，门户网站、网络游戏、C2C、搜索等新兴业务的崛起很快吸引众多公司进入这些领域，由于每个领域都有强劲的竞争对手（门户——新浪，网游——盛大，C2C——淘宝，搜索——百度等），腾讯的新业务必须差异化定位才能拔得头筹，如腾讯网门户定位为青年门户网站，C2C拍拍网提倡"沟通达成交易"的理念，避免同质化竞争。②挖掘提升现有资源价值，满足用户多元化多层次的需求，整合协同业务体系。腾讯的业务架构策略以QQ庞大的用户基础为核心，搭建"一站式"在线生活平台的业务布局。③通过重塑灵活的组织架构和高效的运营体系，支撑商业模式稳健运作。腾讯从2005年第四季度开始，根据新业务拓展的需要，对公司组织结构及薪酬绩效体系进行了变革，将公司结构重新归类细分为八大单元：根据业务体系划出四个业务系统——无线业务、互联网业务、互动娱乐业务、网络媒体业务；根据公司日常运转划分出四个支持系统——运营支持、平台研发、职能系统、企业发展系统。薪酬绩效更注重业绩和创新，使组织结构、绩效体系与战略、商业模式相匹配。腾讯在成长期的商业模式逻辑图如图2-6-5所示。

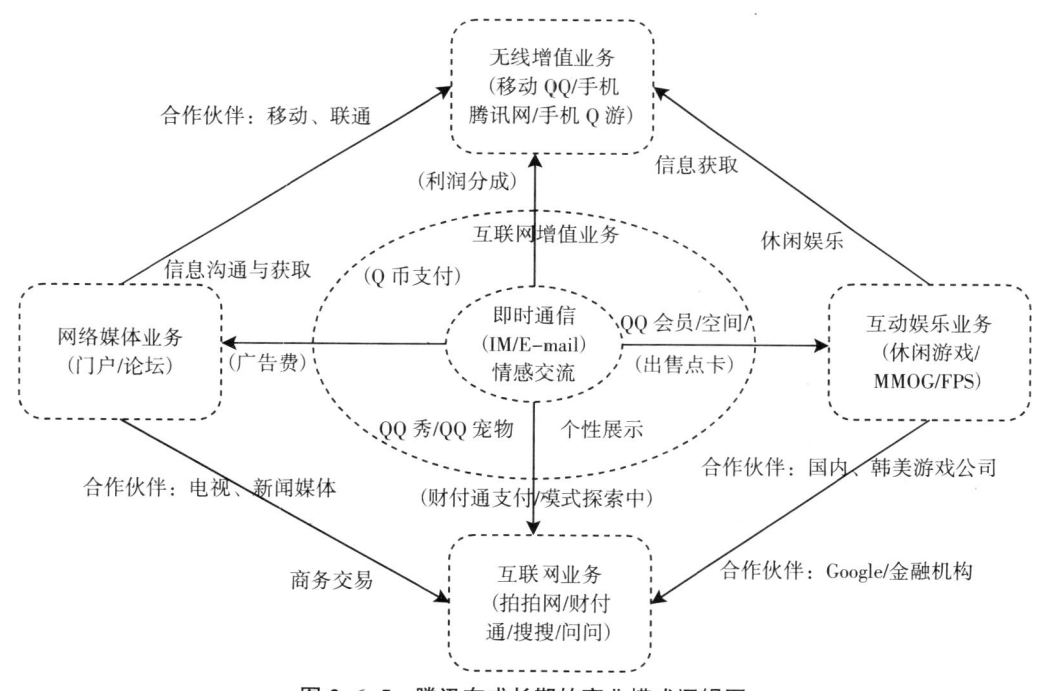

图2-6-5　腾讯在成长期的商业模式逻辑图

马化腾将公司成长期的商业模式划分为五大业务体系：即时通讯、无线增值、互联网增值、互联网和网络媒体。商业模式由创业期后期的IM与门户在两个维度上叠加的"一横一竖"的业务模式，拓展为以IM为核心，以"一横一竖"为骨架，以无线增值、网络媒体、互联网业务、互动娱乐为节点的菱形结构。

腾讯在成长期的商业模式主要特征是：①具有一定的独特性。"菱形"商业模式已基本实现了各业务体系的相互协同，"一站式在线生活平台"基本搭建成型。②具有前瞻性。业务的迅速发展和顾客量的爆发式增长证明了商业模式顺应了互联网业的发展趋势，具有前瞻性，但仍有进一步挖掘盈利的潜力。③资源整合度不高，竞争力亟待提高。各业务体系虽然实现了相互衔接、初步协同，但仍不能充分抵御外部诸多竞争者的进攻，未实现信息流、收益流等的高效传递。

总之，成长期腾讯商业模式的核心逻辑是适应环境特别是用户的新需求，不断推出新业务，持续小幅调整公司的价值内容、网络形态、业务定位、组织设计和收入模式等，搭建能承载所有业务的大平台，提高其抗风险能力。这一阶段，腾讯的商业模式设计或创新属于调整型商业模式创新。

### 3. 成熟期

腾讯在成熟期商业模式发生演变的诱因是：①适应需求多元化、个性化的趋势，以用户价值为依归，持续改善用户体验。2010年腾讯QQ同时在线用户数突破1亿人。②在实力逐渐雄厚、资金充足条件下，通过资本运作迅速整合行业资源，升级公司的商业模式。持续整合业务，以实现业务信息流价值流共融和对接，增强商业模式的综合实力。2010年腾讯先后向俄罗斯互联网巨头DST、韩国7家网游公司进行战略投资，2011年又制定"开放式平台"战略，设立超100亿元的产业投资基金，加大对行业资源整合的力度，扩大企业边界，完善价值网络，加快提升商业模式的竞争力。腾讯在成熟期的商业模式逻辑图如图2-6-6所示。2006年，公司提出搭建"一站式在线生活平台"商业模式的战略举措，进入成熟期的腾讯始终致力于各大业务体系的质量提升和业务之间的整合，目前已完成初步整合，形成了面向三大端口的四大基础体系和七大业务模块，构建了一个较为坚实的开放式社区平台。

腾讯面向移动互联网的战略步骤是：第一步，抢占市场。通过短时间内推出众多业务，抢占移动端市场，积累用户资源。第二步，嫁接业务。伴随着移动终端的迅速发展，手机平台越来越多（Linux、Windows Mobile、Symbian、Android等），腾讯研发手机软件都能支持这些操作系统，便于产品的自由嫁接和迅速推广。第三步，自立门户。开发自有手机操作系统，未来拟推出自主品牌手机，逐步巩固移动互联网版图。Web端面向的是在线服务，客户端则是以桌面软件为载体提供网络服务。腾讯在成熟期商业模式的主要特征是：①独特性高，业务布局较完善。无线端、网络端和客户端完成了业务的搭建，构建了独特的商业模式结构。②支撑体系完善，盈利水平较高。构建了四大支撑体系：会员体系、账号体系、金融体系、基础服务。四大体系依然是以QQ平台为基础，以会员体系、账号体系增强用户黏性、整合业务资源，以金融体系完善收入模式，稳固利益链，以免费基础服务培育资产型用户，四大体系成为由七大业务模式构成的"一站式在线生活平台"的稳固支撑和强大保障。③业务资源整合度高，综合竞争力较强。目前，腾讯的产品线已经渗入互联网的多个应用领域，众多的产品线基本实现了相互协同，构建起"一站式在线生活平台"商业模式，为其建立"互联网帝国"的愿景构筑了较高壁垒。

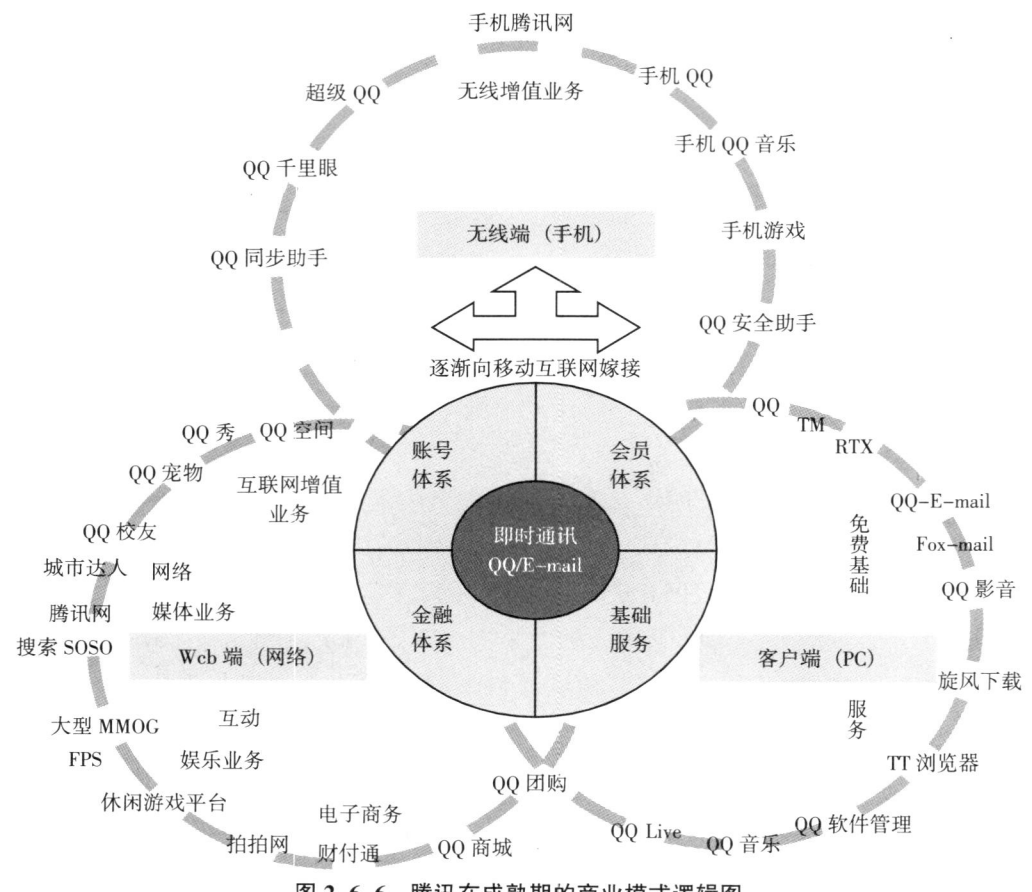

图 2-6-6 腾讯在成熟期的商业模式逻辑图

总之,成熟期腾讯商业模式的核心逻辑是重点进行业务体系之间的整合,实现"一站式大平台"的战略构想,持续扩大用户群,增强黏性,形成商业模式的核心竞争力。这一阶段,腾讯的商业模式设计或创新属于完善型商业模式创新。

## (五)市场概况

根据图 2-6-7 可以看出,2014 财年腾讯总收入为人民币 789.32 亿元,比 2013 年同期增长 31%,2004 年总收入 11.43 亿元,总收入增长了 69 倍。2014 净利润为 238.88 亿元,比 2013 年同期增长 43%,2004 年净利润为 4.46 亿元,净利润增长了 53 倍,2010~2014 年的净资产收益率一直保持在 25% 以上。腾讯集团总体盈利保持增长趋势,这得益于对电子商务业务的持续投入以及针对海外网络游戏的扩张以及微信的商业化。腾讯公司十年来平均净利润率达 38%,平均毛利率甚至高达 67%,极大拓宽了公司的盈利空间。腾讯公司近五年来的销售收入增长率超过 50%,远高于同行业平均水平 17.12%。从净资产收益率上看,腾讯公司近几年的净资产收益率相对降低,说明腾讯公司近几年的资产利用效果不是很好。

腾讯增值服务业务收入增长 41% 至人民币 633.10 亿元,网络游戏业务收入实现稳健增长,主要受个人电脑游戏及结合 QQ 手机版与微信的智能手机游戏所推动,2010~2014 年腾讯增值服务所带来的收入一直占腾讯总收入的 70% 以上(如图 2-6-8 所示)。社交网络业务收入大幅增长,主要受移动平台游戏销售收入增长所推动;网络广告业务收入增长 65% 至人民币 83.08 亿元,主要受视频广告及移动社交网络效果广告所推动,而视频广告的增长受益于观看用户数的增长,移动社交网络效果广告主要受QQ空间手机版及微信公众账号所推动,腾讯与京东的战略合作亦促进了网络广告业务的增长;电子商务交易业务收入下降51%至人民币47.53亿元,该项减少主要受到与京东进行的战略交易使流量转向了京东以及易迅业务从自营转变为交易平台的影响。

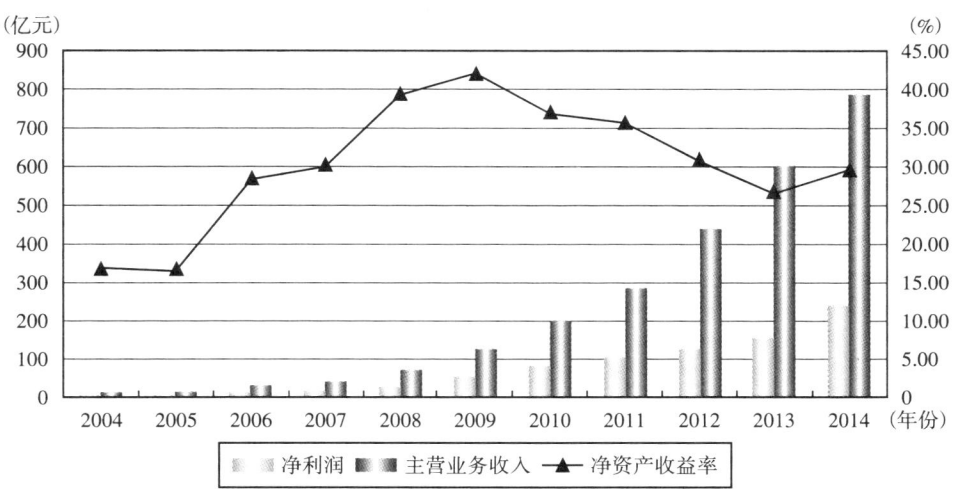

图 2-6-7　腾讯 2004~2014 年相关指标走势

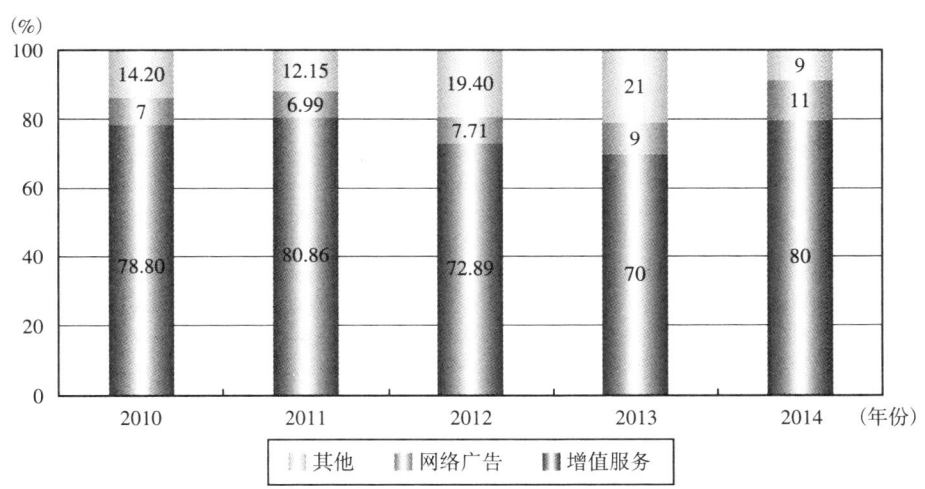

图 2-6-8　2010~2014 年腾讯各年主营业务收入占总收入的比例

**1. 即时通讯领域的用户优势**

(1) QQ。2014年QQ及QQ空间受益于中国智能手机用户群的大幅增长,使其在通信及社交领域巩固了领先地位。就QQ而言,智能终端月活跃账户于2014年末同比增长33%至5.76亿,而且整体最高同时在线账户同比增长21%至2.17亿。2014年,腾讯改进了QQ手机版的社区及分享功能,提升了用户参与度。腾讯亦通过整合O2O和其他新服务(包括由战略合作伙伴所提供的)并推出QQ手机钱包,培育了QQ手机版用户的生态系统。就QQ空间而言,智能终端月活跃账户于2014年末同比增长30%至5.40亿,受益于功能增强及用户体验改善,使得用户活跃度及用户黏性得以提升。但QQ总体用户数的增长遇到瓶颈，近三年用户数增长不到3000万（如图2-6-9所示）。

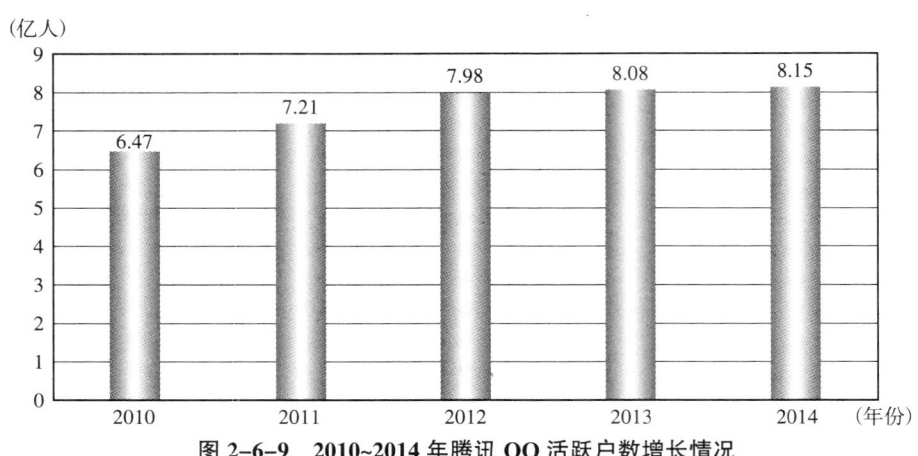

图2-6-9 2010~2014年腾讯QQ活跃户数增长情况

（2）微信和WeChat。截至2014年末，微信及WeChat的合并月活跃账户同比增长41%至5亿。就微信而言，腾讯利用新功能及服务增强了用户互动及参与度，并提高了微信公众账号的普及率。就WeChat而言，腾讯继续提升特定的海外市场（尤其是新兴亚洲市场）的用户参与度。2014年，腾讯丰富了支付场景并推出活动（如微信红包）以建立知名度及用户习惯，QQ手机钱包及微信支付已绑定银行的用户账户总数已超过1亿。

2. 游戏领域的龙头地位

腾讯在2014年收入的大幅增长主要受益于其网络游戏业务收入的增长，腾讯的网络游戏2014年收入为447.56亿元。腾讯2014网络游戏获得强劲增长，主要归功于推出新游戏的增长所带来的收入增长，以及《英雄联盟》的用户数及收入大增。2014年第四季度，腾讯网络游戏收入增长41%至人民币119.64亿元，平均每日收入高达1.3亿元。

荷兰市场研究公司Newzoo近日发布了一份全球游戏市场报告，称在2014年内，全球前25家上市游戏公司总收入达到541亿美元，比2013年增长了10.4%。2014年全球游戏市场收入规模为836亿美元，这意味着TOP25上市公司收入占比高达65%。2014年，腾讯是全球收入最高的上市游戏公司，72亿美元的年收入比2013年增长了37%。索尼、微软、EA和动视暴雪的收入分别排在第2~5名。苹果、谷歌和《糖果传奇》开发商King位列第6~8名——这三家公司的游戏收入主要来自移动平台（此报告只统计上市公司）。

3. 网络广告的广阔前景

2014年腾讯的网络广告业务受益于品牌展示及效果展示类收入的增长，视频广告实现强劲收入增长，这主要由于观看用户流量的增长，包括来自《中国好声音》第三季和国际足联世界杯内容所产生的流量。腾讯在QQ空间手机版及微信公众账号的移动广告方面也取得巨大进展。腾讯表示未来将分配更多的资源给予效果广告，包括微信朋友圈及应用宝的资源，腾讯同时表示将持续积极投资视频内容以进一步提升流量，为此腾讯建立了与HBO及NBA的独家合作关系的投入。

2014年中国经济增速出现回落，进入了结构调整阶段。而在这样的背景之下，中国网络广告市场保持了与2013年相当的增速，整体市场规模超过1500亿元，同比增长达40%。从增长速度来看，门户及社交媒体中的效果广告增长迅速，表现突出，腾讯广点通及新浪微博广告是其中的最主要的增长力量。在企业营收增速方面，腾讯表现突出，腾讯广点通依托于其大社交系统，通过用户数据挖掘以及广告产品竞价机制实现资源有效配置，时间广告收入快速提升。预计2015年微信广告资源的开放以及广点通移动广告联盟的发展，将推动腾讯广告营收进一步提高。腾讯网络广告营收虽然占据市场第三的位置，但与第一、第二相比仍然有很大的差距（如图2-6-10所示）。

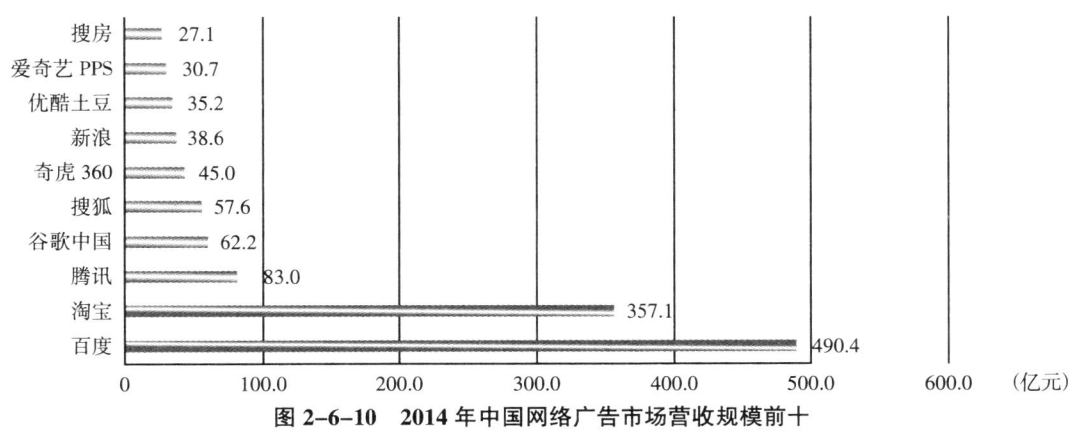

图 2-6-10　2014年中国网络广告市场营收规模前十

腾讯的广告类型丰富，既有腾讯网、腾讯视频这样覆盖面大的优质媒体可以迎合大型品牌广告主的需求，又有QQ空间、搜搜这样的流量大但成本较低的媒体迎合效果广告主的需求，这种资源的多元性可以满足不同类型的广告主以及同一广告主不同维度的需求，从而实现一站式投放。腾讯拥有几亿网民的社交关系链，以及覆盖网民各种上网活动所积累的海量数据，腾讯应加强创新，更好地利用这些数据优势，才能提供更加精准的投放效果。

4. 电子商务的战略转移

腾讯电子商务业务起步比较晚，如果将电子商务比作马拉松，当腾讯真正发力时，竞争对手已经将其甩开很远了。阿里巴巴有先发优势，B2C业务的提升空间还很大；京东商城在B2C领域的物流仓储技术等基础建设很扎实，服务有保障；腾讯现在正凭借其用户优势探寻适合自己的电子商务之路。

2014年3月腾讯与京东进行了战略交易，使得腾讯的电子商务交易业务经历了战略过渡，腾讯将流量转移至京东使得腾讯的电子商务收入、成本及亏损大幅减少。腾讯通过战略过渡将持有京东的相当股权，以及通过来自电子商务广告客户的效果广告收入，能够更好地从中国电子商务的发展中获益。腾讯电商旗下的QQ网购和拍拍实物电商部门及配送团队将整合到京东。腾讯电商旗下的易迅则继续运营，并跟京东展开深度合作，京东将投资易迅成为少数股权股东，并获得认购余下股权的权利。

腾讯拥有微信、QQ等成功的社交网络服务，但电子商务的确不是它的基因，此次将QQ网购、易迅等并入京东，既是腾讯的一次"减法"，也说明腾讯电商并不成功。目前O2O的发展趋势是短距离生活化服务，例如餐饮、生活类购物如买菜、洗衣等，需要物流、送货、仓储等基础设施，京东"当日送达"的高效管理，正好弥补了腾讯的"短板"。这桩交易对行业格局产生了深远影响，对阿里巴巴一家独大的电商格局产生了撼动。

## （六）经营和财务绩效

表 2-6-1　腾讯 2012~2014 年度经营与财务业绩比较

单位：百万元

| 年　份 | 2014 | 2013 | 2012 |
|---|---|---|---|
| 收入 | 78932 | 60437 | 43893 |
| 总资产 | 171166 | 107235 | 75255 |
| 净利润 | 23888 | 15563 | 12731 |
| 净利润率（%） | 30.26 | 25.75 | 29.00 |
| 总资产报酬率（ROA）（%） | 13.96 | 14.51 | 16.92 |
| 净资产报酬率（ROE）（%） | 29.09 | 26.62 | 30.21 |
| 资本性支出（CAPEX） | 4718 | 5799 | 4493 |
| CAPEX 占收比（%） | 5.98 | 9.60 | 10.24 |
| 经营活动净现金流 | 32711 | 24374 | 19492 |
| 每股经营活动净现金流（元/股） | 3.49 | 13.09 | 10.52 |
| 自由现金流（FCF） | 27993 | 18575 | 14999 |
| 自由现金流占收比（%） | 35.46 | 30.73 | 34.17 |
| 每股盈利（EPS）（元/股） | 2.57 | 1.69 | 6.96 |
| 每股股利（DPS）（元/股） | 0.29 | 0.19 | 0.96 |
| 股利支付率（%） | 14.01 | 14.20 | 14.37 |
| 主营业务收入增长率（%） | 30.60 | 37.69 | 54.03 |
| 总资产增长率（%） | 59.62 | 42.50 | 32.48 |
| 净利润增长率（%） | 53.49 | 22.24 | 24.78 |
| 经营活动现金流增长率（%） | 34.20 | 25.05 | 45.92 |
| 资产负债率（%） | 52.02 | 45.48 | 43.99 |
| 流动比率 | 150.54 | 161.38 | 176.68 |
| 总资产周转率（次） | 0.46 | 0.56 | 0.58 |
| 股息 | 1761 | 1468 | 1108 |
| 内部融资额 | 26924 | 17604 | 14236 |
| 研发支出 | 7581 | 5095 | 4176 |
| 研发支出占收入比（%） | 9.60 | 8.43 | 9.51 |

表 2-6-2　腾讯轻资产特征一览表

单位：%

| 序号 | 项　目 | 2014 年 | 2013 年 | 2012 年 |
|---|---|---|---|---|
| 1 | 现金类资产比重 | 56.74 | 30.05 | 17.86 |
| 2 | 应收账款比重 | 2.68 | 2.76 | 3.13 |
| 3 | 存货比重 | 0.14 | 1.29 | 0.75 |
| 4 | 流动资产比重 | 44.00 | 50.06 | 48.51 |
| 5 | 固定资产比重 | 4.63 | 8.11 | 9.84 |
| 6 | 流动负债比重 | 29.23 | 31.02 | 27.46 |
| 7 | 应付账款比重 | 5.07 | 6.23 | 5.60 |
| 8 | 无息负债比重 | 2.39 | 3.47 | 2.47 |
| 9 | 有息负债比重 | 38.23 | 31.31 | 30.19 |
| 10 | 留存收益比重 | 43.27 | 48.70 | 50.85 |

续表

| 序号 | 项目 | 2014年 | 2013年 | 2012年 |
|---|---|---|---|---|
| 11 | 营运资金（百万元） | 25286 | 20419 | 15845 |
| 12 | 现金股利（百万元） | 1761 | 1468 | 1108 |
| 13 | 内源融资（百万元） | 26924 | 17604 | 14236 |
| 14 | 资本性支出（百万元） | 4718 | 5799 | 4493 |
| 15 | 现金储备（百万元） | 97116 | 32223 | 13440 |
| 16 | 自由现金流（百万元） | 27993 | 18575 | 14999 |

### （七）内控和风险管理

**1. 市场风险**

（1）外汇风险。腾讯从事国际营运，须承受多种主要与人民币、港元、欧元、韩元及美元有关的货币风险所产生的外汇风险。未来商业交易或已确认资产及负债以非本集团实体功能的货币计值，则产生外汇风险。腾讯公司及主要海外附属公司的功能货币为美元，而在中国运营的附属公司的功能货币为人民币。腾讯应当通过对本集团外汇净额进行定期检查管理，在可行时透过自然对冲尝试降低该风险，并于必要时订立远期外汇合约。

（2）价格风险。腾讯集团持有的可供出售金融资产的投资须承担价格风险，为管理投资产生的价格风险，腾讯已经采取多样化的投资组合。腾讯集团持有的可供出售的金融资产有两个方面的作用：一是为了改善投资收益及保持高流动资金水平；二是为了策略目的而进行的投资，并且每项投资均由高级管理层逐项处理。敏感度分析根据报告期末可供出售金融资产的权益价格厘定，2014年12月31日，若腾讯集团持有的各项工具的权益价格增加或减少5%，则其他全面收益将增加或减少约人民币6.42亿元。

**2. 信贷风险**

腾讯集团面临与现金、银行及金融机构的存款（包括限制性现金）、其他投资、应收账款及其他应收款项相关的信贷风险，上述货币性金融资产的账面值为腾讯集团面临与相应类别金融资产相关的最大信贷风险。为管理该风险，存款主要存放于中国的国有金融机构及中国境外的著名国际金融机构，并且该金融机构近期并无拖欠记录。

就应收账款而言，互联网及移动服务收费的相当一部分来自与中国移动、中国联通、中国电信及其他第三方平台提供商的合作安排。倘若与这些电信运营商及第三方平台提供商的策略关系结束或规模缩减，或者与它们更改合作安排及面临财务困难，以相关应收账款结余的可回收性而言，腾讯的增值服务或会受到不利影响。

为了管理此项风险，腾讯集团与电信运营商及第三方平台提供商保持紧密联系，同时鉴于腾讯集团与电信运营商及第三方平台提供商的过往合作，加上有关电信运营商及其他第三方平台的付款记录，以确保双方合作能够有效。就广告客户的应收账款而言，会评估每名客户的信贷因素，会考虑该名客户的财务状况、过往历史及其他因素。一般而言，腾讯集团的每项广告服务均须支付相当于总服务费若干百分比的预付款项。

**3. 创新不足风险**

一提到腾讯公司，除了其基础平台QQ通信以外，很多人对其的第一印象就是它对其他公司产品永无止境的模仿。的确，腾讯公司的很多产品都是源自模仿，但是，用简单的模仿战略来描述腾讯，其实是不客观的。腾讯之所以能取得今天的成功，主要依仗于"模仿、跟随、赶超"战略，而这个战略背后是QQ巨大的用户平台的支持。每当市场上出现一个新的产品，腾讯就会根据自己的特点模仿一个类似的产品，然后紧跟对方的演进路线；之后充分利用自己的客户平台优势和产品黏性，逐渐蚕食对手的市场，并逐步成为该市场的主导。无论是门户、邮箱还是网络游戏，腾讯的起步实际上都要落后于其竞争对手。

腾讯公司发布的很多新产品都来源于对市场上已经有相似产品的"模仿"，而且两者的时间间隔通常在两年以上。这说明腾讯公司并不是对新产品的盲目追随，而是在一个产品已经显示出其竞争力和发展空间之后才会出手。这样虽然降低了其开发新产品的成本，同时也规避了市场风险，但并不是所有的模仿都能成功，像QQ、QQ游戏大厅这类产品的影响力和盈利能力已经超过竞争对手，但像拍拍网、SOSO问问、超级旋风等产品虽然也取得了一定的成绩，却远不足以和其"前辈"相提并论，甚至还有像腾讯滔滔这种上线没多久就下线的失败之作。虽然总体是盈利的，但在这盈利的背后也浮现出腾讯的一个很大问题，即缺乏实质性的创新。腾讯虽然对市场上已有产品进行"模仿"后，还会根据自身的用户体验进行进一步创新以维持原有用户并进一步吸引新的客户。但是这种缺乏实质性的创新使得腾讯公司在竞争中始终慢人一步，无法成为市场的真正主导者。

在一个新产品产生并商业化的过程中，都会经历一个发展到成熟再到衰退的过程。在产品的初期发展阶段，虽然盈利水平不高，但会吸引最初接触产品的第一批用户，而这批用户往往也是在该产品领域最专业和最忠实的用户，这种创新行为的缺失使得腾讯丧失了这一部分用户。尽管依靠庞大的QQ客户平台，不愁没有用户，但这一部分用户的丧失往往会对产品的后续发展带来极大的不利影响。腾讯很多新产品的用户，往往是因为产品的黏性和方便而选择，热衷度不高导致很容易丢失这部分用户，所以腾讯公司在市场出现重大创新之后往往难以跟随其脚步，其旗下的各类产品也始终难以成为市场的主导，也因此错过了很多取得巨大盈利的机会。

### （八）前景展望

#### 1. 微信国际化拓展

中国互联网企业历史上有很多开创性的产品，进化无论在理念上，还是在模式上均大幅度领先于欧美公司，比如百度的问答和百科。然而，中国的互联网公司只是将眼光聚焦在国内市场而忽视了国际拓展的机遇，因此之前仅发布中文版本，从失去国际化的最佳契机，但是微信的规划却并非如此。微信的前3个版本都只有中文版，但到了3.5版本，微信在中文版基础之上叠加了英文、法文、德文等12种外文的国际版，目前的语种已经扩充到19种，除了语言，微信在用户体验上也跟随语种一并做出诸多微调，以适应当地市场的用户偏好。作为发布国际化版本的直接结果，微信在2012年一举拿下15个国际市场的社交类苹果商店应用第一位，其中既包括华人聚居的新加坡、马来西亚、泰国、中国香港、中国澳门、中国台湾等国家和地区，也包括华人占比不高的拉丁美洲和中东诸国。目前，微信的海外用户已经超过4000万，与美国的WhatsApp，韩国的Kakao-Talk，日本的Line并列为全球4大手机即时通信工具。

国际版本的迭代，标志着微信在彻底稳住国内市场领先位置之后，实现了关键一步战略布局，而这种布局是依靠软件已有版本的多语言升级，以及国际用户体验的局部改善来完成的。目前，腾讯正在向各个区域市场派驻地面推广人员，但这是建立在产品本身已经在当地打开局面的基础之上。马化腾甚至认为，微信将会是其有生之年能够看到的为数不多的腾讯国际化战略成果。在这个阶段，还有一个有价值的拓展，微信首次借助语音通话的业务本质尝试叠加广播电台运营辅助模式。微信新增加的模块可以让广播电台的主持人们通过一个简单的后台，随时发布语言信息并管理听众反馈的信息，实现真正的交互式电台播放。这一模块的出现，打破了以往广播台主持人那种冷冰冰的播报以及伪造听众短信的模式，开启一种鲜活生动的互动演播。这个模块随后被大量传统广播电台所采用，主持人们积极主动地持续告诉他们的听众："用微信爆料更方便、安全。"这种状况像极了媒体不断引用微博内容的局面，而开心网、新浪微博、百度百科等创新惯例告诉人们，一旦传统媒体开始主动地免费宣传，该产品就已经成功了。

2. 核心技术创新

业务的拓展和高速发展离不开产品研发与运营，而要保证战略的有效实施形成对竞争对手的竞争优势，腾讯须加强在核心技术上的创新和不断突破。对目前腾讯业务和产品来说，我们认为至少有以下几项技术创新必须加强：

（1）高度扩展QQ架构。腾讯的业务几乎都是围绕QQ这一核心平台进行拓展，而随着腾讯的业务越来越广，互联网的竞争越来越激励，要想在竞争中快速建立优势，QQ基础架构必须具备高度可扩展性以实现业务的快速滚动和支持。而通过可扩展的架构，可以更加高效地实现QQ技术团队对核心平台的专注，以及业务部门对产品需求的专业定制。另外，QQ这一软件平台自身空间是有限的，而大量业务需求无穷无尽，通过扩展性的架构实现业务需求插件化，对平台的延伸及稳定性都至关重要。

（2）建立多维度立体安全体系。服务中国最多互联网用户的腾讯产品，绝大部分都是千万客户级以上的产品，任何一个产品出现安全问题都会带来重大影响。类似当前非常盛行的QQ木马盗号、QQ Tips消息诈骗以及曾经发生过的电信机房掉电等，这些安全事件往往都会产生非常大的社会反响也让腾讯备受压力。所以，我们认为作为一家为海量用户提供互联网服务的公众企业，腾讯必须意识到安全问题的紧迫性、艰巨性和长期性，加快建立起多维度立体安全体系，包括基础设备安全、分布式网络机房、基础数据异地容灾备份、核心协议安全、前端接入平台统一安全认证、漏洞检测和木马病毒打击。因为，只有在确保服务安全的前提下，腾讯才可能更放心地进行积极业务拓展，也才能保障为用户提供持续优质服务。

（3）提升服务运营效率。腾讯目前运营着中国互联网最大的服务器机群，粗略估计腾讯每天至少有几十万台服务器在同时运行，而腾讯业务每天使用的网络带宽资源有几百GB。如此庞大的运营体系无疑是一项巨大的开支，随着腾讯业务的不断发展，这一体系将更加庞大，所以腾讯必须在海量服务运行效率上进行深入挖掘和努力提升，以有效降低服务资源的无限扩张需求，控制住运营成本，避免让庞大的基础设备开支变成公司业务高速发展最大的累赘。

3. 强化组织管理

（1）加强管理人才的培养。加强管理干部尤其是中层、基层管理干部队伍培养。正如GE的成功很大程度有赖于其强大的经理人培养体系，作为互联网全业务发展的腾讯，组织规模庞大，一个产品部门甚至是一个团队往往都直接面对竞争对手一个公司。所以，要想在竞争中胜出，必须培养出一批高素质的管理队伍。腾讯中层管理干部主要分内部提拔和外部空降两部分，对内部提拔的中层管理干部重点应加强其职业化培训，因为这批中层管理干部主要还是因为在业绩上表现突出被提拔上来的，而作为职业经理人更多强调的不再是业务能力而是其职业化管理能力，这方面内部提拔的中层管理干部相对还是比较欠缺；对外部空降的中层管理干部，一般来说他们都更国际化更职业化，视野也更宽广，而他们所欠缺的是对业务理解的深度、公司文化的理解以及公司的认同感，所以，更多应从这些方面入手将外部空降兵转化成内部忠诚的将军。另外，腾讯基层管理干部队伍庞大，他们很多时候直接决定着各项工作的开展，所以，对基层管理干部的培养也尤为重要，尤其是需要建立起合理的基层管理干部队伍激励体系、考核体系，避免出现靠资历而不是能力、靠人情而不是绩效的基层管理干部提拔，真正让一些绩效突出，有能力有激情的人上去。

（2）优化组织结构和内部流程。腾讯过往的成功很大程度有赖于快速的响应以及不同产品间相互拉动和无缝整合，而随着公司发展，人员急速膨胀，组织变得复杂，组织间本位主义越来越强，部门墙越来越严重，大家更多关注于自身KPI，这些几乎都是一个公司成长为大型公司的必经阶段，而这一趋势势必导致内部执行力低下。要解决这一问题或降低其影响，必须从内部组织结构和流程上下功夫，首先，人员的急速膨胀导致组织不太可能像过往那样扁平化，腾讯必须在强化扁平结构的同时很好地融合层次更深的金字塔形组织结构，一味强调扁平无疑与客观事实相悖，更不利用组织发展；其次，小型公司、中型公司、大型企业的管理模式存在极大不同，中小型公司更多靠领导指挥和员工能动性工作，而大型组织必须建立起一套完整内部组织流程以保障从上到下将执行推到组织末梢。

**附件一：腾讯财务报告（2014年）**

1. 合并资产负债表

单位：百万元（除每股数额）

| 年份 | 2014 | 2013 |
|---|---|---|
| 资产 | | |
| 非流动资产 | | |
| 　固定资产 | 7918 | 8693 |
| 　在建工程 | 3830 | 2041 |
| 　投资物业 | 268 | — |
| 　土地使用权 | 751 | 871 |
| 　无形资产 | 9304 | 4103 |
| 　联营公司的投资 | 51131 | 10867 |
| 　联营公司可赎回优先股的投资 | 2941 | 1119 |
| 　合营公司的投资 | 63 | 9 |
| 　递延所得税资产 | 322 | 431 |
| 　可供出售的金融资产 | 13277 | 12515 |
| 　预付款项、按金及其他资产 | 1209 | 1480 |
| 　定期存款 | 4831 | 11420 |
| 非流动资产总额 | 95845 | 53549 |
| 流动资产 | | |
| 　存货 | 244 | 1384 |
| 　应收账款 | 4588 | 2955 |

续表

| 年份 | 2014 | 2013 |
|---|---|---|
| 预付款项、按金及其他资产 | 7804 | 5365 |
| 定期存款 | 10798 | 19623 |
| 受限制现金 | 9174 | 4131 |
| 现金及现金等价物 | 42713 | 20228 |
| 流动资产总额 | 75321 | 53686 |
| 资产总额 | 171166 | 107235 |
| 权益 | | |
| 本公司权益持有人应占权益 | | |
| 股本 | — | — |
| 股本溢价 | 5131 | 2846 |
| 股份奖励计划所持股份 | (1309) | (871) |
| 其他储备 | 2129 | 3746 |
| 保留盈利 | 74062 | 52224 |
| 非控制性权益 | 2111 | 518 |
| 权益总额 | 82124 | 58463 |
| 负债 | | |
| 非流动负债 | | |
| 借款 | 5507 | 3323 |
| 应付票据 | 25028 | 9141 |
| 长期应付款项 | 2052 | 1600 |
| 递延所得税负债 | 2942 | 1441 |
| 递延收入 | 3478 | — |
| 非流动负债总额 | 39007 | 15505 |
| 流动负债 | | |
| 应付账款 | 8683 | 6680 |
| 其他应付款项及预提费用 | 19123 | 10246 |
| 借款 | 3215 | 2589 |
| 应付票据 | 1834 | — |
| 流动所得税负债 | 461 | 1318 |
| 其他税项负债 | 566 | 593 |
| 递延收入 | 16153 | 11841 |
| 流动负债总额 | 50035 | 33267 |
| 负债总额 | 89042 | 48772 |
| 权益及负债总额 | 171166 | 107235 |
| 流动资产净额 | 25286 | 20419 |
| 资产总额减流动负债 | 121131 | 73968 |

## 2. 合并损益表

单位：百万元（除每股数额）

| 年份 | 2014 | 2013 |
|---|---|---|
| 收入 | | |
| 增值服务 | 63310 | 44985 |
| 网络广告 | 8308 | 5034 |

续表

| 年份 | 2014 | 2013 |
|---|---|---|
| 电子商务交易 | 4753 | 9796 |
| 其他 | 2561 | 622 |
| 总收入 | 78932 | 60437 |
| 收入成本 | (30873) | (27778) |
| 毛利 | 48059 | 32659 |
| 利息收入 | 1676 | 1314 |
| 其他收益净额 | 2759 | 904 |
| 销售及市场推广开支 | (7797) | (5695) |
| 一般及行政开支 | (14155) | (9988) |
| 经营利润 | 30542 | 19194 |
| 财务成本净额 | (1182) | (84) |
| 联营公司及和合营公司（亏损）盈利 | (347) | 171 |
| 除税前利润 | 29013 | 19281 |
| 所得税开支 | (5125) | (3718) |
| 年度盈利 | 23888 | 15563 |
| 下列人士应占 | | |
| 本公司权益持有人 | 23810 | 15502 |
| 非控制性权益 | 78 | 61 |
| 归属于本公司持有人 | | |
| 每股盈利（元） | 3 | 2 |
| 基本 | 3 | 2 |
| 摊薄 | | |
| 每股股息 | | |
| 建议期末股息（港元） | 0 | 0 |

### 3. 合并现金流量表

单位：百万元

| 年份 | 2014 | 2013 |
|---|---|---|
| 经营活动现金流量 | | |
| 经营活动所得现金 | 37414 | 27492 |
| 已付所得税 | (4703) | (3118) |
| 经营活动所得现金流量净额 | 32711 | 24374 |
| 投资活动现金流量 | | |
| 进行业务合并产生的（付款）/所得款项 | (1911) | 4 |
| 处置附属公司所得款项 | 187 | 203 |
| 购买固定资产、在建工程和投资物业 | (4296) | (4788) |
| 处置固定资产所得款项 | 40 | 17 |
| 收购于联营公司投资的付款 | (31929) | (4155) |
| 收购于联营公司可赎回优先股投资的付款 | (2524) | (301) |
| 收购于合营公司投资的付款 | (2) | (9) |
| 处置与联营公司投资的所得税款 | 1027 | 155 |
| 处置与联营公司可赎回优先股投资的所得税款项 | 193 | — |
| 购买无形资产的付款/预付款项 | (2320) | (1200) |

续表

| 年份 | 2014 | 2013 |
|---|---|---|
| 处置无形资产的所得款项 | 48 | — |
| 购买土地使用权的付款/预付款项 | (23) | (93) |
| 处置土地使用权的所得税款 | 127 | — |
| 购买可供出售的金融资产 | (4622) | (3651) |
| 处置可供出售金融资产的所得税款 | 352 | — |
| 向联营公司提供贷款的结算所得款项/付款 | 63 | (20) |
| 向合营公司提供贷款的付款 | — | (38) |
| 初步为期超过三个月的定期存款到期收款 | 27872 | 15950 |
| 存入初步为期超过三个月的定期存款 | (12428) | (22295) |
| 已收利息 | 1468 | 536 |
| 已收股息 | 290 | 551 |
| 投资活动耗用现金流量净额 | (28388) | (19134) |
| 融资活动现金流量 | | |
| 短期借款所得款项 | 2549 | 2320 |
| 偿还短期借款 | (2372) | (986) |
| 长期借款所得款项 | 4293 | 2846 |
| 偿还长期借款 | (1693) | (1328) |
| 发行应付票据所得款项净额 | 17842 | 1847 |
| 发行普通股所得款项 | 299 | 308 |
| 支付购回股份款项 | (61) | (1325) |
| 支付购买股份奖励计划股份款项 | (529) | (278) |
| 非控制性权益注资所得款项 | 44 | 5 |
| 向本公司股东支付股息 | (1761) | (1468) |
| 向非控制性权益支付股息 | (158) | (73) |
| 购买非全资附属公司非控制性权益所付款项 | (103) | (160) |
| 融资活动所得现金流量净额 | 18350 | 1708 |
| 现金及现金等价物增加净额 | 22673 | 6948 |
| 年初现金及现金等价物 | 20228 | 13383 |
| 现金及现金等价物的汇兑亏损 | (188) | (103) |
| 年末的现金及现金等价物 | 42713 | 20228 |

### 附件二：腾讯大事记

1998年11月11日，马化腾和同学张志东在广东省深圳市正式注册成立"深圳市腾讯计算机系统有限公司"，之后许晨晔、陈一丹、曾李青相继加入。当时公司的业务是拓展无线网络寻呼系统，为寻呼台建立网上寻呼系统，这种针对企业或单位的软件开发工程是所有中小型网络服务公司的最佳选择。

1999年2月，腾讯公司即时通讯服务（OICQ）开通，与无线寻呼、GSM短消息、IP电话网互联。

1999年11月，QQ用户注册数达100万。

2000年4月，QQ用户注册数达500万。

2000年6月，QQ注册用户数破千万，"移动QQ"进入联通"移动新生活"。

2001年1月，NetValue宣布了亚洲五个国家和地区的互联网网站及实体的排名，包括中国香港、韩国、新加坡、中国台湾地区和中国大陆的数据，腾讯网在中国排名第6。

2001年2月，腾讯QQ注册用户数已增至5000万。

2002年3月，QQ注册用户数突破1亿大关。

2003年8月，推出的"QQ游戏"再度引领互联网娱乐体验，9月，QQ用户注册数升到2亿。

2003年9月9日，在北京嘉里中心隆重宣布推出企业级实时通信产品"腾讯通"（RTX），标志着腾讯公司进军企业市场，作为中国第一家企业实时通信服务商。

2003年12月，腾讯一款最新的即时通讯软件——Tencent Messenger（简称腾讯TM）对外发布，供办公环境中和熟识朋友即时沟通的网友下载使用。

2004年4月，QQ注册用户数再创高峰，突破3亿大关。

2004年6月16日，腾讯控股在中国香港联合交易所主板正式挂牌，股份代号00700，是第一家在中国香港主板上市的中国内地互联网企业。

2004年8月27日，腾讯QQ游戏的最高同时在线突破了62万人。这标志着QQ游戏成为了国内最大乃至世界领先的休闲游戏门户。

2004年10月22日，在"2004中国商业网站100强"大型调查中，腾讯网得票率名列第一，领先于新浪、搜狐、网易等门户。同时，腾讯网还被评为中国"市值最大5佳网站"之一。

2004年12月，QQ游戏最高同时在线突破100万。截至2004年12月，腾讯公司已独立开发出近30项拥有著作权的软件产品。

2005年11月，"QQ幻想"同时在线人数突破50万人，且同时被列入新闻出版总署评定的第二批"中国民族网络游戏出版工程"。

2007年4月26日，"腾讯"、"Tencent"商标成为广东省著名商标。

2007年10月15日，第一家由国内互联网企业自主建立的研究机构——腾讯研究院正式挂牌成立。

2009年2月9日，QQ空间的月登录账户数突破2亿，继续保持了全球最大互联网社交网络社区的地位。

2009年3月，手机QQ空间同时在线突破200万。与此同时，腾讯正式取得国家级高新技术企业证书。

2009年4月，腾讯公司的字母"QQ"商标被国家工商行政管理总局认定为驰名商标。

2009年7月，腾讯公司授权专利总数突破400项，成为全球互联网拥有专利数量最多的企业之一，比肩Google、Yahoo!、Aol等国际互联网巨头。

2010年3月5日19时52分58秒，腾讯QQ最高同时在线用户数突破1亿人，这是人类进入互联网时代以来，全世界首次单一应用同时在线人数突破1亿人。

2010年4月12日，腾讯与DST联合宣布腾讯向DST投资约3亿美元，两家公司将建立长期的战略伙伴关系，交易完成后，腾讯将持有DST约10.26%的经济权益。

2010年6月17日，腾讯与美国思科公司签署合作备忘录，双方将建立长期的战略合作伙伴关系。

2010年9月5日下午，时任中共中央总书记、国家主席、中央军委主席胡锦涛一行来到腾讯公司参观考察。

2011年1月21日，腾讯推出为智能手机提供即时通讯服务的免费应用程序——微信。

2011年5月9日，腾讯投资4.5亿元入股华谊兄弟传媒股份有限公司，投资完成后，腾讯持有华谊兄弟4.6%的股权，成为华谊兄弟第一大机构投资者。

2011年5月17日，腾讯投资8440万美元入股艺龙网，占艺龙总股份的16%，成为艺龙网第二大股东。

2011年6月21日，珂兰钻石宣布获得腾讯数千万美元级别投资。

2011年7月7日，腾讯以8.92亿港元购得金山软件15.68%的股份，成为金山软件第一大股东。

2011年7月14日，腾讯公司党委举行了成立大会。

2012年5月，腾讯完成对电商网站易迅控股，易迅并入腾讯电商业务。

2012年5月18日，腾讯宣布进行公司组织架构调整，从原有的业务系统制升级为事业群制，划分为企业发展事业群（CDG）、互动娱乐事业群（IEG）、移动互联网事业群（MIG）、网络媒体事业群（OMG）、社交网络事业群（SNG）和技术工程事业群（TEG），并成立腾讯电商控股公司（ECC）专注运营电子商务业务。

2012年7月3日，动视暴雪与腾讯宣布建立战略合作伙伴关系，并将《Call of Duty Online》带给中国游戏玩家。

2012年8月，腾讯、阿里巴巴、中国平安，将联手试水互联网金融，合资成立上海陆家嘴金融交易所。

2012年12月7日，中共中央总书记、国家主席、中央军委主席习近平来到腾讯公司参观考察。

2013年6月25日，金山软件宣布与腾讯分别斥资522万美元、4698万美元共同增持金山网络，交易完成后，腾讯持股比例由10%升至17.99%。

2013年9月16日，搜狐公司及搜狗公司与腾讯共同宣布达成战略合作。腾讯向搜狗注资4.48亿美元，并将旗下的腾讯搜搜业务、QQ输入法业务和其他相关资产并入搜狗，交易完成后腾讯随即获得搜狗完全摊薄后36.5%的股份。同日，

腾讯股价上涨，报价418.2港元，市值约7772亿港元，约合1002亿美元，成为中国首家市值超1000亿美元的互联网公司。

2014年1月2日，滴滴打车宣布获得1亿美元融资，由中信一产业基金领投，腾讯跟投3000万美元。

2014年1月15日，华南城与腾讯联合宣布，腾讯将以总价约15亿港元，认购共6.803亿股华南城新股，占华南城经发行及配发认购股份之扩大已发行股本约9.9%。

2014年2月18日，同程网宣布获得腾讯、博裕资本、元禾控股三家机构共5亿元的注资。

2014年2月19日，腾讯宣布入股大众点评网，占股20%。

2014年3月4日，腾讯宣布与王老吉成为战略合作伙伴。

2014年3月10日，腾讯以2.14亿美元收购京东3.5亿多股普通股股份，占上市前在外流通京东普通股的15%。同时京东腾讯还签署了电商总体战略合作协议，腾讯将旗下拍拍网C2C、QQ网购等附属关联公司注册资本、资产、业务转移予京东，同时京东还获得易迅网少数股权和购买易迅网剩余股权的权利。

2014年3月22日，腾讯以1.8亿美元从易居中国旗下全资子公司乐居购买全面摊薄后15%的乐居股份。

2014年3月26日，腾讯斥资5亿美元收购韩国游戏公司CJ Games的28%股份。

2014年4月11日晚间21时11分，腾讯QQ最高同时在线账户数突破2亿人，实现4年增长1个亿。

2014年4月29日，四维图新与深圳市腾讯产业投资基金有限公司签署了股份转让协议，协议转让所持有的四维图新7800万股无限售条件流通股，占公司总股本的11.28%。

2014年5月7日，腾讯宣布成立微信事业群（WXG），撤销2012年组建的腾讯电商控股公司，其中的O2O业务并入微信事业群，实物电商业务并入京东。

2014年6月12日，腾讯与加多宝集团达成全面战略合作。

2014年6月27日，58同城与腾讯公司共同宣布，腾讯投资7.36亿美元获得58同城完全摊薄后19.9%的股份。

2014年7月31日，新东方宣布与腾讯共同成立北京微学明日网络科技有限公司，注册资本3000万元。

2014年8月29日，万达集团、腾讯、百度宣布共同出资成立万达电子商务公司，万达集团持有70%股权，百度、腾讯各持15%股权。

2014年9月2日，医疗健康网站丁香园宣布获得腾讯7000万美元战略投资。投资完成后，丁香园将会与腾讯开展多平台的合作，包括微信与手机QQ的对接。

2014年9月14日，由中国人保、腾讯、麦盛三方共同发起设立的深圳市人保腾讯麦盛能源投资基金企业（有限合伙）正式与中国石化销售有限公司签署《关于中国石化销售有限公司之增资协议》，战略出资100亿元入股销售公司，占销售公司本次增资完成后2.8%的股权。

2014年10月13日，挂号网宣布获腾讯领投的融资，本轮总融资额超过1亿美元。

2014年10月16日，华彩控股宣布与认购方腾讯全资附属公司HongzeLake Investment Limited签订认股协议，有条件同意配售594034513公司股份，占公司总股本7.53%。

2014年11月18日，华谊兄弟宣布与腾讯、阿里巴巴达成战略合作，马云及其控股的阿里巴巴创投合计持有华谊兄弟的股份达到8.08%，其中马云个人持股比例为3.61%，腾讯持有华谊兄弟的股份为8.08%。

2014年12月9日，滴滴打车宣布获得超过7亿美元融资，由腾讯等主导投资。

2014年12月12日，腾讯公司旗下民营银行——深圳前海微众银行已正式获准开业，这是中国首家民营银行。微众银行注册资本达30亿元人民币，由腾讯、百业源、立业为主发起人；其中，腾讯认购该行总股本30%的股份，为最大股东。

2014年12月15日，腾讯首次入选由世界品牌实验室编制的2014年度（第十一届）《世界品牌500强》排行榜。

2015年1月9日，易车、京东和腾讯宣布达成战略合作关系，京东和腾讯将对易车网进行总计13亿美元现金和资源投资，其中腾讯将购买1.5亿美元易车网新发普通股。

2015年1月30日，NBA与腾讯共同宣布，双方签署了一份为期5年的合作伙伴协议，腾讯成为NBA中国数字媒体独家官方合作伙伴。

2015年4月30日，手游开发商Glu Mobile Inc宣布腾讯公司将以1.26亿美元收购其14.6%股权。

2015年5月7日，TCL集团宣布旗下子公司欢网科技以增资扩股方式获得腾讯5000万元投资，腾讯获得欢网科技增资后7.143%股权。

2015年5月14日，美国移动游戏开发商Pocket Gems宣布，获得腾讯6000万美元投资，腾讯获得Pocket Gems约20%股份。

2015年8月3日，国内二手车电商平台人人车宣布，已经完成由腾讯战略领投的8500万美元C轮融资，包括雷军在内的上轮投资者亦有跟投。

2015年7月28日，腾讯发布了国内首个"五星Wi-Fi标准"，可对公共Wi-Fi提供全方位质量检测并做出对应评分。该标准涵盖了关乎Wi-Fi质量的十大方面，包括是否潜伏APP攻击、是否存在DNS篡改、是否为虚假钓鱼Wi-Fi、历史连接用户数、同时接入设备数、网速、Ping值、连接成功率、连接耗时、信号强度。

2015年9月11日,腾讯公司副总裁孙忠怀宣布企鹅影业成立。同时孙忠怀还揭晓了企鹅影业的三大核心业务:网络剧、电影投资、艺人经纪。

2015年9月17日,腾讯宣布成立全资子公司腾讯影业。腾讯集团COO任宇昕出任腾讯影业董事长,腾讯集团副总裁程武任CEO。

2015年10月17日,腾讯集团与京东集团在京联合宣布推出全新战略合作项目——京腾计划,双方以各自资源和产品共同打造名为"品商"的创新模式生意平台。

2015年11月5日,全球领先的美国手机游戏发行商Glu Mobile(Glu)与中国领先的互联网服务提供商腾讯控股有限公司(腾讯,SEHK:00700),联合宣布开展合作。根据协议,Glu将借此次合作把国内超人气的射击类手游《全民突击》(WeFire)于2016年引至国际市场。

# facebook

2005 年 Facebook 诞生在桌面互联网时代，当时该公司以 20 万美元购得 facebook.com 域名后，将"The"从名称中去除，正式更改为 Facebook。早期员工 Joe Kral 和 Cuban Council 使用 Klavika 字体设计了 Facebook 的 LOGO 以适应台式机的显示屏和当时的打印技术，此后该 LOGO 从未有过变化。十年之后的今天是移动互联网时代，越来越多用户习惯在小屏幕手机上使用 Facebook，因此 Facebook 需要在分辨率较低的移动设备上也能拥有比较清晰的显示效果。于是，出于实用性的考量，2015 年 7 月老 LOGO 终于退出了历史舞台，一个崭新的 LOGO 出现在用户面前。新 LOGO 整体并未发生特别大的变化，依旧以蓝色为主色调。蓝色是天空和海洋的颜色，它常与深度和稳定性联系在一起，是信任、忠诚、自信、智慧、真理和高科技的象征。新 LOGO 将字母 a 从双层字体设计 a 变成单层设计 a。此外，字母 b 也有微调，字母间的空隙有所增大，显得更加友好和平易近人。

**马克·艾略特·扎克伯格（Mark Elliot Zuckerberg）**
**Facebook 董事长及首席执行官**

　　马克·艾略特·扎克伯格，1984 年出生，是美国社交网站 Facebook 的创始人，哈佛大学辍学，现任 Facebook 董事长及首席执行官。扎克伯格出生于纽约的一个犹太人家庭，从小就喜欢程序设计，尤其是沟通工具与游戏类的。扎克伯格在高中时创作了名为 Synapse Media Player 的音乐程序，并且借由人工智能来学习用户听音乐的习惯，并且被贴到 Slashdot 上，被 PC Magazine 的五星评价为 3 颗星。微软与美国在线当时就想要招揽并训练扎克伯格，不过扎克伯格仍选择于 2002 年 9 月进入哈佛大学。2004 年 2 月，在哈佛大学主修计算机和心理学的二年级学生扎克伯格突发奇想，要建立一个网站作为哈佛大学学生交流的平台。只用了大概一个星期的时间，扎克伯格就建立起了这个名为 Facebook 的网站。很快，该网站就扩展到美国主要的大学校园，包括加拿大在内的整个北美地区的年轻人都对这个网站饶有兴趣，如今，在英国、澳大利亚等国的大学校园同样风靡。2010 年，26 岁的扎克伯格以 260 亿美元的净资产被《福布斯》评选为最年轻的亿万富翁，2011 年当选为《时代周刊》年度人物。

　　人越优秀就越努力，扎克伯格作为 Facebook 创始人兼 CEO，日常工作不在少数，但他依然坚持在工作之余读书，扎克伯格希望在看书的同时，好好思考下 Facebook 的未来，也塑造自己新的思维模式。他认为常识观点对思考社交媒体广告策略能产生一定启发，所以从书中寻找黄金屋，从别人的观念里获得启示，不失为明智之举。

## 七 Facebook 可持续发展报告（FACEBOOK）

### （一）公司简介

Facebook（中文名称：脸谱、脸书；纳斯达克：FB）是美国的一个社交网络服务网站，于2004年2月4日上线。最初，网站的注册仅限于哈佛学院的学生，随后注册扩展到波士顿地区的其他高校，最终，在全球范围内拥有大学后缀电子邮箱的人都可以注册，同时高中群和公司也在Facebook中建立起了社会化网络。其主要创始人马克·扎克伯格本着让世界更加开放和融合的理念，不断优化拓展"脸书"的范围。现如今，人们使用Facebook与朋友和家人保持联络，发现围绕在身边所发生的世界大事，共享和表达人们关注的事情；开发者借助Facebook平台开发应用和网站，并整合到Facebook中以覆盖其全球网络用户，创造更具个性化、社交和迷人的产品；广告商同Facebook超过8亿的月活跃用户进行互动，通过用户共享的信息（包括年龄、地理位置、性别和兴趣等）实施精准的广告定位，借助这种独一无二的覆盖度、关联度和参与度组合提升自身的广告价值。在加快、简化、丰富人们通信等方面Facebook始终站在业界的最前列。截至2014年12月31日，Facebook的日均活跃用户数已达11.9亿，每天上传约3.5亿张照片，在Facebook上建立起的朋友关系超过1000亿个。年轻的CEO带领着朝气蓬勃的Facebook走出美国、走向世界，规模扩张的背后有扎克伯格的深谋远虑做牵引，有Facebook企业内在的创新理念和开拓精神做支撑。本部分将从Facebook的发展历程、业务现状、管理层及股权结构、总体规模及经营业绩四个方面展示Facebook目前的基本状况，逐步展开对Facebook的深度探寻。

1. 发展历程

Facebook的发展，大致经历了三个阶段：

第一阶段（2004~2006年）：创立社交新网站。2004年2月马克·扎克伯格在Andrew McCollum和Eduardo的支持下创办了"The Facebook"，当月底半数以上的哈佛本科生已经成为其注册用户。随后在多人的帮助下网站推广至麻省理工学院、波士顿大学和波士顿学院。扩展一直持续到2004年4月，包括了所有常春藤院校和其他一些学校。同年9月，Facebook获得了PayPal创始人提供的约50万美元的天使投资；到12月时，Facebook的用户数超过100万。2005年5月Facebook获得了另外1270万美元的风险投资，并于8月以20万美元购得域名，从名字中把The去掉。同时网站进行了大量改进，目的是提高用户档案页面的用户友好性。之后扎克伯格推出了Facebook高中版，并称这是最合乎逻辑的下一步。到了10月，Facebook已经扩展到大部分美国和加拿大的规模更小的大学和学院。除此之外，还扩展到英国、墨西哥、德国。2005年12月，澳大利亚和新西兰大学的加入使得Facebook覆盖了超过2000所学校。2006年，Facebook应用户要求允许大学生把高中生加为好友，实现跨界交互。随着资金的不断投入和功能的不断开放，其用户拓展到了印度甚至是所有拥有电子邮箱的互联网用户。至此，Facebook已经走出美国，走向了全世界，达到了家喻户晓的程度，其活跃用户数超过1200万。

第二阶段（2007~2011年）：开拓市场新领域。到2006年底，以Facebook现有的功能和目标受众，其市场已经趋向饱和，为了长久地可持续发展，Facebook必须开发新功能并扩大目标受众，进军市场新领域。于是，2007年5月，Facebook宣布提供免费分类广告的计划，直接和其他分类广告站点形成竞争。同月Facebook推出应用编程接口（API），通过这个API，第三方软件开发者可以开发在Facebook网站运行的应用程序。公司还为网站增加了"礼物"、"群组"、"数据压缩下载"、"状态更新"和"实时好友推荐"等很多全新的功能，这些功能提高了网站的用户友好性，提升了用户参与度，增加了页面访问量。同样在这几年里，它加强了与其他公司的战略合作，包括与iTunes的合作继续为用户提供免费音乐单曲下载功能；收购Web服务公司Friendfeed，更好地实现好友分享功能。与此同时，Facebook全球化的步伐并未放缓，其海外的业务拓展在紧锣密鼓地展开。Facebook相继推出了简体中文版和繁体中文版，该页面由志愿者用户免费翻译而成，向中文用户开放；在新加坡、中国香港、中国台湾等地设立办事处，为当地的广告公司及市场推广人员提供支持。由此，Facebook的中国香港用户人数从2008年底的145.85万增长1.52倍达到367.36万，即每两个中国香港人中就有一个拥有Facebook的账户。中国台湾的增长更快，由11.3万个用户增至2009年底的975.26万个用户。到2011年，Facebook的用户人数已经覆盖全球各大洲，甚至包括南极洲，其大部分流量的增长主要来自海外。根据市场调查公司Compete 2011年的统计数据表明，Facebook已经超越Yahoo!成为美国第二大网站，仅次于位于第一的Google。曾几何时，Yahoo!曾经是互联网的旗帜，继2008年2月其访问量被Google超越之后，又失去了第二的宝座。而Facebook的上位，也说明了社交网站巨大实力和发展前景，人们对互联网的使用已经从单纯的工具发展到了生活必需品。

第三阶段（2012~2015年）：发掘创收新渠道。缓慢的营收增长和低迷的股价一直在不断增大Facebook寻求新创收渠道的压力。与此同时，作为全球最大的社交网络，Facebook还必须缓解业界对隐私权的担忧、吸引投资者，并致力于兑现创始人扎克伯格的承诺，即Facebook更像是社交活动而不是商业。Facebook已经到了寻求多种创收途径的时候了。2012年，扎克伯格的社交帝国梦正式启动，他的思路是继续维持Facebook在社交领域的中心地位，不断收购在具体领域可能威胁Facebook的新业务，收购拓展Facebook业务疆域和符合扎克伯格平台战略的新业务，而这一切的中心就是分享与沟通。社交的基础在于分享与互动，Facebook想要的就是成为用户的第一分享选择。伴随着Facebook的挂牌上市，大量资金的注入为其带来了新的活力。上市之前的Facebook以10亿美元收购Instagram，当时的这笔天价收购在日后被证明是极具性价比的精明买卖。2013年，Facebook收购了应用开发服务商Parse，收购费用只有8500万美元。这笔收购的价值或许被长期忽视，但却是日后Facebook最为倚重的支柱业务。2014年扎克伯格以190亿美元收购WhatsApp、20亿美元收购Oculus Rift。以上4笔重大收购为这个社交帝国打造起坚实的地基。同时，将电子商务与社交网站相结合，使得电商依托强大的社交网络和人气更加具有针对性，只有这样才能充分挖掘社交网络的商业价值。目前，Facebook群组7亿人、WhatsApp 7亿人、Facebook 14亿人、Messenger 6亿人以及Instagram 3亿人，任何一个应用单列出来，都足以成为全球数一数二的社交巨兽，而这些全都是Facebook旗下的应用。如今的Facebook早已不只是一个社交网站了，它更是一个基于分享与沟通的社交企业集团。

#### 2. 业务现状

Facebook 的使命在于让世界更加开放和融合，因此其业务如图 2-7-1 所示，这些业务主要聚焦于为用户、广告商和营销商、开发者创造价值。

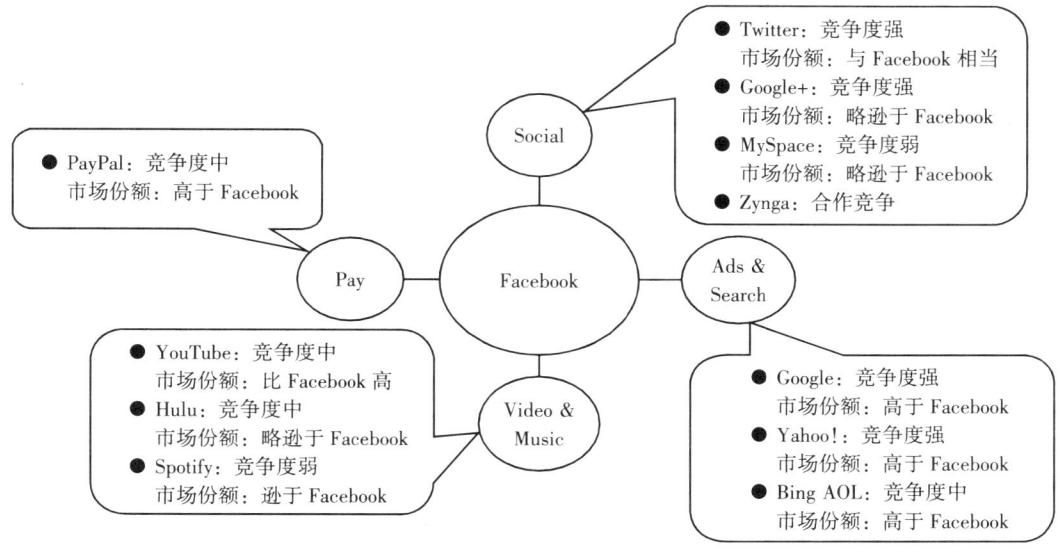

图 2-7-1　Facebook 的竞争格局

在为用户创造价值方面，Facebook 的首要任务是打造有效和引人入胜的产品，使人们能够通过移动设备和个人电脑建立连接和信息共享。扎克伯格希望人们可以发现和了解发生在他们身边的事情，与亲密的朋友甚至是广大公众共享他们的意见、想法、照片和视频，保持人与人之间的连接无处不在。为此，该公司目前打造了四款社交平台：

（1）Facebook。Facebook 的移动应用程序和网站使人们能够在移动设备和个人计算机上实现连接、分享、探索。Facebook 是免费的，可以在世界各地注册使用。截至 2014 年 12 月 31 日，Facebook 上的每日活跃用户（DAU）已达到 8.9 亿，同比增长 18%，其中通过移动设备访问的用户有 7.45 亿，同比增长 34%。

（2）Instagram。Instagram 是 Facebook 公司于 2012 年 9 月以 7.15 亿美元收购的一款支持 iOS、Windows Phone、Android 平台的移动应用，允许用户在任何环境下抓拍自己的生活记忆，选择图片的滤镜样式（Lomo/Nashville/Apollo/Poprocket 等 10 多种胶圈效果），一键分享至 Instagram、Facebook、Twitter、Flickr、Tumblr、Foursquare 或者新浪微博平台上。不仅仅是拍照，作为一款轻量级但十分有趣的 APP，Instagram 在移动端融入了很多社会化元素，包括好友关系的建立、回复、分享和收藏等，这是 Instagram 作为服务存在而非应用存在的最大价值。

（3）Messenger。这是一款桌面窗口聊天客户端，允许客户进行聊天、接收通知并从电脑桌面上阅读新鲜事。这种信息传递的工作方式类似于短信或网上聊天，实现即时通讯。这款软件有助于其主要平台 Facebook 的发展。一方面，持久访问的聊天方式可以增加用户的参与度，也能吸引他们的朋友花费更多的时间在 Facebook 上；另一方面，持久访问的通知方式、信息方式以及好友请求，可以帮助更多的用户返回网站来查看通知。

（4）WhatsApp。这是一款目前可供 iPhone 手机、Android 手机、Windows Phone 手机、WhatsApp Messenger、Symbian 手机和 Blackberry 黑莓手机用户使用的、用于智能手机之间通信的应用程序。本应用程序借助推送通知服务，可以即刻接收亲友和同事发送的信息。可免费从发送手机短信转为使用 WhatsApp 程序，以发送和接收信息、图片、音频文件和视频信息。WhatsApp 是基于手机号码注册的，在注册的时候，需要你输入手机号码，并接收一条验证短信，然后 WhatsApp 会搜索你的手机联系人中已经在使用的人并自动添加到你的手机联系人名单里。

在为广告商和营销商创造价值方面，Facebook 的重点是为他们提供独一无二的把覆盖率、关联度、社交背景和参与度结合在一起的平台：

（1）覆盖率。一般的广告商只需购买一次广告，就可能通过 Facebook 覆盖超过 8 亿的月活跃用户。实际上 Facebook 绝大部分的收入来源于出售广告展示位置，它让营销商可以基于年龄、性别、位置、收入等各种要素实现精准营销。广告商打出的广告可以出现在多个地方包括移动设备和个人电脑终端，并且会统一位于屏幕右侧。

（2）相关度。广告商可以具体要求 Facebook 将其广告展示给部分用户，这可以根据人口统计学上的标准或兴趣爱好，既包括人们自愿与 Facebook 分享的，也包括在整个网络上通过"喜欢"按钮来划分的。Facebook 允许用户选择相关的、适合的受众群，对全球性品牌来说，这一受众群可能有数百万人，对规模较小的企业来说，则可能只有几百名受众。

（3）社交背景。好友的推荐对消费者的兴趣和购买有强大的影响力，Facebook 为广告商提供在其营销信息中加入了"社交背景"的能力，这类营销信息会对用户形成更强的吸引。

（4）参与度。向更具有社交性的网络的转型为企业创造了新的机会，任何品牌和公司都可以打造 Facebook 页面，以更好地与 Facebook 用户对话。

在为开发者创造价值方面，Facebook 平台是一套开发工具与应用程序接口（API），它能够让开发者轻松与 Facebook 整合，开发出社交应用和网站，触及其近 12 亿的用户。反过来，平台开发者创造的体验可以让 Facebook 的用户在从事一系列活动的同时与好友联系和分享。平台开发者包括了用自家电脑操作的学生，也有顶级网站的程序员团队。它帮助平台开发者获得增长与成功主要通过下列方式完成：

（1）个性化和社交化体验。Facebook 旨在帮助平台开发者打造更优秀的产品，强调社交性与个性化，为用户提供与遍及网络、使用各种移动设备的好友互动及分享。例如，Facebook 用户访问流媒体音乐网站 Pandora 时，可以立即开始听根据其 Facebook 上"喜欢"而自动选取的歌曲。

（2）社交发行。Facebook 帮助平台开发者触及全球用户群，并通过其社交发行渠道来增加这些应用和网站的流量。

（3）支付。它提供在线支付系统，让平台开发者可以从用户那里获得收入。这一系统简便易用、安全且值得信赖。

3. 管理层及股权结构

从 2004 年创立经历十轮融资之后，Facebook 的股东人数越来越多，美国证券法规定，如果股东人数达 500 人以上，公司必须公开财务报告，成为公众公司，亦即上市。2012 年 Facebook 的上市已经不可避免，创始人扎克伯格意识到上市意味着被资本绑架，其投票权将会被稀释，不能像上市前那样完全按照自己的意愿决定公司战略。于是，他借鉴了 Google 上市时的设计，采取了改进的双层股权结构。根据 Facebook 招股书中披露的双层股权结构，公司将普通股分为 A 系列普通股和 B 系列普通股，A 股、B 股在分红派息以及出售时的现金价值上完全一致，唯一的区别就是代表的投票权不一致，其实质就是将普通股设计为不同的系列，以实现公司管理层股东对公司重大决策的控制权。其中一个 B 系列普通股对应十个投票权，而一个 A 系列普通股对应一个投票权。B 系列普通股就是复数表决权普通股，扎克伯格等 Facebook 的高管通过持有 B 系列普通股来放大其对公司重大决策的控制权。

表 2-7-1　Facebook IPO 后的股权结构

| 实际持有人（* 表示不足 1%） | A 系列普通股 | | B 系列普通股 | | 投票权（%） |
|---|---|---|---|---|---|
| | 股数 | 占比（%） | 股数 | 占比（%） | |
| 高管董事 | | | | | |
| CEO 扎克伯格 | — | — | 503601850 | 31.5 | 30.3 |
| 投票代理股票 | 19957787 | 3.3 | 470409565 | 30.6 | 29.5 |
| 总额 | 19957787 | 3.3 | 974011415 | 62.1 | 58.8 |
| COO 桑德伯格 | — | — | 1899986 | * | * |
| CFO 埃伯曼 | — | — | 2399999 | * | * |
| 副总裁施罗普夫 | — | — | 2291849 | * | * |
| 法律顾问 Theodore W. Ullyot | — | — | 2025244 | * | * |
| 董事安德里森 | — | — | 6607131 | * | * |
| 董事布雷尔 | 152757701 | 25.5 | 10431225 | * | 1.6 |
| 董事蒂埃尔 | 26300536 | 4.4 | 10675179 | * | * |
| 所有高管和董事 | 199016024 | 33.3 | 199016024 | 63.2 | 61.2 |
| 其他持股超 5% 的股东 | | | | | |
| Accel Partners 联营实体 | 152757701 | 25.5 | 10431225 | * | 1.6 |
| DST Global 联营实体 | 15600287 | 2.6 | 89423614 | 5.8 | 5.7 |
| 达斯汀·莫斯科维茨 | — | — | 133698645 | 8.7 | 8.4 |
| 高盛联营实体 | 52757794 | 8.8 | — | — | * |
| T. Rowe Price Associates | 6033530 | 1.0 | 12158743 | * | * |

根据表 2-7-1 中 Facebook IPO 后的股权结构表可以发现，公司的创始人、董事长兼首席执行官扎克伯格持有的 B 股只占 B 系列股票总额的 31.5%，这个比例并不能确保扎克伯格的绝对控制权，所以 Facebook 在其双层股权结构的设计中还加入了一个表决权代理协议。此前十轮投资 Facebook 的所有机构和个人投资者，都需要签订这份表决权代理协议，同意在某些特定的需要股东投票的场合，授权扎克伯格代表股东所持股份进行表决，且这项协议在 IPO 完成后仍然保持效力。这部分代理投票权为 30.6%，加上其本人拥有 31.5% 的 B 系列股，扎克伯格总计拥有 58.8% 的投票权，实现对 Facebook 的绝对控制权。这种股权结构能保证创始人对公司的控制力，创始人可以在上市融资后依然把握企业发展方向。但它也是一把"双刃剑"，对于核心控制者，如果其犯了错误，造成了投资者的损失，可能引来投资者的抱怨，由于丧失了投票权或者获得极不对等的投票权，在公司融资时，对投资者的吸引力也会降低，并影响交易价格。

4. 总体规模及经营业绩

2012 年 5 月 18 日，Facebook 在纳斯达克证券交易所挂牌上市，IPO 发行价为 38 美元，发售 4.2 亿股，筹集资金约 184 亿美元。表 2-7-2 列示了 A 系列股票近两年在市场上的股价表现，从股价上可以看出 2014 年市场对 Facebook 的认可度要远高于 2013 年。2014 年末公司共有 2234113007 股 A 系列股票和 562792201 股 B 系列股票，收盘价为 78.02 美元，总市值达 2278 亿美元，市盈率为 70.93。

表 2-7-2  Facebook A 系列股票市场表现

单位：美元

| 季度 | 2014 年 | | 2013 年 | |
| --- | --- | --- | --- | --- |
| | 最高 | 最低 | 最高 | 最低 |
| 第一季度 | 72.59 | 51.85 | 32.51 | 24.72 |
| 第二季度 | 68.00 | 54.66 | 29.07 | 22.67 |
| 第三季度 | 79.71 | 62.21 | 51.60 | 24.15 |
| 第四季度 | 82.17 | 70.32 | 58.58 | 43.55 |

截至 2014 年 12 月 31 日，Facebook 总资产规模达到 401.84 亿美元，是 2013 年的 1.25 倍；当年总营收为 124.6 亿美元，较上年增长 58.36%；实现净利润 29.4 亿美元，较上年增长 96%；基本每股收益为 1.12 美元。

## （二）公司战略

2014 年扎克伯格曾将 Facebook 发展战略分为三年期战略、五年期战略以及十年期战略。在三年期战略方面，Facebook 将专注实现共享的新体验。在五年期战略方面，公司将专注于帮助人们通过 Facebook 网络来回答或解决相关问题。在十年期战略方面，公司将在互联网领域带来巨大的影响。具体来看，Facebook 这一宏伟的十年期雄心计划包括以下几个内容：用定制眼光看待广告，从而实现广告的高度个性化、更具精准目标的投放，最终获得广告客户的青睐；提供特别的应用，带来特别的用户体验，并将这一应用连入 Facebook 的数据中心；推出 Search Graph 搜索服务，这种突破传统的搜索服务将大量借助人工智能；在全球范围内提供更为便宜的、功能更丰富的互联网服务和数据中心服务。大数据和平台是未来战略的核心内容，因此接下来从集团宏观战略、基于大数据业务的战略、基于移动平台业务的发展战略三个方面产生 Facebook 的战略体系。

1. 集团宏观战略

（1）内容社会化战略。Facebook 是新时代的销售网络，拥有巨大的渠道能量、完整的客户资料、畅通的交流，以及低廉的成本，是任何商家梦寐以求的代理商。它把所有事物与它的社交网络逐渐连接起来，从而不断加强社交网络与现实生活的重叠度。内容社会化对 Facebook 来说有重大意义：Facebook 的用户黏性将进一步增强，大量内容的出现，使得用户有更多的事情可做，对于 Facebook 的广告收入来说极为有利；增强 Facebook 的平台化，将给合作伙伴带来更多的机会，视听内容的引入，将会带来更多的机会，吸引更多的第三方开发者，对于整个平台的好处不言而喻；极大充实 Facebook 的数据库，所有内容的引入，按钮的增加，都有利于 Facebook 更加细致地分析用户需求以及喜好，商家对于针对性的营销永远没有抵抗能力；海量个人数据的引入，使得 Facebook 可以更好地推出针对个人的内容定制服务，甚至于真正的个性化搜索。

（2）全球化推广战略。Facebook 的全球化步伐从未停止过，在征服了全球大部分发达国家之后，它开始准备进一步扩大影响力，期望将业务推广至居住在几乎没有互联网接入国家的人们和世界市场。据麦肯锡公司发布的新研究报告称，全世界有超过 40 亿人没有互联网接入，其中 34 亿人住在最贫穷的 20 个国家里。在世界收入金字塔底部，贫困人口的可支配收入还有数万亿美元的增长空间。但这仅仅是潜力，这种潜力很多企业管理者和营销者常常忽视或完全无视，因为这些市场要么营收潜力太小，要么开发的成本太高。但Facebook制定了2步走的开发计划。第一步是消除连接性的障碍，这就是马克·扎克伯格与互联网非盈利组织联合起来帮助世界贫困人口上网的原因。通过详细调查社会、经济和基础设施挑战，帮助创新者和组织开发新的解决方案。第二步是拿出新的应用，使人们可用低端手机和差的网络连接访问Facebook的网站，如2015年发布的Facebook Lite。

（3）复制或收购战略。随着移动互联网领域的竞争加剧，越来越多的企业尝试新的创新思路和模式，而此时Facebook在创新问题上正日益成为Twitter及其他硅谷新贵的模仿者，但由于这家社交网络巨头的活跃用户人数已经超过11亿人的缘故，做一个迅速的追随者对Facebook来说不失为一种巧妙的战略。事实上，对Facebook来说，正确的发展策略可能正是在其他人的创新变得流行起来以后进行复制或是直接收购。虽然有很多人想要通过Instagram或Snapchat等应用在这种或那种特性上击败Facebook，但最难复制的"特性"却是庞大的受众人群。回顾Facebook最近的产品更新活动就会发现，这家公司正面临着难以推出新奇特性的困境。Hashtag（标签）是这家公司2013年推出的特性，但这种特性很明显是从Twitter那里"偷"回来的；在此以前，Facebook推出了Instagram Video视频功能，这种功能疑似Twitter的视频分享应用Vine；Facebook的签到功能，很明显是对地理位置社交服务提供商Foursquare的模仿。虽然有些人可能会嘲笑Facebook缺乏创造力，但复制其他公司的新特性对Facebook来说不仅是安全之举，同时也是明智之举。当一家竞争对手的服务在青少年或其他年龄段的用户人群中显示出足够的增长趋势时，Facebook要做的事情就是收购这种产品。虽然Facebook已经在照片共享市场上占据了主导地位，但这家公司还是收购了Instagram，目的是发展其移动照片业务。Facebook在IPO交易中筹集了大量的现金，这使其有能力全盘收购竞争对手。Facebook正处在一个比较有利的位置上，可以对整个市场进行查探，找到正在崛起中的创新特性，然后将这些特性融入现有的Facebook体验中，为本已令人舒适的Facebook用户体验提供补充。在通常情况下，Facebook可以通过自主开发的方式来做到。但是，当有必要进行并购交易时，它也会花费大量资金来收购某个行业的领先业务。只要Facebook愿意复制或收购最好的竞争对手创新产品，那么它就应该有能力继续扩大自身营收。

2. 基于大数据业务的发展战略

人类已经从IT时代步入Data Technology（DT）时代，数据将会是未来创新社会最重要的生产资料，人们生活的方方面面将离不开数据。数据应用是Facebook基于大数据业务的重要战略方向，尽管该方向目前还未完全定型，但是其主要内容集中在广告营销、产品服务和用户管理三个层面。

（1）创建基于数据挖掘的自助式广告下单系统。众所周知的谷歌Adword搜索引擎的关键词的广告模式是这样的：用户搜索关键词，如果这个关键词和广告商竞价购买的词相吻合，它的广告就会出现。而Facebook的模式不同，它并不是用关键词来找目标消费者，而是利用用户的基本属性、粉丝、兴趣来找出潜在的用户群。这种广告模式之所以可行，必然要求其后台有强大的数据系统作为支撑。因此，基于这样的广告模式，Facebook的广告下单系统也基本以自助式为主。投放广告的广告主都由自定义受众开始，Facebook一步一步带领客户设定一系列参数，主要有三种方式：第一根据人口统计特征进行筛选，即受众的基本属性；第二根据粉丝页进行筛选，即具体到哪类关系的人；第三根据兴趣筛选，每个用户在注册Facebook时都可以设定自己的兴趣。接下来广告主需要提交活动总预算和每天的预算额。系统会根据广告主设定的受众条件，运算出目标受众的人数，然后根据广告主选择的广告方式（CPM/CPC）给出建议费用的范围。由于和后台的数据实时相连，广告商可以在广告下单系统上了解每天新增的粉丝数目、从哪里来、粉丝的基本信息，同时还可以了解到每次广告投放所能接触到的人数、点击率和转化率，以便随时改变策略。

创建这样一个自助式下单系统，一方面给更多缺乏广告代理公司的中小企业客户提供了自己制定广告预算和受众群体的工具；另一方面也通过细致的指标选择给广告客户带来了专业、精准的投放体验，提升了广告经营效率，节省了经营开支。

（2）利用数据优化产品设计。Facebook的数据挖掘和应用不仅对广告商具有很强的诱惑力，还能帮助产品设计团队优化网站内容，掌握用户使用模式，优化交互界面和操作。Facebook可以通过检测页面获得数据。其实与交互设计更相关的是页面各模块的点击数，通过对这些数据的分析，设计师既能够看到各模块被关注的程度，也能够计算出页面的点击热图，进而考察各模块的转化率。点击热图考察的是用户长期累积的重点应用区域，另外，也衡量了交互设计是否与产品的规划初衷相一致，能够让重要的内容被顺畅地发现并有效点击。

（3）利用数据降低用户流失率。通过对用户数据的分析可以帮助Facebook了解用户心理，找到用户想法的规律，从而实现页面改造，及时抓住将要流失的客户。

3. 基于移动平台业务的发展战略

目前Facebook的主要营收已经从桌面端转向移动端（后者的收入在Facebook总营收中的比例已经超过60%），而Facebook移动战略的核心就是开发者。对于开发者来说，开发工具、开发语言、应用曝光度固然都非常重要，但如果开发者在这个平台上无法盈利，该平台也是留不住开发者的。目前Facebook的移动平台开发战略主要由以下三个部分组成：

（1）打造一个大型软件开发工具包。尽管Facebook在近几年中收购了不少公司，但是这些收购基本与开发者是无关的，毕竟单单依靠收购是不可能搭建起一个生态系统的。尽管没有通过收购来扩充开发者阵营，但是Facebook却拿下了许多服务开发者社区必不可少的工具，这其中包括检查Bug的Monoidics、后端服务Parse以及Airlock测试框架等，除了为开发者提供上述开发工具之外，Facebook还积极在应用推广、货币化和用户再访问等多个方面为其提供支持。换句话说，在传统的应用商店难以盈利的情况下，Facebook却正在通过各种手段积极帮助开发者更容易地赚钱，这无疑将会讨得开发者的好感，进而转投Facebook的阵营。

（2）打造至关重要的数字标识。Facebook的CEO马克·扎克伯格曾提出了"跨平台的平台"的概念。数字标识对于Facebook来说是至关重要的，因为这可以让用户在不使用Facebook相关服务时仍然与其保持联系，这不仅能够有效避免用户的流失，同时还能让Facebook成为人们数字生活的中心，进而依靠这一优势去吸引更多的开发者。如果用户不仅把Facebook当成社交网络，还接受其他不相关的服务，那么对用户来说就很难离开Facebook。Facebook新的匿名登录和隐私功能表明数字身份是Facebook所有一切的核心，因为这关系到Facebook的存亡。如果用户不仅在他们的社交网络使用用 Facebook，而且用 Facebook 账户访问不相关的服务，那么用户将很难完全放弃 Facebook。身份作为"跨平台的平台"的第一要素，排在社交之前并非是偶然。在 Web 端 Facebook 已经有超过一半的社交登录，公司希望这样的结果同样可以在移动端实现。

（3）成为"移动的 Google"。如果 Facebook 想凭借用户的活跃度、参与度和高度细分等特点来吸引广告商，那么就需要在移动广告领域赶超谷歌。而目前 Facebook 的 App Links 索引已经将应用衔接起来，这将会打造一个足以与非应用 Web 相抗衡的可搜索应用 Web。Facebook 和 Google 有着极为相似的商业模式：通过开发有价值的服务（大部分是免费）为用户创造价值，争取开发者创造更多的数以千计的业务；价值横跨所有的数字设备，包括 Web 端和移动端；通过销售用户达到、参与和对广告商超级定位来获取价值。由此，在移动化的过程中两者又将一决高下。

### （三）资本运营

**1. Facebook 的融资之路**

资本不是万能的，但没有资本是万万不能的。资本对于任何一个企业的运转都至关重要，甚至将是它们的生命线。作为世界上最大的社交网络公司之一的 Facebook 亦是如此。纵观表 2-7-3 Facebook 的整个融资历程，一共有五轮重大的融资对 Facebook 的发展起到推动性作用。

表 2-7-3　Facebook 融资历程

| 年份 | 月份 | 融资过程 |
| --- | --- | --- |
| 2004 | 2 | Zuckerberg 等在哈佛宿舍创立 Facebook |
|  | 6~7 | Facebook 获得 Peter Thiel 的 50 万美元投资 |
| 2005 | 5 | Thiel 与 Accel Pattners 投资 1270 万美元，此时 Facebook 估值 8750 万美元 |
| 2006 | 3 | Facebook 将自己定值为 20 亿美元 |
|  | 9 | 雅虎想以 10 亿美元收购 Facebook 遭拒，三个月后其估值达 80 亿美元 |
|  | 10 | 微软向其投资 2.4 亿美元，占有 1.6% 的股份，Facebook 估值 150 亿美元 |
| 2008 | 3 | Facebook 融资 3.15 亿美元，投资者有李嘉诚、微软等 |
| 2009 | 5 | DST 向 Facebook 投资 2 亿美元，随后又购买 1 亿美元股份 |
| 2011 | 1 | 高盛与 DST 向 Facebook 投资 5 亿美元，总估值 500 亿美元 |
| 2012 | 5 | Facebook 登陆纳斯达克挂牌交易，创下科技业界最大 IPO |

第一轮融资（60 万美元与 500 万美元市值）：公司成立数月后，Thiel 投入 50 万美元，获取公司 10% 的股份和一个董事席位，公司名称由 The Facebook 改为 Facebook。虽然觉得 500 万美元的估价可能稍低，但因为皮特·蒂尔认同扎克伯格的战略构想，不干预公司运作，并且具有运营 PayPal 等公司的成功经验，扎克伯格决定接受投资。扎克伯格把蒂尔要亲自而不是委派其他人出任董事作为接受融资的条件。这轮融资中另有他人参与，总融资额 60 万美元。此前只有扎克伯格一位董事，蒂尔注资后，重建了董事会，包括蒂尔、帕克、扎克伯格以及由扎克伯格控制的一个空余席位。这样的安排是为了让公司以外的人在数量上没有优势，从而保证未来的投资者不会篡位控制公司。

第二轮融资（1370 万美元与 1 亿美元市值）：2005 年扎克伯格接受阿克塞尔公司的投资，并要求对方的主要合伙人布雷耶亲自担任董事，而不是其实际负责此项目的高级合伙人凯文。随后布雷耶以个人名义向 Facebook 投资 100 万美元。

Facebook董事席位由此变为5人：布雷耶、蒂尔、帕克、扎克伯格和扎克伯格控制的一个空余名额。2005年10月Facebook用户数突破500万。

第三轮融资（2750万美元与5亿美元市值）：2006年初，维亚康姆公司想要注资或收购Facebook未成。由格雷洛克公司牵头，美瑞泰克资本公司、泰尔和阿克塞尔公司等投资人，按注资前5亿美元估价，投入了2750万美元。来自格雷洛克公司的斯泽成为Facebook董事会的观察员。

第四轮融资（3.75亿美元与150亿美元市值）：2006年6月，雅虎表示愿意用10亿美元收购Facebook，Facebook董事会拒绝了这一交易。这期间Facebook推出了起初遭遇用户强烈抵制的"动态新闻"，并做出了前景非常不明确的对社会开放Facebook注册的决定。动态新闻和开放注册获得成功，用户突破1000万，Facebook从学生世界变为整个世界。2007年5月，Facebook启动开放平台战略，人们可以在上面运行各种各样的应用程序。"开心农场"游戏一类的软件像雨后春笋一样在Facebook上流行起来。2009年这些滋生于Facebook中的软件公司创造了与Facebook一样的销售收入，约5亿美元。平台战略的巨大成功让Facebook身价倍增。2007年10月，Facebook开始在谷歌和微软两大巨头间周旋询价。最后微软同意150亿美元的估值水平，以2.4亿美元的投资获得1.6%股权。微软这项超高估值投资，主要是双方签订广告代理协议的一个副产品，也蕴含着要拉住Facebook以免其投入谷歌怀抱的目的（微软要求Facebook不能接受任何来自谷歌的投资）。随同微软一同投资的还有李嘉诚、德国的风险投资公司。Facebook的第四轮融资共3.75亿美元。之后，在布雷耶的要求下，扎克伯格挖来桑德伯格出任COO。桑德伯格帮助公司找出了新的广告业务模式，并对管理基础架构进行了重组。

第五轮融资（5亿美元与500亿美元市值）：2009年5月，来自俄罗斯的数字天空科技公司按100亿美元的估值向Facebook投资2亿美元。Facebook发展势如破竹，2010年7月，活跃用户超过5亿。2010年底，Facebook按500亿美元估值从高盛和俄罗斯数字天空科技公司获得5亿美元的投资（高盛4.5亿美元，数字天空5000万美元）。美国证券法规定如果股东人数达500人以上，公司必须公开财务报告，成为公众公司。Facebook被迫上市。2012年5月，Facebook确定IPO发行价为每股38美元，总共融资约160亿美元，市场估值1040亿美元。上市首日成交量5.7亿股，创下美国公司IPO首日成交量的历史最高纪录。

从上述融资历程的阐述可以总结出Facebook的主要融资方式或渠道有：风险投资、个人投资、技术入股、大型投资公司投资、收购兼并。采用多种融资方式相结合的方式，并进行审慎理性的资本运作。其自身的不断成长、业务的不断扩充、采取合适的融资规模，促进了企业的整体发展。

2. Facebook的投资并购之路

在外界看来，与谷歌的并购策略相比，Facebook的收购看起来毫无章法。谷歌近年来则基于智能家居Nest将触角延伸到物联网领域，包括机器人公司、生物性公司、太阳能公司等都是基于未来科技与想象空间的布局。它通过并购建立起自身的核心优势与竞争壁垒。比如仅花费5000万美元就收购的Android公司的Android系统与斥资16.5亿美元收购视频分享服务YouTube，如今Android占全球智能手机市场逾80%的份额，极大地稳固了Android系统底层的优势与智能机操作系统市场的话语权，YouTube确保了Google的流量价值。反观Facebook的收购，Facebook并购Instagram及之后以26亿美元拿下了虚拟现实设备（眼镜）公司Oculus VR以及以190亿美元之巨拿下即时通信工具WhatsApp，而无论是

WhatsApp、Oculus VR 以及 Instagram，都是悄无声息地迅速推进了并购过程。之后便引发了外界热议，而这种一掷千金的土豪式并购引发业内关注的同时却并不被看好。在业界的部分观点看来，无论是对 Oculus VR 或是 WhatsApp 的收购，Facebook 均没有做到与核心竞争优势相融合并借此提升自己在产业中的竞争力和延展力，也无法补齐自身的核心业务短板。而对于 WhatsApp 的收购，也被认为是消灭竞争对手与未来威胁的一次并购，除此并无其他意义。

实际上，Facebook 的诸多如散沙般的并购策略背后，其背后都是收购核心人才、获得技术、扩展用户。从表 2-7-4 的 Facebook 并购活动中我们发现，Facebook 收购均指向于 50 人以下的中小型创业公司，而人数最多的一次收购就是 2014 年收购 WhatsApp，拥有 50 名员工，这也是 Facebook 金额最大的一次收购。纵观近五年 Facebook 的部分收购：2010 年，收购照片分享网站 Divvyshot，核心员工 3 人；收购社交活动服务公司 Hot Potato，核心员工 8 人；收购文件分享网站 Drop.io，核心员工 1 人。2011 年，收购招聘网站 Pursuit，核心人员 3 人；收购社交网软件厂商 WhoGlue，核心人员 1 人。2012 年，收购照片分享服务 Lightbox 开发团队和位置发现应用 Glancee，核心人员分别为 7 人和 3 人；另外，以 10 亿美元收购美国知名在线图片共享社交网站 Instagram。2013 年收购手机软件开发商 Osmeta 和在线信誉服务 Legit，核心人员分别为 17 人和 2 人。2014 年除了收购 WhatsApp 和 Oculus VR 之外，还收购了印度安卓应用优化公司 little-Eye-labs，后者的核心人员是 4 人。这些被 Facebook 收购的公司均是小而美的创业公司，并且在特定领域具备独特的优势，均可以对 Facebook 的核心业务社交领域的周边与相关技术等方面进行延展。这些公司核心员工极少，但含金量极高。

表 2-7-4　Facebook 并购历程

| 时间 | 被并购公司 | 主要业务 | 金额 |
| --- | --- | --- | --- |
| 2007-07-19 | Parakey | 工具平台 | — |
| 2009-08-10 | FrienfFeed | 社交聚合网站 | 约 5000 万美元 |
| 2010-02-19 | Octazen | 邮件系统开发商 | — |
| 2010-03-02 | Divvyshot | 图片共享 | — |
| 2010-05-26 | Sharegrove | 科技初创 | — |
| 2010-07-08 | Nextstop | 旅游社交网站 | 约 250 万美元 |
| 2010-07-19 | Hot Potato | 社交网站 | 约 1000 万美元 |
| 2010-08-15 | Chai Labs | 内容服务商 | 约 1000 万美元 |
| 2010-10-29 | Drop.io | 在线文件共享 | 约 1000 万美元 |
| 2011-01-25 | Rel8tion | 移动广告服务 | — |
| 2011-03-02 | Beluga | 群信息服务商 | — |
| 2011-03-20 | Snaptu | 移动应用 | 约 7000 万美元 |
| 2011-04-27 | DayTum | 数据收集厂商 | — |
| 2012-04-9 | Instagram | 照片共享 | 约 10 亿美元 |
| 2013-03-19 | Legit | 在线信誉服务 | — |
| 2013-04-11 | Osmeta | 手机软件开发商 | — |
| 2014-02-03 | little-Eye-labs | 安卓应用优化 | 1100 万美元 |
| 2014-03-21 | Oculus VR | 虚拟现实技术 | 20 亿美元 |
| 2014-10-03 | WhatsApp | 移动信息初创 | 190 亿美元 |

Facebook 收购这些小而美的创业型公司的目的，与国内 BAT 收购布局的目的不一样。国内 BAT 的收购布局更多的在于打击竞争对手，圈地与补齐业务短板。Facebook 的收购更多在于得到技术和人才。而多数收购的公司和核心团队并入 Facebook 之后，原来的产品线会关闭，这些创业公司的牛人就被 Facebook 以高股权与更高发展空间的承诺，安排在一个其本人具备核心优势的领域做掌门人或负责人。

其实近年来 Facebook 的并购也并非无章可循。分析来看，它的所有并购都旨在增强核心竞争力、获得新用户。并购主要在三个领域：社交游戏、移动应用、广告设计。WhatsApp 的收购案很好地表现了 Facebook 的这一策略，WhatsApp 有着 5 亿活跃用户以及超过 3.5 亿日活跃用户，用户增长速度比史上任何一个社交应用都快（包括 Facebook 本身），WhatsApp 用户有机的、快速的增长也扩展到新兴市场，包括俄罗斯、墨西哥和巴西，这也意味在未来更多的新用户和新的收入。2013 年 12 月收购的 SportStream 也是个很好的例子。虽然最近的并购都是在加强用户日常的互动与沟通，SportStream 却在开拓一个新的领域。体育新闻是次要的，而在尽可能短的时间内获取更多更好的数据，能够帮助 Facebook 预测用户行为并带来更多的广告收入。

（1）社交游戏布局下的企业并购。游戏产业最大的推动力来自移动领域，从整个移动互联网这个更为广泛的角度来看，整个交易市场 2014 年第三季度的前 12 个月中，移动游戏是移动互联网企业出让交易金额达到 180 亿美元的第二大推手。所以 Facebook 一定不会错过这个发展的大趋势。2014 年 3 月 21 日，Facebook 以 20 亿美元的价格收购了沉浸式虚拟现实技术厂商 Oculus VR，这其中包括 4 亿美元的现金以及 2.31 亿股 Facebook 普通股票。该公司的虚拟现实头戴设备 Oculus Rift 开发包已经获得了超过 7.5 万份预订。尽管游戏以外的虚拟现实技术应用仍处于萌芽阶段，但多个行业已经开始进行实验，Facebook 也计划将 Oculus 在游戏领域的现有优势带到全新垂直领域，包括通信、媒体和娱乐、教育等。由于这些应用的前景广阔，虚拟现实技术将成为下一个社交和通信平台的重要候选对象。

（2）移动应用布局下的企业并购。互联网时代的变革瞬息万变，在桌面互联网刚刚普及的时候，移动终端的兴起已经开始引领下一个时代潮流。2011 年，Facebook 以 7000 万美元收购移动应用开发商 Snaptu，以此拓展公司的移动业务。这是 Facebook 的第一笔移动应用方向的收购，也是其第一个跨国收购。并入 Facebook 以后，Snaptu 的团队和技术会使 Facebook 可以向用户提供更好的移动体验。Facebook 收购 Instagram 是其在移动领域的最好战略体现。Facebook 曾在其招股书中指出，上市的一大风险因素是该公司在向移动时代靠拢时可能面临困难。由于移动布局的缺位，用户通过移动应用登录 Facebook，不仅无法给该公司带来收入，还会导致 PC 用户量的相对减少，导致 Facebook 营收的下滑。此外，用户更喜欢使用 Instagram 提供的照片分享服务，而不是 Facebook Photos。收购 Instagram 首先契合了智能手机崛起的大势。用户用智能手机记录自己的生活，分享足迹与感受到 Twitter、Facebook 等社交平台，而照片显然是其中最有吸引力的要素。数据显示，随着智能手机的迅速普及以及拍照功能的显著提升，iPhone 已经取代传统照片成为了 Flickr 上最大的照片来源，而 Instagram 的便捷拍照分享为这一需求提供了最好的体验。

（3）广告设计布局下的企业并购。2014 年 7 月 3 日，Facebook 宣布收购视频广告公司 LiveRail。此举意味着 Facebook 已将目光放到了自身平台以外的广告市场。市场营销商们过去一直都热衷于在电视上做广告。但近些年来，数字视频在吸引用户注意、叙述个人情感和难忘故事时，却表现出了更有效的一面。在线视频是在线广告市场增长最快的一个领域，根据市场调查机构 eMarketer 的预测，美国在线视频广告市场预计在 2015 年再增长 42%，达到 60 亿美元的规模。Facebook 试图通过收购来支持广告业务增长，此次收购之前 Facebook 涉足广告领域，外界大多不太看好，这之后 Facebook 宣告会和 Google 一样做全互联网的广告。

### （四）商业模式

纵观人类进化史，人一直未曾改变的是对信息的需求，对更及时、有效、精准的信息传输方式的渴望和追寻。互联网的出现把信息交互带到了新的高度，而 Facebook 的创立在其中起到了非常大的作用。Facebook 的商业模式简单来说就是以人为单位构建多向信息交互的社交网络，通过传递附加信息（广告）、增值服务（开发者平台）来获取盈利。这个商业模式的核心在于保持单位（人）数量和信息传输量的持续增加以及保持信息交互的稳定性和紧密性。因此，接下来从其盈利模式和核心资源能力两方面详细阐述 Facebook 的商业模式。

1. Facebook 盈利模式

广告是 Facebook 的第一大收入来源，但单独依靠广告只能从小部分用户身上获取利益，作为一个开放的平台，Facebook 致力于将大部分用户利用起来为自己产生价值。

（1）网络广告。广告收入为 Facebook 的核心收入，虽然该部分收入的占比近几年在逐步下降，但其比例仍未低于 70%。2011 年它已经超过雅虎成为美国最大的广告商。针对广告商，Facebook 有其独特的优势。首先，它有精准的广告投放。Facebook 可以根据用户的个人信息、爱好特点、过去喜爱的信息进行广告人群、地点、偏好的精准投放。其次，它可以刺激用户的潜在需求。Google 可以帮助有需求的用户找到正确的解决方案，而 Facebook 便是刺激用户需求。好友的推荐和分享可以加大信息的可信度和参与度进而将用户的偏好、关注和喜爱刺激为实际的产品需求。最后，完善的后台广告管理可以去掉中间环节。Facebook 建立起了完善的后台广告支付、管理、量化平台，无须任何中间代理环节，广告商可以自己管理并及时调整广告投放。去中间化可以为 Facebook 带来更大的毛利率和广告管理有效性。

Facebook 的广告主要分为三种。其一，实名制的开放平台。由于 Facebook 上的用户绝大多数都是真实身份，因此对于 Facebook 而言，可以清楚地知道每个用户真实信息和上网的轨迹，这对广告主是至关重要的。对于传统的互联网广告，广告商一般要耗费昂贵的成本，在互联网上跟踪用户的行为痕迹，去推测他们的性别、年龄、爱好、消费能力、经常访问的站点。但在 Facebook 上，这些信息唾手可得。任何人都可以在 Facebook 的自助广告服务里选出有限的组合，比如只对已婚的、35 岁以上的、住在中国香港的女人展示广告，或者只对中国台北公司在某天上班的白领展示广告。其二，传统广告。传统广告可以直接在 Facebook 的网页上面购买。进入 Facebook 的广告入口，注明顾客点击广告链接后所链接到的地址、目标客户群体、简短的广告词、为每次点击支付的价格等信息，任何拥有 Facebook 账户的用户都可以创建广告，并将其链接到任何网站。其三，微软的广告条。那些需要在 Facebook 页面上投放复杂广告的商家可以直接从微软购买。微软是 Facebook 上条幅广告产品的独家供应商，为此微软对 Facebook 注资了 2.4 亿美元。2008 年 8 月，Facebook 开启了广告定制功能。这些广告是专门为一些被选中的知名品牌提供的，它们就像窗口的小零件，能够被用户添加在自己的主页上。人们可以就这些产品交换意见并留下评论。这种特殊形式的广告更像是一种品牌构建器，其个性化的特征可以拉近用户与该品牌直接的关系。

（2）增值服务。增值服务曾有一段时间是Facebook重要的收入来源，它的增值业务主要有两种形式。第一，是用户购买虚拟产品。主要的增值业务是社交游戏的虚拟货币和虚拟礼品，Facebook用户可以直接付钱购买虚拟游戏币或礼品，在用户量巨大的前提下，这是很多社区比较重要的一种盈利模式。第二，是付费调查问卷。Facebook会借助其巨大的用户数量和强大的社交网络做一些问卷调查，并将调查问卷结果发送给那些支付费用的人。2011年，Facebook还曾与全球最大的电影和电视娱乐制作公司华纳兄弟合作，推出在线电影租售服务。用户可以直接通过华纳兄弟的Facebook主页租借或购买数字电影，用户可以通过支付30个Facebook信用币（价值3美元）来获得48小时观看权。

（3）第三方APP应用服务。Facebook的真正"钱途"在于获得第三方APP开发商的利润。Facebook在努力打造第三方开发平台实现流量货币化，用户使用Facebook账号登录、使用、消费第三方增值服务，Facebook获取不超过30%的利润分成。这种埋管道的做法类似于Apple公司的应用商店，不过目前规模不大，收入比例大概只占总收入的20%。Facebook将尽量能开放的数据全部开放出去，不遗余力地培养APP开发商，为他们创造最好的赚钱途径。Facebook就是一个巨大的网店，而APP开发商就是上面免费租赁店面的商家，兜售自己的玩具，吸引用户来玩。APP开发商可以去做网络招聘、机票预订等电子商务。现在Facebook上面已经有几万个APP了，其中真正盈利的APP还不是特别丰富。等到Facebook平台上面盈利的商家足够多时，Facebook再面向这些商家推出增值服务，这将是另一个盈利来源。所以Facebook并不需要直接从注册用户身上赚钱，而是把面向用户的细分垂直领域的赚钱机会统统留给APP商家，同时也把这些细分领域的成本、风险和时间都节省下来，Facebook只要把自己的平台做得足够好，给商家提供足够好的免费服务和增值服务，就是一个相当大的获利市场了。

2. Facebook核心资源能力和竞争优势

（1）向已存在的实体社区提供了辅助的网络在线服务。Facebook网站最初的成功是通过向大学生提供实体社区不能获取的信息服务。这是一种交互式的学生指南，包括每个学生的课程计划和社交网络。在Facebook添加今天所具备的功能特点之前，它只是简单地提供一种全面的学生指南。Facebook网站并没有创建一个以前完全不存在的新社区，相反，它是为已存在的实体社区提供一种更重要的信息和交流服务。大学生在校园里和大多数同学都保持一种很宽松的伙伴关系，他们之前并没有一个很好的途径来更多地了解自己所在的社交圈子外面的学生。现今大部分大学的班级学生数量都很大，学生没有机会在课上和很多同学交流。Facebook网站首先按照课程表来组织学生，让用户能够更多地了解可能遇上的同学。

（2）加强隐私保护来创建理想的在线服务。Facebook做了很重要的产品决策，保证实体社区和在线服务之间的协调和信任。Facebook网站最初仅限于能够验证所在大学的邮件地址的用户登录使用。Facebook也限制了用户能够查找或浏览的学生范围仅限于用户所在的大学。这些措施的目的是让用户感到网站是排外的，仅限于他们实际所在的社区（学院或大学）内部的人员。在早期的Facebook网站上，30%的用户在自己的资料上准确地公布了手机号码，这些数据表明，用户彼此信任浏览自己资料的学生。Facebook网站最近已经对教育网外面的用户打开了大门，他们创建了一系列"网区"来完成这种方案。早期的Facebook上面的各个大学，已扩展到了各个高中、公司雇员和不同的地理区域。当用户加入到这些网区时，仅能够看到特定的网络中的成员。此外，Facebook已经实行了一系列隐私控制，允许用户准确地控制谁能够查看他们所提供的信息。

（3）集合成一系列被渗透的微社区。Facebook比其他的社交网站更能吸引广告机会，因为能够深入地渗透到一系列微社区内。如果一个地方的广告商想定位一个特殊的大学校园，Facebook网站是将广告信息传递给观众的最佳途径。本地广告行为的CPM千人成本因为所具有的定位本质而受到广告商的高度重视。每日65%和每周85%的用户登录率保证了广告商能够非常有效地操作时间导向的广告活动。大的品牌广告商能够通过一次广告活动宣传到几乎每一位美国18~22岁的学生。Facebook网站将有大量的机会来使自己的盈利渠道多样化，深入渗透这些微社区的特点使它不仅局限于传统的广告条幅模式。吸引了90%的学生加入，一所大学可以为自己增添在线分类、事件列表、电子商务和选举领导等便利功能。Facebook将能够非常好地被定位成一个主要的在线分类方式，基于庞大的用户群而提供给用户更实用的使用方式。

（4）通过用户群和广告商建立强大的品牌效应。通过在线广告业务定位来建立品牌广告商的关键是拥有强大的品牌，使众多广告商愿意与之合作。一个被认可的著名品牌能够获取更好的广告CPM千人成本。拥有同样用户统计数据和用户使用模式的两个网站可能具有很大差异的CPM率，仅仅是因为品牌认知度和形象的因素。Facebook完成了非常出色的公关工作，强调Facebook对大学生的生活和在线消费产生的影响力。公关带来了巨大的收益增长，公关资本化是帮助建立品牌的关键成功因素。

（5）公开了页面源代码。在Web2.0时代，通过强大的搜索与订阅功能，网民们已经没有必要为了取得有用的信息反复辗转于各种类型的BBS、博客或者门户网站。用户已经越来越讨厌无处不在的显示广告，对没有经过任何过滤的海量信息已经越来越感觉迟钝和麻木。Facebook网站充分把握住这一趋势，率先公开自己的页面源代码，让各种类型的互联网内容提供商开发出嵌入Facebook用户页面的内容提供工具（APPs）供用户自行选择，这其中，有娱乐的、工作的、阅读的，几乎无所不包。到目前为止，基于Facebook平台的APPs已经数以万计。未来Facebook的用户将在自己的主页里满足交友、娱乐、工作的全套信息与体验需求，这很类似于传统零售行业的变革——从更早的专业商店向一站式购物的百货商场过渡。Facebook网站正在成为新平台的主宰者，以及新产业链的主导者。这是微软在PC时代曾经扮演过的角色，将硬件、软件和IT服务串联为一个相互依存的整体。

### （五）市场概况

2014财年，Facebook合计实现收入124.66亿美元（约760.43亿元人民币），较2013财年增长58.36%，自由现金流达36.26亿美元。同期实现净利润29.4亿美元（约179.34亿元人民币），较2013财年增长96%。Facebook社交网站目前在全球已拥有14.4亿用户，利润主要来自基于用户的实际信息而不是根据用户浏览习惯和其他网络行为来定向投放的广告。这也让Facebook获取了快速增长的数字广告市场的更多份额，并进一步缩小了与市场龙头谷歌公司之间的差距。在社交网站领域，一般会用几个关键的指标来度量网站的用户流量：每日活跃用户数（DAU）、每月活跃用户数（MAU）、单用户平均收入（ARPU）。根据图2-7-2我们发现，Facebook的用户数量每季度的增长率基本相同，呈现线性增长的趋势。截至

2014年12月31日，其每月的活跃用户数已达13.93亿人。也就是说全球51%的互联网用户每月至少浏览一次该网站，这一数量已经远远超过Google+、Twitter等其他社交网站。

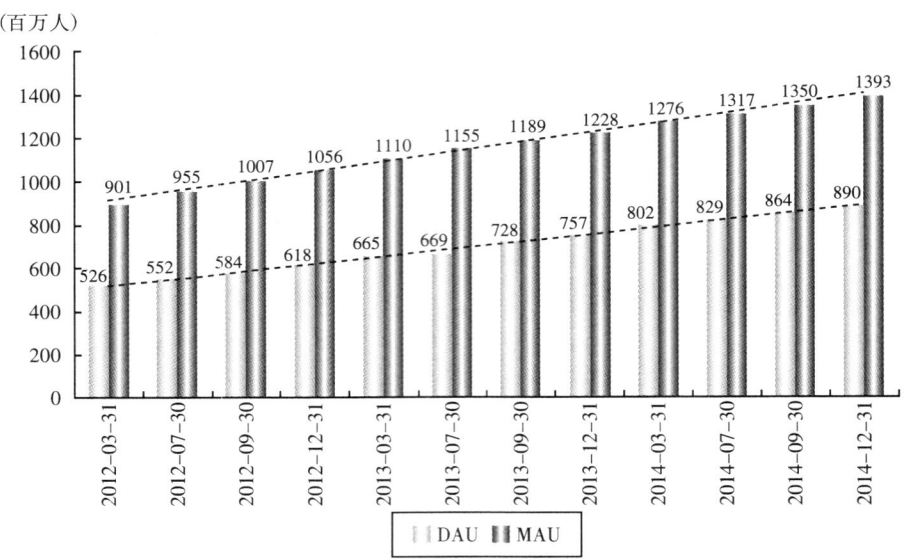

图 2-7-2 Facebook 全球 DAU、MAU 增长状况

下面会将以上指标与收入、利润等财务指标相结合从业务板块、流量终端、地域结构三个方面详细分析 Facebook 的市场现状及其发展趋势。

1. 按业务板块划分收入结构，广告业务为最主要收入来源

Facebook 主要收入来源分为广告收入、基础服务费和其他收入两大部分，根据图 2-7-3 可以看出 Facebook 大部分的收入来源是广告。从历史趋势上看，广告收入呈现线性增长，而服务费和其他收入基本保持不变甚至略有下降。

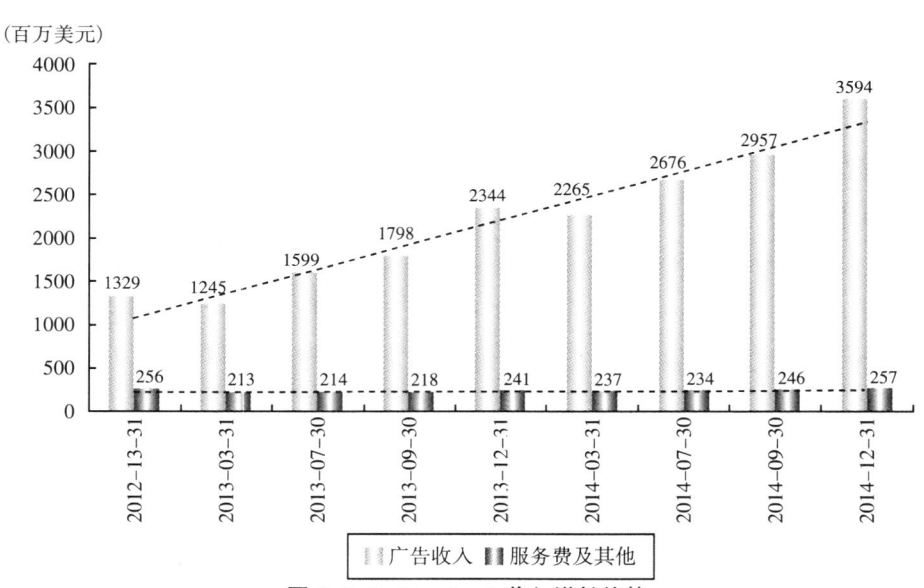

图 2-7-3 Facebook 收入增长趋势

Facebook 从它的用户和平台开发者中获取服务费用，用户会通过 Facebook 平台进行交易，并通过信用卡、PayPal 等进行支付，而 Facebook 会向为顾客提供购买服务的开发者收取一定的费用。Facebook 也会从平台的游戏收入中获得营收，其他收入包括推广贴、测评服务以及虚拟礼物等增值服务。2014 年，基础服务费和其他收入的总额为 9.74 亿美元，而公司的总收入为 124.66 亿美元，占比只达到 7.8%。基础服务费和其他收入的增长率只有 10%，与 2013 年基本持平，这一增长率赶不上总收入 58.36% 的增长率，说明一部分收入对 Facebook 总体收入的贡献微乎其微。

表 2-7-5　Facebook 收入结构

单位：百万美元

| 年份 | 2014 | 2013 | 2012 | 2014 年同比增长 (%) | 2013 年同比增长 (%) |
|---|---|---|---|---|---|
| 广告 | 11492 | 6986 | 4279 | 65 | 63 |
| 基础服务费及其他 | 974 | 886 | 810 | 10 | 9 |
| 总收入 | 12466 | 7872 | 5089 | 58 | 55 |

广告收入是 Facebook 的主要收入来源，在 2014 年、2013 年中，广告收入占比分别为 92.19%、88.74%。2014 年广告收入的增长率为 65%，是该年营收增长的主要推动力。据 Facebook 年报披露，广告收入增长的主要因素是：Facebook 上广告营销需求和广告商的增长；其他产品的改变提升了广告的价值和表现；Facebook 用户数量的增加。据第三方统计数据显示，2014 年 Facebook 在社交网络总广告支出市场上所占份额为 75%，相比之下，Twitter 的广告收入为 12 亿美元，在市场总额中所占比例为 8%。Facebook 的广告收入具有一定的季节性因素，一般来说每年的第四季度为其广告营收旺季。

2. 按流量终端划分收入结构，移动端为推动收入增长的主要动力

其 2014 年财报数据显示，Facebook 第四季度来自广告业务的营收是 35.9 美元，移动广告业务的营收占广告总营收的 69%，接近七成，该部分收入同比增长幅度达到 53%。Facebook 在移动端的收入模式是以植入信息流中的原生广告为主，由于在 PC 端时代已经积累了大量的广告主，在移动端的 Facebook "醒来" 之后能够强势反击，并且有不错的广告收入。内容营销在移动端的探索也卓有成效，原生广告体系被广告主认可，也意味着网络广告新时代正在到来。如果时间回溯到两年前，Facebook 还曾为移动端设备的崛起可能会对公司未来的业务造成威胁在风险披露中预警。当时智能手机的兴起让 Facebook 团队觉察到了危机：在这个巴掌大的屏幕上，他们找不到角落来安置广告。而扎克伯格最终的决定是尝试在信息流里放广告。为此，2012 年 1 月开始，Facebook 信息流广告最先在 PC 端测试，后续逐渐延伸到移动端。自此改变了 Facebook 的整体广告收益和结构。而如今，Facebook 已经从移动互联网中尝到了甜头，这背后是其不断上涨的移动用户数据。根据图 2-7-4 显示，2014 年第四季度的每月活跃用户中已经有多达 11.89 亿人为移动用户，占比为 85.4%。这一数字不仅高于上一季度的 11.24 亿人，较上年同期的 9.45 亿人，更是实现了 25.8% 的增长。另外，在 Facebook 8.9 亿每日活跃用户中，通过手机和平板电脑等移动设备访问该服务的高达 83.7%。

2014 年，Facebook 收购的 WhatsApp 与 Instagram 两个平台，目前已经积累的用户数分别

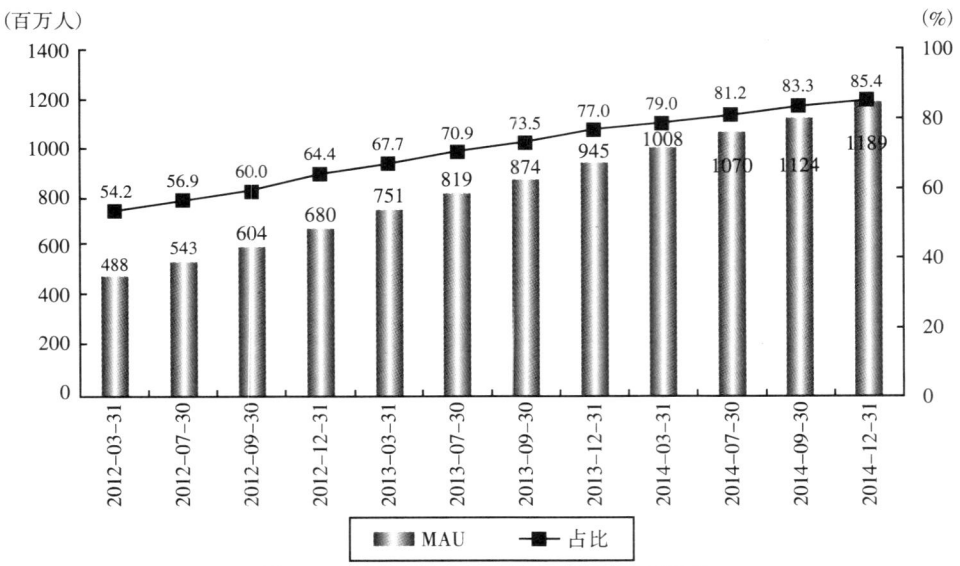

图 2-7-4 Facebook 移动端 MAU 增长趋势

是 7 亿人和 3 亿人。考虑到这两个平台还没有实现商业化变现，针对这批庞大用户的广告也才刚刚起步，未来 Facebook 移动端的广告收入有极大的想象空间。

3. 按地域结构划分收入结构，美洲和欧洲为主要的收入区域

目前 Facebook 的业务已经遍及全球的大部分区域，从图 2-7-5 中可以发现，美国、加拿大、欧洲这些地区，Facebook 的收入和 ARPU 值都是相对较高的，这是由这些区域的市场规模及成熟程度所决定的。尽管目前为止美洲和欧洲为其主要市场，但从收入增长情况来看，Facebook 当前的全球单月活跃用户数量持续增加，仅 2014 年第四季度就增长 14%，其中多数就来自亚洲新兴的

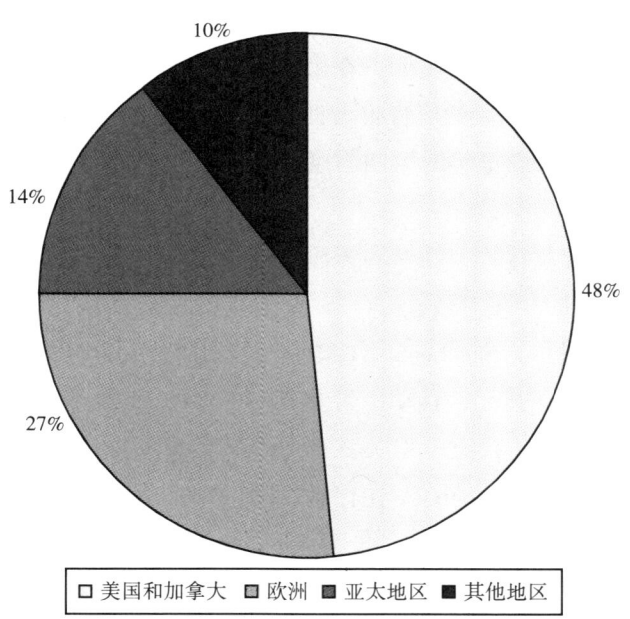

图 2-7-5 Facebook 2014 年第四季度收入区域占比

国家和地区，例如印度和印度尼西亚等。亚洲地区人口占全球总人口的 2/3 左右，Facebook 在这一地区拥有很大的潜在用户群。

Facebook 的全球化战略离不开中国，但是目前为止由于政治环境原因，这一全球最大的社交网站并没有能够完全进入中国。Facebook 的消费者服务在中国虽然并不活跃，但是中国已经是 Facebook 最大的广告市场之一，有很多很大的中国公司向中国之外的消费者出售商品，他们使用 Facebook 作为主要的营销工具之一，所以未来中国市场是 Facebook 发展战略中的重要一环。

### （六）经营和财务绩效

表 2-7-6　Facebook 2013~2014 年度经营与财务业绩比较

单位：百万美元

| 年份 | 2014 | 2013 |
|---|---|---|
| 收入 | 12466 | 7872 |
| 总资产 | 40184 | 17895 |
| 净利润 | 2940 | 1500 |
| 净利润率（%） | 23.58 | 19.05 |
| 总资产报酬率（ROA）（%） | 7.32 | 8.38 |
| 净资产报酬率（ROE）（%） | 8.14 | 9.70 |
| 资本性支出（CAPEX） | 1831 | 1362 |
| CAPEX 占收比（%） | 14.69 | 17.30 |
| 经营活动净现金流 | 5457 | 4222 |
| 每股经营活动净现金流（美元/股） | 2.09 | 1.74 |
| 自由现金流（FCF） | 3626 | 2860 |
| 自由现金流占收比（%） | 29.09 | 36.33 |
| 每股盈利（EPS）（美元/股） | 1.12 | 0.62 |
| 每股股利（DPS）（美元/股） | 0 | 0 |
| 股利支付率（%） | 0 | 0 |
| 主营业务收入增长率（%） | 58.36 | 54.69 |
| 总资产增长率（%） | 124.55 | 18.49 |
| 净利润增长率（%） | 96.00 | 2730.19 |
| 经营活动现金流增长率（%） | 29.25 | 161.91 |
| 资产负债率（%） | 10.17 | 13.55 |
| 流动比率 | 10.42 | 8.42 |
| 总资产周转率（次数） | 0.31 | 0.44 |
| 股息 | 0 | 0 |
| 内部融资额 | 4183 | 2511 |
| 研发支出 | 2666 | 1415 |
| 研发支出占收入比（%） | 21.39 | 17.98 |

表 2-7-7　Facebook 轻资产运营特征一览表

单位：%

| 序号 | 项目 | 2014 年 | 2013 年 |
|---|---|---|---|
| 1 | 现金类资产比重 | 27.87 | 63.98 |
| 2 | 应收账款比重 | 4.18 | 6.20 |
| 3 | 存货比重 | 0 | 0 |

续表

| 序号 | 项目 | 2014 年 | 2013 年 |
| --- | --- | --- | --- |
| 4 | 流动资产比重 | 34.02 | 73.04 |
| 5 | 固定资产比重 | 9.87 | 16.11 |
| 6 | 流动负债比重 | 3.54 | 6.15 |
| 7 | 应付账款比重 | 0.44 | 0.49 |
| 8 | 无息负债比重 | -3.74 | -5.71 |
| 9 | 有息负债比重 | 0.58 | 2.66 |
| 10 | 留存收益比重 | 15.18 | 17.65 |
| 11 | 营运资金（百万美元） | 12246 | 11970 |
| 12 | 现金股利（百万美元） | 0 | 0 |
| 13 | 内源融资（百万美元） | 4183 | 2511 |
| 14 | 资本性支出（百万美元） | 1831 | 1362 |
| 15 | 现金储备（百万美元） | 11199 | 11449 |
| 16 | 自由现金流（百万美元） | 3626 | 2860 |

## （七）内控与风险管理

**1. 人才流失趋势加重，公司面临人力资本不足的风险**

截至 2014 年 12 月 31 日，Facebook 有将近 3000 多名员工，创造的利润却在整个行业领头。这样令人难以置信的工作效率让整个社交网站行业为之惊叹。在 Facebook 的创业期，为招揽人才，在股权计划上公司极为慷慨。2009 年，Facebook 曾授予工程师 15 年期期权，可以 6 美元价格购买 6.5 万股公司股票。2010 年 Facebook 实施拆股计划后，这批工程师的期权规模达到 32.5 万股。2010 年之前加盟 Facebook 的工程师可获得几千股到几万股不等的受限股，按拆股比例及预计融资规模，这些工程师的持股价值都将超过百万美元。但百万富翁和千万富翁也是最难管理的。上市之后的 Facebook 面临着人才流失的极大风险。

2012 年 Facebook 招股说明书显示，很多 Facebook 老员工有望在公司上市时获得 400 万~2000 万美元不等的账面资产，而等到 IPO 后 6 个月的禁售期过后，这笔账面资产就可以套现。事实证明确实有一批员工在上市套现后相继离开 Facebook，另谋出路。高层的频繁辞职给公司带来很多负面的影响，如降低公司的公信度，引起投资者的担忧。如果公司的核心人物都流向创业公司，Facebook 在创新和管理方面会面临很大的问题，而这些创业公司的茁壮成长很有可能给这家网络巨头带来噩梦，因为他们的领导者曾是熟悉 Facebook 业务的人。另外，Facebook 正处于迫切需要人才的关键时刻，因为移动化给他们带来了前所未有的危机。目前 Facebook 越来越多的用户开始向移动端迁移，而 Facebook 尚未在移动端上制定很好的广告策略。如果短时间没做出及时调整的话，Facebook 未来的营收也许会有所减少。高管的出走无疑会导致 Facebook 的处境进一步恶化。Facebook 的许多并购都是在人力资本驱动下的资本运营，企图笼络更多更广的人才。然而，这并不能阻止人才的流失。Facebook 现在迫切需要做的是深入了解高层辞职的原因，阻止批量离职现象的再次发生。

**2. 用户隐私容易泄露，公司面临诉讼的风险**

一直以来，Facebook 的隐私政策都为人所诟病。Facebook 许多功能存在用户个人信息的泄露。在美国，对其侵犯隐私的报道几乎每年都有，但出于"主场优势",媒体更关注的是其又推出什么新的功能。随着其国际化进程的推进,未来在隐私方面的问题可能就不能再幸运躲过。2015年初,比利时隐私委员会发布学术报告称Facebook侵犯用户隐私,这部分指责主要集中在其未经用户同意对非注册会员访问记录进行追踪。比利时隐私委员会认定Facebook从来没有停止过对用户地理位置数据的收集,同时自2015年1月起,荷兰、德国、法国、西班牙等国的隐私保护组织也先后向Facebook提出了反对意见。这项判决结果也很可能影响到Facebook在欧洲其他地区的隐私政策。

Facebook被指责的罪魁祸首在于其所用的Data Cookies。通过这种技术,Facebook可以追踪用户包括设备IP地址、用户查看像素的时间、与浏览器或设备相关的标识符,以及使用的浏览器类型等信息,从而分析出用户个人信息。Facebook承认收集此类信息并称这是出于维护网站的正常运营需要。在其隐私政策中,对于使用Cookie、像素和类似技术的解释是用于身份验证,保证安全性和网站完整性,投放广告、洞察情况和衡量效果,本地化,分析和研究等功能。也就是说Cookie技术主要是保证网站运营所设立的:通过收集加上分析研究用户信息,Facebook能够精确分析出对应广告群体同时保持自身网站运营的安全性。对于注册用户来说,提供这些信息无可厚非,并且网站也有保护注册用户信息的义务。但是对于只是浏览网页的用户来说,浏览一个明星、熟人或者点击一则Facebook上的广告都有可能泄露个人喜好以及个人所在位置,同时网站没有保护其隐私的义务,对于这些非注册用户来说,登录网页的隐私风险更大。一般来说,网站对于这类可能泄露的风险应具有相关提示,并且获得用户同意才进行外部联结等进一步操作,但Facebook并未设置获取用户同意的相关风险提示网页。

3. 美国市场趋近饱和,公司面临用户流量转化为收入进程放缓的风险

Facebook的另一大风险是其美国市场已经趋向饱和,没有太多的用户增长空间。在Facebook的招股说明书中指出,其公司业务已几乎涉及全球所有的国家,月活跃用户超过8亿人。这的确是一个惊人的市场规模,但是如果与当年Google的招股说明书相比较,Google首次公开募股时间发生在2004年8月,当时Google用户还达不到美国上网人口的40%,今天Facebook已经达到73.7%。根据互联网统计公司ComScore的统计,目前,所有Google业务所涉及的美国用户总量已达美国互联网用户总量的84.9%,如果把这一数值和Facebook的73.7%相比,也意味Facebook的天花板已经不远。Facebook在美国市场的用户增长只能到此为止,它的收入增长很大程度上将依靠增加用户的停留时间来实现。目前看来,Facebook已在这么做,包括不断推出新产品、获得更高的广告份额等。

所以接下来,Facebook往海外进一步扩张是一个必然方向。目前Facebook的用户量已经有接近6亿人来自美国以外的海外市场,占比将近60%。而其海外用户增长量也非常迅猛,与美国市场16%的增长率相比,其2014年在巴西的用户数量比2013年同期增长了268%,在印度则比2013年同期增长了132%。不过由于文化隔阂等因素,海外扩张素来是互联网公司的一大难题,而从利润贡献率来看,Facebook的国际用户价值体现还十分低。Facebook每年每位用户平均贡献的收入是5.09美元。在美国,这一数值是13.99美元,而在其他西方国家地区,这一数值是2.81美元。

4. 收入结构较为单一,未来公司收入可能受到冲击

Facebook绝大部分营业收入来自广告业务。

广告客户的流失或者广告客户减少在 Facebook 上的广告开支，都可能会给其业务造成严重损害。作为通过个人电脑使用 Facebook 服务的一种替代方式，通过 Facebook 的移动产品来使用其服务的情况正在增长，而其移动版服务目前还没有显示广告，这样的趋势可能会对 Facebook 的营业收入及财务业绩产生负面影响。Facebook 最大的风险就在于能否构建另一项与广告业务相媲美甚至超过广告业务的新收入来源。对于 Facebook 来说，还有很大的空间更有效地追踪广告，并且在更多的位置上投放广告。但是，这样的方式毕竟会有穷尽的时候，未来 Facebook 的营收也不会一直靠广告增长下去。尽早找到新的收入增长点是 Facebook 面临的重大难题。

### （八）前景展望

Facebook 凭借 11 亿用户证明自己确实算社交网络领域的先行者。随着社交广告行为的日益成熟化，逐步由用户获取转变成用户创收，社交广告的投资会越来越多，因为越来越多品牌营销者对这一机制的运作模式更加清晰。品牌逐步锁定自己的目标用户，Facebook 将能够基于更少的印象获得更高的点击量，这能够提高同等广告数量的创收水平。经过 11 年的发展，Facebook 已经成为人们生活中不可缺少的一部分，无论是利用它联系全世界的家人和朋友的用户，还是意识到其中潜藏的商机的市场营销者。只有时间能证明扎克伯格和其他公司领导人是否可以继续带领 Facebook 走在社交网络的前端，但我们推断随着互联网时代的到来，Facebook 有以下四个方面的发展趋势。

1. "Mobile"（移动化）成为 Facebook 发展的前进方向

人们的信息收集手段从原来的电视和报纸到现在越来越多的利用移动互联网。可以说移动已经成为我们生活中的一部分。其实早在 2011 年，移动终端的出货数量就已经超过 PC 端的出货数量。这并不是一时的趋势，而是移动终端的长期性成长趋势。到目前为止，Facebook 都在开发面向桌面端的产品，但是现在已经逐渐在移动端开发相应的产品。其实早在 2011 年，其已经改变了开发的方向。Facebook 并不是要成为移动专家，而是考虑将来每个人都可以成为工程师，都可以开发移动应用，从而制定了现在的以移动为中心的产品开发体制。另外，Facebook 的移动战略并不仅是用户而已，Facebook 也可以为企业提供广告价值。

2. "Identify"（认同）成为 Facebook 发展的心理基础

社交网络是以连接人的关系而存在的，能够连接说明彼此有共同文化价值理念。用网名在网络上和别人交流，对方是真实存在的，而自己就是自己，这个过程中信赖性是非常重要的，结果就是交流变得越来越现实化。从市场学的角度来看，1 对 1 的关系性更容易保持。社会在网络化，网络同样在社会化。要想进一步加大网络的社会化趋势，Facebook 需要进一步加强用户对网络的认同感，在此基础上用户才能无顾忌地随时随地分享自己的状态和心得。尽管现在的互联网尤其是移动互联网时代，业界宣称互联网改变了一些平等，尤其是在话语权上。事实上，在社交网络，也继承了来自现实社会的阶层结构，一些群体在信息洪流下被孤立。因此这种去差异化、去结构化的身份认证能够有效地提高社交网络的认同。

3. "Innovation"（创新）成为 Facebook 发展的不竭动力

创新并不仅是创造东西，怎样才能使信息深入生活当中，这才是目标。这同样也是 Facebook 的基础服务。虽然 Facebook 在宏观层面会有收购或复制的战略，但其自身的创新从未停止过。

Facebook 十年，深刻地改变了互联网。像 Like（点赞）、Wall（留言墙）和 Timeline（时间线）这些只不过是用户可以见到的产品创新，都是我们每次登录时能够见到的。在这些产品的后面，在庞大的数据中心里面，还能找到各种各样其他类型的技术，它们都在用不同的方式改变着我们的世界。时代在进步，如果只固守之前的营销战略和发展模式，就会被淘汰。Facebook 的每一步也都会着眼于创新，开发一些新的服务，并积极地分析和整理数据，针对用户喜好，创新一些用户感兴趣的服务，让用户对 Facebook 的服务更加满意，加强其用户黏性。

4."Measurement"（市场分析与衡量）成为 Facebook 发展的必要工具

第一眼出现在消费者面前的东西并不一定是他就会购买的东西。根据 Facebook 的广告追踪服务和线下行动数据，企业通过对消费者购买行动进行分析，能提前判断消费者更青睐哪一种产品，吸引用户兴趣，而且还会开发新的支付方式即离线支付，让用户获得更好的体验，帮助 Facebook 实现市场分析与衡量的是其背后的大数据。目前 Facebook 有着世界最大的分布式文件系统，单个集群中的数据存储量就超过 100PB。在 Facebook 内部，从一开始就没有在不同的部门之间（比如广告部和用户支持部）设立障碍或者分割数据。这样一来产品开发者就可以跨部门获得数据，实时知晓最近的改动是否增加了用户浏览时间或者促成了更多的广告点击。在时代判断上，Facebook 的价值挖掘引领互联网进入大数据时代，推动"大数据"产业发展。在产业链判断上，以 Facebook 为代表的社交网络率先进入大数据时代，将进一步引领其他互联网领域的大数据应用，对用户价值的挖掘将驱动"大数据"产业链的发展。利用大数据与数据分析的结合，Facebook 能开发对用户更具吸引力的应用，并且可以通过用户行为预测多个行业的发展趋势，未来蕴含巨大的商业价值。

**附件一：Facebook 财务报告（2014 年）**

1. 合并资产负债表

单位：百万美元

| 年份 | 2014 | 2013 |
| --- | --- | --- |
| 资产 | | |
| 流动资产 | | |
| 现金及现金等价物 | 4315 | 3323 |
| 短期有价证券 | 6884 | 8126 |
| 应收账款 | 1678 | 1109 |
| 预付账款及其他流动资产 | 793 | 512 |
| 流动资产合计 | 13670 | 13070 |
| 固定资产及设备净额 | 3967 | 2882 |
| 无形资产净额 | 3929 | 883 |
| 商誉 | 17981 | 839 |
| 其他资产 | 637 | 221 |
| 资产合计 | 40184 | 17895 |
| 负债及所有者权益 | | |

续表

| 年份 | 2014 | 2013 |
|---|---|---|
| 流动负债 | | |
| 　应付账款 | 176 | 87 |
| 　应付供应商款项 | 202 | 181 |
| 　预提费用及其他流动负债 | 866 | 555 |
| 　递延收益及存款 | 66 | 38 |
| 　资本化租赁债务 | 114 | 239 |
| 流动负债合计 | 1424 | 1100 |
| 资本化租赁债务（减去流动的部分） | 119 | 237 |
| 其他负债 | 2545 | 1088 |
| 负债合计 | 4088 | 2425 |
| 或有负债 | — | — |
| 所有者权益 | | |
| 　股本 | — | — |
| 　其他实收资本 | 30225 | 12297 |
| 　累计其他综合收益 | (228) | 14 |
| 　留存收益 | 6099 | 3159 |
| 所有者权益合计 | 36096 | 15470 |
| 负债及所有者权益合计 | 40184 | 17895 |

2. 合并损益表

单位：百万美元（除每股数额）

| 年份 | 2014 | 2013 | 2012 |
|---|---|---|---|
| 营业收入 | 12466 | 7872 | 5089 |
| 成本和费用 | | | |
| 　营业成本 | 2153 | 1875 | 1364 |
| 　研发费用 | 2666 | 1415 | 1399 |
| 　销售费用 | 1680 | 997 | 896 |
| 　管理费用 | 973 | 781 | 892 |
| 成本和费用总额 | 7472 | 5068 | 4551 |
| 营业利润 | 4994 | 2804 | 538 |
| 投资及利息支出 | (84) | (50) | (44) |
| 税前利润 | 4910 | 2754 | 494 |
| 所得税费用 | 1970 | 1254 | 441 |
| 净利润 | 2940 | 1500 | 53 |
| 减：归属于少数股东权益的净利润 | 15 | 9 | 21 |
| 归属于普通股的净利润 | 2925 | 1491 | 32 |
| 普通股每股收益 | | | |
| 　基本每股收益 | 1.12 | 0.62 | 0.02 |
| 　摊薄每股收益 | 1.10 | 0.60 | 0.01 |
| 用加权平均数计算的普通股数 | | | |
| 　基本普通股加权平均数 | 2614 | 2420 | 2006 |
| 　摊薄普通股加权平均数 | 2664 | 2517 | 2166 |

### 3. 合并现金流量表

单位：百万美元

| 年份 | 2014 | 2013 | 2012 |
|---|---|---|---|
| 经营活动产生的现金流量 | | | |
| 　净利润 | 2940 | 1500 | 53 |
| 　折旧和摊销 | 1243 | 1011 | 649 |
| 　废弃租赁成本 | (31) | 117 | 8 |
| 　现金股利分配 | 1786 | 906 | 1572 |
| 　递延所得税 | (210) | (37) | (186) |
| 　股权激励的税收利得 | 1853 | 602 | 1033 |
| 　股权激励的税收损失 | (1869) | (609) | (1033) |
| 　其他 | 7 | 56 | 15 |
| 资产及负债变动 | | | |
| 　应收账款 | (610) | (378) | (170) |
| 　预提费用及其他流动资产 | (123) | 355 | (465) |
| 　其他资产 | (216) | (142) | 2 |
| 　应付账款 | 31 | 26 | 1 |
| 　应付供应商款项 | (28) | 12 | (2) |
| 　预提费用及其他流动负债 | 328 | (38) | 152 |
| 　递延收益及存款 | 10 | 8 | (60) |
| 　其他负债 | 346 | 833 | 43 |
| 经营活动产生的现金流量 | 5457 | 4222 | 1612 |
| 投资活动产生的现金流量 | | | |
| 　资本开支 | (1831) | (1362) | (1235) |
| 　购买有价证券 | (9104) | (7433) | (10307) |
| 　出售有价证券 | 8438 | 2988 | 2100 |
| 　即将到期的有价证券 | 1909 | 3563 | 3333 |
| 　收购支付的净现金额 | (4975) | (368) | (911) |
| 　限制性现金及存款变动 | (348) | (11) | (2) |
| 　其他投资活动净额 | (2) | (1) | (2) |
| 投资活动产生的现金流量 | (5913) | (2624) | (7024) |
| 融资活动产生的现金流量 | | | |
| 　发行普通股所得款项 | — | 1478 | 6760 |
| 　缴纳的股权交易税金 | (73) | (889) | (2862) |
| 　股票期权收益 | 18 | 26 | 17 |
| 　长期负债及保险的净收益 | — | — | 1496 |
| 　支付长期负债净额 | — | (1500) | — |
| 　售后租回交易的收益 | — | — | 205 |
| 　资本化的租赁债务本金 | (243) | (391) | (366) |
| 　股权激励的超额收益 | 1869 | 609 | 1033 |
| 融资活动产生的现金流量 | 1571 | (667) | 6283 |
| 汇率变动对现金及现金等价物的影响 | (123) | 8 | 1 |
| 现金及现金等价物的增加 | 992 | 939 | 872 |
| 期初现金及现金等价物余额 | 3323 | 2384 | 1512 |
| 期末现金及现金等价物余额 | 4315 | 3323 | 2384 |

### 附件二：Facebook 大事记

2004年2月，马克·扎克伯格和联合创始人达斯汀·莫斯科维茨（Dustin Moskovitz）、克里斯·休斯（Chris Hughes）、埃杜阿多·萨维林（Eduardo Saverin）在哈佛大学的寝室中创立 Facebook。

2004年3月，Facebook 从哈佛大学扩展至斯坦福大学、哥伦比亚大学和耶鲁大学。

2004年6月，Facebook 将运营基地搬迁至加利福尼亚州帕洛阿尔托。

2004年9月，Facebook 增加群组应用，Facebook 个人页面增加留言墙功能。

2004年12月，Facebook 活跃用户数接近100万人。

2005年5月，Facebook 向风险投资公司 AccelPartners 融资1270万美元。Facebook 支持超过800个大学网络。

2005年8月，Facebook 将名称从 the facebook.com 正式改为 Facebook。

2005年9月，Facebook 增加高中网络。

2005年10月，Facebook 增加照片应用。Facebook 增加国际学校网络。

2005年12月，Facebook 活跃用户数超过550万人。

2006年4月，Facebook 向 Greylock Partners、Meritech Capital Partners 和其他投资公司融资2750万美元。Facebook 推出移动服务 Facebook Mobile。

2006年5月，Facebook 增加工作网络。

2006年8月，Facebook 推出开发平台。Facebook 推出记录应用。Facebook 和微软就横幅广告达成战略合作协议。

2006年9月，Facebook 推出动态汇总（News Feed）和 Mini-Feed，以及额外的隐私控制功能。Facebook 面向所有人群开放注册。

2006年11月，Facebook 增加分享功能，并在20家合作伙伴网站上同步推出该功能。

2006年12月，Facebook 活跃用户数超过1200万人。

2007年2月，Facebook 推出虚拟礼品商店服务。

2007年3月，Facebook 在加拿大的活跃用户数超过200万人，在英国的活跃用户数超过100万人。

2007年4月，Facebook 活跃用户数达到2000万人。Facebook 升级网站设计，加入网络门户功能。

2007年5月，Facebook 推出市场应用，对列表进行归类。Facebook 举办 F8 开发者大会，推出 Facebook 平台。Facebook 与65家开发者合作伙伴共同推出 Facebook 平台，以及超过85款应用。

2007年7月，Facebook 收购创业企业 Parakey。

2007年10月，Facebook 活跃用户数超过5000万人。Facebook 推出 Facebook 移动平台。Facebook 和微软扩大广告业务合作范围，覆盖国际市场。微软向 Facebook 投资2.4亿美元。

2007年11月，Facebook 推出广告服务 Facebook Ads。

2008年1月，Facebook 与 ABC 新闻共同赞助美国总统大选辩论。

2008年2月，Facebook 在西班牙和法国推出服务。

2008年3月，Facebook 升级隐私控制，加入好友列表功能。Facebook 在德国推出服务。

2008年4月，Facebook 推出聊天服务 Facebook Chat。Facebook 发布翻译应用，支持21种语言。

2008年8月，Facebook 活跃用户数达到1

亿人。

2008年12月，Facebook正式推出第三方网站登录服务Facebook Connect。

2009年1月，Facebook活跃用户数达到1.5亿人。CNN Live整合Facebook服务。

2009年2月，Facebook活跃用户数达到1.75亿人。Facebook加入OpenID组织。Facebook推出"Like"功能。

2009年4月，Facebook活跃用户数超过2亿人。

2009年5月，俄罗斯投资公司DST以100亿美元估值向Facebook投资2亿美元，获得该公司优先股。

2009年6月，Facebook推出Facebook Usernames。

2009年7月，Facebook活跃用户数超过2.5亿人。

2009年8月，Facebook收购FriendFeed。

2009年9月，Facebook活跃用户数超过3亿人。

2009年12月，Facebook活跃用户数超过3.5亿人。

2010年2月，Facebook活跃用户数超过4亿人。

2010年7月，Facebook推出问答服务Facebook Questions测试版。

2010年7月，Facebook活跃用户数超过5亿人。

2010年8月，Facebook推出位置服务Facebook Places。

2011年2月，Facebook宣布在中国香港设立广告销售办事处，为中国香港和中国台湾市场提供服务。

2011年7月，Facebook活跃用户数超过7.5亿人。

2012年4月，Facebook以10亿美元的现金和股票收购照片共享应用服务商Instagram公司。

2012年5月，Facebook在纳斯达克上市。

2013年6月，品众互动成为Facebook在中国首家代理商。

2014年2月，Facebook宣布该公司已经同快速成长的跨平台移动通信应用WhatsApp达成最终协议，将以大约160亿美元的价格，外加30亿美元限制性股票，共计190亿美元，收购WhatsApp。

2014年3月，Facebook宣布将以约20亿美元的总价收购沉浸式虚拟现实技术公司Oculus VR，预计2014年第二季度中完成交易。

2014年7月，Facebook宣布收购虚拟现实头盔制造商Oculus VR的交易，正式结束。

2014年8月，一个名为"Facebook公司"的微博账号出现在网上，微博简介标注"脸书官方微博，带给您全球最受欢迎的有趣图文"，随后得到微博官方人员的证实。

2014年9月，Facebook周一股价上涨0.8%，报收于每股77.89美元，公司市值也增长至2016亿美元。这使得Facebook成为全球排名第22位的大公司。

2014年10月，Facebook发布了匿名社交应用Rooms。

2014年11月，业内人士透露Facebook正在研发一个名为"Facebook at Work"的全新网站。

2014年11月，电信运营商Airtel宣布与Facebook达成合作，将从本周晚些时候开始为其预付费和后付费的肯尼亚用户提供Internet.org移动应用。

2015年1月，Facebook收购了自然语言软件厂商Wit.ai。

2015年1月，Facebook收购位于加利福尼亚州圣迭戈的QuickFire Networks，该公司开发视频内容发布设备，以及转码和处理软件。

**马云**
**执行主席**

马云，1964 年出生，为阿里巴巴集团主要创始人，毕业于杭州师范学院英语教育专业，于 2013 年 5 月出任执行主席。自 1999 年集团成立以来直至 2013 年 5 月，马云一直兼任主席及首席执行官，现担任阿里巴巴集团主要股东之一、日本软银的董事，该公司为一家于东京证券交易所挂牌交易的公司。马云同时是美国大自然保护协会（TNC）的中国理事会主席兼全球董事会成员。他另于 2013 年 9 月出任生命科学突破奖基金会董事。2014 年 8 月，马云出任世界经济论坛（WEF）基金会董事。

**张勇**
**首席执行官**

张勇，1972 年出生，拥有上海财经大学金融学学士学位，为中国注册会计师协会会员。他于 2007 年加盟阿里巴巴集团，于 2015 年 5 月出任首席执行官。他同时是阿里巴巴集团董事及阿里巴巴合伙创始成员。在过去八年，张勇在阿里巴巴集团担任过多个高级管理职务，出任现职前为阿里巴巴集团首席运营官。

张勇于 2007 年 8 月加入阿里巴巴集团，担任淘宝网首席财务官，2008 年出任淘宝网首席运营官兼淘宝商城总经理。在张勇带领下，淘宝商城高速发展，成为阿里巴巴集团最重要的业务之一，获得国内以至全球消费者和品牌商的高度认可。2011 年淘宝商城成为独立平台天猫后，张勇出任天猫总裁，并带领天猫转型成为全球最大的 B2C 平台之一。他同时领导创立了"双十一"购物狂欢节，并将其打造成全球最大的网购狂欢节。自 2013 年 9 月起他担任阿里巴巴集团首席运营官，全面负责阿里巴巴集团国内和国际业务的运营，带领阿里巴巴集团持续向移动互联网方向转型，建立综合性全球物流网络菜鸟网络，并推出了阿里巴巴集团旗下让中国消费者购买全球品牌商品的平台——天猫国际。随着集团向移动互联网方向转型，手机淘宝已经成为全球最大的移动购物平台。张勇还主导了阿里巴巴集团多项重要战略投资，包括阿里健康、海尔电器、银泰商业集团、新加坡邮政等。

张勇现担任银泰商业集团主席以及中国香港上市公司阿里健康和海尔电器的董事，并自 2014 年 5 月起担任微博董事。加入阿里巴巴集团前，张勇于 2005~2007 年，担任在线游戏开发和运营商盛大互动娱乐有限公司的首席财务官，该公司于纳斯达克上市。2002~2005 年，张勇于上海普华永道会计师事务所担任审计和企业咨询部门资深经理。在此之前，他于安达信会计师事务所的上海办事处工作达七年。

这是一个英文首字母的 a，a 是开始、是优秀、是卓越，寓意阿里巴巴从 a 开始，做到 A；这是一个 @ 的符号，飘散在互联网时代的每一个角落，暗示着阿里巴巴将成为互联网时代的弄潮儿；这是一张微笑的脸，洋溢在每一位阿里巴巴人的脸上，代表集团内部传承已久的微笑文化；这是一个满意的笑容，传达用户消费体验后的感受，象征着阿里巴巴努力让客户满意、让员工满意、让股东满意。橙色是一个让人快乐的颜色，阿里巴巴 LOGO 的橙色与集团的名字一样让人感到这是一个愉快的、天马行空的空间，带来无穷的正能量。

关于阿里巴巴名字的由来有一段有趣的故事。在公司成立之初，马云有一次在美国一家餐厅吃饭，他突发奇想，找来了餐厅服务员，问他是否知道阿里巴巴这个名字。服务员回答说知道，并且还跟马云说阿里巴巴打开宝藏的咒语是"芝麻开门"。之后马云又在各地反复地询问他人，经过这个测试，马云发现阿里巴巴的故事被全世界的人所熟知，并且不论语种，发音也近乎一致。就这样，马云将"阿里巴巴"确定为公司的名字。如果说中国的互联网时代，马化腾用企鹅改变了人们的社交方式，李彦宏用熊掌改变了人们信息搜集方式，那么马云便用一个庞大的阿里巴巴王国彻底改变了人们的生活方式。

## 八 阿里巴巴集团可持续发展报告（Alibaba Group）

### （一）公司简介

阿里巴巴网络技术有限公司（Alibaba，简称：阿里巴巴集团；NYSE：BABA）是目前中国最大的电子商务公司，由曾担任英语教师的马云为首的18人，于1999年在中国杭州创立。20世纪90年代末，网络热潮席卷华尔街，几乎每天都有新的互联网公司在纳斯达克上市，在这些网络公司中，以B2B模式运营的电子商务公司成为市场的新宠，它们通过先进的互联网技术将世界的贸易连为一体。而在远离硅谷的北京，互联网刚刚走进商家的视野，看到了电子商务市场存在的巨大潜力，马云等在杭州公寓中做出了一个和美国网络巨头竞争的计划，他们创立了自己的全球市场，将其命名为阿里巴巴，希望国内的小企业可以用这个网站对全球贸易说"芝麻开门"。带着培育开放、协同、繁荣的电子商务生态圈的国际化战略目标，带着创造公平竞争环境，让小企业通过创新与科技扩展业务的美好愿景，阿里巴巴迈开了稳健发展的步伐。本部分将从阿里巴巴的发展历程、业务现状、管理层及股权结构、总体规模及经营业绩四个方面展示阿里巴巴集团目前的基本状况。

1. 发展历程

阿里巴巴集团的发展，大致经历了五个阶段：

第一阶段（1999~2002年）：布局B2B模式。1999年阿里巴巴成立后，定位于"中国中小企业贸易服务商"，为中小企业提供"网站设计+推广"服务。受到风险投资商的青睐，阿里巴巴从2000年开始海外扩张，并迅速提高知名度。但好景不长，受全球互联网泡沫破灭的影响，阿里巴巴也经历了网络经济寒冬，并开始迅速收缩海外市场。之后，阿里巴巴陆续推出了"中国供应商"和"诚信通"等项目，向供应商提供额外的线上和线下服务，并收取会员费用，探索盈利模式。2002年，阿里巴巴又推出"关键词"服务，同年首次实现盈利。此后，阿里巴巴的"会员费+增值服务"模式的B2B道路开始清晰。

第二阶段（2003~2005年）：布局C2C与在线支付。2003年初，马云开始寻找新的增长点，5月推出淘宝，11月推出网上实时通信软件贸易通（阿里旺旺）。此后，阿里巴巴陆续向淘宝投资10多亿元，使其通过免费模式迅速积累人气，市场份额迅速攀升。随着淘宝网的快速发展，在线购物支付中的信用与安全问题越来越突出，阿里巴巴开始寻求打造自己的支付模式。2003年10月，支付宝上线。支付宝采用担保交易的模式，买家先把钱打给支付宝，当收到购物用品并检查无误后，再通知支付宝付款给卖家。担保交易彻底打消网购用户的担忧，让购物变得简单高效，支付宝推出后广受欢迎。

第三阶段（2006~2007年）：围绕核心业务进行多元化发展。2006年，阿里巴巴完成对口碑网的收购，进军分类信息领域。2007年，阿里妈妈上线，其商业模式可简单概括为"中小网站站长将广告位放到此上面如同商品一样销售"，与淘宝共享流量。同年，阿里巴巴软件公司成立，为广大中小企业提供生命周期的软件服务。2007年6月，阿里巴巴与建行、工行联合推出了中小企业贷款，与银行共建信用评价体系与信用数据库。

第四阶段（2008~2010年）：布局B2C模式。随着中国网络购物人群数量的快速发展，电商B2C模式逐渐兴起，京东商城、新蛋、红孩子等一批B2C电商快速崛起。2008年4月，淘宝网推出淘宝商城，宣告淘宝网正式进入B2C领域。2010年，淘宝商城发展加速，相继推出淘宝电器城、淘宝名鞋馆等垂直商城；同年11月，淘宝商城启用独立域名tmal.com，并开始大范围投放广告。除了B2C业务外，阿里巴巴垂直商品搜索业务也在2010年逐渐成形。2010年10月，阿里巴巴推出一淘网，立足于淘宝网的商品基础，打造面向中国电子商务全网的独立购物搜索引擎。

第五阶段（2011年至今）：从"大淘宝"到"大阿里"。2008年9月，阿里巴巴启动"大淘宝"战略，"要做电子商务的基础服务商，让用户在'大淘宝'平台上的支付、营销、物流以及其他技术问题都能够做到顺畅无阻"。之后不久，阿里妈妈并入淘宝，阿里巴巴上线无名良品，打通B2B与淘宝平台，形成B2B2C电子商务生态链条。2011年6月，"大淘宝"战略升级至"大阿里"战略，"将和所有电子商务的参与者充分分享阿里巴巴集团的所有资源包括所服务的消费者群体、商户、制造产业链，整合信息流、物流、支付、无线以及提供数据分享为中心的云计算服务等，为中国电子商务的发展提供更好、更全面的基础服务"。

2. 业务现状

阿里巴巴集团经营多项业务，另外也从关联公司的业务和服务中取得经营商业生态系统上的支援。目前阿里巴巴的业务板块主要包括电子商务服务、蚂蚁金融服务、菜鸟物流服务、大数据云计算服务、广告服务、跨境贸易服务。其中最主要的业务或关联公司业务，如图2-8-1所示。

图2-8-1 阿里巴巴生态系统主要组成部分

（1）淘宝网（www.taobao.com）：中国最大的网上购物平台。创立于2003年5月，是注重多元化选择、价值和便利的中国消费者首选的网上购物平台。淘宝网展示数以亿计的产品与服务信息，为消费者提供多个种类的产品和服务。根据艾瑞咨询的统计，以2014年的商品交易额（GMV）

计算，淘宝网是中国最大的网上购物平台。此外，根据艾瑞咨询的统计，截至2015年3月底，手机淘宝是中国最受欢迎的移动电子商务手机客户端。

（2）天猫（www.tmall.com）：中国最大的为品牌及零售商而设的第三方平台。创立于2008年4月，致力于为日益成熟的中国消费者提供选购顶级品牌产品的优质网购体验。至今，多个国际和中国本地品牌及零售商已在天猫上开设店铺。根据艾瑞咨询的统计，以2014年的商品交易额（GMV）计算，天猫是中国最大的第三方品牌及零售平台。

（3）聚划算（www.juhuasuan.com）：中国最受欢迎的团购网站。于2010年3月推出，根据艾瑞咨询基于2014年月度活跃用户数（MAU）的统计，是中国最受欢迎的团购网站。聚划算主要通过限时促销活动，结合众多消费者的需求，以优惠的价格提供优质的商品。

（4）全球速卖通（www.aliexpress.com）：全球消费者零售市场。创立于2010年4月，是为全球消费者而设的零售市场，其用户主要来自俄罗斯、巴西和美国。世界各地的消费者可以通过全球速卖通，直接以实惠的价格从中国批发商和制造商处购买多种不同的产品。

（5）阿里巴巴国际交易市场（www.alibaba.com）：领先的全球批发贸易平台。是阿里巴巴集团最先创立的业务，目前是领先的跨界批发贸易平台，服务全球数以百万计的买家和供应商。小企业可以通过阿里巴巴国际交易市场，将产品销售到其他国家。阿里巴巴国际交易市场上的卖家一般是来自中国以及印度、巴基斯坦、美国和泰国等其他生产国的制造商和分销商。

（6）阿里巴巴中国交易市场（www.1688.com）：中国领先的网上批发市场。创立于1999年，是中国领先的网上批发平台。1688为在阿里巴巴集团旗下零售市场经营业务的商家提供了从本地批发商处采购产品的渠道。

（7）阿里妈妈（www.alimama.com）：领先的网上营销技术平台。创立于2007年11月，是为阿里巴巴集团旗下交易市场的卖家提供PC及移动营销服务的网上营销技术平台。此外，阿里妈妈也通过淘宝联盟，向这些卖家提供同类型而又适用于第三方网站的营销服务。

（8）阿里云计算（www.aliyun.com）：云计算与数据管理开发商。创立于2009年9月，致力于开发具有高度可扩展性的云计算与数据管理平台。阿里云计算为阿里巴巴集团的网上及移动商业生态系统里的参与者，包括卖家及其他第三方客户和企业，提供全面的云计算服务。

（9）蚂蚁金融服务集团：专注于服务小微企业与消费者的金融服务供应商。基于互联网的思想和技术，蚂蚁金融服务集团致力于打造一个开放的生态系统，与金融机构一起，共同为未来社会的金融提供支撑，实现"让信用等于财富"的愿景。蚂蚁金融服务集团旗下业务包括支付宝、支付宝钱包、余额宝、招财宝、蚂蚁小贷及芝麻信用等。

（10）菜鸟网络：物流信息平台运营商。菜鸟网络是阿里巴巴集团的关联公司，致力于满足现在及未来中国网上和移动商务业在物流方面的需求。菜鸟网络经营的物流信息平台，一方面为买家及卖家提供实时信息，另一方面向物流服务供应商提供有助其改善服务效率和效益的信息。

如今，阿里巴巴已经形成了一个通过自有电商平台沉积以及UC、高德地图、企业微博等端口导流，围绕电商核心业务及支撑电商体系的金融业务，以及配套的本地生活服务、健康医疗等，囊括游戏、视频、音乐等泛娱乐业务和智能终端业务的完整商业生态圈。这一商业生态圈的核心是数据及流量共享，基础是营销服务及云服务，有效数据的整合抓手是支付宝。

### 3. 管理层及股权结构

在阿里巴巴跑马圈地打造电商平台、互联网金融与大数据等生态平台的过程中，在淘宝网与eBay的惨烈对决中，在创始团队向雅虎的赎身过程中，阿里巴巴都没离开过巨量资本的支持。与此同时，阿里巴巴创始人的持股数量已随着阿里巴巴的持续融资及上市被逐步稀释。2014年9月19日阿里巴巴在美国纽约证券交易所上市，IPO完成后，软银持有阿里巴巴32.4%的股权，雅虎持有16.3%的股权，以马云为首的合伙人团队一共只持有约13%的股权（如图2-8-2所示）。在一般的同股同权规则下，创始人团队似乎已经失去了控制权。但是阿里巴巴内部实施独特的合伙人制度，此制度直接强化并巩固了创始人及管理层对公司的控制。

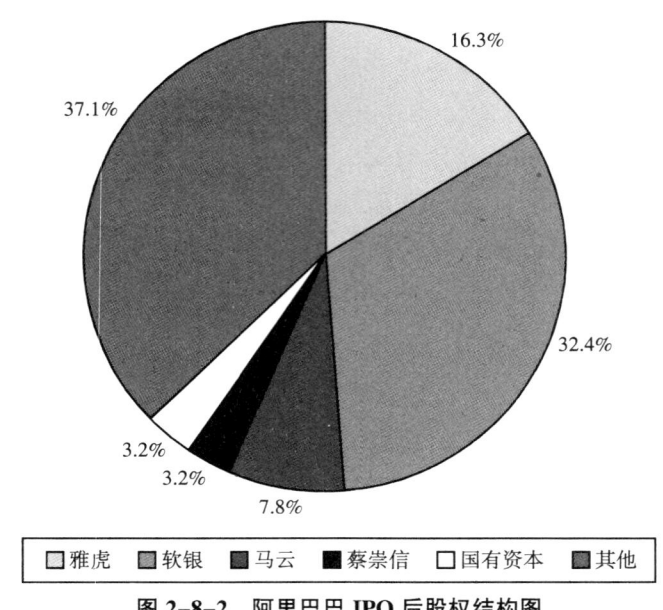

图 2-8-2　阿里巴巴 IPO 后股权结构图

阿里巴巴的合伙人制度又称湖畔合伙人制度（Lakeside Partners），原型来自两家金融上市企业——投行高盛和咨询公司麦肯锡，这两家企业均采取合伙人的治理架构。马云认为这一制度保证了高盛和麦肯锡稳定快速的发展和独立自主的文化。马云等创始人的理念是仿效高盛和麦肯锡的模式，将管理层分为三个梯度以推进公司运作：新进人员负责具体执行，中层负责战略管理，创始人主要关注人才选拔和企业发展方向。根据该梯度设计及对应职责，必须存在一种机制以确保创始人和管理层被赋予相应的公司控制力，这就是阿里巴巴合伙人制度的灵感和动因。在阿里巴巴服务满5年且持有公司股份，由在任合伙人向合伙人委员会提名推荐，并由合伙人委员会审核同意其参加选举，在一人一票的基础上，超过75%的合伙人投票同意才能成为阿里巴巴的合伙人。此外，合伙人的选举和罢免无须经过股东大会审议或通过。

### 4. 总体规模及经营业绩

2014年9月19日，阿里巴巴在美国纽约证券交易所挂牌上市，IPO发行价为68美元，筹集资金约220亿美元，成为美股历史上最大规模的IPO。2014年12月31日，阿里巴巴集团总资产规模为435亿美元，收盘价为103.94美元，总市值达2612.03亿美元，超越纳斯达克交易所中所有上市中概股总市值之和。

基于美国通用会计准则（GAAP），2014财年阿里巴巴营收达113.2亿美元（约708亿元人民币），较2013财年增长44%，业绩继续保持较高增速（如表2-8-1所示）。同期实现净利润43.54亿美元（约269.94亿元人民币），较2013财年增长仅22.37%。根据年报，这主要是受上市后股权奖励一次性财务确认所致。2014年底，阿里巴巴平台拥有3.5亿名活跃买家，同比上涨37.25%。

表2-8-1　2014年度百度、腾讯和阿里巴巴经营业绩比较

单位：亿元

|  | 百度 | 腾讯 | 阿里巴巴 |
| --- | --- | --- | --- |
| 营业收入 | 490.52 | 789.32 | 708 |
| 营收同比增长（%） | 53.6 | 31 | 44 |
| 净利润 | 131.87 | 238.16 | 269.94 |
| 净利润同比增长（%） | 25.4 | 54 | 22.37 |

### （二）公司战略

阿里巴巴拥有庞大的电子商务生态群，建立了领先的消费者电子商务、网上支付、B2B网上交易市场及云计算业务，近几年更积极开拓无线应用、手机操作系统和互联网电视等领域。在其不断扩张的过程中，阿里巴巴的战略也在不断地调整和适应这个变化多端的市场环境和经济环境。阿里巴巴拥有一套完整的战略体系，包括集团宏观战略、业务发展战略和战略保障体系。以"让天下人没有难做的生意"为战略导向，阿里巴巴在其先进的战略道路上越走越远。

1. 集团宏观战略

（1）横向一体化战略。首先，阿里巴巴集团在B2B业务做大做强的基础上，充分挖掘资源价值，并充分分析市场环境，果断进入C2C领域。而在与eBay的竞争中，依靠免费策略和正确的营销策略，获得了巨大的市场份额。如今淘宝网正朝着"商业零售帝国"的目标进发。其次，2007年初阿里巴巴对外发布了自己的软件服务业务——阿里软件。阿里软件并不是提供大型的企业管理软件服务，而是更为通用的进销存和财务管理软件服务，满足中小企业的需求。这使得阿里巴巴集团可以为中小企业提供更大的价值，使得其对阿里巴巴的黏性更强。最后，阿里巴巴集团借助阿里妈妈进军广告服务业。阿里妈妈颠覆了传统的广告模式，以新型的第三方平台形式聚合了数量庞大的广告需求双方。阿里巴巴上的中小企业主、淘宝的中小店铺、支付宝商铺、口碑网的个人及企业用户等都属于客户，可谓充分挖掘资源价值。阿里妈妈充分吸收了阿里巴巴集团B2B和C2C电子商务交易平台的成功运营经验，并将阿里巴巴并购中国雅虎所获得的搜索运营能力和阿里巴巴自主创新的诚信体系、信任评价和安全支付等平台相结合，是又一个适合中国本土环境创新的互联网模式。

（2）纵向一体化战略。阿里巴巴在充分采用横向一体化战略的同时，也充分采用纵向一体化战略，扩展至支付宝和搜索领域。鉴于当时国内并没有诚信、独立的第三方机构，为了能够解决网络支付安全的问题，2003年10月，阿里巴巴推出独立的第三方支付平台——"支付宝"，正式进军电子支付领域。目前支持使用支付宝交易服务的商家已经超过30万家，涵盖虚拟游戏、商业服务、机票等多个领域，可谓是将其产品和服务价值最大化发挥到了极致。阿里巴巴并购中国雅虎，是最直接体现出其纵向一体化战略的举措。鉴于很多网上交易是通过搜索完成的，因此阿里

巴巴并购中国雅虎，不仅获得了世界上顶尖的搜索技术，更控制了电子商务上游产业链，使其整体发展更具有便利性。

（3）双向战略实现产业链协同。阿里巴巴以B2B业务为切入点，通过横向和纵向一体化战略的结合，使其构筑了B2B、C2C、软件服务、在线支付、搜索引擎、网络广告六大业务领域的电子商务生态圈，全面覆盖中小企业电子商务化的各大环节。整个商业生态圈的六大环节之间相互作用、相互影响、相互支撑，通过资源的整合应用最终发挥最大价值，实现了产业链的协同。同样，基于此原理，其他企业也在采用相似手段，实现其产业链延伸和系统化，如百度高调宣布利用其搜索资源和丰富的社区资源，全力进入C2C市场，这也再次验证了阿里巴巴战略布局的前瞻性和价值性。

2. 业务发展战略

移动互联的时代，互联网企业的竞争日趋白热化。伴随着阿里巴巴在美国上市的国际化步伐，在中国经济增长速度放缓的大背景之下，阿里巴巴在业务层面提出了未来的发展战略：

（1）农村战略。随着阿里巴巴在城市的消费者数量趋于饱和，未来必须拓展新的用户市场。中国有6亿多农民，过去中国农村商业基础设施落后，移动终端的使用率极低。但今天农村形势发生了巨大的变化，农村手机普及率越来越高。特别是有了淘宝和天猫的城市消费者市场以后，农民可以直接和城市生活相连接。因此，用移动互联网技术、大数据、物流平台和互联网金融重新构建农村信息技术基础设施，这不仅可以为阿里巴巴集团带来巨大的市场需求潜力，还可以解决城乡在数据和信息上的差异和鸿沟。

（2）国际化战略。阿里巴巴的全球化业务专注于帮助中小企业迈出自己的国境，让全世界的中小企业能使用好电子商务、互联网金融、大数据、营销以及物流平台，在透明公平的市场上发挥自己独特的竞争力。

（3）大数据和云计算。人类已经从IT时代步入Data Technology（DT）时代，数据将会是未来创新社会最重要的生产资料，人们生活的方方面面都离不开数据。阿里巴巴力求扩大数据价值，让数据变成业务。

3. 战略保障体系

对于阿里巴巴来说，能够保障其企业战略顺利执行的关键在于其内部创新文化和外部顾客视角的内外兼修，即品牌内化策略、正确的竞争策略、准确的战略实施人。正是由于这些，使得企业整体战略得以落地并有效执行，并为阿里巴巴创新型商业生态圈的构建提供了坚实的基础。

（1）内部创新文化和机制。这是品牌内化策略内在的直接效果。支付宝目前所使用的团购支付功能就是支付宝一个普通员工创立并发起的；口碑网的创建也是在阿里巴巴工作了5年的李治国充分汲取了公司内部创新文化的结果。阿里巴巴正是将品牌核心理念内化为企业内部创新机制和文化，进行不断创新探索，从而达到了技术和产品的创新，进而开辟出一种新的市场或新的业务模式。

（2）顾客视角。这是品牌内化策略的外在展示。阿里巴巴正是以顾客视角为中心，以顾客价值和需求为标准，为顾客提供最大化价值为目标，才促使其不断推陈出新。从最初的为企业设计架构网站，到建设汇聚大量供求信息的交流平台；从向国外买家介绍中国供应商到为中国供应商引进国际买家；从创立网络诚信评价体系到网络安全支付平台。每一步发展都是从顾客的视角考虑，解决顾客的不便和担忧。

以上这些共同为商业生态圈的构建提供了坚实的基础。正是在如此坚实的基础下，阿里巴巴从一点成功切入市场，沿着正确的发展战略，以资源整合为工作,通过横向一体化和纵向一体化战略结合,实现了其创新型商业生态圈的完美布局。

### (三) 资本运营

**1. 阿里巴巴集团的融资之路**

2014年9月19日,阿里巴巴在纽约证券交易所挂牌上市,成为历史上最大规模的一次IPO,许多VC和PE在此次IPO中收获颇丰。其实,每一次互联网巨头IPO的资本盛宴,都不乏VC和PE基金的身影,这俨然已经成为互联网时代的标配和基本特征。纵观阿里巴巴集团漫长的融资历程,大约经历了6轮重大的融资,其背后参与融资的VC/PE机构超过20家,堪称一部中国VC和PE的发展史(如表2-8-2所示)。

表2-8-2 阿里巴巴集团重要融资历程总览

| 年份 | 金额 | 投资人 |
| --- | --- | --- |
| 1999 | 50万元 | 马云夫妇、同事、学生 |
| 1999 | 500万美元 | 高盛、富达、新加坡政府科技发展基金、Invest AB |
| 2000 | 2500万美元 | 软银、富达、TDF |
| 2004 | 8200万美元 | 软银、富达、TDF、纪源 |
| 2005 | 10亿美元 | 雅虎 |
| 2007 | 市值约280亿美元 | 在中国香港上市 |
| 2014 | 市值约2300亿美元 | 在美国纽约交易所上市 |

(1) 第一轮融资(1999年10月):当时有了一定名气的阿里巴巴正面临资金的瓶颈。资金的短缺迫使马云开始去寻找风险投资。在拒绝了38家风险投资后,阿里巴巴最终接受了以高盛为首包括富达投资(Fidelity Capital)和新加坡政府科技发展基金、Invest AB投资的首期500万美元风险投资。

(2) 第二轮融资(2000年1月):由于当时互联网在全球极度火热,无数的美国互联网公司获得成功,如雅虎、eBay、亚马逊等。当时风险投资家把目光都投向互联网,企图挖掘蕴藏的无限商机。2000年初经过摩根士丹利印度分析师介绍,马云认识了IT财团大亨、雅虎最大的股东、软银投资主席兼行政总裁孙正义。马云经过短短6分钟的演讲,征服了孙正义,于是获得了由软银牵头的2500万美元来自软银、富达、TDF的风险投资。

(3) 第三轮融资(2004年2月):2004年2月17日,阿里巴巴宣布获得8200万美元的战略投资,这是中国互联网业迄今为止最大的一笔私募基金。此次投资人包括软银、富达(Fidelity)、TDF风险投资有限公司和Granite Global Ventures四家公司,其中前三家投资公司一直是阿里巴巴的投资人,而新加入的Granite Global Ventures是一家总部位于硅谷,一直以创新技术投资为导向的风险投资公司。

(4) 第四轮融资(2005年8月):当时雅虎中国由于"水土不服"、管理不善,在中国业务远远落后于三大门户及本土搜索企业百度,所以急于寻找能振兴雅虎中国的团队和人才。雅虎的最大股东孙正义、创始人杨志远均对阿里巴巴的执行力深信不疑,因此希望马云临危受命,接管雅虎中国。但马云提出投资10亿美元的要求条件,达到补充业务发展所需的资本金、与雅虎形成战略业务紧密合作、为以前投资人部分套现等目的。由此,阿里巴巴收购雅虎中国,同时得到雅虎10亿美元投资。此次融资,为"火速烧钱"业务——支付宝和淘宝的迅猛发展提供了充足的"粮草弹药",为这两大业务此后实现盈利,打下了雄厚的资金基础。

（5）第五轮融资（2007年11月）：金融危机实际在美国2007年初已经出现苗头，实体经济及能源价格飞涨、股市突破原先高点继续飙升，中国香港股市恒指超越30000点、沪市指数爬升过4000点。而过度繁荣的资本市场必然蕴藏着"获利大逃亡导致的下跌风险"。阿里巴巴高管团队一方面对外宣言上市没有时间表，另一方面紧锣密鼓地实施IPO准备进程，仅短短6个月时间便完成了复杂庞大的IPO工程，抓住了金融危机爆发前的机会，完成互联网领域世界最大的17亿美元IPO融资工程，为金融危机爆发后的寒冬准备了超级金字塔般的雄厚基础（粮草），一跃成为世界五大互联网公司之一。

（6）第六轮融资（2014年9月）：阿里巴巴考虑到美国证券市场的多层次、多样化可以满足不同企业的融资要求。于是，2012在中国香港退市的阿里巴巴打算再一次通过IPO上市进行股票融资。美国时间2014年9月19日，阿里巴巴在纽交所整体上市，股票代码BABA。阿里巴巴此次上市成为了全球最大规模IPO。上市交易首日开盘价92.70美元，收于93.89美元，市值为2314亿美元，超越Facebook成为仅次于谷歌的世界第二大互联网公司。

2. 阿里巴巴集团的投资并购之路

作为在美国刚刚上市的电商巨头，在过去的一年里，阿里巴巴平均每月公布2.5起投资，为每起投资平均付出2.8亿美元，总金额超过70.6亿美元。一些看似与电商毫无关系的投资并购案的背后实则是"大阿里"战略宏图下的商业生态系统的逐步构建。

阿里巴巴的资本运作主要可以分为两个部分：一部分是和阿里巴巴现有业务做整合，这部分大多采取控股的方式（多数股权、全资）；另一部分是对阿里巴巴生态圈的业务拓展，多采取少数股权投资方式。从阿里巴巴本身来讲，作为一个从平台起家的公司，实际上非常强调生态圈里的布局和共赢。通过不断地广撒网、多布点，阿里巴巴将在移动互联网时代，打造一个全新的生态体系，建立移动互联的"无边界生活圈"，实现"淘宝就是生活"的愿景（如图2-8-3、表2-8-3所示）。

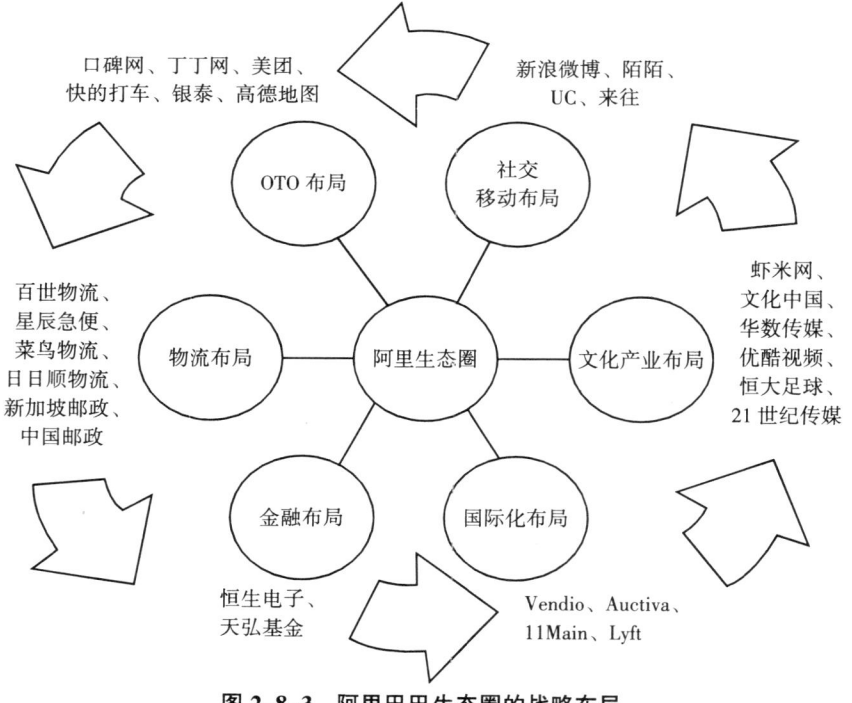

图 2-8-3　阿里巴巴生态圈的战略布局

表 2-8-3 阿里巴巴最近两年的并购活动概览

| 领域 | 时间 | 被并购方 | 金额 | 股权 |
|---|---|---|---|---|
| 移动端 | 2014-06 | UC浏览器 | N/A | 100 |
| | 2013-04、2014-03 | 新浪微博 | 10.35亿美元 | 30 |
| | 2014-03 | Tango | 2.17亿美元 | 25 |
| O2O | 2013-05、2014-02 | 高德地图 | 13.26亿美元 | 100 |
| | 2014-03 | 银泰商业 | 53.67亿港元 | 35.9 |
| 数字媒体及文化娱乐 | 2014-04 | 优酷土豆 | 10.9亿美元 | 16.5 |
| | 2014-06 | 广州恒大 | 12亿元 | 50 |
| | 2014-03 | 文化中国传播 | 62.44亿港元 | 60 |
| | 2014-04 | 华数传媒 | 65亿元 | N/A |
| 医疗 | 2014-01 | 中信21世纪 | 9.32亿港元 | 38.1 |
| 金融 | 2013-10 | 天弘基金 | 11.8亿元 | 51 |
| | 2014-04 | 恒生电子 | 32.99亿元 | 100 |
| 物流 | 2013-05 | 菜鸟公司 | 24亿元 | 48 |
| | 2014-03 | 海尔 | 28.21亿港元 | 2 |
| | 2014-07 | 新加坡邮政 | 3.125亿新加坡元 | 10.32 |

（1）社交移动布局下的企业并购。在移动互联网高速发展的现在，BAT三巨头之间的竞争日趋白热化，三方都在抢占移动终端流量入口。腾讯凭借多年积累的QQ和微信用户群占据了相当大的优势，而阿里巴巴一直没有一款有力的产品能抗衡百度、腾讯。无法发力便只有借力，于是，2013年阿里巴巴入股新浪微博，这为淘宝带来了不少流量。2014年6月阿里巴巴收购UC浏览器，此举对阿里巴巴移动终端入口的弥补起到非常大的作用。UC浏览器在全球拥有5亿移动端用户，移动端月搜索量达60亿次，将给阿里巴巴提供稳定、持续的大入口，补全大流量入口的布局。此外，阿里巴巴于同年3月以2.17亿美元投资Tango，获得其25%的股权。

（2）O2O布局下的企业并购。阿里巴巴在本地生活领域布局可以追溯到2006年，当年收购了口碑网，但后来发展不顺几经辗转又融入了淘宝网。2012年阿里巴巴再次投资丁丁网，主要是看好其O2O业务的发展前景。有机会的地方永远有竞争，百度糯米和大众点评网的发展使得阿里巴巴这方面的早期投资略显逊色。于是阿里巴巴出手收购美团，餐饮行业的O2O形成三足鼎立之势。快的打车是阿里巴巴布局O2O的另一个新兴投资，阿里巴巴的目的在于通过打车软件接入支付宝的支付方案和信用体系。2014年3月阿里巴巴入股银泰百货，想通过打通线上线下商业的基础设施体系，来实现实体商业与互联网经济的双向融合，这算是阿里电商与实体商业融合的一个新起点。收购高德地图是阿里巴巴O2O布局移动电商的非常重要一环。在移动端双方资源全面整合，从商家信息、地理位置、商品信息、支付核销乃至物流配送，构建了完整的移动商务闭环。阿里巴巴也将借助高德的引擎和地图内容，结合本身的电子商务平台，开发基于LBS的应用，同时为用户提供更好的体验和更多的生活服务。

（3）文化产业布局下的企业并购。视频娱乐是当前互联网及移动互联网最热门的应用，据统计，视频娱乐月覆盖互联网用户数达4.4亿人，从2012年开始超越搜索，成为用户覆盖率最高的互联网应用；月使用时长74.4亿小时，超过排名第二的应用SNS的两倍。在此大背景下，2014年3月，文化中国传播集团有限公司与阿里巴巴订立协议，以每股0.5港元向阿里巴巴发行124.88亿股新股，总价值62.44亿港元。交易完成后，阿里巴巴将拥有文化中国62.44%的股份，并与文化中国多位股东结为一致行动人，拥有文化中国70.8%投票权。事实上，早在2009年，马云就投资了华谊兄弟公司。2013年1月，阿里巴巴旗下的音乐事业部收购音乐网站虾米网，接着马上又入股华数传媒，在4月与优酷土豆联姻。阿里"娱乐宝"实现了新的影视剧投资模式，上游文化中国等生产内容，优酷土豆作为播放平台，同华数合作，借助其播控牌照、内容资源和渠道，加上阿里TV系统和硬件终端，阿里巴巴已然形成一个贯穿上下游的生态圈。

（4）物流布局下的企业并购。伴随着快递业务量的高速增长，快递行业出现激烈的市场竞争。由于服务产品同质化，竞争的主要表现是价格战，但服务质量、产品创新方面缺乏突破。马云曾经说过，"物流是制约电子商务发展的最大问题"。阿里巴巴希望能在物流效率上解决电商问题，先后入股百世物流、星辰急便。2013年5月，阿里巴巴联合银泰、复兴、顺丰等企业启动了庞大的"菜鸟物流计划"，同年年底入股了海尔的日日顺物流。阿里巴巴的电商国际化是必然趋势，所以在2014年5月与新加坡邮政签署战略合作备忘录，建立"国际电商物流平台"，旨在把握东南亚地区潜力巨大的电子商务机遇。2014年7月阿里巴巴宣布收购新加坡邮政公司10.35%的股份，花费折合2.49亿美元，此次并购能帮助阿里巴巴快速进入东南亚市场。阿里巴巴对中国市场当中的物流已经投资很多，公司获得了海尔物流部门日日顺电器的股份，同时还有菜鸟网络48%的股权。

（5）金融布局下的企业并购。在国内金融体系尚不健全的背景下，摆在阿里巴巴面前最急迫的是需整合现有的支付宝等网络第三方支付、余额宝理财以及小贷公司等一系列金融现状。2013年10月阿里巴巴将出资11.8亿元认购天弘基金26230万元的注册资本，完成后占其股本的51%，自此阿里巴巴可以借助自身的互联网资源进行更多的金融创新。收购恒生电子则是2014年阿里巴巴金融布局非常重要的一步。作为传统金融机构几乎最大的IT供应商，恒生电子成了阿里巴巴金融技术的"撒手锏"，给未来阿里巴巴金融布局提供了非常强的技术保障。

（6）国际化布局下的企业并购。相较于在国内频繁的投资布局，阿里巴巴同样没有放慢对海外市场的开拓步伐。在过去的几年里，阿里巴巴集团海外投资节奏一直稳步向前。2010年的Vendio项目是阿里巴巴成立10年来的首次海外全资收购，Vendio是一家电子商务SAAS（软件即服务）供应商，该平台主要业务是帮助商家在亚马逊和eBay等平台出售产品。这是阿里巴巴展开进军美国的第一个实质性部署。随后又收购了一家以服务于eBay用户为主，拥有全美超过17万活跃网店买家的电子商务公司Auctiva。2014年初，阿里巴巴宣布将推出由旗下两家子公司Auctiva和Vendio创办的11Main，一家类似天猫的B2C模式的在线购物网站。除了电商之外，阿里巴巴同样大手笔投资了美国在线教育TutorGroup、社交视频网站Tango及Lyft美国拼车软件。

### （四）商业模式

阿里巴巴集团正在打造C2B2B2S模式的商业生态链，在这个正在纵贯的商业生态系统中，淘宝网将主导C2B环节，各类网货将以淘宝网平台为主渠道销售到各终端消费者手中，而消费者的各类消费需求也将通过淘宝网反向反馈给网商经营者，在集团战略布局中，淘宝网既是销售渠道的终端也是消费信息的源头，而阿里巴巴网络则将掌控B2B环节，将担当淘宝网平台的上游供应商，阿里巴巴网络的会员主要是各类制造商，会员将主要根据淘宝网上的网商经营者所下订单进行生产，或者将自己设计出的产品通过阿里巴巴网络找到下游经销商，因此，在阿里巴巴集团商业版图中，阿里巴巴网络和淘宝网将是最主要的两个模块，主导了网货的生产和销售两大主要环节。此外，属于服务板块中的中国雅虎、支付宝、阿里软件则联合主导着B2S环节，代表着电子商务平台中的服务环节，在阿里巴巴电子商务平台上的众多中小卖家有着多元化的需求，要提供相应的服务来满足这些需求，服务板块中的各个企业占据了电子商务服务业务中的几个最主要的领域，通过自己开发各类战略性服务或提供服务交易平台引入各类服务提供商的方式，不断满足各类服务需求。因此，接下来分别对阿里巴巴网络公司、淘宝网以及服务提供商的商业模式进行阐述。

1. 阿里巴巴网络商业模式

（1）定位。阿里巴巴网络成功的起点得益于精准的定位。阿里巴巴网络的目标是建立全球最大最活跃的网上贸易市场，让天下没有难做的生意，坚持用电子商务为中小企业服务，可以说阿里巴巴网络从一开始创建就有了明确的定位。

（2）业务系统。阿里巴巴的业务系统模式简单明了，即始终致力于建设成为全球最大最活跃的网上交易市场，通过阿里巴巴的平台，买卖双方进行各类供求信息匹配，从而达成交易。而阿里巴巴网络采用了简单的依靠收取会员费作为主要收入来源的模式，但在电子商务领域收取会员费的模式却有着很大的风险，因为在网络世界中信息的流动往往难以控制，大家都倾向于获取免费的信息，阿里巴巴的会员费收取标准则为2300~50000元/年不等，为何阿里巴巴能够凭借这一简单而又具有风险的业务模式取得了长足的发展，很大程度上在于阿里巴巴成功构建了用户等级鉴别机制，将用户区别等级结构，在不同等级提供不同类型的服务，若客户需要获取更多的服务内容，则需要付出相应的费用。

（3）关键资源能力。阿里巴巴网络所采用的是综合B2B模式，该模式一个显著特点在于：商业信息的数量和有效性是最为关键的，如果没有足够多的供求信息，如果供求信息不能精确分类和匹配，那样的网上市场必将无法吸引到足够多的买家和卖家的关注，更谈不上从卖家那里赚取到会员费。业务系统的良好运转，离不开关键资源能力的支撑。阿里巴巴拥有丰富的支配资源。

首先是富有远见的战略。回顾阿里巴巴网络的发展历程，可以发现其中两个关键性的决策，其一是坚持采用"免费注册"的策略，其二是确立了"聚焦信息流"的模式。事实证明，免费注册的策略帮助阿里巴巴网络迅速跑马圈地，为阿里巴巴网络的日后发展奠定了坚实的基础，也为阿里巴巴赢取了宝贵的市场先机，而"聚焦信息流"的模式，则避免了自建物流的庞大投入和精力耗费，在电子商务领域更加游刃有余。

其次是自趋型创新文化。而阿里巴巴网络的创新很大程度是一种立足于提升和改进客户体验的自我驱动式的创新。主要表现在阿里巴巴网络以客户需求为出发点，主动改进和完善服务，率先推出了一系列的服务，如率先引入B2B综合服务模式；率先构建"商人社区"；率先引入网络诚信评价体系；率先开拓国际化服务；率先将企业登录汇聚的信息整合分类，形成网站独具特色的栏目，使企业用户获得有效的信息和服务。

最后是贴近实际的商业逻辑。对阿里巴巴网络的发展历程进行回顾研究后不难发现，贯穿于阿里巴巴发展过程中的独特而又贴近实际需求的商业逻辑是阿里巴巴商业模式中的一个关键性因素之一，即围湖造海—填海造田—互荣共生。

（4）盈利模式。阿里巴巴网络的盈利模式相对简单明了，主要依靠收取等级不同的会员费和提供各类型增值服务取得收入。对于中国交易市场的营业收入主要包括：销售中国诚信通会籍及增值服务（主要包括中国诚信通会员关键词竞价排名及黄金展位）所得营业收入和其他收入（主要包括企业在中国交易市场刊登网上品牌推广展位所取得的收入）。对于国际交易市场的营业收入主要包括：销售Gold Supplier会籍及增值服务（包括向Gold Supplier会员销售关键词及黄金展位）所得营业收入和销售国际诚信通会籍所得营业收入。作为阿里巴巴网络盈利模式中的关键一环，免费会员制虽然并未带来任何收入，但是却帮助阿里巴巴网络迅速汇聚到足够的人气，在有效供求信息足够多、买卖双方足够活跃的前提下，也会有更多的卖家愿意付费成为阿里巴巴网络的收费会员，以换取更多的服务，从而为阿里巴巴网络带来持续增长的营业收入和利润来源。

（5）现金流来源。由阿里巴巴网络已经建立起的成熟盈利模式所决定，阿里巴巴网络的现金流结构将处于稳定状态中，很难会发生现金流周转困难的情况。首先，阿里巴巴网络的大部分收入来自会员费和增值服务，而会员费采取"先付后用"的形式，往往能够在当年即将下年度的会员费悉数收取，杜绝了传统企业面临的应收账款比率过高等风险。其次，阿里巴巴的业务模式决定了阿里巴巴网络能够维持较高的毛利率。作为网上交易市场，阿里巴巴网络负责提供在线平台，文字及图片内容则由用户免费提供，阿里巴巴网络主要的支出来自销售及市场推广费用、产品开发费用、一般及行政费用等方面，阿里巴巴网络主要采取了电话直销和渠道分销商的途径进行销售，最大限度地降低了销售费用。

2．淘宝网商业模式

淘宝网在刚进入C2C市场时，竞争格局与今天的网购市场截然不同，市场上易趣一家独大，鲜有强有力的挑战者。尽管当时易趣网已经在C2C市场领域树立了一定的规范和标准，淘宝网以挑战者姿态进入时，却并未选择模仿易趣的模式，而是选择反其道而行之，最极端的策略无疑是运用"免费"策略与易趣针锋相对。根据阿里巴巴集团打造"大淘宝"的战略规划，淘宝网将在开放的基础上，转型为电子商务基础设施服务提供商，打造一个开放、透明、协同、互利的电子商务生态系统。根据规划，淘宝将融合"B2C+C2C+品牌产品+云计算服务"等多种模式，在网络购物的电子商务生态系统中建立起基于开放之上的"Powered by Taobao"模式，构建开放的网络购物平台。

3．服务板块商业模式

阿里巴巴集团服务板块内各个组成企业对于阿里巴巴网络和淘宝网的核心价值则在于：聚焦于不断提升客户体验，并不断提高客户黏着力。

通过电子商务搜索引擎，可以轻松地对海量的电子商务信息进行分类搜索和定位。利用搜索引擎搜索关键字，能够有助于对最适合交易的供应商或网商进行定位；利用搜索引擎搜索各类商品资讯，阅读其他购买者的使用心得，将有助于搜索出符合自己需要的商品；利用搜索信息反向搜索各类热销产品，能够有助于商家发掘出有价值的商机。电子商务搜索引擎通过促进各类电子商务信息和潜在需求者之间的配对，为客户节省时间，发掘出有益的信息，从而提升客户在阿里巴巴网络和淘宝网两大平台上的使用体验，而客户的轻松体验也将提高各类用户对两大平台的黏着力，不断提高客户忠诚度。

通过网上支付平台，尤其是在支付宝提供的担保支付模式下，横亘在买卖双方之间是先发货还是先付款的难题可以轻松化解，买方可以放心地将货款先行支付至支付宝平台，而卖家可以根据买家已付款至支付宝的提示安心进行发货，并将物流信息上传，买家在收到货物以后可以主动确认收货,则货款将立即转至卖家账户,若在一定期限内买家未确认收货也未提出异议,则货款也将自动转至卖家账户。支付宝提供的这种符合中国交易习惯的网上支付平台,由于能够帮助买卖双方轻松解决资金结算难题,提高买卖双方的网购体验,因此也广受买卖双方好评,迅速主导了中国网上支付平台市场,更为关键的是,支付宝用户由于需要经过严格的身份认证程序,因此一旦认证成功以后将构筑起很高的转换成本,用户黏性也必然提高。

通过阿里软件建立的软件超市平台,阿里巴巴集团以及阿里巴巴商业生态系统中的各种软件运用需求都能够得到满足。阿里巴巴网络以及淘宝网不断推出各种新业务,对于各种软件解决方案有着迫切和持续的需求,而活跃在阿里巴巴网络以及淘宝网的中小企业和网商则有着各类个性化的运用需求,阿里软件平台通过自行开发以及引入软件供应商的形式对于阿里巴巴商业生态系统中的各种软件运用需求进行匹配,既能为阿里巴巴集团内的各子公司提供业务支持,更能为阿里巴巴商业生态系统内广大中小企业和网商提供全方位、个性化的信息化解决方案,必然将促进广大中小企业和网商在阿里巴巴商业生态系统内的用户体验和黏度。

## (五)市场概况

2014 财年,阿里巴巴合计实现收入 122.93 亿美元(约 762.04 亿元人民币),较 2013 财年增长 45.14%,自由现金流达 78 亿美元。同期实现净利润 39.23 亿美元(约 243.20 亿元人民币),较 2013 财年增长仅 3.92%。而 2015 财年第一财季,阿里巴巴集团的总营收为 174.25 亿元,比 2014 年同期增长 45%;净利润为 28.93 亿元(约 4.67 亿美元),较 2014 年同期下滑 48%。随着集团营业收入增长至较高水平,我们预计未来的增长速度很可能将有所放缓。

目前集团业务主要包括三大国内零售平台:淘宝网(C2C 平台)、天猫(B2C 平台)、聚划算(团购平台)和国际零售平台全球速卖通,此外还有 alibaba.com 和 1688.com 两大 B2B 平台,以及提供云计算服务的阿里云。2014 财年,阿里平台拥有活跃买家 3.67 亿人,同比增长 32%,商品成交额更是达到惊人的 6730 亿元。公司通过零售平台以及配套的支付体系(支付宝)、物流服务(菜鸟网络)、营销服务(阿里妈妈)、数据服务(阿里云)等构建了完整的阿里巴巴生态体系。

1. 按平台划分收入结构,中国零售市场三大平台为最主要收入来源

按平台划分的收入结构看(如图 2-8-4 所

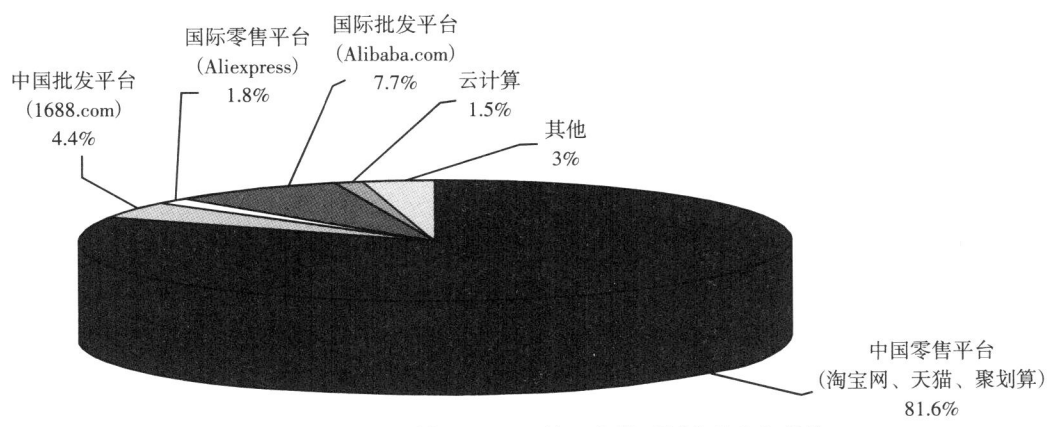

图 2-8-4 2014 财年阿里巴巴按平台类型划分的收入结构

示），中国零售市场的三大平台（淘宝网、天猫、聚划算）为最主要收入来源，其收入主要来自为商户提供的营销服务、按交易额扣点的佣金收入以及其他收入，2014财年收入占比达到81.6%；国际批发平台（Alibaba.com）收入占比为7.7%；中国批发平台（1688.com）收入占比4.4%；国际零售平台（Aliexpress）收入占比1.8%；云计算服务收入占比1.5%；其他收入占比3%。

截至2014年3月31日，阿里巴巴集团在中国零售市场的活跃买家数量达到2.55亿人，同比增长48.26%。目前中国使用互联网的人口比例仅有44%左右（CNNIC监测，截至2013年6月），而发达国家达到70%~80%；中国网购群体占上网人数的比例目前尚不到50%，而发达国家超过80%；随着互联网普及，未来中国网购消费群体将持续快速扩大，集团的活跃买家数量也将继续增长。2014财年，阿里巴巴集团年订单数量达到127亿单，按此计算，每个活跃买家有49.8个订单，每个订单平均交易金额为132.13元。

2014财年，公司中国零售市场平台合计实现收入428.32亿元（见图2-8-5所示），同比增长58.81%。其中，公司营销服务收入297.29亿元，同比增长50.94%；扣点佣金收入120.23亿元，同比增长95.15%；其他收入（主要来自店铺装修收入）10.80亿元，同比下降2.90%。

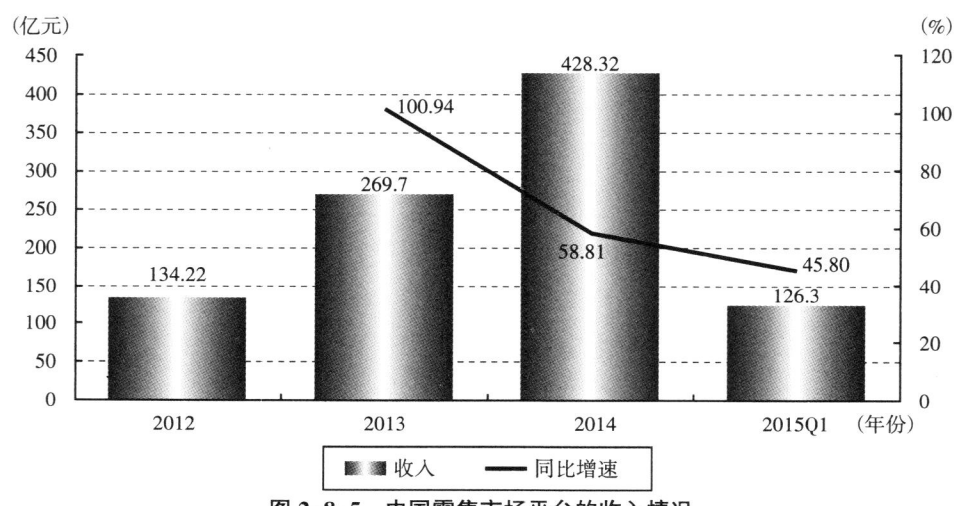

图2-8-5 中国零售市场平台的收入情况

**2. 中国零售市场平台：天猫收入高速增长，为集团盈利重要突破点**

从交易总额看，2014财年，淘宝网、天猫、聚划算合计实现交易总额16780亿元，较2013财年同比增长55.8%。其中淘宝实现交易总额11730亿元，同比增长42.35%；天猫实现交易总额5050亿元，同比增长99.60%。天猫交易额增长速度远高于淘宝（如图2-8-6所示），这也与目前中国B2C市场发展速度快于C2C市场的大情景相吻合。根据艾瑞咨询数据分析，2013年中国网络购物市场中，B2C交易规模已达6493.5亿元，同比增长68.4%，远高于C2C 30.9%的增速。B2C交易规模比重达35.1%，同比提升5.5个百分点。

**3. 批发市场B2B平台（Alibaba.com、1688.com）：交易额增速放缓**

阿里巴巴集团的批发市场平台，即B2B平台，由阿里巴巴国际交易市场（Alibaba.com）和1688.com组成，其收入主要来源于收取会员费和提供互联网营销服务。根据易观国际数据显示，2013年中国B2B电子商务服务商交易规模约为

7.1万亿元（如图2-8-7所示），环比增长19.7%。从收入规模来看，阿里巴巴集团收入份额占比处于绝对领先地位，占比达46.4%，远高于第二名环球资源的8.2%。但近几年B2B平台的市场总体规模增长放缓，主要是由于B2B平台上信息泛滥，企业回报收益下降，客户增速放慢，平台容易趋于饱和所致，阿里巴巴B2B平台也同样面临增速放缓趋势。目前阿里巴巴B2B转型已经迫在眉睫，阿里巴巴B2B平台需要从简单的卖场转到服务和交易，逐渐参与到供应链的服务和交易中，最终与淘宝业务打通，实现个性化的定制，柔性化的生产，高效的供应链管理。

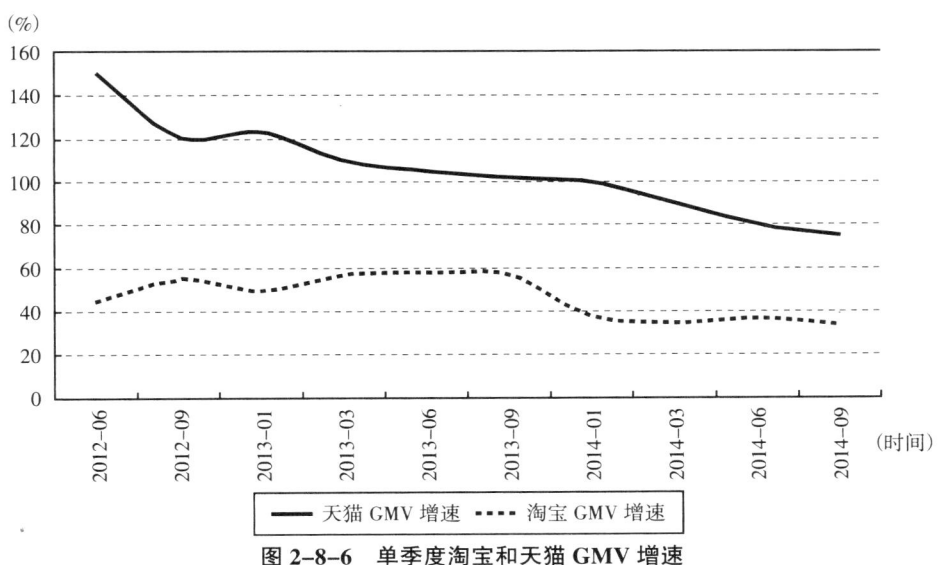

图2-8-6　单季度淘宝和天猫GMV增速

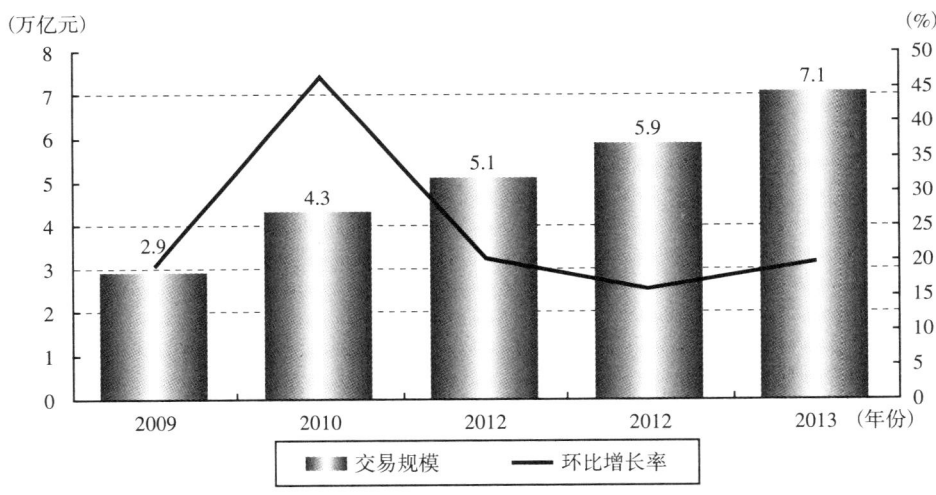

图2-8-7　2009~2013年中国B2B市场交易规模

4. 国际零售平台（Aliexpress）：处于高速发展阶段

全球速卖通创立于2010年4月，是为全球消费者而设的零售市场，其活跃用户主要来自俄罗斯、美国和巴西，而卖家主要是中国的小微企业。世界各地的消费者可以通过全球速卖通，直接以批发价从中国批发商和制造商处购买多种不同的产品。全球速卖通的收入主要来自向卖家收取固定佣金（通过支付宝完成交易额的5%）和向卖家收取广告促销费用。2014财年，全球速卖通实现交易额37亿美元（约226亿人民币），其中24亿美元通过支付宝完成交易，全球速卖通实现收入9.38亿元（如图2-8-8所示），同比增长139.29%。虽然Aliexpress目前收入占集团的比重仍然较小，但其正处于高速发展阶段，未来利润贡献将逐步增长。

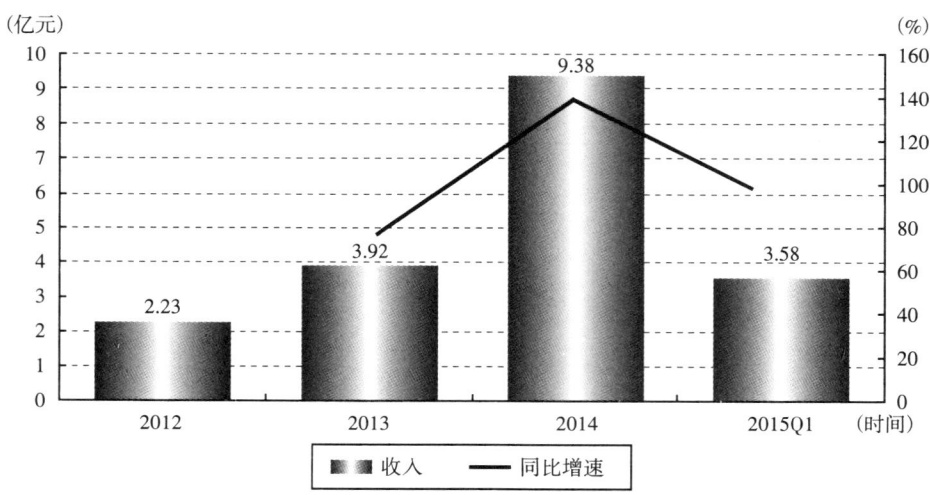

图 2-8-8　2012~2015年国际速卖通的收入情况

## （六）经营和财务绩效

表 2-8-4　阿里巴巴 2013~2014 年度经营与财务业绩比较

单位：百万元

| 年份 | 2014 | 2013 |
| --- | --- | --- |
| 收入 | 76204 | 52504 |
| 总资产 | 255434 | 111549 |
| 净利润 | 24261 | 23315 |
| 净利润率（%） | 31.84 | 44.41 |
| 总资产报酬率（ROA）（%） | 9.50 | 20.90 |
| 净资产报酬率（ROE）（%） | 16.61 | 58.67 |
| 资本性支出（CAPEX） | 7705 | 4776 |
| CAPEX占收比（%） | 10.11 | 9.10 |
| 经营活动净现金流 | 41217 | 26379 |
| 每股经营活动净现金流（元/股） | 16.52 | 11.85 |
| 自由现金流（FCF） | 33512 | 21603 |
| 自由现金流占收比（%） | 43.98 | 41.15 |
| 每股盈利（EPS）（元/股） | 10.33 | 10.61 |
| 每股股利（DPS）（元/股） | 0 | 0 |
| 股利支付率（%） | 0 | 0 |
| 主营业务收入增长率（%） | 45.14 | 52.11 |
| 总资产增长率（%） | 128.99 | 74.88 |
| 净利润增长率（%） | 4.06 | 173.27 |
| 经营活动现金流增长率 | 56.25 | 82.23 |

续表

| 年份 | 2014 | 2013 |
|---|---|---|
| 资产负债率（%） | 42.80 | 64.38 |
| 流动比率 | 358.21 | 181.45 |
| 总资产周转率（次） | 0.30 | 0.47 |
| 股息 | 0 | 0 |
| 内部融资额 | 28676 | 24969 |
| 研发支出 | 10658 | 5093 |
| 研发支出占收入比（%） | 13.99 | 9.70 |

表 2-8-5　阿里巴巴轻资产运营特征一览表

单位：%

| 序号 | 项目 | 2014 年 | 2013 年 |
|---|---|---|---|
| 1 | 现金类资产比重 | 68.31 | 59.14 |
| 2 | 应收账款比重 | 2.31 | 2.18 |
| 3 | 存货比重 | 0 | 0 |
| 4 | 流动资产比重 | 55.63 | 60.81 |
| 5 | 固定资产比重 | 3.58 | 5.00 |
| 6 | 流动负债比重 | 15.53 | 33.51 |
| 7 | 应付账款比重 | 0.36 | 0.27 |
| 8 | 无息负债比重 | −1.95 | −1.91 |
| 9 | 有息负债比重 | 20.59 | 36.82 |
| 10 | 留存收益比重 | 10.79 | 3.28 |
| 11 | 营运资金（百万元） | 102437 | 30449 |
| 12 | 现金股利（百万元） | 0 | 0 |
| 13 | 内源融资（百万元） | 28676 | 24969 |
| 14 | 资本性支出（百万美元） | 7705 | 4776 |
| 15 | 现金储备（百万元） | 174487 | 65974 |
| 16 | 自由现金流（百万元） | 33512 | 21603 |

## （七）内控与风险管理

电子商务最关键的是交易信息与诚信问题，所以诚信风险应该是阿里巴巴事关生存的重大风险。从 2009 年开始，阿里巴巴就频繁面临欺诈的诉讼。

一方面，淘宝店铺提供高需求的消费电子产品，并以非常具吸引力的价格、较低的最少购货量和相对不安全的付款方式进行交易，由于购买者相信阿里巴巴有能力审核供应商的真实性，导致购买者产生损失。从制度上看，阿里巴巴的确制定了较为严格的关键管理流程，从源头上防堵欺诈事件的发生。7500 名左右的一线销售人员，他们的认证应该是最直接、最有效、最立体的监督，当地销售分支机构人员的交叉认证也是最有效的手段，可当销售人员互相串通，这个最有效的认证体系就会失灵。此时通过总部其他控制部门对他们提交材料的核实、依托第三方对相关材料进行核实或抽检就变得很重要。

另一方面，业务驱动导致内部腐败。阿里巴巴的盈利模式决定了它是一家业务驱动型公司，从上到下的薪资均与业绩挂钩，尤其是销售主管与销售人员的利益高度一致化，利益驱使，业绩重压，使得他们之间达成利益默契成为可能，而总部的管理松散和其他人员成功的刺激，使他们敢于冒险，而高流动性则使他们中的很多人可以免于处罚。

因此面对以上风险，最有效的方式就是在集团内部建立起完备的内控体系。

（1）由公司董事会牵头，构建从董事会、经营层、各部门的三级内部控制体系，重点建立覆盖销售分支机构、销售团队、销售代表的销售体系三级内部管理体系。董事会定期与不定期听取关于公司战略性风险点的内部控制情况报告，及时发现问题与解决问题。

（2）探寻新的商业模式及盈利模式，避免通过培训式和人海式的销售战术来拉供应商入会，而应着眼于为供应商提供更高价值的全程服务，使供应商更为自愿地掏钱，否则今天即使控制了风险，企业本身的盈利模式风险却无法扭转与控制。

（3）强化销售人员现场监督的优势，在供应商认证环节进行严格把关，按照相容职务分离控制的原则，加强售后服务体系的建设，在提升服务水平的同时，提升现场监控能力，委托公司内部的监察部门和独立第三方进行程序认证和大比例抽检，严肃处理违纪行为，杜绝欺诈之风。

（4）改革公司薪酬与激励政策。为普通员工制定发展通道，加强中长期激励政策的使用，提升销售序列员工的归属感，将主管以上的重要销售人员的考核转化为年度考核，加大对揭发造假行为的奖励，由现在的短期激励向短期激励与中长期激励相结合的方式转变。

## （八）前景展望

这是一个网络需求旺盛的时代，中国的网民渗透率逼近50%，互联网已经成为人们生活和工作形影不离的工具；这是一个"互联网+"的时代，商家渴望用互联网去颠覆传统行业的营销模式；这是"大众创业，万众创新"的时代，越来越多的互联网项目诞生，老牌互联网企业面临新生代的竞争。在旧的商业文明中的企业需要在社会中找机会，而新商业文明的迫使企业在社会中寻找问题并解决问题。阿里巴巴要解决的就是，能为社会在从工业文明走向信息文明这样关键的时刻，对基础设施建设、重要的购物体验甚至是商业的基本规则，进行重新地塑造与推进。未来，阿里巴巴的前景是光明的，但道路难免曲折，根据电子商务的发展趋势，我们认为阿里巴巴的未来可能在以下几个方面存在转变。

### 1. 实现从PC端到移动端的转移

PC到移动的变化是每个商家、每个服务商都在经历的过程。今天所有的智能手机用户，已经把网上消费的主阵地转向了无线。消费者的这一变化比所有电商企业的预想要来得快。从阿里巴巴上市后的年报中可以看到每个季度的财报数据，无论是无线占比还是无线访问频次，都可以反映出消费者整个迁移趋势已经完成。未来会有更多的年轻消费者和农村消费者，随着他们成为智能互联网和无线互联网的用户，也将给网上消费带来新生力量。作为平台，阿里巴巴无疑要顺应这一趋势，力求在移动端给所有的服务商提供更多的开放和更好的工具。

### 2. 实现从实物走向服务的扩展

如今，人们在谈到电商时，已经不只是买件衣服、手机或者买张彩票那么简单。电子商务已经渗透到生活的各个方面，涉及广义上消费的各个领域。从实物走向服务，是电商走向新发展的爆破点。在小小的电影票和打车领域，各大互联网巨头都已经打得不可开交，可见整个互联网的渗透速度之快、影响幅度之深，势不可当。但在实物市场走向服务市场的转变中，互联网的技术和思维还处在非常初级的阶段。如今的移动互联网仍然只被当作一个销售渠道，但在实物向服务的扩张过程中，互联网势必会更深层次地影响到服务的供给和组织的整合。所以，目前横亘在互联网领域的问题是怎样帮助这些实物和服务的提供者更好地利用互联网的特性聚合用户、用互联网的技术和思维进行服务流程的再造。阿里巴巴正在努力解决这一难题，如果能够率先完成，就能够产生一个新的行业，就能在一个新的行业里面找到机会。

3. 实现从线上到线下再回到线上的闭环交易

过去的B2B、B2C甚至是C2C都已经过时，崭新的O2O模式渗透到几乎所有的行业，每个行业都有O2O解决的方案，都有不同的O2O体验。O2O最终要通过线上行为和线下行为、线上的服务供给和线下服务供给的高度整合，形成更多样性的全新的用户体验。国内有能力做成O2O这件事的公司，首推BAT。本地化生活服务，随着移动互联网用户的快速增长，庞大的生活化需求带动了O2O市场的巨大上升空间。美食、娱乐、酒店、家政等都是关系用户日常生活的主要范畴，亦是BAT等巨头的必争之地。2014年初，阿里巴巴组建了O2O事业群，并对外公布"千军万马"和"四通八达"的O2O战略构想。所谓"千军"，即将有近5000家品牌商进入整个阿里巴巴O2O战略范围中，包括线下10亿元以上销售额、100家以上门店的公司，都在阿里巴巴O2O考虑范围之内。而这些传统门店都将面临商务电子化的全面改造。所谓"万马（码）"，则指的是二维码计划。阿里巴巴相信未来所有场景里面都会有二维码，品牌、店铺、导购员、会员、支付都有二维码身影，而所有人都可以借助二维码分账功能变成淘宝客。所谓"四通"，是指流量的打通、会员体系及数据的打通、商品数据的打通、支付环节的打通。而"八达"是指O2O项目所实现的八个核心业务场景，包括线下缺货时线上成交、线上支付线下成交、线上导流领券线下浏览与消费、优惠券线上线下通用、发货快递微淘进包、搭配套餐导购员推荐搭配、线上服务全国线下营销、品牌营销全线互动。O2O的模式并没有完全成熟，但在可预见的未来，阿里巴巴会实现其O2O战略。

4. 实现从国内到国际的跨越

海淘的兴旺是阿里巴巴国际化的原点。在全球化这条道路上，所有的电商都处于同一起跑线。阿里巴巴如何在这种趋势下再造一个淘宝或是天猫是国际化道路上的一个重要问题。马云一直渴望成立一家由中国人创办，但是属于全世界、属于这个时代的公司。他认为阿里巴巴不仅是一家电子商务公司，更是一个商业生态系统；阿里巴巴不只想做中国的互联网巨头，还希望与世界级的对手竞争。对于亚马逊、eBay、沃尔玛这些起家于美国本土的电商巨头来说，阿里巴巴是其在国际市场上强有力的竞争对手；在谷歌、Facebook这样的广告大户眼里，阿里巴巴不仅会与它们争相投资新兴企业，还有可能切走原属自己的利润蛋糕；PayPal、Google Checkout和Apple Pay也不会对阿里巴巴掉以轻心，因为在中国运作成功的支付宝将来很有可能成为它们的威胁。所以阿里巴巴的国际化道路面临国内、国外的诸多威胁。阿里巴巴海外直购的下一站将抵达东南亚市场，商品交易不分国界、地域，天然向资源优势方倾斜的规则还会眷顾阿里巴巴，阿里巴巴平台的快订、伙拼、代理加盟等高效连接卖家与商家的服务依然相得益彰。阿里巴巴的国际化正在路上。

## 附件一：阿里巴巴集团财务报告（2014年）

### 1. 合并资产负债表

单位：百万元

| 年 份 | 2013 | 2014 |
| --- | --- | --- |
| 资产 | | |
| 流动资产 | | |
|  现金及现金等价物 | 33045 | 108193 |
|  短期投资 | 10587 | 14148 |
|  限制性资金 | 4921 | 2297 |
|  应收账款 | 13159 | 835 |
|  短期有价证券 | 1442 | 3658 |
|  预付账款、应收账款及其他 | 4679 | 12978 |
| 流动资产合计 | 67833 | 142109 |
| 长期股权投资 | 17666 | 33877 |
| 长期有价证券 | 3023 | 14611 |
| 预付账款、应收账款及其他 | 2087 | 4085 |
| 固定资产净额 | 5581 | 9139 |
| 土地使用权 | 1660 | 3105 |
| 无形资产 | 1906 | 6575 |
| 商誉 | 11793 | 41933 |
| 资产合计 | 111549 | 255434 |
| 负债、夹层资本及所有者权益 | | |
| 流动负债 | | |
|  短期银行借款 | 1100 | 1990 |
|  抵押贷款 | 9264 | — |
|  应交所得税 | 1267 | 2733 |
|  应付款项 | 2659 | — |
|  预提费用、应付账款和其他负债 | 11887 | 19834 |
|  供应商存款 | 4711 | 7201 |
|  递延收益及预收账款 | 6496 | 7914 |
| 流动负债合计 | 37384 | 39672 |
| 递延收益 | 428 | 445 |
| 递延所得税负债 | 2136 | 4493 |
| 长期借款 | 30711 | 1609 |
| 无担保优先票据 | — | 48994 |
| 其他负债 | 72 | 2150 |
| 负债合计 | 70731 | 97363 |
| 或有负债 | — | — |
| 夹层资本 | | |
|  可转换优先股 | 10284 | — |
|  其他 | 117 | 658 |
| 夹层资本合计 | 10401 | 658 |

续表

| 年 份 | 2013 | 2014 |
|---|---|---|
| 所有者权益 | | |
| 　股本 | 1 | 1 |
| 　其他实收资本 | 27043 | 117142 |
| 　库存股 | — | — |
| 　重组准备金 | — | (1152) |
| 　认缴资本额应收款项 | (540) | (411) |
| 　法定准备金 | 2474 | 2715 |
| 　其他综合收益 | (823) | 2302 |
| 　留存收益 | 1183 | 24842 |
| 所有者权益合计 | 29338 | 145439 |
| 少数股东权益 | 1079 | 11974 |
| 股东权益总额 | 30417 | 157413 |
| 负债、夹层资本及所有者权益合计 | 111549 | 255434 |

## 2. 合并损益表

单位：百万元（除每股数额）

| 年 份 | 2013 | 2014 |
|---|---|---|
| 营业收入 | 52504 | 76204 |
| 营业成本 | (13369) | (23834) |
| 　研发费用 | (5093) | (10658) |
| 　销售费用 | (4545) | (8513) |
| 　管理费用 | (4218) | (7800) |
| 　无形资产摊销 | (315) | (2089) |
| 　商誉及无形资产减值准备 | (44) | (175) |
| 营业利润 | 24920 | 23135 |
| 　投资收益 | 1648 | 9455 |
| 　利息支出 | (2195) | (2750) |
| 　营业外净收益 | 2429 | 2486 |
| 税前利润 | 26802 | 32326 |
| 　所得税费用 | (3196) | (6416) |
| 　投资活动税收净额 | (203) | (1590) |
| 净利润 | 23403 | 24320 |
| 归属于少数股东权益的净利润 | (88) | (59) |
| 归属于阿里巴巴集团的净利润 | 23315 | 24261 |
| 可转换优先股的增长 | (31) | (15) |
| 可转换优先股的红利累计 | (208) | (97) |
| 归属于普通股的净利润 | 23076 | 24149 |
| 普通股每股收益 | | |
| 　基本每股收益 | 11 | 10 |
| 　摊薄每股收益 | 10 | 10 |
| 用加权平均数计算的普通股数 | | |
| 　基本普通股加权平均数 | 2175 | 2337 |
| 　摊薄普通股加权平均数 | 2332 | 2500 |

3. 合并现金流量表

单位：百万元

| 年　份 | 2014 | 2015 |
| --- | --- | --- |
| 净利润 | 23403 | 24320 |
| 折旧/损耗 | 1339 | 2326 |
| 摊销 | 315 | 2089 |
| 递延税项 | 1466 | 1659 |
| 非现金项目 | 4349 | 8969 |
| 运营资本变动 | (4493) | 1854 |
| 经营活动产生的现金流量 | 26379 | 41217 |
| 资本开支 | (4776) | (7705) |
| 其他投资现金流项目总计 | (28221) | (45749) |
| 投资活动产生的现金流量 | (32997) | (53454) |
| 融资现金流项目 | (9) | 119 |
| 现金支付股息总额 | (208) | (104) |
| 净发行（赎回）股票 | (3208) | 61438 |
| 净发行（赎回）债务 | 12789 | 26044 |
| 融资活动产生的现金流量 | 9364 | 87497 |
| 汇率变动对现金及现金等价物的影响 | (97) | (112) |
| 现金及现金等价物的增加 | 2649 | 75148 |
| 期初现金及现金等价物余额 | 30396 | 33045 |
| 期末现金及现金等价物余额 | 33045 | 108193 |

## 附件二：阿里巴巴集团大事记

1999年9月，马云带领18位创始人在杭州的公寓中正式成立了阿里巴巴集团，集团的首个网站是英文全球批发贸易市场阿里巴巴。同年阿里巴巴集团推出专注于国内批发贸易的中国交易市场（现称"1688"）。

1999年10月，阿里巴巴集团从数家投资机构融资500万美元。2000年1月，阿里巴巴集团从软银等数家投资机构融资2000万美元。

2000年9月，阿里巴巴集团举办首届西湖论剑，会聚互联网界的商业和意见领袖讨论业界重要议题。

2001年12月，阿里巴巴注册用户数超越100万人。

2002年12月，阿里巴巴集团首次实现全年正现金流入。

2003年5月，购物网站淘宝网于马云公寓内创立。

2004年2月，阿里巴巴集团从数家一线投资机构融资8200万美元，成为当时中国互联网届最大规模的私募融资。

2004年6月，阿里巴巴集团首次举办网商大会，期间举行首届十大网商颁奖典礼。

2004年7月，淘宝网发布让买家与卖家进行即时文字、语音及视频沟通的PC版通讯软件阿里旺旺。

2004年12月，阿里巴巴集团关联公司的第三方网上支付平台支付宝推出。

2005年8月11日，阿里巴巴与雅虎宣布双方已签署合作协议，阿里巴巴收购雅虎中国全部资产，同时获得雅虎10亿美元投资，并享有雅虎品牌及技术在中国的独家使用权；雅虎获得阿里巴巴40%的经济利益和35%的投票权。

2005年10月，阿里巴巴集团接管中国雅虎。

2006年7月，淘宝大学课程推出，向买家和卖家提供电子商务培训及教育。

2006年10月30日，阿里巴巴集团对本地化生活社区平台口碑网的战略投资完成。

2007年1月9日，阿里巴巴集团在上海宣布旗下公司阿里软件正式成立。

2007年11月，阿里巴巴网络有限公司在中国香港联交所主板挂牌上市。同月，阿里巴巴集团成立网络广告平台阿里妈妈。

2008年4月，淘宝网推出专注于服务第三方品牌及零售商的淘宝商城。

2008年6月4日，阿里巴巴集团把旗下的中国雅虎与口碑网整合成立雅虎口碑公司。

2008年9月4日，阿里巴巴集团宣布旗下淘宝网和阿里妈妈合并发展。同时阿里巴巴集团研发院成立。

2009年7月22日，阿里巴巴集团宣布旗下阿里软件公司与原先隶属阿里巴巴集团的阿里研究院正式合并，合并后的公司名称仍为阿里软件。

2009年8月21日，阿里巴巴集团宣布将口碑网拆出中国雅虎注入淘宝网。

2009年9月10日，阿里巴巴集团庆祝创立十周年，同时成立阿里云计算。同月，阿里巴巴宣布收购中国领先的互联网基础服务供应商中国万网。

2010年3月，阿里巴巴更改其中国交易市场的名称为"1688"。同月，淘宝网推出团购网站聚划算。

2010年4月，阿里巴巴正式推出全球速卖通，让中国出口商直接与全球消费者接触和交易。

2010年5月，阿里巴巴集团宣布会将每年收入的0.3%拨作环保基金，以促进全社会关注环境问题并支持保育活动。

2010年7月，阿里巴巴集团推出合伙人制度，以保存其使命、愿景及价值观。

2010年8月，阿里巴巴收购两家服务美国小企业的电子商务解决方案供应商Vendio及Auctiva。同月，手机淘宝客户端推出。

2010年11月，阿里巴巴宣布收购国内的一站式出口服务供应商——达通。

2011年6月16日，阿里巴巴集团宣布将淘宝网分拆为三家公司——淘网、淘宝网、淘宝商城。

2011年10月，聚划算从淘宝网分拆，成为独立平台。

2012年1月11日，淘宝商城正式更名为"天猫"。同月，阿里巴巴集团成立阿里巴巴公益基金会并向该会拨款，以支持不同范畴的公益活动。

2012年6月20日，阿里巴巴网络有限公司（代码1688）在中国香港联交所退市，市场瞩目的阿里巴巴私有化落幕。

2012年7月23日，阿里巴巴集团宣布将调整公司组织架构，从原有的子公司制调整为事业群制，把现有子公司的业务调整为淘宝、一淘、天猫、聚划算、阿里国际业务、阿里小企业业务和阿里云七个事业群。

2012年9月，阿里巴巴集团完成对雅虎初步的股份回购并重组与雅虎的关系。

2013年1月6日，阿里巴巴集团宣布旗下的阿里云与万网合并为新的阿里云公司，合并后"万网"品牌将继续保留，成为阿里云旗下域名服务品牌。

2013年1月10日，阿里巴巴集团宣布现有业务架构和组织将进行相应调整，成立25个事业部，由各事业部总裁（总经理）负责。

2013年7月，阿里巴巴集团发布阿里智能TV操作系统。

2013年8月，阿里巴巴集团园区迁往杭州市西溪。

2013年9月，阿里巴巴集团正式推出社交网络手机客户端来往。

2014年2月，作为天猫平台延伸方案的天猫国际正式推出，让国际品牌直接向中国消费者销售产品。

2014年6月，阿里巴巴集团完成收购移动浏览器公司UC优视并整合双方业务。同月，阿里巴巴集团开始以阿里电信品牌在中国提供移动虚拟网络运营商服务，同时完成收购电影及电视节目制作商文化中国传播（现称"阿里巴巴影业集团"）约60%股权。

2014年7月，阿里巴巴集团与银泰成立合资企业，在中国发展O2O业务。同月，阿里巴巴集团完成对数字地图公司高德的投资。

2014年9月19日，阿里巴巴集团于纽约证券交易所正式挂牌上市，股票代码"BABA"。

2014年10月，阿里巴巴集团关联公司蚂蚁金融服务集团（前称"小微金融服务集团"）正式成立。同月，淘宝旅行成为独立平台并更名为"去啊"。

2015年1月13日，易传媒集团宣布，阿里巴巴集团将战略投资并控股易传媒。易传媒仍保持独立运营，与阿里巴巴集团旗下营销推广平台阿里妈妈一起，推动数字营销程序化在中国的发展，并逐步实现大数据营销能力的普及化。

2015年2月1日，阿里巴巴集团宣布成立10亿港元的香港青年企业家基金，该基金为非盈利性质。

2015年2月9日，阿里巴巴集团宣布以5.9亿美元战略投资魅族科技，未透露具体持股比例。

2015年2月10日，阿里巴巴集团宣布与蚂蚁金服集团完成重组，蚂蚁金服为支付宝的母公司。

2015年3月11日，阿里巴巴集团宣布旗下全球批发贸易平台和英国创新借贷机构ezbob及iwoca达成战略合作，协助英国中小企业在向平台上的中国供应商购买货物时，可更方便获得营运资金。

2015年4月15日，阿里巴巴集团宣布和中国香港上市的阿里健康信息技术有限公司达成最终协议。根据协议，阿里巴巴集团将转让天猫在线医药业务的营运权给予阿里健康，以换取阿里健康新发行的股份和可转股债券，阿里健康将成为阿里巴巴集团的子公司。

2015年5月14日，阿里巴巴集团宣布，已联手云锋基金对国内主要物流快递企业圆通进行战略投资。

2015年6月4日，阿里巴巴集团与上海文广集团（SMG）联合宣布，将共同把SMG旗下的第一财经传媒有限公司打造成新型数字化财经媒体与信息服务集团，阿里将投资12亿元参股第一财经，开拓数据服务领域。

2015年6月18日，日本软银集团、阿里巴巴集团及富士康科技集团共同宣布，阿里巴巴、富士康将向软银旗下软银机器人控股公司分别注资145亿日元，在完成注资后，阿里巴巴及富士康将分别持有SBRH 20%股份，软银则将持有60%股份。

2015年6月23日，阿里巴巴集团与蚂蚁金融服务集团联合宣布，双方将合资成立一家本地生活服务平台公司，合资公司名为"口碑"，双方各自注资30亿元，共60亿元，各占股50%。

2015年7月8日，阿里巴巴宣布逾亿美元战略投资魅力惠，共同打造奢品闪购电商平台魅力惠。交易完成后，阿里巴巴将在旗下天猫平台成立一支服务团队，支持魅力惠的快速发展。

2015年7月15日，阿里巴巴集团宣布成立阿里音乐集团，高晓松出任董事长，宋柯出任CEO。

2015年7月16日，阿里巴巴集团旗下移动开放平台阿里百川宣布，将提供"10亿创投+10亿贷款"，用以扶持移动应用创业者。

2015年7月20日，阿里巴巴集团与联合利华签署战略合作协议，帮后者将产品销售给更多的中国客户。

2015年7月29日，阿里巴巴集团宣布对旗下阿里云战略增资60亿元，用于国际业务拓展，云计算、大数据领域基础和技术的研发，以及DT生态体系的建设。

2015年8月10日，阿里巴巴集团与苏宁云商集团股份有限公司共同宣布达成全面战略合作。根据协议，阿里巴巴集团将投资约283亿元参与苏宁云商的非公开发行，占发行后总股本的19.99%，成为苏宁云商的第二大股东。与此同时，苏宁云商将以140亿元认购不超过2780万股的阿里巴巴新发行股份。

2015年8月12日，阿里巴巴集团与美国百货零售巨头梅西百货共同宣布，双方正式达成长期独家战略合作。梅西百货将入驻天猫国际。

2015年9月8日，阿里巴巴集团与全球领先的零售贸易集团麦德龙宣布达成独家战略合作，麦德龙官方旗舰店将入驻天猫国际。作为德国最大的零售贸易集团，麦德龙将和阿里巴巴联手，在商品供应链、跨境电商和大数据方面紧密合作，成为阿里欧洲战略的重要合作伙伴。

2015年9月10日，阿里巴巴集团荣膺2015年世界零售大会（World Retail Congress）最高奖项"年度最佳零售商"（Retailer of the Year）。

2015年9月24日，阿里巴巴集团宣布启动"杭州+北京"双中心战略，并将以北京为大本营，高强度推进在中国北方地区的战略执行和业务发展。

2015年9月24日，斯坦福商学院校友会宣布，2015年ENCORE奖授予阿里巴巴集团。这是ENCORE奖第一次颁给中国公司，阿里巴巴集团是ENCORE奖历史上第38个获奖的公司，也是全球第一个获奖的非美国本土公司。

2015年10月13日，阿里巴巴集团CEO张勇宣布，2015年"双十一"指挥部将移师北京，在北京设置"双十一"指挥部。

2015年10月16日，阿里巴巴集团宣布，已向优酷土豆公司董事会发出非约束性要约，拟以每ADS（美国存托凭证）26.60美元的价格，现金收购除阿里巴巴集团已持有优酷土豆股份外，该公司剩余的全部流通股。

李彦宏（Robin）
百度公司董事长及首席执行官

　　李彦宏，百度公司创始人、董事长兼首席执行官，全面负责百度公司的战略规划和运营管理。李彦宏1991年毕业于北京大学信息管理专业，随后前往美国纽约州立大学布法罗分校完成计算机科学硕士学位，并作为全球最早的搜索引擎技术研究者与顶尖工程师，先后担任道琼斯公司高级顾问、《华尔街日报》网络版实时金融信息系统设计者，以及国际知名互联网企业——Infoseek公司资深工程师。李彦宏所持有的"超链分析"技术专利，是奠定整个现代搜索引擎发展趋势和方向的基础发明之一。2000年1月，李彦宏从美国硅谷回到祖国创建了百度，经过十多年的发展，李彦宏领导下的百度已经发展成为全球第二大独立搜索引擎和最大的中文搜索引擎。作为国内互联网行业的先行者和领导者，李彦宏取得的成绩也受到多方认可。2013年，李彦宏正式当选第十二届全国政协委员，同时兼任第十一届中华全国工商业联合会副主席、第八届北京市科协副主席等职务，并获聘"国家特聘专家"。此外，他还曾经获得 "CCTV中国经济年度人物"、"IT十大风云人物"、"改革开放30年30人"等荣誉称号。《福布斯》"2012中国最佳CEO"评选中，李彦宏名列榜首，并连续3年作为内地唯一企业家代表上榜"全球最具影响力人物"。《时代周刊》、《商业周刊》等杂志也多次将他评为"全球最具影响力人物"和"中国最具影响商界领袖"。

百度公司的 LOGO 由拼音、汉字和"熊掌"的图标组成。熊掌的图标想法来源于"猎人寻迹熊爪"的刺激,与李彦宏的"分析搜索技术"非常相似,从而构成百度的搜索概念,也终成了百度的图标形象,代表网上到处留下踪迹,覆盖面广的意思。同时"百度"源于宋朝词人辛弃疾《青玉案》中的诗句:"众里寻他千百度",也象征着百度对中文检索的执着追求。

# 九 百度公司可持续发展报告（Baidu）

## （一）公司简介

百度，全球最大的中文搜索引擎、最大的中文网站。2000年1月创立于北京中关村。1999年底，身在美国硅谷的李彦宏看到了中国互联网及中文搜索引擎服务的巨大发展潜力，抱着技术改变世界的梦想，他毅然辞掉硅谷的高薪工作，携搜索引擎专利技术，于2000年1月1日在中关村创建了百度公司。从最初的不足10人发展至今，员工人数超过17000人。如今的百度，已成为中国最受欢迎、影响力最大的中文网站。百度拥有数千名研发工程师，这是中国乃至全球最为优秀的技术团队，这支队伍掌握着世界上最先进的搜索引擎技术，使百度成为中国掌握世界尖端科学核心技术的中国高科技企业，也使中国成为美国、俄罗斯和韩国之外，全球仅有的4个拥有搜索引擎核心技术的国家之一。

从创立之初，百度便将"让人们最便捷地获取信息，找到所求"作为自己的使命，成立以来，公司秉承"以用户为导向"的理念，不断坚持技术创新，致力于为用户提供"简单，可依赖"的互联网搜索产品及服务，其中包括：以网络搜索为主的功能性搜索，以贴吧为主的社区搜索，针对各区域、行业所需的垂直搜索，Mp3搜索，以及门户频道、IM等，全面覆盖了中文网络世界所有的搜索需求，根据第三方权威数据，百度在中国的搜索份额超过80%。在面对用户的搜索产品不断丰富的同时，百度还创新性地推出了基于搜索的营销推广服务，并成为最受企业青睐的互联网营销推广平台。目前，中国已有数十万家企业使用了百度的搜索推广服务，不断提升着企业自身的品牌及运营效率。通过持续的商业模式创新，百度正进一步带动整个互联网行业和中小企业的经济增长，推动社会经济的发展和转型。

为推动中国数百万中小网站的发展，百度借助超大流量的平台优势，联合所有优质的各类网站，建立了世界上最大的网络联盟，使各类企业的搜索推广、品牌营销的价值、覆盖面均大幅提升。与此同时，各网站也在联盟大家庭的互助下，获得最大的生存与发展机会。

今天，百度已经成为中国最具价值的品牌之一，英国《金融时报》将百度列为"中国十大世界级品牌"，成为这个榜单中最年轻的一家公司，也是唯一一家互联网公司。而"亚洲最受尊敬企业"、"全球最具创新力企业"、"中国互联网力量之星"等一系列荣誉称号的获得，也无一不向外界展示着百度成立数年来的成就。多年来，百度董事长兼CEO李彦宏率领百度人所形成的"简单可依赖"的核心文化，深深地植根于百度。这是一个充满朝气、求实坦诚的公司，以搜索改变生活、推动人类的文明与进步、促进中国经济的发展为己任，正朝着更为远大的目标而迈进。

百度公司的成长并非一帆风顺，现今的百度在原有搜索核心业务的基础上，正在寻求积极的扩张和转型。百度公司的发展经历了初创期的艰苦，发展时期的壮大和转型时期投资者的质疑。

在初创时期，Ntegrity Partners 和 Peninsula Capital Fund 两家 VC 对中国搜索引擎市场很看好，联手向百度投资，他们以每股0.25美元各购买A系列可转换优先股240万股，总投资额为

120万美元（双方各60万美元）。这笔资金对百度搜索引擎的研发起到了至关重要的作用，面对中文市场强劲的搜索需求，以及中国互联网及中文搜索引擎的巨大发展潜力，百度在2000年互联网泡沫时期迎难而上，成为国内首批获利的互联网企业。

2005年，百度在美国纳斯达克上市，一举打破首日涨幅最高等多项纪录，并成为首家进入纳斯达克成份股的中国公司。通过数年来的市场表现，百度优异的业绩与值得依赖的回报，使之成为中国企业价值的代表，傲然屹立于全球资本市场。2009年，百度更是推出全新的框计算技术概念，并基于此理念推出百度开放平台，帮助更多优秀的第三方开发者利用互联网平台自主创新、自主创业，在大幅提升网民互联网使用体验的同时，带动起围绕用户需求进行研发的产业创新热潮，对中国互联网产业的升级和发展产生巨大的拉动效应。

如今的百度，正在寻求转型，百度并购投资的步伐突然加快，目标锁定O2O，百度自身的平台资源也在朝O2O的各个细分领域延伸。从2014年百度发力移动端"直达号"和重金推广百度钱包支付工具来看，百度要做的是"移动搜索+O2O场景+百度钱包"大闭环交易生态，陆续与餐饮、电影、旅游、景区门票、健身等第三方商户紧密捆绑，几乎是疯狂式的补贴大战，都向外界表明了百度要向O2O转型的决心。

截至2014年12月31日，百度总资产为160.62亿美元。股东权益为84.79亿美元，2014年，百度实现营业收入79.05亿美元，净利润19.73亿美元，每股盈余达到60.37美元/股，净资产报酬率达到23.27%。收盘价为227.97美元/股，市盈率达37。

百度公司所有董事及执行人员的控股数和所占百分比（如表2-9-1所示）。

表2-9-1 百度所有董事及执行人和主要股东持股情况

| 董事及执行人员 | 持股数 | 百分比(%) |
| --- | --- | --- |
| 李彦宏 | 5570815 | 15.9 |
| 李昕晢 | — | — |
| 张亚勤 | — | — |
| 王劲 | — | — |
| 向海龙 | — | — |
| 李明远 | — | — |
| 廉姆德克尔 | — | — |
| 丁健 | — | — |
| Nobuyuki Idei | — | — |
| Greg Penner | — | — |
| 刘德建 | — | — |
| 所有董事及执行人员 | 5838897 | 16.6 |
| 主要股东 | | |
| Handsome reward limited | 5490000 | 15.6 |
| Baillie Gifford & Co（Scottish partnership） | 2256661 | 6.4 |
| T. Rowe Price Associates，Inc | 1953701 | 5.6 |

## （二）公司战略

百度是科技型互联网企业，技术是其命脉所在，传统搜索业务仍是未来的战略重点，而互联网下一代核心技术则是在人工智能方向，在"2015百度移动搜索生态峰会"上，百度发布了《2015年中国移动互联网发展趋势报告》。该报告显示，百度移动搜索保持高速增长，语音、图像搜索在增幅上超过了移动搜索的大盘，市场前景巨大。

面对互联网从PC端向移动端转型的浪潮，百度也正不断把PC领域的优势向移动领域扩展。为了满足移动互联网时代广大网民的搜索需求，百度移动搜索提供多入口化的搜索方式，包括网页版移动搜索、百度移动搜索APP以及内嵌于手机浏览器、WAP站等各处的移动搜索框，因此能够快速、全面、精准地提供搜索服务。百度采取了多元化的产品战略，以企业的核心优势为基础，在核心业务的基础上进行产品业务拓展。多入口的架设也让百度移动搜索牢牢占领移动互联网的制高点。凭借着百度移动搜索、百度手机地图、百度语音助手等，百度形成了全方位、立体化的产品矩阵与完整布局，延续了其在传统互联网领域的入口优势。

对于搜索领域的百度，O2O 就是 PC 搜索扩展到移动搜索领域过程中增大的那部分版图，也是未来移动搜索领域营收的核心来源，如果此块领域丢了，百度将直接丢掉移动互联网搜索领域的霸主地位。

1. 传统搜索+人工智能

未来搜索仍是百度的核心，图像、语音形式的搜索请求将会逐渐增加，因此百度推出了基于图像的全网人脸搜索"百度识图"，首次尝试图像搜索。语音方面，百度也在研发自家的语音识别系统，凭借多年的搜索经验，百度在语义理解上有着先天的优势。除了基础的语音搜索和图像搜索，借助云计算，百度还将推出类似"Google Knowledge Graphic"的"知识图谱"搜索，抢占未来搜索引擎的先机。

（1）知识图谱。知识图谱也称为知识领域映射地图，是显示知识发展进程与结构关系的一系列各种不同的图形，用可视化技术描述知识资源及其载体，挖掘、分析、构建、绘制和显示知识及它们之间的相互联系。在移动互联网领域，因为手机界面本身更小，对搜索的结果或回答的结果要求性更高，通过知识图谱这种方式就能够更好地提供精准的答案，并且能够把整个推理过程都显示出来，这才适合移动时代搜索的需求。在海量数据挖掘的今天，需要有高速有效精准的算法，知识图谱将杂乱无章的数据进行分类梳理，并通过百度前端可视化团队的开源产品 Echart 力导向图等工具，把结果展示出来。这样一来，复杂的知识体系通过数据挖掘、信息处理、知识计量和图形绘制显示出来，关系网越来越完善，和用户的互动也越来越强，也满足了不同用户的各种需求。

（2）语音搜索和图像搜索。移动互联网搜索形态与 PC 搜索有很大的差距，这是由于智能手机屏幕比较小，手机输入很不方便，并且需要通过浏览器去搜索，而打开浏览器比较费劲，况且在浏览器打开以后，再找到搜索框又有时间成本，搜索框里面再输入是个有成本的东西，再查找要的结果也是有成本的。这样算下来，总的使用成本是非常大的，而较高的使用成本会极大地抑制用户对产品的使用，因此传统的 PC 搜索模式在移动互联网上不再实用。但是，利用手机特性形成的语音助手这种服务形态，把语音交互变成手机上实用交互方式，再辅助知识图谱与知识计算引擎技术，能够成功解决手机上使用搜索的各种不方便性问题，同时搜索结果或反馈的结果更精准，这将大幅度降低使用成本。它未来就能够提升用户使用的频度和方便性。

百度云在时光轴、足迹等原有图片预览功能基础上全面升级，结合百度深度学习研究院提供的人脸识别及检索技术，首创云端图像搜索，让云端图片预览、查找和管理更加方便易用。更新升级之后，百度云不仅能实现图片智能分类、自动去重等功能，还能以图搜图，在海量图片中精准定位目标。此次图像人脸识别技术首次接入云端，不仅意味着技术创新成为百度云升级的核心驱动力，也引领了云存储图片在线预览和管理的新方向。

2. O2O 产业链整合

根据互联网的发展趋势，未来所有行业都将互联网化，完成信息化改造。就像电商模式改变了零售业，与此类似，O2O 本质上就是生活服务互联网化的过程，其实这个过程在过去相当长一段时间内都在发生，而当移动互联网时代到来，智能手机与用户时刻相伴，实时位置信息能够同步接入互联网，生活服务互联网化这一过程也被赋予了一个全新的概念，开始以史无前例的速度加速狂奔。综合来看，未来的O2O会是一个融合线下信息聚合、语音识别、自然语言解析、搜索引擎、点评信息聚合、预订服务、地图导航、NFC、CRM、语音以及实时沟通等功能于一体的基于位置的服务平台，百度基于此也展开了相关的业务联合。

（1）百度糯米——"连接人与服务"。2014年3月，百度公司旗下的糯米网品牌正式更名为百度糯米，标志着百度对糯米整合的完成。百度拥有技术和流量优势，糯米有多年团购经验，经过深度整合，百度在O2O领域的布局加快。2015年6月起，百度不断释放O2O领域扩张的信号，李彦宏也在多个场合强调，百度在实现从"连接人和信息"到"连接人和服务"的转型，李彦宏直言不讳地强调百度糯米是百度最为重要的一部分，言下之意实际与百度正在转型提出的"连接人和服务"密切相关。李彦宏已经在不同场合多次强调，过去的百度，做的是"连接人和信息"，现在百度的战略是"连接人和服务"，"我们要去连接线下各种各样的商家，对接到我们的信息系统上，才能实现连接人和服务，才能让消费者不仅能找到信息、内容，也能下单，获得他们真正想要的服务"。从这一点上就不难看出百度为何对糯米寄予厚望。同时按照李彦宏的规划，未来3年内，百度将向糯米业务增加投入200亿元。对于糯米来说，等于在未来的决战中，形成了相当体量的资金优势。

传统团购平台已经形成了用户忠诚度低、损伤消费者体验、恶性竞争三大硬伤。对商家而言，团购用户主要是价格敏感型消费，对商家的忠诚度非常低；由于商家在团购用户上获得的利润更薄，他们往往在服务中歧视团购用户，使团购用户的消费体验受损。在生态关系上，传统的团购模式已陷入低价竞争的恶性循环，商家和平台互相羁绊、争利博弈，平台进入补贴怪圈。为了跳出这个怪圈，百度糯米推出的"会员+"战略尝试解决这几个硬伤。以"会员+"战略体现在产品端的设计看，首先，在百度糯米客户端首页设置精选品牌专区，帮助商户搭建自我营销平台。基于"会员+"系统，百度将联合商户，开发出种类丰富的店铺页聚合、储值卡、到店付和百糯连等方式，打通百度糯米会员体系与商户CRM管理系统，利用大数据和用户行为数据为商家管理和营销提供精准决策依据，不断提高客户留存率和消费频次。其次，建立百度糯米VIP机制，用户在消费累积达到一定金额后，自动成为VIP会员，可在精选品牌专区享受折上再减，为商家多入口、多场景导流新用户，并提升糯米平台整体的用户黏性。

（2）直达号。2014年9月3号，在一年一度的"百度世界"大会上，百度高调推出了其重磅产品"直达号"，并宣布了以此为核心的、连接传统企业与移动互联网的百度新战略。"百度世界大会"公布决定其未来战略方向的技术与产品。在这次大会上，百度副总裁李明远发布了"百度直达号"，身为移动云事业部负责人，百度这一安排无疑彰显了其在移动互联网时代的高调布局。

"直达号"是百度移动平台推出的服务账号，意为让亿万客户随时随地直达商家服务。商家的直达号页面相当于商家的移动端网站，通过这一"轻网站"提供各种功能服务，比如餐饮行业的座位预订、订餐、服务评论、查看菜单功能，旅游行业的景区信息获取、购票服务、景区导游功能，及医疗行业的预约、挂号等功能。用户可通过四种触达方式链接到商家服务账号：①移动搜索的搜索结果第一条。例如，用户在百度移动客户端搜索框搜索"峨眉山"，点击搜索结果第一条，即可跳转至"峨眉山"直达号服务页面。②@商家账号：在搜索框直接搜索"@海底捞"，可跳过搜索结果页面，直接打开海底捞的直达号页面。③地图跳转：在地图上搜索某商家，点击进去后可进入相应的直达号页面。④基于场景和兴趣的个性化推荐：基于场景和兴趣对用户推荐，让用户在百度移动端上直接看到相关的直达号。百度"直达号"，通过百度的核心优势搜索来连接用户，侧重导流。"直达号"主打拉新，用户在手机百度以及百度地图通过各种方式触达服务，最终将潜在需求转变为实际消费，导流效果明显，且在推荐和寻找服务上顺应移动搜索特征，让服务和用户的关系更为自然。当下的重点在于推广宣传，培养用户新的使用习惯。

### （三）资本运营

**1. 百度的资本驱动型成长路径**

第一轮融资，李彦宏选了一家叫 Peninsula Capital 的投资公司。因对中文搜索引擎市场的看好，2000年2月，Integrity Partners 和 Peninsula Capital Fund 两家VC联手向百度投资，他们以每股 0.25 美元各购买 A 系列可转换优先股 240 万股，总投资额为 120 万美元（双方各 60 万美元）。从 2000 年 1 月 1 日开始，百度公司在北大资源楼花了四个半月就做出了自己的搜索引擎。不仅如此，为了防止市场发生大的变化，原计划 6 个月用完的钱，百度做了一年的计划，从而坚持到了 2000 年 9 月第二笔融资到来。

第二轮融资，面对中文市场强劲的搜索需求，以及中国互联网及中文搜索引擎的巨大发展潜力，2000 年 9 月，第一轮投资者 Integrity Partners 和 Peninsula Capital 拉上美国三大风险投资商中的 DFJ 以及 IDG 入伙，以每股 1.04 美元购入 B 系列可转换优先股 960 万股，融资额为 1000 万美元。其中，DFJ 大手笔购入 720 万股，IDG 购入 144 万股，Integrity Partners 和 Peninsula Capital 分别追加 60 万股和 36 万股。DFJ 约占了总投资额的 75%，因而成为百度的单一最大股东，但其仍只拥有百度的少数股权。据估算，成立不到一年的百度价值至少应当在 2500 万美元以上，通过 Peninsula Capital 的穿针引线，百度与硅谷动力结成了合作伙伴，2000 年 5 月 22 日，双方合作推出了"动力引擎"。这种投资组合之间的协同效应推动了百度的发展。

第三轮融资，2004 年 6 月，Google 及 DFJ 等八家风险投资机构共投资 1500 万美元买入 C 系列可转换优先股 224.9 万股，折合每股 6.67 美元，其中，Google 和 DFJ 分别以 500 万美元买入 75 万股。百度开始第三轮融资的时候，面临的主要问题已是选择那些能为百度的进一步发展带来不同价值的投资者。Google 的加入会有效增加百度的品牌知名度，但百度仍是独立运作的公司。百度此轮融资为策略性融资，Google 只拥有百度极少数股权，不足以影响百度的发展策略。李彦宏、徐勇等公司的原有股东仍然对公司拥有绝对的控制权。在不到 5 年的时间内，伴随着外源资本的进入，百度不断从幕后走向台前，并一步一步地逼近自己的目标。

三批私募共计 1665 万优先股，在 IPO 前转为同等数量的 B 类普通股。此外，截至 2005 年 3 月底，公司一共发行了 1155 万股普通股，已于 5 月 30 日转为同等数量的 B 股普通股。以上共计 2820 万股 B 类股。2005 年 8 月 5 日，百度成功登陆美国纳斯达克，创造了中国概念股的美国神话，开启全球互联网的"中国时代"。百度 IPO 后，限售股东出售的 83 万股 B 类股自动转为 A 类股，余下的 B 类股一共有 2737 万股。IPO 完成后，百度公司最大的两个股东分别为 DFJ 和李彦宏，前者持有百度 25.3% 的股权，后者持有 22.4% 的股权。李彦宏此次 IPO 中出售了 25 万股股票，占本人所持股份的 3%，而大股东 DFJ 没有出售股票。此次上市，百度股份分为 A、B 两类，共发售404万股美国存托凭证（ADR，American Depositary Receipts），占已发行总股本的12.5%，计划融资额为1.091亿美元。其中，百度公司发售321万股，限售股东出售83万股。每股美国存托凭证相当于1股A类普通股，融资1.091亿美元。承销商为高盛、瑞士信贷第一波士顿以及PiperJaffray。紧随IPO后，百度扩大总股本为3232万股，包括A类普通股和B类普通股。其中，A类股主要是新上市股票，B类股则由上市前私募投资者的优先股和普通股转化而来。表2-9-2为百度各次融资额及所占股权的比重。

表2-9-2 百度股权分析

| | 初次私募 | 二次私募 | 三次私募 | 公开发股 |
|---|---|---|---|---|
| 融资金额（万美元） | 120 | 1000 | 1500 | 10910 |
| 折合股数（万股） | 480 | 960 | 225 | 404 |
| 每股价值（美元） | 0.25 | 1.04 | 6.67 | 27.0 |
| 折合股份（%） | 29.35 | 36.99 | 7.98 | 12.5 |
| 团队持股（万股） | 1155 | 1155 | 1155 | 1072 |
| 团队股份（%） | 70.65 | 44.51 | 40.96 | 34.13 |
| 总股数（万股） | 1635 | 2595 | 2820 | 3141 |
| 股本总额（%） | 120 | 1120 | 2620 | 11287 |

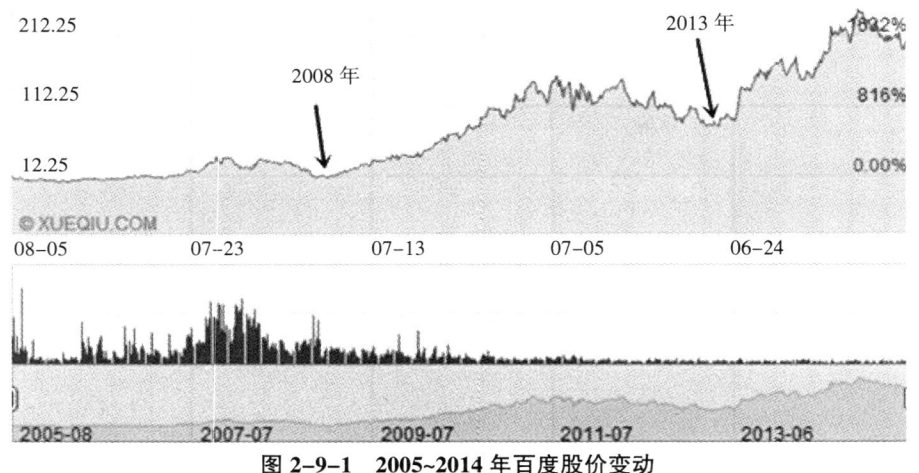

图2-9-1 2005~2014年百度股价变动

图2-9-1中显示了百度自2005~2014年的股票价格变动趋势。百度从2005年8月上市至今，其股价一度涨至226.76美元。2008年，美国的次贷危机导致国外金融市场的动荡和萧条，直接影响到了全球的经济状况。同时导致百度股价下跌，直到2009年2月才出现反弹趋势，然后一路飙升。从2012年4月至2013年4月受到评级下调影响以及缺乏应对不确定的机制和文化，百度股价从151美元下跌至85美元，跌幅超过40%。此后，百度调整投资策略，公司通过内部研发和战略收购，推出种类丰富、范围广泛的手机产品，使得百度成功向移动业务转型，逐渐走出低谷并一路上扬。

2. 连接人与服务的闭环投资

百度在移动时代最要做的事情就是李彦宏所说的"连接人与服务"，而这一逻辑目前也贯穿到其投资风格上，将旗下投资的产品与其自身连接。例如，百度旗下的去哪儿，在PC时代用户通过搜索旅游、酒店、机票相关关键词，百度将流量带给了去哪儿，让去哪儿只需要集中精力专心做好产品，做好落地的工作，凭着李彦宏的"中间页"战略，去哪儿也在2013年成功上市。而在移动时代百度做到了"手机百度+百度地图"的双分发战略，旗下产品均被整合其中，诸如在百度地图的酒店预订中，直接与去哪儿对接，而在手机百度中用户搜索某些本地O2O服务，比如外卖，百度则也直接给出了具体的外卖服务，让用户可以轻松地直接下单。目前通过投资，百度旗下的产品接入了去哪儿、Uber、糯米、51用车等一系列的服务，而这也在支撑百度构建连接人与服务的闭环构想。

百度每投资或收购一个项目，都会考虑与百度自身平台和业务的结合度，属战略投资的范畴（如表2-9-3所示）。百度投资并购讲究交叉融合的互补性，从之前的糯米和去哪儿，到上述的Uber、51用车、天天用车和客如云，逻辑上是通的。移动端有6亿用户，以及百度地图、百度手机助手、91助手、百度安全卫士、百度浏览器等十几个过亿用户级的产品，手机百度的用户规模也是仅次于微信、手机QQ的体量。O2O服务一个最大的前提需要有移动端的大用户和流量入口的支持，不管是糯米、用车还是点餐等，都能形成强烈的互补并对接在一起，形成了完整的交易

闭环链条。百度投资的企业，也多数看中了这一入口效应。

3. 百度投资逻辑

纵观百度的投资布局逻辑，是紧密围绕战略共赢这一目的展开的。基本上百度所有的投资布局均遵循以下三个原则：第一，巩固百度的核心搜索业务，与短板业务形成互补；第二，建设生态体系；第三，布局未来或加强对新领域的认知。如表2-9-3所示，一方面，百度近两年把大笔投资放在了O2O搭建上，如投资公交Wi-Fi布局移动入口以及投资拼车、二手车、洗衣等多个细分热门O2O；另一方面，百度内生的业务百度外卖、91桌面则已经开始寻求外部融资，用灵活的机制释放团队活力。除了O2O外，百度仍在一些关键垂直领域如健康、教育等持续投入。2015年2月，百度完成了对健康医疗类网站"健康之路"（医护网）的战略投资。它还把教育投资延伸到国外，2015年4月，有消息称百度与以色列风投CarmelVentures共同投资了以色列音乐教育科技公司Tonara。尽管百度2015年关闭了日本搜索引擎Baidu.jp，但并不意味着百度放弃日本市场。6月，百度宣布收购日本原生广告公司popIn的控股权，收购完成后，百度广告平台将会采用popIn的READ技术和内容推荐技术，以提高广告投放精度。在众多的投资中，百度的核心战略是"连接人和服务"。另外就是围绕百度的，比如像搜索、糯米、外卖、地图、手机助手，这些是百度的一些核心产品。例如围绕糯米，百度投资了传统院线星美影城，就是因为星美会给百度糯米在电影院订座方面有很多协同，这是围绕糯米生态的布局（如表2-9-4所示）。

（1）O2O概念。O2O概念领域一直是百度的战略性方向之一，尤其是在具有百度地图等优势资源的前提下。与阿里巴巴、腾讯相比，百度在研发上的投入最大，据其最新发布的2014年第三

表2-9-3 百度投资架构

| 架构 | 定义 |
| --- | --- |
| 控股收购 | 百度股份>50% |
| 控股，但独立运营 | 百度股份≥50% |
| 战略投资 | 百度股份<50%<br>专业风险投资领投、百度跟投为主 |
| 风险投资 | 百度股份<20%<br>以早期创业公司为主 |
| 内部孵化 | 孵化器团队持股，孵化成功后百度收购或分拆融资 |

表 2-9-4　百度投资收购一览表

| 投资时间 | 投资案例 | 投资金额 |
| --- | --- | --- |
| 电子商务 | | |
| 2009-09 | 耀点100 | N/A |
| 2010-04 | 乐酷天 | 5000万美元 |
| 2010-12 | 齐家网 | 1.9亿元 |
| 2011-07 | 优购网 | 数亿元 |
| 2011-12 | 36团（知我网） | 百度、IDG联合投资千万美元 |
| 2011-12 | 知我网 | 数千万美元 |
| 2012-01 | 爱乐活 | 1341万美元 |
| 2013-01 | 乐彩网 | 数千万元 |
| 2013-08 | 糯米网 | 106亿美元 |
| 2014-08 | 万达电商 | N/A |
| 移动互联网 | | |
| 2011-11 | 魔图精灵 | 数千万美元 |
| 2012-11 | 点心 | 超过1000万美元 |
| 2013-01 | Trust Go Mobile | 3000万美元 |
| 2013-07 | 91无线 | 19亿美元 |
| 2013-08 | 悠悠村 | 6000万美元 |
| 2014-09 | 百分之百数码 | 数千万元 |
| 文化传媒 | | |
| 2006-07 | 千千静听 | 全资收购 |
| 2011-07 | 番薯网 | 4760万元 |
| 2011-08 | 爱奇艺 | 4500万美元 |
| 2012-11 | 爱奇艺 | 5000万美元 |
| 2013-05 | PPS | 3.7亿美元 |
| 工具软件 | | |
| 2006-08 | 天空软件 | 3000万元 |
| 2009-11 | 点讯 | N/A |
| 2012-11 | 卓大师 | 数千万元 |
| 2013-01 | 亿思创世 | 数千万元 |
| 2013-08 | 道道通 | 1.72亿元 |
| 2014-04 | 猎豹移动 | 2000万美元 |
| 互联网基础服务 | | |
| 2004-08 | Hao123 | 1190万元 |
| 2007-11 | 随视传媒 | 500万元 |
| 2007-11 | 新浩艺软件 | 100万元 |
| 2012-11 | 知道创宇 | 数千万元 |
| 2013-08 | 加速乐 | N/A |
| 教育培训 | | |
| 2013-07 | 传课网 | 350万元 |
| 2014-04 | 沪江网 | 8000万美元 |
| 2014-07 | 传课网 | 数千万元 |
| 2014-07 | 万学教育 | 数千万元 |
| 2014-09 | 智课网 | 1060万美元 |

续表

| 投资时间 | 投资案例 | 投资金额 |
| --- | --- | --- |
| 生活服务及在线旅游 | | |
| 2011.06 | 去哪儿网 | 3.06亿美元 |
| 2014.12 | Uber | 6亿美元 |
| 2015.04 | 客如云 | 6600万美元 |
| 2015.04 | 51用车 | 由百度领投，红杉资本及其他机构联合投资 |
| 2015.04 | 天天用车 | 百度领投、红杉资本跟投 |
| 2015.06 | 华视互联 | 7000万元 |
| 2015.06 | 16Wi-Fi | 1亿元 |
| 2015.06 | 星美控股 | 1.5亿港元 |
| 2015.07 | e袋洗 | 1亿美元 |

季度财报显示，研发投入同比增长68%，百度在大数据、人工智能等方面领先全球的技术优势是腾讯和阿里巴巴两家所不能及的。在O2O业务整合上，百度已形成"百度地图+百度糯米+百度钱包"的O2O商业闭环，以LBS为核心的百度O2O布局实现了对用户需求变化的高效全方位满足。除了产品方面的整合外，百度或继续利用糯米的线下推动能力，建立百度移动端产品的线下销售渠道。

（2）移动互联网。移动互联网是百度最核心的战略之一。百度于2012年收购了点心移动，最具价值的部分是点心的产品和数据挖掘能力，其中又以其旗下的安卓优化大师为代表，百度将其升级为百度手机卫士。在应用市场排名变化日趋稳定的背景下，点心的积累对于百度移动互联网的布局作用明显，是在手机安全卫士领域对抗360、腾讯等的基础。2013年百度以19亿美元收购了91无线，被称作中国互联网史上最大的并购案。91无线拥有91助手、91桌面和安卓市场三款亿用户级APP，其和百度应用商店、百度轻应用、百度移动搜索的协同效应也在慢慢整合中，可以看到百度对于移动终端的流量入口的重视。百度在2013年和2014年先后两次战略投资百分之百数码，旨在通过加强百度云智能终端平台与硬件厂商的深度结合，发挥百度云的技术优势及百分之百的硬件及渠道优势，完善移动云生态。此外，百度还收购了移动广告及建站平台悠悠村，一方面是流量的变现，另一方面是吸引企业用户；百度还收购制作了最著名的手机文件管理工具"ES 文件浏览器"的亿思创世，同样是在抢占流量入口。

（3）电子商务。2010 年后百度在电子商务领域曾有过多项投资，如与日本乐天合作推乐酷天、投资 B2C 网站耀点 100、收购时尚电商购物平台优购网、社会化媒体的买手制电商爱乐活、女性消费市场的垂直领域电商 36 团、建材家居垂直电商齐家网、团购平台糯米网以及百度自己的 C2C 网站百度有啊，但整体来看，百度和腾讯一样，虽然花了大力气在电子商务进行布局，电商产业链的复杂性远比其他领域要高，其中多数目前已经销声匿迹。值得一提的是，2015 年 8 月百度联手腾讯，各持 15%的股份，与万达集团一起筹备联手打造万达电商。百度的主要精力在短期内还是会放在自己擅长的信息、数据的获取这样以技术为导向的领域，与万达的合作也证明了电子商务并不是其优势所在，这一领域的投资并不是其主要方向。

（4）其他领域。百度最经典的收购当属 2004 年收购的网址导航 hao123，耗资 1190 万元左右，目前 hao123 每年为百度带去数亿搜索请求和收入。在线教育领域，百度于 2014 年投资、2015 年收购了传课网。在线教育也是百度战略布局的一个重点领域，收购传课网作为一个战略投资，提供了一个再好不过的流量入口，剩下便需要花一些时间找到合适的在线培训模式。百度于 2013 年斥资 3.7 亿美元收购 PPS，并将 PPS 业务与爱奇艺整合，成为视频巨头之一，而爱奇艺也有望在这几年单独上市。在视频和音乐领域，百度此前还有些小型收购，包括移动视频"积木热门视频"、视频个性化搜索"今晚看啥"、音乐播放软件"千千静听"等。并购纵横中文网，也是百度的一个战略部署。百度需要一家具备运营能力的文学网站，帮助百度在文学领域构建商业模式。

（四）商业模式

1. 百度推广

百度推广，是一个联合了国内 60 多万家优质企业网站的网络联盟推广平台。其将网站、人群和主题词等信息进行定向分类，以此帮助企业寻找和锁定目标潜在消费者，并利用丰富多样的展现方式将企业的推广信息有效地传播到读者浏览的各类网页上，对消费者的上网全程产生深入持久的影响，从而在推广企业品牌、提高企业知名度和提升商品销售额中起到积极的促进作用。百度推广能够帮助企业搜寻、锁定潜在目标消费者，将企业的商品信息或服务进行有效推广，在正确的时间、正确的区域展现给消费者，激发他们的兴趣，引起他们的关注，让他们产生更进一步了解企业商品信息的意向，从而实现从听说到感兴趣，从咨询到购买的完整营销过程。

百度推广的覆盖面特别广，百度网络推广平台已联合国内 60 多万家优质网站进行合作，并逐年扩大规模。其触及 30 多个行业，几乎覆盖了全国网民浏览网站，每日有将近 90 亿次的展现机会。针对性强，人群定向——系统记录下用户的浏览信息，根据他们的浏览习惯精确锁定目标消费者。通过用户曾经在搜索引擎中查找过的关键词或点击过的搜索推广链接，在他们浏览联盟网站时再次在窗口中呈现推广信息，这样有利于提升企业的品牌知名度。网站定向——系统针对目标用户的兴趣网站和活动区域，有针对性地在网站上按照行业投放推广产品，使投放人群更精准。主题词定向——根据目标人群的搜索历史，对应企业指定的相关关键词进行广泛匹配，并根据关键词寻找相关网页投放。地域定向——根据企业的主打目标市场区域进行投放，可具体到省市或城市。根据点击付费——海量展现有效激发顾客购买欲，提高品牌知名度，有效点击能够为企业带来潜在客户，直接提升企业产品销量。

2. 百度营销中心

百度营销中心是百度为企业家精心打造的一站式资讯服务平台，在这里，您可以在百度推广的每个环节，把握资讯脉搏，找到方案策略。百度是全球最大的中文搜索引擎。借由搜索，百度拓展出丰富强大的产品线，由单一的搜索平台发展成为集多种资源于一身的媒体平台，已然形成了一个覆盖学习、娱乐、沟通需求等的消费生态圈。百度营销中心可以为用户提供以下服务：

解决方案：立足市场形势，做出商业决策；或是优化推广策略，促进商机转化。营销中心开发了多维度产品的解决方案，全线助力于用户的推广营销。

推广产品库：结合业务，发挥百度产品的最大优势。营销中心全面覆盖百度推广所有产品介绍、教程、Q&A，无微不至地升华用户的推广体验。

营销资讯：帮助用户了解前沿动态，最大程度捕获商机。营销中心提供了最前沿的商业资讯及最有价值的产品推广信息。凭借这些，百度为企业家们展现了一个商机无限的搜索新世界。

3. 品牌营销

作为全球最大的中文搜索引擎，百度凭借强大的网民搜索数据库，能清晰洞察网民消费意愿和消费形态，成为中国"最懂消费者"的ROI媒体平台。百度品牌营销，依托百度营销平台的这一独特优势，在服务客户过程中，始终以消费者为中心，为客户制定最佳的网络营销解决方案，力求使广告营销诉求直达消费者心智，从而实现营销ROI的最大化。

百度多样的营销产品：品牌专区、关联广告、精准广告、社区营销、搜索推广等以及高效、专业的百度品牌客户营销团队，正在帮助伙伴做"更简单，但有效"的广告。

百度搜索推广多年来积累的大量推广客户资源已经不再局限于搜索平台上进行营销推广，越来越多的推广客户意识到互联网庞大网站群的能量和网民行为的复杂性，开始要求更全面、更精准、更深入的营销推广。这种趋势开启了网络广告的精细化营销。锁定数万的联盟网站进行推广投放与搜索推广二者捆绑营销，这将实现网民上网从"入口"到"终端"的全覆盖，同时也满足了推广客户对于网络营销精准有效的期望。

4. 百度联盟

百度联盟一直致力于帮助合作伙伴挖掘专业流量的推广价值，帮助推广客户推介最有价值的投放通路，是国内最具实力的互联网联盟体系之一。依托于全球最大的中文搜索引擎，百度联盟提供最具竞争力的互联网流量变现专业服务。百度联盟致力于帮助伙伴挖掘流量的推广价值，同时为推广客户提供最佳回报。百度联盟与网站、软件、网吧、电信运营商、终端厂商等多类伙伴紧密合作，打造简单、可依赖的专业媒体平台。迄今为止，百度联盟已推出了搜索推广合作、网盟推广合作、开放平台合作、新业务合作等多种业务合作形式。此外，百度联盟先后推出先锋论坛、联盟志、大联盟认证、常青藤成长计划、互联网创业者俱乐部等多项举措帮助伙伴成长，并汇集伙伴力量发起"联盟·爱公益"平台回报社会。到2011年，百度联盟累计注册网站已经超过了50万个，日均曝光量超过了45亿次；并与国内外五百余款知名软件、几十家网吧应用服务提供商合作，将搜索服务推送到上亿台电脑终端上，影响力几乎覆盖所有中国网民。

## (五)市场概况

### 1. 中国搜索引擎市场现状

**搜索用户规模**：截至 2014 年 6 月，我国搜索引擎用户规模达 50749 万人，较 2013 年同期增长 3711 万人，增长率为 7.9%，网民使用率为 80.3%；手机搜索引擎用户规模达 40583 万人，较 2013 年同期增长 8152 万人，增长率为 25.1%，手机网民使用率达到 77.0%。

**综合搜索引擎品牌渗透率**：2014 年上半年使用过综合搜索引擎的用户中有 97.4% 使用过百度搜索；腾讯搜搜/搜狗渗透率为 43.6%，位居综合搜索引擎品牌渗透率第二；第三位为谷歌搜索，渗透率为 41.7%。

**搜索引擎使用场景**：用户搜索引擎使用场景偏休闲和娱乐化，当用户存在查找或下载电影、音乐、书籍、游戏等娱乐需求时，进行搜索的比例高达 79.7%，另均有 70% 左右的用户在有购物需求时、在工作和学习时、在寻找软件应用时，以及在新闻和热点事件发生时会进行搜索。

**各类搜索引擎渗透率**：截至 2014 年 6 月，95.4% 的搜索用户通过综合搜索网站搜索信息。除此以外，购物网站中网民搜索的行为也相对集中，渗透率达 78.5%。另外，用户在视频网站、知识资讯类网站、微博上进行搜索的比例分别达到 75.2%、57.2% 和 57.1%。

经过数十年的成长，百度已进入稳步发展的阶段，随着互联网对日常生活的渗透程度日益加深，搜索已经成为网民正常获取互联网信息必不可少的途径，而百度搜索无论是在 PC 端（台式机、笔记本、一体机）还是手机端，都牢牢占据市场老大的地位。从综合搜索引擎品牌常用率看，百度以 88.7% 的比例位居第一，使用过百度搜索的用户中，有 91.8% 都将百度作为常用搜索引擎，用户黏性很高。与各个品牌相对应的渗透率相比差异较大（如图 2-9-2 所示）。

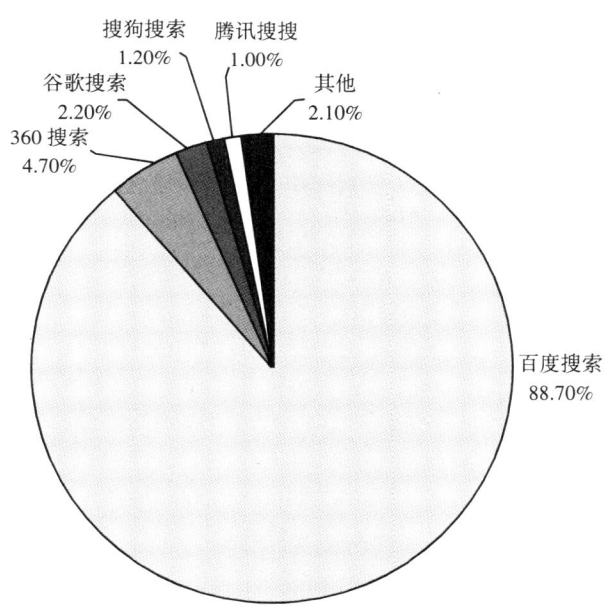

图 2-9-2　PC 端综合搜索引擎品牌常用率

资料来源：CNNIC 2014 年中国网民搜索行为统计调查。

### 2. 市场总体情况

百度 2014 年总营收为 490.52 亿元（约合 79.06 亿美元），比 2013 年增长 53.6%。百度 2014 年网络营销营收为 484.95 亿元（约合 78.16 亿美元），比2013年增长52.5%。百度网络营销营收的增长，主要得益于活跃网络营销客户数量和每客户营收的增加。百度2014年活跃网络营销客户数量约为81.3万家，比2013年增长8.0%。百度2014年来自每家网络营销客户的平均营收约为5.94万元（约合9574美元），比2013年增长40.8%。全年应得的净利润为131.87亿元（约合21.25亿美元），比上一年增长了25.4%（如图2-9-3所示）。

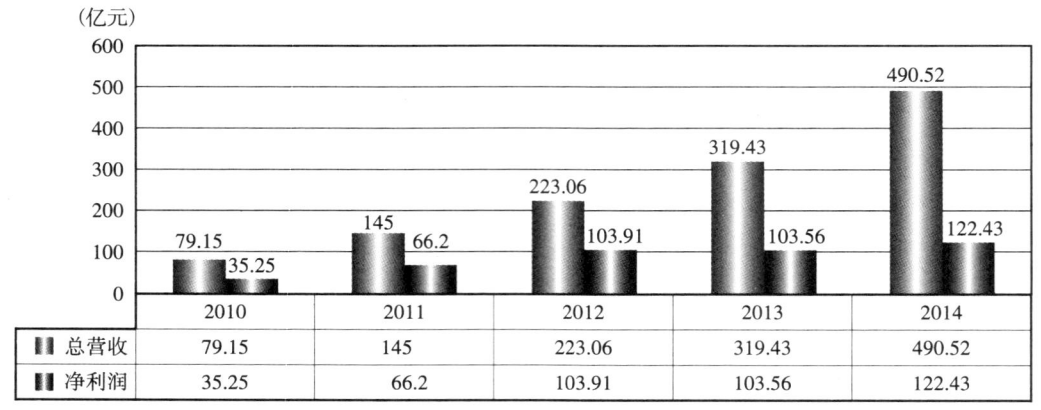

图2-9-3　2010~2014年百度营业收入和利润情况

3. 百度搜索在PC端和手机端的综合搜索渗透率

渗透率是指询问网民最近半年内是否使用过某类搜索引擎或某个搜索网站，渗透率=回答半年内使用过某类搜索引擎或某个搜索网站的网民÷搜索引擎用户样本总数。

从图2-9-4可以看出，截至2014年6月，在PC端用户使用的综合搜索引擎中，百度搜索的品牌渗透率达96.7%，位居第一；谷歌搜索位列第二，渗透率为37.1%。除此以外，腾讯搜搜/搜狗、360搜索两大阵营占据市场第三、第四位，渗透率分别为35.7%和17.6%。国内搜索引擎市场比较成熟、格局相对稳定，用户集中度很高。

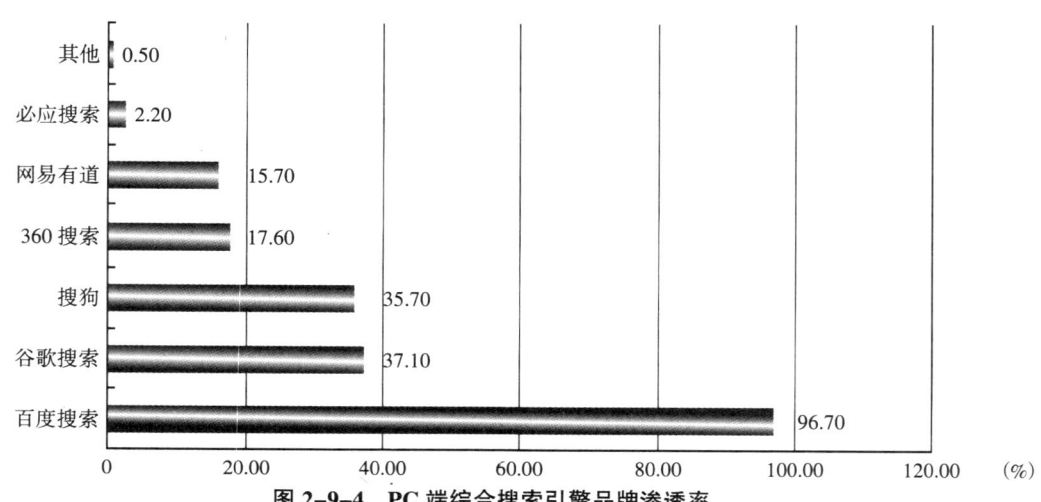

图2-9-4　PC端综合搜索引擎品牌渗透率

资料来源：CNNIC 2014年中国网民搜索行为统计调查。

截至 2014 年 6 月，使用手机综合搜索引擎的用户中，在过去半年内使用过百度搜索的比例为 95.8%，腾讯搜搜/搜狗、谷歌搜索分列第二、第三位，渗透率分别为 36.8% 和 33.1%（如图 2-9-5 所示）。值得注意的是，专注于手机搜索的品牌，如宜搜搜索、易查搜索、儒豹搜索、神马搜索的品牌渗透率并不高，用户对手机搜索引擎品牌的使用习惯表现出与 PC 高度一致的特点。

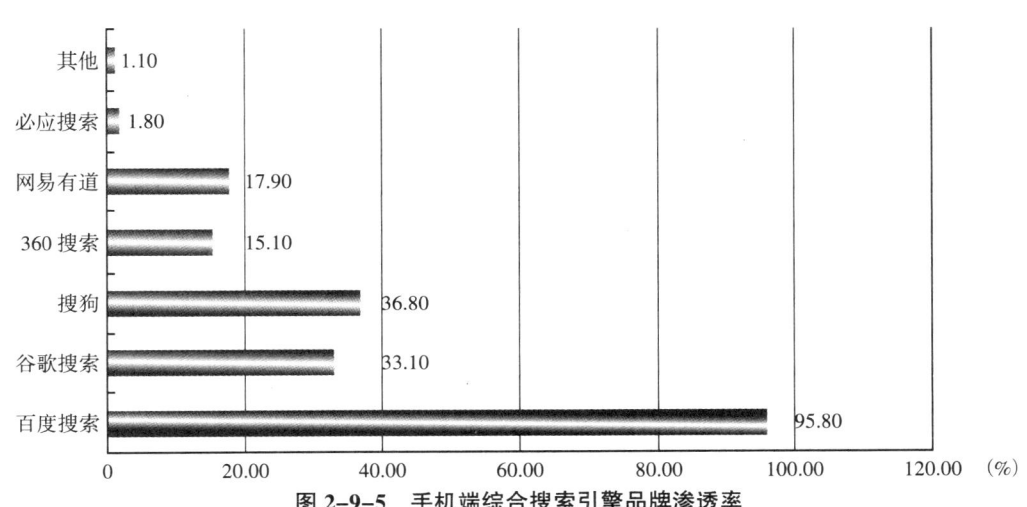

图 2-9-5 手机端综合搜索引擎品牌渗透率

资料来源：CNNIC 2014 年中国网民搜索行为统计调查。

由于搜索引擎具有高技术门槛的特征，尤其是大型综合搜索引擎品牌拥有众多技术专利，造成综合搜索引擎的市场格局相对稳定，用户的集中度较高。百度、360 搜索、腾讯搜搜与搜狗搜索几大搜索品牌，对用户的覆盖率超过 90%。近年来，几大搜索引擎企业竞相开展差异化竞争策略，通过推出搜索体验升级的新产品，如语义搜索或图谱搜索等，或是通过与安全产品、浏览器等互联网常用工具的绑定，或是通过与购物和旅游等多种互联网产品或服务，甚至是线下休闲娱乐和餐饮企业的联合互通，全面介入网民生活的方方面面，不仅推动了企业自身发展，还促进了行业技术革新及互联网各个领域的融合。

经过数十年的成长，百度已进入稳步发展的阶段，随着互联网对日常生活的渗透程度日益加深、互联网应用的极大丰富和数据信息量的爆炸式增长，搜索已经成为网民正常获取互联网信息必不可少的途径，而百度搜索无论是在 PC 端（台式机、笔记本、一体机）还是手机端，都牢牢占据市场老大的地位。从综合搜索引擎品牌常用率看，百度以 88.7% 的比例位居第一，使用过百度搜索的用户中，有 91.8% 都将百度作为常用搜索引擎，用户黏性很高。

## （六）经营和财务绩效

表 2-9-5　百度 2012~2014 年度经营与财务业绩比较

单位：百万美元

| 年 份 | 2014 | 2013 | 2012 |
|---|---|---|---|
| 收入 | 7905 | 5276 | 3580 |
| 总资产 | 16062 | 11726 | 7330 |
| 净利润 | 1973 | 1710 | 1667 |
| 净利润率（%） | 25.24 | 32.55 | 46.56 |
| 总资产报酬率（ROA）（%） | 12.28 | 14.58 | 22.74 |
| 净资产报酬率（ROE）（%） | 23.27 | 25.46 | 39.67 |
| 资本性支出（CAPEX） | 778 | 453 | 372 |
| CAPEX 占收比（%） | 9.84 | 8.58 | 10.39 |
| 经营活动净现金流 | 2890 | 2278 | 1925 |
| 每股经营活动净现金流（美元/股） | 82.44 | 63.61 | 55.41 |
| 自由现金流（FCF） | 2112 | 1825 | 1553 |
| 自由现金流占收比（%） | 26.71 | 34.59 | 43.37 |
| 每股盈利（EPS）（美元/股） | 60.37 | 49.52 | 47.93 |
| 每股股利（DPS）（美元/股） | 0 | 0 | 0 |
| 股利支付率 | 0 | 0 | 0 |
| 主营业务收入增长率（%） | 52.49 | 42.95 | 53.52 |
| 总资产增长率（%） | 40.39 | 55.43 | 95.66 |
| 净利润增长率（%） | 18.22 | 2.57 | 56.96 |
| 经营活动现金流增长率（%） | 30.04 | 14.97 | 46.67 |
| 资产负债率（%） | 45.30 | 42.71 | 40.40 |
| 流动比率 | 324.79 | 390.01 | 420.97 |
| 总资产周转率（次数） | 0.48 | 0.45 | 0.49 |
| 股息 | 0 | 0 | 0 |
| 内部融资额 | 2331 | 1991 | 1872 |
| 研发支出 | 1125 | 678 | 369 |
| 研发支出占收入比 | 14.39 | 12.91 | 10.31 |

表 2-9-6　百度轻资产运营特征一览表

单位：%

| 序 号 | 项 目 | 2014 年 | 2013 年 | 2012 年 |
|---|---|---|---|---|
| 1 | 现金类资产比重 | 60.74 | 55.00 | 60.74 |
| 2 | 应收账款比重 | 3.67 | 3.12 | 3.67 |
| 3 | 存货比重 | 0 | 0 | 0 |
| 4 | 流动资产比重 | 66.06 | 60.60 | 66.06 |
| 5 | 固定资产比重 | 8.73 | 7.56 | 8.73 |
| 6 | 流动负债比重 | 20.33 | 15.53 | 20.33 |
| 7 | 应付账款比重 | 13.00 | 10.37 | 13.00 |
| 8 | 无息负债比重 | 9.33 | 7.24 | 9.33 |
| 9 | 有息负债比重 | 38.84 | 35.11 | 38.84 |
| 10 | 留存收益比重 | 47.82 | 48.63 | 47.82 |

续表

| 序号 | 项目 | 2014年 | 2013年 | 2012年 |
|---|---|---|---|---|
| 11 | 营运资金（百万美元） | 7344 | 5285 | 7344 |
| 12 | 现金股利（百万美元） | 0 | 0 | 0 |
| 13 | 内源融资（百万美元） | 2331 | 1991 | 2331 |
| 14 | 资本性支出（百万美元） | 778 | 453 | 778 |
| 15 | 现金储备（百万美元） | 9757 | 6450 | 9757 |
| 16 | 自由现金流（百万美元） | 2112 | 1825 | 2112 |

## （七）内控与风险管理

### 1. 利率风险

百度公司的利率风险主要涉及多余的现金投资于短期金融工具，如原始期限不到一年期的债券，还有就是长期持有期限超过一年期的证券。不论是固定利率还是浮动利率的投资工具都有一定的风险。固定利率证券可能由于市场利率上升使其市场价值受到不利的影响，而浮动利率证券可能产生的收入低于其预期。由于利率的不确定性，百度未来的投资收益可能会由于利率的变动而导致预期收益的下降。百度持有8800万美元2014年12月31日到期的证券，这些证券加权平均持有时间大约是1.43年。假设利率增加一个百分点（100个基点）将会导致120万美元的损失。

### 2. 外汇风险

百度公司的收入和成本大多以人民币为计价单位，但是还有一定数量的现金和现金等价物，短期金融资产，长期贷款的一部分以及一些应付票据以美元计价。所以说百度的外汇风险主要涉及以美元计价的金融资产及负债。人民币对美元的任何重大重估，都可能会对百度的盈利、财务状况及应支付的股息产生重大影响。此外，百度2007年底开始在日本经营，所以百度需要将一部分的美元兑换成日元注入日本的运营中，所以百度将面临美元和日元之间汇率波动。同时百度没有使用任何对冲外币风险的衍生金融工具。假设美元兑人民币的汇率增加10%，将会使百度2014年12月31日到期的长期贷款和应付债券多偿还4.13亿美元。

### 3. 百度金融业务风险

2013年，百度开始了自己的互联网金融之旅，在社区服务方面推出了百度金融。同时，百度基于满足广大互联网用户需求，建立了帮助用户理财的服务平台——百度理财平台，百度雄心壮志誓要吃掉互联网金融这块肥肉。但是目前我国多家互联网支付平台试水金融理财领域并推出各种互联网"宝宝"，引发社会各界的关注。由于金融运作经验相对缺乏、金融监管体系不够完善以及互联网平台自身安全性不足等限制，互联网金融理财领域风险隐患较为突出。百度做金融，尚需形成系统的发展战略和盈利方式，对百度金融来说，技术不是问题，关键是形成清晰的产品模式和战略架构。百度在搜索领域具有巨大的优势，应充分利用数据深度挖掘和信息分析技术满足消费者和企业便利性金融服务的迫切需要。百度必须重视自己的金融业务一脉，否则百度的O2O方略依然有可能步其电商的后尘。毕竟在O2O领域支付被普遍认为是构建闭环中的重要一步。

### 4. 股价持续低迷的风险

2014年底至今，百度股价下跌了约30%，仅2015年第三季度，市值蒸发大约590亿元，同时百度的股份回购策略并没有恢复市场信心。一方面，百度从PC端到移动端的流量入口优势大幅减弱；另一方面，向O2O服务领域的大规模投资影响公司财务表现，并且O2O领域有大量的竞争对手，难以做到差异化的服务优势。百度向外卖、团购和其他O2O服务领域的大举投资挤压公司利润率，引发投资者的担忧。除非公司的O2O方案能在2016年前加快获取市场份额，并降低开支让利润率反弹。具体来说，百度的整体服务策略是通过百度提供的O2O服务，用户可以得到从搜索到交易的购物体验，比如电影票、饭店和其他各类服务都加入百度本地服务的平台，包括糯米、百度外卖等。但百度这一新的发展方向并没有像预期中的那样被看好。德银分析师将该股评级从"买入"调降至"持有"，称对该公司战略已经失去信心。德银分析师表示："本地网络广告服务的赚钱难度超过我们的预计。我们认为这一点可以调整，但需要改动战略、在广告产品上大量投资，而且（或者）要与一家有规模的公司展开合作。"倘若在线支付工具无法广泛普及，百度将会受到很大的影响。如果缺乏广受欢迎的支付工具，百度的多数服务可能就无法在百度的产品内部完成交易，也就无法实现"闭环"，这将会对持续影响投资者对百度的信心。

## （八）前景展望

### 1. 搜索技术优势稳固，入口布局变现可期

百度公布的2014年第三季度未经审计的财报显示，第三季度实现总营收135亿元（约合22亿美元），同比增长52%；营业利润实现39亿元（约合6.4亿美元），同比增长17.4%。百度营业收入的来源依然变化不大，99.32%收入来自网络营销收入，这一数字在2013年同期为99.51%，其余部分均显示为其他服务收入。可见，百度的盈利点仍然基本集中在传统业务竞价搜索和广告收入上，但是近年来随着移动互联网的发展，PC端向移动端转型，传统优势将面临来自其他移动搜索服务提供商的挑战。在BAT阵营当中，与其他两者相比，作为以搜索技术起家的技术导向型公司，百度在技术和入口方面的积累是其优势所在。而截至2014年12月底，百度800亿美元的市值是腾讯的一半多，是阿里巴巴的1/3。百度变现能力的提升，会逐渐在其技术上常年的积累和以搜索为核心的业务体系上体现，其市值也应当还有上升的空间。目前，百度的应用数量已经达到百余个，在入口上的布局可谓达到了前所未有的高度，变现的能力是值得期待的。

### 2. 加紧抢占移动互联网端高地

随着整个行业中心不断转移至智能手机和平板电脑，这也给百度新领域特别是移动搜索领域的发展吹来了一阵及时的"东风"。在互联网搜索领域，百度在关键的位置确立了自己的地位，这无疑是占尽了天时地利。到目前为止，百度一直保持在此行业中的高增长速度。此外，其移动生态系统货币化的举措也为公司创造了巨大的收入。例如2014年底，百度的14个应用程序拥有超过1亿被激活的用户，截至第四季度，移动业务占到了总收入的20%以上。此外，百度正不断对关键领域进行战略性投资。由于其搜索引擎在中国的PC和移动通信领域仍然占领着重要的地位，百度将利用这样的优势，投资于其他的新领域。目前，百度还专注于其他的领域，如移动和云、基于位置的服务、消费性服务（如游戏、音乐、网络文学和社会）、在线旅游、在线视频等。由此可见，这些投资举措将大大增加百度的盈利能力。

附件一：百度财务报告（2014）

1. 合并资产负债表

单位：百万美元

| 年份 | 2014 | 2013 | 2012 |
|---|---|---|---|
| 资产 | | | |
| 流动资产 | | | |
| 　　现金及现金等价物 | 2232 | 1600 | 1906 |
| 　　限制性现金 | 66 | 42 | 63 |
| 　　短期投资 | 7062 | 4746 | 3307 |
| 　　应收账款 | 590 | 366 | 201 |
| 　　递延税向资产净额 | 110 | 47 | 25 |
| 　　应收关联方 | — | — | — |
| 　　其他流动资产 | 549 | 303 | 61 |
| 流动资产总额 | 10611 | 7107 | 5565 |
| 非流动资产 | | | |
| 　　固定资产净值 | 1403 | 887 | 624 |
| 　　无形资产 | 576 | 599 | 254 |
| 　　商誉 | 2807 | 2785 | 622 |
| 　　长期投资 | 463 | 104 | 128 |
| 　　递延税项资产净额 | 41 | 16 | 8 |
| 　　应收关联方 | — | 61 | — |
| 　　其他非流动资产 | 158 | 163 | 125 |
| 非流动资产总额 | 5450 | 4618 | 1764 |
| 总资产 | 16062 | 11726 | 7330 |
| 负债及所有者权益 | | | |
| 流动负债 | | | |
| 　　短期贷款 | 14 | — | — |
| 　　应付账款及应计负债 | 2089 | 1216 | 611 |
| 　　客户的预付款和存款 | 692 | 491 | 331 |
| 　　递延收入 | 26 | 37 | 15 |
| 　　递延收益 | 83 | 12 | 10 |
| 　　长期贷款 | 349 | 56 | 348 |
| 　　应付关联方 | 1 | — | — |
| 　　资本租赁负债 | 9 | 7 | 5 |
| 总流动负债 | 3267 | 1822 | 1322 |
| 非流动负债 | | | |
| 　　递延收益 | 6 | 62 | 30 |
| 　　长期贷款 | 299 | 348 | 57 |
| 　　应付票据 | 3488 | 2497 | 1498 |
| 　　递延税项负债 | 184 | 198 | 46 |
| 　　应付关联方 | — | 61 | — |
| 　　资本租赁债务 | 8 | 6 | 7 |

续表

| 年份 | 2014 | 2013 | 2012 |
| --- | --- | --- | --- |
| 其他非流动负债 | 23 | 11 | — |
| 非流动负债合计 | 4010 | 3186 | 1639 |
| 负债总额 | 7277 | 5008 | 2962 |
| 承诺及或有事项 | | | |
| 可赎回的非控股权益 | — | — | 165 |
| 权益 | | | |
| A 类普通股 | — | 0.002 | — |
| B 类普通股 | — | — | — |
| 资本公积 | 585 | 504 | 336 |
| 留存收益 | 7681 | 5703 | 3858 |
| 累计其他综合损失 | 37 | 139 | (12) |
| 百度公司固定权益总额 | 8304 | 6347 | 4182 |
| 非控制性权益 | 174 | 370 | 20 |
| 总股本 | 8479 | 6717 | 4202 |
| 资产总额 | 16062 | 11726 | 7330 |

## 2. 合并损益表

单位：百万美元（除每股数额外）

| 年 份 | 2014 | 2013 | 2012 |
| --- | --- | --- | --- |
| 收入 | | | |
| 在线营销服务 | 7816 | 5253 | 3570 |
| 其他服务 | 89 | 23 | 9 |
| 总收入 | 7905 | 5276 | 3580 |
| 经营成本和费用 | | | |
| 收入成本 | (3043) | (1895) | (1035) |
| 销售和管理成本 | (1673) | (854) | (401) |
| 研发成本 | (1125) | (678) | (369) |
| 总经营成本和费用 | (5842) | (3428) | (18060) |
| 营业利润 | 2063 | 1848 | 1773 |
| 其他收入 | | | |
| 利息收入 | 321 | 216 | 139 |
| 利息费用 | (101) | (73) | (17) |
| 外汇净收益（亏损） | 12 | (7) | — |
| 股权投资损失 | (4) | — | (47) |
| 其他收入净额 | 41 | 30 | 72 |
| 其他收入总额 | 269 | 164 | 146 |
| 息税前收入 | 2332 | 2012 | 1920 |
| 所得税 | (359) | (302) | (252) |
| 净利润 | 1973 | 1710 | 1667 |
| 归属于非控股权益的净亏损 | (152) | (26) | (10) |
| 百度公司净收入 | 2125 | 1737 | 1678 |
| A 类和 B 类普通股的每股收益 | | | |
| 基本每股收益 | 0.060 | 0.049 | 0.047 |

续表

| 年　份 | 2014 | 2013 | 2012 |
| --- | --- | --- | --- |
| 摊薄每股收益 | 0.060 | 0.049 | 0.047 |
| 每美国存托股份收益（1个A类普通股等于10个美国存托股） | | | |
| 　基本每股收益 | 0.006 | 0.004 | 0.004 |
| 　摊薄每股收益 | 0.006 | 0.004 | 0.004 |
| A类和B类优先股的加权平均数 | | | |
| 　基本每股收益 | 35062 | 34986 | 34939 |
| 　摊薄每股收益 | 35198 | 35036 | 34979 |
| 其他综合（亏损）收入 | | | |
| 　外币折算调整 | (71) | 31 | — |
| 　可供出售投资未变现收益 | (23) | 110 | 1 |
| 　其他综合收入除税净额 | (95) | 141 | — |
| 综合收入 | 1878 | 1852 | 1668 |
| 非控制性权益的综合损耗 | 148 | 37 | (10) |
| 百度公司的综合收入 | 2026 | 1889 | 1679 |

3. 合并现金流量表

单位：百万美元（除每股数额外）

| 年　份 | 2014 | 2013 | 2012 |
| --- | --- | --- | --- |
| 经营活动现金流 | | | |
| 　净收入 | 1973 | 1710 | 1667 |
| 将净利润调整为经营活动净现金流量 | | | |
| 　固定资产及设备折旧费用 | 358 | 281 | 205 |
| 　固定资产处置的收益（亏损） | (3) | (2) | — |
| 　无形资产及许可权摊销 | 281 | 156 | 37 |
| 　递延所得税 | (111) | 54 | (9) |
| 　股权收益 | 155 | 85 | 34 |
| 　呆账准备（撤销） | 12 | 6 | — |
| 　投资收益 | (310) | (181) | (119) |
| 　一步获取和解决现有关系的净增益 | (12) | — | (78) |
| 　长期投资减值 | 15 | 3997 | 27 |
| 　股权投资损失 | 4 | 959 | 47 |
| 　子公司的收益 | — | — | (2) |
| 　其他非现金收入 | 5 | 3171 | (9) |
| 经营性资产和负债的变动收购净效应 | | | |
| 　限制性现金 | (8) | (25) | 13 |
| 　应收账款 | (235) | (127) | (54) |
| 　其他资产 | (262) | (215) | (1) |
| 　应收关联方 | 59 | — | (127) |
| 　客户的预付款和存款 | 211 | 143 | 78 |
| 　应付账款及应计负债 | 810 | 331 | 124 |
| 　递延收入 | (9) | 20 | 5 |
| 　递延收益 | 16 | 32 | 32 |
| 　应付关联方 | (58) | — | 54 |

续表

| 年份 | 2014 | 2013 | 2012 |
|---|---|---|---|
| 经营活动产生的现金净额 | 2890 | 2278 | 1925 |
| 投资活动的现金流 | | | |
|  固定资产收购 | (777) | (455) | (370) |
|  计算机零部件的采购 | — | (2) | (4) |
|  固定资产的处理 | 3 | 3 | 1 |
|  从收购企业获得的净现金 | (53) | (2180) | (131) |
|  无形资产的收购 | (252) | (150) | (30) |
|  软件成本 | — | — | (5) |
|  到期投资的购买 | (8921) | (5028) | — |
|  短期投资的购买 | — | — | (5239) |
|  出售到期的投资 | 6035 | 4883 | 3664 |
|  长期投资购买 | (12576) | (8907) | (89) |
|  长期投资所得收益 | 13204 | 8085 | — |
|  购买其他长期投资 | (286) | (57) | — |
|  长期投资的销售 | 3 | — | — |
|  长期投资的现金分配 | — | — | — |
|  对子公司非控股权益的收购 | — | (42) | — |
| 用于投资活动的现金净额 | 3621 | (3852) | (2207) |
| 筹资活动现金流 | | | |
|  限制性现金 | (16) | — | — |
|  发行子公司股份的收益 | 297 | 230 | 16 |
|  收购子公司的非控制性股权的支付 | (100) | — | — |
|  短期贷款收益 | 14 | — | — |
|  偿还短期贷款 | — | (7) | (20) |
|  长期贷款收益 | 291 | 354 | 57 |
|  偿还长期贷款 | (56) | (354) | (22) |
|  子公司的股息支付 | (54) | — | — |
|  发行应付票据的收益 | 997 | 1009 | 1492 |
|  资本租赁债务支付 | (11) | (6) | (4) |
|  债务发行成本的支付 | (5) | (6) | — |
|  行使股票期权收益 | 31 | 25 | 9 |
| 融资活动产生的净现金 | 1387 | 1245 | 1527 |
| 汇率变动对现金及现金等价物的影响 | 12 | (33) | (1) |
| 现金及现金等价物净增加（减少） | 670 | (361) | 1244 |
| 年初现金及现金等价物 | 1562 | 1962 | 662 |
| 年末现金及现金等价物 | 2232 | 1600 | 1906 |
| 补充披露 | | | |
|  支付利息 | 95 | 49 | 6 |
|  缴纳所得税 | 450 | 273 | 263 |
| 非现金投资和筹资活动 | | | |
|  资本租赁债务 | 15 | 7 | 9 |
|  收购固定资产计入应付账款及应计负债 | 182 | 130 | 53 |
|  在应付账款和应计负债中计入其他非流动资产的收购 | 6 | 6 | 6 |
|  非现金收购的投资 | 12 | — | 113 |
|  非现金收购的子公司 | — | — | 54 |

### 附件二：百度大事记

1999年底，身在美国硅谷的李彦宏看到了中国互联网及中文搜索引擎服务的巨大发展潜力，抱着技术改变世界的梦想，他毅然辞掉硅谷的高薪工作，携搜索引擎专利技术，与徐勇一同回国，于2000年1月1日在中关村创建了百度公司。

2000年5月，签约第一个客户硅谷动力，百度产品开始为用户提供服务。

2000年6月，推出独立搜索门户baidu.com，为未来发展打下坚实基础。

2000年8月，开始为搜狐（SOHU.com）提供服务。

2000年9月，正式推出面向企业级用户的网事通信息检索软件。DFJ、IDG等国际著名风险投资公司为百度投入巨额资金。

2000年10月，开始为新浪（SINA.com）提供服务。深圳分公司成立。

2001年10月，为上海热线提供全球中文网页检索系统。中国人民银行金融信息管理中心采用百度"网事通数据库检索"软件开始为商业用户提供高效的营销推广服务。

2002年1月，央视国际全套引入了百度"网事通"信息检索软件。

2002年5月，千龙—百度中文信息检索技术实验室成立。

2002年6月，推出深受网民喜爱的"IE搜索伴侣"。

2002年8月，与网易展开深度合作，竞价排名全面提升。

2002年9月，神州数码、中石化签约百度企业竞争情报系统；国务院新闻办签约百度新闻监控系统。

2002年10月，百度竞价排名业务全国代理商大会召开；开始为雅虎中文（YAHOO.com.cn）提供服务。雅虎同时加入百度竞价排名阵营。

2002年11月，正式推出搜索大富翁游戏，广大网民踊跃参与。百度开始为网易提供服务，百度搜索一统中文门户巨头发布MP3搜索。

2002年12月，中国移动签约百度企业竞争情报系统；康佳、联想、可口可乐等国际知名企业成为百度竞价排名客户。

2003年6月，由第三方赛迪集团下属中国电脑教育报举办的"万人公开评测"公布了评测结果。百度超越Google，成为中国网民首选的搜索引擎根据流量指标，成为全球最大的中文搜索引擎。

2003年7月，发布图片搜索（image.baidu.com）、新闻搜索（news.baidu.com），巩固了中文第一搜索引擎的行业地位。

2003年9月，开展"9月营销革命"，在全国近百个城市展开"竞价排名"付费搜索服务的市场推广活动，取得巨大市场反响。

2003年12月，推出"百度贴吧"（tieba.baidu.com），搜索引擎步入社区化时代。

2004年5月，成为全球第四大网站。

2004年11月，中国手机用户达2.7亿人，推出百度WAP搜索，手机上也能使用百度。

2005年6月，推出"百度知道"（zhidao.baidu.com）。

2005年8月，推出"百度传情"服务，为用户提供基于人名搜索的情感信息传递。纳斯达克上市成功，开创纳市IPO首日涨幅纪录。截至上市前夕，百度拥有近300名员工。

2005年9月，发布地图搜索（map.baidu.com）。

2006年4月，推出"百度百科"（baike.baidu.com）。百度与IBM展开全方位合作。

2006年6月，百度竞价排名调整原先统一起始价规则,"智能起价"系统正式上线被国家人事部授予博士后科研工作站资质,成为中国互联网行业唯一拥有博士后科研工作站的公司。

2006年7月,百度指数升级,个性化关键词监控仪全新登场,百度推出颠覆性广告模式——精准广告,正式发布"百度空间"(hi.baidu.com),举办首届"百度世界大会"。

2006年12月,首席执行官李彦宏当选美国《商业周刊》2006年全球"最佳商业领袖"。

百度推出新产品"三搜":"搜藏"、"空间搜索"、"博客搜索"。

2007年2月,视频搜索(video.baidu.com)上线。百度开始发布"风云榜·行业报告"。百度首页标题由"全球最大中文搜索引擎——百度"改为"百度一下,你就知道"。李彦宏获得安永中国2006企业家奖。

2007年9月,CNNIC最新调查显示:用户首选率百度升至74.5%。百度奥运战略发布,2008总动员(2008.baidu.com)正式上线。百度游戏平台(g.baidu.com)上线。百度启动2008校园招聘。

2008年3月,中国网民数首超美国,成为全球网民人数最多的国家,百度入选FT《英国金融时报》"中国十大世界级品牌",是唯一入选的中国互联网企业。

2008年8月,百度联盟推出CPA广告平台。百度使用闪存(Flash Memory)技术代替硬盘并大规模商用,属全球首个。

2008年10月,C2C电子商务平台"有啊"上线。百度加入联合国全球契约,填补中国互联网企业该领域空白,近百家电台加盟百度思科签署深度合作协议。

2009年11月,正式迁入新办公和研发大楼"百度大厦",开启崭新梦想。截至乔迁,百度已拥有7000多名员工,百度推出"掌上百度"和"百度手机输入法",百度荣获"中国互联网力量之星"。

2010年1月,百度组建独立网络视频公司,百度获评2009年度"最具责任感企业奖",百度获评2009年北京百佳用人单位,百度获评"2009年度影响力事件"大奖。

2010年1月,因百度域名解析在美国域名注册商处被非法篡改,导致全球用户不能正常访问百度。

2010年1月,百度首页改版新增"地图"、"百科"链接。

2010年9月,百度输入法正式上线发布。

2011年1月,百度正式对外发布"2010百度搜索风云榜"。

2011年4月,百度获得"年度十大慈善企业"称号。

2011年4月,百度旅游正式上线。

2011年6月,百度音乐正式上线。

2012年3月,百度举办开发者大会,正式发布百度云战略。

2012年5月,百度获评全球最具价值百强品牌,居亚洲科技企业首位。

2012年7月,百度知道7周年解决2亿个问题。

2012年9月,2012"百度世界大会"百度正式推出个人云服务。

2012年10月,百度成立LBS事业部。

2012年12月,百度识图搜索上线,是世界上第一个基于图像的"全网人脸搜索"。

2013年5月,百度收购PPS视频业务,并将PPS视频业务与爱奇艺进行合并,PPS将作为爱奇艺的子品牌运营。

2013年5月,百度在相继引入国家药监局、中国家电维修协会、中国航空协会、中国银行业协会、北京市卫生局等权威机构的核心数据之后,引入国家代码中心数据,网民可查组织机构"身份证"。

2013年8月,百度公司宣布,其全资子公司百度(香港)有限公司已签署一项最终并购协议,从网龙公司和其他股东处收购91无线网络有限公司(简称91无线)100%股权。

2014年4月,百度宣布已经获得基金销售支付牌照,将正式为基金公司和投资者提供基金第三方支付结算服务。百度方面表示,今后百度金融业务可利用现有互联网渠道,涉足互联网基金销售业务,为用户提供更加方便快捷的基金购买服务。

2014年8月,百度诉360违反Robots协议案于2013年向法院提起诉讼。

2014年10月,百度公司与巴西最大团购网站Peixe Urbano发表联合声明称,百度已收购了Peixe并控股。根据交易条款,百度将允许Peixe Urbano现有的管理团队在百度的企业架构内自主运营。

2014年12月,《世界品牌500强》排行榜在美国纽约揭晓,百度公司首次上榜。

2014年12月,百度、阿里巴巴集团在全球净数字广告营收市场的份额将超越多数美国同行,直追谷歌与Facebook。

2014年12月,百度公司宣布与硅谷创业公司Uber签订合作协议,并进行战略投资。

梅纳德·韦伯
雅虎公司董事会主席

　　梅纳德·韦伯在硅谷工作多年，2006~2011年任LiveOps CEO，1999~2006年梅纳德还曾担任eBay的COO。梅纳德·韦伯在2012年加盟雅虎，2013年2月开始进入董事会。

玛丽莎·梅耶尔
雅虎公司首席执行官

　　玛丽莎·梅耶尔，2012年7月被任命为雅虎首席执行官、总裁和总经理。在加入雅虎之前，玛丽莎·梅耶尔曾担任过谷歌主管本地服务业务的副总裁，并负责公司本地和地理系列产品，包括谷歌地图、Zagat、街景和本地搜索客户端。自1999年加入谷歌，梅丽莎还曾担任谷歌副总裁，主管搜索产品和用户体验等。同时，梅耶尔也在沃尔玛、Jawbone以及旧金山现代艺术博物馆和芭蕾舞团等非营利组织的董事会任职。

# YAHOO!

雅虎一词发明于《格列佛游记》的作者 Jonathan Swift。在小说里，它代表一个在外表和行为举止上都非常讨厌的家伙——列胡。雅虎的创始人杨致远和雅虎联合创始人 David Filo（大卫·费罗）选择这个名字的原因就是他们觉得自己就是雅虎。还有一种说法，David Filo 和杨致远坚持选择这个名称的原因是他们喜欢字典里对雅虎的定义"粗鲁，不通世故，粗俗"。

# 雅虎可持续发展报告（Yahoo！）

## （一）公司简介

雅虎是美国著名的互联网门户网站，也是20世纪末互联网奇迹的创造者之一。其服务包括搜索引擎、电邮、新闻等，业务遍及24个国家和地区，为全球超过5亿的独立用户提供多元化的网络服务。同时也是一家全球性的互联网通信、商贸及媒体公司。雅虎是全球第一家提供互联网导航服务的网站，总部设在美国加州圣克拉克市，在欧洲、亚太区、拉丁美洲、加拿大及美国均设有办事处。雅虎是最老的"分类目录"搜索数据库，也是最重要的搜索服务网站之一，在全部互联网搜索应用中所占份额达36%左右。所收录的网站全部被人工编辑按照类目分类。其数据库中的注册网站无论是在形式上还是内容上质量都非常高。2003年3月，雅虎完成对Inktomi的收购，成为Google的主要竞争对手之一。雅虎有英、中、日、韩、法、德、意、西班牙、丹麦等12种语言版本，各版本的内容互不相同，都提供目录、网站及全文检索功能。网站的目录分类比较合理，层次深，类目设置好，提要严格清楚，收录丰富，检索结果精确度较高。2015年雅虎已成为"全球第三大移动广告公司"。

雅虎公司的发展经历了三个阶段：

1. 快速扩张：年轻的雅虎，年轻的互联网（1994~2000年）

1994年，作为斯坦福研究生杨致远（Jerry Yang）和大卫·费罗在宿舍里创建了雅虎，当时叫"Jerry和David的互联网指南"。此时的雅虎是一个简单的网站，除了提供不同分类下的网页索引，雅虎还具备了搜索引擎的雏形。1994年的雅虎，一个搜索引擎，在当时贫乏的互联网世界，雅虎迅速成为最受欢迎的网站之一。1995年，《纽约时报》报道AOL有意收购当时才创建一年多的雅虎，而雅虎已经开始考虑在网页上展示广告来赚钱。雅虎当时的CEO是Tim Koogle，他的管理经验十分丰富，在雅虎之前曾经管理Intermec、为摩托罗拉工作。与他一起管理雅虎的总裁Jeff Mallett又被称为雅虎的"幕后魔术师"。在他们的合作下，雅虎于1996年上市，开盘当天股价从33美元涨到43美元。1997年，雅虎的广告收入达到7040万美元，1998年是2亿美元。随着营收上升的还有雅虎的一系列收购。它买下的互联网公司包括当时名气很响的Geocities、Broadcast.com、Four11等。在一系列收购、合资与自身业务扩展中，雅虎已经从一个搜索引擎变成了涵盖电影、音乐、电视的综合门户，提供从邮箱、即时通信、广告到购物等所有你能想象的服务，并在21个国家有12种不同语言的雅虎网站。2000年1月，雅虎的股价达到历史高点475美元（拆股前）。1994~2000年是雅虎快速扩张的第一阶段，一切看起来都很美好，直到互联网泡沫破裂。

2. 广告渠道变迁：两个灾难，两个竞争对手（2001~2008年）

2001年对于所有互联网公司都是灾难性的一年。互联网泡沫破裂，雅虎公司CEO Koogle因此卸任，由前华纳兄弟的高管Terry Semel接任。2002年雅虎与Google合作，将搜索几乎完全外包。这项合作很快在2004年结束，雅虎随即收购了Inktomi和Overture来开发自己的爬虫搜索技术,但为时已晚。Google 迅速成为世界上最受欢迎的搜索服务。在搜索上被 Google 打败后,雅虎也曾试图追赶下一波社交潮流。2005 年雅虎以 3500 万美元收购了当时最红的照片社区 Flickr。2007 年雅虎大规模削减 Flickr 工程师团队,两位 Flickr 创始人随后离职。2005 年雅虎还推出了自己的社交网站雅虎 360°,就在 Facebook 上线一年后。这个社交平台具有与 Facebook 相似的不少功能,但更为繁杂。由于活跃用户迅速减少,两年后雅虎就放弃了这个社交平台。2007 年雅虎请回创始人杨致远担任 CEO。他拒绝了微软 440 亿美元的收购提议,认为雅虎完全可能在互联网广告上高速成长。随后金融危机爆发,杨致远在 2008 年离职。雅虎衰落的故事是互联网广告渠道变迁的故事。一开始它是聚集信息的渠道,之后的二十年内它逐渐被替代,先是 Google,然后是 Facebook。搜索引擎和社交网络取代了门户,成为两个更受欢迎的载体——人的载体,也是广告的载体。

3. Web2.0 时代的转变:身份危机和转型 (2009~2015 年)

自从被 Google 打败,雅虎再也没能成为某个互联网服务领域的第一名。20 年后,雅虎从一个业务单一的网页指南变成一个无所不包的互联网公司,它的身份危机持续已久。2009 年,代表雅虎起源的搜索业务被卖给微软——这是认输后的结果,是输掉互联网首页之争后的无奈之举。流量是互联网公司任何策略的基础,1999 年的雅虎可以任性地大规模收购扩张,因为它仍然是互联网世界的明星、人们打开浏览器的首选。2009 年的雅虎没有这种待遇。当时的 CEO 打算把雅虎彻底变成一个媒体公司,通过新闻和广告的传统门户模式赚钱。体育、金融和娱乐板块的新闻页面成为这一时间雅虎的宣传重点。然而,雅虎也没能成为一个冠军新闻网站。2012 年 7 月,玛丽莎·梅耶尔成为雅虎公司新任 CEO。这为雅虎带来了前所未有的关注,梅耶尔早期 Google 员工的履历和清新风格被视为雅虎的希望。然而在梅耶尔任职的两年半时间里,40 多起收购和平平的业绩使投资人逐渐失去耐心。今天的雅虎仍然有丰富的技术资源储备,对大数据发展至关重要的 Hadoop 由雅虎推广流行,它的不少员工后来就职于 Cloudera 和 Hortonworks 这两家大数据公司。雅虎的工程师团队和文化在今天都享有盛名。但它还在致力于做多个领域的第二名。雅虎新闻是 Google 之外全美第二大媒体渠道,桌面和移动端每月有 2.2 亿的读者,超过 Facebook 的用户量。Tumblr 是互联网病毒营销的最佳传播场所,年轻用户创意的来源,但比不上 Facebook、Twitter 或者 Instagram。

截至 2014 年 12 月 31 日,雅虎总资产为 619.60 亿美元,股东权益为 387.86 亿美元。全年实现主营业务收入 46.18 亿美元,净利润为 75.32 亿美元。2014 年 12 月 31 日收盘价为 50.51 美元,市盈率为 6.64 倍。

## (二)公司战略

1. 专业化与地域化战略

随着网络环境的多元化与其他公司的竞争,雅虎一直不断地推陈出新,希望仍能成为网友们在网络上来来去去的中心站台。在网络上的信息日益多元化与丰富之际,专业化与地域化已是必然趋势。雅虎公司推出了一项称为 GET LOCAL("本地联线")的新服务,提供全美 3 万个以上城市的地域性线上资源导览服务。使用者可直接连上地区站台,或是在雅虎的主站台上以浏览或输入区域号码的方式查询有兴趣城市的资料。GET LOCAL("本地联线")将自动创造出一个专属于该地区的首页,其中包括地方新闻、当地体育运动比赛结果、气象资料及其他各种当地信息。

## 2. 多元化策略

雅虎不满足于搜索引擎和门户网站的角色，还不断涉足其他领域，扩大商业版图。

第一，搭建社交平台。雅虎还开始提供免费线上交谈服务雅虎 CHAT（"雅虎聊天室"），再度证明了它不想只做一个目录或网络导览服务站台，而是想成为一个网络社区中心的雄心。除聊天的功能之外，雅虎 CHAT（"雅虎聊天室"）也会与如运动或娱乐等较热门的目录区结合，让同行们能相互交换信息。此外，雅虎 CHAT 也准备将一些如运动比赛成绩或地方新闻等内容在适当时机对特定的聊天室进行广播，以增进谈话气氛。

第二，汇聚兴趣内容。由于意识到雅虎的用户大多数是年轻人，雅虎特别设计了一个称作"美妙链接"的目录。在这个目录中，包含了当今最有趣的话题，用户可以从中查到美国联邦调查局通缉的十大罪犯，也能调阅到关于航天飞机的很多细节。

第三，涉足儿童市场。当互联网络风潮刮起，雅虎公司又看到了在儿童、亲子市场的潜在商机。他们开发了专供小朋友检索的"小雅虎"（雅虎 LIGANS），"小雅虎"纯以幼教信息为搜寻范围，反制线上泛滥的色情和暴力内容，获得了老师和家长们的广泛支持。

## 3. 多平台策略

随着移动设备的普及，用户的更多行为在移动端发生。雅虎在保有 PC 端的占有率的同时，也在移动端大有所为。雅虎认为，使用移动终端做的事情主要集中在三方面：沟通、了解新闻动态和获取信息。Cahan 把雅虎在移动方面的工作聚焦在两个方面。

第一，重塑雅虎体验。雅虎致力于重新想象，把移动能力注入到原有产品上。例如，雅虎收购了启动栏工具 Aviate，利用后者的技术，雅虎推出了统一应用，把天气、财经、体育、电子邮件、新闻及信息等应用整合到了一起。

第二，整合用户体验。雅虎考虑从用户角度出发去整合不同的体验。对于电子邮件，雅虎发现，用户用手机处理电子邮件主要是为了快速浏览然后分类存放供后续处理。雅虎的另一个有趣发现是，用户往往因为无聊才用手机打开邮件。所以雅虎认为，与其让用户不断地查找信息，不如主动推送信息；与其让用户不断在 APP 间切换，不如在启动栏提供所需的核心要素。效果是明显的，统一应用推出后用户在手机端使用邮件的平均时间提升了 1 分钟。

雅虎的移动策略总结起来可以归为两点：一是激励和娱乐用户；二是为日常习惯打造优美的体验。

### （三）资本运营

#### 1. 雅虎收购的动因

（1）收购人才。遏制人才流失。一个公司未来如何以及能否持续成功，最根本的保障就在于人才，"以人为本"是企业能否在日益激烈的竞争中保持不败的关键，这一点对于曾经的互联网巨头雅虎而言尤为重要。从雅虎收购 Jybe 等创业公司然后再关闭其业务，到让创业公司人员回到雅虎来看，明显就是人才性收购，此举一方面遏制雅虎目前的人才流失情况，另一方面也是在营造氛围，从而吸引更多优秀的人才加盟雅虎。

（2）提升士气。能够连续进行收购，可以证明雅虎的资本和实力，并且也能证明公司仍在不断发展和进步，同时增加员工对公司的认可度。

（3）整合技术。雅虎收购不少公司都是为了给现有的产品带来互补性技术或让其具有媒介平台属性。比如最近收购的 Admovate，就是为了加强和帮助雅虎的广告技术平台，完善雅虎针对移动广告的定向解决方案。因此雅虎有些收购，还为了将有些技术与自己整合。

(4)获得数据。这点在雅虎收购 Tumblr 上体现得非常明显，Tumblr 上有 1.078 亿个博客、506 亿条和每天新增 7500 万条的内容，这个平台上的数据对于雅虎而言无疑是笔巨大的财富。这有利于打造一个能够基于用户习惯、职业特征等数据分析，提供给用户不一样的个性化的雅虎。个性化的雅虎不仅能呈现用户喜欢和想要的内容，带来用户体验的极大提升，而且还能为广告主投放精确有效的广告。

(5)战略布局。雅虎的部分收购是为了战略布局，而这也可以称为防御性收购。用户获取信息的方式和渠道发生的改变，迫使雅虎在移动和社交领域疯狂收购。随着移动设备的普及，用户的需求开始远离 PC 端，更多地在移动设备上发生，未来甚至会转移到 Google Glass 等可穿戴设备上。而打造一款像 Google Glass 一样的高科技产品对于不具有高科技基因的雅虎公司来说，不仅浪费时间，而且在技术方面也很难达到。雅虎无法打造出诸如 Google Glass 等可穿戴设备，无法从设备的平台上来掌控用户数据的出口和入口，所以退而求其次，通过收购这些社交和移动领域的公司，把雅虎打造成内容上的谷歌，或许就能够吸引住用户。这主要体现在雅虎收购 Qwiki 上。Qwiki 是一款 iOS 应用，可以使用用户手机中的照片和视频制作电影。Qwiki 发布之初的重点是根据热门的搜索条目生成简短的资讯视频。2013 年初，该公司转变了重点，在 2 月重新推出了一款只兼容 iPhone 的应用，专注于用户自己的内容。虽然仍然沿用以往的技术，但却可以使用用户手机中的图片和视频制作电影。Twitter 的 Vine 大热之后，Facebook 的照片分享应用 Instagram 也推出了视频分享功能，至此，继文字社交、图片分享之后，短视频分享很有可能成为下一个社交分享爆发点。雅虎已经错过了很多互联网的新浪潮，现在很有必要通过收购来进行战略布局。

2. 雅虎并购历程

梅耶尔上任雅虎公司 CEO 之后，短短一年时间，雅虎收购了 18 家公司（如表 2-10-1 所示）。截至 2014 年 12 月，共收购了 47 家公司。

表 2-10-1 2012 年 10 月至 2013 年 7 月雅虎收购的公司

| 时间 | 被收购公司 | 类型 |
| --- | --- | --- |
| 2012-10-26 | Stamped | 移动推荐应用 |
| 2012-12-05 | OnTheAir | 视频通信技术 |
| 2013-01-23 | Snip.it | 内容整合平台 |
| 2013-02-18 | Alike | 地理位置的推荐应用 |
| 2013-03-21 | Jybe | 个性化社交推荐创业公司 |
| 2013-03-26 | Summly | 移动阅读创业公司 |
| 2013-05-02 | Astrid | 任务管理应用 |
| 2013-05-10 | MileWise | 航班搜索创业公司 |
| 2013-05-10 | GoPolIGo | 在线投票公司 |
| 2013-05-11 | Loki Studios | 移动游戏初创公司 |
| 2013-05-20 | Tumblr | 美国轻博客服务 |
| 2013-06-13 | GhostBird | 拍照应用 |
| 2013-06-13 | Rondee | 电话会议解决方案提供商 |
| 2013-07-02 | Bignoggins | 体育游戏应用开发商 |
| 2013-07-03 | Qwiki | 移动视频分享应用 |
| 2013-07-09 | Xobni | 电子邮件地址簿应用 |
| 2013-07-18 | Admovate | 移动广告公司 |
| 2013-07-18 | 智拓通达 | 社交平台大数据分析公司 |

(1)雅虎收购轻博客服务公司 Tumblr。2013 年 5 月，雅虎宣布收购美国轻博客服务公司 Tumblr。这笔交易的总金额约为 11 亿美元，基本上全部由现金支付。根据协议，Tumblr 将作为单独业务独立运营。大卫·卡普（David Karp）将继续担任 Tumblr CEO。Tumblr 的产品、服务和品牌将继续由 Tumblr 的创造者来定义及开发。Tumblr 目前每月活跃用户数超过 3 亿，每天新注册用户数约为 12 万，已成为全球增长速度最快的媒体网络之一。Tumblr 网站上每秒有 900 条内容发布，用户每月在该网站上花费的时间达到 240 亿分钟。移动业务方面，超过一半的 Tumblr 用户使用其移动应用，每天平均进行 7 次会话。Tumblr 的热门

程度，以及各年龄段内容制作者、管理者和用户的参与度给雅虎的网络带来了新的用户群体。Tumblr 和雅虎的结合将使雅虎的用户数增长 50%，每月独立用户访问量超过 10 亿，而网站流量则提升约 20%。

这笔交易给两家公司带来了独特的机会。Tumblr 能够利用雅虎的个性化技术和搜索基础设施，帮助其用户发现他们喜欢的内容制作者、博客和内容。另外，Tumblr 将给雅虎的媒体网络和搜索体验带来 500 亿条博客内容（以及每天新增的 7500 万条）。两家公司将合作探索广告机会。这样无缝衔接的广告将增强用户体验。

（2）雅虎收购图像识别公司 IQEngine。2013 年 8 月，雅虎收购图像识别创业公司 IQEngine。IQEngine 曾于 2010 年得到关注，当时该公司获得了 100 万美元投资并开发了一款 API（应用程序接口），帮助网络零售商和应用开发者提供视觉搜索引擎。该公司随后还出席了 2010 年的 DEMO 大会，并被业内人士认为是最值得关注的创业公司之一。IQEngine 目前维护着两个 API。其一名为 Smart Camera，这一 API 面向在线零售商，帮助用户与产品和品牌标志互动；另一个 API 名为 Smart Album，支持在网络相册和移动应用中进行照片分析和面部识别。后一个 API 可能正是雅虎需要的功能。

（3）雅虎收购 Polyvore。2014 年 8 月，雅虎宣布，已达成协议收购时尚电商网站 Polyvore。其官方公告称，通过集成社区和商务，Polyvore 将加强雅虎的数字杂志和垂直内容。在合并之后，雅虎和 Polyvore 将提供原生购物广告，给零售商带来流量和销售额。Polyvore 是由前雅虎员工 Pasha Sadri 于 2007 年创立的一个服饰搭配网站。用户可以在网站上搜索、收藏时尚单品，还可以将喜欢的衣物进行搭配，制作出专属自己的整体搭配，并与其他用户共享。这个网站吸引了大量时尚爱好者，每月大约有 20 万人次使用。Poyvore 做网站的思路依据"社区带来内容、内容刺激消费"的逻辑。它首先完善时尚社区的建设，并以此为入口建立商业模式。用户在浏览时尚单品或搭配的时候，只要将鼠标停留在任何商品上，就可以看到该商品的介绍，显示单价和购买网址，网站支持购买。因此，Polyvore 的盈利模式除了网页上的广告收入以外，还会对电商销售进行抽成。随着影响力的日益增大，Polyvore 得以与越来越多时尚品牌直接合作，每个月都会有超过 200 万件品牌时尚新品登陆网站。Polyvore 的现任 CEO 是 Jess Lee，她从 2008 年加入 Polyvore，一步步带领该网站找到盈利模式，扭亏为盈。公开报道显示，Polyvore 在种子轮融资中获得 2200 万美元，最近的一次融资在 2012 年 1 月。目前 Polyvore 每月的活跃用户达到 2000 万人。

（四）商业模式

雅虎的盈利模式以广告和多种收费业务为主要收入来源，以广大雅虎用户和广告商为主要的客户源，以多种多样的增值服务、收费业务和在线广告为利润增长点，以提供高质量的免费服务和小众化收费业务为利润屏障，总的来说，就是多元化的盈利模式，包括多元化的经营、多方位多品种的服务、多种收入来源。雅虎的盈利模式是三方市场模式和免费加收费模式的结合，减少对广告收入的依赖，在继续经营网络广告的基础上，开发多种增值服务和付费业务，通过高质量的免费服务来吸引受众，然后激发他们的消费欲望去为增值服务和付费业务买单。而且雅虎新的盈利模式使得雅虎从线上服务全部免费转变成广告和收费业务并重的企业。

1. 搜索盈利模式

搜索引擎服务商长期盈利的过程可以概述为：搜索引擎服务商在搜索技术上巨额研发投入和

TAC（Traffie Acquisition Cost，流量获得成本）大量支出是为了通过先进的搜索技术和服务使用户有更好的搜索体验从而获得更多的流量，流量资源会吸引大量广告客户在搜索引擎服务商上投放广告，从而使搜索服务商获得大量利润，进而继续投入改善用户体验。这样的过程不断重复成为良性搜索引擎服务商盈利循环。一个优秀的搜索盈利模式需要处理好研发和TAC支出、流量、广告收入三者的关系，从而形成良性的盈利循环。雅虎成熟的搜索盈利模式本质上就是关键词广告，这种广告很好地解决了用户需求与广告客户供给的相关性问题，达到了精确投放的效果。

2. 搜索产品类别

面对搜索用户对搜索需求的细化，搜索服务产品的开发也更加多样化，这也是一直以来搜索服务产品发展的趋势。在这一趋势下，搜索引擎服务产品发展大致可以分为3个阶段：第一个阶段是搜索服务产品多为单一路径，单一服务产品，这一阶段仍以单一的通用搜索服务为主，搜索需求单一；第二个阶段是多个路径，多种服务产品，在这个阶段，垂直搜索引擎开始崛起，以专业化的搜索服务满足用户的特殊需求，用户可以享受更多的搜索服务产品，但是多个路径也给用户搜索造成了不便；第三个阶段是单一路径，综合服务产品，以单一路径提供综合服务产品的搜索服务可以为搜索用户提供"一站式服务"，是未来搜索服务产品发展的趋势。在搜索服务产品方面，中国雅虎与百度、Google具有类似性，所提供的搜索都基本覆盖搜索用户的正常搜索需求，无法在这一领域形成竞争力。

3. 搜索服务品牌

中国雅虎曾在2005年末和2006年初投巨资打造雅虎搜索品牌。但付出高昂营销成本后，中国雅虎并没有收到预期效果。这次营销失败的原因可以归结到两方面：一方面，阿里巴巴集团对中国雅虎搜索的定位错误，作为阿里巴巴集团电子商务产业链的重要组成部分，中国雅虎搜索的品牌定位却落在娱乐上，虽然娱乐内容在目前互联网上可以创造大量流量，但与商务需求却没有什么相关性，甚至对竞价客户的广告投放有负面效应；另一方面，阿里巴巴集团在中国雅虎搜索品牌建设上急功近利，品牌的背后缺少服务和产品来支撑。在整合初期，雅虎服务和产品还没有完善就进行大量营销，其后果往往是负面的。在搜索品牌建设上，虽然中国雅虎意识到品牌的重要性，但是在营销上的失败使得中国雅虎搜索品牌在与百度和Google的竞争中处于劣势。

4. 增值服务业务

（1）虚拟社区。互联网经过了15年的发展，社区化正成为Web 2.0时代互联网的重要发展趋势。具有社区化特性的网站，如Myspace、YouTube、Blogger等已经占据了全球互联网非常显著的地位，博客（Blog）、群组（Group）、贴吧等新形式的虚拟社区不断涌现。在虚拟社区中，人们突破了空间、时间的限制，降低了交流成本，可以在社区中互动交流共同感兴趣的主题，或者主动表达自己的感受和思想，充分体现个性化自我，并可以在虚拟社区中实现自我价值。正是由于具备这种知识分享或社区贡献评价体系等功能，使虚拟社区对社区居民具有某种黏性，这种黏性随着社区信息积累和社区居民"居住"时间变长而不断加强。

（2）即时通信（IM）。即时通信软件已经从单纯的娱乐休闲工具变成生活工作的工具。由于好友、同事、生意伙伴的聚集效应导致即时通信软件具有黏性，这与虚拟社区具有类似的效果，而且即时通信软件使用的普遍性使得即时通信软件也成为进入搜索框的重要路径。

（3）电子邮箱服务。雅虎邮箱是雅虎公司推出的一项电子邮件服务工具。雅虎是全球最早从事电子邮件服务的互联网企业之一。雅虎邮箱自1996年开始，在全球范围内为用户提供电子邮箱服务。2012年12月，雅虎CEO玛丽莎·梅耶尔（Marissa Mayer）12月11日在博客中宣布了全新改版的雅虎邮件服务。雅虎邮件服务的改造重点是更迅速地访问邮件、减少干扰和更容易使用的界面。

### （五）市场概况

1. 雅虎整体概况

雅虎2014财年主营业务收入为46.18亿美元，略低于2013财年的46.80亿美元，净利润为75.22亿美元，每股摊薄收益7.45美元，同比增长3.29%。报告显示，公司的核心业务在第四季度和2014年继续保持稳定。公司的移动战略和侧重点已经改变了雅虎，并获得显著成效。在第四季度，公司的移动业务营收达到了2.54亿美元，增长了23%。整个2014年，来自移动端的总营收为12.6亿美元，而且基于GAAP下的移动营收达到了7.68亿美元。公司的投资业务，包括移动、视频、本地、社交等业务在内，基于GAAP营收超过了11亿美元，同比增长95%。截至2014年12月31日，雅虎持有现金、现金等价物及有价债券总额为100亿美元，较2013年同期的50亿美元增长了50亿美元。在2014年第四季度及全年，雅虎分别以9.8亿美元和24亿美元价格，回购了约2200万和6200万股雅虎股票。

2. 产品和服务

雅虎拥有数百家搜索合作商、一个世界级邮件平台，三个领先的行业（新闻、体育和金融），供给越来越多的视频内容，雅虎在数字生活中扮演着越来越重要的角色。

（1）搜索业务。雅虎搜索服务是浏览互联网和发现用户关心的信息的一个起点，它提供了丰富的搜索结果并在相关性的基础上对结果排序。雅虎搜索将继续帮助用户在正确的时间找到正确的信息。根据雅虎搜索的广告服务和销售协议（"搜索协议"）与微软公司（"微软"），微软是雅虎桌面的独家算法和付费搜索广告服务供应商与此类服务的关联网站和移动设备的非独家供应商。不论是在手机、平板电脑还是PC，雅虎将继续开发和推出新功能，以提高搜索体验。这些功能包括丰富结果、增加上下文搜索结果和个性化结果，并提出更多与主题相关的建议。

2014年12月，雅虎的份额升至五年来新高（如图2-10-1所示）。与此同时，谷歌在美国搜索市场的份额降至2008年以来的最低点。雅虎CEO梅耶尔多次强调雅虎仍然致力于搜索市场。

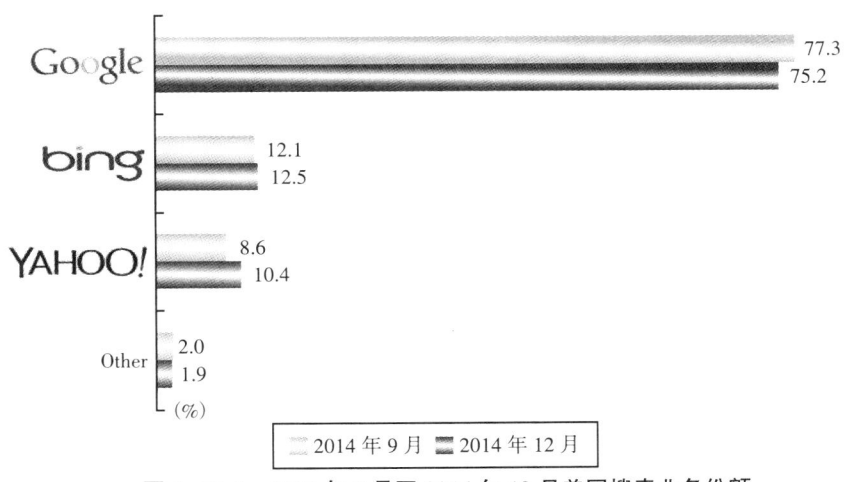

图2-10-1　2014年9月至2014年12月美国搜索业务份额

雅虎曾是搜索市场的开拓者，如今谷歌却在该市场称霸。雅虎一年前市场份额甚至只有7.4%，而造成如今变化的原因是2014年11月时火狐浏览器的默认搜索引擎由谷歌变成了雅虎。据美国网站流量监测机构 StatCounter 的报告，2014年11月和12月间，谷歌市场份额就下降了2%。StatCounter 首席执行官 Aodhan Cullen 说道，火狐浏览器的这一举动对美国搜索市场有着明显的影响。如今的问题是火狐浏览器用户会不会切换回谷歌。据 StatCounter 统计，2014年12月，火狐浏览器的用户大约占总网络用户量的12%。雅虎问答使得用户可以在手机、平板电脑和PC端寻找、发现和分享知识和意见。雅虎桌面是内置于安卓手机中的应用，它可以帮助用户整理应用，并及时提供用户所需要的信息。

（2）社交平台。通过手机、平板电脑和电脑，雅虎电邮将用户与人和重要的事情连接起来。除了邮件，雅虎为用户提供集联系人、日历和通信为一体的产品，并提供1TB的储存容量和美丽的图片主题。雅虎的移动APP通过雅虎体育、雅虎金融和雅虎天气为用户提供个性化新闻流和更新等。雅虎通是为用户提供实时和个性化联系交流的即时通信服务，和雅虎电邮相似，雅虎通可以在手机、平板电脑和电脑上使用。雅虎社区允许用户基于共同的兴趣来加入社区，并为用户提供信息、事件日历、民意调查和其他共享信息。

（3）数字内容。Yahoo.com 汇集了当前相关的新闻和信息，包括雅虎原创内容和合作伙伴产生的内容。雅虎的主页在手机、平板电脑和PC端进行了一致优化。访客们可以在雅虎网页预览到他们的邮箱收件箱、本地天气、股票行情、体育成绩、卡通漫画等。雅虎通过展示广告和搜索广告盈利。雅虎的许多功能也可以在移动优化版本和平板以及不同的操作平台上使用。

雅虎体育为世界上规模最大的数字体育爱好者群体提供服务。雅虎体育由梦幻体育、编辑报告、实施成绩、统计和突发新闻组成，覆盖了全球最大的体育赛事，并通过出版社 Rivals 来报道高校体育。通过屡次获奖的作家，一个梦幻平台和跟踪体育直播，雅虎每天为球迷提供体验。在2014年雅虎提供了新的体验服务，包括三个方面。第一，梦幻体育。增加移动产品，例如推送通知，并为所有的游戏提供一个统一的APP。雅虎梦幻游戏将保持它作为 NBA、NHL 和 MLB 官方游戏的地位。第二，移动推广。雅虎移动APP推广至六个国家，并将与 NFL、NBA 和 NHL 的全球事件的亮点合并。第三，全球事件。推出专门的移动和电脑网站来播出索契冬奥会和巴西世界杯，内有原创内容、合作伙伴内容、梦幻体育和实时分数。

雅虎财经提供了全面的财务数据、信息和帮助用户进行财务决策的工具。雅虎金融含有丰富的原创和第三方提供者的关系组合内容，可以在手机、平板电脑和PC端使用。

雅虎天气为用户提供实时的天气状况和他们最喜欢的地方的信息。雅虎天气可以在手机、平板电脑和PC端使用。2014年，雅虎为雅虎天气APP增加了动画，并提供推送通知，以更好地为用户提供服务。

雅虎新闻，娱乐和生活方式是雅虎电子杂志专注于新型的趋势和主题的一部分。电子杂志提供的内容包括：雅虎科技、雅虎视频、雅虎健康、雅虎风格、雅虎旅游、雅虎电影（美国、英国）、雅虎音乐、雅虎厂商、雅虎育儿等。杂志的内容来自行业领先的编辑、高级合作伙伴，并选择用户产生的内容。电子杂志通过一系列的图片和视频来吸引用户。在所有的设备上都可实现这些功能，包括视觉驱动内容流、可信的编辑声音、社会分享能力、娱乐和其他精彩品牌内容。数字杂志也包括本地广告，这也是体验的一部分。除了电子杂志，雅虎新闻摘要 APP 每天两次为用户带来最新的故事概要和突发事件。

雅虎频道是一个视频网站和应用，用户可以在上面轻松地浏览他们最喜欢的频道来娱乐，并且接受通知。雅虎频道目前可以在 PC 端、iOS 和安卓设备以及电视平台上使用。雅虎还添加了新的频道合作伙伴，如 Live Nation，Vevo 和 NFL。

3. 利润增长点

2014 年第四季度，雅虎北美搜索流量中一半来自移动设备（如表 2-10-2 所示），和上年同期比增长 32%，和 2014 年第二季度比增长 10 个百分点。2014 年，在移动搜索流量份额方面，雅虎超过 Google，差距从第一季度的 3 个百分点增长

表 2-10-2 2013 年第三季度至 2014 年第四季度北美搜索引擎移动流量份额

单位：%

| | Google | Yahoo! | Bing |
|---|---|---|---|
| 2013 年第三季度 | 32 | 34 | 16 |
| 2013 年第四季度 | 33 | 32 | 15 |
| 2014 年第一季度 | 36 | 39 | 16 |
| 2014 年第二季度 | 38 | 40 | 18 |
| 2014 年第三季度 | 41 | 47 | 28 |
| 2014 年第四季度 | 43 | 50 | 28 |

至第四季度的 7 个百分点。

但是，雅虎移动有机搜索流量份额却远远赶不上 Google，2014 年第四季度分别占 8.4% 和 85.6%。这和 StatCounter 发布 2014 年第四季度指数相似，即美国 86.0% 的移动搜索（不包括平板）来自 Google，相比之下，雅虎只占 9.6%。

考虑到消费者越来越多地在移动设备上使用搜索引擎，雅虎移动搜索份额增长是合理的。eMarketer 预测 2015 年美国将有 1.573 亿手机搜索用户，占手机用户的 61.0%，总人口的 49.0%。到 2019 年，近 2/3 的消费者将使用移动浏览器或应用进行搜索，达到 2.158 亿人，占手机用户的 78.8%。eMarketer 预计 2015~2017 年雅虎美国移动搜索广告收入会稳定增长，从 6.388 亿美元增长至 10.7 亿美元。雅虎表示，39% 的雅虎搜索来自移动设备，其 Gemini 平台给那些想要接触特定移动用户的广告商提供了购买移动搜索和原生广告的机会。随着雅虎移动搜索飞速发展，其广告收入也将有大幅增长。

## （六）经营和财务绩效

表 2-10-3 雅虎 2012~2014 年度经营与财务业绩比较

单位：百万美元

| 年份 | 2014 | 2013 | 2012 |
|---|---|---|---|
| 收入 | 4618 | 4680 | 4987 |
| 总资产 | 61960 | 16805 | 17103 |
| 净利润 | 7532 | 1377 | 3951 |
| 净资产（股东权益） | 38786 | 13131 | 14606 |
| 净利润率（%） | 163.10 | 29.41 | 79.22 |
| 总资产报酬率（ROA）（%） | 12.16 | 8.19 | 23.10 |
| 净资产报酬率（ROE）（%） | 19.42 | 10.48 | 27.05 |
| 资本性支出（CAPEX） | 372 | 338 | 506 |
| CAPEX 占收比（%） | 8.06 | 7.22 | 10.14 |
| 经营活动净现金流 | 897 | 1195 | −282 |
| 每股经营活动净现金流（美元/股） | 0.91 | 1.14 | −0.24 |
| 自由现金流（FCF） | 525 | 857 | −787 |
| 自由现金流占收比（%） | 11.36 | 18.31 | −15.78 |
| 每股盈利（EPS）（美元/股） | 7.61 | 1.3 | 3.31 |

续表

| 年份 | 2014 | 2013 | 2012 |
|---|---|---|---|
| 每股股利（DPS）（美元/股） | 0 | 0 | 0 |
| 股利支付率（%） | 0 | 0 | 0 |
| 主营业务收入增长率（%） | -1.33 | -6.14 | 0.05 |
| 总资产增长率（%） | 268.70 | -1.74 | 15.70 |
| 净利润增长率（%） | 447.17 | -65.16 | 271.76 |
| 经营活动现金流增长率（%） | -24.98 | -524.52 | -121.27 |
| 资产负债率（%） | 37.40 | 21.86 | 14.60 |
| 流动比率 | 58.91 | 155.01 | 438.12 |
| 总资产周转率（次） | 0.07 | 0.28 | 0.29 |
| 股息 | 0 | 0 | 0 |
| 内部融资额 | 8139 | 2006 | 4605 |
| 研发支出 | 139 | 83 | 74 |
| 研发支出占收入比（%） | 3.01 | 1.78 | 1.49 |

表 2-10-4 雅虎轻资产特征一览表

| 序号 | 项目 | 2012年 | 2013年 | 2014年 |
|---|---|---|---|---|
| 1 | 现金类资产比重（%） | 19.61 | 17.37 | 12.20 |
| 2 | 应收账款比重（%） | 5.90 | 5.83 | 1.67 |
| 3 | 存货比重（%） | 0.00 | 0.00 | 0.00 |
| 4 | 流动资产比重（%） | 15.60 | 12.36 | 4.31 |
| 5 | 固定资产比重（%） | 9.86 | 8.86 | 2.40 |
| 6 | 流动负债比重（%） | 7.54 | 7.98 | 7.31 |
| 7 | 应付账款比重（%） | 1.08 | 0.82 | 0.38 |
| 8 | 无息负债比重（%） | -4.82 | -5.01 | -1.28 |
| 9 | 有息负债比重（%） | 0.00 | 6.61 | 1.89 |
| 10 | 留存收益比重（%） | 33.87 | 25.39 | 14.42 |
| 11 | 营运资金（百万美元） | 1378 | 737 | -1861 |
| 12 | 现金股利（百万美元） | 0 | 0 | 0 |
| 13 | 内源融资（百万美元） | 4605 | 2006 | 8139 |
| 14 | 资本性支出（百万美元） | 372 | 338 | 506 |
| 15 | 现金储备（百万美元） | 7300 | 6523 | 50466 |
| 16 | 自由现金流（百万美元） | -654 | 857 | 391 |

### （七）内控与风险管理

雅虎公司面对金融市场的风险，包括汇率利率变化和投资的市场价值变动等，按照公司的投资策略，使用金融衍生工具来减轻某些风险。

**1. 利率风险**

雅虎公司面对的利率变动影响着公司的成本与对冲策略，主要包括现金和有价证券组合。公司将过剩的资金投资于货币市场基金、定期存款以及债券等方面。2013年12月，公司发行了14.38亿美元的票据，并将票据按面值计入合并资产负债表，票据的公允价值随股价的波动而变动。固定利率和浮动利率投资工具也会引起一定的利率风险。固定利率证券不会受到利率变动的影响，而浮动利率证券则可能由于利率的上升导致收入低于预期，或者由于被迫抛售证券而造成亏损。

截至 2014 年 12 月 31 日和 2013 年 12 月 31 日，假设利率上升 100 个基本点，这将会导致公司可供出售债券的公允价值分别下跌 3100 万美元和 1500 万美元。

2. 汇率风险

雅虎公司外汇风险管理计划的主要目的是识别重大外汇风险，并确定方法来管理这些风险，以尽量减少潜在的汇率波动对公司报告的综合现金流和经营业绩的影响。公司的金融衍生工具交易对象都是大型金融机构。公司采用多种货币进行交易，并拥有国际收入，同时也有采用外币计价的费用。这使公司受到外国汇率波动的影响。截至 2014 年、2013 年和 2012 年末，公司有未实现和已实现外汇交易损失分别为 1500 万美元、600 万美元和 100 万美元。这些损失来自雅虎公司以及子公司的资产负债表对冲和外国计价资产和负债的再计量。

3. 折算风险

当外国子公司的财务报表和雅虎的股权投资以美元合并时，雅虎公司也受到外汇波动的影响。如果外币兑换率有变化，则外国子公司的财务报表折算成美元的收益或亏损也会变化，这是累积其他综合收益的一个组成部分，也是股东权益的一部分。雅虎公司对所有外汇衍生工具进行风险价值的敏感性分析，以此来评估汇率波动的潜在影响。VaR 模型采用蒙特卡罗模拟法，来产生随机价格路径用于模拟正常的市场运行情况。VaR 是当外汇衍生工具由于利率的不利变动而产生的可能的最大预期损失值。VaR 模型是一个风险管理的工具，并不能代表实际或预测的结果。基于模型的结果，使用 99%的置信区间，公司估计在 2014 年和 2013 年末，对冲组合分别有 2200 万美元和 1200 万美元的最大单日损失净额。2014 年和 2013 年末，现金流对冲投资组合和最大单日损失额分别为 300 万美元和不到 100 万美元。2014 年、2013 年和 2012 年末资产负债表对冲投资组合最大单日损失分别为 200 万美元、200 万美元和 300 万美元。由于预测的时间、数额等实际情况的局限性，未来衍生工具实际的收益和亏损可能与敏感性分析预计的结果有很大不同。此外，VaR 敏感性分析不能反映市场转变的复杂反应。

4. 投资风险

公司面临一些投资风险，这些风险可能会导致投资的市场价值的变动。公司在公共和私人公司均有可供出售债券和证券投资。截至阿里巴巴集团首次公开招股，雅虎公司不再对阿里巴巴集团的投资使用权益计价法，并且不再在合并资产负债表中记录雅虎在阿里巴巴集团所占份额的财务成果。现在雅虎公司将所持有的阿里巴巴的股份作为合并资产负债表中的一项可供出售股权证券，并且调整每季度报告期内公允价值投资的变化，并将公允价值变化记录在"其他综合收入（亏损）"当中。这一变化增大了投资组合的股票价值风险。在阿里巴巴集团的股权投资的公允价值将随时间而变化，还会有各种各样的市场风险，包括公司业绩、宏观经济、监管、行业和股票市场总体的系统风险。公司目前的现金和有价证券投资策略主要是为了保护资本和满足流动性需求。在此政策下，公司的大部分资金由外部管理者管理。公司通过限制违约风险、市场风险和再投资风险来保护和维持投资基金。为了达到这一目标，公司将现金和现金等价物、短期和长期投资组合投资于一系列固定收益证券。截至 2013 年末，投资的未实现收益和亏损净额并不大；2014 年末，投资的未实现收益和亏损净额为 500 百万美元。通过对公司的可供出售证券组合的敏感性分析来评估股票价格波动的潜在影响。将股价下跌 10%、20%和 30%作为对投资组合产生的不利影响作为基准。截至 2014 年 12 月 31 日，可供出售证券组合的公允价值大约为 400 亿美元。股价下跌 10%、

20%、30%时，将分别会导致40亿、80亿和120亿美元的跌幅。公司对Hortonworks认证股权的公允价值运用布莱克—斯科尔斯模型进行了单独的敏感性分析。保持其他投入不变的情况下，基于股价潜在的短期变化可能导致股权的不利影响进而产生合并损益表上的亏损，假定股票下跌10%、20%、30%时的情形。截至2014年12月31日，Hortonworks的认股权证的公允价值约为9800万美元。在股票价格下跌10%、20%、30%时，将分别会产生1000万美元、2000万美元和3000万美元的跌幅。

### （八）前景展望

近年来，雅虎公司的收购大多集中在两个领域，即移动化和社交。梅耶尔在接手雅虎之初，就曾反复强调"雅虎的未来就是移动，我们在产品推出上将奉行移动为先的原则"。按照原有的计划，Mayer试图把雅虎转型为一家"主要从事移动业务的公司"，在这之上，社交同样也是重中之重。另外雅虎也在通过收购帮助自己旗下的两款有着相当用户基础的产品Flickr和Tumblr进一步发展，比如能够提供更多的功能，同时加强移动化。社交视频应用开发商Ptch旨在帮助用户拍摄照片和视频，并将照片和视频转变为"美丽、可共享的电影"，雅虎会将这些技术植入到Flickr移动应用程序中，让摄影师和摄像师制作更多迷人的媒体内容。图片应用开发商Cooliris在2014年11月被雅虎收购，这款应用可以浏览用户在各大社交网络上的所有图片，将它们整合到一起进行浏览。除了浏览图片外，Cooliris可以将用户在各个社交网络上的图片进行聚合，之后再通过邮件有选择性地分享给不同的朋友，这款应用被收购后的任务同样也是为Flickr的后续发展提供技术支持。

1. 发展三大方向

（1）更专注发展移动市场。全球拥有5.5亿活跃移动用户，雅虎移动广告业务提升，有助于整体营收的表现。

（2）持续并购新创公司。雅虎公司CEO梅耶尔将坚持持续为雅虎并购新公司，她认为并购可以为雅虎带来新的技术，所以雅虎的并购计划不会停止，接下来还将会有更大的并购计划。

（3）影音是未来投资的重头戏。雅虎未来将发展大量的影音和数位杂志内容，吸引更多的使用者流量，以争取广告商投注影音广告预算。

2. 实施四个战略

雅虎最大的危机不是公共关系问题，而是它的核心业务步履蹒跚。这个核心业务就是把横幅广告投放在雅虎搜索、雅虎新闻和雅虎邮箱等消费者服务上，而人们主要是在台式电脑和笔记本上使用这类服务的。梅耶尔目前尚未扭转雅虎业务下滑的局面。她上任雅虎后的九个季度中，显示广告业务收入较上年同期减少的季度就有八个。雅虎CEO梅耶尔的策略是弥补这个缺口，让雅虎再度成为一家增长型公司。而她的方法侧重在四个方面：移动、视频、浸入式广告（让广告模仿同时出现内容的格式）以及社交（比如用Tumblr上的2.27亿个博客来赚钱。雅虎在2013年斥资11亿美元收购了Tumblr）。雅虎认为，有迹象表明，梅耶尔在移动领域的战略投资已见成效。其10亿用户中有大约5.75亿现在在移动设备上访问雅虎应用——雅虎邮件、雅虎天气、雅虎新闻摘要和Flickr。雅虎的移动增长速度超过了行业平均水平。在2014年，该公司第一次在移动业务收入上有所突破，称在这个门类上获得了12亿美元的总收入。即使批评家对雅虎的未来仍不乐观，但也不得不承认梅耶尔的功劳。移动战略的专家认为在破除惯性和失败主义意识方面，梅耶尔的工作很有成效。

### 3. 解决内部争议

梅耶尔2012年接掌雅虎时,该公司正在把相当可观的资金投入到移动搜索领域,试水雅虎Axis(以搜索为中心的浏览器)和Livestand(平板电脑杂志,类似于Flipboard)等应用。但没有哪个雅虎应用的人气特别高,这反映了公司内部对移动策略的矛盾心态。公司内部的争论牵制了雅虎在移动领域的进展,因为大家对于智能手机和平板电脑应用的构建方法意见并不统一。使用先进的Web技术(统称为HTML5),开发人员可以只为一个产品开发一个版本,比如只开发一个雅虎邮件版本,它就可以在iOS、Android或任何其他手机操作系统上运行。而编写本机应用,要使用特定操作系统的工具和技术,需要开发人员投入更多的时间和精力,但是也能为用户带来更快更流畅的体验。雅虎的开发人员当时已经严重偏向HTML5。

### 4. 分拆阿里巴巴股份

分拆阿里巴巴集团的股份之后,一些激进派投资者将更密切地关注梅耶尔的策略,敦促雅虎避免进一步采取收购行动,并找到一种节税的方式来剥离雅虎日本。有投资者建议削减高达5.7亿美元的成本,这将会让雅虎的业务大幅缩水,更加前途无望。

雅虎作为昔日的几大互联网巨头之一,在现在的互联网领域发展不利,不得不另辟蹊径,但却有望意外地走出一条差异化的发展路线,但可以预见的是未来在这条路上少不了Google、Facebook等强敌的竞争,雅虎在这场比拼中也仅仅是领先了一步而已,离最后的成功还差得很远,要想复兴,雅虎才刚刚开始。

### 附件一:雅虎财务报告(2014年)

#### 1. 合并资产负债表

单位:千美元

| 年份 | 2012 | 2013 | 2014 |
| --- | --- | --- | --- |
| 资产 | | | |
| 流动资产 | 2667778 | 2077590 | 2667916 |
| 　现金和现金等价物 | 1516175 | 1330304 | 5327412 |
| 　应收账款净额 | 1008448 | 979559 | 1032704 |
| 　预付费用和其他流动资产 | 460312 | 638404 | 671075 |
| 总流动资产 | 5652713 | 5025857 | 9699107 |
| 长期有价证券 | 1838425 | 1589500 | 2230892 |
| 固定资产净值 | 1685845 | 1488518 | 1487684 |
| 商誉 | 3826749 | 4679648 | 5163654 |
| 无形资产净值 | 153973 | 417808 | 470842 |
| 其他长期资产和投资 | 289130 | 177281 | 550798 |
| 对阿里巴巴的投资 | 816261 | — | 39867789 |
| 股权投资 | 2840157 | 3426347 | 2489578 |
| 总资产 | 17103253 | 16804959 | 61960344 |
| 负债和权益 | | | |
| 流动负债 | | | |
| 　应付账款 | 184831 | 138031 | 238018 |

续表

| 年份 | 2012 | 2013 | 2014 |
|---|---|---|---|
| 与出售阿里巴巴集团 ADS 相关的应付税费 | — | — | 3282293 |
| 其他应计费用和流动负债 | 808475 | 907782 | 671307 |
| 递延收入 | 296926 | 294499 | 336963 |
| 总流动负债 | 1290232 | 1340312 | 4528581 |
| 可转换债券 | — | 1110585 | 1170423 |
| 长期递延收入 | 407560 | 258904 | 20774 |
| 其他长期负债 | 124587 | 116605 | 143095 |
| 与投资阿里巴巴集团有关的递延所得税负债 | — | — | 16154906 |
| 递延和其他所得税负债 | 675271 | 847956 | 1156973 |
| 总负债 | 2497650 | 3674362 | 23174752 |
| 承付款项与或有负债 | | | |
| 雅虎公司股东权益 | | | |
| 优先股 | — | — | — |
| 普通股 | 1187 | 1015 | 945 |
| 资本公积 | 9563348 | 8688304 | 8496683 |
| 库存股成本价 | −1368043 | −200228 | −712455 |
| 留存收益 | 5792459 | 4267429 | 8937036 |
| 累计其他综合收益 | 571249 | 318389 | 22019628 |
| 雅虎公司股东权益总额 | 14560200 | 13074909 | 38741837 |
| 非控制性权益 | 45403 | 55688 | 43755 |
| 总权益 | 14605603 | 13130597 | 38785592 |
| 负债权益总计 | 17103253 | 16804959 | 61960344 |

2. 合并损益表

单位：千美元

| 年份 | 2012 | 2013 | 2014 |
|---|---|---|---|
| 主营业务收入 | 4986566 | 4680380 | 4618133 |
| 经营支出 | | | |
| 主营业务成本——流量获取费用 | 518906 | 254442 | 217531 |
| 主营业务成本——其他 | 1101660 | 1094938 | 1080783 |
| 营销费用 | 1101572 | 1130820 | 1234268 |
| 研发费用 | 885824 | 1008487 | 1207146 |
| 管理费用 | 540247 | 569555 | 574743 |
| 无形资产摊销 | 35819 | 44841 | 66750 |
| 专利销售支出 | — | −79950 | −97894 |
| 商誉减值费用 | — | 63555 | 88414 |
| 重组净支出 | 236170 | 3766 | 103450 |
| 总经营支出 | 4420198 | 4090454 | 4475191 |
| 经营收入 | 566368 | 589926 | 142942 |
| 其他净收入 | 4647839 | 43357 | 10369439 |
| 税前收入和权益收益 | 5214207 | 633283 | 10512381 |
| 预估所得税 | −1940043 | −153392 | −4038102 |
| 权益投资收益除税净额 | 676438 | 896675 | 1057863 |

续表

| 年份 | 2012 | 2013 | 2014 |
|---|---|---|---|
| 净利润 | 3950602 | 1376566 | 7532142 |
| 归属于非控制性权益的净收入 | -5123 | -10285 | -10411 |
| 雅虎公司净利润 | 3945479 | 1366281 | 7521731 |
| 雅虎公司普通股股东每股基本收益 | 3.31 | 1.3 | 7.61 |
| 雅虎公司普通股股东每股摊薄收益 | 3.28 | 1.26 | 7.45 |
| 基本普通股股数 | 1192775 | 1052705 | 987819 |
| 加权普通股股数 | 1202906 | 1070811 | 1004108 |
| 股权激励费用（按功能） | | | |
|   主营业务成本——其他 | 10078 | 15545 | 33560 |
|   营销费用 | 82115 | 101852 | 154372 |
|   研发费用 | 74284 | 83396 | 139056 |
|   管理费用 | 57888 | 77427 | 93186 |
|   重组净回转 | -3429 | — | |
| 综合收益 | | | |
|   净利润 | 3950602 | 1376566 | 7532142 |
|   可供出售证券 | | | |
|     可供出售证券的未实现收益（损失） | 7571 | 6776 | 22072073 |
|     分类调整可供出售证券的包括净利润的实际（收益）损失 | 9088 | -796 | -2218 |
|     未实现收益（损失）的变动除税净额 | 16659 | 5980 | 22069855 |
|   外币换算调整 | | | |
|     外国CTA利润（亏损）除税净额 | -9334 | -577711 | -363013 |
|     对冲CTA利润（亏损）除税净投资额 | 3241 | 317459 | 130904 |
|     对包括CTA在内的已实现收入的分类调整除税净额 | -137186 | — | -50301 |
|     外国CTA利润（亏损）的变动除税净额 | -143279 | -260252 | -282410 |
|   现金流对冲 | | | |
|     现金流对冲中未实现利润（亏损）除税净额 | — | 3492 | 5704 |
|     对现金流对冲的已实现收入的分类调整除税净额 | — | -2080 | -5259 |
|     现金流对冲的利润（亏损）除税变动净额 | — | 1412 | 445 |
|   其他综合收益 | -126620 | -252860 | 21787890 |
|   综合收益 | 3823982 | 1123706 | 29320032 |
|   减：非控制权益的综合收益 | -5123 | -10285 | -10411 |
|   雅虎公司综合收益 | 3818859 | 1113421 | 29309621 |

3. 合并现金流量表

单位：千美元

| 年份 | 2012 | 2013 | 2014 |
|---|---|---|---|
| 经营活动现金流 | | | |
| 净利润 | 3950602 | 1376566 | 7532142 |
| 将净利润调整为经营活动净现金流 | | | |
|   折旧 | 549235 | 532485 | 475031 |
|   无形资产摊销 | 105366 | 96518 | 131537 |
|   可转换票据贴现 | — | 4846 | 59838 |
|   以股权支付的补偿支出 | 220936 | 278220 | 420174 |

续表

| 年份 | 2012 | 2013 | 2014 |
|---|---|---|---|
| 非现金重组费用（撤销） | 109896 | 547 | -3394 |
| 投资、资产和其他销售净损失（收益） | -11840 | 22397 | 35473 |
| 销售阿里巴巴股份收益 | -4603322 | — | — |
| 销售阿里巴巴ADS收益 | — | — | -10319437 |
| 销售专利收益 | — | -79950 | -97894 |
| 销售Hortonworks权证 | — | — | -98062 |
| 商誉减值费用 | — | 63555 | 88414 |
| 股权收益 | -676438 | -896675 | -1057863 |
| 阿里巴巴集团优先股股息收益 | -20000 | -35726 | — |
| 股权激励产生（减少）的税费 | -31440 | 49061 | 145711 |
| 从股权激励中得到的溢税收益 | -35844 | -64407 | -149582 |
| 递延所得税 | -769320 | -84302 | 465873 |
| 从股权投资取得的股息 | 83648 | 135058 | 83685 |
| 经营性资产和负债（扣除收购和资产剥离的影响）变更 | | | |
| 　　应收账款 | 34752 | 26199 | 29278 |
| 　　预付费用和其他 | 78529 | 27401 | -78601 |
| 　　应付账款 | 12747 | -7764 | 14165 |
| 　　应计费用及其他负债 | 255799 | -98853 | 132839 |
| 　　销售阿里巴巴集团ADS应付所得税 | — | — | 3282293 |
| 　　递延收入 | 465140 | -149929 | -194920 |
| 　　经营活动净现金流 | -281554 | 1195247 | 896700 |
| 投资活动现金流 | | | |
| 　　资产收购净额 | -505507 | -338131 | -372147 |
| 　　有价证券购买 | -3520327 | -3223190 | -7890092 |
| 　　有价证券销售收益 | 741947 | 2871834 | 2269659 |
| 　　有价证券到期收益 | 381403 | 748915 | 945696 |
| 　　销售阿里巴巴集团股份净收益 | 6247728 | — | — |
| 　　销售阿里巴巴集团ADS净收益，除去承销折扣，佣金和费用 | — | — | 9404974 |
| 　　赎回阿里巴巴优先股收益 | — | 800000 | — |
| 　　净现金收购 | -5716 | -1247544 | -859036 |
| 　　无形资产购买 | -3799 | -2500 | -2658 |
| 　　衍生对冲合约的结算收益 | 17898 | 312266 | 254496 |
| 　　衍生工具对冲合约的结算支付 | -11141 | -22708 | -5454 |
| 　　投资销售收益 | 26132 | 181 | — |
| 　　私募股权投资支出 | -7799 | -4226 | -74399 |
| 　　专利销售收入 | — | 79950 | 86300 |
| 　　其他投资活动净额 | 1225 | 1932 | 4630 |
| 　　投资活动净现金流 | 3362044 | -23221 | 3761969 |
| 筹资活动现金流 | | | |
| 　　发行股票收益 | 218371 | 353267 | 308029 |
| 　　普通股回购 | -2167841 | -3344396 | -4163227 |
| 　　发行可转换债券的收益 | — | 1412344 | — |
| 　　票据对冲支出 | — | -205706 | — |
| 　　发行认股权证 | — | 124775 | — |

续表

| 年份 | 2012 | 2013 | 2014 |
|---|---|---|---|
| 从股票补偿中得到的溢税收益 | 35844 | 64407 | 149582 |
| 与限制性股票单位的股份结算相关的税金扣款 | -60939 | -139815 | -280879 |
| 分配给非控制性权益 | — | — | -22344 |
| 信贷融资所得款项 | — | 150000 | — |
| 偿还信贷融资借款 | — | -150000 | — |
| 其他筹资活动净值 | -4892 | -8760 | -13627 |
| 用于融资活动的现金净额 | -1979457 | -1743884 | -4022466 |
| 汇率变动对现金及现金等价物的影响 | 4355 | -18330 | -45877 |
| 现金和现金等价物的变化净额 | 1105388 | -590188 | 590326 |
| 年初现金和现金等价物 | 1562390 | 2667778 | 2077590 |
| 年末现金和现金等价物 | 2667778 | 2077590 | 2667916 |

### 附件二：雅虎大事记

2003年11月，雅虎中国出资1.2亿美元全资收购提供中文上网服务领导公司3721公司（当时该公司占据中文上网服务市场90%以上市场份额）。

2004年7月，雅虎中国率先推出1G电子邮箱，开创中国电子邮箱G时代。

2004年11月，雅虎&3721发布搜索竞价产品线，雅虎中国成为中国最大、最综合的搜索营销服务提供商。

2005年8月，阿里巴巴和雅虎全球达成战略合作，全资收购雅虎中国，并更名为阿里巴巴雅虎。

2005年11月，阿里巴巴宣布未来阿里巴巴雅虎的业务重点全面转向搜索领域。

2006年1月4日，阿里巴巴雅虎宣布，启动"2006雅虎搜索创意盛典"，投资3000万人民币，盛邀陈凯歌、冯小刚、张纪中三大国内著名导演围绕"雅虎搜索"的主题，各自创作一支时长不短于2分钟的视频广告短片。

2006年1月16日，阿里巴巴雅虎推出其知识搜索产品——"知识堂"公测版。

2006年5月9日，阿里巴巴雅虎推出3.5G大容量邮箱，同时用户还可获得20M超大附件服务。

2006年5月18日，阿里巴巴雅虎推出全球首个专门针对世界杯的垂直搜索项目雅虎世界杯搜索，据悉这是搜索技术首次引入体育领域。

2006年7月13日，雅虎和微软开始在包括中国市场的全球局部范围内，进行双方即时通信工具之间互联互通的公开测试。双方将共同打造全球最大的个人用户即时通信社区，其用户数超过3.5亿。

2006年8月15日，雅虎搜索新产品正式推出，新产品包括两方面：一方面雅虎首页围绕社区化搜索进行调整，另一方面雅虎专业的搜索引擎独立域名正式启用，满足个人化搜索的需求。

2006年9月19日，阿里巴巴雅虎宣布在雅虎搜索启动为期一个月的搜索质量大检——雅虎"搜虫"行动，旨在借助全国1.23亿互联网用户的智慧进一步提升搜索质量。

2006年9月28日，阿里巴巴雅虎举办"2006雅虎搜索创意盛典三导广告片首映礼"，三位国内著名导演——陈凯歌、冯小刚、张纪中拍摄的三支"雅虎搜索广告片"举行了全球首映。

2006年11月28日，原阿里巴巴集团参谋部资深副总裁曾鸣正式出任雅虎中国总裁，同时兼任阿里巴巴集团执行副总裁。

2007年5月15日，雅虎中国宣布，从即日起正式更名为中国雅虎。同时，中国雅虎全新的业务体系也调整完毕，形成了"三驾马车"式的事业部制架构。

2007年6月5日，在中国雅虎推出全球首个实现了"一页到位"全新体验的搜索平台OmniSearch，开始向着智能化的搜索领域前进。

2007年9月7日，中国雅虎正式推出了有史以来第一款"终生邮箱"。这个邮箱容量无限，采用@的全新域名，并于10日凌晨向全体网民开放ID的抢注。

2008年，雅虎口碑。由中国雅虎与口碑网整合而成的雅虎口碑公司，推出"强强融合"后的首个专题——2008北京奥运会生活服务。据了解，精心打造的奥运会生活服务平台，将在奥运期间为全国的百姓提供全程的生活服务资讯与互动，解决人们由于异地观赛及旅游遇到的生活难题。

2012年5月21日，阿里巴巴集团将以63亿美元现金和不超过8亿美元的新增阿里巴巴集团优先股，回购雅虎手中所持有阿里巴巴集团股份的一半。

2013年4月18日，中国雅虎邮箱启动整体迁移，并于2013年8月19日停止服务。7月20日玛丽莎·梅耶尔出任雅虎CEO。

2014年11月11日，雅虎宣布该公司将以6.4亿美元的价格收购视频广告平台Brightroll。雅虎称，该公司将把自己的收费桌面和移动视频广告位与Brightroll的平台结合在一起，从而提高旗下各个平台的广告价值。

2015年6月4日，雅虎宣布将关闭包括雅虎地图在内的一系列服务。雅虎正在对业务进行调整，从而专注于搜索和数字内容。

丁 磊

网易公司董事长及首席执行官

　　丁磊，1971年10月1日生于浙江省宁波市，网易公司创始人，现担任网易公司董事局主席兼首席执行官。丁磊于1997年6月创立网易公司，凭借敏锐的市场洞察力和扎扎实实的工作，为推动中国互联网的发展做出了重要贡献。同时，丁磊也将网易从一个十几个人的私企发展到今天拥有超过8000多名员工并在美国公开上市的知名互联网技术企业。网易成立的最初两年，丁磊把资金和精力主要放在开发互联网应用软件上。其中，1997年11月推出了中国第一个双语电子邮件系统，它极大地推动了中国互联网的普及和发展，并先后被多家互联网公司采用。2000年3月，丁磊辞去首席执行官，出任网易公司联合首席技术执行官；2001年3月，担任首席架构设计师，专注于公司远景战略的设计与规划；2001年6~9月担任代理首席执行官和代理首席营运官；2005年11月，丁磊再次出任网易首席执行官。丁磊在2005年获得《南方周末》"公众形象榜"第一名；2006年获第三届"中国软件行业杰出青年"；2006年获中国游戏产业最具影响力人物奖；2015年2月11日，入选"2014中国互联网年度人物"；2015年10月26日，以75亿美元的财富位列《2015年福布斯中国富豪榜》第十位。

# 網易 NetEase
## www.163.com

网易的 LOGO 使用了三种颜色：红（网易）、黑（NETEASE 和 www.163.com）、白（底色）。网易两字用了篆书，体现了古典意味，暗示着网易在中文网络的元老地位。关于"网易（NETEASE）"的由来，丁磊的解释是在网易成立之初的 1997 年前后，中文网站还很少，服务费用也很昂贵，对绝大多数中国人来说，上网都是件可望而不可即的事。而网易的目标就是要改变这种情况，让中国人上网变得容易起来，要实现这个雄心勃勃的目标，自然需要有一个好的公司名，丁磊很快就想好了"网易（NETEASE）"这个看似简单却意味深长的名字。1996 年中国电信 IP 骨干网更名为 China Net，节点逐步覆盖全国所有省会，由于窄带拨号接入的入网领示号为 163，因此被称为 163 网络。为了能使域名更快地被网民记住，丁磊选择了 www.163.com 作为网站的域名。

# 十一 网易公司可持续发展报告（NetEase）

## （一）公司简介

网易是中国领先的互联网技术公司，2000年6月30日，在美国纳斯达克证券交易所挂牌上市。网易在开发互联网应用、服务及其他技术方面，始终保持国内业界的领先地位。同时网易对中国互联网的发展具有强烈的使命感，利用最先进的互联网技术，加强人与人之间信息的交流和共享，实现"网聚人的力量"。1997年6月创立以来，凭借先进的技术和优质的服务，网易深受广大网民欢迎，曾两次被中国互联网络信息中心（CNNIC）评选为中国十佳网站之首。网易还在中国互联网行业内率先推出了包括中文全文检索、全中文大容量免费邮件系统、无限容量免费网络相册、免费电子贺卡站、网上虚拟社区、网上拍卖平台、24小时客户服务中心在内的产品或服务，还通过自主研发推出了一款率先取得白金地位的国产网络游戏。

网易作为国内少数几家拥有自主开发和运营能力的游戏运营商，旗下多款网络游戏多次获得"玩家最喜爱网络游戏奖"和"最佳原创国产网络游戏奖"等行业评选奖项，深受玩家和行业人士好评。网易在门户网站业务方面始终保持市场领先地位，不但拥有最为快速、全面、准确的资讯平台，同时秉持"有态度"的新闻专业主义原则和理想，凭借独特的视角和观点赢得用户口碑。2011年初，网易门户推出基于移动终端平台的媒体资讯产品——网易新闻客户端，目前该产品已拥有过亿月活跃用户，受众知名度、行业口碑遥遥领先同类软件，下载量长期保持AppStore新闻软件排名第一。作为中国率先开展无线业务的门户网站之一，网易一直在跟踪无线互联网的最新发展，与运营商、设备提供商建立了紧密的合作关系。网易是首批提供WAP服务的内容提供商之一，也是较早加入提供短信息及彩信服务的网站之一。网易作为中国网站的领先者，始终致力于电子商务及IT产业的持续发展，同时也在努力促进中国人民的数字化生活。为了这个目标，网易把亿万的网民聚集在一起，实现资讯的共享，为用户提供更好的服务，为他们创造更愉悦的在线体验。

网易的发展历程可以概括为三个阶段。

第一阶段（1997~2001年）：利用免费积累用户群体——网易邮箱、网易搜索。当丁磊看到国外提供免费E-mail服务的企业经营发展非常快速时，便决心在国内推出全中文的免费电子信箱服务。网易邮箱由于是国内第一家，没有任何竞争对手，很快便吸引了大量的国内用户，而且由于连接国内网络的速度略快于国外，在功能相差不大的情况下，用户纷纷放弃国外的免费信箱系统改投网易门下，于是，网易公司顺利地获得了第一批用户。接着，网易公司又推出了第一个全中文的搜索引擎。这些服务给网易带来越来越多的用户，网易作为一家网络企业的知名度越来越高。

第二阶段（2001~2011年）：凭借自主研发，创建公司核心业务——网易游戏。网易于2001年成立在线游戏事业部，2012年游戏业务收入达73亿元，占公司业务收入的近9成，网络游戏是公司的主导产品，也是公司实现可持续发展的动力，其在自主研发网络游戏领域一直处于领先地位，目前是中国自主研发第一公司。近年来，网易公司在网络游戏的开发和运营方面，都取得了成功，在中国游戏市场始终保持领先的地位，是中国网络游戏行业的佼佼者。

第三阶段（2011~2014年）：聚焦移动终端，开发媒体资讯产品——网易新闻客户端。网易在门户网站业务方面始终保持市场领先地位，不但拥有最为快速、全面、准确的资讯平台，同时秉持"有态度"的新闻专业主义原则和理想，凭借独特的视角和观点赢得用户口碑。随着移动互联网的发展，2011年初，网易门户推出基于移动终端平台的媒体资讯产品——网易新闻客户端，目前该产品已拥有过亿月活跃用户，受众知名度、行业口碑遥遥领先于同类软件，下载量长期保持AppStore新闻软件排名第一。

截至2014年12月31日，网易总资产为48.92亿美元，股东权益为37.64亿美元，股数为202674425股，员工人数为10004人。全年实现主营业务收入20.11亿美元，净利润为7.72亿美元，每股盈余为0.24美元。2014年12月31日收盘价为99.14美元。

## （二）公司战略

### 1. 集中战略

2012~2014年，网易的在线网络游戏收入一直占网易总收入的75%以上，在网游市场上的收入仅次于腾讯，所以为了提高市场份额和增强竞争力，网易应对在线网络游戏采取集中战略。因此增加用户对产品的使用量、开发新市场、吸引竞争对手用户和新的用户群体显得尤为重要，网易公司的集中战略具体表现为：

第一，增加现有用户对企业产品的使用量。和其他运营网络游戏公司一样，网易不愿意失去老玩家。然而，每款网络游戏都有其周期，如果不及时进行更新，那么很容易流失老玩家。所以网易适时对其各款游戏进行维护更新，保证游戏质量、开发游戏潜能，从而让老玩家不会厌恶这些游戏。

第二，吸引竞争对手用户。在国内有九城、盛大、金山、腾讯等几家网络游戏公司与网易竞争。每家网络游戏公司都有相当的实力，要想从他们那里吸引玩家非常困难。网易通过其出色的运营能力，赢得了玩家的普遍好评，其游戏情节也是吸引玩家的重要方面。但是相对较高的点卡价格成为阻止吸引更多玩家的障碍，所以要达到这个目标只有兼顾运营质量和运营成本，做到"物美价廉"才行。

第三，吸引新的用户群体。如何吸引新的群体成为各大网络游戏公司的难题，网易网游也面临着同样的问题。在传统的网络游戏中，男性占了非常大的比例，很多网络游戏公司都忽略了女性玩家。网易为了突破这个难题，通过设计出"Q版"的游戏画面，博得了女性玩家的青睐，为其带来了很大一部分新的玩家。同时，网易也在游戏情节内容方面加大了努力，打破传统的观念，吸引更多新玩家。

第四，开发新的市场。增加不同地区的市场数量。网易会根据玩家填写的具体资料，调查玩家的意愿，从而发掘玩家比较集中的地区，在此地区建立地区专区。这样就方便了对游戏的管理和提高运营质量，由于是同一地域，所以其运营成本也会降低。这样就容易在这一地区占据更大的市场份额。网易在其各款游戏中均采用这种方法，先后建立了北京、上海、广东、甘肃、山西、青海等各省市专区，打破了其他游戏公司仅在北京、上海等地有极少数专区的模式。

### 2. 多元化战略

网易目前采用中心多样化的战略，围绕其核心业务，将其竞争优势运用于多个有关的业务，同时还能分散其风险，从综合能力上增强企业的优势和机会。网易公司目前拥有在线游戏、无线增值服务、邮箱、门户四大主要业务。网易在门户网站业务方面保持市场领先地位。

（1）网易在线游戏。网络游戏是公司最重要的业务，网易于2001年成立在线游戏事业部，2014年游戏业务收入达98.15亿元，占公司业务收入的近八成，网络游戏是公司的主导产品，也是公司实现可持续发展的动力，其在自主研发网络游戏领域一直处于领先地位，目前是中国自主研发第一公司。近年来，网易公司在网络游戏的开发和运营方面，都取得了成功，在中国游戏市场始终保持领先的地位，是中国网络游戏行业的佼佼者。

（2）网易邮箱。邮件业务是网易公司的重要基础服务。多年来，网易一直以为中国网民提供最优质的电子邮件服务为己任，坚持在电子邮件领域不断投入和创新。1997年11月，网易自主研发了国内首个全中文的免费电子邮件系统。2001年11月，网易为满足用户的更高要求推出杀病毒、反垃圾和大容量的收费邮箱。2007年9月，网易旗下三大免费邮箱全面开放无限容量升级服务。2009年3月，网易宣布进军企业邮箱市场，标志着网易邮箱不但成为中国第一大电子邮件运营商，更是国内提供全面邮件服务的运营商。网易邮箱在中国市场的占有率自2003年起至今，一直高居全国第一。截至2014年，网易旗下五大电子邮箱品牌（163.com、126.com、yeah.net、vip.163.com、188.com）用户总量已突破7.1亿，成为全球最早的、最大的中文免费电子邮箱服务提供商，成为当之无愧的"中文邮箱第一品牌"。

（3）网易的无线增值业务。网易与中国两大移动运营商中国移动和中国联通紧密合作，为满足不同的用户需求，提供了一系列服务，如手机接收新闻及各种信息，包括股票信息、E-mail、图片、铃声，以及用户加入交友社区和互动游戏等。网易无线事业部致力于充分利用门户网站资源，并自行开发了各种应用软件，力求在第一时间提供最合手机用户口味和需要的体验，进一步巩固网易公司门户网站的领导地位。现在，网易大部分无线增值服务都是以短信服务的形式提供给用户，短信服务一般可以分为四个主要类别：新闻和资讯订阅服务、互动交友服务、互联网相关服务（例如邮件到达通知）和图铃下载服务。

（4）网易门户。网易早在其成立的第二年便已推出了网易门户网站，其也曾在一段时间内发展很好，一度成为流量最大的门户网站。相比其他综合性门户网站，网易门户具有以下几个特点。

第一，颠覆传统频道内容，做精品门户。网易首页相比其他综合性门户网站，明显较"瘦"——页面的长度只有3屏，排版也是中等字体和专题条块分明。网易认为，网络新闻业历经数十年发展，在"量"上已经满足网友需求，应该有从业者去回应他们进一步产生的对"质"的需求。量是基础，但仅仅简单堆给网友是不够的。网易门户使用页面分层解决质和量的关系，在意时间的网友可以仅仅浏览网易的频道首页，而需要更多资讯的网友可以进入下一级页面。因此，网易精品门户的特点就是新锐、专业、趣味，通过对用户群体差异化的定位从而对频道内容进行"策略性"的专注。

第二，极为重视与用户的互动。互联网最大的魅力是在跟网友的互动上，而互动是网易一贯的强项。对于门户网站来讲，其互动性强弱在于跟帖数量的多少，因为跟帖与门户网站首页、新闻资讯的联系是最为紧密的。网易的跟帖在质和量这两个方面领先于其他网站，时常可以看到，在网易的热门帖子之下，是长达上千篇的回复和评论。

### (三) 资本运营

**1. 上市、停牌、复牌之路**

（1）上市。2000年6月30日，网易在美国纳斯达克股票交易所正式挂牌上市，成为继中华网和新浪网之后，第三家在美国上市的中国网络概念股。开盘价为15.3美元，收盘时，跌破发行价，跌至12.125美元，跌幅21.77%，成交量4772800股。网易的上市显然有些生不逢时，当时正是纳斯达克指数走下坡路的时候。纳斯达克综合指数从2000年3月的5000点的峰顶一路不歇脚地跌到年末的2300余点，损失过半。因此，上市公司难逃大势向下之承重。

（2）停牌。网易上市一年之后也就是在2001年6月，网易面临着停牌的危险。当时网易未能按时向纳斯达克市场提交年度报告，按纳斯达克市场规定，如果没有提出申请延期，在纳斯达克上市的企业应该在每个财政年度结束的六个月内递交报告，否则上市公司的股票就要停牌。网易公司曾在5月宣称，由于统计数据存在错误，可能误报了大约300万美元的合同订单，公司已就此事展开了调查，但调查结果却迟迟未能出台。2001年7月19日，网易公司收到纳斯达克市场关于将在2001年7月27日开市时对其美国存托股交易予以停牌的通知。网易立即做出了反应，就"未能呈报年度报表而可能被停牌"一事，向美国纳斯达克股票交易委员会递交了开展听证程序的申请，纳斯达克也确认收到该项申请。根据后来网易公司最终的调查结果，2000年网易的财政年度净收入为370万美元，而不是原来报出的790万美元。也就是说，网易原来公布的财务报告对其业绩多报了1倍多。年度的净亏损从1730万美元上升为2040万美元，折合每股净亏损从0.69美元增加到0.82美元。

（3）复牌。2002年1月1日，美国纳斯达克股票交易市场管理委员会发布消息，纳斯达克计划于2002年1月2日上午10点恢复网易公司的股票交易。美国股市一开盘，成功复牌的网易股票在20分钟内就上涨至0.85美元，每股大涨30.93%，并以每股0.95美元的价格收盘，较停牌前价格股价涨幅达46.33%。而在其停牌前，也就是2001年8月31日收盘的股价为0.64美元。到2003年，随着无线业务的大幅增长，网易利润迅速飙升，股价也开启了第一轮上升攻势，从1美元左右一路拉升至15美元以上。

**2. 股票回购**

网易股票经历过两次回购。

第一轮回购。2006年5月网易回购5000万美元的股票，用流动资金完成计划。手握38亿元人民币现金和存款的网易，终于在资本市场有所动作。根据这次回购计划，网易可以在纳斯达克市场的公开交易中回购最高为总数5000万美元等值的已发行美国存托凭证。这次股票回购计划，主要是利用公司的财务和营运实力来增加股东的价值，是对公司流动资金的有效运用。

第二轮回购。2011年12月网易再次回购5000万美元的股票。网易董事会宣布在不超过3个月的期限内对公司最多5000万美元的流通的美国存托股进行回购。在经过批准的程序条款下，网易将对其在纳斯达克全球精选市场公开发行的流通美国存托凭证进行回购。回购的时机和数量将受到美国证监会10b-1条款的约束，上述回购还将在符合美国证监会10b-1条款下实施，网易将使用有效的运营资本实施本次回购。

**3. 投资概况**

（1）增强研发能力。2006年网易投资近3800万美元建立杭州新研发基地，网易希望在三到五年的时间里建立起一流、专业的研发队伍。在2011年，网易研发中心正式启用，正如丁磊当初期望的那样，网易的研发队伍对网易的发展提供了强有力的支持。网易在技术研发上的投入超过任何一家综合性门户网站，获得了领先于同行的技术优势。研发能力成为其最重要的核心竞争力之一。

（2）利用外部潜力资源。投资国内最大的海外移动广告平台Mobvista。网易投资Mobvista的原因在于能借用其资源形成更好的业务互补和品牌知名度。对于网易而言，这笔投资也有助于推动其海外战略的快步前行。目前，Mobvista已拥有一个覆盖全球的移动广告平台，聚合了来自236个国家和地区的移动应用及网页的广告位，日展示次数超过40亿，国内外大中型广告主超过300余家，覆盖用户超过10亿，并正在通过快速积累的用户数据而不断提升移动端程序化投放的精准度和商业转化价值。东南亚是Mobvista海外流量的强势地区，在专注广告业务的同时，他们也观察到这个拥有6亿人口的区域正在迅速被智能手机所渗透——一如几年前的中国。网易的注资对于Mobvista的发展和自身国外市场的打开都有积极的意义和深远的影响。

（3）提高资金利用效率。在2012年第二季度财报中，网易营收20亿元，同比增长11%；净利润8.75亿元，同比增长13%。其中在线游戏收入17亿元，同比增长6.25%，环比下降5.55%。这是网易在线游戏收入首次下滑，且收入依然占总收入的85%。事实上在过去几年网易游戏收入占比一直居高不下，鲜少低于90%。收入主要依赖在线游戏，在国内几大互联网公司中，同样是产品多元结构和多业务线并行，网易格局似乎捉襟见肘，即缺乏游戏、邮箱之外的其他拳头性产品；在微博、视频、电商等新领域的投入，也没有什么起色。但网易账面却有200多亿元的现金及现金等价物。所以网易决定成立风险投资公司"网易资本"，资金总规模大约为20亿元，基金主要投资中早期的互联网企业。以更好利用充裕的账上资金来布局投资业务，期望通过加大投资力度来获得更好的收益。

### （四）商业模式

网易的核心竞争力是其领先的技术优势和研发能力，以技术为主线，在强化它一直以来的核心产品——网易邮箱的同时，又推出了另一个核心产品——网易游戏，随后又凭借技术优势进军技术门槛很高的搜索引擎市场，推出有道搜索，同时在门户网站领域也依然保有一席之地。总体而言，网易的商业模式策略便是——以技术为中心的多元化放射型产品组合，以期获得综合盈利能力。

1. 形成以技术为驱动力的主营业务：网络游戏

网络游戏产业技术的发展，对网络游戏企业的发展具有最直接和最关键性的作用。众所周知，技术是促进企业发展的动力，谁能够掌握前沿的科学技术，谁就能够掌握市场竞争的主动权。目前，我国网络游戏产业技术虽然取得了较大的进步，但与美国、韩国、日本等网络游戏生产大国和出口大国相比较，还存在很大差距。网易公司自创建以来，实现了企业的跨越式发展，其中最重要的是将产品研发作为企业发展关键。

网易公司具有实力比较雄厚的研发团队，以中国古代四大名著《西游记》为背景所研发的网络游戏《梦幻西游》和《大话西游》，其竞争优势明显增强，其中回合制游戏《梦幻西游》创下了同时在线人数的国内网络游戏纪录，对回合制游戏形成了长期的垄断地位，为企业的发展奠定了基础。网易公司的《梦幻西游》作为公司的扛鼎之作，倾注了网易公司的全部心血和技术力量，用户反映比较好，也取得了预期的经济效益。

2. 建立以免费为主的体验模式：网易邮箱

网易对邮箱的专注在其发展过程中从未有过

改变，这使得其邮箱产品有很强的竞争力。网易是从其成立第二年开始做免费邮箱的，几年下来很多竞争对手跟着学做免费邮箱。这个产品对公司的压力不算小，网易每年要花费近6000万的设备购置费，宽带费每年更要好几千万，但他们从来就没有放弃过。公司不断搜集用户的意见，改进自己的产品。尽管竞争激烈、产品的同质化很严重，但网易的用户增长还是比竞争对手要好得多。网易靠深厚的技术让用户获得最佳体验，用户对网易邮箱的人机交互和筛选垃圾邮件功能方面的口碑极好。网易邮箱的优势，使得其逐渐成为了国内最大的电子邮件服务提供商，其邮箱一直以专业、专注的形象示人，深得中国网民的喜爱。而对于网易自身，邮箱产品更是为其门户的发展带来了重要影响。

网易邮箱为网易门户提供了大量的潜在用户。作为国内电子邮箱业务最早的开发者和运营商，网易的老大地位已无人能撼动。丁磊以邮箱为武器，成为网易笼络网民的平台。网易一直认为电子邮箱是增强网民黏性的有效工具，谁的电子信箱覆盖的网民数量大，就意味着谁就能拥有巨大的用户群。网易的免费邮、VIP邮、企业邮等构成的体系完备的邮箱系统为网易门户提供了不同层次的用户群体。尤其如网易的企业邮箱用户，相比于其他产品的用户而言较为高端，其中包含相当比例的主流人群。这不仅有利于提升网易门户的流量，更有利于提升其综合影响力。

### 3. 打造有态度的门户网站：网易门户

虽然网易早在其成立的第二年便已推出了网易门户网站，其也曾在一段时间内发展得很好，一度成为流量最大的门户网站。但随着网易转型网络游戏之后，网易的重心便较少地停留在了门户网站上面。不过即便如此，凭借着网易邮箱、网易游戏以及网易门户自身的特色和优势，网易门户依然是目前几大最具实力的综合性门户网站

之一。根据中国互联网协会——中国网站排名公布的最新数据显示，截至2014年6月26日，国内网站独立访问量排名前五的是：百度、网易、腾讯网、淘宝网和360安全中心（如表2-11-1所示）。网易公司的网站已有超过2.32亿名登记用户。曾两次被中国互联网络信息中心（CNNIC）评选为中国十佳网站之首。

表2-11-1　网易流量详情

| 时间\指标 | 当前 | 一周平均 | 三月平均 |
| --- | --- | --- | --- |
| 综合排名 | 4 | 4 | 9 |
| 独立访问者（人/百万） | 246988 | 242757 | 103074 |
| 人均页面浏览量（页/人） | 4.0 | 4.0 | 4.5 |

（1）网易的战略定位。网易对中国互联网的发展具有强烈的使命感，其战略定位在利用最先进的互联网技术，加强人与人之间信息的交流和共享，实现"网聚人的力量"。根据上述战略定位，网易将其社区的目标用户定位在广大的青年人，网易85%的注册用户年龄在18~35岁，他们有着极强的尝试欲望，是消费的中坚力量。网易社区就要成为青年人的网上家园。

（2）网易的收入来源。网易经营针对网站庞大的年轻注册用户群体这一特点，不断提供免费服务，按用户的需求增加有附加值的业务。现在的网易更像一个增值服务提供商，公司超过80%的收入来自其网络游戏。2014年度财报显示，网易总收入为124.80亿元人民币（20.11亿美元），2014年在线游戏收入为98.15亿元人民币（15.82亿美元）。网易通过虚拟社区获得了大量用户，聚集了人气，期望成为人数众多、覆盖面广、具有更多目标群体的广告媒体，因此，其广告费是非常重要的收入来源。此外，网易商贸频道提供了网上交易、分类信息发布等多项服务，可以获得一部分收入。

## (五) 市场概况

截至 2014 年 12 月 31 日，网易总收入为 124.80 亿元人民币（20.11 亿美元），2013 年总收入为 97.71 亿元人民币，2014 财年较 2013 财年增长 27.72%。2014 年净利润为 47.57 亿元人民币（7.67 亿美元）（如图 2-11-1 所示）。2014 年总运营费用为 36.86 亿元人民币（5.94 亿美元），2013 年为 23.65 亿元人民币。运营费用的增加是由于推广在线游戏，电商业务及与 2014 年世界杯相关的广告业务的市场营销费用增加，以及员工人数和平均薪资提高带来的研发费用的增加。

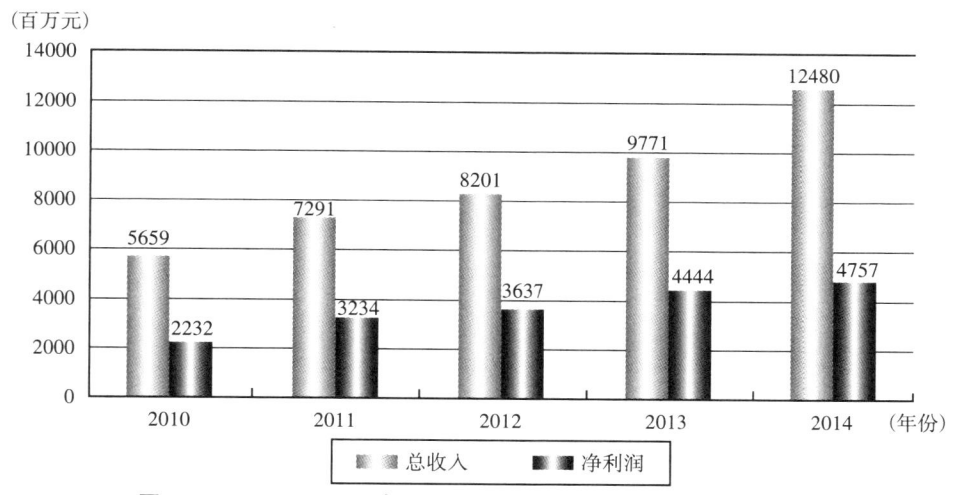

图 2-11-1　2010~2014 年网易公司总收入及净利润增长情况

### 1. 网易网络在线游戏

在线游戏是网易公司的主要产品，截至目前，网易公司的在线游戏包括《梦幻西游》、《大话西游》系列、《大唐豪侠》、《天下威》等多款。2014 年网易在网络游戏方面的收入为 98.15 亿元人民币，比 2013 年增长 18.13%，2014 年中国网络游戏市场规模达到 1108.1 亿元，同比增长 24.3%，其中移动游戏占比 24.9%，首次超过页游。网易手游推进时间较晚，落后于腾讯很多，腾讯 2013 年起布局移动游戏，借助用户群体的优势成为最早占领移动游戏的端游企业，优势不可撼动。虽然网易 PC 端的网游收入占据第二的位置，但远被第一的腾讯甩在了身后（如图 2-11-2 所示）。网游用户数自 2005 年 4 月首次突破网易游戏最高

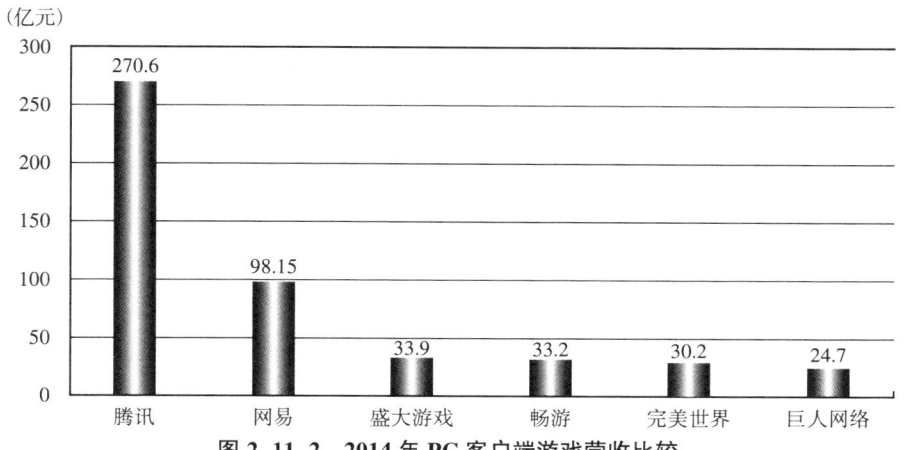

图 2-11-2　2014 年 PC 客户端游戏营收比较

同时在线一百万、创造网游界第一白金奇迹以来，网易游戏得到了越来越多本土玩家的认同和喜爱，市场业绩持续增长。目前，网易游戏的注册用户已经超过2亿，最高同时在线人数超过200万。网易公司网络游戏注册用户和在线人数的持续增加，对公司的发展起到了积极的促进作用。

2. 网络广告收入

2014年网易公司广告服务收入为15.52亿元，同比增长41.74%。网易广告的收入同比持续增长的过程中与移动端应用商业化进展有直接关系。有更多广告主对移动端的品牌推广感兴趣，因为手机的便捷性，且用户在使用手机时对广告品牌的感知能力不断加强。基于此，网易在移动端进行大力布局，增加移动端广告展现形式，使用户体验感加强，同时也给广告主带来更丰富的选择，加快自身移动端营销力度。网易通过这种持续布局和优化产品线，吸引用户关注的同时壮大用户规模，从而一定程度上带动了广告客户的投放需求，尤其是在移动端的商业化布局，网易新闻客户端采取创新的厂商合作模式，整合优质资源解决多渠道引流、流量变现、多面培养用户习惯等问题，多渠道、多维度地提升了网易新闻客户端的认知度和市场占有率。在品牌和产品的双重驱动下，网易新闻客户端的用户数量和销售业绩都呈现了迅猛的增长势头。

3. 网易云音乐

网易云音乐于2013年4月问世，不同于以往的互联网音乐产品，网易云音乐首先推出的是手机移动客户端（包括iOS版和安卓版），这也正符合移动互联网和智能手机的发展趋势，满足用户随时随地通过手机收听音乐的需求。5月网易云音乐网页版上线，9月端公测版面世。TalkingDate移动数据研究中心发布的数据显示，2014年1~9月，网易云音乐以36.5%的用户月增长率居所有音乐类APP的第一位，超过QQ音乐等同行产品。

截至目前，网易云音乐用户数突破1亿。公司通过网易云音乐品牌的塑造，带动网易公司整体的知名度提升，并从网易云音乐本身高品质的特点出发，强化网易公司的高品质、有态度特性。同时，通过用户在各个终端使用网易云音乐，带动网易公司整体流量及其他产品访问量的提升。

2014年文化部文化市场司发布的《2014中国网络音乐市场年度报告》显示，2014年，我国网络音乐市场呈现出"在线增，无线降"的特点，总体规模达到75.5亿元，较2013年的74.1亿元增长了1.8%，增速下滑。其中无线音乐市场规模为24.3亿元，同比减少20.4%；在线音乐市场规模为51.2亿元，同比增长17.4%。2014年，网络音乐用户规模由2013年底的4.53亿人增长至4.78亿人，增长率为5.5%，高于我国同期总体网民规模的增长率2.3%。网络音乐用户数占网民总数的比例高达73.7%。同时，网络音乐作为导入用户的渠道，价值也不断提升，吸引着传统音乐企业和互联网企业争相进入，资本市场非常活跃，行业中形成了一批具有一定规模和竞争优势的代表性企业，以移动端发展为亮点的全新网络音乐行业竞争格局基本形成。统计数据显示，2014年酷狗音乐、QQ音乐、网易云音乐、天天动听、多米音乐、天天静听、唱吧七大手机音乐APP占据了整个市场逾90%的份额，竞争优势明显。截至2014年底，仅苹果移动应用商店供中国大陆地区的音乐类产品就达上万个。同类型产品的激烈竞争为网易云音乐带来了巨大的挑战。

4. 网易新闻客户端

目前网易新闻客户端用户的保有量大概为3亿，活跃度和感知度在国内排名第一。新闻客户端的月活跃度将近1亿，北大媒介与市场调研中心发布了2014年度新闻客户端市场调研，针对新闻客户端品牌认知和使用率、用户使用行为和广告效果进行了年度全面评估。根据调研，网易新闻客户端凭借无提示第一提及率32.5%、安装率46%的优势继续领跑市场。在产品商业化方面，主流新闻客户端目前广告购买率均超过20%，已成为较成熟的广告投放平台。其中，网易新闻客户端用户的购买力最强，广告购买率达34%。

北大调研表明，网易新闻客户端为用户印象最深新闻客户端产品，无提示第一提及率高达32.5%，高出第二名新浪新闻的17.8%近一倍。而在进行提示后，网易、腾讯、搜狐三家产品认知率较高。其中，网易新闻客户端认知率达90.4%，超第二名腾讯近6个百分点，搜狐紧随其后，列第三位。同时，在安装率、使用率上，网易新闻客户端分别达到46%和44.4%，位居行业头名。此外，28.4%的用户最经常使用占比，也表明了网易用户忠诚度在行业中的绝对优势。

5. 网易邮箱、电商及其他业务

网易2014年邮箱、电商及其他业务的收入为11.14亿元人民币，同比增长202.6%，2013年为3.68亿元人民币。作为公司核心战略产品，网易邮箱保持着稳定高速的发展。截至2014年12月31日，网易邮箱总有效用户数超过7.4亿，同比2013年末的6.2亿用户，净增加1.2亿，增长率为19.35%。网易邮箱凭借稳定增长的市场占有率，连续17年领跑中国电子邮箱行业。不同于阿里巴巴和京东，网易直接推出了自己的海购平台考拉海购，并且从模式上采用了"自营直采"、与中外运签订战略协议来建立独家物流体系。同时，与其他跨境电商公司不同的是，网易考拉海购打造了"自营＋微利生态圈＋保姆式服务"模式。

### （六）经营和财务绩效

表2-11-2 网易2012~2014年度经营与财务业绩比较

单位：百万元

| 年 份 | 2014 | 2013 | 2012 |
|---|---|---|---|
| 收入 | 12480 | 9771 | 8379 |
| 总资产 | 30354 | 24546 | 19277 |
| 净利润 | 4795 | 4445 | 3586 |
| 净利润率（%） | 38.42 | 45.49 | 42.80 |
| 总资产报酬率（ROA）（%） | 15.80 | 18.11 | 18.60 |
| 净资产报酬率（ROE）（%） | 20.53 | 22.04 | 22.99 |
| 资本性支出（CAPEX） | 537 | 218 | 178 |
| CAPEX占收比（%） | 1.43 | 2.23 | 6.41 |
| 经营活动净现金流 | 5873 | 5235 | 4224 |
| 每股经营活动净现金流（元/股） | 1.80 | 1.61 | 1.30 |
| 自由现金流（FCF） | 5336 | 5017 | 4046 |
| 自由现金流占收比（%） | 42.76 | 51.35 | 48.29 |
| 每股盈利（EPS）（元/股） | 1.46 | 1.37 | 1.11 |
| 每股股利（DPS）（元/股） | 0 | 0 | 0 |
| 股利支付率（%） | 0 | 0 | 0 |
| 主营业务收入增长率（%） | 27.72 | 16.61 | 12.14 |
| 总资产增长率（%） | 23.66 | 27.33 | 24.82 |
| 净利润增长率（%） | 7.87 | 23.95 | 11.30 |
| 经营活动现金流增长率（%） | 12.19 | 23.93 | 3.73 |
| 资产负债率（%） | 22.61 | 17.84 | 19.07 |
| 流动比率（%） | 410.48 | 538.55 | 499.66 |
| 总资产周转率（次） | 0.41 | 0.40 | 0.43 |

续表

| 年份 | 2014 | 2013 | 2012 |
|---|---|---|---|
| 股息 | 0 | 0 | 0 |
| 内部融资额 | 4969 | 4603 | 3819 |
| 研发支出 | 3686 | 2365 | 1911 |
| 研发支出占收入比（%） | 29.54 | 24.20 | 22.81 |

表2-11-3 网易轻资产运营特征一览表

| 序号 | 项目 | 2014年 | 2013年 | 2012年 |
|---|---|---|---|---|
| 1 | 现金类资产比重（%） | 13.44 | 9.61 | 13.81 |
| 2 | 应收账款比重（%） | 2.88 | 1.64 | 1.40 |
| 3 | 存货比重（%） | 0 | 0 | 0 |
| 4 | 流动资产比重（%） | 91.36 | 92.87 | 92.69 |
| 5 | 固定资产比重（%） | 8.64 | 7.12 | 7.31 |
| 6 | 流动负债比重（%） | 22.26 | 17.25 | 18.55 |
| 7 | 应付账款比重（%） | 1.35 | 0.89 | 0.81 |
| 8 | 无息负债比重（%） | -1.53 | -0.75 | -0.58 |
| 9 | 有息负债比重（%） | 11.57 | 8.46 | 6.53 |
| 10 | 留存收益比重（%） | 69.92 | 75.41 | 74.23 |
| 11 | 营运资金（百万元） | 20976 | 18564 | 14292 |
| 12 | 现金股利（百万元） | 0 | 0 | 0 |
| 13 | 内源融资（百万元） | 4969 | 4603 | 3819 |
| 14 | 资本性支出（百万元） | 537 | 218 | 178 |
| 15 | 现金储备（百万元） | 4079 | 2359 | 2663 |
| 16 | 自由现金流（百万元） | 5336 | 5017 | 4046 |

## （七）内控与风险管理

作为中国规模最大、最具综合性的门户网站之一，网易以领先的技术、优质的产品和高水准的服务为中国互联网用户带来极佳的在线体验，满足用户网上生活的多方面需求。但是，网易同时也正面临着众多风险。第一，网易面临是否能将网易网站的用户转化为收入的风险；第二，电子商务及其他收费服务的收入不能继续增长的风险；第三，网易面临是否能继续开发出新颖和富有创意的在线服务的风险；第四，网易面临是否能继续保持在线游戏市场这一市场的领先地位的风险。网易公司现有以及潜在市场的竞争、政府的不确定性、市场的总体竞争和价格压力、未来盈利的不确定性、网络的安全性以及保密性的风险可能妨碍互联网、电子商务和其他服务的广泛使用。这些风险都在时刻提醒网易要不断地开发新的在线产品，不断创新增值服务模式等。

1. 收入风险

网易目前还是以游戏产品为主，玩家忠诚的是游戏品牌，而不是网易的品牌，母品牌和子品牌尚未产生足够的综效，一旦推出的游戏玩家不喜欢，或有别的运营商推出新的游戏，市场份额便会很快被瓜分。网易总营业收入占据三大门户网站的首位，其中非广告收入比重占总比重的85%，而在非广告收入中，网游市场占据了80%之多。对此有很多人提出质疑，认为网易的这种战略是非常危险的，一旦网游市场发生变动，或者网易在网游市场丧失了领先地位，将会使网易面临收入危机。

## 2. 核心竞争力不足风险

网游市场的竞争已非常激烈，当某一产业存在一个明显的主导者，市场占有率至少比第二位对手高50%并有能力制定行业价格标准时，市场竞争就会趋缓；反之，竞争者之间的直接竞争就会达到白热化程度。据2014年网络运营商市场份额显示，网游市场排名前几位的运营商，其市场份额相差都不大，腾讯、盛大、网易、巨人分别以微弱差距占据前四的市场份额。在势均力敌、没有突出核心竞争力的情况下，激烈的竞争会对网易的利润造成极大的压力。

2009年网易公司网络游戏业务收入为33.68亿元，2014年达到98.15亿元（如图2-11-3所示），增长了将近3倍，实现了网络游戏销售业务的持续增长，为公司的进一步发展奠定了基础。2012~2014年网易公司的游戏业务增长率降低。通过分析，其主要原因是由于企业发展中的竞争战略不够明确，没有抓住网络游戏业务发展中的重点矛盾和关键环节。为此有必要对网易的竞争力和发展的内外部环境进行分析，制定具有可操作性的企业竞争发展战略，实现网易公司网络游戏业务的健康发展。

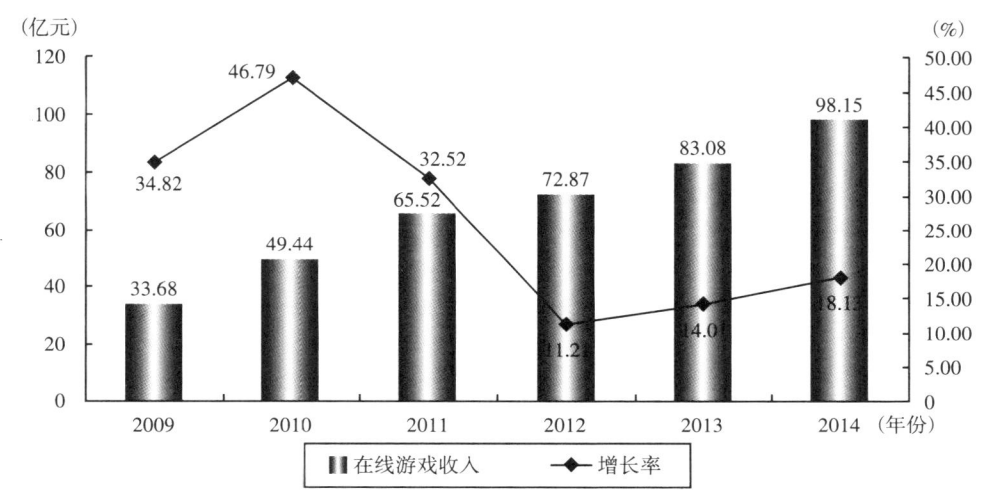

图 2-11-3　网易公司在线游戏收入及增长率

## 3. 人才流失风险

网易相比其他几位门户大佬，其高管流失较严重，流失的高管大多选择创业，所以网易素有"创业黄埔"的美誉。网易系创业者在业界赫赫有名，不仅是因为有了陌陌唐岩、YY李学凌这样的大佬，更是以数量和内容出身为最大特色，和四大门户中的搜狐新浪腾讯的出走创业者有了鲜明的对比。造成高管离职的原因，从目前情况来看，薪酬和激励机制是促使高管们离职的一个重要原因。从2004年开始，网易对门户事业部的高管，很少有期权奖励。因为目前网易的收入更多来源于游戏板块，门户所占营收非常有限，对于现阶段的网易过于鸡肋。这也是网易要分拆门户部进行独立上市的原因之一。所以创建合理的激励机制以及薪酬机制对网易来说迫在眉睫。高管离职的另一个重要原因是网易的内容产品化较早，对培养创业者的产品感有正向帮助。从离职后的走向来看，高管们普遍倾向于自主创业。这和网易自身内容产品化有分不开的关系。离任后的高管们，大部分选择继续在互联网行业打拼，部分选择了新兴的移动互联网。

### （八）前景展望

**1. 加强在线网络游戏产业文化建设，提高企业软实力**

互联网行业是个变化频繁的行业，唯一不变的就是变化本身。在这种变化中，网络游戏行业的企业环境也是不断变化的，行业内的竞争领域也是不断在变化的，用户的需求也是不断变化的。在一个变化的环境下，企业的文化也必须根据环境的变化而不断发展。如何提前预测这种变化趋势，在将来的企业发展和竞争中保持优势是非常重要的。但是所有的变化并不是所有东西从头再来，更多的是原有特性的不断深化和突破。从目前行业发展的趋势来看，网易网络游戏的文化建设趋势有以下两个方面的展望。

第一，创新的持续性是核心。由于行业环境和行业性质的关系，创新必将是网易网络游戏在中国网游行业中保持竞争力的核心。这种趋势大方向不会发生变化，但由于整个行业逐步成熟，战略性的创新将会越来越难，战术性的创新将会越来越频繁。

第二，加强对优秀文化的整合。随着中国网络游戏产业的规模和影响越来越大，管理的逐渐成熟，中国网游企业和世界其他国家的优秀企业的接触会越来越多。同时对其人员和文化的了解也会越来越深入，和优秀文化的交流和整合也必然会更加主动和频繁。网易应加强与其他优秀的网游文化的学习和交流。中国网络游戏产业的前景随着国家经济的发展和互联网用户的发展一定会愈加蓬勃，中国网络游戏行业的企业文化建设也会青出于蓝而胜于蓝。

**2. 突出主营业务优势，增强公司竞争力**

网易的主营业务的专业化程度不是很高，主营业务没有成为企业现金流的基本源泉，专业化的主营产品还没有完全占领国内市场，而且在国际市场上也尚未占有一席之地。由于网易公司成立之初主营业务并不明晰，没有依托传统的制造业和服务业，使得现在进行的多元化经营又与传统的制造业和服务业企业产生竞争。因此，企业产业定位和目标市场细分不明朗，难以集中力量把主营业务做精做大。把非主营业务剥离出去，提高企业的专业化程度，提升企业的核心发展潜力，有利于提高"网易"的品牌地位。在此基础上，围绕主营业务再进一步向上下游领域延伸，努力拓展产品链，扩大产品系列和产品品种，在高度细分的市场上占有绝对优势的市场份额，这样才能保持高成长的核心发展潜力。

**3. 明确产品及品牌定位，实现品牌效应**

产品及品牌定位是实现企业竞争战略的保障。所谓产品及品牌定位，就是要树立企业和游戏产品的信誉，树立企业和游戏产品在游戏玩家心目中的地位，通过网络媒体、在游戏产品和各种网页中植入广告、直接向游戏玩家发送广告宣传单等多种方式、多种渠道地开展品牌宣传和品牌营销，加大客户拓展和营销力度，提升服务水平和服务质量，树立企业的品牌形象，推动企业的全面发展。目前网易公司缺少对产品及品牌的定位，没有针对不同客户群体的不同游戏产品。随着网络的普及和网民数量的不断增加，中老年网络用户是网易公司不可忽视的一个重要客户群体，开发适合于中老年群体消费特点的角色扮演类游戏，对于促进网易的发展具有重要的意义。同时，网易公司具有自主知识产权的游戏产品缺乏品牌定位。品牌是企业的象征，是企业的无形资产，网易公司缺乏有效的品牌定位，是制约企业发展的一大瓶颈。

**4. 发挥内部资源优势，建立成本优势**

成本管理是企业管理的最重要内容，是企业营销的基础和前提条件，成本的高低对于企业的获利能力具有直接的影响作用。所谓成本优势，就是通过采取积极的措施,有效降低企业的生产经营和管理成本,努力发现和挖掘企业全部资源优势,尤其是要强调企业的生产经营规模、产业规模,实现产品生产的规范化和标准化,在行业内保持生产、经营和管理成本的领先地位,从而以整个行业的平均成本或低于平均成本的最低价格为产品或服务进行定价。

网络游戏成本的构成,主要是研发成本和管理成本,网易公司制定成本领先战略,要充分挖掘公司内部资源优势、人才优势和管理优势,最大限度地降低企业的各项成本,以成本优势占领客户市场。网易公司在制定和实施成本领先战略时,要充分考虑客户的要求和购买欲望,突出游戏产品的特色,与同类产品形成比较明显的差异。增加游戏产品品种和质量,努力挖掘内部资源和潜力,降低研发成本、游戏制作成本和营销成本。按照以往的新产品研发经验,对新产品的研发实行行政领导负责制和目标责任制,从时间和质量两个方面对新产品的研发进行管理,同时对新产品研发实行激励机制,强化新产品发行过程的成本控制。通过降低成本,可以有效降低游戏收费,拓展客户群体,以低成本占领客户市场,赢得消费者的信赖和支持。

网易公司在制定成本领先战略时,必须注重游戏产品的质量和服务质量,如果公司一味地追求低成本,产品就会缺乏特色,失去行业的竞争力。网易公司如何在实施成本优势的同时,保持游戏产品的个性化特色和差异性,进而提升公司的竞争能力,是网易公司所必须认真思考的问题,也是网易公司制定竞争性发展战略所必须关注的重点问题。在现代企业管理中,成本领先战略是企业管理者所追逐的目标,成本优势能够为企业的经营管理带来诸多效益和有益之处,但网易公司在实施成本优势的过程中,必须从企业实际出发,通过采取多种途径和措施,建立公司的成本优势。

5. 吸收外部优秀资源,实现强强联合

尽管门户网站与专业性网站相比较,服务内容更具有综合性,但同时也缺乏专业化和个性化。因此,网站提供综合性业务是一个方面,而另一个方面,服务的专业化、个性化则更为重要,而这正是专业性垂直网站的优势所在,正好弥补了门户网站的缺陷。因此网易在自身投入门户资源有限的情况下,可以考虑与其他专业性网站合作,吸收专业性网站的优势资源,以垂直网站为基础,内容的组合以满足广泛的客户定位和特定的客户需求为目标,打造优势频道与全频道覆盖的组合形式,以吸引更多的用户。

### 附件一:网易财务报告(2014年)

1. 合并资产负债表

单位:百万元(除每股数额)

| 年 份 | 2014 | 2013 | 2012 |
| --- | --- | --- | --- |
| 资产 | | | |
| 流动资产 | | | |
| 现金和现金等价物 | 2021 | 1458 | 1590 |
| 定期存款 | 18496 | 16625 | 13098 |
| 限制性现金 | 2628 | 2136 | 570 |
| 应收账款净额 | 873 | 402 | 269 |

续表

| 年 份 | 2014 | 2013 | 2012 |
|---|---|---|---|
| 预付款及其他流动资产 | 1451 | 1144 | 1121 |
| 短期投资 | 2058 | 901 | 1073 |
| 递延税项资产 | 202 | 129 | 143 |
| 流动资产总额 | 27732 | 22797 | 17868 |
| 非流动资产 | | | |
| 物业、设备和软件净额 | 1281 | 872 | 815 |
| 土地使用权 | 77 | 11 | 11 |
| 递延税项资产 | 21 | 23 | 2 |
| 定期存款 | 673 | 500 | 490 |
| 其他长期资产 | 569 | 342 | 90 |
| 非流动资产总额 | 2622 | 1748 | 1409 |
| 资产总额 | 30354 | 24546 | 19277 |
| 负债和所有者权益 | | | |
| 流动负债 | | | |
| 应付账款 | 410 | 219 | 157 |
| 工资和福利款项 | 534 | 377 | 289 |
| 应付股利 | — | — | 814 |
| 应付税款 | 334 | 74 | 389 |
| 短期贷款 | 2049 | 975 | — |
| 递延收入 | 1967 | 1481 | 1160 |
| 应计负债和其他应付款项 | 1357 | 957 | 764 |
| 递延税项负债 | 101 | 148 | — |
| 流动负债总额 | 6756 | 4233 | 3576 |
| 长期应付款项 | | | |
| 其他长期应付款项 | 106 | 144 | 99 |
| 负债总额 | 6862 | 4378 | 3676 |
| 非控制性权益 | 133 | — | — |
| 股东权益 | | | |
| 普通股 | 2 | 2 | 2 |
| 资本公积 | 1226 | 854 | 1156 |
| 法定准备金 | 937 | 878 | 634 |
| 留存收益 | 21223 | 18509 | 14309 |
| 网易公司股东权益 | 23390 | 20245 | 15680 |
| 非控制性权益 | (32) | (76) | (79) |
| 股东权益总额 | 23358 | 20168 | 15601 |
| 资产总额 | 30354 | 24546 | 19277 |

## 2. 综合损益表

单位：百万元（除每股数额）

| 年 份 | 2014 | 2013 | 2012 |
|---|---|---|---|
| 收入 | | | |
| 在线游戏服务 | 9815 | 8308 | 7278 |
| 广告服务 | 1551 | 1094 | 850 |
| 电子邮件、电子商务及其他收入 | 1113 | 368 | 242 |
| 收入合计 | 12480 | 9771 | 8379 |
| 销售税费用 | (767) | (575) | (179) |
| 净收入 | 11712 | 9196 | 8200 |
| 主营业务成本 | (3261) | (2478) | (2578) |
| 毛利润 | 8451 | 6717 | 5622 |
| 营业费用 | | | |
| 销售和营销费用 | (1894) | (1093) | (906) |
| 管理费用 | (467) | (349) | (286) |
| 研发费用 | (1323) | (921) | (718) |
| 营业费用总额 | (3686) | (2365) | (1911) |
| 营业利润 | 4765 | 4352 | 3711 |
| 其他收入（费用） | | | |
| 投资净收益 | 27 | 37 | 43 |
| 利息收入 | 601 | 506 | 423 |
| 外汇损失 | (17) | (15) | (0.55) |
| 其他净收入 | 82 | 95 | 99 |
| 税前收入 | 5458 | 4975 | 4278 |
| 所得税 | (662) | (530) | (691) |
| 净收入 | 4795 | 4445 | 3586 |
| 补充：非控制性权益的净收入（亏损） | (39) | (1) | 50 |
| 归属于网易公司股东的净收益 | 4756 | 4443 | 3637 |
| 基本每股收益 | 1.46 | 1.37 | 1.11 |
| 基本每美国存托股份净收益 | 36.43 | 34.21 | 27.70 |
| 摊薄每股收益 | 1.45 | 1.36 | 1.11 |
| 摊薄每美国存托股份净收益 | 36.29 | 34.12 | 27.65 |
| 普通股加权平均数 | 3264 | 3247 | 3282 |
| 存托股加权平均数 | 130 | 129 | 131 |
| 摊薄普通股加权平均数 | 3277 | 3256 | 3288 |
| 摊薄存托股加权平均数 | 131 | 130 | 131 |

## 3. 合并现金流量表

单位：百万元（除每股数额）

| 年 份 | 2014 | 2013 | 2012 |
|---|---|---|---|
| 经营活动现金流量 | | | |
| 净收入 | 4795 | 4445 | 3586 |
| 折旧与摊销 | 174 | 158 | 233 |
| 投资减值 | 24 | — | — |
| 分担费用 | 349 | 306 | 203 |

续表

| 年 份 | 2014 | 2013 | 2012 |
|---|---|---|---|
| 坏账准备（反转） | 3 | (2) | 3 |
| 财产、设备和软件处置的收益（亏损） | 1 | (0.509) | (0.042) |
| 未实现的汇兑收益（亏损） | 18 | 12 | (5) |
| 递延所得税 | (117) | 142 | (31) |
| 联营公司净资产的收益（亏损） | 48 | 5 | (842) |
| 短期投资公允价值变动 | (64) | 12 | 21 |
| 经营性资产和负债的变动 | | | |
| 　应收账款 | (474) | (131) | (70) |
| 　预付款及其他流动资产 | (292) | (21) | (68) |
| 　应付账款 | 190 | 70 | 43 |
| 　工资和福利款项 | 157 | 87 | 45 |
| 　应付税款 | 259 | (315) | (34) |
| 　递延收入 | 486 | 321 | 145 |
| 　应计负债及其他应付款项 | 310 | 145 | 153 |
| 经营活动提供的净现金 | 5873 | 5235 | 4224 |
| 投资活动的现金流 | | | |
| 　购置物业、设备及软件 | (537) | (218) | (178) |
| 　出售财产、设备和软件 | 1 | 4 | 0.77 |
| 　购买其他无形资产 | (14) | (0.9) | (0.03) |
| 　购买土地使用权 | (66) | — | — |
| 　少于三个月的短期投资净变化 | 247 | (480) | (120) |
| 　购买短期投资 | (2358) | (400) | (1101) |
| 　短期投资到期收益 | 1017 | 1040 | 1120 |
| 　向联营公司的投资 | (20) | (200) | — |
| 　转移至限制性现金 | (492) | (1566) | (251) |
| 　到期定期存款的放置 | (21955) | (21807) | (19204) |
| 　定期存款收益 | 19905 | 18231 | 15326 |
| 　其他资产净变动 | (248) | (55) | (44) |
| 用于投资活动的净现金 | (4520) | (5453) | (4454) |
| 筹资活动的现金流 | | | |
| 　短期银行贷款收益 | 2046 | 1005 | — |
| 　支付短期银行贷款 | (975) | — | — |
| 　员工行使股票期权收益 | 2 | 2 | 24 |
| 　支付给股东的股息 | (1983) | (815) | — |
| 　非控制性权益股东出资 | 130 | — | — |
| 　从非控股权益股东注资 | 0.12 | 0.91 | — |
| 　股份回购 | — | (106) | (414) |
| 融资活动提供的净现金 | (778) | 86 | (390) |
| 汇率变动对外币持有现金的影响 | (11) | (1) | (3) |
| 现金及现金等价物的净增加（减少） | 563 | (132) | (623) |
| 年初现金及现金等价物 | 1458 | 1590 | 2214 |
| 年末现金及现金等价物 | 2021 | 1458 | 1590 |
| 现金流量信息的补充披露 | | | |
| 　缴纳所得税的现金，扣除税金 | 551 | 687 | 683 |

续表

| 年份 | 2014 | 2013 | 2012 |
|---|---|---|---|
| 非现金投资和筹资活动的补充表 | | | |
| 按应付账款提供的股份回购 | — | — | 7 |
| 应付股利 | — | — | 814 |
| 固定资产购买的应付账款 | 80 | 10 | 7 |

## 附件二：网易公司大事记

1997年6月网易公司成立，公司正式推出全中文搜索引擎服务。

1998年1月开通国内首家免费电子邮件服务，并且推出免费域名系统。

1999年1月网易网站被《电脑报》评选为"中国知名度最高的网站"之首。

1999年7月国内首次推出在线拍卖服务。

2000年3月网易推出的wap.163.com网站可支持多种手机上网。

2000年6月网易首次公开发行股票，在美国纳斯达克股票市场挂牌交易。

2000年8月网易网站成为国内第一家上市的门户站点，标志网易进入宽带服务领域。

2000年8月网易公司推出突破传统表现手法的全新电视广告"网易——网聚人的力量"，呼吁更多人参与互联网发展。

2001年1月网易与中国移动合作推出手机短信息发送服务网站sms.163.com。

2001年3月www.163.com单日页面浏览量突破1亿。

2001年8月网易获得电子公告许可。

2001年12月网易推出自主开发的大型网络角色扮演游戏《大话西游Online》。

2002年8月网易股票首次公开发行以来，公司第一次实现正盈利。

2002年8月推出自主开发的大型网络角色扮演游戏《大话西游Online II》。

2002年9月推出新一代杀病毒、反垃圾、大容量的收费邮箱服务vip.163.com。

2002年11月推出免费即时通信工具——网易泡泡（POPO）。

2003年1月网易股票成为2002年在美国纳斯达克市场表现第一的股票。

2003年3月当选亚洲权威杂志FinanceAsia十家最有效为股东带来收益公司之一。

2003年9月网易推出超大50兆免费邮箱www.126.com。

2003年11月网易推出自主研发的大型网络游戏《梦幻西游Online》。

2004年1月网易《大话西游Online II》获2003年度最佳国产网络游戏大奖。

2004年7月网易与Google签订战略合作，成为国内唯一采用国际领先搜索技术的门户网站。

2004年9月《梦幻西游Online》被评为"亚太数字娱乐峰会唯一重点推荐网络游戏"奖，"第二届中国网络游戏年会年度网络游戏'金手指'——'最佳创新'"奖，"China joy杯最受玩家欢迎的十大网络游戏"奖。

2004年12月网易推出代理韩国Q版3D网络游戏《飞飞》。

2005年2月网易推出财富邮www.188.com，邮箱服务更加人性化。

2005年4月网易联手金融界营造人性化财经证券资讯平台。

2005年4月网易与中国移动合作，推出动感地带伴你梦幻西游。

2005年4月网易的两款MMORPG游戏同时在线人数超越百万，率先占据国内网络游戏运营商中的第一个白金位置。

2005年5月网易免费邮箱推出邮件角标，大力提倡网络环保新理念。

2005年7月网易推出门户网站首个家电频道。

2005年8月网易全程参与北京—深圳国家环境保护模范城市万里行。

2005年10月网易携手戴尔共谱数字娱乐新篇，倾力打造数字家庭时代的梦幻平台组合。

2005年10月第三届China Joy金翎奖颁发，网易游戏六次捧杯，《梦幻西游Online》、《大话西游Online Ⅱ》和已经开始公测的3D游戏《大唐》三款游戏均获得"最佳原创网络游戏"奖。

2005年11月网易被2005年中国客户关怀标杆企业评审团授予互联网行业"2005年度中国客户关怀标杆企业"称号。

2005年11月网易公司宣布任命丁磊担任首席执行官。

2005年12月网易公司在2005年度中国游戏行业年会上荣获八项大奖。

2006年4月网易投资近3800万美元建立杭州新研发基地。

2006年6月网易作为中国最大的免费电子邮件提供商，积极倡导反垃圾邮件活动。

2006年10月第四届中国网络广告大赛，网易一举囊括八项大奖。

2006年11月网易汽车频道成功推出"2006年度汽车总评榜"。

2007年1月网易在2007年度中国游戏产业年会中荣获"十大最受欢迎的网络游戏"等八项大奖。

2007年2月网易娱乐频道携手百事举办"百事祝福传千里　齐心共创新纪录"活动引爆网络原创祝福时尚新潮流，收到网友上传的祝福近千万条。

2007年4月网易获"校园先锋品牌"和"最佳市场研究团队"等殊荣。

2007年4月网易汽车频道重磅出击2007年上海国际车展，打造人、车、自然完美和谐盛宴。

2007年7月网易旗下默认搜索引擎so.163.com的内核全面更换为网易自主研发的"有道搜索"技术。

2007年7月网易女人频道"网易女人说女人——女性网民性别观念与内容偏好"调查报告发布会在京召开。

2007年7月网易在2007民营上市公司100强评选中获得"最佳盈利能力"十强之冠，并首次入围"2007中国民营上市企业100强"综合榜。

2007年7月网易在艾瑞2007年新营销年会上获得"2007年度最佳网络广告媒体奖"。

2007年9月网易《大话西游3》正式运营。

2007年9月网易在第五届中国网络广告大赛上获得四项大奖。

2007年10月网易yeah.net邮箱全新推出。

2007年10月网易在京召开"2008，网聚人的力量"奥运战略发布会。

2007年12月网易新闻频道承办国务院新闻办网络局网络作品大赛颁奖典礼。

2007年12月网易有道搜索正式版上线。

2008年1月网易奥运频道全国高校2008观方站正式启动。

2008年1月网易财经频道主办中国基金十年高峰论坛暨2007十大"金钻"基金公司颁奖典礼在京举行。

2008年3月网易在中科三方主办的"我的互联网"品牌认知度调查中荣获"最佳支持媒体"及"网民最常使用的免费邮箱"两大奖项。

2008年4月在"第三届中国数字英雄会"

上,CEO丁磊荣当"第三届中国数字英雄榜杰出人物"、网易荣获"2007~2008年度最佳企业公民"等四项大奖。

2008年5月网易累计捐款1200万元,用于灾区重建工作,同时发起"抗震救灾,共铸爱心丰碑"紧急赈灾系列活动。

2008年5月网易与中国心理学会在京签署合作备忘录,共同发起"蓝十字"心灵救助站行动。

2008年6月网易客服中心荣获"中国最佳客户服务奖"、"中国最佳售后服务"两项大奖。

2008年6月网易携手新浪、腾讯与央视国际签约奥运视频授权。

2008年8月网易获得暴雪娱乐旗下星际争霸Ⅱ、魔兽争霸Ⅲ和战网的独家运营权。

2008年11月网易汽车频道全新姿态出击第6届(广州)国际汽车展。

2008年11月网易在东方企业家高峰论坛暨全球华人企业领袖峰会中荣获"30年杰出贡献企业奖"。

2008年11月网易女人频道联合联合国妇女发展基金及中国反家暴网络联合召开反家暴爱心天使颁奖暨新闻发布会。

2009年1月网易有道搜索推出全新购物搜索平台——有道购物搜索测试版。

2009年3月网易推出企业邮进军企业邮箱市场。

2012年4月网易以邮箱业务作为用户入口,重返电子商务领域。

2012年9月发布了2012年"100家增长最快的公司"排行榜,网易排名第三。

2013年7月胡润民营品牌榜,网易以24亿元品牌价值,排名第五十一位。

2013年12月网易对外宣布,将正式推出理财平台"网易理财",一款基于货币基金的活期理财"添金计划"也将于12月25日起对外销售。

2015年2月网易2014年会在国家会议中心正式举行。

2015年3月国家互联网信息办公室批准网易等11家网站经整改后,通过2014年互联网新闻信息服务单位年检。

张朝阳
搜狐董事长及首席执行官

  张朝阳，1964年10月31日出生在陕西省西安市，搜狐公司董事局主席兼首席执行官。1986年毕业于清华大学物理系，并于同年考取李政道奖学金赴美留学。1993年在麻省理工学院获得博士学位后，在麻省理工学院继续博士后研究。1996年8月手持风险资金，回国创建了爱特信公司，公司于1998年正式推出其品牌网站搜狐网，同时更名为搜狐公司。2015年2月11日，张朝阳荣获"2014中国互联网年度人物"。

搜——概括了中国互联网的最早起源

狐——则充满了灵性与活力

1995年11月1日,张朝阳从美国麻省理工学院回国。次年8月,他拿到天使投资并以此创办搜狐前身"爱特信信息技术有限公司",建立爱特信网站,其中一部分内容是分类搜索,称作"爱特信指南针"。因为与搜索相关,结合中国传统文化"之乎者也",改名为"搜乎"。爱特信第二轮融资阶段时,确定搜乎业务为未来发展重点方向。考虑到无论在世界还是中国文化中,狐狸都象征着机敏、灵活和聪慧,而这些特质也符合搜索引擎服务的特点,因此,1997年11月将"搜乎"改为"搜狐",1998年2月,爱特信正式更名为搜狐公司,搜狐品牌正式诞生。10月,SOHOO.COM域名改为SOHU.COM,"出门靠地图,上网找搜狐",搜狐由此打开了中国网民通往互联网世界的神奇大门。

## 十二 搜狐可持续发展报告（SOHU）

### （一）公司简介

搜狐是中国领先的互联网媒体、搜索、在线游戏集团，拥有搜狐公司（NASDAQ：SOHU）和畅游公司（NASDAQ：CYOU）两家美国纳斯达克上市公司，是中文世界最强劲的互联网品牌之一。"搜狐"在中国是家喻户晓的名字，也是2008年北京奥运会互联网内容服务赞助商，为中国近6亿的互联网和移动互联网用户提供全面网络服务。

凭借强大的竞争实力，搜狐已经发展成为拥有四大业务平台的超级互联网品牌，包括：媒体（搜狐网、搜狐新闻客户端、手机搜狐、搜狐微门户、搜狐焦点、搜狐汽车）、视频（搜狐视频、搜狐视频客户端、搜狐娱乐）、搜索（搜狗搜索、搜狗输入法、搜狗高速浏览器、搜狗地图、搜狗号码包）、游戏（畅游、17173、第七大道）。

目前，搜狐已经初步实现了从创立伊始确立的"让网络成为中国人民生活中不可缺少的一部分"的理想。在中国网民呈现爆发式增长的过程中，搜狐也始终在为大多数中国网民提供优质服务。

搜狐公司的发展经历了四个阶段：

1. 惊人崛起（1996~1999年）：首家门户网站，初具雏形

搜狐是中国第一个门户网站，最早以搜索引擎起家。1996年，张朝阳获得MIT媒体实验室主任尼葛洛庞帝先生和美国风险投资专家爱德华·罗伯特先生17万美元的风险投资基金，成立了ITC爱特信电子技术公司（北京）有限公司，建立了中国第一个商业网站。其中，有部分内容是分类搜索，考虑到在世界和中国文化中，狐狸都象征着机敏、灵活和聪慧，而这也正符合搜索引擎特点，于是将其命名为"搜狐"，"搜"概括了中国互联网的最早起源，"狐"则充满了灵性与活力。这一命名奠定了搜狐公司作为老牌门户网站和不断创新发展的"灵动"传奇。1998年，搜狐公司获得来自英特尔公司、道琼斯、晨兴公司和IDG的第二笔风险投资，为搜狐公司"灵动"传奇的发展奠定了基础。1999年7月，搜狐推出全文检索的中文搜索引擎，加强了搜狐在中国互联网门户领域的统治地位，被称为"中国第一门户"也就顺理成章了。1999年9月，随着电子商务大潮的到来，搜狐开始进军电子商务，先后与国内最大的电子商务网站8848.net结成电子商务联盟、与诺基亚联手共推移动互联网服务，并开始介入互联网络娱乐产业。就这样，搜狐以惊人的速度成为中国互联网界的一杆大旗。

2. 开疆辟土（1999~2003年）：进军国际市场，遭遇瓶颈

2000年起，搜狐公司陆续开通北京、上海、广州、成都、杭州、西安、南京、济南、武汉、长沙、大连、重庆、昆明、深圳、天津、哈尔滨、太原、秦皇岛18个地方版，并收购国内最大的年轻人社区网站ChinaRen.com，正式推出了无线互联网定制收费服务——搜狐手机短信（SMS）。在完成互联网基础建设后，搜狐公司开始进军国际市场。2000年7月，搜狐公司在美国纳斯达克挂牌上市，成为继中华网、新浪、网易之后在纳斯达克上市的中国网络企业。然而，物极必反，2000年11月底，纳斯达克跌破2600点大关，之

后一整年，整个中国互联网陷入前所未有的寒冬，股民们对IT的回报期待大大降低，风险资金对早期以雅虎为代表的门户模式失去兴趣。2001年3月8日，搜狐股价第一次跌破1美元。在国际市场开拓的搜狐，遭遇了发展瓶颈期。

3. 技术驱动（2004~2008年）：开拓多元业务，缔造传奇

在经历"网络泡沫"破裂后，搜狐公司开始进入理性耕作时代，如研发多元化业务、打造商业品牌形象和运营新商业模式等。互联网的技术创新是其长盛不衰的秘诀。2004年，搜狐公司提出了以技术驱动、产品驱动和创新来应对激烈市场竞争的战略。在一系列营销措施的驱动下，搜狐公司的总营业收入于2008年获得了飞跃式的发展。2008年第二季度财报显示，搜狐公司总收入达1.02亿美元，成为首个"亿元门户"，与百度、盛大、腾讯、分众四家一起，成为单季收入超亿的国内互联网巨头。

4. 多足鼎立（2009至今）：打造新增长点，再造搜狐

搜狐公司在经历2008年金融危机之后，开始寻求公司发展的新增长点。在继续发展全线业务、推进多元化经营的同时，提出以搜狐视频、搜狗搜索、畅游游戏、微博Web2.0为主的多足鼎立的发展重点，各业务板块在各自领域成为领先者并彼此产生协同效应，以多足鼎立的局面，打造公司新的利润增长点，实现搜狐的价值再造。最初，搜狐实行的是"在线游戏+资讯广告"的双轮驱动盈利模式，随着2009年4月，搜狐公司最大的盈利点——搜狐畅游在美国纳斯达克的上市，搜狐一方面继续培养以资讯为主体的门户战略，深度挖掘内容，搭建对用户具有黏度的"矩阵平台"；另一方面，开始将着力培育搜索业务和视频业务。2012年，搜狐公司凭借旗下门户、遨游、搜狗、无线等业务的均衡发展获得了快速增长。

搜狐的股权结构如表2-12-1所示。

表2-12-1 搜狐股权结构

| 主要持有者（≥1%） | 持有份额（股） | 持股比例（%） |
|---|---|---|
| 张朝阳 | 7715479 | 20.25 |
| Orbis Investment Management Ltd. | 7365247 | 19.33 |
| Delaware Management Business Trust | 3069878 | 8.06 |
| Coronation Asset Management（Pty）Ltd. | 2943886 | 7.73 |
| Orbis SICAV Asia ex-Japan Equity Fund | 2961978 | 7.77 |
| Delaware Emerging Markets Fund | 1550000 | 4.07 |
| OMGB Orbis Global Equity USD | 1356038 | 3.56 |
| OMGB Coronation Glbl Em Mkts（USD） | 1242928 | 3.26 |
| AMP Platinum International | 385374 | 1.01 |

截至2014年12月31日，搜狐总资产为28.67亿美元，股东权益为16.89亿美元。全年实现主营业务收入16.73亿美元，净亏损为1.71亿美元。2014年12月31日收盘价为53.18美元，市盈率为-12.28倍。

### （二）公司战略

以技术驱动、产品驱动和创新驱动的多元化发展战略成为搜狐实现成功的法宝。

搜狐公司自己独有的"T.R.M.I"互联网门户矩阵结构（如图2-12-1所示），是其多元化业务的绝佳概括。公司旗下的7大业务板块：搜狐网、搜狐遨游、搜狗、搜狐焦点、Chinaren、搜狗地图和17173，按照技术驱动型、关系驱动型、媒体驱动型和产业驱动型分为四大类。

1. Technology——技术驱动型多为用户中心

为完善门户产品，搜狐公司面对个人消费用户正式推出了网上购物平台：搜狐商城。同时，推出搜狐在线（SOL-Sohu Online）业务，该产品是搜狐作为国内首家在线服务商开发的简单上网革命性产品，为广大家庭互联网用户清除了上网障碍；收购焦点网和17173网站，以获得垂直门户的价值，进入房地产市场和网络游戏市场；收

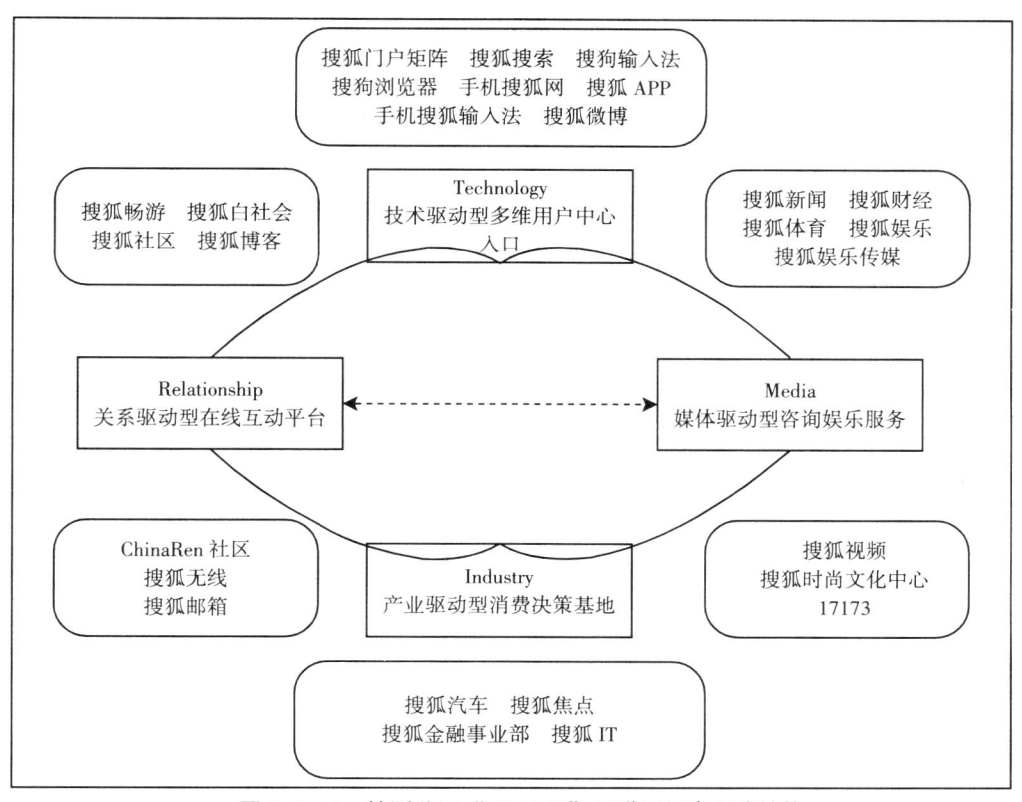

图 2-12-1 搜狐公司"T.R.M.I"互联网门户矩阵结构

购 ChinaRen 得到电子邮件的技术和社区的流量；为应对谷歌等新的搜索引擎技术，自主打造了搜狗新平台，目前囊括了输入法、搜索和浏览器等符合主流技术趋势的重要产品。同时，搜狗博客、SNS、无线互联网、高清视频包括 P2P 技术都有了长足的进步。尤其是随着内容源增多、各产业对民营影视制作公司更加自由开放、对盗版打击力度的增加、优质影视作品的市场空间增加、高清视频的广告收入成为搜狐新的盈利增长点。

2. Relationship——关系驱动型在线互动平台

搜狐公司通过网络游戏、社区、白社会、博客等互动平台与网民亲密交流。搜狐畅游是搜狐旗下的网络游戏品牌，主要开发和经营大型多人在线角色扮演游戏网游；搜狐博客是国内领先的 Web2.0 媒体平台，结合多种频道资源，集合了视频、圈子、同城圈、互动平台、模块、相册、小纸条等多种功能，形成了独一无二的宽视角、多角度、全方位的媒体平台和互动平台；搜狐微博始终致力于以产品技术驱动的绝对优势占领市场，打造"以创造力驱动的多维互动营销体系"；白社会是搜狐旗下的社交网站服务（SNS）平台，主要面向白领，倡导真实、可信的大型网络交友，定位于高端用户的沟通与交流，致力于为用户提供最好的产品交互体验；搜狐社区是生活化的综合社区，为中国互联网论坛网站第一互动营销阵地。

3. Media——媒体驱动型资讯娱乐服务

搜狐公司通过搜狐媒体平台开展资讯娱乐服务，拥有新闻、财经、体育、文化等主要频道，具有充分的权威性和媒体影响力。搜狐新闻受众广泛，读者高端，最具创新能力，成功在用户心中树立了"上搜狐知天下"的观念；搜狐财经定位中产阶级，为中产阶层提供资产保值增值服务，满足他们对资讯的渴求和个人财富增长的愿望，为高端网友提供表达和交流的平台；搜狐体育集体育赛事报道、产品服务、社区互动于一身，拥有百人的编辑报道团队，是报道经验最丰富，国内最有影响力的体育媒体之一。

4. Industry——产业驱动型消费决策基地

搜狐公司为汽车、金融、房地产等不同产业的消费者提供资讯服务。搜狐汽车是国内外具有广泛影响力的主流汽车媒体平台和互动服务机构，致力于创造中文互联网最具影响力的汽车全价值链"媒体平台"和"垂直网站"的双重优势，为汽车产业链上的用户提供互联网营销服务，同时满足用户对汽车购买、使用等环节的资讯、互动娱乐与增值服务等需求；搜狐金融事业部拥有专业分析与解释能力的跨界财经新媒体团队，是深入金融界的整合营销传播平台及金融营销解决方案提供商，同时也是贴近网民与投资者的网络金融投资理财信息提供者，个性化移动金融信息服务商，中小企业、创业者的成长辅助平台；搜狐焦点是中国房地产行业的专业权威平台，为购房人提供专业、经济和权威的信息服务，促进房地产行业自身的健康发展。

## （三）资本运营

### 1. 融资之路

搜狐公司是国内第一家引进风险资金的公司，也是国内引进风险资金最成功的公司之一。从创立的第一天起，搜狐就和风险资金建立起难以割舍的联系，风险资金很好地支持了搜狐的成长。

搜狐公司创始人张朝阳曾经在美国生活、学习了多年，他对风险资金有比较深的了解。张朝阳很好地利用了风险资金这个现代武器，从而顺利完成公司的启动。首先，张朝阳自费1万美元在美国成立爱特信公司用于投资自己的商业计划。1996年，张朝阳说服爱德华·罗伯特、尼葛洛庞帝向爱特信公司投放种子资金22.5万美元。1998年4月，爱特信电子技术公司获得第二笔风险投资，投资者包括英特尔公司、道琼斯、香港恒隆集团、IGD国际数据集团和美国哈里森公司，共吸纳资金215万美元。第三笔资金也于1999年7月到位。

张朝阳成功吸纳风险资金不仅解决了公司的运营费用问题，还给公司带来诸多好处。无论是和尼葛洛庞帝的握手，还是得到intel等巨头的支持，都使搜狐知名度大大提高。显然，搜狐的融资绝不是单纯地拉几个赞助提升搜狐身价，而是具有战略眼光、一石多鸟的大手笔。

### 2. 投资手段

（1）投资互联网金融。2014年9月2日，搜狐集团宣布旗下互联网金融平台——搜易贷上线。这是继阿里巴巴招财宝高调亮相之后，又一家互联网公司进军互联网金融领域。在网贷大军中，目前已形成国资系、银行系、保险系、民营系四大阵营，在民营系中又分为传统民营系和互联网公司系，其中，互联网公司系中有诸如搜狐集团旗下搜易贷和阿里巴巴集团旗下的招财宝。和阿里巴巴招财宝不同的是，搜易贷主打民间小额借贷，即把民间发生的正规化、合法化的交易放在网上去进行。

搜狐集团进军互联网金融后，将把互联网金融与搜狐旗下产品相融合，第一是垂直领域，第二是O2O领域，第三是开放平台。比如贷款方面和焦点网有一个很完备的房产方面的闭环；比如做汽车的时候可以跟搜狐汽车进行合作；如果要服务中小型企业的话，可以跟搜狗一些广告客户进行探索；开放的平台不只是针对搜狐，搜狐还欢迎其他互联网公司，欢迎金融公司来合作。目前，搜易贷平台联合搜狐焦点推出的"焦点首付贷"即将上线。同时，搜易贷也在积极筹备更多的创新性互联网金融产品推向市场。

（2）收购与反收购。2001年4~5月，香港青鸟科技有限公司斥巨资收购英特尔、电讯盈科和高盛等机构投资者手中671万股搜狐股票，持股比例达18.9%，一跃成为第三大股东，仅次于第一大股东张朝阳和第二大股东香港晨星科技。

此时，搜狐的价格在1美元以下，而公司手中的现金相当于每股1.62美元。搜狐公司在与北大青鸟的会谈中发现，北大青鸟把对搜狐的投资仅仅看作一宗简单的投机活动，而没有兴趣运营搜狐。双方在经过了几轮磋商之后，没能就青鸟与搜狐的"资源整合"达成一致。2001年7月19日，搜狐抛出了对付可能的敌意收购的准备。2001年7月28日，为防止被收购，搜狐公司董事会采纳了一项股东权益计划即"毒丸计划"以防止强制性的收购，包括防止在公开市场上或者通过私下交易收购搜狐股票，以及防止收购人在没有向搜狐所有股东提出公正条款的情况下获得搜狐的控股权。

这项计划的作用是当敌意收购者收购的搜狐股权超过20%时，除敌意收购者之外的其他所有持股人便将有权执行搜狐所赋予的该项计划，获得价值等于其执行价格双倍的优先股。亦即股东实际上有两种选择：以100美元的价格从公司赎回现金200美元，或者以100美元的价格购买一个单位的优先股。至此，"毒丸计划"从法律上确定了任何对搜狐公司可能的兼并收购，都必须得到公司董事会的同意。青鸟如果想通过收购股票入主搜狐，已几乎没有可能性。

（3）发展视频业务。2014年10月31日，搜狐对外确认已与人人达成一致，将其旗下56网并入搜狐视频，成为搜狐视频分享业务的组成部分，接下来一段时间里，双方管理团队将开始一起工作，整合资源。56网成立于2005年，自成立至今一直坚持视频分享的定位。56网自创办以来曾先后获得海纳亚洲、红杉资本、迪斯尼旗下思伟创投的投资。2011年10月，人人公司以8000万美元全资收购56网，但被人人网收购之后，56网在发展上并没有取得明显突破。搜狐通过收购56网，将56网团队微电影的制作能力纳入囊中，56网曾经出品过一系列的微电影，在内容制作上颇有积累，与搜狐视频会形成很好的补充。经过视频网站版权购买的狂欢后，搜狐视频更多希望在自制内容的生成上发力。

3. 分拆业务

（1）分拆畅游。2009年3月18日，搜狐向美国证监会提交了其控股子公司畅游上市的公开招股书，这是中国互联网行业在2009年的第一个IPO，搜狐成为国内首个同时拥有门户业务和网游业务在美上市的互联网企业。

招股书显示，搜狐是畅游公司的控股大股东，拥有畅游70.7%的股份，并拥有81.5%的表决权。畅游上市地点选定为纳斯达克，将发售750万单位美国存托股票。按照发行价中间价计算，畅游上市的募集资金总额约为1.046亿美元。招股书同时还公布了畅游的管理团队，搜狐公司董事局主席兼首席执行官张朝阳担任畅游董事会主席，搜狐公司副总裁王滔担任畅游董事兼首席执行官。

畅游上市后，搜狐继续以媒体业务为重心。畅游作为搜狐的控股子公司，在上市后将专注于大型多人在线角色扮演游戏业务，并将为搜狐的媒体业务提供更多资金和资源支持，进一步增强搜狐媒体业务的综合竞争力。

（2）分拆搜狗。搜狐2010年8月9日下午召开新闻发布会紧急宣布，将对旗下搜狗业务进行战略重组，搜狗被分拆成立独立公司，其中搜狐占68%股份保留大股东地位，搜狐董事局主席兼首席执行官张朝阳个人获得16%的优先股，同时引入阿里巴巴集团和云锋基金（由马云和虞锋创办的风险投资基金）作为战略投资方，并获得16%的股份。据悉，68%的搜狗股份中还包括搜狗团队和搜狐集团管理层激励计划。

此前搜狗作为搜狐旗下一个部门,与百度竞争时会受到很大限制,将搜狗进行分拆,可以使搜狐更加专注于发展媒体业务,而独立发展的搜狗将更具效率和活力,此前成功分拆上市的游戏业务畅游就是很好的先例。搜狗独立发展,搜狗团队将享有股权激励计划,这使得搜狗的业绩与团队有直接的关联,有助于搜狗的快速成长,同时引入阿里巴巴作为战略投资者,将使得搜狗搜索、搜狗浏览器能够与阿里巴巴集团及淘宝展开深度合作,有助于搜狗与电子商务相结合。

### (四) 商业模式

#### 1. 盈利模式

(1) 盈利增长点:搜狐网主要的盈利来源于网络广告和网络游戏畅游。两者组成了搜狐网90%以上的收入,但后者提供主要的收入(如图2-12-2所示)。在过去的5年里,网络游戏带来的利润占搜狐整个利润的一半以上,最高在2012年达到总利润的71.2%,而广告收入则维持在34%左右。其网络游戏主要利润来源于搜狐旗下子公司畅游游戏,根据畅游2012年第四季度财报,其第四季度盈利收入达到1.735亿美元,超过国内传统网络游戏巨头盛大游戏1.72亿收入居于行业第三,预计畅游游戏将在以后年度为搜狐带来更大的利润。在网络广告方面,搜狐的广告收入主要来源于搜狗输入法和搜狗浏览器。搜狗输入法收入增长率已经连续两年达到三位数,占净利润的29%。目前,搜狐自主开发的搜狐视频已成为搜狐网的又一业务增长点。

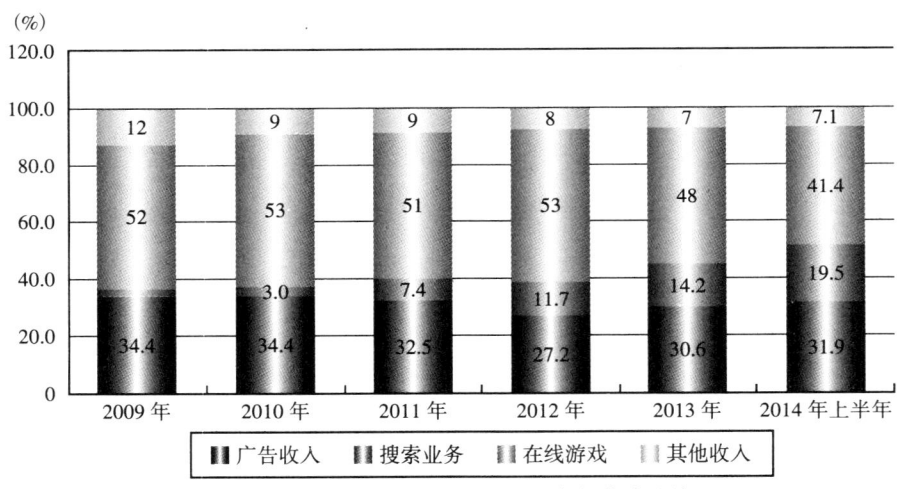

图2-12-2 搜狐2009~2014年上半年营收结构

(2) 盈利对象:搜狐的客户主要选择在25~35岁的游戏玩家和视频爱好者。搜狐在网络游戏社区的投入较多,创建国内知名游戏讨论社区等,意在打造年轻人休闲娱乐的平台。同时,搜狐视频在面对国内优酷网、土豆网的强强联合下,与爱奇艺、腾讯视频合作,意在实现播出领域的平台合作。

(3) 盈利措施:搜狐聚焦于畅游游戏、搜狐视频和搜狗输入法。畅游游戏以其业内先进的游戏制造运营水平,以及对于武侠题材游戏的把握,吸引青年玩家中武侠爱好者。搜狗输入法打破了传统的输入法局限,符合中国人的语言特色,其输入界面简单明了,创建用户独特的输入词库,市场占有率达83.6%。而搜狐视频斥巨资买下国内外众多高清视频独家播放权,加之其巨大的资金做支撑,搜狐视频更是推出其原创专属视频类节目。

(4) 盈利保障：搜狐主攻游戏市场和视频市场。在游戏方面，搜狐早在 2005 年和 2007 年分别获得金庸武侠小说《天龙八部》《鹿鼎记》的网络改编权，又在 2013 年 7 月获得金庸十部武侠小说的手机游戏独家改编权，使得武侠风这一特色贯穿搜狐的游戏之中。在视频网站的发展方面，搜狐在网罗视频的同时，买下《中国好声音》等节目的网络独家播放权，进一步抢占国内视频市场。

(5) 风险：搜狐涉及互联网的宽度较大，产品的可复制性较强。因此所面对的竞争者较多，但搜狐面对的主要风险是用户群体的不确定性，及用户对于搜狐的忠实度较低。近年来，搜狐不断推出新产品来吸引新客户，但都并不长久，且老客户的忠诚度较低。一旦其他竞争对头推出相同可替代产品，难以维持其用户群的稳定性。

2. 业务模式

搜狐的业务主要有四类（如表 2-12-2 所示）。

表 2-12-2 搜狐业务平台

| 业务分类 | 业务平台 |
| --- | --- |
| 媒体 | 搜狐网；搜狐新闻客户端；手机搜狐；搜狐微门户；搜狐焦点；搜狐汽车 |
| 视频 | 搜狐视频；搜狐视频客户端；搜狐娱乐 |
| 搜索 | 搜狗搜索；搜狗输入法；搜狗高速浏览器；搜狗地图；搜狗号码通 |
| 游戏 | 畅游；17173；第七大道 |

(1) 广告业务。

1) 品牌广告。作为主流的网络媒体，搜狐在品牌广告上具有强大的竞争优势。拥有资源平台、媒体矩阵、垂直频道、创新媒体形态、移动业务，并且拥有整合各种媒体形态和产品的能力。在线品牌广告包括在网站上的横幅广告、文字链广告、按钮广告、视频广告、多类型的富媒体广告，以及网站上特定的赞助广告等多种形式。搜狐既可针对各类广告形式提供按日收费服务，以及合同期内的固定付费服务；也可提供 CPM 等效果付费方式。同时，搜狐还为长期合作的广告主提供了多种广告优惠选择。

搜狐在网络产品和营销手段上不断进行创新，同时提供广告主和用户多元化的广告创意；并以整体解决方案来提高营销服务的附加值，给广告主带来高效的价值。

2) 搜索广告。搜狗搜索商业产品分为三部分，分别为搜狗竞价，搜狗金榜与搜狗品牌专区。

搜狗竞价产品是按效果付费的网络推广方式，通过关键词上下文分析技术，免费让企业推广信息出现在搜狗、搜狐搜索及矩阵平台上，当用户在查找产品信息或相关服务时，企业只需为用户的每次有效点击付费。

搜狗金榜产品分为图文固排与文字固排。依托了搜狐的品牌支持，覆盖95%以上的中国互联网人群。图文固排服务由一个图片位、文字标题、描述说明以及链接网址共同构成。

搜狗品牌专区是在网页搜索结果页最上方为知名品牌量身打造的，由多文字、超链接、双图片共同组成，兼顾企业推广需求和网民搜索体验的网络推广方式。搜狗品牌专区是企业品牌的迷你官网，可用于企业将企业动态、产品信息、促销活动等丰富资讯以大于屏幕60%的图文并茂的形式展现给目标网民，彰显品牌实力；同时便于网民更为直观生动地获取品牌资讯，排除干扰信息，感受最佳视觉效果。

(2) 收费业务。

1) 网络游戏。搜狐旗下畅游公司拥有领先的自主研发技术平台和顶尖运营团队。公司自主研发了《天龙八部》等大型多人在线角色扮演游戏，受到了玩家的热烈欢迎。畅游拥有领先的技术平台，包括先进的2.5D及Unreal、BigWorld3D图形引擎、统一的游戏开发平台、有效的反作弊和反黑客技术，自主研发的跨网络技术和先进的数据保护技术等。通过产品开发团队和游戏运营团队紧密合作，将玩家的反馈及时地融入到游戏升级和资料片中。同时，畅游从与搜狐的密切关系中获得了独特的竞争优势，搜狐为畅游提供包括战略指导、发布前游戏评估、营销与运营等方面支持，并使畅游能与搜狐门户网站的2.5亿注册用户建立联系。

2) 无线业务。

a. 搜狐手机视频。搜狐手机视频基于移动网络，通过手机终端，向用户提供影视、娱乐、原创、新闻、体育等各类视频内容的点播、下载服务。搜狐视频作为中国顶级的视频门户，手机视频具有独家、优质、丰富的高清电影、电视剧和原创娱乐节目版权。同时，搜狐充分挖掘与中国移动、中国电信、中国联通等运营商的合作机会，逐步接入各大电信运营商的视频基地业务，加深CP内容服务、渠道合作以及搜狐矩阵与电信运营商间的战略合作关系。

b. 搜狐手机阅读。搜狐手机阅读与多家优质图书资源内容提供商合作，并利用搜狐矩阵自有的图书资源，保证了图书来源的广泛性，图书质量的优质性和图书类型的丰富性，基本满足了手机阅读市场强烈的内容需求和读者阅读多样化的需求。搜狐手机阅读现已经拥有上千万的读者用户支持，形成了良好的口碑效应，培养了手机读者付费阅读的习惯，在业界已经具有较大的影响力。同时，搜狐手机阅读与各大移动运营商阅读基地和移动设备供应商深度合作，拥有成熟完善的推广和销售渠道，拓宽了盈利渠道。

c. 搜狐原创频道。搜狐原创频道是最早的门户网站原创频道之一，也是中国作协确定的中国网络文学原创基地，具有较大的影响力。搜狐原创主营业务包括电子版权的签约和销售、出版代理、影视改编权代理以及其他衍生版权的代理等。搜狐原创除将利用自身优势对作品的电子版权进行销售外，还将为出版社输送优质稿源，同时为电视台和影视公司提供影视剧本。

d. 搜狐听书频道。搜狐听书频道是搜狐旗下又一基于互联网的新产品。2009年正式上线运营，整合搜狐大平台各种优势资源，为用户提供有声音频服务。这是门户网站中唯一可以提供拥有正规版权的有声读物服务并正规化运作的有声读物网站，并逐步搭建规模化研究有声读物的平台。同时与中国三大电信运营商、知名手机终端厂商等均有合作，为有声读物提供多平台多载体体验。目前互联网听书频道的内容为在线付费收听及下载，用户需登录搜狐通行证，进行付费操作，同时提供免费试听体验。

e. 搜狐无线音乐。搜狐无线音乐前身是搜狐无线彩铃部，2009年正式更名为无线音乐部。搜狐无线音乐在业界拥有较高知名度，业务排名领先，自创办以来已经创造超过3亿的市场份额，用户超过3000万，举办大中型无线音乐明星歌友会百余场。公司拥有丰富的在线歌曲库、大量国内知名艺人音乐版权和先进的铃声制作技术。

f. 搜狐无线运营中心。搜狐无线运营中心包括了短信、彩信、WAP和IVR几个业务类型，主要有按条点播和包月定制这两种订购模式，满足了用户的全方位需要。同时，搜狐无线运营中心与各地运营商及众多知名手机厂商保持着紧密的合作，是各地运营商和手机厂商值得信赖的合作伙伴，进一步确立了搜狐无线业务市场的领先地位。

g. 搜狐手机游戏。搜狐无线游戏依托搜狐公司优势营销策略，整合行业内手机游戏厂商游戏产品，为广大用户提供最优质的游戏业务服务，在产业链内具备不可替代的价值。

在运营商的合作中,搜狐发挥成熟网络平台的资源优势,整合产品链中的国际顶级游戏厂商、知名影视动漫等优质游戏产品,通过终端厂商、互联网以及无线互联网等多维营销渠道,为电信运营商提供优秀的产品和营销支持,创造更多由游戏内容到产品价值的转换机会。对于用户,搜狐提供更多的精品游戏内容,涵盖点播、包月、试玩转激活等多种灵活的付费方式,让用户享受到最优质的游戏产品服务。搜狐未来将进一步整合运营商、终端厂商以及互联网、无线互联网的相关资源,在展开传统业务推广的同时探索新的业务合作模式,为行业及用户提供更加优质稳定的服务。

### (五)市场概况

搜狐 2014 年第四季度财报显示,搜狐第四季度收入 4.77 亿美元,同比增长 23.8%,较上一季度增长 10.87%。其中,品牌广告收入为 1.48 亿美元,较 2013 年同期增长 20%;搜狗收入为 1.19 亿美元,较 2013 年同期增长 70%;在线游戏收入为 1.84 亿美元,较 2013 年同期下降 7%。搜狐第四季度净亏 1957 万美元。搜狐已出现连续四个季度亏损,此前两季度分别亏损 4110 万美元、2710 万美元,这意味着搜狐前三季度一共亏损了 8777 万美元。

1. 业务收入状况

搜狐营收主要来自网站、搜索、游戏三大业务(如图 2-12-3 所示)。2014 年第四季度与 2012 年第一季度相比,总营收增长了 211.5%。其中,网站广告收入增长 242.6%,搜索收入增长 500%,游戏收入增长 146.0%。搜索业务是搜狐业绩增长的主要动力,高度成熟的网站广告收入也翻两倍有余。游戏业务增长速度则不甚理想。从 2014 年第四季度起,游戏营收、利润呈现超预期增长。游戏业务对搜狐毛利润的贡献极大。2012 年第一季度,游戏毛利润占比达到 76.9%。搜索业务的崛起,减轻了搜狐对游戏的依赖,2014 年第四季度,游戏业务毛利润占比降至 49.4%。

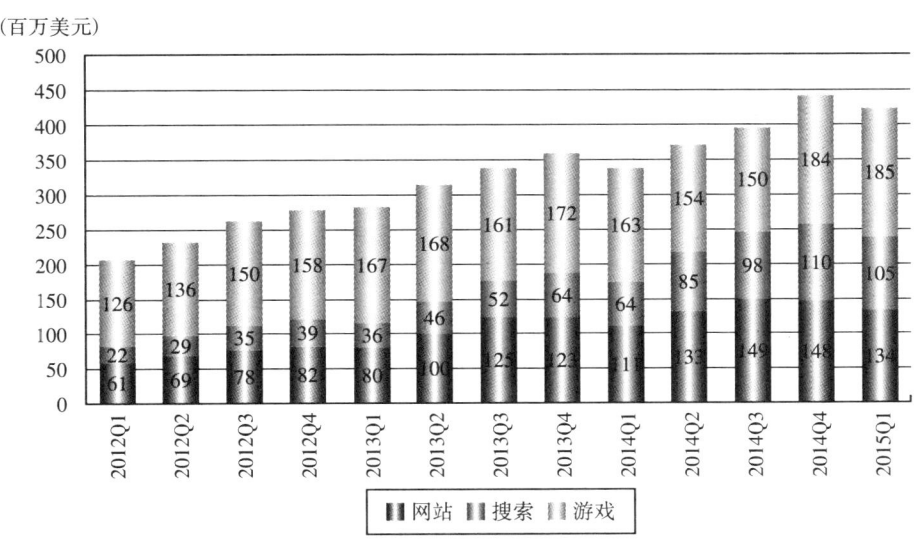

图 2-12-3 2012~2015 年网站、搜索、游戏三大业务季度收入情况

搜狐公司的网站业务毛利润(如图 2-12-4、图 2-12-5 所示)受季节因素影响表现极不稳定,2014 年第四季度毛利润高达 7100 万美元,游戏也是搜狐旗下毛利润率最高的业务。搜索业务的

毛利润率从2012年第一季度的39%稳步提高到2014年第四季度的59%。视频业务带宽成本高，内容购买争价激烈，不可避免地造成了亏损，进而拖累网站业务乃至整个搜狐。

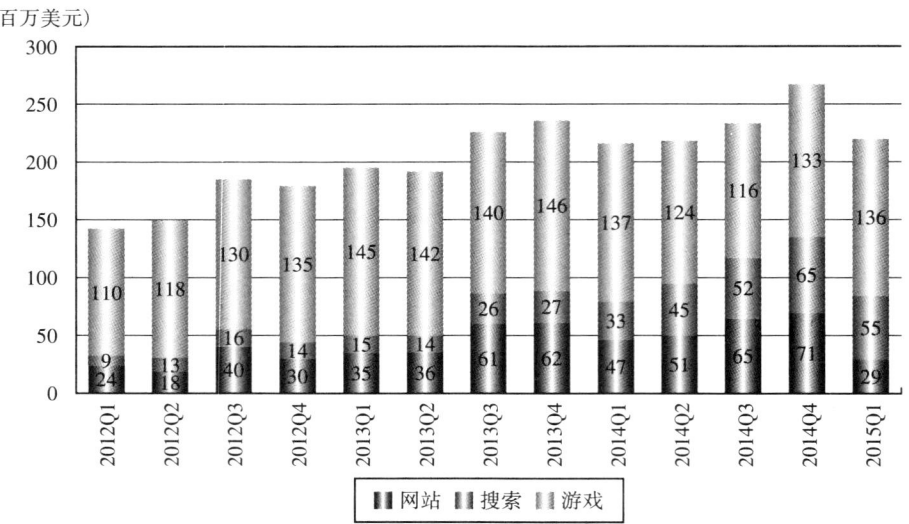

图 2-12-4　2012~2015年网站、搜索、游戏三大业务季度毛利润

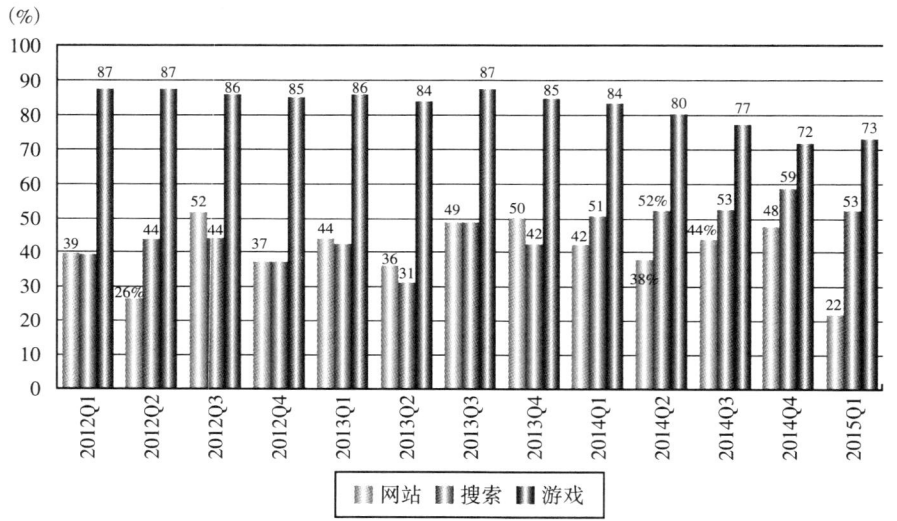

图 2-12-5　2012~2015年网站、搜索、游戏三大业务季度毛利润率情况

2. 亏损状况

2012年第四季度，搜狐净利润曾达5300万美元，随后滑向亏损的深渊（如图2-12-6、图2-12-7所示）。2013年第二季度、2014年第一季度，两度出现单季约5600万美元的亏损。而在最近5个季度，搜狐的净亏损开始收窄。2014年第四季度净亏损3270万美元，2015年第一季度净亏损为460万美元。互联网早已是高度市场化竞争的红海，搜狐各项业务毛利润率下滑是必然的。过往的13个季度，搜狐的综合毛利润率节节下降。所以，搜狐净亏损收窄不能归功于直接成本下降、毛利润率提高，而是因为费用的压缩（如图2-12-8所示），具体来说就是市推广费用的压缩。2013年第一季度、第二季度开始滑向严重亏损的时期，市场费用占到营收的42%。但花那么多钱打广告、推广APP、买流量，营收却没有

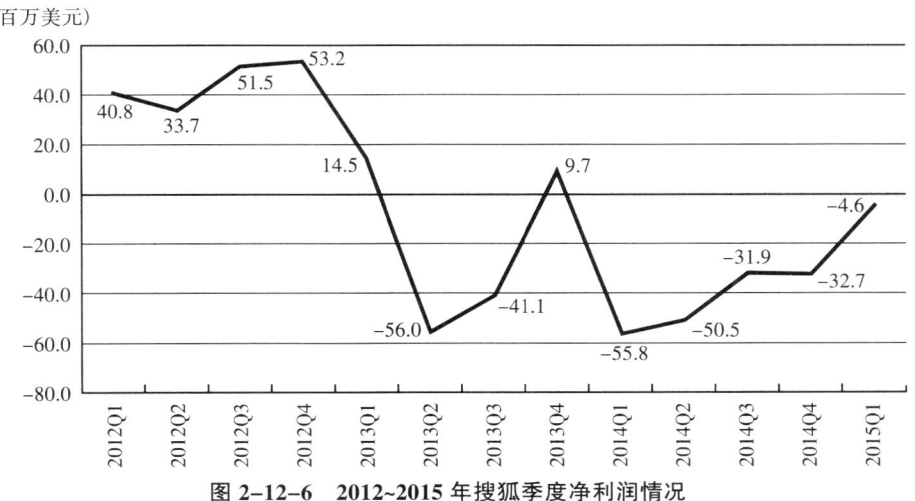

图 2-12-6　2012~2015 年搜狐季度净利润情况

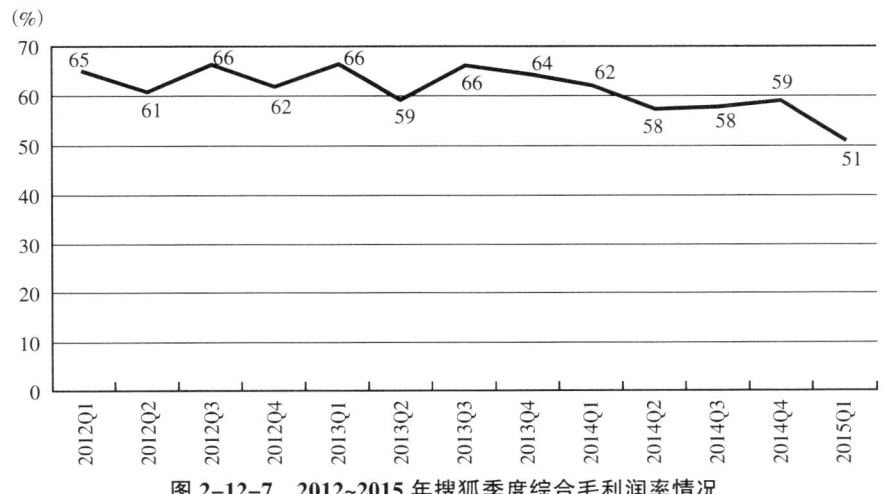

图 2-12-7　2012~2015 年搜狐季度综合毛利润率情况

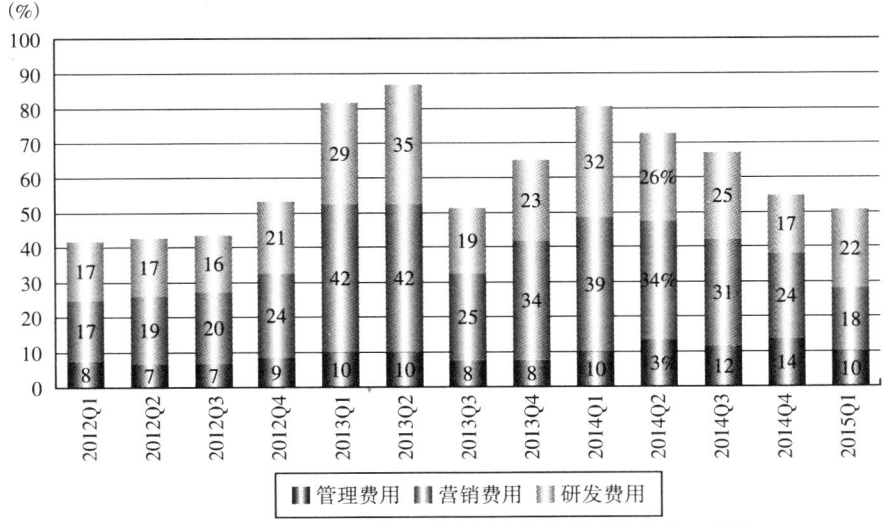

图 2-12-8　2012~2015 年三项费用占营收的百分比季度情况

暴涨。

2012~2013年，老牌的互联网巨头纷纷面临着移动互联网时代的对接问题。搜狐之前为应对移动互联网时代的到来做了很多的工作，经历了艰难调整，终于顺利向移动转型，搜狗搜索与腾讯合作，游戏业务已独立上市，视频业务资产优良待价而沽。目前搜狐削减了推广费用，压缩行政成本，争取扭亏为盈，静观互联网的风起云涌。

### （六）经营和财务绩效

表 2-12-3　搜狐 2013~2014 年度经营与财务业绩比较

单位：百万美元

| 年　份 | 2014 | 2013 |
| --- | --- | --- |
| 收入 | 1673 | 1400 |
| 总资产 | 2867 | 2999 |
| 净利润 | −171 | 167 |
| 净利润率（%） | 10.59 | 11.92 |
| 总资产报酬率（ROA）（%） | −5.97 | 5.57 |
| 净资产报酬率（ROE）（%） | −10.14 | 9.09 |
| 资本性支出（CAPEX） | 210 | 212 |
| CAPEX 占收比（%） | 12.56 | 15.13 |
| 经营活动净现金流 | 152 | 404 |
| 每股经营活动净现金流（美元/股） | 3.96 | 10.56 |
| 自由现金流（FCF） | −58 | 192 |
| 自由现金流占收比（%） | −3.46 | 13.72 |
| 每股盈利（EPS）（美元/股） | −4.33 | −0.4 |
| 每股股利（DPS）（美元/股） | 0 | 0 |
| 股利支付率（%） | 0 | 0 |
| 主营业务收入增长率（%） | 19.48 | 31.21 |
| 总资产增长率（%） | −4.39 | 43.99 |
| 净利润增长率（%） | −202.56 | −5.78 |
| 经营活动现金流增长率（%） | −62.30 | 0.33 |
| 资产负债率（%） | 41.09 | 38.75 |
| 流动比率 | 213.68 | 184.09 |
| 总资产周转率（次） | 0.58 | 0.47 |
| 股息 | 0 | 0 |
| 内部融资额 | 112 | −929 |
| 研发支出 | 409 | 276 |
| 研发支出占收入比（%） | 24.46 | 19.72 |

表 2-12-4　搜狐轻资产运营特征一览表

| 序　号 | 项　目 | 2014 年 | 2013 年 |
| --- | --- | --- | --- |
| 1 | 现金类资产比重（%） | 38.09 | 43.02 |
| 2 | 应收账款比重（%） | 8.04 | 5.15 |
| 3 | 存货比重（%） | 0 | 0 |
| 4 | 流动资产比重（%） | 59.20 | 68.41 |
| 5 | 固定资产比重（%） | 18.86 | 18.82 |

续表

| 序号 | 项目 | 2014年 | 2013年 |
| --- | --- | --- | --- |
| 6 | 流动负债比重（%） | 27.70 | 37.16 |
| 7 | 应付账款比重（%） | 4.46 | 4.20 |
| 8 | 无息负债比重（%） | −3.58 | −0.95 |
| 9 | 有息负债比重（%） | 41.09 | 38.75 |
| 10 | 留存收益比重（%） | 20.44 | 25.10 |
| 11 | 营运资金（百万美元） | 903 | 937 |
| 12 | 现金股利（百万美元） | 0 | 0 |
| 13 | 内源融资（百万美元） | 112 | −93 |
| 14 | 资本性支出（百万美元） | 409 | 276 |
| 15 | 现金储备（百万美元） | 1092 | 1290 |
| 16 | 自由现金流（百万美元） | −58 | 192 |

### （七）内控与风险管理

搜狐集团因其在中国境内的经营活动，受到中国相关的政治、经济和法律的影响，除此之外，搜狐集团还可能有以下风险：

（1）经营风险。搜狐集团集中风险的金融工具主要包括现金和现金等价物，受限制的时间存款，短期投资和债务证券投资。搜狐集团的现金及现金等价物以人民币和美元为主。限制定期存款、短期投资和债券证券投资以人民币计价。该集团可能会因在美元和人民币之间的汇率波动而遭受经济损失及对盈余和资产的负面影响。此外，中国政府对人民币的自由兑换实行管制，并在某些情况下，对人民币汇出境外实行管制。本集团可能会在获得和汇出外币时遇到行政程序方面的困难。

（2）信用风险。截至2013年12月31日，搜狐集团约48%的现金和现金等价物被中国16家金融机构持有，余下的现金及现金等价物主要在中国香港、美国和印度的金融机构。持有搜狐集团的现金和银行存款的中国金融机构，是中国最大和最受推崇的金融机构，是国际公认的评级机构的国际金融机构。管理者选择这些机构，是因为它们的声誉和跟踪记录的稳定性，以及它们已知的大量现金储备，管理者周期性地回顾这些机构的声誉，跟踪记录，并报告储量。

管理层预计，搜狐集团利用其现金和银行存款的任何额外的机构将被选择与健全的类似标准。作为管理其信用风险的另一种手段，搜狐集团持有其在不同金融机构的现金和银行存款。截至2014年12月31日，搜狐集团持有不同金融机构的现金和银行存款，并在任何一个机构中持有的现金总额约为24%。根据中国法律，一般要求中华人民共和国商业银行持有第三方存款，以保护存款人的权益；中国银行则受制于一系列风险控制的监管标准；中国银行监管当局有权接管一家面临重大信贷危机的中国银行的经营管理。对于应收账款的信用风险，搜狐集团对其客户进行持续的信用评估，如有必要，为潜在信贷损失保持储备。历史上，这样的损失已经在管理层的预期之内。

### （八）前景展望

2014年9月25日，搜狐在"想象·2014技术峰会"上，全面展示了"云战略"下的机房建设、云平台、云存储、云安全、大数据等方面最新技术及应用成果。这也意味着，依靠坚实的互联网基础建设，搜狐"云战略"已全面落地。

1. 从平台到服务：搜狐网络基础建设实现技术价值输出

搜狐的网络基础建设在满足内部业务需求的同时，还进行了技术价值输出，为众多知名企业提供服务，形成了完整的上下游技术交流合作链条。在机房建设方面，搜狐提出了"Smart IDC"的解决方案，通过平台化、数据化、流程化、可视化这"四个现代化"来实现数据中心的智能化管理，节约资源、降低成本的同时，还能从多个层面对传统数据中心存在的问题进行优化。从报警处理、数据分析、平台定位等入手，将整个平台打造成一个闭环系统，更加简单可靠。

在架构部署方面，作为搜狐"云战略"的重要组成部分，"搜狐云景"提供的统一技术架构平台，承载了搜狐内部各业务线多个应用的运行。作为国内最开放的PaaS平台，"搜狐云景"开放了全部底层的API，能同时支持多种语言，并可提供弹性伸缩的PaaS云平台服务。自2014年5月面向外部正式上线公测之后，"搜狐云景"已经为众多的企业和个人带来了应用开发的一站式服务体验，凭借智能、灵活以及专业快速的定制运行环境，用户可以低成本地将原有应用迅速迁移，真正实现了"平台及服务"的目标。

2. "安全即服务"：搜狐创新"云存储"解决方案

在云计算、大数据时代，云存储承载了不同企业和应用的大量数据。保证数据稳定、快速、安全的存储与读取是衡量"存储解决方案"优劣的标准。"搜狐统一存储系统解决方案"实现了数据存储的"存储池化"，把结构数据和非结构数据进行统一存储，降低成本、提高可用性，更方便了接入。以图片存储与处理为例，"搜狐统一存储解决方案"能节省30%的流量，相当于为全中国节省9%的流量，具有非常重大的现实意义。

高效、便捷的同时，云存储还需要解决数据安全问题。当前，无论是云计算还是大数据都面临着严峻的安全挑战，对此，搜狐提出组织体系、管理体系与技术体系三位一体的安全建设思路，从整体上加以控制，及时发现和拦截黑客攻击，形成一套独立严密的安全保障体系。信息安全还需要高度的安全意识，搜狐将每年七月定为信息安全月，对安全开发流程做了详细规定，向着"安全即服务，服务即安全"的目标进发。

3. "大数据驱动品牌营销"：搜狐强化云计算、大数据创新

搜狐通过强化云计算，既使得广告的投放更加精准，也使得用户更方便地获取所需信息。搜狐对月度将近9亿的数据资产进行精密处理，从用户的搜索、浏览到最终消费的行为进行大数据分析，给用户打上多个不同的标签，生成不同的用户数据库。在广告投放时，将和企业的目标人群进行多维度匹配，达到精准投放。同时，搜狐的大数据广告系统还会在广告投放之后检测预期与最终的画像对比，然后不断调整，为企业提供更为科学、精准的投放决策依据。同时，搜狐还将继续加强在云计算、大数据方面的基础设施建设以及技术创新，用以支持搜狐整体产品矩阵的升级和发展。

附件一：搜狐财务报告（2014年）

1. 合并资产负债表

单位：千美元

| 年份 | 2012 | 2013 | 2014 |
|---|---|---|---|
| 资产 | | | |
| 流动资产 | | | |
|  现金和现金等价物 | 833535 | 1287288 | 876340 |
|  限制时间存款 | 116140 | 393087 | 282186 |
|  短期投资 | 54901 | 2827 | 191577 |
|  债务证券投资 | 79548 | 82009 | 0 |
|  应收账款净额 | 98398 | 154342 | 230401 |
|  预付款和其他流动资产 | 55761 | 132002 | 116704 |
|  总流动资产 | 1238283 | 2051555 | 1697208 |
| 固定资产净值 | 178951 | 564442 | 540778 |
| 商誉 | 159215 | 208795 | 303426 |
| 长期净投资 | 0 | 0 | 24067 |
| 无形净资产 | 70054 | 107108 | 110691 |
| 限制时间存款 | 130699 | 40961 | 144562 |
| 预付非流动资产 | 291643 | 9527 | 8933 |
| 其他资产 | 13792 | 16327 | 37344 |
|  总资产 | 2082637 | 2998715 | 2867009 |
| 负债 | | | |
| 流动负债 | | | |
|  应付账款 | 67934 | 125896 | 127758 |
|  应计负债 | 117029 | 227018 | 239231 |
|  预付款和递延收入 | 89687 | 113328 | 127740 |
|  应计工资和福利 | 61722 | 90901 | 108741 |
|  应交税费 | 61722 | 48324 | 33380 |
|  递延税款贷项 | 32115 | 18813 | 22356 |
|  短期银行贷款 | 11878 | 410331 | 25500 |
|  其他短期贷款 | 63352 | 79798 | 105644 |
|  或有对价 | 76 | 0 | 3935 |
|  总流动负债 | 556793 | 1114409 | 794285 |
| 长期应付账款 | 12684 | 6252 | 5143 |
| 长期银行贷款 | 126353 | 0 | 344500 |
| 长期应交税费 | 1782 | 24835 | 24829 |
| 递延税款贷项 | 7998 | 12337 | 7417 |
| 或有对价 | 0 | 4162 | 1929 |
|  总长期负债 | 148817 | 47586 | 383818 |
|  总负债 | 705610 | 1161995 | 1178103 |
| 承付款项与或有负债 | 61810 | — | — |
| 夹层资本权益 | | | |
| 股东权益 | | | |

续表

| 年份 | 2012 | 2013 | 2014 |
|---|---|---|---|
| 搜狐公司股东权益 | | | |
| 　普通股 | 44 | 44 | 44 |
| 　资本公积 | 378311 | 601633 | 650148 |
| 　库存股 | (143858) | (143858) | (143858) |
| 　累计其他综合收益 | 79542 | 116304 | 109402 |
| 　留存收益 | 770184 | 752582 | 585925 |
| 　搜狐公司股东权益总额 | 1084223 | 1326705 | 1201661 |
| 非控制性权益 | 230994 | 510015 | 487245 |
| 总股东权益 | 1315217 | 1836720 | 1688906 |
| 总负债和股东权益 | 2082637 | 2998715 | 2867009 |

## 2. 合并损益表

单位：千美元

| 年份 | 2012 | 2013 | 2014 |
|---|---|---|---|
| 主营业务收入 | | | |
| 　在线广告 | | | |
| 　　品牌广告 | 290205 | 428526 | 541158 |
| 　　搜索和网络目录 | 124389 | 198915 | 357839 |
| 　　在线广告总收入 | 414594 | 627441 | 898997 |
| 　在线游戏 | 570346 | 669168 | 652008 |
| 　其他 | 82261 | 103665 | 122072 |
| 　主营业务收入总额 | 1067201 | 1400274 | 1673077 |
| 主营业务成本 | | | |
| 　在线广告 | | | |
| 　　品牌广告 | 161195 | 221659 | 307708 |
| 　　搜索和网络目录 | 70628 | 109139 | 163918 |
| 　　在线广告总收入 | 231823 | 330798 | 471626 |
| 　在线游戏 | 76350 | 93307 | 142549 |
| 　其他 | 61485 | 55945 | 71459 |
| 　主营业务成本总额 | 369658 | 480050 | 685634 |
| 毛利 | 697543 | 920224 | 987443 |
| 营业费用 | | | |
| 　产品研发费用 | 181359 | 276120 | 409285 |
| 　市场营销费用 | 214736 | 351653 | 526514 |
| 　总务及管理费用 | 75243 | 108970 | 204325 |
| 　由于企业收购的商誉减值和无形资产减值 | 2906 | 0 | 52282 |
| 　总营业费用 | 474244 | 736743 | 1192406 |
| 营业利润 | 223299 | 183481 | (204963) |
| 其他收入 | 5422 | 12721 | 9959 |
| 净利息收入 | 25277 | 27829 | 30977 |
| 汇率差额 | (635) | (6660) | (1142) |
| 税前利润 | 253363 | 217371 | (165169) |
| 所得税费 | 76171 | 50422 | 6050 |

续表

| 年份 | 2012 | 2013 | 2014 |
|---|---|---|---|
| 净利润 | 177192 | 166949 | (171219) |
| 减：对夹层分为非控制性权益股东应占净收入 | 11196 | 17780 | 0 |
| 非控制性权益股东所占收入 | 78837 | 82044 | (32309) |
| 分给搜狗A轮非控股优先股股东的股息或红利 | 14219 | 82423 | 27747 |
| 搜狐公司净收入 | 72940 | (15298) | (166657) |
| 其他综合收益 | 4413 | 47125 | (8390) |
| 综合收入 | 181605 | 214074 | (179609) |
| 减：对夹层分为非控制性权益股东应占综合收入 | 11196 | 17780 | 0 |
| 非控制性权益股东所占综合收入 | 79927 | 92407 | (33797) |
| 分给搜狗A轮非控股优先股股东的股息或红利 | 14219 | 82423 | 27747 |
| 搜狐公司的综合收入 | 76263 | 21464 | (173559) |
| 搜狐公司每股基本净收入 | 1.92 | (0.40) | (4.33) |
| 搜狐公司基本普通股股数 | 38038 | 38255 | 38468 |
| 搜狐公司每股摊薄净收入 | 1.66 | (0.47) | (4.43) |
| 搜狐公司加权普通股股数 | 38392 | 38502 | 38468 |

### 3. 合并现金流量表

单位：千美元

| 年份 | 2012 | 2013 | 2014 |
|---|---|---|---|
| 经营活动现金流 | | | |
| 净收入 | 177192 | 166949 | -171219 |
| 将净收入调整为经营活动净现金流量 | | | |
| 无形资产摊销及购买视频内容的预付费用 | 63014 | 75741 | 130044 |
| 折旧 | 38748 | 54948 | 78417 |
| 以股权支付的补偿支出 | 13966 | 10429 | 57264 |
| 商誉减值及作为企业收购的部分无形资产减值 | 2906 | 0 | 52282 |
| 购买视频内容减值 | 15083 | 0 | 0 |
| 其他无形资产减值 | 5741 | 3624 | 1687 |
| 呆坏账补贴 | 3613 | -120 | -4 |
| 超额税收优惠，以股份为基础的支付安排 | -5591 | 0 | 0 |
| 债券投资收入 | -5479 | -5564 | -1370 |
| 非控股股东的贡献 | 0 | 4218 | 0 |
| 看跌期权公允价值的变化 | 0 | -2160 | -2304 |
| 短期投资公允价值的变化 | -1546 | -2452 | -1611 |
| 其他 | 363 | 1164 | -38 |
| 资产、负债和净获得的变化 | | | |
| 应收账款 | -14761 | -49432 | -74428 |
| 预付款和其他资产 | 2807 | -51172 | 30577 |
| 应付账款 | 24445 | 38333 | -11144 |
| 预付和递延收入 | 14051 | 12562 | 14353 |
| 应付税费 | -3946 | 17171 | -16256 |
| 递延税费 | 9750 | 3796 | -20629 |
| 应计负债和其他短期负债 | 62231 | 125898 | 86662 |

续表

| 年份 | 2012 | 2013 | 2014 |
|---|---|---|---|
| 运营活动净现金流量 | 402587 | 403933 | 152283 |
| 投资活动现金流 | | | |
| 　　收购活动净现金流出 | -683 | -33685 | -106369 |
| 　　对第七大道非控股权益的认购 | 0 | -76010 | 0 |
| 　　固定资产购买 | -89417 | -113842 | -90896 |
| 　　无形资产和其他资产购买 | -65130 | -98006 | -119290 |
| 　　长期投资购买 | 0 | 0 | -26135 |
| 　　限制性存款净现金支付 | -244849 | -177701 | 5763 |
| 　　短期投资净收益（购买支出） | -35785 | 54398 | -186508 |
| 　　债券到期收益 | 0 | 0 | 82009 |
| 　　给予第三方的贷款 | -4170 | 0 | 0 |
| 　　从第三方收到的贷款还款 | 4170 | 0 | 0 |
| 　　与投资活动有关的其他现金收益 | 3269 | 3217 | 2952 |
| 　　用于投资活动的净现金 | -432595 | -441629 | -438474 |
| 融资活动净现金流 | | | |
| 　　发行普通股 | 790 | 1915 | 611 |
| 　　发行搜狗B轮优先股和B级普通股 | 0 | 476948 | 0 |
| 　　搜狐从阿里巴巴购买搜狗A轮优先股 | -25800 | 0 | 0 |
| 　　普通股回购 | -12566 | 0 | 0 |
| 　　畅游美国存托股票回购（"美国存托股份"） | 0 | -17240 | -3577 |
| 　　从非控制股东收购搜狗A轮优先股 | 0 | 0 | -47285 |
| 　　从非控制股东收购搜狗A轮普通股 | 0 | 0 | -24679 |
| 　　分配给非控制性权益股东的畅游股息 | -64551 | 0 | 0 |
| 　　对搜狐以外的A轮优先股股东分配的搜狗额外股息 | 0 | -139700 | 0 |
| 　　离岸银行贷款收益 | 239353 | 167000 | 370000 |
| 　　向离岸银行贷款还款 | 0 | 0 | -410194 |
| 　　或有对价的支付 | -13806 | -19736 | -2813 |
| 　　超额税收优惠，以股份为基础的支付安排 | 5591 | 0 | 0 |
| 　　在子公司行使股份奖励 | 1353 | 1794 | 425 |
| 　　从子公司早期行使股权奖励所得款项 | 0 | 5278 | 0 |
| 　　发行搜狗B轮优先股和B级普通股支付的交易费用 | 0 | -5918 | 0 |
| 　　与融资活动有关的其他现金付款 | -1647 | 0 | -5298 |
| 　　融资活动提供（使用）的净现金 | 128717 | 470341 | -122810 |
| 　　汇率变动对现金及现金等价物的影响 | 2219 | 21108 | -1947 |
| 　　现金及现金等价物净增加/(减少) | 100928 | 453753 | -410948 |
| 年初现金及现金等价物 | 732607 | 833535 | 1287288 |
| 年末现金及现金等价物 | 833535 | 1287288 | 876340 |
| 补充现金流披露 | | | |
| 　　缴纳所得税的现金 | -67444 | -50188 | -5262 |
| 　　支付利息费用 | -1992 | -8812 | -6283 |
| 　　易货交易 | 846 | 380 | 1651 |
| 非现金投资活动的补充计划 | | | |
| 　　收购应付报酬 | 0 | 29555 | 5000 |

## 附件二：搜狐大事记

1996年8月，ITC爱特信电子技术公司（北京）有限公司正式注册。

1996年11月，爱特信公司获得第一笔风险投资，投资者包括麻省理工学院教授尼葛洛庞帝、爱德华·罗伯特。

1997年2月，爱特信公司正式推出ITC中国工商网络。

1998年2月，推出中国人自己的搜索引擎——搜狐。

1998年4月，搜狐公司获得第二笔风险投资，投资者包括英特尔公司、道琼斯、晨兴公司、IDG等。

1998年9月，搜狐公司上海分公司成立。

1999年3月，在分类搜索的基础上，搜狐发展成为综合性网络门户，推出丰富的特色频道，提供多种网络服务。

1999年6月，搜狐公司广州分公司成立。

2000年7月，搜狐公司在美国纳斯达克挂牌上市（NASDAQ：SOHU）。

2000年9月，搜狐公司宣布收购国内最大的年轻人社区网站ChinaRen.com。

2000年10月，搜狐公司被美国《福布斯》杂志评为全球最佳300名上市小公司之一。

2000年12月，搜狐公司正式推出无线互联网定制收费服务——搜狐手机短信（SMS）。

2001年9月，搜狐公司连续九次（2000年12月至2001年8月）蝉联iamasia网络资产综合排名第一。

2001年11月，搜狐公司面向个人消费用户正式推出网上购物平台：搜狐商城。

2002年2月，搜狐四周年庆典，SOHU.net（搜狐企业在线）正式推出。

2002年3月，新生代市场监测机构最新发布的"中国市场与媒体研究（CMMS2002）"中，搜狐公司在全国30个主要城市网民中覆盖率居第一。

2002年4月，搜狐公司与国联证券斥资5000万联合成立合资公司。

2003年1月，搜狐公司独家承建的NBA中国官方网站NBA.com/china。

2003年2月，搜狐公司正式宣布进军网络游戏领域，一款名为《骑士Online》的国内新型3D网络游戏于同日发布。

2004年8月，搜狐推出第三代互动式搜索引擎——搜狗。

2004年8月，张朝阳荣获国际管理学会"年度杰出经理人奖"，这是国际管理学界最高奖项首次花落中国。

2004年9月，搜狐与NBA官方网站续约并独家承办中国网球公开赛、WTA及F1官方网站。

2005年2月，搜狐公司完成股票回购计划，共回购总流通股6%。

2005年4月，搜狐宣布收购中国领先的在线地图服务公司GO2Map。

2006年2月，搜狐公司董事局主席兼首席执行官张朝阳受邀敲响纳斯达克开市钟，当日华尔街成"搜狐日"。

2006年8月，搜狐与阿迪达斯结为战略合作伙伴。

2006年8月，搜狐正式成为第15届亚运会中国体育代表团独家互联网内容服务合作伙伴。

2006年9月，搜狐成为NBA.com/China官方合作伙伴。

2007年1月，搜狐签约成为中国之队独家互联网及无线业务合作伙伴。

2007年2月，搜狐联手央视全球首次网络视频同步直播春晚，搜狐正式成为中国篮球队/CBA联赛独家互联网合作伙伴。

2007年3月，搜狐联手清华大学建立联合实验室，以搜索技术发展人工智能。

2007年7月，央视国际与搜狐结成战略合作伙伴关系，两大强势媒体全面接轨。

2008年8月，"搜狐奥运赛事信息系统"（http://info.2008.sohu.com/）正式上线。这是中文互联网首次将"数据"整合为相关主题产品，纳入奥运报道体系。奥运第一周，搜狐创造了5分钟访问量300万以及1小时访问量突破亿等中文网站乃至全球互联网的多项纪录。

北京2008年奥运会圆满落下帷幕，艾瑞市场咨询、CNNIC中国互联网络信息中心、CTR央视市场研究、万瑞数据、DCCI互联网数据中心、易观国际研究机构、清华大学媒介调查实验室、ChinaRank八家研究公司针对奥运期间的不同研究方法的数据依次证明：看奥运，网民首选搜狐。搜狐在奥运报道全过程获得了全面胜利。

2009年1月，搜狐控股子公司畅游在纳斯达克全球精选市场正式挂牌上市，成为"2009年中国第一IPO"。

2009年4月，搜狐畅游在纳斯达克成功上市，成为纳市"2009中国第一IPO"，搜狐"双子星"提振世界经济信心，搜狐业绩令世界华人骄傲。

2009年6月，搜狐3G频道正式上线，开创网动时代的IT营销之道。

2009年11月，搜狗全球首推云输入，创新概念引领新方向。

2010年8月，据全球知名互联网流量监测分析机构ComScore数据统计表明，搜狐视频作为门户网站第一家，连续两月在国内视频网站视频播放量（VV）统计中位居第三。搜狐对搜狗进行战略重组，并引进阿里巴巴作为战略投资。

2010年11月，由搜狐焦点网投资组建的搜狐二手房集团正式成立，线上平台搜狐二手房网也同期发布。

2011年2月，搜狗地图推出73城市三维城市地图，搜狐原创频道新版上线。

2011年3月，搜狗正式推出搜狗高速浏览器3.0预览版。在高速双核的上网体验基础之上，搜狗高速浏览器3.0预览版首创"网页更新提醒"服务，继续引领国产浏览器创新升级。

2011年4月，"微直播"上海国际车展，搜狐微博彰显"大影响"。搜狐2011年第一季度业绩全线飘红，总收入创历史纪录，达到1.744亿美元，门户、游戏持续强劲增长势头，视频、搜索业绩狂飙成新动力。

2011年6月，搜狐、PPTV成为中国国家男篮及CBA官方合作伙伴。搜狗地图向第三方网站开放API接口，加速逐鹿互联网地图市场。2011年"搜狐Ad Voice营销领袖峰会"在京召开，全球营销专家畅谈三大趋势推动互联网营销变局，搜狐推出门户+营销平台引领广告行业平台升级。

2011年8月，搜狐第二季度总收入达1.987亿美元，创历史新高。游戏、视频、搜索等业务增长迅猛。

2011年11月，畅游并购领先游戏资讯门户17173.com，并推进平台战略。搜狐统一用户名字，一个名字畅行六大产品。搜狐微博推出视频拍客，便捷自制GIF动画与快速录制视频。搜狐视频与MSN中国达成战略合作伙伴关系。

2011年12月，搜狐视频《大视野》3亿点击创纪录，反向输出电视台。搜狐视频创意广告平台上线，率先进入视频广告2.0。

2012年2月，搜狐建武汉研发中心，战略布局云计算和移动互联网。搜狗启动"三箭齐发"发展战略，从"输入法、浏览器、搜索"三大互联网基础服务扩展至"互联网基础服务、搜索引擎以及移动互联网"三大业务领域。

2013年4月，搜狐借伦敦奥运发力自制综艺，跨界体育自制节目将整合营销推向制高点。搜狗创新产品号码通正式推出。

2013年5月，搜狐布局业内首款"资讯+阅读"客户端：新闻V3.0提前引爆智能手机读图时代。

2013年6月，搜狐视频苹果客户端新版上线，增加直播互动功能。

2013年8月，伦敦奥运引爆无线互联网大战，搜狐新闻客户端成大赢家。搜狗实现营收3000万美元，较2011年同期增长123%。连续8个财政季度，搜狗保持了24%的复合增长率，是中国前10大互联网广告服务提供商中增长最快的。搜狗输入法目前已有超过3亿的用户量，所有搜狗产品的用户量已经接近4亿。第二届搜狐视频电视剧盛典开幕。

2013年9月，搜狐新闻客户端刊物订阅量破亿。手机搜狐新版上线三月，日访问量增300%破两千万。

2013年8月，浙江卫视入驻搜狐新闻客户端，借力《中国好声音》拓展"全媒体"合作。搜狐新闻客户端商业化路径凸显，入驻媒体《参考消息》广告收入300万。

2014年1月，搜狐再次正式成为CBA联赛/中国国家男子篮球队官方合作伙伴，续签中国男篮、CBA三年权益。

2014年1月，搜狐新闻客户端4.0版正式发布，成为首个推出"个性化"阅读功能的门户新闻客户端。

2014年7月，因上线"微信公众平台搜索"而备受关注的搜狗公司举办了媒体发布会。搜狗搜索作为国内独家将数百万微信公众号资源数据接入的搜索引擎，将更多高质量的文章"开放"到整个中文互联网世界当中，极大丰富了用户获取优质内容的渠道和方式。

2014年9月，搜狐在"想象·2014技术峰会"上，全面展示了"云战略"下的机房建设、云平台、云存储、云安全、大数据等方面最新技术及应用成果。这也意味着，依靠坚实的互联网基础建设，搜狐"云战略"已全面落地。搜狐焦点发力在线房产金融，"焦点首付贷"瞄准购房首付。

2014年9月，搜狐集团旗下互联网金融平台——搜易贷正式上线。搜易贷打出"The Best 最放心的互联网信贷平台"口号，正式开启进军互联网金融领域的强势步伐。

# 第三部分 评估篇

一、2015 年中国互联网企业 100 强报告
二、2015 年中国移动互联网发展报告
三、2014~2015 年中国互联网企业关键绩效指标

# 一、2015年中国互联网企业100强报告*

中国互联网协会
工业和信息化部信息中心

2015年7月

\* 资料来源：中国互联网协会，工业和信息化部信息中心。

# 前　言

　　1994年4月20日，"中国国家计算与网络设施工程"（NCFC工程）通过美国Sprinl公司联入国际互联网的64k专线开通，实现了与国际互联网的全功能连接。从此，中国被国际上正式承认为真正拥有全功能互联网的国家。经过21年的发展，我国网民数已经达到了6.49亿人，互联网普及率达到47.9%[①]，互联网已经成为中国社会运行的基本要素和基础支撑，如毛细血管般渗透到国家社会生活的各个领域，以前所未有的深度和广度深刻改变着经济发展格局和信息传播格局，推动着社会管理创新，促进着国家治理体系和治理能力的现代化，给中国社会带来全新气象。

　　同时，互联网产业对经济增长和经济结构转型升级正起着推进器和加速器的作用。据统计，2014年，我国信息消费整体规模达到2.8万亿元，同比增长超过18%，互联网产业的发展正是信息消费增长的主要动力之一。伴随着互联网产业的繁荣兴盛，一批优秀的互联网企业发展壮大，成为了促进互联网经济发展、社会信息化水平的重要力量。

　　对互联网产业发展状况进行科学、客观、有效的分析评价，是深入认识、理解互联网发展规律的基础性工作，对于公众了解互联网行业，政府开展互联网行业管理，建设网络强国具有积极的作用和重要的意义。2013年和2014年，中国互联网协会、工业和信息化部信息中心（以下简称"工信部信息中心"）联合开展了中国互联网企业100强的评价工作，得到了社会各界的广泛关注和认可。2015年度，结合我国互联网发展实际，继续共同开展2015年中国互联网企业100强的评选工作，延续了2014年度的数据收集方法，以企业自行申报数据为主，公开来源数据为辅，完善了覆盖企业规模、技术创新、社会影响和社会责任等方面的复合指标评价体系，并改进了指标计算的若干技术细节，提高了评价工作的公正性和客观性。

　　本报告通过统计分析互联网企业年度发展数据，对我国互联网行业领军企业的发展状况做出了综合评价，最终形成2015年中国互联网企业100强排行榜。本榜单旨在为政府、企业和公众了解互联网行业提供参考信息，树立互联网企业品牌，引导互联网行业改进提升发展质量。

　　在此特别感谢积极参与此项工作的各互联网企业、对评价工作给予指导的领导和专家以及为本次报告提供帮助的社会各界朋友。本次评价参考了艾瑞咨询公司、中国互联网络信息中心（CNNIC）、万得资讯（Wind）等专业机构的数据，在此一并感谢。

　　此项评价工作难免存在不足。由于互联网行业与传统行业融合程度不断加深，新业态、新模式层出不穷，互联网行业的边界日益模糊，本榜单采取的评价方法、指标仍存在进一步优化的空间。同时，受数据收集渠道、数据核查手段等客观条件的制约，评价所依据的个别数据也可能存在瑕疵。敬请业界和广大网民多提宝贵意见和建议，我们将不断地完善、改进方法，力争使评价结果更加科学、客观、准确。

---

① 网民数和互联网普及率的数字引自CNNIC发布的《第35次中国互联网络发展状况统计报告》。

## 内容摘要

● 互联网百强在 2014 年的互联网业务收入总规模达到 5735 亿元，较 2013 年百强的收入总额增加了 44%。入围企业营收规模均在 2 亿元以上。前五名营收总和超过百强总营收的 40%，前 10 位的企业包揽了 60% 营收，营收集中度依然较高，规模优势明显。

● 互联网百强互联网业务收入占我国 2014 年信息消费规模比重达到 20.5%，带动信息消费增长超过 7.7%，贡献了信息消费增量的 42.3%，对信息消费的拉动作用显著。

● 互联网百强中共有 71 家企业在全球各主要资本市场挂牌交易，截至 2014 年 6 月 25 日，总市值达到 4.66 万亿元。

● 互联网百强中 12 家企业跻身全球上市互联网公司前 30 强，其中 4 家入围全球前 10 名。

● 互联网百强盈利水平总体较高，平均营业利润率为 10.7%，盈利企业的平均营业利润率达到 19.6%。

● 互联网百强主要分布于 10 个省份，北京、上海、广州三地入围企业总数超过 80 家。

● 互联网百强全面覆盖互联网主要业务，主要包括电子商务、垂直门户、综合门户、网络视频、互联网金融、网络游戏、ISP、IDC、CDN 等业务类型。

# 目 录

一、评价方法 …………………………………………………………………………… 467
　（一）评价对象 ……………………………………………………………………… 467
　（二）数据来源和数据处理 ………………………………………………………… 467
　（三）评价指标及方法 ……………………………………………………………… 467

二、2015年中国互联网企业100强总体评述 ………………………………………… 468
　（一）发展势头迅猛，有力拉动信息消费 ………………………………………… 468
　（二）覆盖互联网各业务领域，显现"互联网+"融合态势 ……………………… 470
　（三）总体盈利水平良好，业务创新活力迸发 …………………………………… 471
　（四）中西部企业数量快速增加，产业布局趋于均衡 …………………………… 472
　（五）移动互联网流量快速增长，流量集中度明显下降 ………………………… 472

三、2015年中国互联网企业100强排行榜 …………………………………………… 473

附：中国互联网协会、工业和信息化部信息中心简介 ……………………………… 475

## 一、评价方法

### （一）评价对象

2015年中国互联网企业100强（以下简称"互联网百强"）的评价对象是持有工业和信息化部颁发的增值电信业务经营许可证，经营互联网信息服务业务（ICP）、互联网接入服务业务（ISP）、互联网数据中心业务（IDC）及在线数据处理与交易处理业务四类业务中的一种或多种业务，网络接入地和主要业务在中国大陆，同时营业收入（以下简称为"营收"）主要通过互联网实现的企业。对于存在集团公司与集团公司的全资子公司或控股子公司（含附属公司）的，以集团总公司的名义统一申报，其相关数据合并入集团总公司[①]。

### （二）数据来源和数据处理

本次评价的数据基础是企业2014年度发展数据。数据来源以企业申报数据为主、上市公司财务报告等公开数据为辅。2015年1月，中国互联网协会与工业和信息化部信息中心联合发布《关于申报2015年中国互联网企业100强的通知》，组织企业自行申报年度发展数据，得到互联网企业广泛响应。2~5月，完成了企业申报数据的收集和审核，作为本次评价主要数据依据。同时，对上市公司财务报告、拟上市公司招股说明书、第三方研究报告、第三方数据平台等公开资料进行收集和整理，将相关数据作为补充信息。对汇总得到的数百家企业数据进行了细致的核查，重点核查四方面情况以保障数据的客观性和准确性，主要包括企业经营许可证情况核查，企业主营业务类型和收入比重核查，企业数据真实性和准确性核查及企业诚信和合法合规性核查等。

### （三）评价指标及方法

由于互联网行业具有行业发展快、创新能力强、格局不稳定、"轻资产"等特点，本报告采用了计算复合指标进行排序的方法，设置企业规模、社会影响、发展潜力和社会责任四个维度，选取代表企业收入规模[②]、人力资本、盈利能力、业务规模、成长速度、技术创新及社会责任等方面的8个指标，综合行业发展特点和专家意见，对指标设置了权重，加权平均计算生成综合得分作为企业的最终得分，对候选的数百家企业进行排序，取前100名的企业成为2015年中国互联网企业100强。

---

[①] 2015年并入某集团，但是在2014年全年保持独立的企业，有资格以独立企业身份参加此次评价。

[②] 由于自营型电子商务公司的收入核算口径与其他信息服务类公司有所差异。为了减小这种差异给排名带来的影响，在计算排名时，以减去商品采购成本的收入作为该公司的互联网业务收入，如果该公司未公布商品采购成本，则依据业务类似公司的毛利率对其收入进行计算调整。

## 二 2015年中国互联网企业100强总体评述

### （一）发展势头迅猛，有力拉动信息消费

2015年互联网百强企业整体实力强劲。互联网百强企业2014年的互联网业务收入总规模达到5735亿元[①]，比2013年百强的3980亿元增加了44%，入围企业互联网业务收入规模均在2亿元以上，接近五成企业互联网业务收入超过10亿元，9家企业超过100亿元。但是营收集中度仍然较高，前五名企业互联网业务收入总和达到3223亿元，达到总营收的56%，前10位的企业包揽了60%互联网业务收入，排名靠前的企业规模优势非常明显。

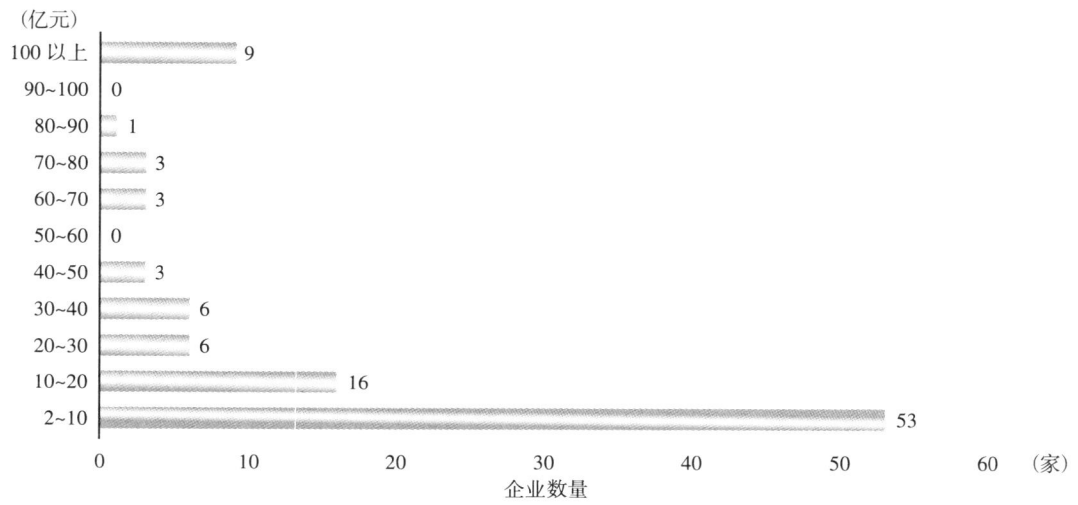

**图1-1　互联网百强2014年互联网业务收入分布情况**

互联网百强具有良好的成长性，有力拉动我国信息消费。互联网百强的互联网业务收入总体增速达到了47%，有64%的企业增速超过20%，有14家企业实现了100%以上的超高速增长。百强2014年互联网收入总规模占我国2014年信息消费规模比重达到20.5%，比2013年度提高了2.4个百分点，带动信息消费增长7.7%，贡献了42.3%的信息消费增量，对信息消费的拉动作用显著。

我国互联网百强企业上市步伐在明显加快。共有71家互联网百强企业在全球各主要资本市场挂牌交易，在上海证券交易所和深圳证券交易所上市的有23家，在香港联交所上市的有13家，在美国纽约证券交易所和纳斯达克上市的有35家。截至2014年6月25日，这些企业的总市值达到4.66万亿元。

---

① 本报告中使用的货币单位均为人民币。

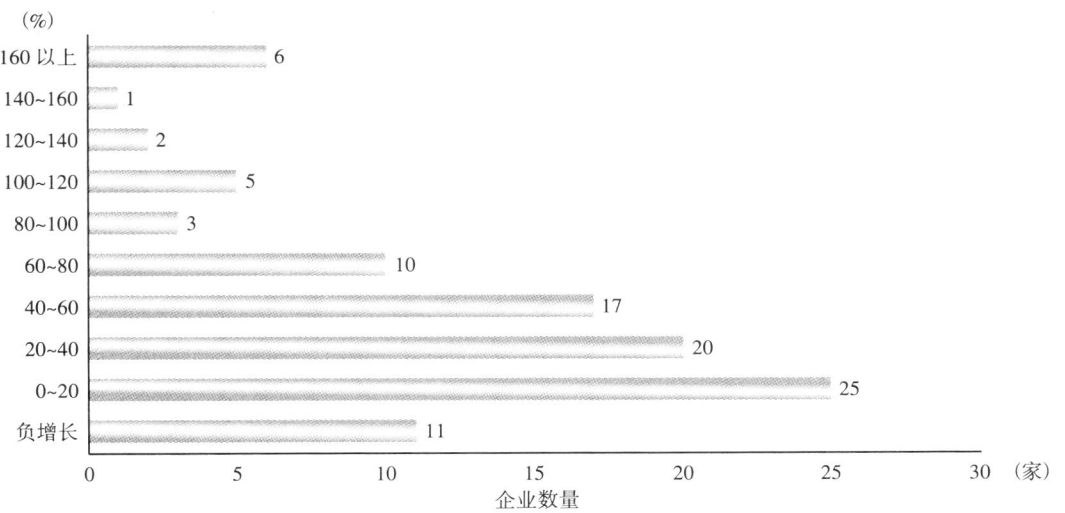

图 1-2　互联网百强 2014 年营收增长率分布情况

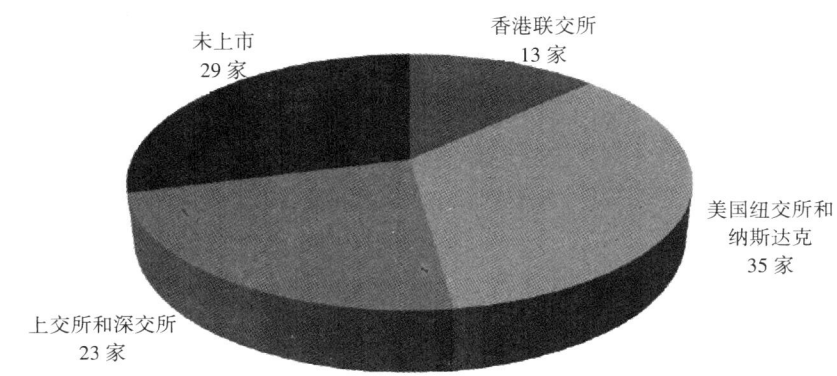

图 1-3　互联网百强中上市公司在各上市地的企业数量分布

我国互联网百强企业的国际竞争力也在逐步加强。在按照市值排名的全球前 30 大上市互联网公司行列中，互联网百强有 12 家企业跻身其中，其中 4 家入围全球前 10。

表 1-1　全球互联网上市公司市值排名前三十中的互联网百强企业

| 排　名 | 公司名称 | 总市值（2015 年 6 月 15 日） | 上市地点 |
| --- | --- | --- | --- |
| 1 | 谷歌 | 22666.1 | 纳斯达克 |
| 2 | Facebook | 13864.1 | 纳斯达克 |
| 3 | 阿里巴巴 | 13146.0 | 纽约证券交易所 |
| 4 | 亚马逊 | 12068.3 | 纳斯达克 |
| 5 | 腾讯控股 | 11480.3 | 香港联交所 |
| 6 | eBay | 4458.6 | 纳斯达克 |
| 7 | 百度 | 4420.0 | 纳斯达克 |
| 8 | Priceline Group Inc | 3726.8 | 纳斯达克 |
| 9 | 京东商城 | 3064.0 | 纳斯达克 |
| 10 | 奈飞公司 | 2425.2 | 纳斯达克 |
| 11 | 雅虎 | 2323.1 | 纳斯达克 |
| 12 | Linkedin | 1662.4 | 纽约证券交易所 |

续表

| 排　名 | 公司名称 | 总市值（2015年6月15日） | 上市地点 |
|---|---|---|---|
| 13 | 雅虎日本（Yahoo Japan） | 1524.3 | 东京证券交易所 |
| 14 | 推特 | 1388.6 | 纽约证券交易所 |
| 15 | 乐天（Rakuten） | 1276.3 | 东京证券交易所 |
| 16 | 东方财富 | 1260.4 | 深圳 |
| 17 | 乐视网 | 1224.2 | 深圳 |
| 18 | Liberty Interactive | 1190.7 | 美国 |
| 19 | 网易 | 1184.9 | 纳斯达克 |
| 20 | Naver | 1083.5 | 韩国证券交易所 |
| 21 | 唯品会 | 884.2 | 纽约证券交易所 |
| 22 | EXPEDIA | 836.6 | 纳斯达克 |
| 23 | 阿克迈技术（Akamai） | 829.7 | 美国 |
| 24 | 旅行顾问网（Trip Advisor） | 672.2 | 美国 |
| 25 | 携程 | 661.5 | 纳斯达克 |
| 26 | 鹏博士 | 620.8 | 上海 |
| 27 | 奇虎360 | 520.6 | 纽约证券交易所 |
| 28 | Rocket Internet | 466.3 | 德国法兰克福证交所 |
| 29 | 威瑞信 | 445.1 | 纳斯达克 |
| 30 | 58同城 | 425.0 | 纽约证券交易所 |

资料来源：Wind资讯、路透社。

### （二）覆盖互联网各业务领域，显现"互联网+"融合态势

互联网百强全面覆盖互联网主要业务。其中，以网络游戏为主营业务的企业28家、电子商务17家、垂直门户①17家、综合门户13家、网络视频8家、网络营销6家、互联网金融3家、IDC及CDN提供商3家，互联网接入服务商2家，在线教育服务商2家。以电子商务为主营业务的企业互联网业务收入规模最大，超过3078亿元，超过100强企业总收入的一半，其次是综合门户类企业，收入规模接近1700亿元，占全部百强企业的三成。相比之下，网络游戏和垂直门户的企业虽然众多，但是收入规模相对要低得多，这两类业务的企业数量占百强总数的45%，但是收入占比仅为9.5%。

本年度百强也体现了互联网新兴业态发展趋势，在"互联网+"大方向的指引下，产业互联网方兴未艾，有2家专营工业原料B2B贸易的上海钢联和科通芯城首次进入了百强行列。互联网金融领域的创新不断，P2P开始成为解决小微企业"融资难、融资贵"的重要手段，从事这类业务的陆家嘴金融交易所和人人贷商务顾问（北京）有限公司也首次入围百强。由于自身和市场发展的需要，互联网百强持续加大研发投入，保持创新优势，平均研发支出比例②超过11.3%。

---

① 本报告将以提供信息为主，交易为辅的网站归为垂直门户类，反之则归为电子商务类。但是电子商务类和垂直门户类的互联网企业在业务上的差异正在逐渐缩小，大部分提供某一领域交易信息的门户型网站也已经开始提供直接交易服务。鉴于两类业务之间的界限已经非常模糊，读者也可以将这两类公司作为一类看待。

② 研发支出比例=研究和开发费用÷营业收入

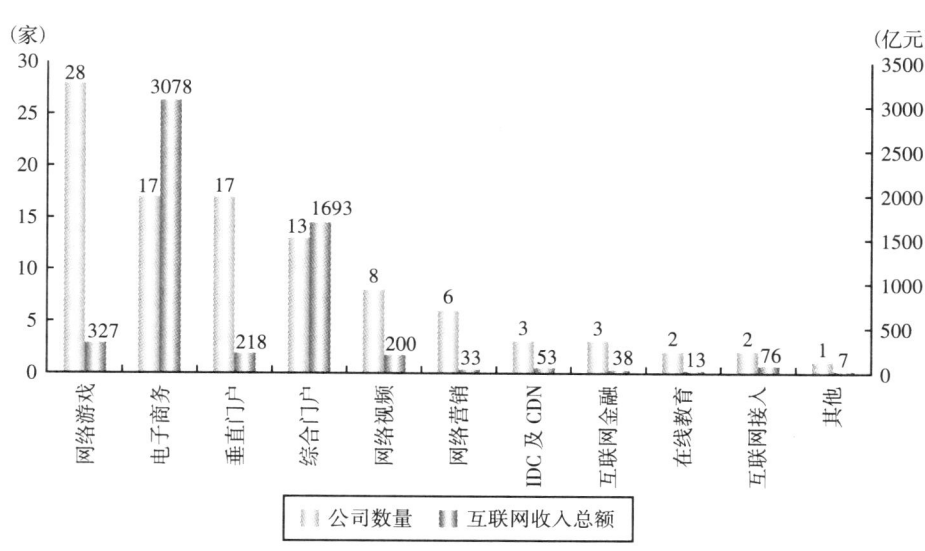

图 1-4　不同业务类型的公司数量和 2013 年营收总额

### （三）总体盈利水平良好，业务创新活力迸发

互联网百强 2014 年度营业利润总额为 787 亿元，其中利润超过 100 亿元的企业 3 家，另有 5 家利润超过 10 亿元。这 8 家企业的营业利润之和达到 514.7 亿元，占互联网百强全部营业利润的 85%。由于互联网企业成长发展的特点，部分企业为了保持营收的高速增长，投资规模较大，所以存在收不抵支的现象，百强中有近三成企业存在亏损现象，但这些企业业务特色鲜明，规模优势显著，未来仍有较大的发展空间。

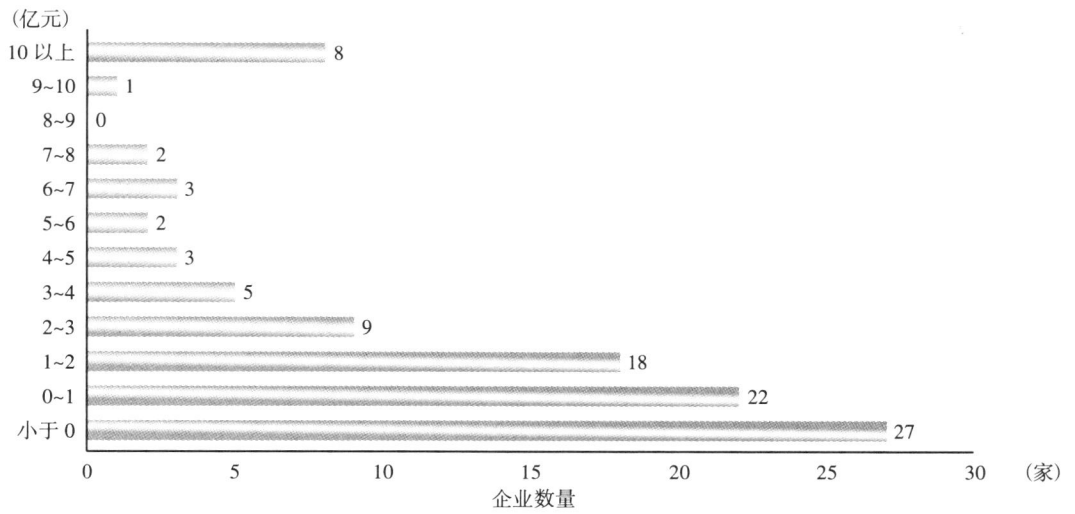

图 1-5　互联网百强 2014 年营业利润分布情况

互联网百强盈利能力总体较好，平均营业利润率为 10.7%。互联网百强中 73 家盈利企业的平均营业利润率达到了 19.6%。从营业利润率分布情况看，只有约 1/3 的企业营业利润率高于 20%，具有较强的盈利能力，其中有 8 家企业的营业利润率超过了 40%。这些企业大多不是行业巨头，

而是专注于某一领域,是子行业内排名较为领先的"隐形冠军"。

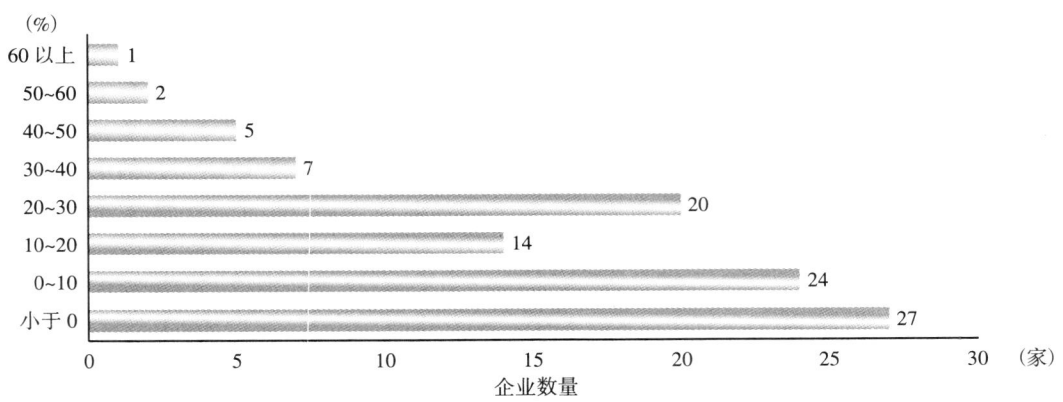

图1-6 互联网百强2014年营业利润率分布情况

互联网百强企业持续加大研发创新力度,积极开发新产品、研究新技术、探索新业态、开拓新模式,引领全行业乃至全社会的创新浪潮。例如,阿里巴巴、唯品会、梦芭莎等电子商务企业积极发展跨境电子商务业务,到海外设立子网站,一方面助力中小微企业开拓海外新市场,另一方面带动满足国内消费新需求。技术研发投入维持在较高水平,2014年互联网百强企业平均研发支出占营收比率达到11%。品牌创设与培育速度较快,互联网百强企业拥有较知名的品牌数量超过200个,百度、爱奇艺、携程旅行网、搜房网、新华网等品牌被消费者喜爱,品牌效应明显。

### (四)中西部企业数量快速增加,产业布局趋于均衡

2015年互联网百强企业分布于10个省份,较上年增加了两个省份。百强中,有位于北京企业46家、上海19家、广东16家,三地入围企业数量占比超过80%,营收总和近4700亿元,约占百家企业总量的82%。中西部省份的百强企业数量从2014年度的1家增加到5家,进步明显。湖南省在移动互联网发展战略的促进下,百强企业数量从上年度的1家增加到3家,黑龙江的企业也开始进入百强榜,中部省份已经开始成为互联网产业的"新增长极"。西部地区也实现了"零的突破",四川的艾普网络股份有限公司首次进入百强榜。此外,江苏5家、浙江5家、福建3家。总体上看,随着各地对于发展互联网产业的重视程度空前提升,投入力度不断加大,互联网的产业布局也有向均衡化发展的趋势。

### (五)移动互联网流量快速增长,流量集中度明显下降

互联网百强企业移动端流量快速增加。2014年度的整体数据显示,至少有七家企业移动端流量超过传统桌面端。流量大小的差距虽然依然巨大,但集中度在减少。流量排名前五的单位,流量之和占互联百强总和的54%,而2013年这一数据是74%;前二十名占84%(2013年为95%),长尾效应有所显现。这一方面得益于行业总流量的快速增加;另一方面在于一些中小互联网企业通过专注于细分领域与特定人群,为自己的生存找到了立足之地——虽然很可能只是暂时的。

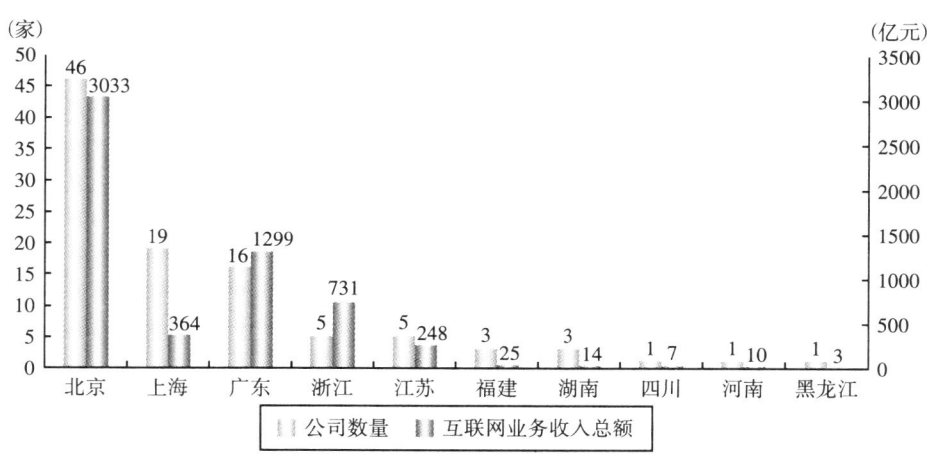

图 1-7　互联网百强总部所在省份分布

## 三　2015 年中国互联网企业 100 强排行榜

| 排名 | 公司名称 | 主要品牌 |
| --- | --- | --- |
| 1 | 阿里巴巴集团 | 阿里巴巴、淘宝、天猫 |
| 2 | 腾讯公司 | 腾讯网、QQ、微信 |
| 3 | 百度公司 | 百度、百度地图、爱奇艺 |
| 4 | 京东集团 | 京东、网银在线 |
| 5 | 奇虎 360 科技有限公司 | 360 安全卫士、360 杀毒、360 浏览器 |
| 6 | 搜狐公司 | 搜狐、搜狗、畅游 |
| 7 | 网易公司 | 网易、有道 |
| 8 | 新浪公司 | 新浪网、新浪微博 |
| 9 | 携程计算机技术（上海）有限公司 | 携程旅行网、途风旅行网 |
| 10 | 北京搜房科技发展有限公司 | 搜房网、房天下 |
| 11 | 鹏博士电信传媒集团股份有限公司 | 长城宽带、宽带通 |
| 12 | 完美世界（北京）网络技术有限公司 | 完美世界 |
| 13 | 优酷土豆公司 | 优酷网、土豆网 |
| 14 | 广州唯品会信息科技有限公司 | 唯品会、乐蜂网 |
| 15 | 金山软件有限公司 | 金山云、西山居 |
| 16 | 上海盛大网络发展有限公司 | 盛大游戏 |
| 17 | 欢聚时代科技有限公司 | 欢聚时代、YY 语音、多玩游戏网 |
| 18 | 小米科技有限责任公司 | MIUI、小米网、多看 |
| 19 | 苏宁云商集团股份有限公司 | 苏宁易购、苏宁红孩子、PPTV |
| 20 | 易车公司 | 易车网、易车二手车、易湃 |
| 21 | 北京车之家信息技术有限公司 | 汽车之家、车商城 |
| 22 | 乐居控股有限责任公司 | 乐居、房牛加 |
| 23 | 三七（互娱）上海科技有限公司 | 37 网页游戏平台 |
| 24 | 乐视网信息技术（北京）股份有限公司 | 乐视网、乐视 TV、乐视商城 |
| 25 | 四三九九网络股份有限公司 | 4399 小游戏、4399 游戏吧、4399 网页游戏 |

续表

| 排名 | 公司名称 | 主要品牌 |
|---|---|---|
| 26 | 北京天盈九州网络技术有限公司 | 凤凰新媒体、凤凰网 |
| 27 | 联动优势科技有限公司 | U付、U信、U惠 |
| 28 | 网宿科技股份有限公司 | 网宿CDN、网宿科技云分发平台 |
| 29 | 世纪互联集团 | 世纪互联 |
| 30 | 百视通新媒体股份有限公司 | 百事通、风行网 |
| 31 | 北京五八信息技术有限公司 | 58同城、58团购 |
| 32 | 山景科创网络技术（北京）有限公司 | 赶集网、蚂蚁短租 |
| 33 | 前程无忧公司 | 51job前程无忧 |
| 34 | 东方财富信息股份有限公司 | 东方财富网、天天基金网、东方财富金融数据终端 |
| 35 | 深圳市迅雷网络技术有限公司 | 迅雷、迅雷游戏 |
| 36 | 新华网股份有限公司 | 新华网 |
| 37 | 人民网股份有限公司 | 人民网、人民视讯、环球网 |
| 38 | 第一视频集团有限公司 | 第一视频、中国手游、中国足彩网 |
| 39 | 北京昆仑万维科技股份有限公司 | 昆仑游戏、快乐游 |
| 40 | 广州多益网络科技有限公司 | 多益游戏、益网 |
| 41 | 乐逗科技有限公司 | 乐逗游戏 |
| 42 | 上海大智慧股份有限公司 | 大智慧金融终端 |
| 43 | 福建网龙计算机网络信息技术有限公司 | 网龙、熊猫看书 |
| 44 | 聚美国际控股公司 | 聚美优品 |
| 45 | 智联招聘有限公司 | 智联招聘、问道 |
| 46 | 深圳市捷旅国际旅行社有限公司 | 房掌柜、捷旅E-booking |
| 47 | 竞技世界（北京）网络技术有限公司 | JJ比赛平台、JJ斗地主 |
| 48 | 中国当当电子商务有限公司 | 当当网 |
| 49 | 上海陆家嘴国际金融资产交易市场股份有限公司 | 陆金所 |
| 50 | 北京艺龙信息技术有限公司 | 艺龙旅行网 |
| 51 | 北京掌趣科技股份有限公司 | 动网选锋、玩蟹科技、上游网络 |
| 52 | 北京三快科技有限公司 | 美团网 |
| 53 | 人人贷商务顾问（北京）有限公司 | 人人贷 |
| 54 | 游族网络股份有限公司 | 游族网络 |
| 55 | 上海二三四五网络科技有限公司 | 2345网址导航 |
| 56 | 杭州顺网科技股份有限公司 | 顺网娱乐在线、网维大师 |
| 57 | 二六三网络通信股份有限公司 | 263云通信、263企业邮箱 |
| 58 | 广州摩拉网络科技有限公司 | 梦芭莎、若缇诗 |
| 59 | 上海巨人网络科技有限公司 | 巨人游戏 |
| 60 | 河南锐之旗信息技术有限公司 | 锐之旗、企汇网 |
| 61 | 云游控股有限公司 | 91wan、菲音游戏 |
| 62 | 慧聪网有限公司 | 慧聪网、安防网、汽车用品网 |
| 63 | 浙江核新同花顺网络信息股份有限公司 | iFinD金融数据终端、爱基金 |
| 64 | 北京暴风科技股份有限公司 | 暴风影音、暴风游戏 |
| 65 | 博雅互动国际有限公司 | 博雅互动游戏平台 |
| 66 | 上海起凡数字技术有限公司 | 起凡游戏平台 |
| 67 | 天鸽互动控股有限公司 | 9158聚乐网 |
| 68 | 四川省艾普网络股份有限公司 | 艾普宽带、艾普网络 |
| 69 | 北京亿玛在线科技有限公司 | 易博、亿起发、易积分 |

续表

| 排名 | 公司名称 | 主要品牌 |
|---|---|---|
| 70 | 深圳市易迅天空网络技术有限公司 | 500彩票网 |
| 71 | 拓维信息系统股份有限公司 | 拓维教育、票啦啦、n次元漫画 |
| 72 | 蓝港互动有限公司 | 8864.com、蓝港互动 |
| 73 | 佳缘国际有限公司 | 世纪佳缘网、爱真心网 |
| 74 | 北京空中信使信息技术有限公司 | 空中网 |
| 75 | 苏州蜗牛数字科技股份有限公司 | 蜗牛游戏 |
| 76 | 江苏三六五网络股份有限公司 | 365地产家居网、合肥热线、网尚研究机构 |
| 77 | 广州百田信息科技有限公司 | 奥比岛 |
| 78 | 正保远程教育控股有限公司 | 中华会计网校、医学教育网、法律教育网 |
| 79 | 湖南快乐阳光互动娱乐传媒有限公司 | 芒果TV网、芒果互联网电视、湖南IPTV |
| 80 | 国美在线电子商务有限公司 | 国美在线、多边金都 |
| 81 | 联众国际控股有限公司 | 联众游戏大厅 |
| 82 | 科通芯城集团 | 科通芯城 |
| 83 | 中国数码信息有限公司 | 新网域名注册、驰云服务器 |
| 84 | 炫彩互动网络科技有限公司（中国电信游戏基地） | 爱游戏、中国游戏中心、ITV游戏 |
| 85 | 中国金融在线有限公司 | 金融界、QuickWin（快赢）证券投资分析系统 |
| 86 | 斯凯网络科技有限公司 | 冒泡、千龙科技 |
| 87 | 淘米控股有限公司 | 淘米游戏 |
| 88 | 黑龙江龙采科技集团有限责任公司 | 龙采MX |
| 89 | 焦点科技股份有限公司 | 中国制造网、新一站保险网、百卓采购网 |
| 90 | 上海帝联信息科技股份有限公司 | EasyCDN |
| 91 | 上海东方网股份有限公司 | 东方网 |
| 92 | 上海汉涛信息咨询有限公司 | 大众点评网 |
| 93 | 厦门三五互联科技股份有限公司 | 35企业邮箱、35域名注册 |
| 94 | 广州市久邦数码科技有限公司 | GO桌面、3G.cn |
| 95 | 深圳中青宝互动网络股份有限公司 | 中青宝游戏 |
| 96 | 北京漫游谷信息技术有限公司 | 游戏谷 |
| 97 | 北京光宇在线科技有限责任公司 | 光宇游戏 |
| 98 | 湖南竞网智赢网络技术有限公司 | 智营销 |
| 99 | 上海钢联电子商务股份有限公司 | 大宗商品网、搜搜钢、我的钢铁网 |
| 100 | 天极传媒集团 | 天极网、比特网 |

## 附 中国互联网协会、工业和信息化部信息中心简介

**中国互联网协会**成立于2001年5月25日，由国内从事互联网行业的网络运营商、服务提供商、设备制造商、系统集成商以及科研、教育机构等70多家互联网从业者共同发起成立，是由中国互联网行业及与互联网相关的企事业单位自愿结成的行业性全国性的非营利性社会组织。中国互联网协会现任理事长为原中国工程院副院长邬贺铨院士，互联网著名企业领军人物丁磊、马云、马化腾、李彦宏、张朝阳、周鸿祎均为中国互联网协会副理事长，现有包括腾讯、阿里巴巴、网

易、新浪、搜狐、百度等知名互联网企业在内的会员单位400多个。主要任务：①团结互联网行业相关企业、事业单位和社会团体，向政府主管部门反映会员和业界的愿望及合理要求，向会员宣传国家相关政策、法律、法规。②制订并实施互联网行业规范和自律公约，协调会员之间的关系，促进会员之间的沟通与协作，充分发挥行业自律作用，维护国家信息安全，维护行业整体利益和用户利益，促进行业服务质量的提高。③开展我国互联网行业发展状况的调查与研究工作，促进互联网的发展和普及应用，向政府有关部门提出行业发展的政策建议。④组织开展有益于互联网发展的研讨、论坛等活动，促进互联网行业内的交流与合作，发挥互联网对我国社会、经济、文化发展的积极作用。⑤积极开展国际交流与合作，组织国内互联网相关企事业单位参与国际互联网有关组织的活动，在国际互联网事务中发挥积极作用。

**工业和信息化部信息中心**（简称工信部信息中心）是工信部直属事业单位，是工信部电子政府建设和行业运行监测分析的主要支撑单位，长期承担工业和通信业行业运行监测预测分析，参与行业运行监测和经济发展重大问题分析，为工信部开展行业监管和政策制定提供重要支撑。经济运行分析主要工作：①开展工业经济运行分析与预测，分析预测当前工业经济运行形势和未来发展走势，建立并运行涵盖工业主要发展指标、工业行业及区域发展、重点企业发展数据的工业发展指标数据库，开展工业转型升级专题研究，开展国家新型工业化产业示范基地的跟踪与评价分析，围绕工业发展质量效益提升、创新能力建设、绿色低碳发展等专题进行分析和评价。②长期专注于信息产业运行监测分析。具有覆盖全国的电信运行监测网络，建立了畅通的电信业发展数据报送机制，动态掌握电信业发展的基础性、关键性资源数据，在电信市场竞争格局方面为工信部提供重要决策支撑。近年来重点开展互联网经济运行分析，跟踪研究互联网经济发展状况，瞄准互联网行业领军企业，开展互联网百强企业的评价工作，取得了广泛关注。③支撑工信部两化融合发展专项工作。开展两化融合发展现状评价研究，为部产业政策制定提供决策支撑。

## 二、2015年中国移动互联网发展报告*

**CAICT 中国信通院**

中国信息通信研究院

2015 年 9 月

* 资料来源：中国信息通信研究院（工业和信息化部电信研究院）。

# 前　言

当前，移动互联网产业正在从技术驱动发展到需求驱动阶段，应用和模式创新取代技术颠覆成为显著特征，移动互联网已经形成一个超过万亿美元规模的巨大产业，并在此基础上保持快速增长，对经济社会的影响急速放大，乃至成为"互联网+"的基础设施。

当前，移动互联网及其衍生的新技术仍在不断驱动新业态、新生态、新模式、新产品、新应用出现。App 经济规模显著，移动互联网与物联网、传统产业的融合不断缔造更多新业态；产业巨头借助正在兴起的垂直或水平生态激战正酣；云端整合、超级 App、O2O、跨界融合等模式创新层出不穷；可穿戴智能终端、智能硬件、智能机器等新产品不断涌现；移动视频、移动医疗、移动教育、移动生活、企业级应用等让人目不暇接。移动互联网让互联网成为实体经济社会不可分割的一部分，互联网的作用也绝不再是简单的提升效率，而成为各行业的颠覆性力量。

移动互联网自 2007 年发展以来，我院通过 4 本白皮书（3 本移动互联网和 1 本移动终端白皮书），完整阐述了移动互联网初始阶段，我们关于移动互联网的生态系统、技术体系、应用和模式、产品趋势等观点。本次白皮书着眼于移动互联网新的发展阶段，从生态、技术、产品、应用等维度阐述移动互联网的整体发展状况，以期与业界分享我们的研究成果，共同推进我国移动互联网产业发展。

# 目 录

一、国内外移动互联网发展状况 ············································································· 480
    （一）移动互联网产业持续高速增长，仍是整个 ICT 产业最重要的驱动力量 ············· 480
    （二）核心技术迭代速度减缓，但底层技术创新依然活跃 ······································ 481
    （三）智能手机发展速度回落，中国智能化比率领先全球 ······································ 482
    （四）可穿戴设备颠覆性产品仍未出现，演进路径尚未明确 ··································· 483
    （五）App 经济规模持续扩张，我国成为全球最大的移动应用市场 ························· 484

二、全球移动互联网发展趋势 ················································································· 486
    （一）产业要素多元化发展，呈现三大生态空间 ··················································· 486
    （二）软件平台向服务与泛终端延伸，两大操作系统技术演进逐步趋同 ···················· 488
    （三）移动芯片全面升级，带动集成电路制造工艺加速演进 ··································· 489
    （四）智能手机格局将持续变化，传感和显示技术有可能重塑手机功能与形态 ··········· 491
    （五）可穿戴设备核心技术亟待突破，但未来发展前景乐观 ··································· 492
    （六）移动互联网从 ICT 延伸到更广阔领域，对经济社会影响急速放大 ··················· 493

三、我国移动互联网发展方向与机遇 ······································································· 494
    （一）针对三大生态体系差异化定位，以产业实践带动技术创新 ····························· 494
    （二）统筹布局，利用产业规模和快速迭代优势实现关键技术发展 ·························· 495
    （三）持续强化技术创新能力，实现中国终端制造升级 ········································· 496
    （四）应用引领，推进移动智能穿戴设备关键技术研发及生态建设 ·························· 498
    （五）助力新应用、新模式与新业态，驱动经济社会转型和集约式发展 ···················· 499

四、移动互联网发展面临的问题与挑战 ···································································· 499
    （一）流量成为运营商创新热点，网络承载和行业监管面临新挑战 ·························· 499
    （二）知识产权竞争态势展现产业发展趋势，我国在不同环节差异较大 ···················· 500
    （三）移动接入漏洞和手机病毒频发，移动互联网安全发展形势日趋复杂 ················· 501

# 一 国内外移动互联网发展状况

## （一）移动互联网产业持续高速增长，仍是整个 ICT 产业最重要的驱动力量

移动互联网/移动通信产业已经成为全球经济发展的主要贡献力量之一。2014 年移动通信行业为全球经济贡献了 3.3 万亿美元[①]（含直接产出和间接经济贡献）。

据国际电信联盟公布，2014 年全球已有 68 亿手机用户，正接近世界人口总量（71 亿）。其中，使用移动互联网的人数还在不断攀升，2015 年 3 月召开的世界通信大会发布的《移动经济 2015》报告中预测，大量移动通信用户开始享用 3G 及 4G 宽带网络，移动宽带（3G+4G）通信用户比例已达 40%，预计到 2020 年将增至约 70%。4G 成为有史以来发展最快的移动网络，根据 GSMA 等统计数据，全球 4G 运营商数量达到 352 家，至 2015 年底，全球 4G 连接终端将达到 8.75 亿，到 2020 年，4G 有望覆盖全球 63% 的人口。同时，智能手机普及率持续提高，将从 2014 年的 37% 增加到 2020 年的 65%。用户与载体的发展推动着新的应用服务和移动互联网流量增加，2014 年全球移动互联网流量相当于 2000 年全球互联网总流量的 30 倍，在全球互联网流量发起终端占比中，手机占到 31%，平板电脑占 6.6%，而 PC 已下降至 62.4%。

2015 年 4 月底，我国移动互联网用户已达 9.05 亿人[②]，同比增长 5.1%，每三个中国人中就有两个人在使用智能手机等移动设备访问移动互联网，使用手机浏览网络信息的"低头族"早已随处可见。宽带中国战略加速推进，已建成全球规模最大、覆盖最广的 4G 网络，基站总数已超过 134 万[③]。至 2015 年 7 月底，我国 4G 用户总数已达到 2.5 亿户，移动宽带用户（3G+4G）达到 6.95 亿户。2015 年 1~7 月移动互联网流量累计达到 20.2 亿 GB，同比增长 95.3%[④]。

2014 年全球智能手机出货量约 13 亿部[⑤]，较 2013 年增长了 26%，2015 年上半年出货量达 6.73 亿部，同比增速为 14.3%。2014 年我国智能手机出货量为 3.89 亿部，同比下降 8%，2015 年重回平稳，上半年累计出货 2.1 亿部，同比增长 7.5%。

2014~2015 年，全球共有 160 余家应用商店，其中第三方应用商店超过 120 家，苹果 App Store、谷歌 Google Play 与微软 Market Place 三大系统自营商店的应用总和超过 300 万，其中苹果 App Store 及谷歌 Google Play 的下载规模更是已超越千亿级别。

当前，移动互联网生态仍根植于规模化的基础平台，而基于不同的基础平台，形成不同的价值生产、价值分配、价值消费体系，分化出相对独立的生态体系。

---

[①] GSMA 统计数据。
[②] 工信部 2015 年 6 月通信业经济运行情况。
[③] TD 产业联盟 8 月公开发布数据。
[④] 工信部发布 7 月通信业运行数据。
[⑤] IDC 预测 2014 年全球智能手机出货量约为 13 亿部，Gartner 统计数据为 12 亿部。

移动智能终端操作系统依然是当前移动互联网生态的核心。苹果 iOS 和谷歌 Android 两大操作系统生态的博弈依然是产业生态竞合主线。谷歌通过对 Android 的隐性控制和谷歌应用服务集群（GMS）机制主导全球产业生态发展，自 2011 年占据移动互联网半壁江山，至 2014 年全年市场占有率已达 82.3%，形成了市场垄断优势。苹果所引领的垂直生态保持良好利润率，虽然在全球市场占比中不及谷歌，但在美国等移动互联网发达地区更胜一筹。在美国移动网络流量操作系统占比中，有 51.7%[1] 来自 iOS，42.4% 来自 Android；在移动网络流量的终端载体占比中，54% 的流量来自苹果设备，三星约占 24%[2]。依托手机大屏化的成功转型，2015 年第一季度 iPhone 全球销量达到 6020 万[3]，并维持了智能手机同行中的最高利润率，而 App 软件开发中 iOS 开发者的月均收入超过 5000 美元，也远超过其他开发平台。高利润回报预期支撑苹果生态产业话语权攀升，Apple Pay 推动苹果盈利模式向线下转移，Apple SIM 提升苹果对网络运营的影响力，均具备改变金融与通信等传统行业的潜力。

## （二）核心技术迭代速度减缓，但底层技术创新依然活跃

移动智能终端操作系统仍需高度关注，特别是业界巨头通过技术创新进一步巩固其掌控力。其中谷歌在新版本 Android 系统中确立以"新一代运行环境"（ART）逐步替代 Dalvik[4] 机制，提升系统效率的同时也进一步彰显对核心技术演进方向的把控力度，形成了更有效率的产业链协作创新能力，而在 Android Wear、Android Auto、Android TV、Google Cast[5] 等衍生平台上，则采用了相对封闭的发展模式。苹果凭借良好产业协同能力巩固技术领先优势，其推动的 Swift 开发语言环境获得前所未有的增长，发布仅 4 个月后，就有 20%[6] 的移动开发人员在使用，其中有 23% 的人并不使用 Objective C 语言，意味着 Swift 在弱化其他应用平台的软件开发力量。

鉴于操作系统在软硬件及数据交互方面的不可替代性，多方仍积极探索寻求差异化突破。Windows Phone 利用统一的 Windows NT 内核和 UI 环境，实现 PC 桌面、平板电脑与移动智能手机三大平台的统一发展。Firefox OS 通过 HTML5 技术重构系统，以 Gecko 浏览器引擎为核心，底层内核采用 Linux，致力于对所有应用服务实现基于网络的推送。

移动芯片三大架构表现迥异，格局趋于集中。2014 年全球处理器芯片出货约 343[7] 亿片，其中移动芯片出货 68 亿片，占比约为 20%，相较 2013 年增加了 2.4 个百分点。ARM、X86 和 MIPS[8] 作为移动芯片基础架构的主要竞争主体，发展路径各具特色。ARM 已实现对移动、家庭、企业和嵌入式设备领域的全面布局，竞争优势不断增强，2014 年 ARM 芯片累计出货 120 亿片，并在手机、消费娱乐设备、硬盘、车载电子等细分市场均占据大部分份额。Intel 由于"高研发、高毛利"的驱动模式在利润率微薄的移动芯片领域难以维持，导致技术产业跟进滞后，当前正通过资金补贴、

---

[1] StatCounter 统计。
[2] Adobe 统计。
[3] Gartner 统计。
[4] 谷歌公司自己设计用于 Android 平台的 Java 虚拟机。
[5] 谷歌 2013 年发布的新型连接设备。
[6] VisionMobile 统计发布。
[7] 根据 ARM 市占率反算。
[8] 精简指令系统计算结构的一种。

技术支持、调整授权模式等手段加速进军手机、平板和可穿戴芯片市场。MIPS"学院派"基因导致商业化运作能力较弱，错失移动互联网发展先机，目前重点发力低功耗可穿戴市场并探索向高性能计算市场渗透延伸。

移动芯片市场集中化态势明显，巨头通过资本运作强化市场竞争地位。高通、联发科、展讯、美满科技和英特尔这排名前5的厂商占据基带芯片市场超过90%的份额，其他厂商除三星、海思自给自足外，生存空间被极大压缩，以德州仪器、博通为代表的国际知名厂商已相继退出。此外，资本运作成为巨头抢占市场、巩固地位的共同选择，其中英特尔通过90亿人民币入股紫光、结盟瑞芯微、大幅补贴白牌平板厂商提升市场地位，2014年X86平板电脑实现4600万的突破性出货；高通不断强化移动芯片优势地位，以25亿美元并购英国GPS/蓝牙通信/物联网芯片商CSR，大力布局前瞻性产业领域。

4G周期转换成为移动通信芯片发展的主要驱动力，技术跟进滞后导致"中国芯"份额有所回落。2014年全球基带芯片出货26亿片，同比增长14.6%，其中4G基带芯片出货6.5亿片，同比增长94.8%。受4G芯片出货规模迅速增长且国产化水平持续走低的影响，我国移动基带、射频和AP芯片出货量均出现较大幅度的下滑，市场占有率相较2013年初普遍下滑约六个百分点。多模多频、VoLTE功能及LTE-A等新兴技术仍是影响芯片企业发展的关键因素，对LTE支持较好的高通、MTK基带芯片出货均实现较大增长，而部分国内厂商因5模能力缺失份额下滑明显。海思在2014~2015年表现出众，多款产品均支持多模多频、VoLTE等功能，且芯片工艺也达到国际厂商28纳米的设计水平。

### （三）智能手机发展速度回落，中国智能化比率领先全球

智能手机逐步进入稳定增长阶段。2014年全球智能手机出货量约13亿部[1]，较之2013年增长了26%，2015年上半年出货量达6.73亿部，同比增速为14.3%[2]，增长趋势明显放缓（2013年增长40%）。其中Android手机第一季度销量占比达到80.8%，iOS手机为15.3%，Window Phone为2.7%，其他系统手机为1.2%。

全球智能手机市场格局在悄然变化。虽然三星、苹果依然为智能手机销售的第一和第二，但一升一降态势明显，在2015年第二季度中，三星出货量为7320万部[3]，同比减少2.3%，仍为全球排名首位的手机厂商，苹果出货量为4750万部，同比增长34.9%。在市场销售额统计中，苹果更胜一筹，在2014年中，以13.8%的年出货量占比实现了30.4%的年销量占比，全年销售设备价值1165.4亿美元，单价为655美元，约为Android设备平均单价的2.7倍。而销售榜的第三、第四、第五则由联想、华为、LG、小米等品牌动态占据，中国品牌获得了整体提升。

我国智能手机市场在2014~2015年进入了调整阶段。2014年我国全年智能手机出货量为3.89亿部，同比下降8%，2015年重回平稳，上半年累计出货2.1亿部，同比增长7.5%[4]。中国市场与国际市场缓增缓降的发展规律不同，智能化进程虽晚于全球1~2年开始，但连续3年实现了100%以上的年增长，至2013年才回归双位数增

---

[1] IDC预测2014年全球智能手机出货量约为13亿部，Gartner统计数据为12亿部。
[2][3] IDC公布数据。
[4] 中国信息通信研究院发布。

长阶段，当前增量市场智能化比例达到86.5%，远高于国际市场70%左右的平均水平。正如前几版白皮书预测是典型的后发先至，2014年也先于国际进入稳定增长阶段，但面向中国市场每年仍将有约4亿规模的出货量。

平板电脑出货小幅回落，市场饱和趋势初现。2015年第一季度，全球平板电脑出货4710万台，同比下滑5.9%[①]。苹果凭借1260万台的出货量位居市场占有率第一，但同比下滑23%，市场占有率降至26.8%。三星依托丰富的产品线和7寸到12.2寸全系列产品覆盖，实现出货900万台，同比下滑17%，市场占有率19.1%。联想凭借产品线的多样化与价格区间的完整覆盖，晋升为第三名，市场占有率扩大至5.3%。由于平板电脑被大屏智能手机取代性高、新技术更新放缓等因素，导致用户换机周期延长、市场拓展困难。此外，前五大品牌市场占有率从2013年的70%下跌至57%，预示着品牌影响力开始下降，用户选择空间不断扩大。

国际平板低价冲击我国平板市场。受国际品牌大军杀价冲量影响，我国大陆平板企业受到较大冲击。国内平板品牌需加强与内容提供商合作并转型细分市场探索突围之路。此外，商务平板市场出现实质性拓展，缘于Wintel大力补贴白牌产业链试图发展平板Windows阵营。

### （四）可穿戴设备颠覆性产品仍未出现，演进路径尚未明确

伴随移动智能终端相关技术产业的发展，在用户对泛智能终端的多元化细分需求与智能硬件配件高速演进大潮的碰撞下，泛智能终端的边界不断扩张，形态推陈出新。其中，可穿戴智能终端设备被普遍认为是继智能手机和平板电脑之后，最有希望造就巨大市场的创新产品，自2013年起市场预期就非常乐观。国际上，苹果、谷歌、微软、三星、索尼等众多行业巨头争相参与。国内百度、腾讯、华为、中兴、奇虎、果壳、映趣科技等企业也均对可穿戴产业有所布局。然而，虽然可穿戴设备的概念热炒，但是目前行业旗帜性产品尚未出现，演进路径尚未明确。究其原因，主要在于整个可穿戴设备的产业链并不完善，细分领域普遍未能形成闭环，技术上也存在很多挑战。从市场表现上来看，2014年可穿戴设备出货量没有达到预期，市场尚未发力。相关数据显示，2014年全球可穿戴设备出货量为2200万台[②]，与此前各机构预测的5000万台以上存在很大差距。

目前，全球规模性可穿戴设备产品单一，主要形态仍以手环、手表和眼镜为主，偶有如头箍、臂带、戒指或跑鞋等差异化智能设备，但都未成体系。智能手表和手环在可穿戴市场中扮演绝对主力，全球可穿戴市场中，智能手表和智能手环的市场占有率超八成，其中Pebble智能手表更是一度成为销量最高的可穿戴设备。伴随Android Wear的推出，Moto、LG、三星、华为、索尼和华硕等主流终端厂商也纷纷布局智能手表，为智能手表生态构建添砖加瓦。2015年3月，苹果春季发布会上Apple Watch的真正推向市场，则是为智能手表市场的高速发展提供了强力助推。智能眼镜虽尚未放量，但业内巨头已逐步进入该领域。2014年初，Google初涉智能眼镜市场，但因续航时间短、发热量大、应用数量不足、售价高昂、应用场景受限、隐私保护等问题大大限制了其发展，最终退出消费市场，转而主攻企业市场。2014年末，微软和百度分别推出了HoloLens[③]和

---

① IDC 数据发布。
② CCSInsight 数据。
③ 微软于2015年初发布的一款全息眼镜。

BaiduEye[①]，利用其在图像识别、手势识别和增强现实等人机交互方面的深厚积淀，结合云端应用的支撑，配合优良的工业设计，有望在智能眼镜市场接棒Google Glass成为新的主导力量，同时为智能眼镜类设备研发树立标杆，引导产业发展。其他形态可穿戴设备种类众多，但是尚未形成规模效应。很多科技企业在可穿戴领域展开积极试水，如智能头箍、智能拐杖、导航鞋等。虽创意不俗，但是均未能形成产业集聚效应，进而打造自有生态和构建影响力。

新型智能终端无法复制智能手机的传统生态体系，其产业链处于缔造中，尚未成熟。区别于传统智能手机产业中芯片和操作系统的主导地位，在可穿戴设备产业中，无论是产业标准，还是整个生态的核心都尚未确立。新型智能终端在处理、传感、功耗和交互等领域，无论是功能还是侧重点，皆走出了一条与传统智能终端不同的路径，在削弱了对智能手机共性技术依赖的同时，也为可穿戴等设备的再上一层楼设置了门槛。在硬件方面，由于可穿戴设备诸如运动监测类所需的实时监控功能不断增加，对其续航能力的要求越来越高，但是受限于设备物理空间的限制，无法配备高容量的电池。目前业内多以能耗控制为主要手段，主要从芯片、操作系统、屏幕以及终端互联等各方面着手减少功耗，以寻找性能与功耗的平衡，总体而言尚无有效解决方案。在操作系统方面，碎片化现象明显，解决方案呈多元化趋势，领头厂商缓慢展开布局，Android和iOS领衔可穿戴操作系统，各成体系。在应用体系方面，信息交互、医疗、健康、安全为主要应用领域，结合云端应用为其主要形式。但纵观已有的可穿戴设备应用，能抓住用户痛点的杀手级应用寥寥无几，具备盈利能力的更是屈指可数。伴随着各设备厂商的各自为战，应用商店也是山头林立，直接导致了应用的推广与设计成本的高昂，各环节彼此独立封闭缺少合作，资料缺乏有效共享。

## （五）App经济规模持续扩张，我国成为全球最大的移动应用市场

移动互联网的App规模仍在持续扩张。在应用规模方面，原生应用商店规模持续增长，苹果、谷歌、微软3个官方移动互联网应用商店的应用总数约300万；在下载规模方面，App Store总下载规模超过1000亿次[②]，近期每半年下载量均超过100亿次，而Google Play于2013年8月下载规模已超过苹果，随后其下载增量更是达到苹果的1.5倍；在使用时长方面，移动App依然占据大部分移动终端上网时长，以美国为例，上网用户86%的时间消耗在移动App上，而在Web上的耗时仅为14%；在使用流量方面，移动App流量使用已经超过移动网页6倍[③]。

移动互联网的App化使用户业务入口分散，打造闭环应用生态成为发展要点。移动互联网新型应用服务大量涌现，但相对桌面互联网以门户、搜索为核心入口的格局，移动互联网的业务入口则大为分散，而且资料信息无法互通；当前市场上已出现应用商店、搜索服务、社交服务、支付服务等重要的服务领域，并分别形成规模巨大的信息孤岛，资料分散促使龙头企业缺乏统一的信息聚集入口，故全面布局入口类应用，建立自身应用生态，成为领军企业发展的重要方向。

第三方应用商店发展迅速，但仍有局限。根

---

① 百度在2014年9月发布的智能眼镜。
② 苹果全球开发者大会数据。
③ Flurry发布数据。

据对我国主流第三方应用程序商店的监测资料,截至2014年底,我国移动应用规模(未去重)已达到684万个,总下载规模超过数千亿次,其中百度发挥搜索优势,成功实现对移动应用引流,累计下载规模超过千亿次。但诸多应用商店在内容分发后,无法获取更进一步的数据资源,能力难以向硬件及核心应用服务领域扩充,控制产业的能力受限。

核心应用服务成为竞争焦点,应用生态快速扩张。其中,操作系统掌控者实现软硬结合并形成技术门槛,苹果、谷歌为加强以OS为核心的应用生态,不断开拓新兴市场,积极布局入口类应用,其中苹果内置应用已达到27款,先后进军即时消息、地图、浏览器、搜索、支付等关键应用领域,并依托OS优势进行捆绑发展,快速形成基于OS的应用生态。互联网领军企业则纷纷扩充其核心App功能,基于超级应用平台的服务体系不断扩充。以腾讯微信、百度移动应用、UC浏览器等服务为代表,其在应用内不断融入社交、搜索、浏览、应用下载、支付等功能,同时开放核心能力扩展应用生态,其中微信公众号已经超过200万个、百度地图拥有超过500万生活服务类资料、UC九游平台开发者收益分成达到9亿元[1]。

我国成为全球最大的移动应用市场。截至2015年5月,我国第三方应用商店累计应用下载量超过3000亿次,领先谷歌官方商店的2900亿次分发。仅仅在国内市场,我国最热门的应用软件年下载量已达到40亿次,接近1000款应用累计下载规模超过亿次,超过1000万次下载的应用达4000款。社交属性的融入,大幅缩减了应用服务规模爆发周期。融入社交元素,用户行为可有效影响其好友,促使应用规模快速发展,例如全民突击借助微信平台的好友关系,首发当日新增用户超200万,搜索指数陡然上升三倍;除夕当日微信红包收发总量达10.1亿次。

移动App已进入生活服务多个领域,并成功走向营收。移动互联网借助移动终端的移动、便捷等特性,快速融入诸多实体产业,其中以微信、支付宝、百度地图等移动App为代表,逐步打通了线上与线下服务,规模呈爆发式增长。在娱乐服务领域,结合移动支付的发展,移动电影票、彩票、滑雪票、温泉票、景点门票等服务交易规模快速增长;在民生领域,使用移动支付缴纳水电煤气费用笔数增长超过10倍;在交通出行领域,打车App累计用户规模达1.72亿[2];在金融领域,部分省市信用卡移动还款规模上升12倍,占还款总比的80%。移动互联网应用服务已深刻影响人们的日常生活,并推动传统产业新兴业态蓬勃发展。

移动App正与公共服务及城市管理相结合,便捷化、多元化服务加速普及。当前,随着可穿戴设备以及医疗传感器的加速普及,已有2000余款移动医疗App用于健康监测领域,将医疗服务的重心逐步前移,实现从现场治疗向预防与康复的远程跟踪诊断转变,与此同时大规模基于多终端的创新型泛在学习模式不断涌现,推进教育资源社会化开放,助力学习型社会建设,移动互联网正在为农村地区、偏远地区搭建更有效的服务途径,并促进公共服务均等化和普惠化。在城市管理方面,中国已拥有近2万个各级政府微信公众号、13万个新浪认证政务微博,传统金字塔式组织方式得以改变,实现官民互动零距离。此外基于联网公开的190个城市3000多家企业废气排

---

[1] 互联网公司公开发布。
[2] 中国电子商务研究中心监测数据。

放数据绘制污染地图，结合市民随手拍监督举报，加速推动以政府为单中心的监督体系向多元协同监督体系重构。

移动App模式还在向更广阔领域扩展，从生活娱乐、公共服务、城市管理向第一、第二产业渗透，云+App成为ICT产品应用的共同框架。

## 二 全球移动互联网发展趋势

### （一）产业要素多元化发展，呈现三大生态空间

当前，移动互联网产业要素多元化发展，呈现三大生态空间。其一是以操作系统为核心的智能手机、平板电脑及其上的App应用服务的原生生态；其二是以移动互联网应用数据与服务能力为核心的超级应用生态；其三是以泛智能终端为载体的产品及应用生态，即泛终端生态。不同生态价值与分配的形式各不相同。传统生态的价值来自于手机用户的消费（购买手机、购买App），操作系统运营者对终端研发、应用开发起到组织作用，并主导利益的分配；超级应用的价值则来自于用户在App下载后的衍生消费，如游戏、餐饮、旅游、线上线下购物、打车等，产业组织与利益分配多由互联网公司主导；新终端体系则还未完全建立，正处于原生操作系统、智能手机制造、传统电子设备制造和互联网应用服务等企业多方博弈的早期阶段。

**1. 以操作系统为核心的原生生态**

以操作系统为核心的产业生态依然是当今移动互联网的主导模式，除智能手机和可穿戴产品外，其对传统电子信息产业的影响亦十分显著，电脑、电视、车载电子、家居电子相继进入智能化+App化的演变。谷歌和苹果公司在其中的主导作用非常明显。

垂直一体化的产业链条仍在持续延伸。谷歌借助Android优势在App云服务、基础网络、模块化手机、智能硬件多层面延伸。整合开源开放的生态，将部分优秀移动互联网应用与功能体验不断放入Android内的闭源组件GMS；推动物联网领域智能化发展，推出Brillo[1]操作系统和Weave专用语言，汇聚智能硬件生态；加快云计算部署，面向企业市场提供可定制的App组件与云计算服务，面向App开发者提供App云托管服务；正式步入基础网络领域，开展光纤网络和其他多种低成本宽带接入网络部署，并拟开展无线网络运营。

原生生态掌控者更以其操作系统为核心加速向各个终端平台扩展，实现已有利益最大化。其一是可穿戴产品，谷歌通过Android Wear+Google Fit[2]+Google Now[3]，推动了一批智能腕带、智能眼镜和智能手表的发展，苹果则推出了与手机相互关联的智能手表，并依托Health Kit将其应用重点放在智能医疗领域。其二是智能电视，谷歌通过Android TV带动传统电视行业智能化转型，同时推动自有的Chromecast电视棒引入互联网视频企业。其三是平板电脑，谷歌实现Chrome和

---

[1] 谷歌物联网底层操作系统。
[2] 谷歌健康追踪应用开发平台。
[3] 谷歌语音应用服务。

Android 的交互，可支撑 Android 应用的开发和运行，苹果 MacOS 则与 iOS 实现信息互通。此外行业巨头在智能汽车、智能路由器和智能家居领域均进行了积极扩展。

两大操作系统在封闭控制和自由开放之间共同寻求平衡发展，持续巩固应用生态。Android 逐步收束开放程度，强化系统管控统筹力，一是签订 OHA、AFA 和 Mada 多项产业合作协议，依靠对厂商系统优化行为的约束限制分裂行为；二是限定系统 Android4.4 的启用时间，加快版本迭代速度；三是精简整合 GMS 应用服务功能，并暂停对早期版本更新服务。iOS 逐步松动系统应用服务功能，丰富第三方产业生态，如实行应用策略开放，向第三方开放输入法、拨号软件等服务，开放多个应用接口等。

2. 以移动互联网服务能力为核心的超级应用生态

移动应用的持续高速增长充分调动了互联网企业移动化转型的积极性，虽然基于操作系统的原生应用商店仍然是应用分发的主流，但基于 App 内的应用服务体系与商业模式已经成为了新的增长点。互联网企业利用超级应用服务构建水平化应用生态并取得突破，Facebook、Amazon、Line、腾讯、阿里巴巴等均实现跨系统跨终端的应用平台，在此之上形成了控制应用生产、发布渠道与利益分配的能力。

当前原生操作系统所形成的利益链条依然强大，因此面向移动用户不断增长的线下应用诉求，发展 O2O 商业模式已经成为超级应用生态扩张重点。在互联网企业的推动下，搜索、门户、微博、即时通信等传统业务加速移动化，在流量与时长方面都得到了近十倍的增长，成为超级应用发展的基础平台；移动支付、LBS 位置服务、智能语音等新应用则因移动互联网在公共交通、零售行业、餐饮行业的不断渗透而得以普及；在商务、医疗、教育、城市管理等领域兴起了一批互联网虚拟能力与社会实体服务资源相互结合的 O2O 应用体系。

产业竞争焦点逐步从掌握操作系统及相关组件，扩大到掌握互联网应用的核心数据，既包括移动互联网传统的 So（社交）、Lo（位置）、Mo（移动通信）资料体系，也包括正在发展的多模态传感数据、App 内信息索引资料、智能互联资料等。推动 HTML5 技术发展，充分扩张以 Web 技术为基础的应用与数据能力，成为互联网企业普遍的技术选择。

3. 多方博弈的泛终端生态

2013 年以来，以可穿戴设备、智能汽车、智能家居、智能无人系统为代表的新一轮硬件创新蓬勃起步，形成继智能手机后电子信息产业新兴增长点。2014 年以来，谷歌和苹果均利用系统优势，通过产业链共同推动新终端商业进程，智能手表等产品的初步成熟，带动英特尔和高通构建可穿戴芯片体系。2015 年苹果发布智能手表，与其移动支付及移动健康领域的创新融为一体，为可穿戴设备的商用成熟增加了砝码。全球消费级无人机市场则由我国企业推动，通过飞行控制技术、航空拍摄技术和移动终端架构技术的融合，带动多旋翼消费级无人机销量爆发式增长。此外，智能家居、智能汽车更是由诸多传统电子制造企业、互联网应用服务企业共同参与，产业发展热度高涨。预计到 2020 年，全球除智能手机外的泛智能终端市场规模将超过百亿台，为同期智能手机、平板电脑和 PC 数量总和的两倍。

泛智能终端虽然仿效智能手机"操作系统+移动芯片"的技术架构，但并非以操作系统为单一核心，仍处于产业竞合早期，不同产品品类的生态模式也有较大差异。

一是泛智能终端以传感互联、人机交互、智能控制、大数据处理等新兴信息技术与传统业态的集成创新为主要特征,其创新成果应用于医疗、教育、交通、公安等经济社会各领域,互联网服务企业和传统电子企业均有较高的主导权。如在智能家居领域中,互联网企业通过添加控制模块、Wi-Fi 连接、手机应用等方式,快速为产业发展奠定智能化产品品类和数量基础;家电企业通过智能化部署推动大型家电的规模化转型,在用户购买渠道和后期消费行为的掌握上远远超过了操作系统企业。而在车载电子、医疗属性的可穿戴设备等领域,传统行业企业则更具有壁垒优势,也在从产业内部推进产品的智能化进程。

二是产品品类差异过大,容易形成技术引领的新兴企业。如消费级无人机领域,我国企业大疆科技既不是老牌无人机制造企业,也不具备操作系统主导优势,但是依托自研领先的飞控和航拍技术,借力移动芯片技术体系,准确把握消费级市场需求,迅速形成了全球出货第一的领先优势。同时,大部分新型移动智能终端都呈现出长尾特点,其 App 开发和后台数据处理的需求千差万别,对新型显示器件、传感器件的需求更是碎片化,较容易形成专有技术引领性企业。

三是传统操作系统企业在横向扩张中,也难以完全借势已有生态,不断重新调整产业组织模式。如苹果手表对 Research Kit[①] 采用了开源方式,与其垂直封闭的模式大相径庭;形成对比的是,谷歌则采取了开放但非开源方式来运作 Android Wear 平台,与其一贯开源的作风也截然不同。

目前,泛智能终端生态虽然部分继承了原生操作系统生态,但还没有形成集中统一的生态核心,产业规则处于重新界定过程中。

## (二)软件平台向服务与泛终端延伸,两大操作系统技术演进逐步趋同

移动智能终端操作系统竞争焦点由单纯的市场份额扩张逐步转向高质量的系统生态聚合服务,OS 能力与应用软件和终端硬件深度耦合发展成为趋势。操作系统由功能累积迭代,逐步演化为承接软硬件服务的系统平台,并面向应用服务和硬件逐步调整系统架构,产业角色不断转变。应用服务功能的增加也促使操作系统环境持续优化,一是以操作系统为基础构建特色的用户体验环境,目前主要呈现 Launcher[②] 和 ROM 两种模式。其中 Launcher 模式发挥桌面和锁屏的近用户优势,将应用功能与系统底层推送能力结合,形成应用主题的交互环境,如 Facebook Home 等;ROM 模式则强化系统在应用层面的功能管控和 UI 定制,在操作系统与应用服务之间构建功能承载界面,优化应用服务环境,如小米 MIUI。二是以行业信息安全需求为切入点实现 OS 与应用的专有定制。为保证信息安全,系统在环境隔离和用户数据保护两方面进行优化。在环境方面,系统隔离企业和个人应用,在系统层集成 SE Android 并提供安全容器;在用户数据方面,系统层则可实现安全 Boot、SD 卡数据加密、数据隔离等。更进一步,操作系统与深度终端耦合力构建芯片级安全操作系统,如 TrustZone[③],通过底层安全机制打造所谓可信安全移动操作系统。此外系统也在面向软硬服务调整系统架构,如 Android 利用 ART 技术替换 Dalvik 虚拟机提升系统应用编译效率,iOS 引入 M7 协同处理器辅助 A7 高效处理应用。

泛终端差异化需求刺激操作系统技术持续演

---

① 苹果专为医学研究者打造的一款软件基础架构。
② 安卓系统中的桌面启动器,即桌面 UI。
③ ARM 针对消费电子设备提出的一种安全架构。

进。面向泛终端领域的操作系统在系统安全、新型硬件适配、硬件性能差异化、功耗匹配、人机交互及环境感知等一系列关键技术领域都存在着巨大差异，这种差异化需求或重塑操作系统架构与技术体系，如近期针对物联网服务，华为推出的 LiteOS、谷歌的 Brillo 操作系统等。目前已经出现了一些加载操作系统的新型硬件如智能路由、智能插座、新型车载终端等，但现阶段系统功能的开发多集中于上层娱乐交互，对系统底层控制能力的开发和应用相对较少。

围绕应用生态扩张和泛终端体验增强，两大操作系统技术演进逐步趋同。一是优化系统开发语言，Android 的 UI 采用材料设计语言希望统一各类智能终端设计风格，iOS 推出交互式开发语言 Swift 意图降低应用开发门槛。二是持续开放应用接口，Android 5.0 新增 5000 个 API 接口，GMS 内各应用接口间调用方式更为灵活。iOS 8 针对几个固定系统区域采用 App Extension 扩展机制，并开放 4000 多个 API 接口和 Touch ID 接口。三是多终端平台协同发展，以 Android 为基础推出各类泛终端系统，包括针对物联网的操作系统 Brillo、可穿戴设备的 Android Wear、车载系统的 Android Auto、电视系统的 Android TV，以及可与手机互动的 Chrome OS。iOS 则立足应用服务层实现统一泛终端生态，包括提供健康信息的可穿戴终端 HealthKit、统一家居服务的 HomeKit 以及定位娱乐的汽车 CarPlay，推出可适用于低配置终端硬件的 iOS 9 操作系统，以满足多终端交互需求。

### （三）移动芯片全面升级，带动集成电路制造工艺加速演进

移动芯片让 SoC 发展到一个新的高度，不适应该趋势的企业面临被淘汰风险。SoC 使移动芯片成为结合移动基带、射频、应用处理器与无线连接等更多功能的单一芯片，有效降低了移动智能终端的开发成本和周期，已成为主流芯片产品主导开发方式。移动 SoC 设计是性能、功耗、稳定性、工艺等多方面的平衡，当前正持续向更高集成度演进，芯片封装调试难度也在不断加大。高通和 MTK 受益于在技术和应用上的领先优势，占据生态系统的制高点。目前高通、MTK 占据全球移动 SoC 市场超过 60% 的市场份额。

LTE 引发射频器件技术工艺变革。一是由于砷化镓工艺材料稀缺、产能不足，极大制约了射频器件的供货，CMOS 工艺替代趋势明显。2014 年因为砷化镓产能问题已导致 LTE PA 缺货。目前包括高通、RFaxis、英飞凌等厂商都在大力研发推广 CMOS 工艺的射频元件。如高通 RF360 平台采用 SOI-CMOS[①] 技术，RFaxis 和英飞凌采用成本更低的 Bulk CMOS 技术（纯 CMOS）。二是 RF MEMS 和软件无线电作为解决 LTE 多频段与天线尺寸、功耗，以及提升天线性能、节约成本的重要技术手段，产业化进程加速。RF MEMS 基于机械式谐振结构，只要改变内部隔板距离就能使电容流量产生变化，可免除外部电容与开关等零组件，减轻天线总体功耗与体积。此外，因具备可编程能力，RF MEMS 可支持软件无线电（SDR）功能，并实现天线频率调整、可调式阻抗匹配等控制方案，协助简化 RF 前端模块（FEM）设计、增强信号接收性能、带宽及减少天线数量，进而实现射频系统的片内高集成，消除由分立元件带来的寄生损耗。目前至少有二十几家处理器厂商计划采用 SDR 技术改善 LTE 手机天线的尺寸与耗电量。

64 位移动芯片生态环境完备，国际厂商围绕 64 位展开新一轮计算升级。64 位软硬件生态方

---

① 硅绝缘体互补金属氧化物半导体。

面，Android L 已正式加入对 64 位计算的支持，指令集扩展、内存寻址宽度的增加等将大幅提升移动 OS 数据处理能力、总体性能和电池效率，并带动芯片、应用生态加速升级。同时 ARM 也推出面向 64 位 Android 的 Juno 开发板，助力 64 位软件及开发工具的完善。厂商布局方面，高通移动 AP 产品已实现对高中低、核心及外围智能终端设备的覆盖，MTK 也全线迈进四核/八核 64 位计算。

协同优化和集成、更高工艺将成为移动应用处理器未来升级重点。一是功能性能优化及高性能 CPU 内核研发，当前苹果、高通均大力研发自主架构追求高性能和低功耗，随着服务器架构 Cortex A57 逐步应用于手机芯片，未来自研内核优势将更加明显。二是 AP 与调制解调器、GPU、DSP、多媒体引擎等协同升级，芯片持续优化对于提升用户体验和芯片产品竞争力至关重要。三是基于更高制造工艺的芯片设计，当前主流制造工艺已达到 20nm 水平，并逐步向 16/14、10nm 工艺升级，芯片设计也面临新的机遇。

可穿戴专用 AP 需求快速提升，主流阵营发展路径各有不同。可穿戴设备基于软硬件架构可分为手环/腕带类、手表类和智能眼镜类产品，相应的系统解决方案中主控芯片包括 MCU、AP+MCU 和类手机三种组织模式。随着应用的拓展、人机交互技术的引入，可穿戴设备性能要求将远远超出 MCU 级别处理器的负荷能力，专用 AP 设计成为明显趋势。目前 ARM、X86 和 MIPS 三大阵营纷纷发力可穿戴市场。ARM 借由低功耗优势快速切入，以多设备协同加速生态圈构建。目前主要应用场景包括智能眼镜、智能手表和智能腕带三类产品，知名的如谷歌眼镜、Pebble 智能手表、Fitbit 等。ARM 还积极建设开源 mbed 物联网芯片开发平台，助力可穿戴与智能机、云端协同工作，突破数据存储、计算瓶颈。X86 面向新兴市场扭转业务模式，支持个性化设计和第三方集成。英特尔借助夸克处理器进军智能手表、智能家居等小型可穿戴和智能物联设备，其尺寸、功耗分别是凌动的 1/5 和 1/10，并依托个性化设计和定制化服务满足电子产品差异化发展，允许客户集成自己的功能模块，芯片制造也从垂直集成向第三方代工转变。MIPS 意图通过智能手表占据发展先机，加速向健康医疗和健身设备拓展。作为 Android Wear 生态合作的 IP 供货商，Imagination 整合旗下 MIPS、Power VR、Ensigma（RPU）等核心技术产品，推出基于 MIPS 核心的参考设计方案及各种硬件平台，加速穿戴产品上市。

Sensor Hub[①] 技术广泛应用于终端传感控制。近两年来，MEMS 传感器的加速导入引发终端功能提升与耗电过快的矛盾，采用 Sensor Hub 技术将传感器数据集中处理已成为市场主流，如 Galaxy S4 协处理器芯片号称功耗仅为 CPU 的 2%。Sensor Hub 技术应用已从苹果、三星高端机型向全行业扩展，根据 HIS 发布数据显示，2014 年全球 Sensor Hub 出货量达到 6.6 亿组，同比增长 154%，其中 Atmel、高通和 NXP 占据超过 85%的份额。Sensor Hub 技术实现包括增加专属 MCU、与 AP 集成、与传感器集成三种主流方案。其中增加专属 MCU 方案功耗表现最佳，普遍应用于高端手机、平板电脑；AP 中集成传感器控制中枢的设计无须增加组件、成本较低，更多应用于中高端平板电脑和手机；传感器整合 MCU 设计受组件尺寸限制，适用于可穿戴类设备。

芯片制造竞争激烈，台积电在高端工艺市场领先。全球代工格局已多年保持稳步且日益集中，TOP5 厂商所占份额不断提升，追赶者备受挤压；

---

① 微控制器的一种应用，主要用于处理各种传感器数据。

GF、台联电、三星差距逐年拉近，存在换位可能；中芯国际稳中有升，差距依然明显。台积电目前在高端工艺市场依然保持领先地位，其中28纳米市场占有率达到80%，良品率也远超行业平均水平。

多巨头着手新工艺升级，进一步拉大技术差距。资本、技术双壁垒决定了工艺升级的挑战不断加大，升级之路也会愈发狭窄。目前台积电和三星成为新制程升级的主要推动力量，二者路径迥异，并将深刻影响全球设计与制造上下游间的合作格局。台积电和三星依靠苹果订单，实现16/14纳米的工艺升级；GF取得28纳米的突破，并收购IBM代工厂和相关知识产权，提升自身技术实力，为后续升级奠定良好基础。

### （四）智能手机格局将持续变化，传感和显示技术有可能重塑手机功能与形态

移动智能终端仍将继续占据信息消费最大的领域，用户换机的需求不减，新一代计算载体的地位在未来几年内不会动摇。

智能手机市场扩张虽进一步放缓，但市场格局仍将不断变化。2015年第一季度全球新增市场的智能化比例已达到73%，未来2到3年内将逐步进入个位数增长阶段。智能手机市场格局将持续分化，总体上看占据高端市场的厂商市场占有率将不可避免地下降。三星智能手机出货量虽保持了全球第一，但受到苹果在高端市场、中国品牌终端在主流市场迅猛增长的影响，其市场占有率已逐步下降，出货增长低于市场平均增速。其发展前景取决于能否通过产业链整体组织，进一步提升屏幕存储等优势技术的转化价值，能否将家居电子、可穿戴设备的全产品优势与智能手机结合起来，发展新的应用体验等诸多因素。苹果公司iPhone 2014年年增长率达到49%，约为行业平均增速的2倍，Apple Watch、iPhone的扩展功能、软件平台的黏性，将从一定程度上稳固iPhone已取得的市场空间，但未来是否能够完全保持其占有率存疑。就市场3至5名而言，排名并不稳定，LG、华为、中兴、小米、联想均十分接近，其中联想公司因收购摩托罗拉获取一定的专利与设计优势，华为公司在移动芯片与海外渠道中逐步巩固的产业化实力在后续时间将更加凸显。

当前智能手机的形态看似稳定，但传感和显示等技术仍有诞生颠覆性创新的可能。预计未来2到3年内，智能手机的创新方向主要集中在通信制式换代、传感能力提升、屏显形态变化、识别技术丰富准确化以及蓄电技术变革等方面。在通信制式方面，基带芯片至Cat6已成熟商用，近期主要聚焦双4G协同组网方案等应用类问题，而射频芯片与前端器件则成为较大难点。连接型芯片技术发展主要聚焦于蓝牙与高速Wi-Fi的持续演进，NFC能力逐步成为重要选项。传感芯片中体征识别技术仍是发展热点，用于单机安全的指纹识别基本成熟，用于云端安全的虹膜识别及与之相关的硬件加密和软件加密技术正在发展，3D高精度体感识别、气味感知技术也均是研发的前沿方向，传感技术越来越成为手机功能发展的重要方向。虽然基于AMOLED的曲面屏2015年将在更多高端手机中出现，但任意角度的柔性屏技术预计在2016年才能实现初步成熟，全息结合LCD显示技术成为研发的前沿方向，显示技术的突破将可能促使手机形态出现变革式创新。识别技术随着4G发展，将更多采用云端引擎与云端数据库，有望极大提升用户体验，智能语音云计算方案和同声传译也将成为技术探索重点。

平板出货将持续放缓，大尺寸平板渐成趋势。随着iPhone 6 Plus、Surface Pro 3等大尺寸智能终端的流行，智能手机、平板电脑和笔记本显示屏尺寸重叠趋势明显，竞争日趋激烈。5.5寸及以上

智能手机将替代掉一部分小尺寸平板出货量，大尺寸平板电脑将直接与13英寸左右笔记本电脑竞争。根据 NPD DisplaySearch 预测，7.9 英寸以下平板电脑出货市场占有率将从 2014 年的 55% 下降至 2018 年的 35%，11 英寸以上的平板电脑出货占比将从 2014 年的 2% 上升至 2018 年的 14%。

通信平板将成为未来重要的发展方向。在新兴市场中通信平板已占据较高的份额，成为拉动平板增长的主要产品。资料显示，2014 年第二季度亚太地区（除日本外）平板出货量为 1380 万台[①]，其中约 350 万台内置了语音通话功能，通信平板市场占比超过 25%，同比增长超过 60%。

### （五）可穿戴设备核心技术亟待突破，但未来发展前景乐观

虽然 2014 年可穿戴设备市场并未达到预期，但未来发展依旧乐观。市场规模方面，据普华永道预测，2018 年全球可穿戴设备出货量将达到约 1.3 亿，届时将获得近 60 亿美元收益；同时，IHS 也认为，2019 年市场规模是现在的 7 倍。主流咨询公司对 Apple Watch 出货量的预估都在 2000 万台以上，而此前销量一度夺魁的 Pebble Watch 在 2015 年前销量才过百万台。产品格局方面，由于主流厂商的介入，未来仍将是手表与手环占据主要市场，智能眼镜将高速发展。Apple Watch 和华为、LG 和 Pebble 等新款智能手表在 WMC 2015 上的亮相，犹如给可穿戴设备产业打了一针强心剂，产品定位、续航能力、亮点应用、生态构建和工业设计等传统问题伴随着新品发布也得到了一定程度的缓解，智能手表的发展进程得以推进。由于用户群体对运动监测的传统诉求依然存在，伴随诸如小米手环等高性价比设备的推出，智能手环在未来市场中仍将有一席之地。智能眼镜基于其佩戴位置，利用巨头厂商已有的深厚积淀，结合增强现实、手势、语音和图像识别等新技术，将更有利于推动智能终端新型交互方式的发展；同时考虑到其现有出货量，智能眼镜类可穿戴设备将有广阔的成长空间。虽然 Google 旗下智能眼镜退出民用领域，但是其在商用或专业领域将继续深耕，在医疗和工控等领域将有一番作为。而消费智能眼镜市场中，微软有望通过 Holo-Lens 接棒成为智能眼镜领域的旗帜标杆。我国的 BaiduEye 则另辟蹊径，利用云计算和大数据的积累，深耕图像和手势识别等应用场景，打造面向新型信息检索功能的智能穿戴。由于移动互联网的长尾化需求，短期内可穿戴设备仍将呈现百花齐放局面，中小设备厂商依旧具备一定存活空间。众筹平台为创投类产品提供了有效融资途径并显著减少了开发风险，智能鞋子、智能手杖、智能雨伞等面向小众或专业领域的产品涌现，从一个侧面反映了"小而美"类智能硬件在短期发展中的潜力。

可穿戴设备既是数据来源也将是服务提供的界面，在与传统行业的融合中抓住应用痛点，实现自身价值。可穿戴设备将承上启下，链接人体和外在泛终端。其向内可链接人体信息，采集体征数据，可为将来与医疗、健康、家居等领域的融合打下数据基础。同时，其也可向外实现与外设的协同，即与智能车载、智能家居、智能手机等设备实现信息和控制的交互，若更进一步将逐步充当人体标签的角色，使人体更细致的生理信息和更精确的室内位置信息等变得可读和有价值。可穿戴设备甚至将从最初的信息展示设备逐步成长为以人为本的 M2M 网络核心，从而除了收集数据外，还可以反向调动网内设备作用于人，诸如 Wristify 智能手环可以主动调节体温；尼桑驾驶员

---

① IDC 发布数据。

专用手表，在检测驾驶员状态的同时，还可通过震动提醒使用者集中注意力等，均是可穿戴设备融合物联网、车联网和智能家居领域的典型案例。

可穿戴设备核心技术亟待突破，但其作为应用融合入口的潜力正在逐步得到发掘。可穿戴设备在功耗等关键技术的掣肘下，近期将以"功能精简"和"远程处理"两种方式规避现阶段硬件短板。目前市场中常见的以视频记录为主的智能眼镜或者类似 Pebble 的简单功能手表就是"功能精简"类设备的代表，此路线从产品定位回避太复杂的需求，采用较为基础的硬件配置支撑功能的实现，以获得较长的待机时间。而 Apple Watch 和 Android Wear 手表类可穿戴设备则常常需要借助手机实现大量计算处理；Google Glass 和 Baidu Eye 等设备则是将这类运算工作交由云端服务器以进行"远程处理"。

可穿戴设备将逐步实现全产业链的生态繁荣，其商业模式也将在探索中逐步明朗。短期内可穿戴设备仍将采用"小而美"策略，产品定位和领域拓展百花齐放，但软硬件格局偏碎片化现象仍将存在，致使硬件盈利难度较高，在未来 2 到 3 年内，龙头企业明星产品将指明方向，可穿戴设备将放量渗透，伴随硬件供应链和软件平台体系逐步形成，跟随型企业将迅速进入，硬件整体盈利回落，在此过程中运营数据会形成实质性积累，后端商业模式也会逐渐清晰。

### （六）移动互联网从 ICT 延伸到更广阔领域，对经济社会影响急速放大

移动互联网正在从 ICT 产业的融合创新，延伸到结合经济社会各个行业领域的"互联网+"，甚至改变经济形态。

移动互联网推进"共享经济"新模式发展演进。因极大地方便释放周边资源价值，移动互联网位置能力与便利特性的引入更加速推动了全球"共享业态"发展，从车位、拼车、飞机、宠物、餐桌、租房、办公场地到各色闲置物品，基于共享模式的移动互联网创新应用层出不穷。在美国，年轻人共享汽车正在成为时尚，通用汽车公司与 Relay Rides[①] 网站合作提供综合租车出行解决方案；在全球，协同生产和共享消费的维基百科、谷歌翻译和慕课正在让知识产权的概念变得更加开放，大大削弱了传统学者、教师的身价。这种协同态势也触发众筹、众创、众感等多种创新模式，如 Kick Starter[②] 网站通过众筹模式推动了诸多新型终端与服务的诞生，众创模式带动普通人群进入互联网创业，成为经济增长的新引擎。而基于协同共享，移动互联网为大众带来优质信息红利，优化传统行业。

O2O 方兴未艾，移动应用进入社会生活的方方面面。由于天然地融入各种各样的需求场景，移动应用进一步融入到生活服务以及公共服务等各个领域，服务主体也将由用户逐步蔓延至企业。线上服务调用更多线下服务资源，移动应用将不仅局限在美食团购、票据购买等服务领域，其将与更多服务领域深度结合，并提供更多个性化的服务，以阿姨帮、河狸家、e 袋洗、叮当快药等为代表，移动应用服务企业不断汇聚专业领域服务资源，并不断向家政、美业、汽车、洗衣、私厨、家装、医疗、康复等领域扩展，同时物流末端的配送体系逐步完善，更便捷、更快速、更廉价、更具个性化的配送服务将与上层服务匹配，未来线上与线下资源更加深层次结合并联通后端提供一体化服务，从而真正意义上渗透到人们日

---

① 全球首家汽车共享服务网站，主打 P2P 汽车共享服务。
② 美国一家专为创意方案企业筹资的网站平台。

常生活的方方面面。线下服务也在朝向线上发展，居然之家于2015年3月正式启动线上线下一体化服务平台，以自身实体店为中心，向上直接面向消费者，并通过一体化销售平台实现线上商城与线下实体店互联互动，向下与顶层设计俱乐部及家装公司互相配合，探索为用户提供全价值链服务。以万达、银泰、苏宁、家乐福等为代表的企业，为进一步大规模掌握消费者行为及消费数据，纷纷探索发挥实体店优势，逐步实现实体与线上店铺的系统对接，并通过后台分析，最终为用户提供个性化一站式的线下购物体验。

移动应用成为"互联网+"的发展先锋和亮点。伴随智能终端，移动应用进入营销、商务以外的更广阔领域，其中民生领域是移动"互联网+"的发展重点。当前我国人口及城镇化率逐年提升，人民群众对教育、医疗等公共服务的规模和质量需求日益增大，随着移动终端软硬件能力提升以及更多公共服务资源的开发，一批对民生具有重要影响的移动服务不断涌现：在教育领域，清华大学与北京大学、浙江大学、南京大学等知名学府开设学堂在线，通过该平台，用户可在任何地点，通过网络获得名校的课程视频，从而促进优质教育服务更好普及，提高教育质量，移动App有望推进义务教育的均衡发展，同时促进职教育体系的规范；在医疗领域，部分省级医院正式与腾讯微信合作，通过官方公众号实现病人预约挂号、健康档案查询、支付等服务，缓解了医疗服务中挂号排队时间长、看病等待时间长、结算排队时间长、医生看病时间短的矛盾，移动应用服务还将更好地协助医院优化就医流程，甚至实现用户与医生的直接高效链接。移动服务将与更多领域相交融，并由与传统领域的竞争走向共赢。随着公共服务、制造业等传统产业数据资源日益受到重视，为更好发挥数据资源作用，挖掘数据资源的经济效益，进一步提升企业价值，更多传统企业主动加大数据开放范围，并探索实现与移动互联网的协同发展。此外随着智能制造的兴起，移动服务将进一步渗透研发设计、加工制造、运行监控等核心生产制造环节，并实现网络世界与物理世界的高效对接。

## 三 我国移动互联网发展方向与机遇

过去8年来，我国抓住了移动互联网的创新浪潮，在智能终端、移动App应用、移动网络乃至移动芯片等基础技术方面取得了长足进步，成功打造了一批具有国际影响力的企业和品牌，形成了数千亿的市场。当前，移动互联网已经从技术驱动发展到需求驱动阶段，整个产业仍在快速变化过程中，新的生态正在崛起，终端、网络、应用创新层出不穷，将驱动形成更大的市场，我国需要在已经积蓄的、远远超出PC时代产业实力的基础上，准确把握移动互联网发展趋势，通过生态体系的差异化定位，以产业实践带动技术突破，利用已有的技术产业基础持续强化关键技术创新，实现终端制造产业整体跃升，乘势而上，绸缪下一个计算周期，以应用牵引可穿戴和智能硬件发展，并继续推动应用与模式创新，实现产业、经济和社会转型升级。

### （一）针对三大生态体系差异化定位，以产业实践带动技术创新

以产业实践积蓄发展力量，促进产品创新，

带动技术突破，是当前移动互联网促进我国信息产业转型升级的必经之路。由于我国在产业链各环节的基础不同，应针对不同生态体系进行差异化定位。

针对原生生态系统，积极跟进并加快提升基础技术能力。基于我国在智能手机制造与移动芯片产业化中已经取得的成绩，虽原生操作系统格局一时难以改变，但仍需跟进原生OS技术产业发展，在专用终端市场中积累操作系统自主研发实力。同时以LTE等新技术换代为契机，持续放大智能手机市场容量，积极改善国产手机品牌的发展环境，助力中国智造升级。

针对水平化的应用服务生态，构建繁荣自主的移动互联网O2O生态闭环。一是鼓励大型平台通过技术研发、资本运作等多种途径，迅速整合移动数据基础资源，开放数据资源能力，营造与OS弱关联的水平应用体系。二是通过与新型智能终端的融合创新，加强依托智能家居、可穿戴设备、汽车电子等新型设备收集数据的能力，形成安全可控的数据体系。三是加快网络基础设施升级演进，目前我国移动游戏、移动视频等多媒体类应用市场，在用户渗透率、应用内容等方面较美日韩等市场发展滞后，需加快无线宽带升级步伐，并从规模覆盖向精细覆盖方向发展。四是推动移动App与传统领域协同发展。移动App功能与能力不断提升，在涉足传统领域的过程中扮演了破坏者与创新者的双重身份，在管理中一方面要对其功能内容中涉及金融、人体体征等敏感数据依法进行规范，另一方面需提升包容性，允许其对传统行业、企业形成倒逼机制。五是积极推动移动互联网创客发展模式，依托市场运作和政府投资多种手段，建设完善移动互联网公共技术服务资源，带动更多的社会盈余劳动力以较低成本参与移动互联网产业创新。

针对泛终端生态，我国应尽早展开布局。从科技战略布局上积极跟进国际最新趋势，在具体战术路径上需审时度势，适时推进。在发展前景不明朗的少数领域采取跟随方式，而在关键技术方向的发展上果断出击，抢占技术产业制高点。在推动设备研发与产业化同时，注重系统技术与芯片技术的并举，并推进与之相关的移动支付、移动医疗产业体系的自主发展。

## （二）统筹布局，利用产业规模和快速迭代优势实现关键技术发展

### 1. 加强差异化布局，统筹推动我国移动操作系统发展

以差异化布局统筹推进我国移动操作系统发展。在大众消费市场，基于国产操作系统积极在技术研发、产业生态、安全等方向布局，不断提升我国操作系统技术产业实力，以应对国际主流技术路线可能出现的技术调整变化。在行业与专用市场，从安全保障角度推进我国移动智能终端操作系统产业化应用，在系统中间件能力、开发语言、界面环境、安全机制、API深度调用与后台智能处理等方面达到国际先进水平，构建自主可控开发环境，建立应用开发者生态。在新兴泛智能终端市场，着力前瞻探索新型操作系统发展，基于泛终端差异化应用场景、技术及形态，全力推动新型操作系统研发，积极抢占未来制高点。

推动软硬件协同优化，助力形成我国的硬件生态体系。移动智能终端操作系统与移动芯片等核心硬件存在较强的关联性，无论是iOS还是Android的新版本研发中，系统能力深化很大程度上受制于硬件技术走向影响，并依托固定的芯片平台进行深层次研发。而在后期产品化进程中，芯片厂商也会围绕主流操作系统进行大量的适配优化。目前我国缺乏具有号召力的操作系统，移动芯片也处于跟跑位置，软硬件整合优化由终端整机厂商完成，存在重复研发、难以精深的局限。

鼓励主要终端企业分别就其合作的主流芯片平台，在硬件层构建隔离的可信计算环境，通过底层能力调用规避系统安全风险，对系统涉密操作有效隔离，实现双架构安全的系统环境，从而利用芯片级OS聚集硬件产业链，实现由底向上的系统能力整合，形成产品优势。

2. 加大资金支持和政策扶持力度，强力推进我国移动芯片技术创新

当前，移动芯片的技术创新难度在加大。一是射频及前端技术复杂度大幅提升，国内芯片企业面临关键器件、材料工艺、整合技术等多方面的挑战。LTE-A对射频及前端器件要求高、难度大，如支持高达100MHz带宽数据接收、多达五十多种频段组合、TDD和FDD多制式聚合、支持多模多频器件的成本增加等，而国际领先芯片厂商开始提供基带射频及前端整体解决方案，能应付日益复杂的载波聚合需求且集成度更高。前端元器件则与国外先进水平的差距更大，目前国内市场滤波器全部依赖进口，国外巨头的元器件专利壁垒严密，国内产业突破困难。二是多核AP替代趋势明显，国产厂商跟进相对滞后。芯片厂商转型速度仍需提升。三是我国64位芯片研发进程有待加快。目前国内除海思发布定位中低端产品的64位8核SOC产品Kirin 930/935/620外，其他厂商仍处于研发布局阶段，相比国际巨头滞后明显。四是本土制造工艺仍制约移动芯片未来升级。当前中芯国际28纳米技术已冻结，允许潜在客户基于最新节点工艺开展测试和验证，预计2015年底量产。我国厂商目前主要是以Second Source模式运作，使得国内设计厂商只能享受次代工艺，制造较难跟进设计升级速度，成为制约我国移动芯片技术产业升级的关键。2014年由于台积电产线偏向服务苹果和高通，导致MTK芯片制造产能吃紧，进而影响到MT6290、MT6595等产品的出货。国内制造水平始终落后设计一代以上，高端制造资源的无法供给一定程度上会影响国内设计产业的升级。

当前，集成电路已上升为国家战略，多重利好将助力移动芯片产业升级。一是《国家集成电路产业发展推进纲要》的发布，带动国家千亿级、地方百亿级的产业基金投入，目前北京、上海、深圳、武汉等地已陆续出台地方集成电路产业扶持政策和百亿级产业发展基金。二是高通反垄断调查将进一步规范芯片市场竞争秩序，打破其长期以来依托技术市场领先优势左右价格、排斥竞争对手的商业格局。三是新兴产业融合发展带来广阔的市场空间，物联网百亿级体量将为移动芯片市场拓展提供强力驱动。

### （三）持续强化技术创新能力，实现中国终端制造升级

操作系统影响了应用与制造业的发展，应用产业正在不断分化出新的利益平台，终端产业聚集地则在不断演化。自PC进入成熟期以来，全球电子制造业就开启了产业链东移历程，电子信息产品制造中心在韩国、中国台湾、中国大陆犹如接力赛般传递。对于我国而言，终端制造的提升是一次从产能开始，向市场和品牌企业不断传导的过程，目前已经进入与集成电路发展互为呼应的阶段。中国的PC制造、手机制造产能优势延续至智能手机时代。2012年中国智能手机内需市场已经超过美国，形成全球第一的消费市场，带动本土手机企业智能化进程，陆续出现年出货千万级的国产品牌，至2012年、2013年，中国移动芯片研发实力得以提升，展讯、联芯、海思均形成了具有市场竞争力的SoC产品体系与服务能力。至2014年，伴随我国集成电路产业的推进，SMIC等制造企业开始与已成规模的本土终端产品和移动芯片产品相互磨合，中国走出了产能、终端整机、移动芯片SoC到集成电路的发展路线。

2014~2015年，我国持续保持了手机领域的制造强国地位，中国智能手机厂商稳健攀升，品牌化进程加速。在领跑国际市场的企业中，中国手机厂商增速普遍超过了25.54%的市场均值。在内需市场出货量略有下降的情况下，国产品牌一直保持80%左右的市场占有率，华为、联想、小米等厂商占据了大部分的国内市场。

1. 准确把握我国智能手机市场结构转化进程

2015年需积极把握我国智能手机制式换代机遇，推动4G手机发展，持续扩大内需市场容量，夯实"中国智造升级"基础。2014年我国TD-LTE制式手机高速增长，2015年1~5月同比增长4.1倍，4G终端出货量占市场总出货量的81%。3G制式手机出货量则明显下滑，1~5月共出货1311万部，同比下降90%，其中CDMA几乎退出新机市场。

国产手机厂商的技术实力和品牌建设不断提升，中高端手机的出货量占比继续提高。2015年第一季度2000元以上手机出货量占比较2014年同期提升2%。千元机补贴政策的取消使1000~2000元市场规模出现较大下降，出货量占比下降12%。2015年手机大屏化趋势更加明显。2014年第一季度我国内需市场中5寸及以上大屏智能手机仅占总出货规模的36%，而2015年第一季度快速增长到62%。随着各厂商旗舰机型的不断推出，预计5寸及以上产品线的占比仍将继续提升。曲面屏等新技术已经步入商用期，但支持机型较少。预计随着技术成熟，将出现更多搭载新显示技术的产品。

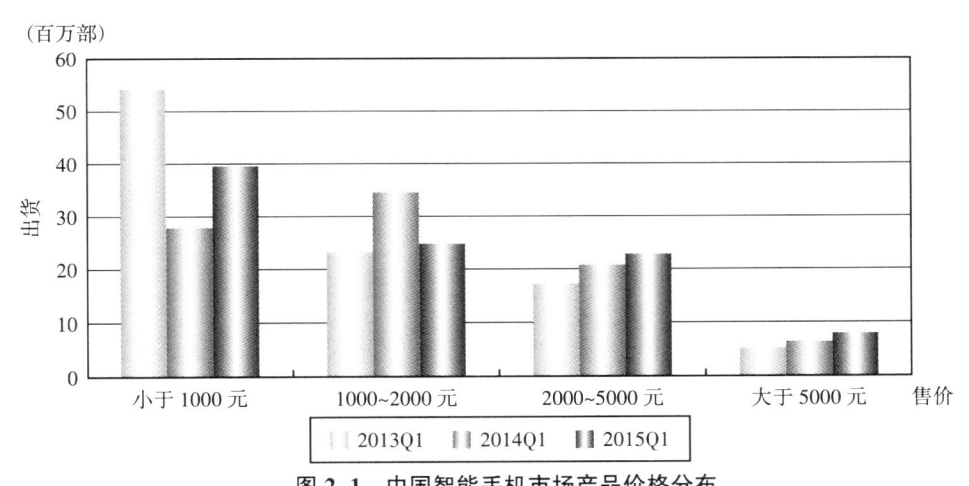

图 2-1  中国智能手机市场产品价格分布

资料来源：中国信息通信研究院。

2. 全面加强上游器件技术创新能力

加速从手机到芯片的积累过程，鼓励"集成电路+移动芯片设计+终端"的发展模式，鼓励品牌终端企业开展芯片设计研究并与国产芯片协作创新。

除核心芯片研发外，还需在诸多方面关注移动智能终端的技术创新，以市场化和国家科技专项多种手段加速发展。一是发展一批移动MEMS传感技术与器件，着力扩充自主产品种类，弥补我国在手机重力、距离、光线、心率、温湿度传感器方面的空白，构建传感数据分析及前端器件制造能力；提升高端化规模化发展水平，推动现有陀螺仪、加速度、磁力、压力传感器产品向低功耗、高精度发展。二是加快发展移动存储器设计制造技术，重点跟踪布局 20 纳米 DRAM 芯片制造和 14 纳米 Nand flash[①] 芯片制造工艺。三是体系化提升移动屏显技术水平，加强国产移动高清 OLED 屏研发与产业化，推动 LCD/TP 整合技术（In-cell、On-cell[②]）和全息结合 LCD 显示技术的发展，推动多角度弯曲柔性屏产品研发。四是保持电池供应环节优势，推动可弯曲、多形态的电池材料研发，加快提升无线充电技术，在充电距离、角度、效率等方面加速满足市场需求。五是鼓励体征识别技术与器件发展，推动脸部识别、虹膜识别、眼控交互的技术研发与安全应用体系建设，鼓励面向健康领域的多种体征监测的移动化器件与技术发展。六是支持国产终端整机与上游产业链协同发展，依托整机品牌和市场优势，带动移动传感器、存储器、显示屏等元器件技术和制造产能快速提升。

3. 统筹布局国内和海外市场

中国市场将依然是国内智能手机厂商的主力市场，海外市场可作为企业品牌布局和均衡产品结构的拓展市场，在 2015 年重点理顺产业发展环境。优化产业环境，系统梳理产业链联动环节，强化通信运营企业终端集采标准与行业发展的状况的结合，保障市场与产业链的良好稳定衔接。鼓励重点品牌企业的发展，助力定制市场的终端制造企业尽快转型，打开国际合作通道，鼓励更多企业加大核心专利的申请与采买，扩大国际市场。

### （四）应用引领，推进移动智能穿戴设备关键技术研发及生态建设

当前，我国的可穿戴设备发展进程与国际并无显著差别，针对其发展特点，应在关键技术、应用创新和产业生态等方面统筹布局。

积极推进移动智能穿戴设备关键技术研发及产业化。一是目前可穿戴芯片格局未定，我国企业参与深度研发的 MIPS 架构可穿戴芯片已规模应用，我国产业界也在 ARM 架构芯片有深厚技术积累，应抓住机遇推动自主可穿戴设备芯片的发展。二是应抓住可穿戴设备操作系统尚未形成巨头垄断格局的契机，加快我国可穿戴设备自主操作系统的研发与应用，建立开放模式和生态系统，力争形成可占据主流市场相当份额的操作系统，进而与智能手机等操作系统实现协同对接。三是推动传感器产业的长远布局，特别是具有高性能、高可靠、长寿命、低成本、低功耗、微型化等核心技术的运动传感器、生物传感器、环境传感器的发展。四是应把握移动智能穿戴设备人机交互技术的创新趋势，重点支持手势控制、微投影、骨传导、增强现实等新型人机交互技术的应用研发与产业化。

鼓励支持面向可穿戴设备的应用创新和新业态培育。一方面，引导我国本土企业结合我国市场特点，重点面向医疗、运动健康、娱乐等新兴应用市场需求，同时围绕用户体验加快应用开发创新。另一方面，鼓励和支持龙头企业发挥云服务平台优势，利用移动智能穿戴设备的海量感知信息，深入挖掘用户数据信息，应用到服饰、识别、交通、生活服务、安全保障等更多行业领域，基于差异化细分市场，加强个性化应用服务的开发。

助力移动智能穿戴设备产业生态体系打造。发挥市场优势，构筑自主操作系统、自主芯片和云平台紧密耦合的移动智能穿戴设备产业生态体系。聚集国内芯片、操作系统、元器件、设备产

---

① Flash 内存的一种，主要用于 ROM 和固态大容量内存。
② 触摸面板设置在液晶面板上的两种方式。

品、应用、云平台等众多环节在内的产业链力量，建设协调发展的产业链，加快硬件供应链和软件平台体系成熟，共同推动国内技术、标准、产品发展。

### （五）助力新应用、新模式与新业态，驱动经济社会转型和集约式发展

当前，移动互联网所面临的发展变革与"互联网+"的全面推进所形成的融合效应不仅将孕育更大的技术创新、业务创新和商业模式创新，也将驱动经济社会的转型升级。

助力移动互联网应用和模式创新，驱动传统产业变革。相较线上统一的桌面互联网业务，连接线上线下真实世界生产、生活、管理的移动互联网应用存在更为广阔的市场空间，其通过共享信息资源极大改善经济运行效率，并衍生出众多新兴经济形态。在教育、餐饮、临时雇佣等消费性服务业领域，移动互联网将在交互渠道、提供模式、支付方式、商业模式、商业智能化五大关键环节推进传统产业进一步升级演化；在商贸、物流等生产性服务业领域，居住密度高度集中的分布特征极大降低了物流末梢配送成本，高效的信息化物流结合电子商务平台对传统线下销售冲击将进一步加剧；在制造领域，工业互联网和智能制造的全面落地实施将系统优化工业要素，高效推动我国由工业大国向工业强国转变；在农业领域，移动互联网在推动产销信息、农业知识等外部要素向传统农业深化传导的同时，将融合物联网向农业生产内部各环节加速渗透。移动互联网正全面渗透并影响传统产业组织形态、商业模式、产权模式以及竞争合作方式，其变革现有经济社会运行方式、深刻重构新型经济形态的作用将日益凸显。

此外，移动互联网创新业务释放共享经济红利，推动实现集约化发展意义重大。我国作为全球最大的发展中国家，人口居住密集，个体拥有资源在地理上更为集中，在此背景下打造共享经济全面盘活个体闲置资源，将极大降低全社会刚性资源需求，并催生出潜在规模巨大的新型集约经济增长点，助力我国经济社会转型升级。我国应积极推进基于共享模式的移动互联网业务发展，探索构建供需个体间的信任机制及互利共赢模式。

## 四 移动互联网发展面临的问题与挑战

### （一）流量成为运营商创新热点，网络承载和行业监管面临新挑战

我国移动数据流量仍处于消费培养期，流量规模的增长和承载结构的变化将给现有网络体系带来新的机遇和挑战。一是从人均流量和业务使用结构来看，我国仍处于相对滞后的发展阶段。截至2015年4月，国内用户月均移动数据流量达到302MB[①]，同比增长80%，但与世界领先水平还有明显差距。从不同业务的数据流量看，国内仍以低流量业务为主。据中国信息通信研究院不完全统计，国内浏览下载和即时通信业务占据超过70%移动流量，视频类"重"业务流量占比仅为11%左右，连接数占比甚至不到1%。而在美

---
① 工信部发布4月通信业经济运行情况。

日韩等移动互联网发展领先的国家，视频类业务占比达百分之七八十。二是随着4G商用进程加速，流量业务结构和网络承载都将发生较大改变。截至2015年7月底，移动宽带（3G/4G）用户总数达到6.95亿[1]，移动电话用户总数占比提升至49.8%，其中4G用户达到1.78亿户，已成为拉动移动宽带用户和流量增长的主导力量。LTE强大的数据流量承载能力不仅可以有效降低流量成本，还能满足2G/3G网络难以承载的高清语音、高清视频、实时点播、多媒体广播等高流量需求的业务。预计未来2~3年，国内3G/4G网络将承载几乎全部移动流量。三是移动流量迅速增长和承载结构的调整将带来新的机遇和挑战。如流量向3G/4G网络迁移使得2G频谱资源的回收利用成为现实，而音视频业务流量规模发展将对传统的信息安全监管模式产生较大冲击。

流量成为运营商创新热点，与互联网的结合日益紧密。近两年来，运营商和设备厂商持续发力流量交易平台，探索流量合作新模式。中国电信"流量宝"以精彩丰富的任务和牛币架设用户与合作伙伴之间的桥梁，商家向运营商购买流量并通过活动的方式让用户完成任务以获得流量，而用户又可以将流量转换成牛币进行话费充值或转赠他人。中国联通"流量银行"不仅帮助用户实现流量的自主管理与交易，还为合作企业提供精准、高效的营销服务，依托用户地理位置、终端类型、消费水平、浏览习惯等数据，分析预测消费者的社会属性、兴趣偏好、消费能力等，进而帮助企业寻找高质量、高价值目标用户群体。此外，华为在2015年世界移动通信大会上也面向全球发布了流量交易平台，致力将运营商的数据业务从消费者为中心的前向经营模式延伸到企业为目标的后向经营模式。

针对移动流量业务结构调整和流量经营新业务新模式所带来的信息安全、业务监管等方面的挑战，应加强跟踪研究、创新管理模式。一是建立新型业务模式跟踪研究长效机制，实时跟进电信业务互联网化、流量经营模式创新等引发的新问题，不断完善事前和事后管理制度，通过企业自律与行业监管相结合，共同促进移动互联网业务的创新发展。二是加大对业务服务提供商和移动数据流量交易模式的监管力度，从源头上降低网络信息安全风险，积极应对违规交易、投机交易等潜在问题。

## （二）知识产权竞争态势展现产业发展趋势，我国在不同环节差异较大

当前围绕移动互联网的知识产权竞争日趋激烈，我国在不同的环节面临的形势差异较大。

业务环节热点应用类技术专利储备竞争激烈，我国企业在华具有数量优势，在国外布局逐步跟上国外领军企业步伐。移动搜索、移动支付、位置服务、物联服务、移动医疗服务等应用和业务的相关专利成为业务环节专利布局的热点。我国重点互联网企业结合自身技术差异化优势积极开展国内外专利布局。在国外，阿里巴巴、腾讯在移动互联网业务环节专利布局数量已接近谷歌、亚马逊等领军企业，奇虎360等企业在其优势领域（如移动安全）布局量也达到了国际领先水平；在国内，我国移动互联网企业更是牢牢占据着业务环节各个领域的专利申请量优势，特别是在深度学习、大数据处理、移动安全等重点领域专利布局优势比较突出。业务环节专利竞争热点频发。一是由于移动互联网应用和业务环节技术发展更迭快，研发门槛相对较低、技术周期较短的特点，相应的专利申请也呈现申请主体多元和热点变化

---

[1] 工信部发布7月通信业经济运行情况。

快等特点；二是应用环节专利以非标准专利为主，所涉及技术主要是用于实现产品和应用的个性化特殊需求，很少有技术标准限制，所以技术自由度较高，变化较快。虽然国际上诉讼量呈逐渐增长态势，但我国在该领域很少有诉讼案件出现。短期内应用和业务环节我国企业专利风险不大，随着国际上的对手在华专利布局逐步完善，与移动终端紧密结合的支付、安全、浏览器、轻应用等热点技术领域有可能出现一些偶发性的专利风险。

终端环节专利申请热点由传统终端向新型终端迁移，我国大部分企业尚处于起步阶段。智能手机和平板电脑等传统终端的软硬体专利布局已经基本完成，核心专利大部分掌握在国外企业手中，我国华为等龙头企业借助移动通信领域的专利在终端发展中形成了一定的比较优势，联想则通过收购摩托罗拉等举措形成了一定的专利保护能力，但总体上看，我国专利储备不足的企业面临的风险比较大。从几个关键技术上看，以高通、博通为首的国外企业掌控着处理器芯片、基带芯片的核心专利；操作系统领域的基础专利也呈现苹果、谷歌、微软三足鼎立的局面；而在人机交互、触控技术等领域，LG、三星、苹果等公司占领了专利优势。随着可穿戴设备、移动医疗设备、移动车载终端等新型终端蓬勃发展，其专利布局成为热点，由于新型终端引入新材料、电化学等新元素，促使创新空间不断涌现。谷歌、苹果、三星等公司从模块化硬件、功耗管理到人机交互以及外观设计展开了全方位专利部署，但尚未形成垄断性技术优势。我国企业在可穿戴设备电池和能量管理等细分领域具备较好的技术创新实力和一定的专利申请活跃度，但尚未出现实力突出的领军企业或产业联盟。传统智能终端核心专利已形成垄断，我国企业在海外市场可能逐步遭遇知识产权风险。传统智能终端专利诉讼活动极其活跃，侵权赔偿数额巨大，诉讼波及全产业链，芯片厂商、通信厂商、操作系统厂商、集成厂商、应用厂商以及专利运营公司（包括破产出售专利的企业）之间已形成复杂的专利诉讼/许可关系。在传统终端环节的专利竞争上，随着我国企业在全球传统智能终端市场份额和影响力的不断扩大，将越来越会受到国际上优势企业的专利打压和限制，并可能伴随高额专利许可费。2014年12月初，小米在印度遭遇爱立信起诉专利侵权，成为我国智能终端产业在海外新兴市场的知识产权风险进入新阶段的一个信号。海外新兴市场存在知识产权保护制度各国不同、巨头主导专利布局、市场竞争多方博弈等特点，而我国企业准备相对不足，在海外新兴市场知识产权保护和竞争强度加大、格局变化的趋势下，面临的知识产权风险趋于增大。新型智能终端专利竞争将日趋激烈。随着新型终端设备市场的成熟和大规模应用，创新活跃，微创新层出不穷，围绕新型终端的专利竞争将趋于激烈，热点将不断涌现，尤其是外围技术领域的专利竞争将会逐步显现。

## （三）移动接入漏洞和手机病毒频发，移动互联网安全发展形势日趋复杂

移动互联网接入设备存在诸多安全隐患，给移动互联网安全监管和用户信息保护带来严峻挑战。近两年来，D-link、Tenda、Cisco等主流网络设备生产厂商的多款路由器先后被曝存在后门或漏洞。根据相关机构分析验证，当前无线路由器人为预设后门的现象较为普遍。当攻击者远程登录路由器认证页面时，可以通过输入事先预置好的命令参数值、构造发送特定的用户资料包等方式绕过认证过程，取得路由器的完全控制权，如获取Web管理账号及口令、路由运行信息、执行系统命令、更改路由配置，甚至截获设备流量实施非法监听。路由器后门一旦被恶意攻击者利

用,将直接危害使用该产品的用户信息安全,造成个人信息泄露,严重的将影响网络稳定运行,如监控用户上网行为盗取敏感信息、实施大范围中断网络攻击、引发 DNS DDoS 攻击等。此外,新型接入路由器亦存在安全隐患,以极路由、小米盒子、华为秘盒为代表的智能网络接入设备快速发展,逐步向用户移动互联网入口发展演进。与传统网络接入设备相比智能路由设备具有三大特点:一是可扩展性,可在设备上安装软件或插件来扩展设备功能;二是应用层流量控制,可对部分应用程序的流量进行过滤、控制;三是可搭配服务端资源,为用户提供影音、视频、游戏等服务。对应三大功能,移动互联网智能接入设备也存在三大安全隐患:一是安装应用访问非法内容、逃避合法监听;二是流量劫持及推送风险,部分设备可通过控制应用层流量方式实现流量的劫持与控制,如果该设备被非法入侵后将正常域名进行劫持就不仅可以屏蔽正常内容,还可实现非法内容推送等;三是服务端信息内容安全,部分智能无线接入设备采取"云服务"模式,搭建服务端或连接第三方服务端为用户提供大量影音、视频、游戏等内容,购买设备后即可连接服务端获取相关内容信息,如该服务端被非法入侵,存在发布非法内容的风险。

手机病毒加速扩张并由简单吸费向复杂的诱骗欺诈和流氓行为进化。随着智能机与银行账号、第三方支付等业务绑定增加,手机病毒制作和传播正加速向资费消耗、恶意扣费和隐私信息窃取方向发展。2015 年上半年,我国新增 Android 病毒包数达到 596.7 万[①],同比增长 1741%,感染用户人次达到 1.4 亿,同比增长 58%,其中手机支付病毒感染用户总数达到 1145.5 万。据统计,2015 年上半年涉及用户资金安全的资费消耗和恶意扣费类病毒类型占比超过 80%,对用户的安全威胁最大;隐私类病毒占比仅为 1.80%,但攻击方式更加多元化,如与短信相结合的"相册"木马病毒通过钓鱼、诱骗、欺诈的方式窃取用户姓名、身份证号、银行卡号、登录账号密码等重要的隐私信息,严重威胁用户财产安全。

针对移动互联网接入设备存在的后门、漏洞等安全隐患,应从体制机制、技术创新等方面加强应对。一是建立信息安全审查制度,加速移动互联网接入设备核心芯片国产化步伐,强化信息审查和接入设备自主可控能力。二是将移动互联网接入设备纳入进网检测,加大对设备漏洞和后门的管控力度。三是加大后门漏洞发现技术手段建设和隐患处置能力建设,提高安全隐患发现和排查技术实验验证能力。四是加强源头管理,规范移动互联网接入设备的事前、事中、事后全环节管理,降低安全漏洞带来的影响。五是完善相关法规机制,加大处罚力度,提高预置高风险后门或漏洞等行为的法律成本。六是提高广大企业和个人用户防范意识,充分利用各种媒体对互联网接入设备的使用方法、使用风险进行广泛宣传,提醒广大用户对网络访问过程可能出现的网站异常跳转、钓鱼网站推送等现象加强戒备。

面对手机病毒的泛滥,可从法律监管、终端加密等方面构筑安全屏障。一是加强法律约束和管理考核,针对手机病毒制定新的法律法规或在现有基础上增加专项条款,对应用商店和手机应用安全标准提出明确要求,并加大对开发者资质和程序内容的审核力度,通过管理和技术手段为消费者提供安全的消费环境。二是支持终端厂商研发加密终端,并与电信运营商联合打造端管云一体化防护系统,实现手机通信端到端全程加密。目前国内厂商中兴和酷派在安全手机方面探索较

---

[①] 国内第三方公司发布统计数据。

多，推出了相应的安全手机产品。三是通过宣传帮助手机上网用户树立良好的自我安全意识，提高对手机病毒的警惕性，及时安装手机安全软件和更新病毒库，培养正确的使用习惯，不轻易打开链接、扫描二维码和下载未知软件，降低感染病毒的风险。

# 三、2012~2014年中国互联网企业关键绩效指标

表 3-1　亚马逊关键绩效指标一览表（2012~2014 年）

单位：百万元

| 年　份 | 2014 | 2013 | 2012 |
|---|---|---|---|
| **投资经营效果：** | | | |
| 主营业务收入 | 544518 | 453926 | 384000 |
| 总资产 | 333516 | 244845 | 204624 |
| 员工人数（人） | 154100 | 117300 | 88400 |
| 净利润 | −1475 | 1671 | −245 |
| 净利润率（%） | −0.27 | 0.37 | −0.06 |
| 总资产报酬率（ROA）（%） | −0.44 | 0.68 | −0.12 |
| 净资产报酬率（ROE）（%） | −2.24 | 2.81 | −0.48 |
| 资本性支出（CAPEX） | 29983 | 20729 | 23885 |
| CAPEX 占收比（%） | 5.51 | 4.57 | 6.22 |
| 研发支出 | 27927 | 40026 | 28687 |
| 研发支出占收比（%） | 10.42 | 8.82 | 7.47 |
| 每股盈利（EPS）（元/股） | −3.18 | 3.67 | −0.57 |
| **融资管理效率：** | | | |
| 资产负债率（%） | 80.29 | 75.73 | 74.84 |
| 流动比率 | 111.53 | 107.16 | 112.07 |
| 股息 | 0 | 0 | 0 |
| 内部融资额 | 27566 | 21504 | 13325 |
| 股利支付率（%） | 0 | 0 | 0 |
| **成本费用管理：** | | | |
| 营业成本占收比（%） | 70.52 | 72.77 | 75.25 |
| 销售费用占收比（%） | 4.87 | 4.21 | 3.94 |
| 管理费用占收比（%） | 1.74 | 1.52 | 1.47 |
| 总资产周转率（次） | 1.63 | 1.85 | 1.88 |
| 营运资金占收比（%） | 3.64 | 2.21 | 3.75 |
| **现金管理：** | | | |
| 经营活动净现金流 | 41866 | 33381 | 26273 |
| 每股经营活动净现金流（元/股） | 90.15 | 72.68 | 57.80 |

续表

| 年 份 | 2014 | 2013 | 2012 |
|---|---|---|---|
| 自由现金流（FCF） | 11883 | 12651 | 2388 |
| 自由现金流占收比（%） | 2.18 | 2.79 | 0.62 |
| 成长管理： | | | |
| 可持续增长率（%） | 10.21 | 18.97 | 5.61 |
| 主营业务收入增长率（%） | 19.52 | 21.87 | 27.07 |
| 总资产增长率（%） | 35.72 | 23.36 | 28.79 |
| 净利润增长率（%） | -187.96 | -802.56 | -106.18 |
| 经营活动现金流增长率（%） | 24.97 | 30.98 | 7.10 |

表 3-2  谷歌关键绩效指标一览表（2012~2014 年）

单位：百万元

| 年 份 | 2014 | 2013 | 2012 |
|---|---|---|---|
| 投资经营效果： | | | |
| 主营业务收入 | 403860 | 338494 | 289378 |
| 总资产 | 802403 | 676268 | 589567 |
| 员工人数（人） | 53600 | 47756 | 53861 |
| 净利润 | 88383 | 78772 | 67487 |
| 净利润率（%） | 21.88 | 23.27 | 23.32 |
| 总资产报酬率（ROA）（%） | 11.01 | 11.65 | 11.45 |
| 净资产报酬率（ROE）（%） | 13.82 | 14.80 | 14.97 |
| 资本性支出（CAPEX） | 67309 | — | 20296 |
| CAPEX 占收比（%） | 16.67 | — | 7.11 |
| 研发支出 | 60162 | 43514 | 38235 |
| 研发支出占收比（%） | 14.90 | 12.86 | 13.21 |
| 每股盈利（EPS）（元/股） | 130.76 | 117.49 | 101.76 |
| 融资管理效率： | | | |
| 资产负债率（%） | 20.31 | 21.29 | 23.54 |
| 流动比率 | 480.12 | 458.17 | 421.66 |
| 股息 | 0 | 0 | 0 |
| 内部融资额 | 142616 | 123359 | 104214 |
| 股利支付率（%） | 0 | 0 | 0 |
| 成本费用管理： | | | |
| 营业成本占收比（%） | 38.93 | 39.61 | 37.31 |
| 销售费用占收比（%） | 12.32 | 11.80 | 11.87 |
| 管理费用占收比（%） | 8.87 | 7.98 | 7.56 |
| 总资产周转率（次） | 0.50 | 0.50 | 0.49 |
| 营运资金占收比（%） | 96.79 | 102.63 | 100.17 |
| 现金管理： | | | |
| 经营活动净现金流 | 136919 | 113762 | 104459 |
| 每股经营活动净现金流（元/股） | 201 | 339 | 317 |
| 自由现金流（FCF） | 69610 | 113762 | 83886 |
| 自由现金流占收比（%） | 17.24 | 33.61 | 28.99 |

续表

| 年 份 | 2014 | 2013 | 2012 |
|---|---|---|---|
| 成长管理： | | | |
| 可持续增长率（%） | 19.69 | 21.74 | 23.34 |
| 主营业务收入增长率（%） | 18.88 | 20.59 | 21.46 |
| 总资产增长率（%） | 18.22 | 18.25 | 29.24 |
| 净利润增长率（%） | 11.80 | 20.33 | 10.27 |
| 经营活动现金流增长率（%） | 19.92 | 12.28 | 14.10 |

表 3-3 京东关键绩效指标一览表（2013~2014 年）

单位：百万元

| 年 份 | 2014 | 2013 |
|---|---|---|
| 投资经营效果： | | |
| 主营业务收入 | 115002 | 69339 |
| 总资产 | 66493 | 26009 |
| 员工人数（人） | 68109 | 38325 |
| 净利润 | -4996 | -49 |
| 净利润率（%） | -4.34 | -0.07 |
| 总资产报酬率（ROA）（%） | -7.51 | -0.19 |
| 净资产报酬率（ROE）（%） | -13.32 | -2.41 |
| 资本性支出（CAPEX） | 2902 | 1292 |
| CAPEX 占收比 | 2.52 | 1.86 |
| 研发支出 | 1836 | 964 |
| 研发支出占收比（%） | 1.60 | 1.39 |
| 每股盈利（EPS）（元/股） | -5.35 | -1.47 |
| 融资管理效率： | | |
| 资产负债率（%） | 43.61 | 64.48 |
| 流动比率 | 172.24 | 134.05 |
| 股息 | 0 | 0 |
| 内部融资额 | -3345 | 243 |
| 股利支付率（%） | 0 | 0 |
| 成本费用管理： | | |
| 营业成本占收比（%） | -105.05 | -100.83 |
| 销售费用占收比（%） | -3.49 | -2.29 |
| 管理费用占收比（%） | -4.57 | -1.10 |
| 总资产周转率（次） | 1.73 | 2.67 |
| 营运资金占收比（%） | 18.21 | 8.23 |
| 现金与质量管理： | | |
| 经营活动净现金流 | 1015 | 3569 |
| 每股经营活动净现金流（元/股） | 0.42 | 2.11 |
| 自由现金流（FCF） | -1887 | 2278 |
| 自由现金流占收比（%） | -1.64 | 3.29 |
| 可持续成长管理： | | |
| 可持续增长率（%） | 1714.51 | — |
| 主营业务收入增长率（%） | 65.85 | 67.57 |
| 总资产增长率（%） | 155.65 | — |

续表

| 年 份 | 京 东 | |
|---|---|---|
| | 2014 | 2013 |
| 净利润增长率（%） | -92.85 | -97.11 |
| 经营活动现金流增长率（%） | -71.57 | 154.32 |

表 3-4　eBay 关键绩效指标一览表（2013~2014 年）

单位：百万元

| 年 份 | 2014 | 2013 |
|---|---|---|
| 投资经营效果： | | |
| 主营业务收入 | 109542 | 97837 |
| 总资产 | 276163 | 252948 |
| 员工人数（人） | 34600 | 33500 |
| 净利润 | 281 | 17413 |
| 净利润率（%） | 0.26 | 17.80 |
| 总资产报酬率（ROA）（%） | 0.10 | 6.88 |
| 净资产报酬率（ROE）（%） | 0.23 | 12.08 |
| 资本性支出（CAPEX） | 2417 | 2286 |
| CAPEX 占收比（%） | 2.21 | 2.34 |
| 研发支出 | 12238 | 10779 |
| 研发支出占收比（%） | 11.17 | 11.02 |
| 每股盈利（EPS）（元/股） | 0.24 | 13.41 |
| 融资管理效率： | | |
| 资产负债率（%） | 55.89 | 43.00 |
| 流动比率 | 151.34 | 184.22 |
| 股息 | 0 | 0 |
| 内部融资额 | 9399 | 25948 |
| 股利支付率（%） | 0.00 | 0.00 |
| 成本费用管理： | | |
| 营业成本占收比（%） | 32.02 | 31.38 |
| 销售费用占收比（%） | 20.04 | 19.07 |
| 管理费用占收比（%） | 10.29 | 10.61 |
| 总资产周转率（次） | 0.40 | 0.39 |
| 营运资金占收比（%） | 50.27 | 66.33 |
| 现金管理： | | |
| 经营活动净现金流 | 34738 | 30454 |
| 每股经营活动净现金流（元/股） | 28.38 | 23.53 |
| 自由现金流（FCF） | 32321 | 28168 |
| 自由现金流占收比（%） | 29.51 | 28.79 |
| 成长管理： | | |
| 可持续增长率（%） | -15.82 | 13.33 |
| 主营业务收入增长率（%） | 11.56 | 14.03 |
| 总资产增长率（%） | 8.78 | 11.91 |
| 净利润增长率（%） | -98.39 | 9.47 |
| 经营活动现金流增长率（%） | 13.65 | 30.15 |

表 3-5　苏宁云商关键绩效指标一览表（2013~2014 年）

单位：百万元

| 年　份 | 2014 | 2013 |
|---|---|---|
| 投资经营效果： | | |
| 主营业务收入 | 108925 | 105292 |
| 总资产 | 82194 | 83044 |
| 员工人数（人） | 13391 | 12450 |
| 净利润 | 8244 | 104 |
| 净利润率（%） | 0.76 | 0.10 |
| 总资产报酬率（ROA）（%） | 1.00 | 0.13 |
| 净资产报酬率（ROE）（%） | 2.79 | 0.36 |
| 资本性支出（CAPEX） | 3951 | 1434 |
| CAPEX 占收比（%） | 3.63 | 1.36 |
| 研发支出 | 73 | 166 |
| 研发支出占收比（%） | 0.07 | 0.16 |
| 每股盈利（EPS）（元/股） | 0.12 | 0.05 |
| 融资管理效率： | | |
| 资产负债率（%） | 64.06 | 65.46 |
| 流动比率 | 120.25 | 122.81 |
| 股息 | 369 | 0 |
| 内部融资额 | 2432 | 1237 |
| 股利支付率（%） | 41.67 | 0.00 |
| 成本费用管理： | | |
| 营业成本占收比（%） | 84.72 | 84.79 |
| 销售费用占收比（%） | 12.95 | 12.10 |
| 管理费用占收比（%） | 3.08 | 2.66 |
| 总资产周转率（次） | 1.33 | 1.27 |
| 营运资金占收比（%） | 7.83 | 9.58 |
| 现金管理： | | |
| 经营活动净现金流 | -1381 | 2238 |
| 每股经营活动净现金流（元/股） | -0.19 | 0.30 |
| 自由现金流（FCF） | -5332 | 805 |
| 自由现金流占收比（%） | -4.90 | 0.76 |
| 成长管理： | | |
| 可持续增长率（%） | 2.97 | -1.49 |
| 主营业务收入增长率（%） | 3.45 | 7.05 |
| 总资产增长率（%） | 56.09 | 52.77 |
| 净利润增长率（%） | 690.04 | -95.84 |
| 经营活动现金流增长率（%） | -161.71 | -57.76 |

表 3-6　腾讯关键绩效指标一览表（2012~2014 年）

单位：百万元

| 年　份 | 2014 | 2013 | 2012 |
|---|---|---|---|
| 投资经营效果： | | | |
| 主营业务收入 | 78932 | 60437 | 43893 |
| 总资产 | 171166 | 107235 | 75255 |

续表

| 年 份 | 2014 | 2013 | 2012 |
|---|---|---|---|
| 员工人数（人） | — | — | — |
| 净利润 | 23888 | 15563 | 12731 |
| 净利润率（%） | 30.26 | 25.75 | 29.00 |
| 总资产报酬率（ROA）（%） | 13.96 | 14.51 | 16.92 |
| 净资产报酬率（ROE）（%） | 29.09 | 26.62 | 30.21 |
| 资本性支出（CAPEX） | 4718 | 5799 | 4493 |
| CAPEX 占收比（%） | 5.98 | 9.60 | 10.24 |
| 研发支出 | 7581 | 5095 | 4176 |
| 研发支出占收比（%） | 9.60 | 8.43 | 9.51 |
| 每股盈利（EPS）（元/股） | 2.57 | 1.69 | 6.96 |
| 融资管理效率： | | | |
| 资产负债率（%） | 52.02 | 45.48 | 43.99 |
| 流动比率 | 150.54 | 161.38 | 176.68 |
| 股息 | 1761 | 1468 | 1108 |
| 内部融资额 | 26924 | 17604 | 14236 |
| 股利支付率（%） | 14.01 | 14.20 | 14.37 |
| 成本费用管理： | | | |
| 营业成本占收比（%） | 39.11 | 45.96 | 41.47 |
| 销售费用占收比（%） | 15.45 | 24.16 | 28.82 |
| 管理费用占收比（%） | 13.33 | 13.74 | 13.02 |
| 总资产周转率（次） | 0.46 | 0.56 | 0.58 |
| 营运资金占收比（%） | 32.03 | 33.78 | 36.09 |
| 现金管理： | | | |
| 经营活动净现金流 | 32711 | 24374 | 19492 |
| 每股经营活动净现金流（元/股） | 3.49 | 13.09 | 10.52 |
| 自由现金流（FCF） | 27993 | 18575 | 14999 |
| 自由现金流占收比（%） | 35.46 | 30.73 | 34.17 |
| 成长管理： | | | |
| 可持续增长率（%） | 40.47 | 38.71 | 44.90 |
| 主营业务收入增长率（%） | 30.60 | 37.69 | 54.03 |
| 总资产增长率（%） | 59.62 | 42.50 | 32.48 |
| 净利润增长率（%） | 53.49 | 22.24 | 24.78 |
| 经营活动现金流增长率（%） | 34.20 | 25.05 | 45.92 |

表 3-7 Facebook 关键绩效指标一览表（2013~2014 年）

单位：百万元

| 年 份 | 2014 | 2013 |
|---|---|---|
| 投资经营效果： | | |
| 主营业务收入 | 76279 | 47995 |
| 总资产 | 245886 | 109104 |
| 员工人数（人） | 9199 | 6337 |
| 净利润 | 17990 | 9145 |
| 净利润率（%） | 23.58 | 19.05 |
| 总资产报酬率（ROA）（%） | 7.32 | 8.38 |

续表

| 年　份 | 2014 | 2013 |
|---|---|---|
| 净资产报酬率（ROE）(%) | 8.14 | 9.70 |
| 资本性支出（CAPEX） | 11204 | 8304 |
| CAPEX占收比（%） | 14.69 | 17.30 |
| 研发支出 | 16313 | 8627 |
| 研发支出占收比（%） | 21.39 | 17.98 |
| 每股盈利（EPS）(元/股) | 6.85 | 3.78 |
| **融资管理效率：** | | |
| 资产负债率（%） | 10.17 | 13.55 |
| 流动比率 | 10.42 | 8.42 |
| 股息 | 0 | 0 |
| 内部融资额 | 25596 | 15309 |
| 股利支付率（%） | 0 | 0 |
| **成本费用管理：** | | |
| 营业成本占收比（%） | 17.27 | 23.82 |
| 销售费用占收比（%） | 13.48 | 12.67 |
| 管理费用占收比（%） | 7.81 | 9.92 |
| 总资产周转率（次） | 0.31 | 0.44 |
| 营运资金占收比（%） | 98.24 | 152.06 |
| **现金管理：** | | |
| 经营活动净现金流 | 33391 | 25741 |
| 每股经营活动净现金流（元/股） | 12.77 | 10.64 |
| 自由现金流（FCF） | 22187 | 17437 |
| 自由现金流占收比（%） | 29.09 | 36.33 |
| **成长管理：** | | |
| 可持续增长率（%） | 133.33 | 31.60 |
| 主营业务收入增长率（%） | 58.36 | 54.69 |
| 总资产增长率（%） | 124.55 | 18.49 |
| 净利润增长率（%） | 96.00 | 2730.19 |
| 经营活动现金流增长率（%） | 29.25 | 161.91 |

表3-8　阿里巴巴关键绩效指标一览表（2013~2014年）

单位：百万元

| 年　份 | 2014 | 2013 |
|---|---|---|
| **投资经营效果：** | | |
| 主营业务收入 | 76204 | 52504 |
| 总资产 | 255434 | 111549 |
| 员工人数（人） | 34433 | 20400 |
| 净利润 | 24261 | 23315 |
| 净利润率（%） | 31.84 | 44.41 |
| 总资产报酬率（ROA）(%) | 9.50 | 20.90 |
| 净资产报酬率（ROE）(%) | 16.61 | 58.67 |
| 资本性支出（CAPEX） | 7705 | 4776 |
| CAPEX占收比（%） | 10.11 | 9.10 |
| 研发支出 | 10658 | 5093 |
| 研发支出占收比（%） | 13.99 | 9.70 |

续表

| 年　份 | 2014 | 2013 |
| --- | --- | --- |
| 每股盈利（EPS）（元/股） | 10.33 | 10.61 |
| **融资管理效率：** | | |
| 资产负债率（%） | 42.80 | 64.38 |
| 流动比率 | 358.21 | 181.45 |
| 股息 | 0 | 0 |
| 内部融资额 | 28676 | 24969 |
| 股利支付率（%） | 0 | 0 |
| **成本费用管理：** | | |
| 营业成本占收比（%） | 31.28 | 25.46 |
| 销售费用占收比（%） | 11.17 | 8.66 |
| 管理费用占收比（%） | 10.24 | 8.03 |
| 总资产周转率（次） | 0.30 | 0.47 |
| 营运资金占收比（%） | 134.42 | 57.99 |
| **现金管理：** | | |
| 经营活动净现金流 | 41217 | 26379 |
| 每股经营活动净现金流（元/股） | 16.52 | 11.85 |
| 自由现金流（FCF） | 33512 | 21603 |
| 自由现金流占收比（%） | 43.98 | 41.15 |
| **成长管理：** | | |
| 可持续增长率（%） | 287.26 | 269.53 |
| 主营业务收入增长率（%） | 45.14 | 52.11 |
| 总资产增长率（%） | 128.99 | 74.88 |
| 净利润增长率（%） | 4.06 | 173.27 |
| 经营活动现金流增长率（%） | 56.25 | 82.23 |

表3-9　百度关键绩效指标一览表（2012~2014年）

单位：百万元

| 年　份 | 2014 | 2013 | 2012 |
| --- | --- | --- | --- |
| **投资经营效果：** | | | |
| 主营业务收入 | 49052 | 31943 | 22306 |
| 总资产 | 99661 | 70985 | 34674 |
| 员工人数（人） | 20877 | 31676 | 46391 |
| 净利润 | 12243 | 10356 | 10391 |
| 净利润率（%） | 25.24 | 32.55 | 46.56 |
| 总资产报酬率（ROA）（%） | 12.28 | 14.58 | 22.74 |
| 净资产报酬率（ROE）（%） | 23.27 | 25.46 | 39.67 |
| 资本性支出（CAPEX） | 4760 | 2771 | 2276 |
| CAPEX占收比（%） | 9.8 | 8.6 | 10.4 |
| 研发支出 | 6883 | 4148 | 2257 |
| 研发支出占收比（%） | 14.39 | 12.91 | 10.31 |
| 每股盈利（EPS）（元/股） | 374.60 | 299.75 | 298.62 |
| **融资管理效率：** | | | |
| 资产负债率（%） | 45.30 | 42.71 | 40.40 |

续表

| 年　份 | 2014 | 2013 | 2012 |
|---|---|---|---|
| 流动比率 | 324.79 | 390.01 | 420.97 |
| 股息 | 0 | 0 | 0 |
| 内部融资额 | 14263 | 12182 | 11454 |
| 股利支付率（%） | 0.00 | 0.00 | 0.00 |
| **成本费用管理：** | | | |
| 营业成本占收比（%） | 73.89 | 64.96 | 50.45 |
| 销售费用占收比（%） | 16.91 | 12.56 | 8.25 |
| 管理费用占收比（%） | 4.24 | 3.63 | 2.95 |
| 总资产周转率（次） | 0.48 | 0.45 | 0.49 |
| 营运资金占收比（%） | 92.90 | 100.17 | 118.51 |
| **现金管理：** | | | |
| 经营活动净现金流 | 17683 | 13939 | 11779 |
| 每股经营活动净现金流（美元/股） | 501 | 391 | 330 |
| 自由现金流（FCF） | 12923 | 11167 | 9502 |
| 自由现金流占收比（%） | 26.71 | 34.59 | 43.37 |
| **成长管理：** | | | |
| 可持续增长率（%） | 40.39 | 55.32 | 70.13 |
| 主营业务收入增长率（%） | 52.49 | 42.95 | 53.52 |
| 总资产增长率（%） | 40.39 | 55.43 | 95.66 |
| 净利润增长率（%） | 18.22 | 2.57 | 56.96 |
| 经营活动现金流增长率（%） | 30.04 | 14.97 | 46.67 |

表 3-10　雅虎关键绩效指标一览表（2012~2014 年）

单位：百万元

| 年　份 | 2014 | 2013 | 2012 |
|---|---|---|---|
| **投资经营效果：** | | | |
| 主营业务收入 | 28258 | 28536 | 31343 |
| 总资产 | 379135 | 102458 | 107502 |
| 员工人数（人） | 12500 | — | — |
| 净利润 | 46089 | 8393 | 24832 |
| 净利润率（%） | 163.10 | 29.41 | 79.22 |
| 总资产报酬率（ROA）（%） | 12.16 | 8.19 | 23.10 |
| 净资产报酬率（ROE）（%） | 19.42 | 10.48 | 27.05 |
| 资本性支出（CAPEX） | 2277 | 2062 | 3177 |
| CAPEX占收比（%） | 8.06 | 7.22 | 10.14 |
| 研发支出 | 851 | 508 | 467 |
| 研发支出占收比（%） | 0.03 | 0.02 | 0.01 |
| 每股盈利（EPS）（元/股） | 46.57 | 7.93 | 20.81 |
| **融资管理效率：** | | | |
| 资产负债率（%） | 37.40 | 21.86 | 14.60 |
| 流动比率 | 58.91 | 155.01 | 438.12 |
| 股息 | 0 | 0 | 0 |
| 内部融资额 | 49801 | 12228 | 28946 |
| 股利支付率（%） | 0 | 0 | 0 |

续表

| 年　份 | 2014 | 2013 | 2012 |
|---|---|---|---|
| 成本费用管理： | | | |
| 营业成本占收比（%） | 28.11 | 28.83 | 32.50 |
| 销售费用占收比（%） | 26.73 | 24.16 | 22.09 |
| 管理费用占收比（%） | 12.45 | 12.17 | 10.83 |
| 总资产周转率（次） | 0.29 | 0.28 | 0.07 |
| 营运资金占收比（%） | 103.69 | 78.74 | 94.46 |
| 现金与质量管理： | | | |
| 经营活动净现金流 | 5487 | 7287 | -1770 |
| 每股经营活动净现金流（元/股） | 5.57 | 6.95 | -1.51 |
| 自由现金流（FCF） | 3210 | 5226 | -4947 |
| 自由现金流占收比（%） | 11.36 | 18.31 | -15.78 |
| 可持续成长管理： | | | |
| 可持续增长率（%） | 195.38 | -10.10 | 16.09 |
| 主营业务收入增长率（%） | -1.33 | -6.14 | 0.05 |
| 总资产增长率（%） | 268.70 | -1.74 | 15.70 |
| 净利润增长率（%） | 447.17 | -65.16 | 271.76 |
| 经营活动现金流增长率（%） | -24.98 | -524.52 | -121.27 |

表 3-11　网易关键绩效指标一览表（2012~2014 年）

单位：百万元

| 年　份 | 2014 | 2013 | 2012 |
|---|---|---|---|
| 投资经营效果： | | | |
| 主营业务收入 | 12480 | 9771 | 8379 |
| 总资产 | 30354 | 24546 | 19277 |
| 员工人数（人） | 10004 | 7688 | 7098 |
| 净利润 | 4795 | 4445 | 3586 |
| 净利润率（%） | 38.42 | 45.49 | 42.80 |
| 总资产报酬率（ROA）（%） | 15.80 | 18.11 | 18.60 |
| 净资产报酬率（ROE）（%） | 20.53 | 22.04 | 22.99 |
| 资本性支出（CAPEX） | 537 | 218 | 178 |
| CAPEX 占收比（%） | 1.43 | 2.23 | 6.41 |
| 研发支出 | 3686 | 2365 | 1911 |
| 研发支出占收比（%） | 29.54 | 24.20 | 22.81 |
| 每股盈利（EPS）（元/股） | 1.46 | 1.37 | 1.11 |
| 融资管理效率： | | | |
| 资产负债率（%） | 22.61 | 17.84 | 19.07 |
| 流动比率 | 410.48 | 538.55 | 499.66 |
| 股息 | 0 | 0 | 0 |
| 内部融资额 | 4969 | 4603 | 3819 |
| 股利支付率（%） | 0 | 0 | 0 |
| 成本费用管理： | | | |
| 营业成本占收比（%） | 26.12 | 25.36 | 30.76 |
| 销售费用占收比（%） | 15.17 | 11.18 | 10.81 |
| 管理费用占收比（%） | 3.74 | 3.57 | 3.41 |

续表

| 年　份 | 2014 | 2013 | 2012 |
|---|---|---|---|
| 总资产周转率（次） | 0.41 | 0.40 | 0.43 |
| 营运资金占收比（%） | 29.53 | 24.20 | 22.80 |
| **现金管理：** | | | |
| 经营活动净现金流 | 5873 | 5235 | 4224 |
| 每股经营活动净现金流（元/股） | 1.80 | 1.61 | 1.30 |
| 自由现金流（FCF） | 5336 | 5017 | 4046 |
| 自由现金流占收比（%） | 42.76 | 51.35 | 48.29 |
| **成长管理：** | | | |
| 可持续增长率（%） | 15.81 | 29.27 | 18.85 |
| 主营业务收入增长率（%） | 27.72 | 16.61 | 12.14 |
| 总资产增长率（%） | 23.66 | 27.33 | 24.82 |
| 净利润增长率（%） | 7.87 | 23.95 | 11.30 |
| 经营活动现金流增长率（%） | 12.19 | 23.93 | 3.73 |

表 3-12　搜狐关键绩效指标一览表（2013~2014 年）

单位：百万元

| 年　份 | 2014 | 2013 |
|---|---|---|
| **投资经营效果：** | | |
| 主营业务收入 | 10238 | 8537 |
| 总资产 | 17543 | 18283 |
| 员工人数（人） | — | — |
| 净利润 | −1048 | 1018 |
| 净利润率（%） | 10.59 | 11.92 |
| 总资产报酬率（ROA）（%） | −5.97 | 5.57 |
| 净资产报酬率（ROE）（%） | −10.14 | 9.09 |
| 资本性支出（CAPEX） | 12868 | 1292 |
| CAPEX 占收比（%） | 12.56 | 15.13 |
| 研发支出 | 2505 | 16835 |
| 研发支出占收比（%） | 24.46 | 19.72 |
| 每股盈利（EPS）（股） | −26.5 | −2.44 |
| **融资管理效率：** | | |
| 资产负债率（%） | 41.09 | 38.75 |
| 流动比率 | 213.68 | 184.09 |
| 股息 | 0 | 0 |
| 内部融资额 | 6855 | −566 |
| 股利支付率（%） | 0 | 0 |
| **成本费用管理：** | | |
| 营业成本占收比（%） | 40.98 | 34.28 |
| 销售费用占收比（%） | 31.47 | 25.11 |
| 管理费用占收比（%） | 12.21 | 7.78 |
| 总资产周转率（次） | 0.58 | 0.47 |
| 营运资金占收比（%） | 53.97 | 66.93 |
| **现金与质量管理：** | | |
| 经营活动净现金流 | 932 | 2463 |

续表

| 年 份 | 2014 | 2013 |
|---|---|---|
| 每股经营活动净现金流（元/股） | 24.23 | 64.38 |
| 自由现金流（FCF） | -354 | 1171 |
| 自由现金流占收比（%） | -3.46 | 13.72 |
| **可持续成长管理：** | | |
| 可持续增长率（%） | -8.05 | 39.70 |
| 主营业务收入增长率（%） | 19.48 | 31.21 |
| 总资产增长率（%） | -4.39 | 43.99 |
| 净利润增长率（%） | -202.56 | -5.78 |
| 经营活动现金流增长率（%） | -62.30 | 0.33 |

# 后 记

《全球互联网企业发展报告2014~2015：资本市场、金融创新与可持续发展》的编写始自2014年底，顺利完成和出版得到了中国社会科学院、工业和信息化部、北京邮电大学、百度、腾讯和阿里巴巴等机构的积极支持。中国社会科学院工经所原所长金碚担任专家委员会主任，对报告的编写进行指导，并为本年度报告撰写了序言；来自学术界的知名专家和部分企业的领导组成的专家委员会，对报告的编写思路和框架设计提出了宝贵建议，并给予了大力支持和帮助，在此一并表示诚挚的感谢。

专家委员会和编写委员会的各位成员为报告的策划和编写付出了辛勤的努力，中国社会科学院工业经济研究所杨世伟、刘戒骄与北京邮电大学的何瑛负责设计了报告的整体框架、研究思路与方法、篇章结构和具体内容，并审阅全部稿件。本年度报告的主要内容包括三个部分。其中：第一部分（专题篇）包括一份总报告和六份分报告，由胡月、孟鑫、张大伟、陈洋、王德华、王振、郭朝先、吕高宇、袁筱月等负责执笔，基础数据的计算由陈洋、吕高宇、袁筱月、范晓阁、杨晓琰等研究生负责，胡月、孟鑫等负责数据的最后审校。第二部分（报告篇）包括12家互联网公司的可持续发展报告，由胡月、孟鑫、陈洋、吕高宇、袁筱月、范晓阁、杨芸榛等研究生执笔，赵育梅、周慧琴、张小筠、徐孝新、仇鑫华、刘新颖等负责审校。第三部分（附录篇）呈现中国互联网公司的关键绩效指标概览以及中国互联网企业100强报告和中国移动互联网报告。经济管理出版社的张艳主任为本报告的顺利出版做了大量的工作，付出了辛勤的劳动。报告的撰写还参考了许多国内外研究文献和研究报告，在此一并表示感谢！

《全球互联网企业发展报告2014~2015：资本市场、金融创新与可持续发展》由于受到时间、成本、经验、资料来源等方面的限制，该著作难免有偏颇或疏漏之处，报告中使用了大量的英文资料，欠妥之处敬请读者批评指正。报告团队将与互联网各界携手前进，共同努力，精益求精，为全球互联网企业管理创新的研究和信息资源交流奉献更加优秀的著述。